从化年鉴

CONG HUA NIAN JIAN

2010

中共从化市委
从化市人民政府 主办
从化市地方志编纂委员会办公室 编

从化新地标——莱茵大钟楼

廣東省出版集團
广东人民出版社
·广州·

图书在版编目(CIP)数据
从化年鉴(2010)/从化市地方志编纂委员会办公室编. —广州:广东人民出版社，2010.12
ISBN 978-7-218-06956-2
I. ①从… II. ①从… III. ①从化市-2010-年鉴 IV. ①Z526.53-53
中国版本图书CIP数据(2010)第222688号

从化年鉴(2010)
从化市地方志编纂委员会办公室 编

出 版 人：金炳亮

责任编辑：柏 峰 张贤明
装帧设计：袁 斌

出版发行：广东人民出版社
地 址：广州市大沙头四马路10号（邮政编码:510102)
电 话：(020)83798714（总编室）
传 真：(020)83780199
网 址：http://www.gdpph.com
印 刷：恒美印务(广州)有限公司
书 号：ISBN 978-7-218-06956-2
开 本：787×1092mm 1/16
印 张：26.25 插页：48 字数：654千字
版 次：2010年12月第1版 2010年12月第1次印刷
定 价：220元

从化市地方志编纂委员会

顾　　问：黄河鸿

主　　任：梁建清

副主任：李艳阳　王建红　何镜清　张汉江　黎艺钦
李东强　朱虹霞　刘　敏　徐惠贞

委　　员：（按姓氏笔画为序）

王元强　王建中　邓耀慈　卢绍辉　邝显扬
邝健平　刘　辉　朱永明　江柱兴　李宝玲
李卫权　李泽铃　张志坚　陈少烟　陈鉴池
何向阳　何敏然　林远明　冼叶生　罗树人
周日会　钟承东　钟继阳　黄记雄　潘锦峰

从化市地方志编纂委员会办公室

主　　任：徐惠贞

副主任：李信慧

《从化年鉴》编辑部

主　　编：徐惠贞

副主编：李信慧　潘　彦　骆耀平

电脑录入：巫丽玲

彩版制作：袁　斌

摄　　影：（按姓氏笔画为序）

邓宏龙　邝健华　李信慧　李敏华　陈伟坚
陈卫星　陈智发　俞明忠　袁　斌　潘　彦
赖雄敏

编辑说明

一、《从化年鉴》是由市人民政府主持，市地方志编纂委员会领导，市地方志编纂委员会办公室和各有关部门共同参与编纂的年度资料性工具书，创刊于1999年，每年出版一卷，国内公开发行。其宗旨是全面系统地记述从化市政治、经济、文化、社会等方面情况，为社会各界和海外人士了解和研究从化提供全面、及时、准确、密集的地情资料。

二、《从化年鉴》编辑采取设类目、分目和条目三个层次组成框架结构，不同层次的标题，在版式设计、字体和字号上有所区别，条目标题用黑体加[ ]表示，内容包含多方面资料的条目，在段首以仿宋小标题提示，方便读者检索查阅。

三、全书所载录的内容和数据，分别由各部门负责提供、审核。统计数据采用法定计量单位，由于统计口径不同，使用时请以市统计局公布的数据为准。

四、《从化年鉴》(2010)记述2009年全市政治、经济、文化、社会等方面的基本情况，编录2009年大事记；选载市委、市政府重要文件；设《2009年荣誉》，收录获中共广州市委、市政府以上表彰的先进集体和个人；辑录各镇、街、市直属局级以上单位负责人和广州市垂直管理单位领导名录。并在首页设置专题彩色图片，记录从化地区的大事、要事和一些单位的基本情况，图文并茂地反映从化的发展面貌。全书60多万字。

五、《从化年鉴》编辑出版工作得到全市各级党委、政府和有关单位的大力支持，谨此致谢。本刊疏漏之处，敬请批评指正。

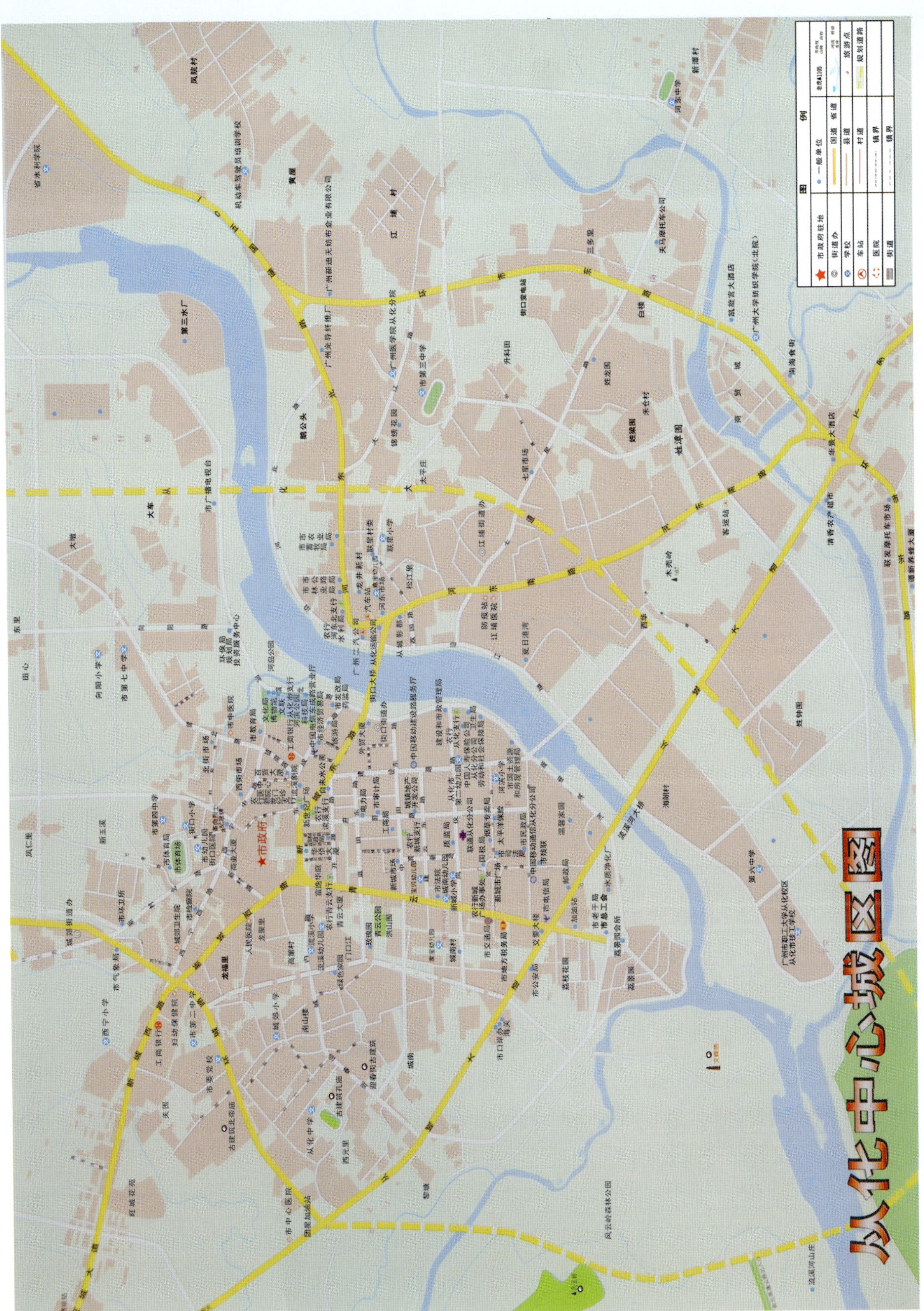
从化中心城区图

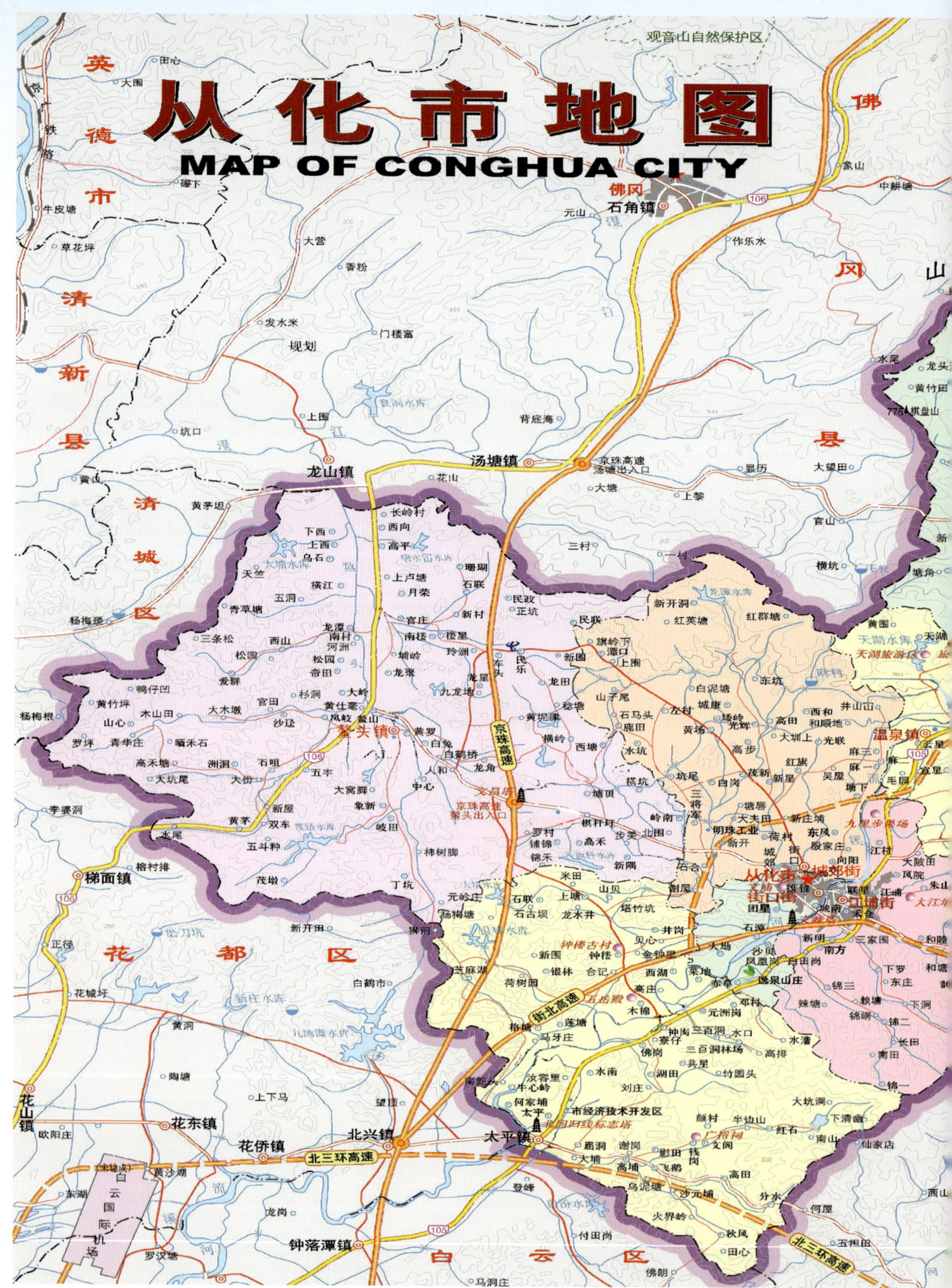
从化市地图
MAP OF CONGHUA CITY
英德市
清新县
清城区
佛冈县
花都区
白云区
观音山自然保护区
石角镇
汤塘镇
龙山镇
鳌头镇
梯面镇
温泉镇
从化市
城郊街
街口街
江埔街
太平镇
北兴镇
花东镇
花侨镇
花山镇
钟落潭镇
京珠高速
街北高速
北三环高速
大塘水库
流溪河
天湖旅游区
钟楼古村
五岳殿
市经济技术开发区
北回归线标志塔
九里步果场
逸泉山庄

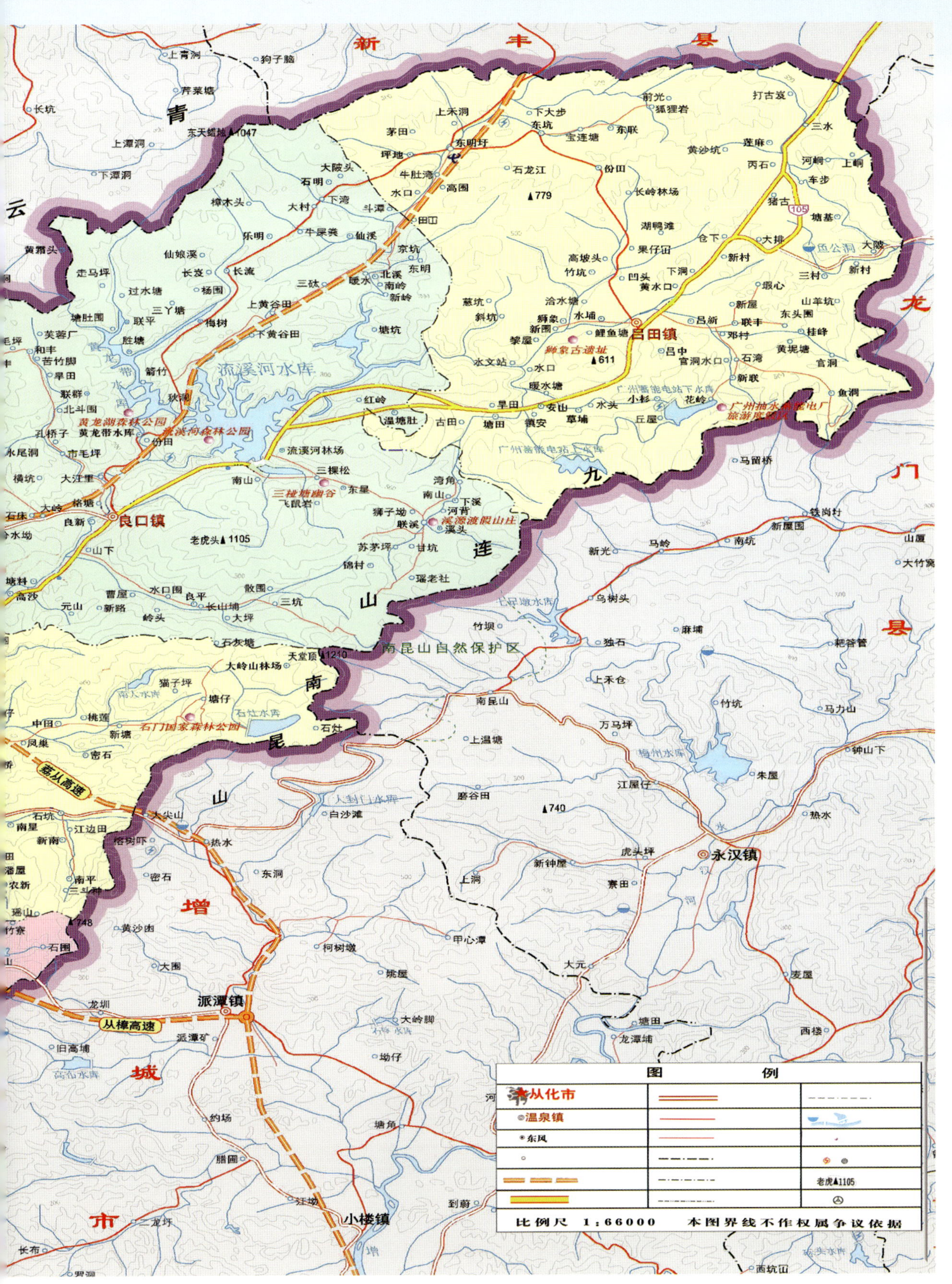
新 丰 县
青
云
龙
门
县
吕田镇
良口镇
永汉镇
派潭镇
小楼镇
增
城
市
南昆山自然保护区
流溪河水库
图 例
从化市
温泉镇
东风
老虎▲1105
比例尺 1:66000 本图界线不作权属争议依据

大事剪辑

2月14-16日，中国人民政治协商会议广东省从化市第八届委员会第四次会议在市中心会堂召开

2月15-17日，从化市第十四届人民代表大会第四次会议在市流溪影剧院召开

2月22日，从化市“五清五帮”工作大会在市中心会堂召开

3月2日，市政府出台《从化市污水治理和河涌综合整治工作方案》，计划投入9.29亿元，建污水处理厂5座、污水泵站4座、市政污水管网50公里，新增污水处理能力10.1吨/日

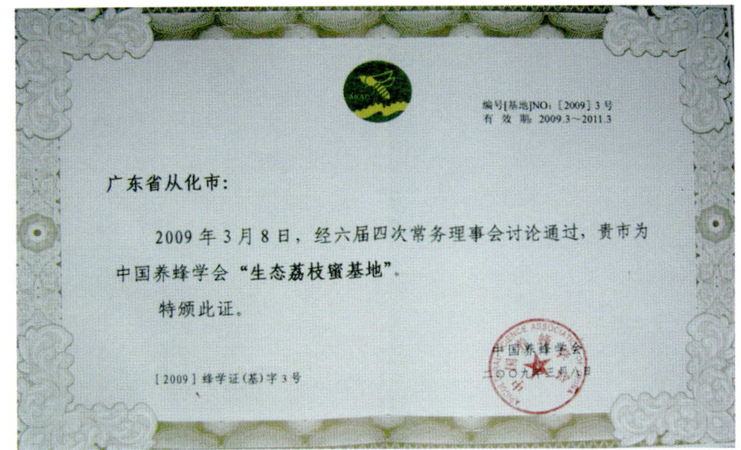

编号[基地]NO：[2009] 3号
有 效 期：2009.3～2011.3

广东省从化市：

2009年3月8日，经六届四次常务理事会讨论通过，贵市为中国养蜂学会“生态荔枝蜜基地”。

特颁此证。

中国养蜂学会
二〇〇九年三月八日

[2009] 蜂学证(基)字3号

3月8日，从化市被中国养蜂学会认定为“生态荔枝蜜基地”。图为证书照片

4月24日，贯彻落实《广州市促进从化经济社会发展工作会议纪要》会议在从化逸泉大酒店召开

6月17日，从化市与四川省简阳市缔结为友好城市

8月12日，中国共产党从化市第十一届委员会第七次全体会议在市中心会堂召开

9月1日，从化市人民政府与中国移动通信集团广东有限公司广州分公司签署战略合作协议

9月15日，共青团从化市第十八次代表大会在市中心会堂召开

9月21日，广汽日野汽车有限公司从化工厂竣工暨700系列重卡下线仪式在明珠工业园区举行

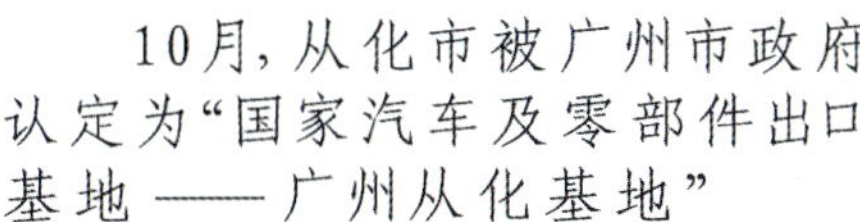

10月，从化市被广州市政府认定为“国家汽车及零部件出口基地——广州从化基地”

10月30日，从化市创建全国“白内障无障碍区”工作经全国白内障无障碍区检查组的评定，达到全国白内障无障碍区工作验收标准

11月23日，经全国动物卫生风险评估专家委员会评估，广州亚运无规定马属动物疫病区建成

11月30日，市明珠工业园鳌头工业基地举行挂牌仪式

11月30日，由广东省旅游局、广东省农业厅主办的“广东国民旅游休闲计划农业乡村旅游启动仪式暨2009广州·从化温泉旅游文化节”在从化启动。广东省副省长万庆良（左二）出席仪式，市领导欧阳知（右一）、梁建清（左一）陪同

12月1日，从化市首次“法治从化宣传教育周”启动仪式暨“科学发展·法治环境·树城市文明新风”创建文明城市主题宣传月活动在新世纪广场举行

12月28日，从化市政府机构改革动员大会在市中心会堂召开

12月30日，第16届亚运会马术比赛场馆房建和场地工程奠基仪式在从化良口镇举行

领导视察

1月16日，广州市委常委、副市长李荣灿(前排右二)率广州市经贸委等部门负责人，到从化调研农村市场发展情况

2月11日，广东省副省长李容根(前排中)，广州市副市长陈国(第二排左二)率省、广州市有关部门负责人视察从化农业生产情况。从化市领导欧阳知(前排右一)、梁建清(第二排右一)陪同

3月3日，广东省军区副司令员倪善学(左三)视察从化市人武部。市领导李艳阳(左二)、梁锦华(左一)陪同

4月11日，中纪委驻国家旅游局纪检组组长刘金平(左三)到广州抽水蓄能电厂旅游度假区参观。市领导欧阳知(左四)、梁建清(左二)、王建红(右三)、梁锦华(右二)陪同

4月15日，国家中医药管理局副局长李大宁(左四)一行视察中华国医国药发展示范基地从化项目。市长梁建清(右三)陪同

4月23日，广州市副市长曹鉴燎(左四)一行视察位于良口镇温泉养生谷商务会议区的从都·椿乐泉项目。市领导欧阳知(左二)、李艳阳(左三)、梁锦华(左一)陪同

5月19日，广州市副市长甘新（前排左二）一行视察广州丰力橡胶轮胎有限公司。市长梁建清（前排左三）陪同

5月21日，广州市委常委、宣传部部长王晓玲（左三）一行到从化检查宣传工作。市领导欧阳知（右二）陪同

5月22日，广州市委常委、常务副市长苏泽群（左三）一行到位于从化良口镇的第16届亚运会马术场馆调研在建项目进展情况。市长梁建清（右二）陪同

6月22日，广州市委常委、统战部部长孔少琼（右一）到江埔街锦二村开展慰问活动。市领导邱永权（右二）陪同

7月25日，中央学习实践活动第四巡回检查组副组长、中央办公厅原副主任毛林坤（前排左二）到从化明珠工业园区调研。市领导欧阳知（前排左一）陪同

7月30日，广东省委副书记、省长黄华华（左二）慰问驻从化市95316部队

8月6日，广州市副市长陈国(右三)到从化良口镇溪头村视察从化乡村旅游发展情况。市领导欧阳知(右四)、刘宗静(右二)陪同

8月6日，广州市市长张广宁(左二)到从化调研广州市政协十一届三次会议第1046号重点提案："关于推进从化市城乡基础设施建设与管理一体化的若干建议"的办理情况。市领导欧阳知(左一)、梁建清(右二)、刘宗静(右一)陪同

8月21日，中国科协书记处书记、党组成员、中国知识产权研究会常务副理事长张勤(后排左四)视察从化广州亨龙机电制造实业有限公司开展基层科协工作情况

8月28日，广州市副市长陈明德（中）到从化调研贯彻落实广州市委九届七次全会精神、确保完成2009年外贸出口任务情况

9月10日，广州市副市长曹鉴燎（左四）到从化调研旅游业发展情况。市领导欧阳知（左三）、梁锦华（左五）陪同

10月28日，广东省委常委、政法委书记、公安厅厅长梁伟发（左二），广州市委常委、公安局局长吴沙（左一）一行到从化检查、督导公安机关“广东省公安机关工作执法一网考”工作情况。市委书记欧阳知（右二）陪同

11月6日，国家发改委宏观经济研究院常务副院长、研究员王一鸣（左三）到从化明月山溪调研房地产建设情况。市领导梁锦华（左一）陪同

12月3日，广州市委常委、市委秘书长凌伟宪（前排右一）带领广州市委办公厅领导干部一行参观广汽日野汽车有限公司。市领导欧阳知（前排右二）陪同

12月16日，广州市委副书记、政法委书记张桂芳（左五）到从化调研综治信访维稳中心建设和生态建设情况。市领导欧阳知、谭凯平、刘宗静陪同

园区风采

广东从化经济开发区

8月24日，开发区管委会主任侯刚（右二）陪同副市长方纪章（右三）到园区广州震雄装饰工程有限公司调研

11月，广东从化经济开发区被“辉煌60年·中国特色开发区可持续发展创新高峰论坛暨形象调研发布活动”组委会认定为“中国最具投资价值开发区”

园区第二期开发全景

明珠工业园区

1月18日，广东省从化市汽车零部件招商系列活动在广州中国进出口商品交易会展馆举行。市领导方纪章（左二）出席活动

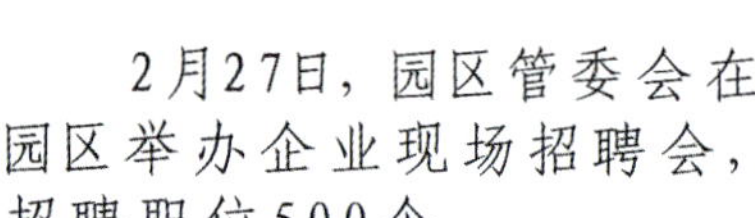
2月27日，园区管委会在园区举办企业现场招聘会，招聘职位500个

园区广汽日野汽车有限公司从化厂生产的重型卡车

街镇风采

8月3日，街口街举行香港翁泽文先生资助街口街沙贝小学教学楼建设资金捐赠仪式。市领导蒋琼芳（后排左五）出席捐赠仪式

4月22日，城郊街土地流转服务管理中心挂牌成立。市领导刘宗静（左三）出席挂牌仪式

5月13—15日，江埔街2008年申报立项的28个生态文明村创建点顺利通过市新村办的考核验收

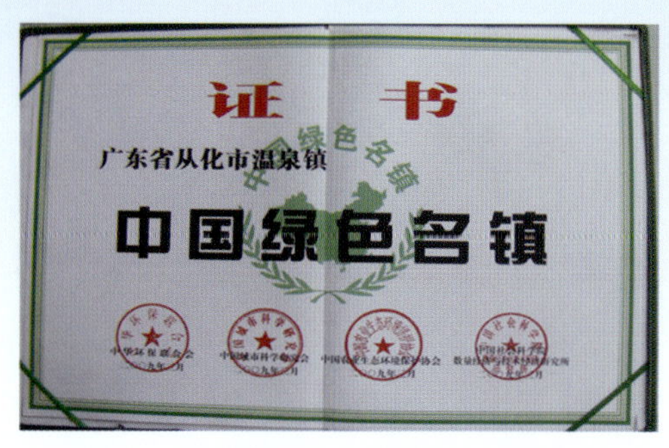

3月29日，温泉镇被认定为“中国绿色名镇”

3月3日，温泉镇垃圾压缩中转站建成启用。总投资347万元，日处理垃圾量120吨

3月29日，良口镇被中华环保联合会、中国城市科学研究会、中国农业生态环境保护协会、中国社会科学院数量经济与技术经济研究所认定为“中国绿色名镇”

10月10日，吕田镇举行狮象旅游村建设工程动工仪式

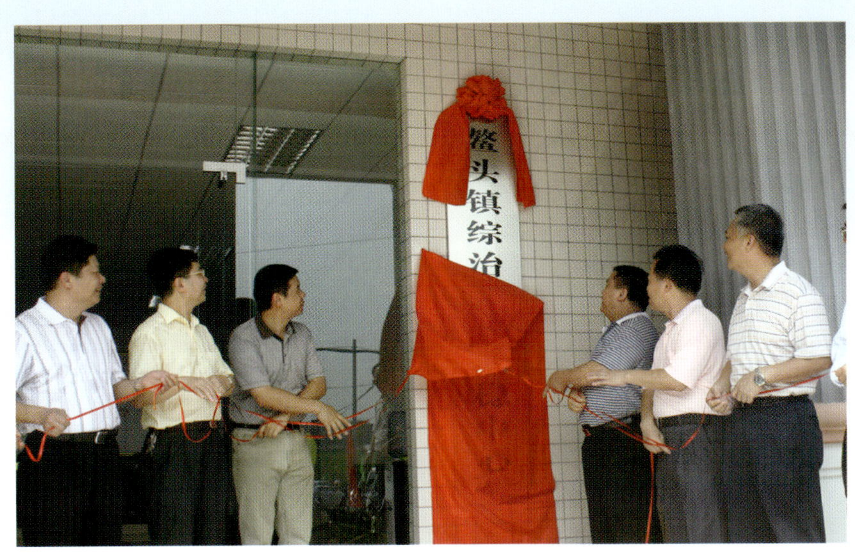

9月8日，鳌头镇举行综治信访维稳中心成立挂牌仪式。市领导谭凯平（左三）、邱永权（右三）出席仪式

9月28日，从化市首个纯二女计生困难户安居楼在太平镇上塘村竹坑社动工。市领导何镜新（右四）、刘宗静（右三）出席动工仪式

改造后的省道355小海桥至流溪河大桥段

社会事业

1月10日，第三届"从化公德公益十星"授牌仪式在新世纪广场举行。市领导王建红（左八）出席授牌仪式

2月13日，从化市纪念"东三支队"成立60周年大会在华景大酒楼举行

3月11日，省、广州市和从化市见义勇为基金会在太平镇召开尹建华同志见义勇为表彰会，褒奖舍己救人好青年尹建华。图为尹建华亲属接受慰问金

3月26日，从化市体校被国家体育总局认定为“国家高水平体育后备人才基地”。市领导王建红、罗爱萍、温洁夫、蒋琼芳出席挂牌仪式

5月20日，从化市农村党的建设“三级联创”活动，创建“生态文明建设排头兵”先进村示范工程，重点创建村授牌仪式在温泉镇宣星村举行。市领导何镜清、刘宗静出席授牌仪式

6月5日，从化市创建全省残疾人社区康复示范区工作通过验收

6月18日，从化市首家慈善超市在市民政局侧开业。市领导刘宗静（正左二）出席仪式

6月23日，2009功夫从化"珠光·流溪御景"中国武术大赛WMA中国武术职业赛暨中央电视台《武林大会》咏春拳全球选拔赛在市镇泰体育馆举行

6月30日，从化新世纪广场爱心献血屋落成。市领导温洁夫（前排左四）、蒋琼芳（左五）出席剪彩仪式

7月1日，从化钱岗糯米糍荔枝经国家质量监督检验检疫总局批准，成为从化市首个实施国家地理标志产品保护的农产品

7月20日，从化市村级治安联防支队成立

8月4日，省市重点文化产业项目——广州从化动漫产业园招商中心在太平镇元洲岗村举行落成典礼。市领导欧阳知(左四)、王建新(左二)出席剪彩仪式

8月25日，广东省首家农村新家庭文化屋在从化市鳌头镇汾水村成立。市领导谭凯平（右三）为文化屋揭牌

9月6日，从化市社区教育中心成立。市领导何镜清（左二）为中心揭牌

9月15日，从化市首届村干部电大专科学历培训班开班仪式在市职业教育中心举行。市领导何镜清（中）出席开班仪式

9月22日，从化市首届“红柿狂欢节”在响水峡举行

12月11日，从化首届“广州慈善日”活动启动暨慈善颁奖仪式在市中心会堂举行。市领导谭凯平、李玉宜、李波、李艳阳、霍燕娥、刘宗静出席仪式

[illegible]月29日，荔乡风情——从化[illegible]首届农村业余文艺宣传[illegible]演在流溪剧院举行

从化大地 欣欣向荣

庆祝中华人民共和国成立60周年图片展

9月28日，由市委宣传部主办，市档案局、市地方志编纂委员会办公室、中共从化市委党史研究室承办的“从化大地 欣欣向荣”庆祝中华人民共和国成立60周年图片展在河滨公园举行。市领导欧阳知、李艳阳、王建红、罗爱萍、温洁夫、黎艺钦出席开幕仪式

市委书记欧阳知(右一)，市委常委、宣传部部长王建红(左一)在观看展览

群众在观看展览

祖国在我心中

“流溪之恋” 万人同唱爱国歌曲活动

9月29日，由市委宣传部主办，文广新局、市广播电视台、市新闻中心、文化馆承办的庆祝新中国成立60周年“祖国在我心中——流溪之恋 万人同唱爱国歌曲”活动在金瓯广场隆重举行。市五套班子领导及各党(工)委、党组、部队、群众约5000人参加活动

群众在歌唱

同唱爱国歌曲

创建中国优

荣誉证书

鉴于从化市深厚的历史和民族文化底蕴，良好的生态旅游环境，丰富和独特的旅游资源，在我国旅游业有着重要影响和起着示范作用，是我国文化生态旅游之典范，经组委会专家综合考核，一致同意授予从化市“中国文化生态旅游示范地”称号。

亚太[illegible]合会　中华生态旅游促进会　中华民族文化促进会旅游文化研究中心

4月18日，从化市被认定为“中国文化生态旅游示范地”

5月22日，“生态从化，快活田心”活动暨田心“农家乐”示范点落成仪式在城郊街光辉村田心社举行

9月30日，我们的节日——宣星之夜赏月晚会暨温泉美食节在温泉宣星村举行

秀旅游城市

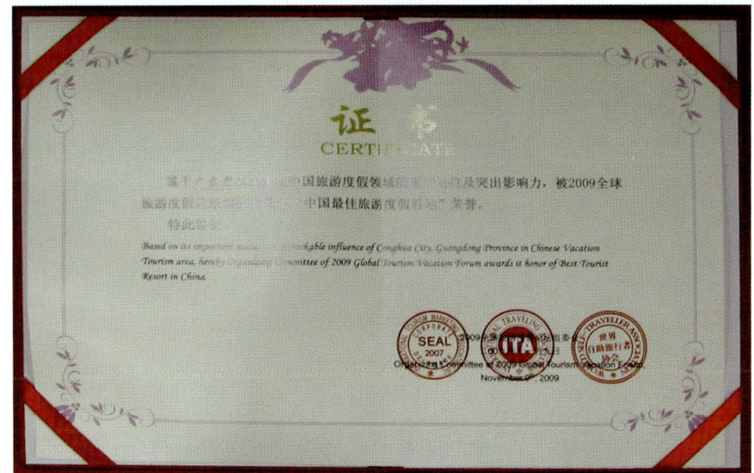

11月7日，从化市被联合国挚友
理事会、世界自助旅游协会、国际
旅游促进会和国际旅游营销协会
认定为“中国最佳旅游胜地”

11月30日，大丘园农庄、宝趣玫瑰世界被省旅游局和省农业厅认定为“广东省农业旅游示范基地”

11月30日，广东国民旅游休闲计
划农业旅游启动仪式暨“2009广州·
从化温泉旅游文化节系列活动”开幕
式在从化市城郊万亩鲜切花基地举行

创建中国优

11月30日，从化市首批旅游问讯中心暨南湖国旅·西部假期从化旗舰店在南海食街成立

12月28日，从化市首届美食文化节在流溪河堤广场举行

12月，从化市被中国旅游论坛组委会认定为“中国优秀生态旅游城市”

秀旅游城市

温泉碧浪桥

有机火龙果基地

大岭山红叶

创建全

5月14日，从化市创建全国文明城市、国家卫生城市动员大会在市流溪影剧院召开

8月18日，从化市“友爱在车厢”活动启动仪式在从化汽车站举行

8月24日，从化市创建全国文明城市百家食品企业践行道德承诺宣誓活动启动仪式在利亨百货举行

文明城市

10月28日，市开展大拇指志愿服务月活动，志愿者对市民出行进行文明劝导并帮助维持交通秩序

10月30日，街口街开展创建全国文明城市社区文化活动

11月13日，从化市“小手拉大手，文明一起走”活动启动仪式暨首届中小学诵读中华经典美文优秀节目展演在流溪小学举行

迎广州亚运

3月22日，“争做好市民,当好东道主——亚运广州行”启动仪式暨亚运会倒计时600天群众文化活动在新世纪广场举行

4月25日，“争做好市民,当好东道主”——“亚运广州行”微笑日群众文化活动在河滨公园举行

志愿者在清洁街道

从化专辑

7月12日，2009’从化迎亚运体育旅游荔枝文化节开幕暨“响水峡杯”中国(广州)从化山地越野挑战赛颁奖暨从化流溪河渔业放生活动仪式在流溪河堤广场举行

7-10月，从化举行“迎亚运、创国优”万人自行车流溪河畔大巡游暨全民健身月活动

清拆违章建筑

迎广州亚运

2010年8月，由从化市委宣传部主办的“迎亚运、讲文明、树新风、促和谐·做文明有礼的从化人”礼仪教育实践系列活动启动仪式在流溪影剧院隆重举行，广州市政协原主席陈开枝(中)，市领导黄河鸿、梁建清、李玉宜、谭凯平出席活动

从化专辑

第16届亚运会从化马术赛场

从化流溪绿道

广东2号绿道从化流溪绿道全景图

从化第二轮（1979—2004年

2004年8月30日，从化市第二届新方志编纂工作动员大会在市中心会堂召开。广东省志办副主任谭云龙（左四）、广州市志办副主任陈泽泓（左二）、从化市市长梁建清（左三）、从化市委副书记邓少敏（左五）出席会议

2006年8月，广州市志办主任程慧(中)到从化检查修志工作

2008年5月14日，从化市志办召开《从化市志》(1979—2004)志稿专题评议会

2010年4月21日，广州市地方志书审查委员会在广州市政府会议室召开《从化市志》(1979—2004)终审会。广州市政府副秘书长、市地方志书审查委员会副主任张火青(中)，从化市政府党组成员李东强(左五)出席会议

地方志编修工作专辑

2009年6月24日，从化市地方志书初审领导小组在市志办会议室召开《从化市志》(1979—2004)初审会。副市长温洁夫(中)出席会议

2010年6月18日，从化市委书记、市地方志编纂委员会顾问欧阳知(中)到《从化市志》编辑部指导修志工作

从化市地方志办公室
被授予广州市第二轮修志工作
先进集体
广州市人民政府
二OO八年十一月

2008年11月，从化市地方志办公室被广州市人民政府授予广州市第二轮修志工作先进集体称号

2010年7月，由广东人民出版社出版的《从化市志》(1979—2004)

莱茵水岸 Rheindale

德福河畔花园——莱茵水岸

兴利地产董事长李建中先生（左）
兴利地产总经理何蕙卿女士（右）

莱茵水岸真正依山畔河之楼盘，从化首席瑞士风情社区，规划布局合理，环境优美俊巧，旺中带静，使其成为屹立在广州后花园上的一颗耀眼明珠！莱茵水岸地处从化市最繁华的政治、文化、金融中心于一体的钻石地段。毗邻从化华景大酒楼、轻轨从化线街口站、从化客运站、从化市六中等举步之遥。莱茵水岸位于从城大道33号，是一个集住宅、商业、酒店为一体的高档综合社区，占地约25万平方米，总建筑面积达43万平方米，坐北向南，小海河环绕而至。地位实属高贵显赫，置身其中，能感受到一种人与自然相融的现代人居住空间。小区配套星级酒店、商场、幼儿园、高级会所游泳池及其他康乐设施等。物业由训练有素的管理人员二十四小时当值，加上细致、周到、优质、 理想的物业管理服务，让每位业户尽情享受到品质高尚、温馨和谐的家居生活。

投资商：香港协成发有限公司　莱茵热线：020-37981888

项目地址：广州从化市从城大道33号（从化汽车站正对面）

从化华景饮食娱乐有限公司

华景大酒楼位于105国道旁，从化城区的东大门，著名的从化温泉近在咫尺，南距广州仅40分钟车程。设有大型停车场，园林庭院，树影婆娑，翠绿如茵，曲水环抱，令人心旷神怡，是宾客休闲的好去处。华景大酒楼可容纳1000人同时就餐，是大型宴会和旅游团队就餐之首选。特聘粤港名厨，以经营粤菜及从化特色菜为主，其“金牌烧鸭，脆皮油花鸡”荣获广州国际美食节名牌美食金奖，并被广州市旅游局定为旅游团队推荐接待单位，是港澳及珠三角地区各大旅行社的忠实合作伙伴。

地　　址：从化市从城大道2号
订座电话：020-87980633　传　真：020-87980488

佛山市广得信工程造价咨询有限公司

企业法人营业执照

工程造价咨询企业
甲级资质证书

中华人民共和国政府采购代理机构
甲级资格证书
CERTIFICATE(GRADE A)
FOR GOVERNMENT PROCUREMENT INTERMEDIARY
IN THE PEOPLE'S REPUBLIC OF CHINA

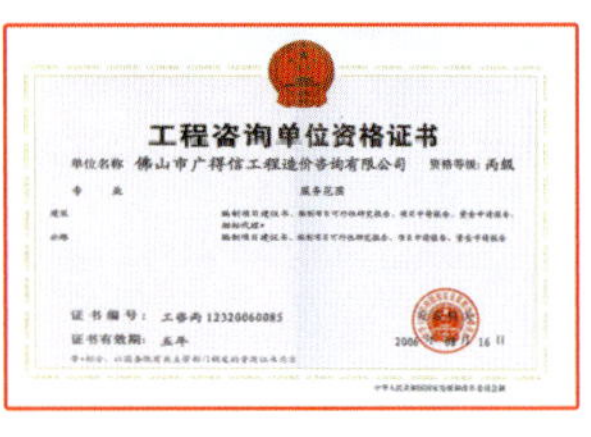
工程咨询单位资格证书

工程招标代理机构
资格证书

佛山市广得信工程造价咨询有限公司成立于2000年6月，注册资金400万元，是一家具有工程造价咨询甲级、工程招标代理乙级、政府采购代理甲级、工程咨询丙级资格的专业机构，并获质量管理体系ISO9001:2008标准认证。它适应了市场经济发展的需求，并与国际计量、计价惯例接轨，为业主提供工程建设投资控制的全过程管理。

公司配备注册造价师、注册咨询师专业技术人才及具中级以上职称的从业人员共40多人，聘请有关专家作为后备力量及技术顾问。

2006年获工商行政管理局授予“守合同重信用企业”称号，被评为全国100家“工程造价咨询创国家级先进示范单位”。

佛山总公司

地址：广东省佛山市顺德区大良镇政通路
家乐村三座二楼

邮编：528300

电话：(0757)22381228　22381215

传真：(0757)22381222

清远分公司

地址：清远市新城东8号区方正二街
朝南大厦c座8层

邮编：511515

电话：(0763)3867781　3867782

传真：(0763)3867731

联系人：陈经理

经营范围：

编制项目建议书，项目资金申请报告、可行性研究报告、投资估算、经济评价、概算、预算、结算、竣工决算、招标代理、编制招标标底价、投标报价、政府采购代理业务等，提供建设项目各阶段工程造价监控及工程投资相关服务。

代表性项目：

从化档案馆、从化市流溪温泉旅游度假区及安置区项目、顺德建设报批中心综合大楼、办证中心综合大楼、顺德文化广场、展览中心、顺德技术学院、华南研究院、南方医科大学顺德校区等大型工程。

目 录

特 辑

2009年大事记

从化概况

市领导机关

组织　人事

统战　党派

社会群众团体

档案　地方志　党史　机关管理

法制　司法

地 方 军 事

基础设施建设

城乡建设 环境保护

经 济 管 理

经济 贸易

旅游 商业

农业 林业 水利 养殖业

财　　税

金　　融

宣传　文化　新闻

教　　育

卫生　体育

科学技术

社会生活

开　发　区

街　镇　场

统 计 资 料

附　　录

特 辑

创建中国优秀旅游城市

[**管理机构**] 2007 年 11 月，市委成立市创建中国优秀旅游城市组织委员会（以下简称“创优”组委会），组委会由市委书记、市人大常委会主任任主任；市委副书记、市长梁建清任常务副主任；市委常委、常务副市长王建新，市委常委、市委秘书长李艳阳，市委常委、市委宣传部部长王建红，副市长、市流溪温泉旅游度假区管委会主任梁锦华任副主任。组委会成员由市委办、市政府办等 51 个局级单位的主要负责人和 3 个街党工委副书记、办事处主任，5 个镇的党委副书记、镇长组成。“创优”组委会下设办公室、旅游发展组、项目建设组、宣传活动组，在市旅游局内办公。2008 年 2 月和 5 月，市委对组委会成员作增补和调整。

[**举办旅游节庆活动**] 创建办发挥花果资源优势，整合杨梅节、火龙果节、荔枝节、红柿节等节庆活动资源，启动以“愿君多采撷，从化最相思”为主题的生态休闲游·采撷季活动，吸引广大游客到从化赏花摘果，打造“花果之乡”旅游品牌。采撷季活动带旺旅游市场，更带动杨梅、荔枝、火龙果等农产品的销售，成为农民增收的重要手段。促成体育与旅游的联姻，举办全国性的大型体育赛事，大力发展康体旅游。7 月，举办“2009 中国（广州）从化迎亚运山地越野挑战赛暨从化体育旅游荔枝文化节”活动，吸引来自国内外 30 多支队伍到从化开展山地越野挑战赛，聘请多位奥运冠军、世界冠军为形象大使代言从化体育旅游，为盛夏的从化旅游注入体育运动激情；12 月，举办 2009’功夫从化系列活动，中央电视台体育频道两大知名赛事品牌“WMA 中国武术职业联赛”和“武林大会”落户从化，为从化市民献上一道丰盛的武术盛宴，打造“功夫从化”体育旅游品牌；举行从化迎亚运万人自行车大巡游活动，通过发展自行车休闲运动带动全民健身活动的开展和“流溪之恋”旅游长堤的开发。

[**实施国民旅游休闲计划**] 贯彻落实广东省政府《关于试行广东省国民旅游休闲计划的若干意见》，推出鼓励休闲旅游优惠政策，刺激广大市民旅游消费，争取省政府将从化市设立为国民旅游休闲计划示范市。一是落实带薪休假制度，引导全体干部职工带薪休假，参与休闲旅游活动，有力拉动内需。二是全面启动“从化人游从化”、“广州人游从化”、“广东人游从化”活动，营造全民休闲氛围。三是联合旅游企业开展“让利市民，赠送优惠”活动，吸引市民到市内景区游览。四是配合广州市旅游局派发“广佛肇旅游一卡通”，为游客提供三地旅游信息及价格优惠资讯。

[**推进乡村游发展**] 继续推进良口镇溪头村生态旅游项目建设，逐步建立起金紫里广场、

溪头石巷、溪头水寨、天然泳潭、生态停车场等景点和配套设施；分别推出田心社农家乐和宣星运动谷项目，丰富从化乡村游产品；做好吕田狮象村、太平莲塘村、万亩鲜切花基地等旅游项目规划设计工作，稳步推进项目建设；制定《观光农业服务质量星级划分与评定》标准、农家旅馆管理规定和服务标准等规范性文件，组织开展农家乐星级创建工作，规范农家乐经营。在广东国民旅游休闲计划农业乡村游启动仪式上，大丘园农庄、宝趣玫瑰世界荣获“广东省农业乡村旅游示范基地”称号。

［**加强宣传促销**］　先后组织旅游企业参加珠三角巡回展、广州国际旅游文化节、全国百城旅游宣传周、中国休闲产业博览会等营销活动，围绕“打造百里观光长廊、点缀百颗旅游明珠”重点对外宣传从化旅游精品线路和旅游产品，充分展示“温泉之都、生态从化”的城市形象；完成从化旅游网建设工作，于6月上线运行；策划编印囊括市内所有已建成和在建景区景点的《从化旅游参考》手册、制作《流溪之恋》宣传风光片、以岭南乡村风情为主的宣传折页，在游客比较集中的景区（点）和各种大型活动中派发；在南海食街旅游问询中心设置 LED 显示屏，滚动播放从化旅游信息；通过《中国旅游报》、《优悦生活》杂志、《看世界》杂志和南方网、新浪网等多家网络媒体，对从化丰富的生态资源和旅游发展情况进行宣传报道，提升从化旅游品牌在全省乃至全国的影响力和美誉度；收集大量温泉风景区开发建设的历史资料，在《广州日报》老照片版、第六届广州国际休闲产业博览会暨中国沐浴文化嘉年华图片展和第六届广州国际旅游展览会上展出，擦亮从化温泉旅游品牌。

［**夯实发展基础**］　初步完成全市旅游业发展总体规划修编和旅游资源普查工作，旅游建设将在高端商务游、温泉养生游、森林度假游、运动康体游、乡村风情游、文化欣赏游、美食购物游七大特色生态旅游进行布局发展；贯彻落实《关于进一步促进旅游业发展的优惠办法》，动感温泉公司、望谷温泉度假村、华辉度假村等旅游企业兑现规费减免或财政奖励、财政资金扶持奖励。

［**森林公园开发建设**］　统筹、协调、监督流溪河、石门两大国家森林公园各项开发建设，打造核心森林旅游产品。促请广州市成立以副市长陈国为组长、从化市市长梁建清为副组长的工作领导小组；形成两大森林公园的保护性开发意见；协助两大森林公园申请公园入口和翡翠群岛林分景观改造资金；完成石门公园三处水库大坝检修加固工程和电站回收工作；制定 105 国道通向石门森林公园的道路修建方案。

［**改善交通环境**］　开通公交旅游专线车，并加设景点介绍录音播报；完成对全市出租车顶灯更新，统一使用白色座套，并在出租车行业开展“友爱在车厢”、“文明之星”评选等活动，宣传文明交通规范；继续推进道路公共信息图形符号设置和第二批旅游指示牌建设工作。改善旅游基础服务设施。完成南海食街和流溪温泉旅游度假区问询中心、市汽车站游客问询中心建设，为广大游客、乘客提供旅游咨询服务；按照旅游厕所的标准继续升级改造市内加油站厕所；继续推进旅游导览牌设立工作；完成碧水湾、流溪河国家森林公园两个示范单位的公共信息图形符号改造建设。

［**招商引资**］　为旅游业发展注入强劲动力，

完善旅游项目立项和旅游企业开业审批程序，对旅游项目分别实行登记备案立项、审批立项、国务院投资主管部门核准立项，并给予旅游项目以立项条件、所需材料、办理时限等全方位工作流程的指导；在市人民政府投资服务中心网站及服务大厅公布旅游企业办理开业手续指南，方便企业；对符合政策的重点项目积极争取各级资金支持，其中从化温泉生态环境开发项目已纳入广州市重点建设项目计划，温泉森林公园景观带建设等纳入从化市重点建设项目计划。加强旅游项目招商引资工作。围绕流溪温泉旅游度假区、两大国家级森林公园和农业观光、文化创意等旅游景点的开发开展对外招商活动，参加省、广州市以及国外的投资促进活动，推介宣传从化市投资环境和政策；先后组织日本、法国、英国、香港等地的企业集团到从化投资考察，促使一批项目成功落户从化。

[**加强教育培训**] 推进旅游业持续健康发展，将太平职业高级中学更名为从化市旅游职业学校，并入市职业技术学校办学，用于培养旅游管理、导游、酒店管理、物业管理、商贸等方面的专业人才。公开招聘录用公职导游4名，发挥其在政务接待和宣传从化旅游方面的重要作用。组织全市旅游从业人员开展各类培训活动，一是在8—9月期间举办旅游行业英语培训班以及旅行社条例学习班，实现80%以上旅游从业人员接受专业培训的目标。二是在10月举办“迎亚运，创国优”英语演讲比赛，旅游从业人员的英语水平普遍提高。三是组织旅游企业安全管理人员和从业人员分别参加全市企业安全生产管理人员再教育培训班和企业安全知识全员培训教育，有11家旅游企业通过市安监局组织的企业安全生产主体责任评估定级。四是在旅游从业人员中开展职业道德、文明礼仪、法律法规教育，对广大游客开展文明旅游宣传教育，提升公民旅游文明素质行为。

[**加强企业建设**] 提高企业核心竞争力，继续在全行业开展景区创A、酒店评星、酒家评钻工作。有14家旅游企业申报星级酒店评定，翠岛度假村被评定为国家三星级酒店，碧水湾温泉度假村、东方夏湾拿酒店通过国家四星级酒店初评；继凯旋假日酒店、南海食街、逸泉大酒店获五钻级酒家称誉后，碧水湾温泉度假村等企业也完成五钻级酒家评定申报。继续在全行业开展精神文明创建活动，广泛开展文明景区、“青年文明号”、“巾帼文明岗”等创建活动以及职业道德和爱岗敬业教育活动，多家旅游企业和个人获得各项精神文明荣誉。继续推进旅游企业标准化工作。制定《从化市沐浴温泉水质量技术规范》、《钱岗糯米糍荔枝》等地方标准，规范和提高企业产品和服务的质量和水平。继续开展国际旅行支票支付业务，碧水湾温泉度假村开设外币（港币）兑换点。

（市创优办供稿，丁良田执笔）

创建全国文明城市

[**管理机构**] 2009年7月，市委成立市创建全国文明城市（下称“创文”）指挥部，市委副书记、政法委书记谭凯平任总指挥，市委常委、宣传部部长王建红任常务副总指挥，副市长温洁夫任副总指挥，指挥部成员包括32个市直部门和3个街道党工委的主要领导。指挥部下设办公室（下称创建办，设在市委宣传部），内设综合组、督查组、宣传组、测评组4个专责小组。

[“创文”指导思想和目标] 坚持以邓小平理论和“三个代表”重要思想为指导，以科学发展观为统领，以《全国文明城市测评体系》为导向，围绕建设全国文明城市总目标，以市民满意为最高标准，统一思想、振奋精神，求真务实、埋头苦干，举全市之力创建全国文明城市，普遍形成完善的公共服务、高尚的道德风气、先进的文化品质、良好的社会秩序、优美的生态环境，不断增强广大市民的认同感、归宿感和幸福感，建设城乡人民共同享有的美好家园。经过三年扎实有效的创建活动，促进经济社会发展与城市建设和管理水平全面提升，城市面貌明显变化，社会风气明显改善，文明程度显著提高。

[制订工作方案] 市创建办根据《全国文明城市测评体系》(2008 年版)、《广州市 2009—2011 年创建全国文明城市工作规划纲要》的要求，于 2009 年 5 月和 7 月，印发《全国文明城市测评资料汇编》、《从化市创建全国文明城市工作达标责任分解表》、《从化市 2009—2011 年创建全国文明城市工作重点项目督查方案》和《从化市 2009—2011 年创建全国文明城市工作重点督查项目专项整治方案》，把任务分解到各职能部门和镇、街，明确牵头单位、责任单位和分管市领导，要求各单位根据工作要求和责任分工，制定创建全国文明城市工作实施方案。

[召开动员会议] 2009 年 5 月 14 日，市委、市政府在流溪影剧院召开创建全国文明城市动员大会，市委、市人大常委会、市政府、市政协领导班子成员、市直局以上单位、各镇街主要领导、驻从化有关单位负责人参加会议。市委书记、市人大常委会主任欧阳知，市委副书记、市长梁建清在会上作动员讲话和工作部署。创建工作有关单位向市委书记欧阳知递交达标责任书。

[宣传发动] 一是利用从化电视台、从化电台、《今日从化》等媒体，开辟《创文》专栏，每天宣传报道市属各单位开展创建活动的最新动态。编印《创全国文明城市简报》(简称“创文”)，至年末，出版 28 期，刊登稿件 800 多篇。二是创办《文明导报》，深化创建宣传工作。从 11 月开始，市委宣传部与市创建办联合创办《文明导报》，每星期编印 1 期，把有关“创文”活动的基本要求、相关知识与人民群众关心的身边新闻、乡土人情等结合起来，内容包括“创文”知识、“创文”动态、“创文”成果、市民谈“创文”征文、文明礼仪知识等。每期印 3.6 万份，发放到社区及中小学，推动“创文”的宣传活动。三是开展形式多样的宣传活动。通过多形式、多层次、流动与固定相结合的宣传方式，以及全方位、多视角、高密度的新闻宣传报道，提高市民对创建文明城市的知晓率和社会参与率，形成持续集中、高潮迭起的创建舆论氛围。设置大型户外广告 60 个，工地围墙、商场门口户外广告 30 个；制作创文宣传小手册 15 万份，《致市民的一封信》10 万份，候车亭、出租车、公交车创文宣传画、宣传标语 1200 幅。

[“创文”主要活动] 建立创建工作联席会议制度。从 2009 年 6 月开始，市每月召集市创建全国文明城市指挥部全体成员召开联席会议 1 次，通报上月测评成绩，部署下阶段创建工作任务。至年末，召开联席工作会议 7 次。

开展城乡清洁行动。一是加强涉及民生的市政设施建设和维护，解决群众反映强烈的城区主干道交通标志线和停车线、内街巷硬底化、人行道建设、内街巷的路灯安装、内街巷下水道和排污渠堵塞等问题。全市安装或更新路灯1464盏；在城区增设摩托车停放位5300个，汽车临时停车位2600个，进一步规范城区的停车秩序；对城南村、门口江、青云路、中田路、建云西路等路段的市政排水设施3643米进行彻底清淤；在市政道路管理维护方面，修复人行道6465.5平方米，修复坍陷及拱起路面2249平方米，盲人道改造9834平方米，三面坡288个。二是持续开展城乡环境卫生整治行动。加大对全市主要路段、重点地区、城市出入口、车站、广场和公园等公共场所周边的卫生保洁力度，其中大街马路实行20小时保洁制，内街小区实行16小时保洁制；国道、省道（城区段）实行8小时保洁制。按照创建文明城市的要求，更新和配置果皮箱750个，净化美化市容市貌；广泛开展“城乡清洁工程”、“卫生清洁月”、“周末卫生日”等主题活动，形成全民动手齐清洁的氛围。全年全市处理垃圾9.03万吨，处理粪便1830吨，处理垃圾污水5.18万吨，清理乱张贴、乱涂画、乱印字97万张，城乡环境卫生有较大改善。三是加大巡查力度。全市卫生监督员和文明督导员，坚持每日巡查监督，督促临街各单位、店铺、住户认真落实“门前七包”责任制，对市民不文明行为进行劝导。

加强交通秩序管理。一是建立常态化的交通秩序管理机制。由交警、协管员在城区14个主要交通路口、商业大街等繁华地段指挥和疏导交通，并组织路面机动巡逻队进行日常交通巡查，形成常态化的公共交通管理机制。二是开展交通整治行动。全年出动民警、协管员、志愿者4.61万人次，车辆1.15万辆次，查处各类交通违法行为3.79万宗，查扣各种车辆9468台，简易程序处罚3.38万宗，行政拘留严重交通违法人员204名，纠正乱停乱放违法行为1.13万宗，处罚乱停乱放违法行为为8251宗。加强对营运车辆违法违规和非法营运行为的查处，查获非法营运及违规经营行为619宗，其中查扣非法营运车辆162辆。三是加强公路养护，确保优良路况。全年市公路养护优良路率89%，其中国道优良路率92%，省道优良路率89%。同时，注重附属设施、绿化的维护，沿线设施齐全、标准、规范、清晰、协调、美观，管养公路保持较高的路况水平和通行能力。四是培养市民文明出行生活习惯。大力宣传普及文明行为规范，集中刊登播放公益广告，重点宣传遵守交通秩序、文明驾驶等内容。在公交车、出租车张贴或喷上宣传标语，在全市63辆运输客车上播放公益宣传短片，在城区公交车站、客运站、公共汽车候车亭、出租车停车点设置公益广告及宣传标语约250个。

整治城市“六乱”。从6月开始，全市整治城区“六乱”（乱摆卖、乱搭建、乱拉挂、乱堆放、乱开挖、乱张贴）2.47万宗，有效改善城市容貌。

机关干部入户调查宣传。为深入开展创建全国文明城市工作，掌握社情民意，8月中下旬，全市72个市直机关单位，组织干部1290人，到城区的26个社区开展入户调查。通过问卷调查，征求群众对“创文”工作的意见和建议，了解市民最关心的热点、难点问题。入户调查3.39万户，完成调查问卷339万份，发出《从化市市民读本》3.8万本，征集市民意见和建议2489条。通过机关干部入户调查活动，广大市民进一步了解创建文明城市的重大意义、总体要求和目标任务，支持、参与创建活动。

开展主题月实践活动。每月围绕1～2个主题组织开展系列活动。5—9月，开展主题活动17个。其中“微笑服务”、“文明出行”、“卫生清洁”、“友爱互助”、“志愿服务”、“礼仪推广”等 6 个方面内容为每年必设的活动主题；“社区文化”、“法制宣传”、“慈善帮扶”、“爱护公物”、“环保行动”、“道德宣传”、“文明观赛”、“诚信教育”、“机关效能”、“爱绿护绿”、“关爱孩子”等 11 个方面内容为穿插设置的活动主题。全市各单位、镇街、社区每月围绕主题月开展活动约 300 次。至年末，全市开展主题月活动 4500 多次。

强化志愿服务。一是加强志愿服务队伍建设。2009 年 7 月，成立从化市发展志愿服务事业指导委员会。8 月，市妇联成立市巾帼文明志愿服务队，有 48 支队伍 300 多名队员，参与市组织开展的“关爱外来工”、“周末卫生日”、“志愿服务月”等大型志愿活动 12 场。市关工委组织“五老”禁毒志愿服务队 289 人。志愿服务队的队员经常到市看守所、戒毒所对失足未成年人和吸毒人员开展帮教，引导他们重新踏入社会。2009 年初，团市委协助驻从化市的高校在校内成立法律宣传志愿服务队。二是组织开展志愿服务活动。广大青年团员、青年志愿者积极参与“文明出行”活动、“爱国歌曲大家唱”、“社区文化活动”、“巡查监督活动”、“文明交通志愿服务”、“三下乡”以及主题月和每月主题日等志愿服务。全市有 5.08 万人次参与志愿服务。其中参与慈善帮扶、义务咨询等各类社区志愿服务的市民有 4.3 万人次，服务时间累计 17.2 万小时，接受服务的居民达 23 万人次。

［**“创文”成效**］　公共文明指数测评成绩不断提升。在 5—12 月的广州市城市公共文明指数测评中，从化市测评成绩分别为 68.94 分、76.34 分、78 分、84.91 分、78.90 分、80.60 分、85.47 和 92.23 分，成绩逐步提升。特别是在 10 月全市加大创建工作力度之后，11、12 月的测评分别排名第九和第七，12 月的测评成绩首次超过广州市平均成绩。

综合环境进一步优化。经过 5—12 月的公共文明指数测评，全市公共文明指数总体呈现较高水平。一是城市管理综合水平持续提高，市容卫生环境状况进步明显，社区面貌不断改观。全市公园、广场、商业大街等主要公共场所的环卫保洁水平有明显提高，社区环境卫生明显改善，市民自觉遵守交通秩序意识有所增强，网吧管理秩序及城区“六乱”状况整治明显好转。实地考察项目的测评成绩为 5 月份 50.72 分，12 月份为 92.30 分，排名由最后一名提高到第七名。其中公共交通线路、网吧管理、广场、主干道、公园等项目测评成绩稳步提高，排名不断上升，12 月测评排名广州市第一名，公交线路连续 8 次测评排名第一。二是市民公共文明意识不断增强，对城市公共环境要求不断提高。通过连续 8 个月的测评，广大市民开始养成较强的社会公德意识，对公共场所个人不文明行为约束意识明显增强，逐渐形成友善融洽的人际关系和文明和谐的社会风尚。

市民对创建工作知晓率与参与率不断提高。通过开展“重民意，端民行，携手共创文明城”主题实践活动、全市机关干部入户大调查活动、“公共文明大家谈”社区论坛活动、“每月大型广场文化活动”、“每月社区文化活动”及“小手拉大手、文明一起走”、阅读《文明导报》等活动，广泛有效地推动创建宣传工作的落实，提高创建宣传工作的覆盖面，市民参与创建工作的积极性不断提高，创建工作得到越来越多市民的支持和认同。入户调查项目的测评成绩从 5 月的 50.72 分上升到 12 月的 92.30 分。

各项重点工作成绩突出。在“创文”工作中，组织开展一系列形式多样的群众性文化活动。在未成年人教育方面，组织开展“全市未成年人思想道德建设座谈会”、“诵读中华经典美文”、“优秀童谣评选投票”活动；在创文主题实践月活动中，围绕净化社会文化环境工作、社会志愿服务工作、道德模范评选和宣传工作、“我们的节日”主题活动、“迎亚运、讲文明、树新风、促和谐”全民行动和市民文明督导队（站）建设等主题，组织开展“大拇指行动”、“文明出行”、“关爱外来工”、“社区文化”等形式多样、内容丰富的专题活动；在传统民俗节庆日期间，以“我们的节日”为主题，组织开展荔枝节、美食节、动漫节、旅游节等富有地方特色的民俗传统文化活动。至年末，全市创建工作重点突出，材料形式规范、内容丰富，连续几个月取得100分的优异成绩。

（市创建办供稿，陈彬执笔）

开展深入学习实践科学发展观活动

［**管理机构**］　2008年9月，市委成立从化市深入学习实践科学发展观活动工作领导小组及其办公室。市委书记、市人大常委会主任欧阳知任领导小组组长；市委副书记、市长梁建清，市委副书记谭凯平，市委常委李艳阳、王建红、李波、何镜清任副组长。领导小组办公室下设督导组、秘书组、综合组、宣传组，有工作人员23人。

［**基本情况**］　从2008年9月开始，全市有82个单位，22个党委，378个党支部，8311名党员参加第一批学习实践活动。2009年3月开始，第二批学习实践活动启动，有390个党组织，14259名党员参加。学习实践活动始终按照中央、省委、广州市委的工作部署，围绕“党员干部受教育、科学发展上水平、人民群众得实惠”的总要求，紧扣“推动从化科学发展，争当生态文明建设排头兵”这个主题，突出实践特色，扎实推进各项工作，取得明显成效，得到各级的充分肯定。在广州市学习实践活动总结大会上，从化市作为先进典型上台发言。良口镇学习实践活动专题材料作为全省镇级学习实践活动的先进经验，被推荐到中央学习实践办。中央学习实践办安排人民日报社、新华社、光明日报社、中央电视台等17家中央新闻单位在本月19日宣传报道从化市和良口镇的学习实践活动情况。

［**主要做法**］　加强组织领导。一是注重领导带头示范。市委高度重视，市领导班子成员始终率先垂范，带头学习、带头宣讲、带头指导、带头调研、带头分析研究问题、带头整改落实，处处以身作则，时时带头示范，为全市树立表率。在第一批分析检查阶段，市委先后召开市委常委（扩大）会议6次，对分析检查报告进行研究修改，十易其稿，带动全市各单位深入开展活动。二是注重加强组织保障。专门抽调精干人员成立领导机构和工作机构，制订工作方案，建立党员领导干部联系点制度，落实工作责任制。三是注重指导检查。市党政领导班子党员领导干部带头深入到各联系点指导工作，确保各项工作落到实处。市委派出12个指导检查组，指导各单位开展活动。

创新活动载体。一是创新“六个四”活动载体。包括“四个学”（学理论、学作风、学本领、学氛围），“四个听”（听群众、听宾客、听同事、听上级），“四个看”（看农村、看社区、看企业、看机关），“四个思”（思成绩、思问题、思原因、思办法），“四个干”

（明确想干什么、为什么而干、怎样干、干多少），“四个评”（评数量、评质量、评效率、评影响），把“六个四”寓于三个阶段扎实开展。二是创新开门搞活动的载体。实行监督员、反馈员、感受员、顾问员“四员”工作机制，为推动全市科学发展献计献策。三是创新寻计问策活动的载体。在第一批活动中，采取“一听二评三谈四征求”的方式广泛征求党员群众和社会各界的意见和建议。“一听”：派出工作组上门面对面听取意见；二评：开展“三评议”活动和“金句子”评选活动；“三谈”：召开领导班子、各界人士、宾客座谈会；“四征求”：发布公开信、印发征求意见表、设立征求意见箱和热线电话征求意见。四是创新示范带动的活动载体。在第一批活动中，确定 2 个试点单位、3 个示范单位和 5 个示范岗位；在第二批活动中，确定 3 个示范单位。通过宣传报道各单位学习实践活动的做法、成效和经验，营造“比、学、赶、帮、超”浓厚氛围，形成以点带面，全面推进的工作格局。

突出实践。一是以“五清五帮”活动为抓手，推动活动纵深开展。“五清五帮”活动是全市落实第一批学习实践活动整改措施，推动第二批学习实践活动的重要载体。主要做法就是组织全市干部职工进村入户调查，深入了解农民的生产生活、农村发展现状，倾听群众诉求，为农户提供力所能及的帮助，做到“五清五帮”，即家庭基本情况清、收入情况清、计划生育情况清、就业情况清、主要诉求清，帮解困、帮技能、帮信息、帮维权、帮思想。自 2009 年 2 月开展“五清五帮”活动开始，组织全市 5161 名干部职工与 97312 户农户挂钩联系，实现全市农户挂钩联系全覆盖，惠及 40 多万农民。在“五清”工作中，共了解到农户提出原始诉求 23 万多条，梳理出致富增收等八大诉求。对群众诉求，市从三个方面着手解决：第一是市委市政府从政策层面加以解决。第二是将群众有关诉求向相关职能部门反馈，相关职能部门根据实际情况加以解决。第三是广大干部职工力所能及地帮助群众解决实际问题，年内完成 3～5 件好事实事。据统计，6—8 月全市参加“五帮”活动的单位共立项 473 项；全市干部个人帮扶农户 35 万多户次，惠及 8 万多人次，其中帮解困 8 万多件、帮技能 9000 多人次、帮信息近 3 万条、帮维权 1700 多项、帮思想 5 万多项，帮钱 85 万元。通过组织广大干部职工深入群众听民声、排民忧、解民困，掀起学习实践活动热潮，受到社会各界的一致好评。二是以加强党的建设为重点，夯实从化科学发展组织基础。坚持把加强农村基层党组织建设摆在突出位置，开展“一工程四机制”工作。“一工程”，即农村党建“三级联创”活动创建“生态文明建设排头兵”先进村示范工程。“四机制”，即建立农村干部任职公开承诺机制，农村干部成长机制，党内帮扶困难党员机制，农民全面培训机制。建立健全干部选拔任用机制，推行《从化市领导干部日常表现综合评价试行办法》，坚持“在日常工作中了解干部，在重点工作中考察干部，在重大事件面前考验干部”，进一步提高选人用人公信度。创新干部培养机制，每年从高校毕业生中选拔高素质人才到基层挂职，选拔优秀年青干部实行“高挂”。制定《从化市加强基层党风廉政建设完善村级管理若干制度》等制度，推动党风廉政建设深入开展。

注重整改。在开展第二批学习实践活动的同时，全市各单位通过坚持开展第二批学习实践活动与进一步巩固和扩大第一批整改落实工作成效相结合，在解决突出问题上加强统筹协调，不断巩固和扩大第一批学习实践活动的思想成果、实践成果和惠民成果。

据统计，全市在第一批学习实践活动“回头看”中，各单位制定整改落实项目387个，提出整改落实措施1163条，其中已整改的问题295个，正在整改的问题有82个。特别是市党政领导班子整改落实方案提出的24个方面64项整改措施得到扎实有效地落实。其中2009年内完成的有33项整改措施，取得阶段性明显成效的措施98%以上。

［**主要成效**］　党员干部思想水平有新提高。通过开展学习实践活动，党员干部思想和行动得到进一步统一，对科学发展的认识进一步提高，突出表现在“三大转变”。一是思想观念大转变。主要就是党员干部在思想上实现从过去的心浮气躁求发展到心平气和抓发展的转变。具体来讲，就是正确处理五个关系：正确处理当前发展与长远发展的关系，正确处理加快发展与保护生态的关系，正确处理加快发展与社会稳定的关系，正确处理加快发展与改善民生的关系，正确处理加快发展与优化结构的关系。通过正确处理五个关系，树立一个总的理念，心平气和抓发展就是科学发展，遵循经济规律、社会发展规律，真正把从化的事情做好，真正实现科学发展。二是发展思路大转变。通过开展学习实践活动，全市形成推动从化科学发展新思路。就是增创生态优势，发展生态经济，营造生态城乡，争当全省生态文明建设的排头兵，把从化建设成为富裕、文明、和谐、优美的广州北部城市副中心。具体就是打造“五个从化”，即分区划片，描绘“理想从化”；打造“双百”，装扮“靓丽从化”；擦亮牌子，雕琢“精品从化”；优选项目，建设“实力从化”；统筹城乡，营造“宜居从化”。三是干部作风大转变。通过学习实践活动，全市上下形成深入基层调查研究、铆足干劲干事创业的良好风气，机关作风明显好转，办事效率明显提高。

科学发展的实力进一步提升。进一步完善三大主体功能区规划，细化几个核心组团的规划，做到建设规划与土地利用规划的有机统一。推进城乡一体化工程，加快推进农村改革发展，千方百计增加农民收入，提高农民生活水平；千方百计保障农民的合法权益和民主权利；千方百计加强对农民的教育培训，培育社会主义新型农民。大力推进田心社等“农家乐”示范点建设，探索一条注入旅游元素，促进农民增收的新途径。实施拓平台、抓项目、调结构的措施，有效实现经济平稳较快增长。配合广州市4项重点建设项目和推进从化市28项重点工程建设。着力实施“四个万亩”工程，即新储备万亩工业用地、万亩城建用地、万亩农村土地承包经营权流转、万亩新开垦补充耕地。坚持生态旅游发展高端化，重点推进“双百三五七品牌”的旅游发展战略。打造“双百”工程，即“打造百里观光长廊，点缀百颗旅游明珠”。实施“555”牌战略，即打造一批五星级宾馆、五钻级酒家和5A级景区。发展七大旅游品牌，包括乡村风情、温泉养生、森林度假、运动康体、文化欣赏、国际商务、饮食购物七大品牌。坚持高端化、集群化、特色化、集约化、生态化的指导方针，振兴现代工业。加大三大工业园区及承接“退二”产业基地建设，依法关闭全市所有水泥厂、红砖厂和部分石粉厂。通过学习实践活动，全市科学发展实力进一步提升。1—8月，全市完成生产总值96.52亿元，增长9.2%；地方财政一般预算收入9.16亿元，增长26.2%；全社会固定资产投资41.53亿元，增长20.6%。第三产业成为经济增长亮点，增加值46.48亿元，增长18.7%。其中1—8月全市接待旅游总人数409.63万人次，增长36.1%，旅游总收入13.65亿元，增长

34.2%。住宿餐饮营业总额7.87亿元，增长29.2%。商品房销售面积45.16万平方米，销售合同金额19.42亿元，分别增长126%和97%。同时，建立健全“百名领导联助百家企业”等一系列制度机制，为今后科学发展提供保障。尤其是通过“五清五帮”活动的成功实践，形成“五清五帮”活动长效机制，今后每年2月开展一次“五清”工作，“五帮”工作坚持不懈地抓下去，从制度上巩固和扩大活动成果。

惠民政策全面落实。1—8月，全市城镇居民人均可支配收入12115元，增长11.5%；农民人均纯收入5196元，增长11.1%。农村基础设施不断完善，“五通”工程（通水泥路、通水、通电话、通电视、通电）已经基本完成。就业问题得到妥善缓解，农民工资性收入比例逐步提高。进一步巩固中小学布局调整成果和完善扶困助学体系，推进规范学校建设，促进基础教育均衡发展。健全市、镇、村三级公共卫生服务体系，推进中心镇医院建设，群众“就业、就读、就医”的质量进一步提高。提高退休人员基本养老金和农村低保标准，完善被征地农民基本养老保险制度，农村养老保险工作进展顺利。创建全国文明城市进一步推进，全力推进农村污水处理建设和城乡环境卫生整治。全面落实社会治安综合治理各项措施，在全市范围内以村（居）为单位组建一支近千人的村级治安联防队，推进治安视频监控体系建设，全力以赴开展人屋车场专项整治行动，为广大群众营造安定、祥和、和谐的生活环境。社会各项事业全面发展，给群众带来实惠，使学习实践活动成为群众的满意工程。

[**主要经验**] 一是必须坚持把中央精神与市情民意相结合，学习实践活动中，从化市充分考虑市情民意，结合实际制定方案，紧紧围绕解放思想、加快经济结构调整、完善工作机制、转变干部作风开展活动，从而赢得群众支持，突出实践特色，收到良好成效。二是必须坚持加强理论武装与突出实践特色相结合，既要不断深化对科学发展观的认识，又要理论联系实际，以科学发展观指导工作实践，特别是与破解发展难题、拓展发展思路有机结合起来，切实增强学习实践活动的实效性。三是必须坚持立足当前与着眼长远相结合，既要注重解决当前突出问题，特别是落实好中央提出的保增长、保民生、保稳定的各项任务，又要着眼长远，改革创新，形成有利于科学发展的体制机制。四是必须坚持改造客观世界与改造主观世界相结合，既要坚持用科学发展观指导工作，又要按照科学发展观的要求，树立正确的世界观、人生观、价值观和权力观、地位观、利益观，着力解决党员干部自身党性党风党纪方面存在的突出问题。五是必须坚持规定动作与探索创新相结合，既要不折不扣执行中央、省委和广州市委的规定内容和环节，又要鼓励基层结合实际创新活动方式、活动载体。六是必须坚持党内活动与群众参与相结合，既要引导党员干部自觉学习实践，又要坚持让群众参与、受群众监督，密切与人民群众的联系。七是必须坚持把学习实践活动与推动当前工作相结合。活动中，从化市把学习调研、分析检查、整改落实过程中学到的理论、形成的思路、制定的措施转化为推进工作的动力，形成以学习实践活动推动各项工作、以破解当前工作中的难题促进学习实践活动的良性互动，达到学习实践活动与当前工作“两兼顾、两促进”。

（市学习办供稿，杨柳执笔）

创建全省残疾人社区康复示范区

［**管理机构**］ 2006年5月，从化市被省残联定为创建全省残疾人社区康复示范区培育单位。为使创建工作顺利开展，市政府成立创建全省残疾人社区康复示范区领导小组，副市长刘宗静任领导小组组长，成员由市政府办公室、市卫生局、市妇联、市教育局、团市委、市民政局、市劳动和社会保障局、市残联、市公安局、市财政局的负责人组成。领导小组按照创建《全省残疾人社区康复示范区工作标准》开展创建工作。

［**指导思想**］ 高举邓小平理论伟大旗帜，在增创新优势、更上一层楼、率先基本实现社会主义现代化进程中，认真落实《中华人民共和国残疾人保障法》，弘扬人道主义精神，按照"以人为本"的社会发展方向，全面推进残疾人事业的发展，依法维护和保障残疾人合法权益，不断满足残疾人日益增长的物质文化需要，形成全社会扶残助残的良好风气，加快社会主义精神文明建设。

［**工作目标**］ 总体目标。通过社区康复工作制度建设，规范服务机构、服务人员、工作内容、服务标准（即"四个规范"），并明确各级服务机构的工作责任和义务。利用三年的时间建立并初步完善以市残疾人康复中心、职业技能培训中心、特殊儿童教育中心为龙头，各镇残疾人社区康复站、各镇医院为基地，各村居卫生站康复员为基础的覆盖全市的农村社区康复服务网络。并使"一所（残疾人劳动所）一站三个中心"成为"康复资源中心"，以龙头带动基地全面开展残疾人社区康复服务。建立农村可持续发展的、长效的、社会力量广泛参与的社区康复服务机制。

分步推进。第一步：2006年，第一方面，加强社区康复硬件设施建设，在吕田、温泉、鳌头、太平四镇建立社区康复站；改造康复中心自闭症训练场地、增加训练设备。第二方面，掌握各类残疾人康复服务需求，康复服务需求建档率达90%以上。第三方面，加强、加快软件建设，建立专业化的康复服务队伍，即通过康复中心的技术培训与康复效果展示，帮助镇、村两级相关人员了解和掌握适宜社区的康复技术，因地制宜地开展家庭康复服务工作。第二步：2007年，一方面，充分发挥"一所一站三个中心"的技术资源优势及吕田、温泉、鳌头、太平四镇社区康复站的康复服务平台作用，开展全面的康复服务，并继续完成各类残疾人康复服务需求建档工作，康复服务需求建档率达95%以上。另一方面，利用残疾人因康复服务功能进步，生活质量随之提高的需求，建立横向联系，整合社会所有有用资源（教育、卫生、法律、社会、就业）为残疾人提供服务与帮助。第三步：2008年，巩固完善社区康复组织管理、技术指导工作，成立各类康复服务的监督管理机构；建立各类康复服务为主要内容的目标评估、过程评估和效果评估的评估体系，继而创立以政府为主导的、社会组织广泛参与的符合从化市残疾人发展需要的康复服务体系和切实可行的社区康复监督体系，以确保社区康复工作可持续发展。

［**加强领导**］ 一是按照创建《全省残疾人社区康复示范区工作标准》，健全社区康复工作机构，完善社区康复服务网络，加大社区康复工作力度。先后制定《从化市创建全省残疾人社区康复示范区实施方案》、《从化市创建全省残疾人社区康复示范区工作计划》和

《关于进一步将残疾人社区康复纳入城乡基层卫生服务的实施方案》等文件，充分发挥政府主导的作用，大力开展创建工作。二是加强阵地建设。从2006年6月开始，市多次召开相关部门参加的工作会议，按照要求，组织相关部门认真实施。市残联负责组织制定并协调实施社区康复工作计划，为社区康复站增配康复器材；市卫生局将残疾人社区康复纳入社区卫生服务工作，着力提高社区卫生服务机构人员的康复知识和技能水平，在全市社区卫生服务中心和镇（街）医院设置康复科（室）13个，重点开展残疾人医疗康复；市民政局把困难残疾人家庭全部纳入大病医疗救助体系；市教育局在省一级学校流溪小学内开办启智学校，配备特教老师9名，设置康复室开展在校残疾儿童的康复训练和普及康复知识服务（在读智残儿童40名）。此外还在江埔小学、温泉小学设立特教班，随班就读残疾儿童300多人。市图书馆划出20多平方米场地，设置电脑室，提供盲文服务卡和语言康复机，方便盲人阅读。三是广泛深入开展创建宣传活动。结合“全国助残日”、“全国爱耳日”和“世界精神卫生日”等活动，组织举办各种广场活动，为群众提供康复咨询、就业招聘、文艺表演等服务；组织上门宣讲政策法规和开展慰问活动；通过印发宣传单张、小册子和《致从化市残疾人及亲友的一封信》等宣传资料，大力宣传创建活动；充分发挥广播电视和报纸等媒体的作用，及时把各类残疾人康复服务和康复救助政策等信息传递到全市。通过不断加大宣传力度，残疾人社区康复工作赢得社会各界的广泛支持，如广东珠江、红棉、创梦等狮子会为贫困家庭白内障患者提供免费白内障复明手术等。

［**开展培育活动**］ 一是制定康复救助政策和办法。包括：《从化市救助贫困白内障患者复明的优惠措施》、《从化市救助听力语言残疾人的优惠措施》、《从化市残疾人康复训练优惠办法》、《关于印发从化市城乡居（村）民最低生活保障制度实施细则的通知》、《从化市农村残疾人参加新型农村合作医疗缴费和康复救助试行办法》、《关于从化市救助贫困精神病人优惠办法的通知》、《关于从化市“十一五”精神病人解锁方案的通知》、《关于从化市“白内障无障碍区”实施方案的通知》等。二是实施分类救助。将0—14周岁残疾儿童作为重点康复服务对象。实施大病重病救助政策，残疾人低保户、低收入户每人每年可享受1.5万元的重大疾病医疗救助金资助。实施康复辅助用品用具借用救助，本市残疾人均可享受市辅助用品用具服务供应站和社区康复站免费借用康复辅助用品用具的救助。实施志愿者帮扶残疾人政策，开展形式多样的志愿者帮扶救助。三是完善服务。重点对市残疾人康复中心、镇（街）、场医院及康复站进行培育，主要内容包括整合社区康复资源，完善服务网络，深化康复内涵，扩大康复覆盖面和开展个性化康复服务等。引导市残疾人康复中心，镇（街）、场医院及康复站将工作落脚点放到建立社区康复工作长效机制和使残疾人切切实实受益上来。在13所镇（街）、场医院（包括3所社区卫生服务中心）内设立康复科，在各个村设置康复站，在社区卫生服务机构里设置残疾人康复职能，实现康复进社区。按照“制度上墙、文件上柜、需求上表、任务上栏、服务上榜、效果上册、责任到人”的高要求，在康复中心和康复站均分别开设康复训练设备和辅助用具的租借，设置无障碍设施及康复知识普及读物，设置康复训练、心理疏导、日间照料、转介等技能传授康复服务。

[扎实推进创建工作] 建立完善管理体系。市成立残疾人社区康复领导小组，各镇（街）设有残疾人专职委员和康复员，各村（居）委成立残疾人协会，形成市、镇、村（居）三级社区残疾人康复工作管理体系。各镇（街）、场残联配备康复协调员8人，村（居）落实残疾人专职委员195人，残疾人社区康复站落实专职康复员13人。市、镇（街）两级财政按照辖区人口每人每年0.15元的标准，安排残疾人康复专项经费，市财政每年划拨近15万元，补贴残疾人社区康复站运作经费及社区康复站人员经费。至2009年5月，全市累计投入各项康复经费共500多万元。此外，对村、居残疾人专职委员195人和康复协调员进行补贴，经费总额近61万元。

加强培训。从2006年7月开始，对全市残疾人进行康复需求调查，康复需求筛查率达95%以上，全面掌握全市残疾人的基本情况和康复需求，分别为每个残疾人建档立卡，残疾人康复服务建档率达到100%，并将有关资料录入到全市残疾人康复、就业工作信息库。在此基础上，分别对社区卫生服务机构、镇（街）医院兼职精神病防治医生等基层工作人员进行业务培训和上岗培训，每年培训不少于120个学时；每年组织对康复中心康复员、残疾人专职委员和康复协调员进行各类康复业务培训，每年培训32个学时，并全部持证上岗。针对基层康复工作人员业务素质不高的问题，完成265名基层残疾人社区康复协调员60学时的培训。在原有村（居）民政组织网络的基础上，加强对村（居）民政干部的残疾人政策、残疾人工作规范等培训，使村（居）民政干部一才多用，做到每个村（居）都有1名社区康复协调员；完成30名基层康复指导员120学时培训；完成133名残疾人康复协调员32学时的培训。

加强康复机构建设。依托中心医院、市慢性病中心和市残疾人康复中心等专业医疗机构，分别成立视力残疾、听力语言、精神残疾、智力残疾、肢体残疾等5个康复指导中心，在市残联康复科设置残疾人用品用具供应服务站，各个康复指导中心和供应站均配备专职工作人员，充分发挥6个技术机构的作用，开展康复治疗和咨询转介等工作，进一步完善社区康复工作技术网络，使残疾人就近、便利、切实享受社区康复服务。

开展服务。一是针对贫困残疾人的康复需求，组织专业机构和社区服务机构，对贫困残疾人实施免费康复救助服务。二是广泛开展康复服务。2006年5月开始，对近1550名白内障患者施行白内障复明手术，其中免费为符合条件患者施行复明手术近640名，白内障致盲患者手术率达100%；对全市有学龄前37名聋儿进行聋儿康复训练，康复训练率达100%；对全市84名学龄前智力残疾儿童进行康复训练，康复训练率达98%；对590多名有康复价值的肢体残疾人进行康复训练；全市39名缺肢者，装配完成大、小腿假肢37例，缺肢者假肢装配率达94.87%；为全市113名低视力患者配戴助视器、为31名盲人进行定向行走训练，为18岁以下在训聋儿配备助听器102个。全市精神病患者检出率达6.4‰以上，监护率96%，显好率70%，参与率65%，肇事率0.15%。依托市、镇（街）、村（居）三级精神病防治服务网络，为病情稳定的精神病患者和成年智力残疾人提供日间照料和工疗、娱疗活动，帮助其提高社会适应能力。三是充分发挥镇（街）医院和社区卫生服务中心、残疾人康复中心和康复站的作用，对肢体障碍者的运动功能、生活自理能力和社会适应能力进行训练，并组织社区康复员对残疾人康复效果进行中、末期评估，使机构训练和社区服务的双向转介在组织层面和技术层面得以实现。四是做好残疾儿童首报告工作，加强儿童的早期干预；举办健康知识讲座，开展康复咨询活动，提供和发放普及读物，宣传残疾预防知识，传授家庭康复训练方法。通过开展各类康复活动，从化市残疾人社区康复覆盖率达 95%以上。五是免费提供辅助用具和适配服务。免费安装大腿假肢 9 例、小腿假肢 28 例；免费提供轮椅 765 辆；免费提供辅助用具 530 件；为聋童和成年听障人士免费提供助听器 112 个；免费提供其他辅助用具 450 件等。总价值 150 多万元。

[**探索特色农村社区康复工作**] *政府购买服务*。从 2000 年开始，从化市对“政府购买服务”进行尝试，并在市康复中心引入广州市的专业康复机构，为残疾人开展专业康复服务，取得良好的效果。特别是脑瘫儿童康复走上专业化的道路，成为省残联肢体残疾康复培训基地。在创建示范区活动中，借鉴这一成功的做法，引进 13 名康复专科毕业的技术人才，由政府每年出资 60 万元，让民营组织独立管理，落实待遇，市残联每年下达任务，年终组织考核评估，使政府购买服务这一种新服务形式在残疾人康复工作中落到实处。

完善服务网络。在创建活动中，一方面完善社区医疗卫生服务中心的康复机构建设，另一方面根据从化的特点，在太平、鳌头、温泉、吕田 4 个镇建立社区残疾人康复站，总投资 150 万元，将专职的康复技术人员安置到康复站开展工作，全面开展农村残疾人的康复需求调查、转介服务、传授康复技术，收集康复信息，上门进行康复训练等服务，形成以市残疾人康复中心为龙头，各镇康复站为依托，村卫生站康复室为基础的完整的服务网络。

创新方式工作。一是招收 1 名社工专业的本科毕业生到市残疾人社区康复站做专职社工，享受工资报酬和购买社保等待遇，将社会工作和社区康复工作互相融合，逐渐扩大康复工作的社会化。二是与香港复康会进行技术合作，聘请复康会专家教授到肢体残疾指导中心传授技术，提升康复技能。三是邀请广东狮子会免费为白内障患者施行手术，2007—2009 年共施行手术近 640 例，为白内障患者节约费用 220 多万元。四是配合西安杨森制药有限公司赞助的，以引导特殊儿童兴趣学习为主要目的“蒲公英”项目。五是邀请香港痉挛协会家居服务专家，传授社区服务新理念和社区康复服务技巧。

加强农村工疗站建设。对农村精神病患者和弱智人士的工疗康复模式进行探索。市政府召开专门会议，拨出专款 350 万元，购地 5400 平方米，建设温泉工疗站，建筑面积 2000 多平方米。该工疗站集托养、工疗、康复为一体，可为 100 多名农村残疾人提供康复服务。

[**创建成效**] 2009 年 6 月 5 日，全省残疾人社区康复示范区验收小组到从化市进行验收，通过听取汇报和实地察看，从化市创建工作顺利通过验收检查，被授予“全省残疾人社区康复示范区”称号。

（市残联供稿，梁志忠执笔）

开展“五清五帮”活动

在深入学习实践科学发展观活动中，从化市委结合实际，决定从 2009 年 2 月起至年末，在全市机关、事业单位和镇、街干部职工中开展“五清五帮”活动，着力解决影响和制约科学发展的突出问题，以及党员干部党性党风党纪方面群众反映强烈的突出问题，以推动学习实践科学发展观活动的深入开展。

[**指导思想**] 以邓小平理论、“三个代表”重要思想和党的十七大精神为指导，认真贯彻落实党的十七届三中全会、省委十届四次全会、广州市委九届六次全会及市委十一届六次全会精神，紧紧围绕“党员干部受教育，科学发展上水平，人民群众得实惠”的总体目标，将“五清五帮”活动作为党委和政府联系基层群众的桥梁；作为改进和提高干部做群众工作的能力及水平的载体；作为改进干部的工作作风、增强干部的党性意识的抓手，进一步密切党和人民群众的联系，急农民群众之所急，忧农民群众之所忧，深入了解农民群众愿望、倾听农民群众要求，促进全市机关工作作风得到根本性的转变，构建有利于从化市科学发展的体制机制，推动经济社会又好又快发展。

[**“五清五帮”主要内容**] “五清”。即家庭基本情况清：包括家庭成员基本情况、劳动力状况、子女入学情况、居住状况等。收入情况清：包括家庭月总收入、人均月收入、年纯收入、收入来源、支出情况等。计划生育情况清：了解农户育龄妇女婚育情况，包括婚否，怀孕情况，一孩（男女）、二孩（男女）、多孩情况，采取什么避孕节育措施，是否外出务工等。就业情况清：包括农户家庭劳动力的个人文化程度、就业现状、就业愿望、掌握技能等方面情况。主要诉求清：了解农户在致富增收、技能培训、医疗卫生、农村教育、社会保障、社会治安、人居环境等方面是否存在特别关注、急切盼望解决的问题，清楚他们存在的困难和需求。“五清”活动的重点是计划生育情况、就业情况及主要诉求。

“五帮”。即帮解困：对在生产、生活上存在困难的农户通过帮钱、帮物、帮力或向有关职能部门反映等多种方式提供力所能及的帮助。帮技能：引导和帮助农户多参加实用技术和技能培训，使他们掌握农业新技术、新知识，提高综合素质、增强就业本领，早日实现致富增收。帮信息：为没有就业门路、缺乏求职信息的农户广泛寻求打工、就业信息，介绍就业、扶助创业等服务。帮维权：倾听农户的诉求心声，使农户在物质利益、民主权利、农村义务教育、基本医疗卫生和社会保障各项政策上的合理诉求能向有关职能部门传递反映，及时化解矛盾，使他们的权益得到维护，促进农村社会和谐稳定。帮思想：宣传党在农村的各项方针政策，传达上级和市委市政府当前各项重大决策和工作部署；经常与农户进行交流沟通，在思想上帮助他们转变观念，鼓励他们创业、勤劳致富。

[**目标任务**] 开展“五清五帮”活动，是镇、街领导干部包村包户制度的进一步完善和深化，活动按照重在把主题实践活动做实、重在抓出实实在在的成效为标准，使全市9.64万户农户实现包户帮扶全覆盖，一户不能少，一户不能漏。活动的主要任务：一是通过干部职工与农户挂钩联系，进村入户了解情况、反映情况。二是提出建议和意见，为农户提供力所能及的帮助和扶持。三是为市委、市政府制定全市性的惠农惠民政策提供依据。

[**工作要求**] 组织领导。各单位、各部门要高度重视，主要领导要担负起主要责任，亲自指挥调度，统筹协调，在时间、经费、车辆安排等方面给予大力支持，把这项活动落到实处，抓出成效。

组织实施。一是各单位要指定1名联络员，具体负责与镇（街）、村进行沟通、联系、协调。定期与挂钩联系农户所在镇（街）交流工作情况，及时收集、反馈工作信息，共同解决在联系工作过程中遇到的实际问题。二是要把落实好帮扶措施摆到突出位置，坚持党员干部力所能及、单位尽最大努力来帮助农民群众尤其是困难家庭解决实际问题，形成帮扶的整体合力。三是要把该活动作为考察干部平时工作表现的一项重要内容，在活动中组织工作不得力或不作为的要批评教育，促其改进。

舆论宣传。充分利用各种新闻媒体，加大舆论宣传力度，注重总结经验，及时发现、培育、宣传、推广好做法好经验及先进典型，充分发挥其示范、引导作用，形成积极向上、奋发有为的浓厚氛围。

正确态度。各镇街、村、农户一是要树立大局意识，积极配合这次活动的开展，要如实反映实际情况，不夸大事实；二是鼓励农户之间进行互帮互助，富裕帮贫困，先进帮后进，形成良好的氛围；三是强调农户要立足于自力更生，通过活动的开展，要更加振奋精神，坚定信心，积极想办法改变贫困落后的状况。

长效机制。从2010年开始每年的2月份，要对挂钩联系的农户基本情况重新进行一次“五清”，进一步调整、充实、完善“五帮”的内容。所更新的综合汇总资料及信息，将作为市委市政府制定惠农惠民政策的参考依据。

［**主要做法**］ 领导重视。一是坚持高标准严要求，加强统筹谋划。工作启动阶段，坚持高起点筹划、高标准推进、严要求抓落实。2009年2月22日，市委召开全市动员大会，市委书记欧阳知亲自谋划、亲自部署、亲自推动，确保“五清五帮”活动开好局、起好步。在每月结束前，市委学习实践办都召开工作会议，对前一阶段工作进行认真总结回顾，并对下一阶段工作进行研究和部署，为全市“五清五帮”活动定好重点，把准方向。二是领导带头，率先垂范。市领导多次深入各自的联系点开展调研，及时指导检查各单位开展“五清五帮”工作。市委书记欧阳知带头深入调研，多次召开专题会议研究，作出重要批示，要求“五清五帮”活动要重实际、讲效果、抓落实。市长梁建清多次听取专题汇报，亲自到联系点开展帮扶活动、指导工作。三是强化组织领导，形成齐抓共管的工作机制。为加强工作领导和统筹协调，市委安排市委学习实践办负责活动的组织、协调、统筹、督促、落实工作，从人力、物力、财力上给予支持和保障。全市各单位结合实际成立领导机构和工作机构，从领导力量、工作机制及时间安排上为开展“五清五帮”活动提供保证，形成一级抓一级、层层抓落实的工作格局。各单位还通过建立健全工作制度，落实信息报送、督查、联络员等工作机制，推动“五清五帮”活动有序开展。市委学习实践办全年下发各类指导性文件和各类通知20多份，有效推进活动的开展。

提高惠民利民的质量和水平。一是全面推进，狠抓落实。落实联系对象，安排全市干部职工分别挂钩联系农户，每个干部职工挂钩联系18—25户农户，实现全市农户挂钩帮扶全覆盖，一户不漏，惠及全市40多万农民。组织干部职工对所挂钩联系的农户，按照“五清”的要求，逐户进行入户调查摸底，全面、准确了解和掌握每户的基本情况。根据农户的实际情况和诉求，干部职工制定个性化的具体帮扶方案，实行一户一策，列出帮扶措施、完成时限，为农户提供力所能及的帮助和扶持。二是健全网络，动态管理。

通过入户调查，为每户农户建立信息卡册，形成帮扶台账，建立“五清五帮”信息平台，做到随时发现随时输入，随时变化随时调整，全覆盖的群众动态管理网络已经形成。三是夯实责任，严格奖惩。建立激励奖惩机制，对帮扶工作进行考核，实施奖惩，并把帮扶工作纳入干部考察的内容，作为干部提拔任用的参考依据。全年通过深入农户听民意，全市所联系农户共提出原始诉求23万多条，其中致富增收诉求6.07万条，技能培训诉求3.26万条，医疗卫生的诉求2.88万条，农村教育诉求1.22万条，社会保障诉求5.36万条，社会治安诉求1.37万条，人居环境诉求2.52万条，其他诉求4540条。

创新活动载体。广大干部职工在开展“五清五帮”活动中，紧密结合群众实际，精心设计活动载体，勇于探索活动方式，善于创新活动内容，努力使“五清五帮”活动始终充满活力、富有特色。一是与“深入学习实践科学发展观活动”相结合，使“党员干部受教育，科学发展上水平，人民群众得实惠”这一目标深入人心。二是与“机关服务年”活动相结合。进一步提升干部帮助农民解决实际问题的能力，引导广大干部树立艰苦奋斗、求真务实、廉政勤政的良好作风。三是与开展“主题党日活动”相结合。坚持利用主题党日与节日活动，广泛开展送资金、送岗位、送关怀、送技能等服务，帮助农民群众尽快走上致富路，把党的关怀和温暖及时送到他们的心坎上。四是与推动市委市政府中心工作相结合。在活动中，广大干部职工广泛听取农民群众对从化市各项惠农政策的意见建议，从而把解决问题落实到推动农村改革发展上、落实到维护社会和谐稳定上、落实到解决民生问题上，推动“五清五帮”工作落到实处。

树立群众观念。一是沉下身子、深入基层，真心走进群众。多管齐下集民意，采取走访了解、公布手机号码、召开座谈会等形式，面对面与群众交流，收集民情民意，深入了解基层干部群众的所想、所盼、所求。把深入基层的过程作为宣传党的方针政策、传递惠民信息的过程，使农民群众加深对党的方针政策的了解。活动工作中直接面对基层群众、接触具体难题、感受真实情况，掌握大量的第一手材料，深化对基层情况的认识和了解。二是排忧解难、化解矛盾，真情为民办事。干部职工针对群众反映的突出问题，本着尽力而为、量力而行的原则，努力帮助解决。三是总结规律、以点带面，推动全局工作。活动中，干部职工坚持“调查在点上、谋划在面上”，既着力解决好一个点的问题，办好一个点的实事，更注重着眼全局，由点及面，分析面上带有普遍性的问题，形成规律性的认识，取得面上工作的主动权。四是切实感悟、寻找差距，改进自身作风。活动中，干部职工以谦虚平等的态度，真心诚意地向群众学习，问计于基层，求教于群众。对农村中的所见所闻，大家结合自身的思想和工作实际，认真总结反省，撰写工作体会，及时记录所感所想。

解决人民群众切身利益的热点难点问题。广大干部职工对群众反映的突出问题，既立足当前，又着眼长远，充分考虑问题的轻重缓急和难易程度，对需要解决的问题分近期、中期、远期作出具体安排，把群众反映强烈的热点、难点问题作为帮扶重点，先易后难，见诸行动，从现在做起，从当前的工作抓起，从广大群众看得见、摸得着的事情做起。对马上能解决的立即解决；对一时解决不了的问题，列出计划，创造条件，逐步解决，使广大干部群众切身感受到活动带来的实际变化。有的单位帮助就业，采取就业安置、职业介绍、技能培训等多种措施帮助农民群众及其子女提高就业能力，实现就业；有的单位扶持创业，对有一定能力的农民群众，从思想疏导入手，鼓励群众树立信心、勇于面对困难，并积极协调、帮助群众走创业之路；有的单位助学帮困，通过资助学费、提供学习用品等为困难群众子女完成学业创造条件；有的单位救急解难，帮助群众解决因重大疾病和意外灾害等造成的急难问题，有效缓解困难家庭的生活困难；有的单位着力解决医疗保障问题，积极向有关部门反映情况，更好地完善残疾补助和合作医疗的惠民政策，对一些生活较为困难的孤寡老人和孤儿，报请政府和有关部门给予适当照顾。

注重宣传发动。整合新闻媒体资源，形成立体宣传声势。市各新闻媒体开设“五清五帮”活动专版、专栏，及时报道各单位开展活动的动态信息，宣传“五清五帮”活动的目的、意义和开展形式，推广好做法、好经验和先进典型。市委学习实践办每半个月出版一期“五清五帮”活动专题简报，及时提升活动成果。编印一套32开60多页的涉农政策汇编小册子，便于广大干部职工了解政策、宣传政策、解释政策。加强与中央、省、广州市媒体的联系沟通，向社会各界宣传、推介“五清五帮”活动的做法和经验，扩大“五清五帮”活动的社会影响。各单位也组建宣传报道联络员队伍，建立宣传报道协调工作机制，搭建良好的宣传平台，形成多层次、多角度、多形式的宣传格局。

[主要成效] 干部职工受到教育。各单位把参加结对帮扶工作作为教育干部，了解市情、体察民情、转变作风的重要载体，纷纷组织干部捐款捐物，组织干部职工进村入户开展服务。全年各单位主要领导实地走访群众5次以上，干部深入结对群众10次以上。在给群众送钱物的同时，通过与群众的交流，进一步加深对农业、农民、农村的认识，增进同群众的感情，增强党性修养，为农服务意识明显增强，提高贯彻落实市委有关促进城乡统筹发展、支农惠农政策的积极性、创造性，为市委、市政府解决群众实际问题提供可行的意见和建议。

农民群众得到实惠。干部职工从实际出发，采取现场办、协调办、督办等多种形式，分类解决群众的实际问题。至年末，全市参加“五帮”活动的单位共立项898项；干部个人帮扶农户数7.94万户次，惠及18.45万人次，其中帮解困1.28万件、帮技能2.19人次、帮信息6.79万条、帮维权2940项、帮思想10.70万项，帮钱340多万元，帮物1.42万件。

党和政府与农民群众的血肉关系密切。在活动中，干部职工身临其境感受基层群众的酸甜苦辣，对群众的疾苦、困难更了解；通过问需于民、问计于民，群众和干部的心走得更近；通过为民办事、排忧解难，干部和群众的情更深；通过宣传政策，干部和群众的目标更一致；通过解决实际问题，群众笑声多了，赞扬多了，怨气少了。农民群众在帮扶干部的耐心教育和帮助下，进一步了解党的政策，理解政府面临的暂时困难。群众情绪理顺，一些影响社会稳定的矛盾和问题处理在基层和萌芽状态，信访案件明显下降，维护社会稳定。

党建工作找到新亮点。在活动中，各单位发挥党组织战斗堡垒作用和党员在帮扶中的先锋模范作用、示范作用和辐射带动作用，调动基层组织和干部职工参与活动的积极性。有的单位坚持从实际出发，因地制宜，创造多种帮扶形式。一些党组织发挥与企业联系密切的优势，牵手企业一起帮扶，创造机关、企业、村的帮扶新模式；一些单位发挥智力技术优势，积极开展智力、项目扶贫；一些单位着眼于文化帮扶，为村活动室捐赠书籍等文化活动用品；一些单位着眼于加强基层党组织建设，通过党建工作互联互动互补、党员双向互动等方式，推动基层党组织改进工作，实现党建工作共建双赢的和谐局面。“五清五帮”活动成为从化市党建工作最突出的亮点、最出色的名片。

创新理论研究机制。在“五清五帮”活动中，干部职工既抓农村突出问题的解决，又抓群众思想观念的转变；既抓当前能做的政策措施的落实，又抓近期和长远需要研究制定的政策措施。特别在访民贫、助民难、排民忧、解民愁，帮助排解困难群众攻坚实践中，干部职工带着问题下去，形成思路上来，为党委、政府制定惠农政策提供依据，为全市开展集中活动积累经验。活动引起上级领导、社会各界的广泛关注，产生深远的影响。省、市领导对从化市“五清五帮”工作多次作出重要批示，给予充分肯定。省、市理论界的专家教授对“五清五帮”活动中闪现的亮点表现浓厚的兴趣，纷纷深入从化市调研、指导，给予高度评价，并注重从理性层面的深入思考、制度层面的配套建设、实践层面的加强探索，不断加深对这项工作的规律性认识，使之真正成为干部长期受教育、群众永远得实惠的一个重要平台和载体。通过理论界的专家教授总结提炼，健全完善“五清五帮”活动的制度和措施，符合“五清五帮”活动的理论机制得到进一步完善，保障和促进“五清五帮”活动理论机制的框架基本形成，较好地形成贯彻活动的长效机制。

（市学习办供稿，黎敏英执笔）

从化迎亚运工作

［**管理机构**］ 从化市2010亚运城市行动协调委员会（简称从化亚运城市行动协调委）是从化亚运城市行动的领导协调机构，在广州市亚运城市行动协调办和各分项工作组的指导下，负责领导、组织、统筹、协调亚运城市行动计划中从化市有关工作；亚运会期间根据广州市有关部门要求和赛时运行工作需要调整充实并转换为赛时运行指挥机构。从化亚运城市行动协调委主任由市委副书记、市长梁建清担任；市委副书记、政法委书记谭凯平，市委常委、副市长王建新，市委常委、市委秘书长李艳阳，市委常委、市委宣传部部长王建红，市委常委、市公安局局长魏素新，市人大常委会副主任胡少民，副市长温洁夫、刘宗静、梁锦华、方纪章、孙石康，市政府党组成员李东强担任副主任。

从化亚运城市行动协调委下设办公室（简称从化亚运城市行动协调办）和14个分项工作组：从化亚运城市行动协调办、马术场馆建设组、无疫区建设组、城市基础设施建设与市容环境整治组（下分4个工作专责小组：马术场馆周边道路建设工作专责小组、国道105线和省道355线从化街口城区段升级改造专责小组、水环境整治和绿化工作专责小组、公共交通配套服务工作专责小组）、大气环境整治组、信息技术与通讯保障组、交通组织组、宣传文化组、安全保卫组、口岸外事组、医疗卫生组、食品药品安全与产品质量组、接待和公用服务保障组、志愿者组。分项工作组按照职责分工，负责组织实施、统筹协调、检查督办工作职责范围内亚运城市行动的工作任务。各专项计划牵头单位按照分项工作组的部署和亚运城市行动相关计划的要求，与广州市牵头单位衔接，会同责任单位实施各专项计划；责任单位按照亚运城市行动计划的分工和要求，主动配合牵头单位完成相关工作任务。

［工作目标］ 以筹办亚运会马术比赛项目为契机，完善专用场馆建设，加快城市基础设施建设，美化城市及周边环境，提升市民文明意识，加快把从化建设成为富裕、文明、和谐、优美的现代化生态文明城市。

［工作范围］ 主要包括《广州2010亚运城市行动计划》中的32项（该序号为广州市专项计划编号）：6. 亚运城及比赛场馆周边市政基础设施建设（项目内容为从化马术场馆周边道路）；10. 停车场建设专项；11. 城市道路畅通工程专项；13. 城市智能交通管理指挥系统建设专项（项目内容为亚运场馆周边道路交通闭路电视监控点建设及系统连接）；17. 交通标志、标线标准化改造专项；18. 道路指示系统标准化改造专项；19. 公共场所服务标识标准化改造专项；20. 旅游服务专项；21. 门牌标准化改造专项；24. 河涌综合整治专项（项目内容为从化市污水治理工程、从化市小海河堤围整治华景段工程、从化市农村生活污水治理）；26. 机动车污染防治专项；28. 绿化广州专项（项目内容为风云岭森林公园、流溪河国家森林公园、石门国家森林公园）；29. 广州及周边空气质量控制专项（项目内容为加强工业企业废气污染防治和饮食服务业污染防治）；30. 违法建设整治专项；31. 流动摊贩综合整治专项；32. 户外广告规范专项；35. 现有场馆和中心城区主干道周边环境改造、立面整饰专项［项目内容为国道105城区段改造（街北高速至马术场馆段绿化改造和环境整治）］；38. 社区环境综合整治和“五个一”工程专项；39. 水浸街改造工程专项；41. 社会治安整治专项；43. 安全生产专项；44. 消防安全专项；45. 食品安全专项；46. 药品安全专项；47. 医疗及公共卫生安全专项；48. 马术场地“无疫区”建设专项；49. 无线电管理专项；51. 城市信息化建设与应用专项；54. 打击预防恐怖袭击事件专项；58. 天然气供应专项；65. 亚运城市气象服务专项；71. 知识产权保护专项。

［协调督办］ 从化市亚运城市行动实施工作的协调督办由市亚运城市行动协调委、分项工作组、各专项计划牵头单位分别负责不同层次工作的协调督办。1. 市亚运城市行动协调委对亚运城市行动计划实施工作的重要事项、重大问题进行协调部署。亚运城市行动协调办根据亚运城市行动协调委的部署和市领导指示，负责亚运城市行动计划实施的总体协调和督办工作；督促各分项工作组及各专项工作小组及时报送计划实施的进展情况，汇总呈报广州市亚运城市行动协调委办。2. 各分项工作组根据工作分工，负责对本工作组职责范围内亚运城市行动专项计划实施工作的重要事项、重大问题进行协调督办；督促各专项计划牵头单位按期实施计划，并按要求汇总进展情况报市亚运城市行动协调委。3. 各专项计划牵头单位负责协调解决亚运城市行动专项计划实施工作中遇到的问题和困难；无法解决的，报请所属的分项工作组或分管市领导协调处理。

［总体安排］ 从2008年12月至2010年10月为赛前筹备阶段，2010年11月至12月为赛时运行阶段。主要进程安排如下：1. 2008年12月至2010年3月，组织实施《从化市2010亚运城市行动工作方案》。2. 2010年4月至8月，筹建我市亚运会赛时运行指挥体系，并配合亚运会测试赛，初步检查验收亚运城市行动的主要成果。3. 2010年10月，全面完成亚运城市行动计划项目任务，并组织检查验收工作。4. 2010年11月1日至27日，亚运会赛时运行。5. 2011年3月，完

成亚运城市行动工作经验总结，并启动推广应用工作。

［**亚运城市行动各项工作情况**］　组织筹备工作稳步有序推进。根据广州市委、市政府的工作部署及《广州2010亚运城市行动暨赛时运行工作方案》，2009年4月，从化市制订《从化市2010亚运城市行动工作方案》，组建工作机构，明确工作分工和工作要求。成立从化市亚运会马术比赛筹备工作委员会，市委书记、市人大常委会主任欧阳知担任主任，市委副书记、市长梁建清和市委副书记、市委政法委书记谭凯平担任副主任，市领导王建新、李艳阳、王建红、魏素新、胡少民、温洁夫、刘宗静、梁锦华、方纪章、孙石康，市政府党组成员李东强等担任委员；筹委会下设指挥部，总指挥由市长梁建清兼任。

亚运会马术场馆征地扩建工作按期推进。按照广州市的要求，2008年12月，从化市如期完成亚运会马术场馆扩征地1619亩，并移交广州市重点办开展工程建设。2009年12月30日，启动场馆房建和场地工程，定于2010年8月建成，9月进行场地测试赛，11月投入使用。

广州亚运无规定马属动物疫病区建设进展顺利。在广州市农业局的大力支持和指导下，从化市“无疫区”建设工作进展顺利。2009年12月，经全国动物卫生风险评估专家委员会组织评估，广州亚运无规定马属动物疫病区成为中国第一个10多种马病无疫病区。“无疫区”的建成，标志着内地马匹检疫正式与世界标准接轨，为中国马术运动走向世界踏出重要一步。

城市基础设施建设与市容环境整治有力推进。完成城区市政道路标线翻新、停车位标线、旅游公共信息标志、无障碍通道标志等配套交通设施工程。加大对城区及国道、省道城区段的违规户外广告的整治。对淤塞管渠进行清疏养护，较好地解决城区水浸街的问题。

污水治理和河涌综合整治工作不断推进。至2009年末，各项工作顺利进行，大部分主体工程已进入施工阶段。全市56个农村生活污水治理工作已提前全面完成。

国道105线、省道355线城区段升级改造工程稳步推进。国道105线街北高速出入口至良口镇段是广州中心城区通往马术场馆的主要道路。2009年7月，从化市启动国道105线和省道355线城区段升级改造一期工程，主体工程各标段施工单位已进场施工，力争在2010年8月前完成国道105线、省道355线城区段改造升级工程和沿线环境整治工程。

加大力度整治城区“六乱”。全市整治城区“六乱”（乱摆卖、乱搭建、乱拉挂、乱堆放、乱开挖、乱张贴）共2万多宗，城区面貌焕然一新。

加快亚运马术场配套工程良口自来水厂的建设。厂区建设和管道建设已全面开工，已完成水泵房取水井以及泵房基础、污水池、管道过河管的安装试压工程。

大气环境整治工作稳步推进。加强饮食服务业污染防治工作，督促餐饮企业全部安装油烟净化装置。加大对挥发性有机物排放控制工作的整改力度，对不符合达标排放的企业进行整改。开展石材、石粉加工企业专项整治工作，关闭全市115家石粉厂和9家水泥生产企业。

亚运信息建设和通讯保障不断推进。加强马术场馆周边治安视频监控系统建设，做好场馆周边电磁波监测和整治工作，加大通信网络运行基站建设和扩容，对亚运接待酒店进行电信业务覆盖，提供无线、宽带等服务，确保比赛期间通讯运行、信息、无线电安全保障。

亚运城市行动交通组织工作稳步推进。全面开展交通秩序大整治，开展“粤安09”、“机动车专项治理”、“公路客运车辆整治”等专项行动，有效预防和减少道路交通事故的发生。加快道路交通监控系统和电子警察系统项目建设，105国道和355省道各主要路口交通视频监控和电子警察系统建设项目完成招投标，并进入施工和安装调试阶段。

亚运城市行动安保工作稳步推进。开展马术场馆建设期间安保工作，全面落实场馆建设期间的反恐防爆、防破坏、防重大安全责任事故的各项工作措施。加强住地酒店管理，对辖区内5家亚运会拟接待酒店进行基础设施核查，指导酒店按亚运安保要求进行整改，确保拟接待酒店安保工作达到要求。

加大亚运城市形象塑造及亚运宣传力度。围绕“争做好市民，当好东道主”的主题，把“迎亚运、讲文明、树新风、促和谐”全民行动与创建全国文明城市工作结合起来，积极营造宣传舆论氛围。

亚运医疗卫生工作稳步推进。成立从化市“120”急救医疗指挥中心。建立和完善配合亚运会的医疗救护组织架构，市中心医院按照亚运会定点医院的要求，完善工作制度及操作流程。举办“健康亚运、健康广州——全民健康活动”宣传活动，普及健康知识、倡导健康生活方式。

食品药品安全与产品质量组织工作不断推进。加强农产品的监管，加大对养殖场的检测力度，确保全市动物产品的质量安全。加强对食品生产企业检查力度，把好食品生产的质量关。开展建筑工地环境卫生和食品卫生专项检查，加强对工人卫生防疫知识教育等。

亚运志愿者招募工作稳步推进。至2009年末，全市已招募城市志愿者8000多人，广泛开展“争当志愿者、创造新生活”等志愿活动。

（市志办潘彦整理）

（骆耀平编辑）

2009 年大事记

1 月

4 日 广州市市长张广宁率广州市有关部门负责同志，参加从化市党政领导班子学习实践科学发展观专题民主生活会。

10 日 由从化市汽车摩托运动协会与广州市狼群企业管理有限公司联合主办的广东从化首届汽车场地越野公开赛在良口镇举行，活动主题为“喜迎亚运、庆贺新年、携手共迈 2009”，来自全国各地的 100 多名参赛车手参加比赛，市政协主席李玉宜、副主席邹建潮出席开幕式。

16 日 广州市委常委、副市长李荣灿率广州市经贸委等部门负责人到从化调研农村市场发展情况，副市长孙石康汇报相关工作情况。

19 日 广州市副市长陈国到从化城郊街矮岭村慰问困难户。市领导欧阳知、梁建清、王建新、刘宗静陪同。

23 日 市委、市政府在华景酒店举行社会各界迎春酒会。

2 月

11 日 副省长李容根、广州市副市长陈国率省、广州市有关部门负责人到从化调研农业生产情况，视察城郊街万亩鲜切花基地、宝趣玫瑰世界和田心社农家乐等地。市领导欧阳知、梁建清、刘宗静、方纪章等陪同。

14 日 政协从化市八届四次会议在市中心会堂召开。会议由市政协副主席邹建潮主持，市政协主席李玉宜作工作报告，副主席黎艺钦向大会报告八届三次会议以来提案工作情况。会议接受徐锡坤辞去政协第八届从化市委员会副主席请求，补选刘大光为政协从化市八届委员会副主席。市政协副主席蒋琼芳、刘维嘉、黎艺钦、任洪华以及全市政协委员出席会议。广州市政协副主席平欣光，中共广州市委统战部副部长马卫平到会祝贺。会议至 16 日下午闭幕。

15 日 从化市第十四届人民代表大会第四次会议在市流溪影剧院召开。会议表决通过市委书记、市人大常委会主任欧阳知代表市人大常委会作《人大常委会工作报告》；市长梁建清代表政府作《政府工作报告》；市发改局局长冯树标代表政府作《从化市 2008 年国民经济和社会发展计划执行情况报告》；市财政局局长赖志英作《从化市 2008 年预算执行情况和 2009 年预算草案的报告》；法院院长瞿卫东作《从化市人民法院工作报告》；检察院检察长谭可为作《从化市人民检察院工作报告》；补选邓宇恒为市人大常委会委员。市人大常委会副主任霍燕娥、李煜杭、张汉江、胡少民、余志平、罗爱萍以及全体市人大代表出席会议。广州市人大常委会副主任陈伟光到会祝贺。会议至 17 日下午闭幕。

16 日 广州市副市长陈国率广州市综治考核检查组到从化检查维稳综治工作。市领导谭凯平、李艳阳、魏素新、刘宗静陪同。

3 月

2 日　市政府出台《从化市污水治理和河涌综合整治工作方案》，提出“以污水治理为主，突出重点，综合治理，城乡统筹，全面治理”的整治目标，计划投入 9.29 亿元，建设污水处理厂 5 座、污水泵站 4 座、市政污水管网 50 公里，新增污水处理能力 10.1 万吨/日。

3 日　温泉镇垃圾压缩中转站建成启用，中转站总投资 347 万元，日处理垃圾量 120 吨。

是日　广东省军区副司令员倪善学到市人武部调研。广州市警备区政委吕保山，市领导李艳阳、肖协余、梁锦华参加调研活动。

4 日　省司法厅厅长陈伟雄到从化视察城郊街司法所规范化建设工作，市委副书记谭凯平陪同。

8 日　从化市被中国养蜂学会认定为“生态荔枝蜜基地”（2009.03—2011.03）。

9 日　市委在市中心会堂召开机关服务年活动动员大会，部署全市机关开展服务企业、服务农村、服务基层、服务群众活动。

是日　市委在市中心会堂召开深入学习实践科学发展观活动第一批总结暨第二批动员大会。市长梁建清主持会议，市委书记欧阳知讲话。全市参加第一批学习活动有 82 个单位、党委 22 个、党支部 378 个，党员共 8311 人。深入学习实践科学发展观活动紧扣“党员干部受教育、科学发展上水平、人民群众得实惠”目标，围绕“推动从化科学发展，争当生态文明建设排头兵”主题，坚持立足实际，注意改革创新，突出实践特色，扎实有序开展各阶段活动，取得明显成效。

10 日　从化医保中心与广州医学院第二附属医院即时结算系统开通。这是从化医保网络首次对接广州的医院，从化参保人到广州医院就医，可以立刻办理结算手续。

是日　市旅游局组织 14 户旅游企业，参加在广州琶洲国际会展中心举办的“第六届广州国际休闲产业博览会”。参展产品以“中国温泉企业文化图片”展示。博览会至 12 日结束。

11 日　广东省、广州市和从化市见义勇为基金会在太平镇召开尹建华见义勇为表彰会。各级见义勇为基金会共向尹建华家属发放奖励金 36 万元（其中省 3 万元、广州市 30 万元和从化市 3 万元）。尹是太平镇某化工厂职工，2009 年 1 月 24 日准备回湖南老家过年，途经太平开发区时，为救掉进灌渠的一名中年男子（四川籍工人朱某）献出宝贵生命，朱某得救。

17 日　市委、市政府发文成立鳌头工业建设指挥部，副市长方纪章任总指挥。工业基地定位发展家电、汽车、摩托车零部件制造业，机械装备制造业，在人和、龙星和聚宝三个工业片区基础上，开展环评控规、街人线地段改造、土地修编等规划与建设。

18 日　市委、市政府印发《关于加快农村土地承包经营流转和扶持种养基地建设促进农民自主创业的意见》，进一步优化配置农村土地资源，实施土地适度规模经营，提高集约化水平。

是日　市委、市政府印发《关于加快推进农村改革发展的实施意见》，加大实施支农、护农、惠农政策措施，建立城乡就业和社会保障体系，用 5 至 8 年时间，基本建立城乡经济社会一体化体制。

25 日　《人民日报》、中央人民广播电台、《南方日报》、广东电视台等 10 家媒体，到从化观摩学习实践科学发展观成果，先后参观溪头村和田心社。

是日　市委、市政府召开农村工作会议，会议总结2008年“三农”工作，提出2009年“三农”工作任务。

是日　市委组织部在市总工会八楼会议室召开从化市实施党的建设“一工程四机制”(农村党建“三级联创”活动创建“生态文明建设排头兵”先进村示范工程；建立农村干部任职公开承诺机制，农村干部成长机制，党内帮扶困难党员机制，农民全面培训机制)工作会议。

26日　从化市体校被国家体育总局命名为“国家高水平体育后备人才基地”，举行揭牌仪式。

29日　从化市良口镇、温泉镇被中华环保联合会、中国城市科学研究会、中国农业生态环境保护协会、中国社会科学院数量经济与技术经济研究所认定为“中国绿色名镇”。

4　月

7日　《从化市林业保护与发展规划(2009—2020年)》(下称《规划》)项目评审会在从化望谷温泉度假村举行，《规划》通过评审会审定。广东省林业局副局长陈俊勤、广州市林业局局长郭清和，市领导欧阳知、梁建清、谭凯平、王建红、张汉江、梁锦华、黎艺钦出席评审会。

15日　国家中医药管理局副局长李大宁率专家一行到从化调研中华国医国药发展示范基地从化项目。市领导欧阳知、梁建清、王建新等陪同。调研活动至17日结束。

17日　从化市科学技术大会在市中心会堂召开。市委、市政府表彰2007—2008年度从化市科学技术进步奖项目18项，其中一等奖3项、二等奖5项、三等奖10项；表彰“从化市科技先进单位”10个；表彰“从化市科技先进工作者”20人、“从化市科技杰出专业技术人才”10人、“名校长”3人、“名教师”10人、“名医生”3人。广州市科技局副局长马曙到会祝贺，市领导欧阳知、梁建清、温洁夫出席会议。

18日　从化市被亚太旅游联合会、中华生态旅游促进会、中华民族文化促进会旅游文化研究中心认定为“中国文化生态旅游示范地”。

23日　广州市副市长曹鉴燎一行到从化，视察位于良口镇温泉养生谷商务会议区的从都·椿乐泉项目。该项目由侨鑫集团投资建设，总投资80亿元，占地300多万平方米，首期投资50亿元。

24日　广州市委、市政府贯彻落实《广州市促进从化经济社会发展工作会议纪要》会议在从化逸泉大酒店召开，会议由广州市委常委、市委秘书长凌伟宪主持，从化市委书记欧阳知在会上汇报前一阶段广州扶持和促进从化发展18项工作任务推进落实情况。会上，广州市委副书记、政法委书记张桂芳要求从化要把握工作主动权，不能坐失良机，更不能有等、靠、要的思想；广州市委常委、常务副市长邬毅敏在会上发言，并要求促进从化经济社会发展相关工作的广州市及从化市相关单位，强化全局意识和责任意识，协同落实促进从化发展的各项政策措施。促进从化经济社会发展相关工作的广州市及从化有关单位负责人参加会议。

27日　澳门广州白云联谊会组织“澳门经贸参观考察团”到从化进行考察交流活动。市领导欧阳知、罗爱萍、温洁夫会见考察团。

30日　从化市庆祝“五一”国际劳动节暨劳动模范和先进集体表彰大会在市中心会堂召开。市委、市政府表彰“从化市2006—2008年度劳动模范”10人，“从化市2006—

2008年度先进集体”30个。广州市总工会副主席叶国耀，从化市四套班子领导出席会议。

是月 凯旋宫大酒楼被全国酒店酒家等级评定委员会认定为国家五钻（特级）酒家。这是从化首家获此殊荣的酒店。

是月 从2009年4月开始，从化市启动农村社会养老保险工作，参保范围包括16至60周岁农村居民，每人每月缴纳30至110元，逗缴15年且年满60周岁开始，每人每月可领取基本养老金84至330元。

5 月

4日 由市委宣传部、团市委、市广播电视台联合举办的“天马杯”“迎亚运·创国优·颂从化”歌曲创作大赛决赛在凯旋宫俱乐部举行，大赛评出原创歌曲金奖1名，银奖2名，铜奖3名，优秀奖10名，最佳作词奖1名，最佳作曲奖1名，最佳演唱奖1名。

11日 从化市纪念“5·12”国际护士节表彰大会暨文艺汇演在市流溪影剧院举行。市委、市政府表彰“2008年度从化市卫生系统先进护理集体”5个，“2008年度从化市卫生系统优秀护士”76人。市领导王建红、罗爱萍、温洁夫、蒋琼芳为获奖单位和个人颁奖并观看文艺汇演。

△ 是日开始，从化市社会保险费由地方税务机关实行全责征收。

14日 从化市创建全国文明城市、国家卫生城市动员大会在市流溪影剧院召开。会议由市委副书记谭凯平主持，市领导欧阳知、梁建清、王建红、温洁夫先后在会上发言。会上，全市46个创建全国文明城市、国家卫生城市牵头单位和8个责任单位负责人向市委书记欧阳知递交《从化市创建全国文明城市、国家卫生城市责任书》。

△ 从化市首家由大学生创业的“零首付”公司成立。“零首付”创业，是工商部门“放宽注册资本条件”的系列新政之一，主要针对毕业两年内的高校毕业生，投资设立注册资本50万元以下的有限责任公司，即可免缴首期注册资本，自公司成立之日起的两年内缴足注册资本。

△ 从化市人民政府办公室下发《印发从化市新一轮行政审批制度改革工作方案的通知》，启动新一轮行政审批制度改革。

19日 广州市副市长甘新一行到从化考察重点项目建设情况，先后到广州市鹰金钱集团公司、广州市丰力橡胶轮胎有限公司、广汽日野商用车项目以及从增高速公路从化段等地考察。市领导梁建清、方纪章、孙石康陪同。

20日 从化市农村党的建设“三级联创”活动，创建“生态文明建设排头兵”先进村示范工程，重点创建村授牌大会在温泉镇宣星村举行。第一批重点创建村8个，分别是街口街团星村、城郊街大夫田村、江埔街和睦村、太平镇邓村村、温泉镇宣星村、良口镇赤树村、吕田镇新联村以及鳌头镇桥头村。广州市委组织部副巡视员、基层办主任刘德谦，市领导何镜清、刘宗静为重点创建村授牌。

21日 广州市委常委、宣传部部长王晓玲一行到从化，围绕贯彻落实《广州市加快公共文化服务体系建设实施意见》，推动农村公共文化建设主题开展调研，先后考察太平镇菜地塱村、连塘村祠堂文化室和城郊光辉村田心“农家乐”。市领导欧阳知、王建红、温洁夫陪同。

22日 广州市委常委、常务副市长苏泽群一行到位于从化良口的广州亚运马术场和碧水新村，调研在建的2010年亚运会马术场工地以及碧水新村项目的进展情况。市领导梁建清、梁锦华陪同。

△ “生态从化，快活田心”活动暨田心“农家乐”示范点落成仪式在城郊街光辉村田心社举行。广州市副市长曹鉴燎，市领导欧阳知、李玉宜、谭凯平、李艳阳、何镜清、邱永权、肖协余以及省旅游局、广州市旅游局、市农业局、市人防办等单位代表出席仪式。

6 月

5 日 从化市创建全省残疾人社区康复示范区创建工作，经省残疾人社区康复示范区培育活动领导小组考评，符合创建标准，通过验收。

11 日 市委、市政府出台《关于使用农村留用地优惠办法》，优惠办法包括：使用留用地报建的配套设施全免城市基础设施配套费，使用留用地 3 年内对本级财政贡献部分 100%返还等内容，适用时间从 2009 年 6 月 11 日起至 2020 年 12 月 31 日止。

17 日 从化市与四川省简阳市缔结为友好城市。协议签署仪式在四川省简阳市举行，市长梁建清与简阳市市长段成武在《广东省从化市与四川省简阳市缔结友好城市框架协议》上签字。

18 日 从化市首家慈善超市在市民政局侧开业。全市有 2650 户困难户凭市民政局发放的领物券就可以在超市选取物品。

28 日 中央电视台《武林大会》赛事落户从化签约仪式暨广州市永侠武术俱乐部训练基地揭牌仪式在温泉镇华辉度假村举行。广州永侠武术俱乐部是由中国武术名家、武当功夫电影明星、武当武术和南派武术传承人陈永霞女士发起，该俱乐部主要通过参加“中国武术职业联赛”，达到传承和发扬光大中华武术的目的。国家体育总局武术管理中心副主任陈国荣，中央电视台中视体育娱乐有限公司董事总经理阮伟以及省、广州市、从化市领导出席仪式。

7 月

1 日 从化钱岗糯米糍荔枝经国家质量监督检验检疫总局批准，成为从化市首个实施国家地理标志产品保护的农产品。钱岗糯米糍地理标志产品保护范围包括从化市太平镇钱岗村、文阁村、颜村、影田村、红石村 5 个村所属区域。

是日 从化城镇老年居民实施养老保险，养老保险适用范围：男年满 60 周岁、女年满 55 周岁，拥有从化市户籍满 10 年，没有享受定期养老待遇（含其他相关定期待遇）的城镇老年居民（按有关规定继续缴纳养老保险费和由社会福利机构收养的政府供养人员除外），可自愿参加从化市城镇老年居民养老保险。

3 日 2009 年从化市纪律教育学习活动月动员大会暨专题学习会在流溪影剧院召开。活动月主题：“加强作风建设，保障科学发展。”广州市纪委副秘书长、监察局副局长江咏川为到会副局以上干部作专题学习报告。

11 日 2009’从化迎亚运体育旅游荔枝文化节开幕暨“响水峡杯”中国（广州）从化山地越野挑战赛颁奖·从化流溪河渔业放生活动仪式在碧水湾温泉度假村广场举行。来自英国、法国等国家，中国台湾、香港、澳门、西藏、贵州、江西、湖南、湖北、广西、广东等地区的 30 支山地越野代表队，共 120 名参赛者参加比赛。比赛为期一天，起点在碧水湾温泉度假村广场，终点在良口镇溪头村，比赛项目设有徒步、泅渡、桥降、越野自行车等。香港两支参赛队伍 HKMutisports 队、CoresTeam 队，从化自行车休闲旅游队分别获前三名。

12 日 2009' 从化迎亚运体育旅游荔枝文化节开幕暨“响水峡杯”中国（广州）从化山地越野挑战赛颁奖·从化流溪河渔业放生活动仪式在街口街河堤公园广场举行。省、广州市老领导欧初、邬梦兆、陈开枝，农业部南海区渔政局局长、农业部珠江流域渔业资源管理委员会主任吴壮，广东省渔政总队政委白桦，广东省旅游局副局长张振林，广州市亚组委、广州市农业局、广州市旅游局、省渔政总队广州支队负责人以及从化市四套班子领导等 1000 多人出席活动。活动安排向“响水峡杯”2009 年中国（广州）从化迎亚运山地越野挑战赛获前三名的运动员颁奖；向 11 名“从化迎亚运体育旅游形象大使”（奥运冠军杨景辉、杨维、陈伟强、曾国强、陈小敏、孙淑伟，世界冠军余卓成、余锦豪、康永刚、许银川，中国武术名家、著名功夫电影明星、武当武术和南派武术传承人陈永霞）授牌；向从化、广州、广东省旅行社代表授发“从化人游从化”、“广州人游从化”、“广东人游从化”团旗，启动“游从化”活动；参加仪式嘉宾与市民在流溪河举行鱼苗放生活动，放生鱼苗 300 多万尾。

25 日 中央深入学习实践科学发展观活动第四巡回检查组副组长、全国政协提案委员会副主任、中央办公厅原副主任毛林坤一行，到从化指导检查学习实践活动开展情况。检查组先后到城郊街大夫田村、明珠工业园、大丘园火龙果农庄、田心社等实地考察。对从化市学习实践科学发展观活动给予充分肯定。广州市委常委、秘书长凌伟宪，从化市领导欧阳知、李艳阳、何镜清陪同。

28 日 从化市 2009 年双拥工作会议在华景大酒楼举行。会议表彰奖励优秀退伍军人 18 名，拥军模范 9 名，优秀士兵 9 名。市领导欧阳知、谭凯平、李艳阳、胡少民、刘宗静出席会议。

8 月

6 日 广州市副市长陈国率广州市农业局、旅游局等部门负责人，视察从化乡村旅游发展情况。市领导欧阳知、梁建清、王建红、刘宗静、黎艺钦陪同。

是日 广州市市长张广宁到从化调研广州市政协十一届三次会议第 1046 号重点提案：“关于推进从化市城乡基础设施建设与管理一体化的若干建议”的办理情况。市领导欧阳知、梁建清、李玉宜、刘宗静、黎艺钦陪同。

是日 市 5 镇 3 街挂牌成立从化市消费者委员会分会。

7 日 广州市市长张广宁到从化调研第二批开展学习实践科学发展观活动情况，对从化市下一步工作提出五点要求：一是扎实开展学习实践科学发展观活动，全面提升从化科学发展实力；二是把解决当前困难与谋划长远发展结合起来，努力保持经济平稳较快发展；三是加快发展现代农业，促进农业增效和农民增收；四是高度重视生态环境建设与保护工作，打造全国知名生态旅游胜地；五是切实解决群众切身利益问题，努力保持社会和谐稳定。市领导李玉宜、王建新、王建红、李波、何镜清、邱永权、肖协余陪同。

12 日 中国共产党从化市第十一届委员会第七次全体会议在市中心会堂召开。市委书记欧阳知作 2009 年上半年市常委会工作报告，市长梁建清作 2009 年上半年全市经济工作报告并部署下半年工作。会议印发市旅游局、明珠工业园、鳌头镇、良口镇、城郊街等单位的经验材料，为全市深入学习实践科学发展观提供借鉴。

21 日 中国科协书记处书记、党组成员、中国知识产权研究会常务副理事长张勤，在省、广州市科协领导的陪同下到从化视察基层科协工作。市领导欧阳知、任洪华陪同。

25 日 广东省第一个农村新家庭文化屋在从化市鳌头镇汾水村举行挂牌仪式。国家人口计生委宣教司副司长石海龙，市领导谭凯平、李波、刘宗静出席仪式。

28 日 广州市副市长陈明德到从化调研贯彻落实广州市委九届七次全会精神和 2009 年外贸出口情况。市领导欧阳知、梁建清、方纪章陪同。

是月 从化市委组织部严格执行省、广州市有关文件要求，经考核，鳌头镇桥头村党支部书记、村委会主任曾榕增，江埔街河东南社区党支部书记、居委会主任黎就明被选拔为镇街党委委员和党工委委员，街口街东成社区党支部书记、居委会主任李峰被录用为街公务员。

9 月

10 日 广州市副市长曹鉴燎到从化调研旅游业发展情况，提出要进一步提高全民的旅游意识，整合丰富旅游资源，加强对旅游人才的培养，推动从化旅游业科学发展和跨越发展，把从化建成广州的生态之都、休闲旅游之都。市领导欧阳知、李艳阳、梁锦华陪同。

是日 从化市庆祝 2009 年教师节暨表彰大会在流溪影剧院召开。市委、市政府表彰“从化市 2009 年高考成绩优良单位”8 个、“2009 年从化市教学新秀”69 人。广州市教育局局长华同旭，从化市四套班子领导以及各镇、街和有关单位负责人参加会议。

15 日 从化市首届村干部电大专科学历培训班开班仪式在市职业教育中心举行，参加培训的村干部有 101 人。市委常委、组织部部长何镜清出席仪式。

是日 共青团从化市第十八次代表大会在市中心会堂召开。大会选举邓宇恒为新一届团市委书记，丘俊超为团市委副书记，会议通过共青团从化市第十七届委员会工作报告的决议，产生共青团从化市第十八届委员会。市领导欧阳知、李玉宜、李艳阳、李波、何镜清、魏素新、邱永权、肖协余、霍燕娥到会祝贺。

18 日 从化市深入学习实践科学发展观活动总结大会在市中心会堂召开。市长梁建清主持会议，市委书记欧阳知作讲话，广州市委学习实践活动第六指导检查组组长刘德谦出席会议并讲话。

21 日 广汽日野汽车有限公司从化工厂竣工暨 700 系列重卡下线仪式在明珠工业园区举行。国家发改委、商务部有关领导，广州市市长张广宁，广州市纪委书记苏志佳，广州市政府秘书长陈如桂，从化市四套班子领导，相关企业负责人、供应商、销售商、客户代表以及驻广州日本总领事馆的代表出席仪式。

28 日 由市委宣传部主办的“从化大地，欣欣向荣”庆祝中华人民共和国成立 60 周年图片展在河滨公园举行。市领导欧阳知、李艳阳、王建红、温洁夫出席剪彩仪式。图片展至 12 月 30 日结束。

是日 从化市首个纯二女计生困难户安居楼在太平镇上塘村竹坑社动工。市领导李波、何镜清、刘宗静出席动工仪式。

29 日 市传达贯彻党的十七届四中全会精神领导干部大会在流溪影剧院召开。会议由市委常委、市委秘书长李艳阳主持。市委书记欧阳知作专题辅导报告。全市副局以上干部以及部分党员代表参加会议。

是日 从化市庆祝新中国成立六十周年“祖国在我心中——流溪之恋，万人同唱爱国歌曲活动”在街口街金瓯广场举行。从化市四套班子领导以及各党（工）委、党组、部队、群众和学生代表组成18个方队参加歌唱活动。

10 月

1日 是日开始，市根据《广州市委市政府关于切实解决人民群众切身利益若干问题的决定》及其补充意见，全市农村最低生活保障标准从原来的170元调整到220元。

13日 从化市庆祝少先队建队60周年表彰大会暨文艺汇演在流溪小学举行。大会表彰“从化市十佳少先队员”10名、“从化市优秀少先队员”92名、“从化市十佳少先队辅导员”10名、“从化市优秀少先队辅导员”20名、“从化市优秀少先队志愿辅导员”2名、“从化市支持少先队工作好校长”10名、“从化市少先队红旗大队”10个、“从化市少先队特色中队”20个、“从化市少先队特色小队”30个。团市委、教育局等单位负责人出席会议。

是日 市在温泉镇云台山举行“云台山战场”遗址揭牌仪式，市领导王建红、霍燕娥、蒋琼芳参加揭牌。

19日 广东省高速公路建设现场会在从化市召开。副省长佟星在广州市委常委、常务副市长苏泽群以及从化市领导欧阳知、梁建清、孙石康等陪同下，检查增从高速从化段建设情况。佟星高度评价从化市在征地拆迁方面“三定三包三统一”（定领导、定人员、定地段，包放线、包丈量、包清障，统一标准、统一价格、统一时间）的做法，值得全省各地借鉴和学习。

是日 广州市对外贸易经济合作局与广州市发展和改革委员会联合发文，认定从化市为“国家汽车及零部件出口基地广州从化基地”。

21日 市召开2009年全市18项重大建设项目现场督办会。市委书记欧阳知强调要同心合力继续推进本年度全市的重大项目建设再上“快车道”，努力争取实现从化“弯道超越”和跨越式发展。市领导梁建清、李玉宜、谭凯平、王建新、李艳阳、王建红、李波、何镜清、魏素新、邱永权、肖协余，以及负责18项重大建设项目的有关领导和30多个项目责任单位和部门负责人参加现场督办会。

27日 世界温泉及气候养生联合会副主席兼技术委员会主席乔瓦尼先生到从化视察温泉水资源的开发利用情况，先后考察碧水湾温泉、从都·椿乐泉和广东温泉宾馆等地。市委书记欧阳知会见乔瓦尼先生。

28日 广东省委常委、政法委书记、公安厅厅长梁伟发，广州市委常委、公安局局长吴沙一行到从化检查、督导公安机关“广东省公安机关工作执法一网考”工作，并到鳌头派出所、鳌头信访综治维稳中心、市交警大队等单位检查开展“工作执法一网考”工作情况。市领导欧阳知、谭凯平、魏素新、刘宗静陪同。

是日 广东省防震减灾科普教育基地挂牌暨喜乐登防震减灾科普馆开馆仪式在喜乐登乐园举行。省地震局调研员张国荣，广州市地震办主任洪建双，副市长谭文标，以及市科技局、市地震办、喜乐登青少年素质拓展训练中心的负责人为科普馆挂牌。

30日 从化市创建全国“白内障无障碍区”工作经全国白内障无障碍区检查组的评

定，达到全国白内障无障碍区工作验收标准。

11　月

5 日　凌晨 2 时 50 分左右，位于街口街镇北路河西派出所旁边的家源商店发生火灾，副市长刘宗静及时赶到现场指挥扑救工作，市消防中队出动消防车 5 台，经过 3 个小时的扑救，终于把大火扑灭。本宗火灾过火面积约 500 平方米，商店物品全部被烧毁，没有发生人员伤亡事故。

6 日　国家发改委宏观经济研究院课题组就广州市建设国家中心城市的议题，前来从化市开展相关工作调研。由国家发改委宏观经济研究院常务副院长、研究员王一鸣带领的课题组，在广州市政府副秘书长郭志勇，广州市发改委巡视员伍子悠的引导下，先后参观广汽日野汽车、动漫产业园、明月山溪房地产项目、流溪温泉旅游度假区、流溪河国家森林公园等，了解从化市工业、旅游、生态建设发展情况。副市长梁锦华陪同。

7 日　从化市被联合国挚友理事会、世界自助旅游协会、国际旅游促进会和国际旅游营销协会认定为“中国最佳旅游胜地”。

18 日　广东省从化市汽车零部件招商系列活动在广州中国进出口商品交易会展览馆举行，副市长方纪章出席推介会。

23 日　经全国动物卫生风险评估专家委员会评估，广州亚运无规定马属动物疫病区建成。核心区以从化市良口镇热水村马术比赛场地为中心，周围外延半径 5000 米；监控区为核心区以外的从化市行政区域；缓冲区为与从化市相邻的广州市白云区、萝岗区、花都区、增城市，以及清远市清城区、佛冈县，韶关市新丰县和惠州市龙门县。

30 日　市明珠工业园鳌头工业基地举行启动仪式，副市长方纪章出席仪式。该基地位于从化市西部走廊，规划范围为 37.59 平方公里，基本定位是：从化市西部重要的综合性生态产业发展园区；从化实施“工业强市”发展战略和承载广州“退二进三”（指在产业结构调整中，缩小第二产业，发展第三产业）的重点开发园区；鳌头镇“一心一轴二翼三组团”（一心：以原鳌头镇镇区为中心城区，形成全镇的政治、经济、文化中心；一轴：城市将沿 355 省道作为城市发展的主要轴线，城市发展沿轴线分别向东、西北方向发展；二翼：人和工业片区，龙潭工业片区；三组团：龙潭组团，棋杆组团、民乐组团）发展格局的重要组成部分，是带动全市经济增长和社会发展的重要引擎。

是日　从化市首批旅游问询中心暨南湖国旅・西部假期从化旗舰店在南海食街成立。市领导王建红、梁锦华出席挂牌仪式。

是日　广东国民旅游休闲计划农业旅游启动仪式暨“2009 广州・从化温泉旅游文化节系列活动”开幕式在从化市城郊万亩鲜切花基地举行，广东省副省长万庆良，广州市副市长曹鉴燎，从化市领导欧阳知、梁建清、李玉宜、李艳阳、王建红、霍燕娥、刘宗静、梁锦华，省、广州市、港澳地区各大旅行社代表以及新闻媒体共 500 多人出席仪式。

是日　大丘园农庄、宝趣玫瑰世界被广东省旅游局和省农业厅认定为“广东省农业旅游示范基地”。

是月　广东从化经济开发区被“辉煌 60 年・中国特色开发区可持续发展创新高峰论坛暨形象调研发布活动”组委会认定为“中国最具投资价值开发区”。

12　月

1 日　从化市首次“法治从化宣传教育

周”启动仪式暨“科学发展·法治环境·树城市文明新风”创建文明城市主题宣传月活动在新世纪广场举行，活动为获得国家级、省级法治示范村和社区颁发牌匾，为获得省、广州市级“五五”普法中期先进集体和个人颁发证书。市领导欧阳知、李玉宜、谭凯平、王建红、何镜清、魏素新出席会议。

是日 上海市闵行区区长陈靖一行到从化城郊街宝趣玫瑰世界和田心“农家乐”考察。市领导谭文标陪同。

3日 广州市委常委、市委秘书长凌伟宪率广州市委办公厅、市委政策研究室及保密局的负责人，到从化广汽日野汽车有限公司和大金峰生态景区考察。市领导欧阳知、梁建清、李艳阳陪同。

8日 广州市副市长曹鉴燎到从化良口镇溪头村调研旅游开发工作。市领导欧阳知陪同。

11日 从化首届“广州慈善日”活动启动仪式在市中心会堂举行，在活动仪式上，市委隆重表彰2007—2009年支持从化市慈善事业的单位。其中获“从化市慈善贡献奖”、“从化市慈善突出贡献奖”的单位各6个，“从化市慈善杰出贡献奖”单位2个。市四套班子领导，部分离退休老干部代表，市直机关单位负责人等出席仪式。启动仪式共筹集资金10.25万元。

16日 广州市委副书记、政法委书记张桂芳到从化调研综治信访维稳中心建设和生态建设情况。市领导欧阳知、谭凯平、魏素新、邱永权、刘宗静、梁锦华陪同。

是日 香港特别行政区政府驻粤经济贸易办事处主任郑伟源率考察团到从化考察投资环境。市领导王建红、谭文标陪同。

17日 国际马联兽医主任格雷姆库克、香港赛马会顾问罗兰德沃尔兹、中国马协副秘书长常伟等专家一行，到从化调研国内首个无规定马属动物疫病区。市领导刘宗静陪同。

18日 由市文明委、市委宣传部举办的书香从化2009年“全民阅读月”活动启动暨从化市“十佳”公益之星颁奖仪式在新世纪广场举行。市领导王建红、罗爱萍、温洁夫、黎艺钦出席仪式，并为获得从化市“十佳公益之星”称号的王小珍、罗宝容、任西平、李汉棠、陈国荣、陆卫雄、黄国锐、利翠莲、郭桂忠、黄雪兰颁奖。

是日 从化市被中国旅游论坛组委会认定为“中国优秀生态旅游城市”，成为广东地区唯一获此殊荣的城市。市委书记欧阳知荣获“中国旅游杰出人物”称号。

19日 “中国红色旅游文化村”揭幕仪式在从化温泉镇宣星村举行。全国新农村建设产业发展办公室副主任杜芸，市领导李玉宜、王建红、霍燕娥、黎艺钦出席仪式。

22日 由从化市委、市政府承办，中视体育娱乐有限公司主办的“从功夫到武术——中国体育产业从化高峰论坛”会在从化举行。

24日 从化市中小学“三学苑”教育网校建设启动仪式在市流溪影剧院举行。市领导欧阳知、梁建清、李玉宜、王建红、罗爱萍、温洁夫、蒋琼芳出席仪式。

25日 《从化市旅游资源普查成果》通过评审。评审小组由中山大学、华南理工大学等单位的7名专家组成，评审结果表明：从化市旅游资源丰富，拥有旅游单体1903个。市领导欧阳知、梁锦华出席评审会。

26日 市委、市政府组团参加在广州琶洲国际会展中心举行的第十二届中国留学人员广州科技交流会。

28日 从化市政府机构改革动员大会在市中心会堂召开。改革后，从化市政府设工作部门25个，派出机构4个。机构改革至

2010 年 1 月底前完成。

29 日 从化市首届“食在广州，味在从化”美食文化节评选活动，在街口河堤公园举行。评委由政府和广州地区烹饪协会、广州技师协会餐饮分会人员组成，分别评选出“从化市十佳餐饮企业”、“从化市十佳厨师”、“从化市十佳名菜”、“从化市十佳手信”。市领导欧阳知、李玉宜、李艳阳、王建红、霍燕娥、梁锦华、孙石康出席活动。

是月 从化市被国家体育总局武术运动管理中心、中国大学生体育协会、中央电视台体育频道认定为“中国武术职业联赛产业基地”。

（市档案局供稿）

（李信慧编辑）

从化概况

基本情况

［**地理位置**］ 从化市位于广东省中部，广州市东北面。地理坐标东经 113°17′～114°04′，北纬 23°22′～23°56′。东邻龙门县，南与增城市、广州白云区接壤，西与广州花都区、清远市相连，北与佛冈县、新丰县毗邻。全市总面积 1985.26 平方公里。

［**地形地貌**］ 从化市地理位置处于珠江三角洲到粤北山区过渡地带，自然景观多姿多彩，地理环境多元化。地势自北向南倾斜，东北高，西南低，地形呈阶梯状。其中耕地 32.46 万亩、园地 33.96 万亩、林地 192.01 万亩、牧草地 79.2 万亩、其他农用地 2.40 万亩、城镇村及工矿用地 22.85 万亩、交通用地 1.18 万亩、水域 3.91 万亩、没有开发利用土地 9.01 万亩。

［**气温气候**］ 从化市地处低纬度地带，属亚热带季风气候，北回归线横跨境内南端的太平镇，境内气候温和，雨量充沛。2009 年平均气温 21.3 摄氏度，最高气温为 37.8 摄氏度，最低气温为－2.9 摄氏度。全年降雨量 1489.3 毫米。

［**水资源**］ 从化雨量充沛，川流纵横，水资源丰富。全市水源可采总量年均约 27.55 亿立方米。其中地表水 22.7 亿立方米，主要来源于三大河系，而河川径流主要由降雨量产生，属雨水补给型。一是流溪河总集雨面积 1594 平方公里，平均年产水量 18.2 亿立方米。二是潖江河总集雨面积 316 平方公里，平均年产水量 3.6 亿立方米。三是连麻河总集雨面积 75 平方公里，平均年产水量 0.9 亿立方米。4—8 月为丰水期，雨量占全年雨量的 80％～85％。地下水 4.85 亿立方米，其中温泉地下的储水约在 200 米深层。由于储量丰富，水压较高，表层的第四层沙砾比较薄，所以一般在 3～5 米就有水涌出，日自涌量达 1400 立方米。

［**矿产资源**］ 主要矿种有钨、锡、铋、铷、钼、铜、铁、钽铌、铅、锌、黄金、钾长石、大理石、绿柱石、石英石、水柱石、瓷土、稀土、钴钍矿等 48 种。储藏量已查明正在开采的有 16 种：黑钨矿 6.05 万吨，锡矿 3172 吨，钼矿 2123 吨，铋矿 147.6 吨，铜矿 2881 吨，铅矿 5.35 万吨，铁矿石 166.65 万吨，黄铁矿石 2589 吨，钽铌矿 150 吨，铷 121.4 吨，绿柱石（含皮）124 吨，萤石矿 39.72 万吨，钾长石 36.65 万吨，石英石 46.51 万吨，瓷土矿 190 万吨，高岭土 1500 万吨。

［**空气环境质量**］ 从化中心城区大气中污染物平均浓度分别为二氧化硫 0.022 毫克/立方米、二氧化氮 0.022 毫克/立方米、可吸入颗粒物 0.038 毫克/立方米、降尘量 3.53 吨/平方公里·月，均在国家和省、广州市规定的标准范围内；降水 pH 值为 5.35。城区环境

空气污染指数平均值为38，优于国家规定的标准（国家标准为100），质量级别保持I级，评述为优级。

［**水环境质量**］ 流溪河从化段水域各监测断面达到《地面水环境质量标准》（GB3838—2002）Ⅲ类以上标准。

［**声环境质量**］ 区域环境噪声和交通干线环境噪声平均值分别为52.8分贝（A）、63.0分贝（A），均低于国家规定的标准。

［**建置沿革**］ 明弘治二年（1489年），由番禺划地设置从化县，隶属广州府。清袭明制，从化县隶属广州府。1936年，从化县隶属广东省第一行政督察区；1938年，从化县隶属广东省第二行政督察区；1945年，从化县再次划归广东省第一行政督察区管辖。一年后改隶属广东省政府专员公署直属督察，至1949年。

1949年10月13日，从化县全境解放，隶属省北江临时行政委员会。1953年3月，划归粤北行政区（后称韶关专员公署）。1958年10月，从化、佛冈两县合并为从化县，仍属韶关专员公署。1959年1月，改属佛山专员公署。1960年9月，改属广州市。1961年4月，从化、佛冈重新分为两个县，各辖原有地域，从化县仍属广州市。1994年3月，撤销从化县，设立从化市，属广州市代管。

［**行政区域**］ 全市行政区划为太平、温泉、良口、吕田、鳌头5个镇以及街口、城郊、江埔3个街道。有村民委员会218个行政村，社区居委会44个。设有广东从化市经济开发区、明珠工业园、流溪温泉旅游度假区；广州市属的流溪河林场、大岭山林场黄龙带水库管理处驻市内。市人民政府驻街口街。中心城区面积15.3平方公里。

［**人口**］ 2009年，全市总人口为56.58万人，其中农业人口42.18万人，非农业人口14.4万人。人口出生率为8.18‰，死亡率为5.58‰，自然增长率为1.48‰，计划生育率为95.18%。

［**语言**］ 从化人习惯讲从化广州话，从化广州话又称从化本地话，属粤语的次方言，因靠近广州，与广州话相似，是从化主要方言。讲从化广州话的人约占总人口56.68万的73%；讲从化客家话的人占21%；讲省内其他方言或普通话、外省话的人占6%。

［**民族**］ 从化市内民族以汉族为主，有少数民族27个，分别是土家族、苗族、壮族、瑶族、仡佬族、蒙古族、侗族、回族、满族、朝鲜族、彝族、白族、藏族、布依族人、黎族、土家族、维吾尔族、仫佬族、畲族、水族、京族、佤族、哈尼族、傣族、傈僳族、布朗族、锡伯族。

［**土特产**］ 水厅桂味荔枝、钱岗糯米糍荔枝、双壳槐枝、无核红柿、三华李、杨梅、沙糖桔、红石白榄、青梅、白兔花生、高山番薯、车头粉葛、城康红葱头、吕田大芥菜、龙潭乌鬃鹅。

［**传统美食**］ 龙凤龟汤、桂峰酿豆腐、吕田大肉、香叶乌鬃鹅、流溪大鱼头、泥焗走地鸡、滑蕨炒花腩、苦笋炒火腩、盐水浸荔枝菌、紫苏炒山坑螺、蒸炸山坑鱼。

［**风景名胜**］ 休闲生态类。从化温泉风景区、广州市流溪河国家森林公园、广州市石门国家森林公园、广州抽水蓄能电厂旅游度假区、

响水峡生态漂流度假区。

乡村风情类。田心农家乐、溪头旅游度假村。

农业观光类。大丘园生态农庄、宝趣玫瑰世界、广州从化大金峰百花果园。

文化创意类。北回归线标志塔公园、钱岗古村、广裕祠、荔枝皇、孝行牌坊、宣星运动谷。

经济发展

［**概况**］　2009年，全市实现地区生产总值150.98亿元，比2008年增长（下同）12.0%。财税金融运行稳健，实现国、地两税收入22.73亿元，增长12.5%；地方财政一般预算收入15.34亿元，增长30.5%；年末金融机构人民币各项存贷款余额186.31亿元和84.79亿元，分别增长20.5%和49.0%。投资规模明显加大，完成全社会固定资产投资72.93亿元，增长22.9%。经济结构不断优化，三次产业比例调整为11.10∶47.04∶41.86。县域经济实力不断增强，经济综合发展力在全省67个县（市）中位居第三名。

［**现代产业体系建设成效明显**］　市政府及时出台一系列支持工业发展政策措施，建立百名领导干部联帮百家企业工作机制，全力帮扶企业渡过难关，工业经济在7月份止跌回升。全年完成地区工业总产值296.74亿元，增长6.9%。从化经济开发区被评为“中国最具投资价值开发区”，二、三期开发建设和扩区升级工作有序推进；从化高技术产业园规划建设前期工作积极推进，主动承接广州知识城的辐射带动。整合鳌头人和、聚宝和龙星工业集聚点，将其纳入明珠工业园统一开发建设，基础配套设施和公共服务设施不断完善，入园企业135家，工业产值增长41.9%。美都化妆品基地“七通一平”基本完成，落户企业达26家。动漫产业园被列入省新10项工程，首期工程全面施工。国家汽车及零部件出口基地广州从化基地挂牌成立。产业和劳动力“双转移”工作取得新突破，引入广州“退二”企业11家，中心城区“退二”工作步伐加快。一批重点生产力骨干项目建设进展顺利。羊城汽车厂整体搬迁到广汽日野公司从化工厂，广汽日野商用车、万宝（从化）冰箱、威莱日化等18个工业项目竣工投产；丰力轮胎二期扩建工程顺利推进。

［**第三产业稳步发展**］　全年第三产业实现增加值63.20亿元，比上年增长20.2%。城乡消费全面提速，社会消费品零售总额54.56亿元，增长15.7%。凯旋宫大酒楼、南海食街、逸泉国际大酒店被评为“国家五钻级酒家”。房地产市场健康有序发展，全年商品房销售面积80.57万平方米，销售合同金额42.64亿元，分别增长93.0%和110%。创中国优秀旅游城市各项工作扎实推进，旅游业发展水平不断提高。全年接待各类游客754.72万人次，旅游总收入25.74亿元，分别增长49.2%和54.2%。温泉养生谷、从都·国际商务会议中心、亚运马术场、响水峡原生态景区、崴格诗温泉庄园、广州（从化）花园酒店等一批旅游项目加快建设。成功举办系列旅游推介活动，“温泉之都，生态从化”的影响力和知名度进一步提升。先后获得“中国文化生态旅游示范地”、“中国最佳旅游度假胜地”、“中国优秀生态旅游城市”和“广东省国民旅游休闲计划示范市”称号。

［**科技创新快速发展**］　深入实施创新型从化行动计划，推进创新工程和创新平台建设。

被认定为省、广州市高新技术创新产品9个、新上科技项目49项。围绕支柱产业、关键技术和共性技术组建产学研联盟18个，实施合作项目11项。实施品牌带动战略取得新成果，新增广州市级以上著名商标10个。信息化兴业工程全面启动，电子政务平台建成使用。知识产权保护进一步加强，发明专利申请量、授权量分别增长11.0%和33.3%。认真落实《关于促进自主创新加强科技工作的意见》，表彰奖励一批科技先进项目、科技杰出专业技术人才和名校长、名教师、名医生，重科技、重人才的良好社会氛围逐步形成。

[**各类经济协调发展**] 民营经济发展加快，总体规模不断增大，全年全市注册个体户和私营企业2.13万户，增长15.3%；规模以上民营工业总产值117.33亿元，增长4.3%。开放型经济呈现积极变化，外贸出口降幅逐步收窄。全年实现进出口总值17.89亿美元，下降18.5%，其中出口总值11.14亿美元，下降16.7%。招商引资工作成效显著，利用外资质量水平明显提升，新引进投资项目34个，实际利用外商直接投资1.71亿美元，增长26.3%。对外经济合作势头良好，新增8家企业，完成11个对外合作项目，增长4.5倍。

推进“三农”工作

各项惠农支农强农政策得到较好落实，“三农”发展基础更加坚实。全年实现农业总产值28.56亿元，增长6.7%；第一产业增加值16.76亿元，增长6.6%。都市型现代农业不断发展壮大，农业产业化经营取得新成效。新增省、广州市农业龙头企业3家、市本级农业龙头企业12家。各类农民专业合作社发展到73个。引导推进农村土地流转，积极发展规模经营，全年流转土地1.03万亩。万花园基础设施日益完善，生产规模不断扩大，落户企业29家，种植面积达9500亩。“一村一品”发展到21个品种、40条村；新入选“广州特产”6个。农产品质量安全体系建设得到加强，市场准入制度初步建立。从化市被认定为国家“农产品加工创业基地”和“生态荔枝蜜基地”。钱岗糯米糍荔枝获得国家地理标志产品保护。广州亚运无规定马属动物疫病区通过国家农业部评估验收，成为国内首个无疫区。农村基础设施建设进一步加强，完成标准化农田、鱼塘改造1.10万亩，边远中低产田改造1.45万亩。启动新一轮自然村道建设。继续推进农村通自来水工程，农村饮用自来水受益人口达95.6%。农村公交网络不断完善，实现村村通农村客运。新农村建设扎实推进，新创建生态文明村150个、省卫生村8个、广州市卫生村22个，村容村貌整治和村庄规划得到加强。农村劳动力培训就业工作成效明显，全年农民参加职业技能培训4930人次，农村富余劳动力转移就业10814人。深入实施“万村千乡”市场工程和乡村旅游富民工程。农家店覆盖率达100%。宝趣玫瑰世界、大金峰、千鲤百花园以及溪头旅游村、田心农家乐、宣星运动谷等一批农业乡村旅游项目建成并向游客开放。

城市建设管理

[**基础设施建设**] 深化城市总体发展战略规划，完成新一轮城市总体规划和土地利用总体规划修编以及208个村庄规划。以交通为重点的基础设施建设加快推进。增从高速公路（从化段）全线动工。大广高速公路通过

国家项目核准。北三环高速、佛清从高速筹建工作有序推进。争取从化轻轨项目列入广州市2015年前建成通车的轨道交通线网建设安排，工程规划和项目可行性研究工作积极推进。基本完成省道256线（江埔段）、省道355线（灌村段）改造。从化大道南段、国道105线和省道355线（城区段）升级改造工程全面动工，基础性主体工程基本完成。完善河东北路、旺城北小区等一批市政道路和社区基础配套设施。新增汽车、摩托车临时停车位1.3万个。管道天然气利用工程投入使用。220千伏绿洲变电站、110千伏灌村变电站建设工程竣工运营，110千伏水南站和养生谷站土建工程基本完成。

［**优化生态环境建设**］ 以空气、水环境综合整治为重点，着力解决环境污染突出问题，空气环境质量始终保持优等水平。积极推进大规模的治污行动，城区、温泉、太平（市经济开发区）、良口（流溪温泉旅游度假区）和明珠工业园（鳌头）等5个污水处理厂和42公里截污管网工程，以及56个行政村污水处理工程建设有力推进，总体建设进度排在广州市13个治水责任考核单位的前列。水资源环境不断优化，流溪河流域和集中饮用水源地得到有效保护。城乡清洁工程深入推进，潭口垃圾场第二填埋区和3个镇级垃圾压缩中转站建成使用，城乡环境卫生状况进一步改善。稳步推进江埔街联星“城中村”、旧城改造试点工作。节能减排工作成效突出，依法关闭石材石粉厂100家，扎实推进金属和非金属矿山治理整顿工作。森林资源保护力度进一步加大，组建镇级森林消防队伍，严厉打击非法砍伐林木和乱占滥用林地行为，林业灾害防控水平不断提升。新增造林面积7680亩。加强城管综合执法，大力整治城市“六乱”和查控“两违”，全年清理“六乱”2万宗、拆除违法建设20万平方米，城市绿化、净化、美化和亮化水平明显提高。“四个万亩”土地工程全面启动，全年完成征地结案4617.5亩、新批建设用地5903亩、出让土地5022亩。完成土地开发整理2.11万亩，补充耕地指标3424亩，实现耕地占补平衡。

社会事业

［**民生保障不断加强**］ 全面落实广州市“惠民66条”和17条补充意见，着力解决群众关注的热点难点问题，人民群众受惠增多。城镇居民人均可支配收入1.76万元，农村居民人均纯收入7361元，分别比上年增长11.5%和13.5%。被征地农民养老保险和城乡居民养老保险全面启动。城乡居民医疗保险工作不断巩固发展，实施基本医疗保险普通门诊医疗费用统筹，参保率达96.0%，惠及城乡居民45万人。建立原国有企业部分退休人员补贴制度，按政策提高退休人员基本养老金待遇。全市2.5万名符合低保条件的城乡居民实现应保尽保。社会救助、社会福利、优抚安置水平进一步提高。新增领取老年生活津贴老人1.5万人；新建五保安居点4个、总数达22个；落实残疾人参加城乡居民医保缴费资助、康复行动、贫困救助、危破房改造等扶助政策，切实保障残疾人合法权益。保障型住房建设步伐加快。首期126套廉租房竣工。政策性农村住房保险全面落实。农村危破房改造工程正式启动。“6·26”特大洪灾灾后恢复重建工作顺利推进，水毁水利、电力、公路等设施全面修复，881户零散全塌户房屋重建全面完成，吕田坪地村吉兴社等7条集中重建村基本建成。

［**社会事业逐步发展**］ 深入开展全国文明城

市创建活动，城市文明程度和市民素质进一步提高。加快教育卫生事业均衡化发展。新认定义务教育规范化学校12所，全市义务教育规范化学校比例达55.4%。全面实施城乡免费义务教育，惠及学生15.8万人次。顺利完成职业技术教育学校布局调整。教育“创强”成效明显，高考上线率达88.6%，各项指标排在广州市中上水平。及时稳妥解决教师工资福利待遇“两相当”和中小学代课教师问题。市内10所高校各具特色、办出成效。镇、街医疗机构管理体制改革积极推进。加强卫生监督，有效防控甲型H1N1流感等重大疾病。公共文化服务体系建设步伐加快。成立全省首家“新家庭文化屋”，建成“农家书屋”169个、祠堂文化室71个。成功举办庆祝新中国成立60周年、革命歌曲大家唱等群众文艺活动。文物和非物质文化遗产保护取得新成效，“水族舞”和“从化客家山歌”列入广州市第二批非物质遗产保护名录。从化市籍运动员参加广州市级以上比赛获得金牌45枚。市青少年业余体校被国家体育总局认定为“国家高水平体育后备人才基地”。市荣获“广东省计生优质服务先进单位”。人防、双拥、对台、征兵、编制、气象、侨务外事、民族宗教、档案史志、妇女儿童等工作迈上新台阶。

［**社会管理服务**］ 开展一系列严打整治专项行动，在广州地区率先成立村级治安联防支队和镇、街综治信访维稳中心，社会治安视频监控系统投入使用，群防群治水平进一步提高，社会治安状况明显好转。全年刑事案件和“两抢”、“两盗”案件立案数分别比上年下降11.5%、14.3%和10.1%，人民群众的安全感和满意度进一步提高。大力整顿和规范市场经济秩序，加强食品药品安全监管，严厉打击制售假冒伪劣商品、传销、商业欺诈、无证照经营等违法行为。加强国土资源管理，依法查处土地违法违规行为，违法用地和土地市场治理整顿成果得到巩固。开展“安全生产年”活动，全年事故宗数、死亡人数分别比上年下降17.6%和7.7%。开展“人屋车场”综合治理和“房中房”专项整治行动。市级应急庇护场所和救灾物资储备仓库建成使用，应急工作水平进一步提高。开展领导干部公开“大接访”和社会矛盾纠纷“大排查”活动，完善人民调解、行政调解、司法调解三位一体的“大调解”工作体系，及时解决一批群众反映的突出问题和实际困难，进一步形成依法有序表达诉求、共同有效化解社会矛盾的社会环境。

民主法制建设

［**加强政府自身建设**］ 认真执行市人大及其常委会各项决议决定，自觉接受人大及其常委会的法律监督和工作监督。加强与人民政协的联系，支持政协委员发挥参政议政作用。提高议案、建议和提案办理质量，人大代表建议和政协委员提案办复率和满意率为100%。广泛听取各民主党派、工商联、无党派人士意见，支持工会、共青团、妇联等人民团体更好发挥作用。进一步转变政府职能，基本完成行政审批事项清理，精简审批事项达50%。全面推进政府信息公开制度，拓宽政务公开渠道。完善审批业务网上办理机制，开通行政审批电子监察系统，行政效能有新的提高。依法行政、依法治市和“五五”普法稳步推进，公民法律意识不断增强。反腐倡廉工作机制进一步完善，党风廉政建设和行风评议取得新实效。推进撤市设区工作。按照大部制要求稳步实施政府机构改革，设置市政府工作部门25个、派出机构4个。人

事制度改革继续深化，启动事业单位岗位设置管理试点和绩效工资工作。人才培养、引进、使用和激励机制日趋完善。在规范市直机关事业单位津贴补贴的基础上，全面完成镇、街、园区规范津贴补贴工作。继续完善和实施年度目标管理考核办法、行政机关及其公务员公共服务行为投诉处理办法和首问首办责任制，促进机关作风建设和公务员队伍建设。

（市政府办供稿，李益山执笔）

（李信慧编辑）

市领导机关

中共从化市委

[**管理机构**] 中共从化市委办公地址在从化市街口街新城东路99号。2009年末，有书记1人、副书记2人、常委11人。工作部门7个：市委办公室、纪律检查委员会、组织部、宣传部、统一战线工作部、政法委员会（市维护社会稳定办公室及社会治安综合治理委员会办公室等与其合署办公）、老干部局。还有编委办、直属机关党委、党校3个工作部门，不占机构限额。

[**中共从化市委十一届六次全会**] 1月18日至19日，召开中共从化市委十一届六次全会。会议学习贯彻党的十七届三中全会、中央经济工作会议、省委十届四次全会和广州市委九届六次全会精神，听取市委书记欧阳知代表常委会所作的工作报告和2008年度从化市委干部选拔任用工作情况的报告，市委常委何镜清关于对从化市委、市政府领导班子贯彻落实科学发展观分析检查报告进行评议的说明，审议《中共从化市委、从化市人民政府关于加快推进农村改革发展的实施意见》（讨论稿），评议《从化市委市政府领导班子贯彻落实科学发展观分析检查报告》和2008年度从化市委干部选拔任用工作，对新提拔任用的领导干部进行民主测评。全会创新会议的召开形式，首次将列席会议人员扩大到从化市第十一次党代会全体代表，让党代表直接参与市委全会的重大决策，扩大党内民主，为推行党代表常任制进行有益的探索。会议总结2008年全市经济社会发展的基本情况，提出2009年经济工作的指导思想和目标任务。会议强调要深刻领会中央经济工作会议和省委十届四次全会精神，善于在复杂多变的形势下捕捉和把握难得的发展机遇，以科学发展观为指导，以“三促进一保持”（促进提高自主创新能力、促进传统产业转型升级、促进建立现代产业体系，保持经济平稳较快发展）为着力点，努力扩大内需，增强投资和消费对经济增长的拉动作用；加快现代产业体系建设，推进产业结构调整优化升级；落实中央、省和广州市关于农村改革发展的政策措施，逐步形成城乡经济社会发展一体化的新格局；加强城乡规划、建设和管理，加快建设广州北部城市副中心；坚持民生为重、富民优先，促进和谐社会建设；以“迎亚运、创国优”为主题，推进精神文明创建工作；切实加强和改进党的建设，提高领导科学发展的能力，促进经济社会又好又快发展。

[**中共从化市委十一届七次全会**] 8月12日，召开中共从化市委十一届七次全会。会议传达学习贯彻广东省委十届五次全会、广州市委九届七次全会精神，听取市委书记欧阳知代表市委常委会所作的工作报告和在全会结束时的总结讲话，市委副书记梁建清关于全市下半年经济工作的部署。会议认为，面对国际金融危机给从化市经济社会发展带

来的困难，市委常委会带领全市广大干部群众，认真贯彻落实科学发展观，坚定信心，迎难而上，转变工作作风，学习贯彻《珠江三角洲地区改革发展规划纲要》，以“三促进一保持”（促进提高自主创新能力、促进传统产业转型升级、促进建立现代产业体系，保持经济平稳较快发展）为主线，正确处理好当前发展与长远发展的关系，努力化危为机，危中求机，全市经济呈现企稳回升态势，在推动科学发展、争当生态文明建设排头兵的征程上迈出了新的步伐。会议强调，要以经济工作为重点，以“三促进一保持”为主线，大力拓展产业平台建设，狠抓项目落实，力促经济平稳较快发展，切实做好打基础、管长远的工作，为从化市经济全面回暖奠定基础，为广州建设国家中心城市贡献力量。

［**市委决策和议事会议**］ 全年中共从化市委召开常委会议25次。围绕市委中心工作，重点研究部署工业发展、动漫产业发展、旅游工作、农村工作、“四个万亩”工作、重大项目建设、维稳及综治信访工作、科技工作、开展学习实践科学发展观活动、机关服务年活动、“五清五帮”活动、庆祝建党88周年系列活动、机构改革、撤市设区、创文创卫、人才选聘等。审议讨论《中共从化市委、从化市人民政府关于加快推进农村改革发展的实施意见》、《从化市镇街医疗机构管理体制改革方案》、《从化市委市政府领导班子深入学习实践科学发展观活动整改落实方案》、《从化市“五清五帮”活动实施方案》、《关于促进从化市动漫产业发展的优惠办法》、《从化市关于发展资本市场推动企业上市的实施办法（试行）》、《从化市人民政府机构改革方案》等文件。传达学习党的十七届四中全会、省委十届四次、五次全会精神。

［**市委中心组学习会**］ 全年市委召开中心组学习会9次。2月26日，传达学习中央经济工作会议精神；3月10日，集中学习贯彻科学发展观；7月22日至23日，讨论如何振兴现代工业经济，壮大市域经济实力；7月30日，听取广州市委党校广州行政学院党史党建教研部副主任、副教授梁宏的《爱国主义和六个“为什么”宣讲报告会》；9月8日，集中学习《加强反腐倡廉，推进源头治腐》；9月25日，市委书记欧阳知在流溪剧院召开的领导干部大会上，作题为《从化市传达贯彻党的十七届四中全会精神》的讲话；9月28日，集中学习贯彻党的十七届四中全会精神；11月24日，集中学习《建设学习型党组织，切实加强党建工作》；12月10日，学习讨论《加快我市城乡一体化进程，持续增加农民收入》等问题。

［**市委办工作**］ 管理机构。中共从化市委办公室是市委的工作部门，定编23名。2009年末，在职20人，有主任1人、副主任2人。内设机构有：秘书科、综合科、信息科、督办科、政策研究室、保密局、机要局。

秘书工作。全年制发“从发”文件24个号、“从文”22个号、“从办”87个号、市委常委会议纪要35个号、“从办函”29个号。完成市党政考察团外出学习考察、创建全国文明城市活动、市委领导到基层调研活动、春节前各项活动等多项重大活动的组织工作，完成市委十一届六次、七次全会，2009'功夫从化——WMA中国武术职业联赛及中央电视台《武林大会》咏春拳全球选拔赛等大型会议和100多次各类工作会议的组织和会务工作；完成国家、省、广州市领导和到从化市投资考察团等客人的接待工作。参与国家民政部、省和广州市政府到从化市开展撤市设区调研论证工作。

综合调研工作。按照市委的工作部署和工作会议的要求，完成领导讲话、会议材料、政策性文件、工作汇报和专题调研的撰写任务。完成各类会议文稿80多篇，其中包括市委十一届六次、七次、八次全会市委的讲话稿及决议稿；起草从化市贯彻落实珠三角规划纲要情况汇报、从化市落实广州市“惠民66条”及“补充17条”的情况汇报、从化市建设从化特色的生态文明新农村的经验材料等；开展一系列调研活动，转化成《实践科学发展观，构建具有生态特色的现代产业体系》、《从化市宜居城乡建设行动纲要(2010—2012)》等重要政策性文件；整理领导讲话录音42篇，编发《内部情况》7期。

信息工作。做好信息的编发上报。全年编发《从化信息》91期，上报广州市委办公厅信息87条，被采用49条，其中《每天快报》37条，《广州信息》10条，上报省委办公厅4条。《广州信息》直报省委采用2条。获省、广州市领导批示4条。

督办工作。抓好市委重大决策和领导批示的督察落实工作。先后对落实广州扶持从化“19条”、广州市“惠民66条”及“补充17条”和“创优”工作开展专项督促检查活动；全年发出督办通知书120项，办结广州市委办公厅督办事项27件，办结率100%。

机要保密工作。规范机要管理机构的设置，完成机要屏蔽机房的建设。完成各种紧急电报收发任务。加大对保密法规的宣传力度，在全市开展保密教育月活动，依法开展保密监督检查，对涉密重点单位和重点部位开展计算机及移动存储介质专项保密检查，组织涉密工作人员参加岗位培训，增强领导干部的保密意识。

（中共从化市委办公室供稿，时双凤执笔）

从化市人大常委会

［**管理机构**］ 市人大常委会办公地址在街口街新城东路99号。2009年末，在职人员26人，有主任（市委书记兼）1人，副主任6人。工作部门有7个：办公室、人事代表联络工委、教科文卫和华侨外事民族宗教工委、城乡建设环境与资源保护工委、农村农业工委、法制工委、财政经济工委。在业务上，常委会还负责指导镇、街的代表工作。全市有镇人大5个、街道人大工作委员会3个。

［**市十四届人大四次会议**］ 2月14日至17日，在市流溪剧院举行从化市第十四届人民代表大会第四次会议，应出席的市人大代表216人，实到代表209人，符合法定人数。列席人员160人，旁听15人。大会的3次全体会议分别由主任欧阳知，副主任霍燕娥、李煜杭主持。大会听取和审议市政府、市人大、市法院、市检察院的工作报告，听取和审查市2008年国民经济和社会发展计划、预算执行情况报告，批准市2009年国民经济和社会发展计划、预算，通过政府、计划、预算、人大、法院、检察院6个工作报告的决议。会议补选邓宇恒为市十四届人大常委会委员。

［**监督工作**］ 人大常委会贯彻落实监督法，改进监督方式，完善监督机制，促进监督工作进一步制度化、规范化，增强监督实效。

执法检查。常委会组织检查组，检查《广州市生态公益林条例》在本市的实施情况。

审议审查计划和预算。审查和批准市政府2008年本级决算草案报告。听取和审议市政府 2009 年上半年国民经济和社会发展计划、预算执行情况报告。听取和审议市政府 2008 年度本级预算执行和其他财政收支的审计工作报告。听取和审议市政府关于“十一五”规划实施情况的中期评估报告。听取和批准调整 2009 年本级预算报告。听取和审查市政府 2010 年本级预算草案报告。

审议专项工作报告。一是审议市政府六项工作报告 2009 年市政府重点工作推进情况报告；从化市农民专业合作社发展情况报告；市十四届人大四次会议代表议案和建议办理情况报告；市创建省计划生育工作一类地区工作情况报告；市社会保障工作情况和社会保险基金管理情况报告；市推进镇街医院布局调整和管理体制改革工作情况报告。二是审议市法院执行工作情况报告和市检察院反渎职侵权工作情况报告。结合审议政府专项工作，对市农业局、劳动保障局、人口计生局、卫生局的局长进行工作评议。

代表视察。人大常委会组织部分市人大代表对 5 家水质净化厂及配套设施建设情况，创建中国生态旅游示范区工作进展情况，加快农业科技进步，完善现代农业科技服务体系情况及农村“五保安居”工程建设情况进行视察。

[**重大事项决定和人事任免**] 人大常委会依照法律和《从化市人大常委会讨论决定重大事项实施办法》的规定，先后作出关于开展法治从化创建活动的决议和批准市政府 2008 年本级决算、2009 年预算调整的决议。依法接受辞去人大常委会副主任职务 2 名，任命本会相关工委副主任 1 人，任免政府组成人员 22 人次，任免市法院工作人员 38 人次。

[**代表工作**] 人大常委会围绕发挥代表作用这个主题，在提高代表的素质上下功夫，探索代表工作，开展形式多样、富有成效的代表活动。一是加强代表培训工作，组织代表学习有关监督工作的业务知识。二是指导各代表小组开展闭会期间的代表活动，组织代表深入联系选民，开展视察、调研等活动。三是指导各代表小组组织 2～4 名市人大代表向选区选民报告履职情况，20 名市人大代表在各自的选区向选民报告履职情况，6 名广州市人大代表向常委会报告履职情况。四是做好代表议案、建议督办工作。常委会重点督办“推进生态文明建设”议案和“推动城乡一体化进程”议案；各工作委员会重点督办 2～3 件代表建议和意见，提高代表议案、建议办理的质量。由于上下配合，跟踪督办，取得较好的成效，代表较为满意。五是在 2009 年 2 月 14 日市十四届人民代表大会四次会议上表彰先进代表小组 2 个和优秀代表 30 名。六是加强对市人大街道工委和镇人大的指导。年初布置代表工作，年中进行工作检查，年终总结交流经验，定期召开工作座谈会、举办镇（街）人大干部业务学习班，努力提高镇街人大干部的业务水平。

[**信访工作**] 切实执行信访工作制度，按照分别受理、综合分析、统一交办、严格督办的原则开展信访工作，选择若干个重点信访或重复信访件进行重点督办。定期分析信访中带有全局性影响或普遍性反映的重大问题，为常委会确定审议专项工作、执法检查内容提供依据。全年受理群众来信来访 131 件次。

[**依法治市工作**] 依法治市办公室有主任 1 人、专职副主任 1 人、兼职副主任 3 人。市依法治市办年初制定年度工作要点，布置工作，年中抓落实，年底抓检查总结。3 月 17 日，广州市依法治市办向广州市委常委会汇报关于依法治市“四五”规划中期检查情况

的报告中，有10多处表扬从化市的依法治市工作，在广州市区、县级市中位列前茅。市委书记欧阳知参加广州市委常委会该次会议后，在多次有关会议上通报这一情况，充分肯定市依法治市办工作。一是创新形式，深入推进法治从化创建活动。根据省委、广州市委关于开展法治城市、法治县（市、区）创建活动的工作部署，依法治市办结合从化实际，开展一系列形式多样的创建活动。9月，在市电视台《法治与政务》栏目，制播《创建法治从化，构建和谐社会》专题片1期，在《今日从化》刊登关于开展法治从化创建活动专栏1期，扩大宣传教育覆盖面。二是开展“法治从化宣传教育周”系列活动。12月1日上午，在从化新世纪广场举行“法治从化宣传教育周”启动仪式暨“科学发展·法治环境·树城市文明新风”创文主题宣传月活动，受到群众的欢迎和有关领导的肯定。三是树立典型，以点带面。9月，选取18个单位的依法治市经验材料，编印成《从化市依法治市经验材料汇编》，供全市各单位借鉴学习。

（市人大常委会办公室供稿，吴仕深执笔）

从化市人民政府

[**管理机构**] 从化市人民政府办公地址在街口街新城东路99号。2009年末，有市长1人、副市长7人、政府党组成员1人。市政府工作部门有25个（监察局与市纪委机关合署办公，市民族宗教事务局与市委统战部合署办公，均列入政府工作部门序列，不占政府机构个数）：市政府办公室、发展和改革局、经济贸易局、教育局、科技和信息化局、民族宗教事务局、公安局、监察局、民政局、司法局、财政局、国土资源和房屋管理局、环境保护局、城乡建设局、交通局、水务局、农业局、文化广电新闻出版局、卫生局、人口和计划生育局、审计局、规划局、城市管理局、统计局、林业局、安全生产监督管理局。

[**重要活动和重要会议**] 市政府主办或参与的重大活动。7月12日，在街口街河堤公园广场举行2009’从化迎亚运体育旅游荔枝文化节开幕暨“响水峡杯”中国（广州）从化山地越野挑战赛颁奖·从化流溪河渔业放生活动仪式；7月13日，举行“迎亚运、创国优”万人自行车流溪河畔大巡游暨全民健身月活动启动仪式；9月21日，举行广汽日野汽车有限公司从化工厂竣工暨700系列重卡下线仪式；11月30日，举行广东国民旅游休闲计划农业旅游启动仪式暨“2009广州·从化温泉旅游文化节系列活动”开幕式。

主要会议。4月8日，召开全市农村社会养老保险工作动员大会；5月7日，召开全市工业经济工作会议；5月18日，召开全市廉政建设会议；9月2日，召开从化市农村社会养老保险会议；12月28日，召开市政府机构改革动员大会。

[**决策会议**] 从化市政府召开常务会议12次，议题70项；召开市长办公会议38次。

政府常务会议主要议题。1月9日会议，原则同意市财政局提出的《从化市2008年预算执行情况和2009年预算草案的报告》；同意对市供销合作社进行改革，改革后由原来自收自支的事业单位调整为财政全额核拨的事业单位，机构级别（县级市正局级）保持不变；同意市消防大队提出的《从化市消防安全责任制规定》和《从化市消防安全责任制考评办法》；同意《从化市镇街医疗机构管理体制改革方案》。

3月4日会议，原则同意《从化市生态文明村建设补助资金管理暂行办法》和《从化市土地开发整理补充耕地工作实施方案（试行）》，两年内计划开发5万亩园地（山坡地）为耕地；同意采用市劳动社保局《关于我市实施城镇老年居民养老保险的请示》中的“方案一”，参保人和政府分别按照每人每月100元的标准缴纳城镇老年居民养老保险金，其中政府资助部分由市、镇（街）两级财政按8：2比例分别承担；同意《关于促进从化市动漫产业发展的优惠办法》。

3月25日会议，原则同意市劳动社保局提出的《从化市实施农村社会养老保险工作方案》，从化市在2009年开始实施农村社会养老保险工作；同意市财政局提出的《争取上级扶持资金奖励试行办法》；同意市审计局提出的《关于进一步加强和改进行政事业单位审计工作的意见》，市行政事业单位每两年进行一次全面审计。

4月24日会议，原则同意市投资服务中心提出的《关于使用农村留用地的优惠办法》；同意市发改局提出的《从化市常住人口调控管理实施办法》；同意市人事局提出的《关于机关单位津贴补贴发放有关问题的通知》。

6月8日会议，同意市明珠工业园管委会提出的2009年开发建设项目及5.967亿元的资金运营总计划；同意市劳动保障局草拟的本市2009年企业使用本地劳动力的奖励措施方案；由市政府办会同市发改局做好2009年上半年全市经济运行情况分析会的筹备工作。

7月7日会议，原则同意市国土房管局提出的《从化市农村低收入家庭居住危房改造工作方案》；同意成立从化市救助管理站，将原城郊街敬老院整体改建为救助站，原城郊街敬老院老人安置到城区敬老院（即现江埔街敬老院）；同意按照市物价局提出的对市污水处理费收费标准进行调整的方案，收费标准从每吨0.40元提高到每吨0.80元（平均值）。

8月3日会议，原则同意市公安局草拟的《从化市实施〈广州市养犬管理条例〉办法（讨论稿）》；同意市人口计生局提出的《关于建立从化市医疗机构计划生育专管员队伍的方案》；研究购房入户的政策调整，2009年6月16日前已领取商品房预售许可证，并在2009年9月底前完成交易（在市国土房管局完成鉴证）的商品房，其购房入户指标仍按原规定执行，即60—80平方米可申办一个非农户口，80—120平方米可申办两个非农户口，120平方米以上可申办三个非农户口；2009年6月16日后领取商品房预售许可证，且符合《从化市常住人口调控管理实施办法》规定的其他购房入户条件的，其购房入户指标按从府〔2009〕32号文执行，即70—95平方米可申办一个非农户口，95—144平方米可申办两个非农户口，144平方米以上可申办三个非农户口；同意《关于加大支持力度推进城乡一体化进程的议案办理方案》。

9月7日会议，同意国道105线和省道355线城区段升级改造项目一期工程的征地拆迁资金概算由从府办批〔2009〕118号明确的1.05亿元增加至2.35亿元；同意由市土地储备中心以13.6万元/亩的综合补偿价格，收购位于鳌头镇小坑村、龙角村地段原广州丰灵水泥有限公司使用的约182.65亩（具体面积由市国土房管局核定）土地，纳入政府储备用地；对评定为国家特级酒家（五钻）、国家一级酒家（四钻）的餐饮企业分别给予一次性奖励30万元、15万元；同意市财政局提出的《关于编制2010年从化市本级部门预算的意见》。

9 月 25 日会议，原则同意《从化市污水处理费征收管理实施办法》；同意中国人民财产保险股份有限公司从化支公司作为市城乡居民医保经办业务的托管机构，由市劳动保障局与其签订 2 年代管合同。

10 月 9 日会议，原则同意市劳动保障局提出的关于调整市 2010 年城乡居民医疗保险筹资方案和补偿待遇的意见，2010 年市城乡居民医疗保险按 200 元/人的标准进行筹资；同意由从化市公共资产管理中心出资 1 亿元成立广州从化建设投资有限公司，公司经营范围是开发、投资从化市行政区域内建筑工程和公共基础设施建设、工业配套设施、交通、能源、园林绿化、旅游景区、房地产、农业生产及水利堤防建设。

11 月 3 日会议，原则同意市统计局提出的《关于加强和改进统计工作的意见》；同意市国土房管局提出的《关于进一步加强农村留用地货币补偿款管理和使用的通知》；同意市发改局草拟的《关于推进城郊街城乡经济社会一体化发展的意见》(讨论稿)。

11 月 27 日会议，原则同意由市建设市政局提出的《从化市污水处理费征收管理实施办法》；同意由市国土房管局提出的《关于村、社划拨留用地改变用地性质有关问题的通知》；同意由市财政对市在营运的公交车实行公共财政补贴，补贴标准为每车每年 1.5 万元，补贴期限为 2009 年 1 月至 2010 年 12 月；同意由市物价局提出的《从化市机动车停放服务收费标准》，其中包括政府定价、政府指导价的停车场停放服务以及城区路内人工收费停车场的收费标准。

市长办公会议议定主要事项。2 月 10 日，市长梁建清主持召开会议，专题研究全市污水治理和河涌综合整治工作。3 月 9 日，市长梁建清召开广东从化经济开发区高技术产业园建设指挥部第二次规划工作会议，听取建设指挥部办公室有关高技术产业园筹建准备和规划设计等有关情况的汇报，并就加快推进高技术产业园规划设计、土地调整规划、功能定位等有关问题进行讨论研究。3 月 17 日，市长梁建清主持召开鳌头工业基地规划工作会议，听取鳌头镇、鳌头工业基地建设指挥部办公室关于前期筹建工作的汇报，广州城市规划勘测设计研究院介绍鳌头工业基地概念规划，与会人员就鳌头工业基地的建设规划、交通建设和产业定位等问题展开讨论。3 月 20 日，市长梁建清在市委常委王建红的陪同下，率领市府办、交通、林业、国土等部门到温泉镇宣星村调研农家乐项目规划建设工作，并召开会议听取温泉镇关于项目前期规划和筹建工作情况的汇报，与会人员对项目规划建设的有关工作进行研究。4 月 9 日，市长梁建清在常务副市长王建新、市委常委邱永权的陪同下，率领市府办、国土房管局、规划局、建设市政局、水利局等部门和单位到太平镇调研，并主持召开市长办公会议，听取太平镇关于经济社会发展情况的汇报，与会人员就有关问题进行认真研究。5 月 7 日，市长梁建清主持召开工业经济分析会议，听取各相关部门关于 2009 年 1 月—4 月工业经济走势和落实促进工业经济发展措施的情况汇报，对下一步优化政府服务，确保工业经济增长做工作部署。4 月 30 日，市长、市污水治理和河涌综合整治工作领导小组组长梁建清主持召开市治水工作领导小组协调会。5 月 11 日，市长梁建清主持召开市长办公会议，专题研究温泉镇宣星村农家乐项目建设工作。6 月 12 日，市长梁建清主持召开会议，专题研究创建教育强市后续工作有关问题。7 月 2 日，市长梁建清在市委常委邱永权陪同下，率领市府办、公安局、国土房管局、农业局、林业局、水利局、环保局、森林公安分局等单位负责同志到吕田镇调研，并主持召开市长办公会议，听取吕田镇政府关于预防水土流失、森林资源保护、灾后房屋重建等工作情况汇报，与会人员就有关问题进行认真研究。7 月 1 日，市长梁建清主持召开全市污水治理和河涌综合整治工作 6 月例会，专题研究部署全市污水治理和河涌综合整治工作。7 月 9 日，市长梁建清在常务副市长王建新和副市长温洁夫、梁锦华陪同下，会同市规划局、建设市政局、财政局和旅游局等部门的负责同志到市文化局专题调研河滨公园升级改造问题，并主持召开市长办公会议，专题研究河滨公园升级改造规划问题。7 月 7 日，市长梁建清主持召开工业经济分析会议，就加快解决工业项目建设问题提出明确要求。7 月 14 日，市长梁建清率市法院、市财政、建设市政、规划、国土房管、城郊街等单位和部门到明珠工业园调研，并召开调研会议，研究解决明珠污水厂建设、广汽日野汽车公司员工公寓和试车跑道建设、盘活原峻联通信科技大楼等突出问题。7 月 17 日，市长梁建清召开万宝供电线路建设问题协调会议。7 月 27 日，市长梁建清主持召开市长办公会议，专题研究从化大道下穿省道 355 线隧道工程征地拆迁工作。8 月 3 日，市长梁建清主持召开开发区三期、高技术产业园启动区征地工作会议。8 月 4 日，市长梁建清主持召开全市污水治理和河涌综合整治工作 7 月例会，专题研究部署全市污水治理和河涌综合整治工作。8 月 11 日，市长梁建清，副市长刘宗静主持召开加强消防建设工作会议。8 月 17 日，市长梁建清主持召开市长办公会议，专题研究加强城监大队执法工作有关问题。8 月 19 日，市长梁建清在市委副书记谭凯平、常务副市长王建新陪同下，率领市解决停车难问题领导小组成员单位专题调研创建文明城市活动中群众普遍反映的停车难问题。8 月 26 日，市长梁建清率市经贸、规划、国土、交通等部门负责人到鳌头工业基地调研，并在鳌头镇政府三楼会议室召开调研会议，专题研究鳌头工业基地及鳌头镇建设问题。9 月 1 日，市长梁建清召开全市污水治理和河涌综合整治工作 8 月例会，专题研究部署全市污水治理和河涌综合整治工作。9 月 10 日，市长梁建清主持召开市长办公会议，专题研究解决市新图书馆建设问题。9 月 16 日，市委书记欧阳知，市长梁建清主持召开万亩鲜切花基地草塘社农家乐项目规划设计初评会。9 月 22 日，市长梁建清率领市府办、发改局、财政局、建设市政局、规划局等单位负责同志到良口镇调研，并主持召开办公会议，对养生谷项目征地拆迁、良口污水处理厂和新自来厂水建设、良口粮所拆迁、“6·26”灾后恢复重建等有关问题进行认真研究。9 月 28 日，市长梁建清主持召开全市污水治理和河涌综合整治工作 9 月例会，专题研究部署全市污水治理和河涌综合整治工作。10 月 9 日，市长梁建清，常务副市长王建新，副市长刘宗静率市府办、市建设市政局、市水利局等单位负责同志到流溪河城区段两岸进行实地调研，专题研究流溪河城区段（流溪河大桥一迎宾大桥段）两岸景观建设问题。10 月 13 日，市长梁建清主持召开会议，专题研究加快推进良口溪头生态旅游村开发建设问题。10 月 20 日，市长梁建清主持召开市长办公会议，专题研究江埔小海商业街部分建（构）筑物拆迁安置有关工作问题。10 月 26 日，市长梁建清主持召开全市污水治理和河涌综合整治工作 10 月例会，专题研究部署全市污水治理和河涌综合整治工作。11 月 6 日，市长梁建清主持召开市长办公会议，专题研究从化大道与街北高速公路连接线、从化大道下穿省道 355 线隧道工程征地拆迁工作以及禾仓村姓钟围片区改造工作。11 月 17

日，市长梁建清与常务副市长王建新率领市府办、治水办、水利、交通、公路、财政、国土等部门和相关镇（街）负责同志，专题调研污水治理管网建设工作和小海河涌综合整治工程进展情况。11 月 18 日，市长梁建清率领市府办、财政、规划、建设等部门和各街道办负责同志实地勘察城郊街北星社区、旺城片区、河滨花园片区和江埔街商贸城片区、吉星社区的市政配套设施情况后，主持召开市长办公会议，专题研究部署部分城市社区和城中村市政配套设施建设有关工作。11 月 20 日，市长梁建清主持召开会议，专题研究开展自来水生产企业专项整治有关问题。12 月 4 日，市长梁建清主持召开市长办公会议，专题研究城郊街东风村沿河滨北路夜间经营饮食店档整治有关工作。12 月.3 日，市长梁建清主持召开全市污水治理和河涌综合整治工作 11 月例会，专题研究部署全市污水治理和河涌综合整治工作。12 月 23 日，市长梁建清主持召开流溪河河滩地湿地公园规划设计工作会议，专题研究湿地公园规划设计概算和租地问题。

[**市府办工作**] 管理机构。市政府办公室属政府序列行政单位，定编 40 名。2009 年末，在职 40 人，内设秘书科、综合科、调研科、督办科、口岸办、法制办、侨外办、无线电管理办公室、出租屋管理办公室、应急管理办公室。

协调推进重点工作和落实重大事项。围绕市委、市政府的工作部署，突出重点，统筹兼顾，全力以赴协调做好污水治理和河涌综合整治工程、创建全国优秀旅游城市、全国文明城市和全国卫生城市工作，做好第 16 届亚运会马术项目比赛场馆和相关配套工程建设工作以及赛事的前期组织筹备工作等全市性中心工作和重点工作，全力协调推进大广、增从高速公路，国道 105 线和省道 355 线城区段城市化改造工程、国省道和重点旅游通道沿线环境整治改造，从化大桥、从化大道与街北高速出入口连接线等重要交通基础设施建设工程，全程跟踪协调有关部门做好城北新区开发、城区“下围”拆迁、风云岭调蓄湖建设项目、万亩鲜切花基地、动漫产业基地、从化温泉养生谷项目、西气东输二线（从化段）管道工程、广汽日野汽车配套项目、万宝冰箱项目、开发区三期等全市重点项目涉及的征地拆迁和开发建设等工作，依法组织实施“下罗”路口房屋拆迁工作、城郊街东风村违法抢建拆除工作和河滨北路东风村路段夜间无证照大排档整治工作，妥善处置吕田镇响水峡的山地纠纷事件、鳌头镇水西村因云广线施工征地的纠纷事件、太平镇“紫泉花园”因迁坟与水南骆氏村民发生的纠纷事件、街口街“11·5”火灾事故等，高质量、高效率地完成市委、市政府重点工作和领导交办的各重大事项、重要工作任务。

推行办文改革。坚持从严、从精、及时、实效的原则，严把政策关、时效关、公文体例格式关、文字关和校核关，力求政策清楚、主题突出、观点准确、格式规范、逻辑严谨、准确及时。推行由下而上的办文流程改革。各单位来文由总值班室受理登记后，先由各科室征求相关职能部门意见并综合提出拟办意见，呈办公室分管领导审核和市领导批示，之后由办文科室按照市领导批示出文，交秘书科编号、盖章后由总值班室发文，实现办公室公文出口与入口一致，办文过程由同一科室和人员跟踪，做到首办负责，一跟到底。试点推行办公自动化改革。根据改革后的办文流程，会同市信息中心加快开发和完善全市 OA 办公系统软件，2009 年 7 月，在全市政府系统全面推行 OA 办公系统，初步实现征求相关职能部门意见和办公室内部公文流转、审批的无纸化，公文运转流程自动化和规范化，提高公文流转效率和办理质量。全年办理国务院、省和广州市政府及职能部门等上级文件2821份，受理全市各单位报送的请示、报告2097份，以市政府和市政府办公室名义发出各类文件742份、批复1142份、公文处理表376份，处理各类转送件415份、出访件60份，处理与市委办等“四办”的交换件179份，确保市政府各项决策和部署准确、及时地传送到全市各单位。

做好保障服务。统筹做好2009’从化迎亚运体育旅游荔枝文化节开幕暨“响水峡杯”中国（广州）从化山地越野挑战赛颁奖·从化流溪河渔业放生活动、功夫从化——WMA中国武术、广东国民休闲旅游计划农业旅游启动仪式、首届美食节等以市委、市政府名义举办的各类大型活动的筹备、组织和协调工作，做好全市性各类会议的会务、会议材料审核和草拟修改领导讲话稿等工作，包括各类土地管理工作会议、城中村改造工作会议、污水治理与河涌整治工作会议、月度季度工业经济分析会、上半年经济形势分析会、城乡居民养老保险工作会议、物价工作会议、外经贸工作会议、创文工作会议等全市性综合会议，承办各类会议300多次，草拟各类领导讲话稿和会议材料近200篇。组织做好省、广州市领导到市进行调研视察和各项重大活动的接待工作，督促各职能部门做好人大、政协“两会”的服务保障工作，完成市政府的各类接待任务和市领导交办的事项和要务。办理小汽车核编、年审、过户、申办定编100多件。

加大督办力度。参与市政府常务会议、市长办公会议以及市政府领导召开的各类协调会议200多次，做好会务工作、会议记录、会议纪要和决定事项的督办落实工作，印发市政府常务会议纪要12期、市长办公会议纪要38期、市政府工作会议纪要61期。进一步完善市政府重点工作跟踪督办工作制度，重点做好全市18项重大建设项目和市政府43项重点工作的跟踪督办工作，每季度汇总工作进度形成通报，及时反映各项重点工作进展情况，分析难点并提出建议，为领导决策提供及时参考。做好人大、政协交办的议案、提案和意见、建议的承办、催办工作，全年共办理广州市人大建议15件，广州市政协提案3件，从化市人大议案1件、建议79件，从化市政协提案166件，办复率100%。

加强调查研究。按照“服务决策、重在实用”的原则，始终围绕服务于市委、市政府中心工作和部署要求，起草《2008年政府工作报告》，开展针对有关土地流转和扶持种养企业发展、振兴现代工业经济、加快旅游业发展、镇（街）财政挖潜、防治员土地协管员水管员等“五员”设置和整合、温泉水管理、农村自来水厂建设和管理、宜居从化建设等13项专项调研，组织编写并下发《扶持企业发展政策汇编》和《农村支农惠农政策汇编》等一系列重要政策文件。协调市政府各职能部门和公用事业单位做好政务公开、办事公开工作，撰写市政务公开工作计划和从化市政务信息属性同步公开情况汇报，指导、督促市政府部门和各镇（街）加强政务网站建设。做好《从府简报》编辑工作，报送《穗府信息》60多篇，为《广东年鉴》、《广州民营经济年鉴》、《广州年鉴》、《从化年鉴》提供资料。

加强法制工作。继续开展规范性文件的清理工作，做好规范性文件的管理、行政复议及答复应诉、行政执法评议考核、法律咨询、办理执法投诉等工作，开展打击走私、传销、假冒伪劣商品工作和治理公路“三乱”工作，推进政府新一轮行政审批制度改革工作，发挥法制工作在促进依法行政、发展经济和维护社会稳定方面的积极作用。全年审查政府文件和合同117件，提出法制意见133份；办理行政复议案件5件，代理行政和民事诉讼案件4件，为政府或有关部门挽回损失1400多万元；办理土地、山林争议行政确权案件4件，协调民事、经济纠纷案件7件；办理行政执法证件138个，协助34个行政执法单位开通网上办理行政执法证系统；接待和解答群众法律咨询、来信来访161人次，办理执法投诉案件3件。

侨务外事工作。举办“侨法宣传月”活动，宣传侨务法律法规和政策，加强对市华侨港澳同胞捐赠公益事业项目的监督管理，推进与港澳侨的联谊活动，做好归侨普查工作及贫困归侨侨眷及子女的扶贫助学工作。制定因公出访联席会议制度，加强对市因公出国（境）工作的审核工作。全年先后接待来自巴基斯坦、印度、澳洲、利比里亚及香港、澳门等国家和地区的外国友好人士、华人、华侨8批95人次。办理赴日本招商组团出访手续2批、因公赴港澳通行证119批次、因公出访同意函14份，没有出现外事违规现象。

口岸工作。以共建文明口岸为纽带，推进从化口岸大通关建设，优化报关报检“一条龙”的服务模式，营造和谐顺畅的通关环境，提高服务质量、工作效率和协调能力的同时，加强口岸的卫生防疫工作，创建安全、高效、和谐口岸，为外向型企业提供口岸通关保障和服务工作。全年经从化口岸进出口的货物14.63万吨，进出境车辆1.7万车次，进出口货物总值12.14亿美元。

无线电管理。加大无线电管理工作的宣传力度，严格无线电频率、台站日常管理，做好移动通信基站的监督检查，2009年登记在册的用频单位年审率100%，审核从化移动公司新建基站17个，联通公司新建及新规划基站117个。开展清理整治违法使用无线电对讲机活动，维护空中电波秩序，确保市良好空间电磁环境。通过科学指配频率，及时为三防办办理更新设备频率手续，保障三防办无线电同播系统在汛期来临前投入使用。配合上级部门开展无线电监测工作，加强设备管理和维护工作，确保无线电监测工作的正常进行。

出租屋和流动人口管理。加强管理队伍建设，做好流动人员普查办证和出租屋调查核实工作，开展“人屋车场”综合治理工作，统筹协调市“房中房”专项联合整治行动，防范和消除出租屋消防、治安和安全隐患，使市出租屋和流动人口管理工作取得显著成效。至年末，全市投入整治资金165万元，出动整治力量6100人次，清查出租屋6892套、流动人员2.33万人，整治出租屋安全隐患2279套。全市登记出租屋2.03万套，流动人员8.33万人，新制发IC卡暂住证2.45万个，续期1.16万个，累计（2004—2009年）办证15.7万个，房屋租赁合同备案3122宗，出租屋发生刑事和治安案件分别为8宗和18宗，“两费一税”收入1210万元，增长17%，创历史新高。

健全应急管理机构。建立以村委会、社区主任为基础的应急工作联络网，制定和完善各类应急预案，2009年6月底，在全市初步形成“统一指挥，分工明确，协调一致，横向到边，纵向到底”的应急预案体系。组织开展各类应急演练，建立健全市安全生产事故处置应急救援体系，提高各职能部门应急救援协同反应水平和实战能力。通过“防灾减灾日”活动启动仪式和减灾知识现场咨询，开展形式多样的学习宣传培训活动。建立突发事件会商机制，及时掌握全市突发事件动态，应对并妥善处理各类突发事件。全年组织各项应急演练 6 次，收到公安快报 361 份，涉及交通事故、刑事案件、病情疫情、社会治安、劳资纠纷、征地拆迁纠纷等突发事件的电话报告 330 多起，气象信息报告 60 份，其他单位报告、传真 130 多份，编写应急专报 5 份，值班要情快报 38 份。

（从化市政府办供稿，李益山执笔）

从化市政协

［**管理机构**］ 从化市政协办公地址在街口街新城东路 99 号。定编 17 名。2009 年末，在职 17 人，有主席 1 人、副主席 6 人。内设机构有：办公室、学习文史委员会、提案法制委员会、教文体卫联络委员会、科技经济委员会。

［**协商议政**］ 为发挥政协委员知情问政的作用，市政协搭建市领导与政协委员直接对话、协商议政的平台。在市政协八届十次、十一次常委会议上，市长梁建清通报全市 2009 年上半年经济社会发展情况，市委副书记谭凯平通报广州市扶持从化经济社会发展 19 条措施的落实情况。在政协八届十次、十一次常委会上，常务副市长王建新通报市 18 项重点建设项目和八届四次会议期间政协委员议政意见落实情况，以及 2009 年上半年提案办理工作情况。

［**调研视察**］ 全年市政协常委会牵头，先后组织 5 次大型专题调研和 2 项重点工作视察，与 2 个职能部门举行专题协商座谈会。

关注企业。2009 年春节后，市政协立即组织开展关于国际金融危机下中小企业生产发展情况的调研。组成 5 个调研工作小组，由正、副主席带队，走访市内企业 120 多家，举行有镇（街）、园区、职能部门负责人和企业代表参加的座谈会 13 场，详细了解企业的生产经营情况在国际金融危机中遇到的困难和问题以及意见和建议。宣传市委、市政府应对国际金融危机的政策和措施，增强企业发展信心。共谋化解金融危机、推动经济发展之策，撰写《听心声送温暖、关注企业谋发展——走访百家企业专题调研情况报告》。在政协八届十次常委会议上进行专题议政，向市委、市政府提出“强化主动服务意识、提高职能部门工作效能，加强产业园区和企业周边基础配套设施，打造核心企业、优化我市产业结构”等意见和建议，为市实现保发展、保民生和保稳定的目标献计出力。这次调研活动，选题准确，开展及时，悉心为企业排忧解难，积极帮助企业谋发展，受到市委、市政府和企业的肯定。

关注教育。市政协组成 3 个调研工作小组，走访各镇（街）和 30 多所中小学校，分别召开学校行政、教师、家长和学生等代表座谈会，发放调查问卷 1300 多份，了解创建教育强市后的状况。通过跟踪调研，发现在创强后续工程、教师队伍建设、学校内部管理等方面存在一些问题。在调查分析的基础上，撰写《关于我市教育创强后中小学校教育教学情况的调研报告》，提出“加大后续工程督办力度，实施全市中小学教师队伍优化规划”等 7 点建议。市委、市政府高度重视调研中反映的问题，采取相应措施予以解决和推进。

关注民生。市政协根据广大市民反映中心城区行车难、停车难的问题，组织开展关于中心城区交通规划建设与管理的专题调研。调研组深入各街道办、交通、市政建设、规划等部门了解情况，广泛听取群众意见，提出“规划先行、科学布局，合理设计道路车辆流向，挖掘潜力、增加城区内的停车场地”等7点意见和建议，得到市政府的重视和采纳。政府有关职能部门正采取“打通出口，拓宽车道，提高道路通行力；增设交通信号灯和监控设备，疏导车流和控制车速”等措施，改善中心城区公共交通状况。

专项视察。做好创建文明城市宣传发动工作，号召和组织广大政协委员、机关干部及其家属主动投身“创文”工作，发挥带动作用。组织视察正在施工的国道105线和省道355线（城区段）升级改造项目。开展创建计划生育一类地区工作情况专题视察活动，推动计生“创优升类”工作。

专题议政。与市经贸局、规划局举行专题协商议政会。为提高协商议政实效，会前分别组织开展市经贸和规划工作专题调研。调研组先后到市有关职能部门、镇（街）园区和企业共60多个单位，发放调查问卷300多份，通过听取情况汇报、实地察看等方式和方法，多角度、多层面了解从化市城乡规划管理和经贸工作情况，分别形成专题报告。在专题协商议政会上，政协委员各抒己见，踊跃发言，并提出一系列有建设性的意见和建议。

[**提案工作**] 市政协把做好提案工作作为落实和完善政治协商制度的重要举措，不断改进提案工作，发挥提案的推动作用。一是通过市政协网等形式向社会公开征集提案信息，收集群众关注的各种问题，为委员撰写提案提供参考依据。开通网上提交提案窗口，创新工作方式，拓宽沟通渠道，方便委员，为实现提案工作信息化奠定基础。二是建立和实施重点提案协商督办制度。选定《切实解决民主党派办公及活动场所》等五件提案作为重点提案，分别由市政协领导和机关各委、办负责人跟踪落实。为办好《切实解决民主党派办公及活动场所》这一提案，市政协和市委、市政府有关领导协商解决办法。在各方的关心和支持下，各民主党派的办公和活动场所得到落实，为民主党派办了一件实事。通过重点督办，促进全市提案办理工作，起到以点带面的作用。三是注重提案跟踪落实。市政协做好“广从轻轨”提案跟踪工作，配合市委、市政府推动轻轨项目加快启动。四是提案办理工作成效显著。市政协八届四次会议后，征集提案共187件，立案166件。至11月上旬，提案已全部办复完毕。提案者对承办单位的办复意见均表示满意或基本满意。在各方面共同努力下，提案工作取得较明显进步，为推动多党合作和政治协商作出积极贡献。

[**团结联谊**] 坚持邀请各民主党派、工商联和无党派人士、各人民团体参加专题调研视察和协商议政活动，把各界人士团结凝聚起来，为建设和谐从化服务。2009年，先后三次推荐各民主党派代表参加市委、市政府多项重大决策前的协商座谈会，支持代表参政议政。引导政协委员关注民生，体察民情，倾听民声，当好党的方针政策的宣传员、社会稳定的维护者和人民群众的贴心人。艾焕章委员被中共从化市委、市人民政府评为市杰出科技专业技术人才，陆卫雄、陈国荣委员荣获2009年市“诚实守信之星”称号。组织市政协联谊会成员视察参观市内多个旅游景区，让老同志亲身感受市旅游业迅猛发展的喜人局面。开展各类联谊交流活动，进一步加强对外交往，密切与各地政协组织的联系，先后接待各地政协组织50多批次到从化市调研考察、参观学习，推介生态从化。

[**发挥委员作用**] 市政协17个委员组发挥各自优势，突出重点，精心组织开展调查研究、

学习座谈、团结联谊等各项活动。各委员组分别就从化市的旅游业发展、产业园区建设、中心镇建设、社会保障等社会经济发展中的热点、难点问题开展调研，撰写专题调研报告 17 篇，向市委、市政府反映群众的呼声。工商经济一、二组企业界委员积极搞好生产经营，为市保增长、保稳定、促发展作出重要贡献。党派委员组深入本地 9 所高等院校开展调研，建议政府部门为院校与企业之间搭建联系与沟通的桥梁，促进“产、学、研”相结合。港澳委员组参政议政活跃，组织委员到市内各旅游景点和香港考察休闲小径建设发展情况，撰写调研报告，为促进从化旅游事业发展献计献策。广大政协委员积极参加公益事业，捐款捐物，资助教育卫生、敬老助残、扶贫济困等社会公益事业，折合人民币 300 多万元，为群众办好事实事，以实际行动促进社会和谐、文明和进步。

［**自身建设**］ 一是开展专题学习、调研视察等活动，提高政协委员参政议政的能力和水平。组织委员认真学习胡锦涛总书记在庆祝人民政协成立 60 周年大会上的重要讲话，共同回顾人民政协 60 年来的光辉历程，明确新形势下开展人民政协工作的方针原则和工作要求。举办全体政协委员专题报告会，邀请中共广州市委宣传部副部长汤应武同志深入解读《珠江三角洲地区改革发展规划纲要》，帮助政协委员提高认识，解放思想，把握“科学发展、先行先试”的契机。组织学习《中共广州市委政治协商规程（试行）》，结合从化实际贯彻落实，推进市委、政府决策科学化、民主化。在市政协八届十二次常委会上，中共从化市委书记、市人大常委会主任欧阳知作题为《科学统筹七个关系，实现从化持续快速发展》的专题报告，提高委员们对科学发展观的认识，自觉地把思想和行动统一到市委、市政府关于发展生态经济、争当生态文明建设排头兵的决策部署上来，形成加快从化科学发展的合力。二是大力弘扬和谐、协商、求实、创新的政协文化，加强内部建设，创建“学习型、服务型、和谐型”政协机关。建立和健全学习制度，举办各类学习培训班，提高政协领导和政协机关干部的政治思想素质和业务知识水平。学习贯彻《关于建立广州政协委员履职档案的暂行办法》、《政协从化市委员会关于建立委员联系群众的制度（试行）》等规章制度，推动政协履行职能制度化、规范化和程序化建设。根据市委、市政府的整体工作部署，市政协领导干部分别参与市多项重点项目的协调工作，抓落实，使多项重点工作取得新进展。扎实开展“五清五帮”活动，继续做好联系村城郊街高步村的各项工作。三是以热情优质的服务为政协委员营造参政议政的良好环境，建立政协委员履职档案，发挥委员的主体作用和委员组的基层作用。举办庆祝新中国成立 60 周年暨人民政协成立 60 周年政协委员书画展和登山联谊活动等，促进各界人士的团结合作、和谐共事。坚持做好文史工作，《从化市政协志》文字、图片资料收集整理完毕并形成初稿，编印《从化市政协委员活动组 2009 年调研报告汇编》，向《广州政协简报》、《今日从化》报等媒体投稿，宣传政协工作。

（从化市政协办供稿，朱仁和执笔）

中共从化市纪委

［**管理机构**］ 中共从化市纪律检查委员会机关（监察局与其合署办公）属市委序列行政单位，办公地址在街口街新城东路 99 号。定

编22名。2009年末，在职21人，有书记1人、副书记2人（编制另计）、常委4人、监察局局长1人（由副书记兼）、副局长2人（由常委兼）。内设机构有8个：办公室、干部室、信访室、纪检监察室、案件审理室、宣传教育室、党风廉政建设室、执法监察室。全市有基层纪委32个。

［**监督检查**］ 围绕贯彻落实中央、省、广州市以及从化市关于“保增长、保民生、保稳定”、“三促进一保持”（促进提高自主创新能力、促进传统产业转型升级、促进建立现代产业体系，保持经济社会平稳）、“迎亚运、创国优”等一系列重大决策和部署，加强组织领导，健全工作机构，完善管理制度，强化监督检查。制定《从化市重点项目监察工作的实施意见》，对计生“创优升类”（创优质服务、地区类别升级）、创建全国文明城市、国道和省道升级改造、污水治理等重大项目决策跟踪监察，结合干部执行政治纪律和作风表现情况开展重点抽查，确保政令畅通。联合开展违法用地、节能减排和环境保护等专项整治，促进违法用地整改，关停一批能耗高、污染大的企业。加强对强农惠农政策，以及社保资金、住房公积金、扶贫救灾资金管理使用情况的监督检查。督促清理拖欠农民工工资291宗829万元，切实维护群众利益。会同有关部门对稳定物价和安全生产情况监督检查，做好疑难信访突出问题的排查化解工作，促进社会和谐稳定。

［**违纪违法案件查办**］ 坚持依纪依法、安全文明办案，规范办案管理机制，加强查办案件工作的监督管理。加强组织协调和对基层办案的指导，发挥反腐败协调小组和联席会议制度的作用。完善执纪执法机关移送案件线索和协作配合制度，增强办案合力，提高查办案件质量和水平。全年受理群众来信来访来电116件，查处违法违纪案件21件31人，比上年上升40%和72%，给予党纪处分21人，政纪处分17人。开展治理商业贿赂专项工作，查处商业贿赂案件8宗。坚持惩前毖后、治病救人方针，跟踪回访教育受处分人员17人，解除行政处分17人。对影响较大的案件进行剖析，并在一定范围内通报，做到查处一起案件、教育一批干部、完善一套制度。

［**党政机关作风建设**］ 大力推进党政机关作风建设，严格执行有关厉行节约、反对铺张浪费的规定。制定《关于从严控制因公出访的通知》，全市党政机关领导干部公款出国（境）费用比上年降低76%。精简会议、文件费用，比市委、市政府规定的会议费用下降35.3%，下发文件费用下降14.4%。严格执行公务用车编制管理规定和配备使用标准，党政机关车辆购置及运行费用比上年下降16.6%。严格控制党政机关办公楼等楼堂馆所建设。严格控制由财政出资举办各类晚会、展览、庆典、论坛活动，费用比上年下降38%。严格执行党政领导干部问责有关规定，对5名党政领导干部的失职行为进行问责。开展机关作风明察暗访，拍摄制作专题暗访片，对存在问题督促整改。在国土房管、交通、工商、安监系统开展民主评议政风行风活动，积极推进“机关服务年”活动，促进机关作风好转和服务质量提高。

严格执行领导干部廉洁自律各项规定，领导干部述职述廉、诫勉谈话等制度进一步落实。编发《当前党员干部权力运行风险分析材料》，探索权力运行风险防范机制。严格执行领导干部报告个人重大事项制度，抓好广州市管干部在线填报党风廉政建设信息工作。

[**村级党风廉政建设**] 以建立健全农村基层党风廉政制度为重点，加强组织领导，深入调查研究，努力构建具有从化特色的农村基层反腐倡廉制度基本框架。市委以1号文印发《从化市加强基层党风廉政建设完善村级管理若干制度》，市纪委出台《从化市全面推进村级党风廉政建设工作实施方案》，把工作任务细化为23条措施。通过开设宣传专栏、组织巡回辅导、汇编工作手册、制作操作流程图、完善监督组织网络、制定督察制度、开展专项检查等形式，确保各项措施落实到位。严肃查处一批村干部违法违纪行为，并进行通报。

[**党风廉政教育**] 建立健全季度廉政教育制度，明确各阶段的教育重点。扎实开展以“加强作风建设，保障科学发展”为主题的纪律教育学习月活动，举办全市党政领导干部党风廉政建设专题学习会，组织党员干部观看机关作风暗访专题片，组织新任领导干部到番禺监狱开展警示教育。深入开展廉政文化“七进”(进机关、进乡村、进社区、进学校、进企业、进家庭、进医院)、举办“清廉薪火行”和廉政公益广告展播等一系列活动，创新和培育廉政文化建设示范点。加强廉政宣传，办好《从化纪检监察网》和《廉政之窗》专栏，营造反腐倡廉的良好氛围。

[**源头治腐**] 坚持以制度管权、管事、管人，加大重要领域和关键环节制度改革和创新，不断提高反腐倡廉制度化、法制化水平。贯彻中央《建立健全惩治和预防腐败体系2008—2012年工作规划》，结合实际，制定从化市《实施细则》，组织监督检查，扎实推进惩治和预防腐败体系建设。进一步落实党风廉政建设责任制。继续深化干部人事制度改革，强化干部选拔任用条例贯彻执行的监督。配合推进政府机构改革和新一轮行政审批制度改革，顺利完成政府机构改革，政府部门由28个精简为25个，审批事项基本清理完毕。稳步推进行政审批电子监察系统二期建设，将36个职能部门和各镇街的审批许可事项纳入实时监控范围。深入开展“小金库”专项治理，严肃查处违反财经纪律的行为。加强对建设工程招投标、国有土地使用权交易、政府采购要素市场的监督检查，全市建设工程招投标项目310宗24.38亿元；挂牌出让土地317万平方米，成交价27.5亿元；通过政府采购节约资金176万元。

[**队伍建设**] 落实中纪发《关于加强地方县级纪检监察机关建设的若干意见》，加强纪检监察领导班子和队伍建设。对8个重点部门派驻纪检监察机构，探索完善纪检监察机构派驻工作。开展“五清五帮”和“做党的忠诚卫士、当群众的贴心人”主题实践活动，加大培训力度，强化内部监管，纪检监察工作效能和干部整体素质不断提高。

(从化市纪委办公室供稿，巢金沂执笔)

(骆耀平编辑)

组织　人事

组 织 工 作

［**机构设置**］　市委组织部属市委序列行政单位，办公地址在街口街新城东路99号。定编22名，其中行政编制19名，工勤编制3名。2009年末，在职21人，有部长1人、副部长3人（其中1名副部长不占组织部行政编制），内设机构有：办公室、干部一科、干部二科、干部三科、组织科、党员电教中心。

［**后备干部队伍建设**］　首次建立市二级班子正职后备干部人才库，111名优秀干部列为二级班子正职后备人才；对原有的市二级班子副职后备干部人才库进行调整充实，二级班子副职后备人才增加到247名。采取双向交流挂职和抽调到重点项目工作等形式，挑选年轻后备干部到艰苦地方和重点、关键岗位锻炼。从2008年末起，全市选派挂职干部256人。其中安排中青年干部培训班的学员30人，到市重点项目挂职锻炼；公开选拔优秀年轻后备干部到镇（街）和市直机关挂任领导班子正职助理20人；挂任校长助理10人；选派到广州相关部门挂职24人；抽调到市重点项目和专项工作挂职的其他干部61人；选派到四川简阳市挂职4人。配合广州市委组织部实施“党政领导干部基层和机关双向选拔千人计划”，村（居）党支部书记被选任为镇（街）党委委员2名，被录用为公务员1名。

［**干部人事制度改革**］　先后研究制定出台《从化市关于严格干部职位职数配备管理的若干规定》、《从化市关于进一步做好干部选拔任用民主推荐工作的意见》、《从化市规范领导干部初始提名试行办法》、《从化市市管干部考察对象报告个人有关事项试行办法》进一步规范干部选拔任用工作，扩大干部工作的民主、增强干部工作的公开性和透明度，提高选人用人公信度。扎实推进届中考察工作。

［**干部培训**］　创新干部教育培训新机制，举办局级领导干部清华大学城乡一体化建设高级研修班、副局级以上干部培训班、新任副局级干部培训班、中青年干部培训班，参加学习培训的有1050人。在完善“请进来、走出去”教育培训机制的基础上，探索“沉下去、请上来”的培训制度。采取和启动“项目负责制”挂职锻炼教学、“自主选学”等新模式，进一步提高党员干部教育培训的针对性和实效性，受到干部学员的普遍欢迎和相关单位的肯定。

［**人才工作**］　一是出台人才工作系列政策扶持文件。制定出台《中共从化市委、从化市人民政府关于进一步加强人才工作的若干意见》、《从化市建立人才库管理办法》、《关于进一步做好人才引进工作的意见》、《从化市杰出专业技术人才选拔和管理办法》等一系列政策文件，鼓励和支持各类优秀人才到从

化创业发展，为促进从化经济社会跨越式发展提供人才和智力支持。二是在9月份成立市高级人才交流协会，有会员170多人，主要来自各行业的专家及高级专业技术人才。三是2009年11月，经市委常委会讨论通过面向全球招聘专家库成员工作方案，以增强从化的核心竞争力和自主创新力。经过多方位的全面动员、宣传和推荐，招聘工作取得较好的社会反响。至年末，有371人报名应聘专家库成员，其中通过直接报名和网上报名两种方式报名的有186人。报名者中具有副高以上职称的有158人（教授/研究员65人，副高职称82人，高级工程师7人，高级会计师2人，高级实验师1人，高级质量审核员1人）。广东老教授协会推荐的有185名，其中有院士1名，校长（含退休，下同）10名，院长20多名，系主任30多名，博士生导师（含省级专家）10多名，省府参事、政府顾问、人大代表、政协委员共10多名。四是开展与驻从化高校的互利合作。拟订与高校签订合作框架协议，发挥驻从化高校的智力和人才资源优势，促进高素质人才在干部培训、人才输送、项目攻关、顾问咨询、志愿服务、精神文明等方面为从化提供支持，实现优势互补、资源共享、合作共赢。至年末，已制定从化市与高校签订合作的框架协议。

［**干部管理**］ 完善干部激励机制。定期跟踪考核在重点一线工作的干部，加大从工作条件艰苦地方选拔领导干部的力度。从基层选拔4名党性强、作风正、基层工作经验丰富、工作勤恳扎实，在重点工作推进过程中表现突出、成绩显著的优秀干部担任镇（街）主要领导职务；对2名长期在乡镇任职的领导交流到市直机关工作。

干部监督和日常管理。实施《从化市机关事业单位股级领导干部选拔任用暂行办法》，规范科（股）级干部队伍管理。充实人员配备，强化干部人事档案管理，确保干部人事档案工作有条不紊。制定《干部档案管理升级的实施方案》，对全市副局级以上单位的在职干部人事档案进行全面检查核对，对历年积压的零散档案及归档材料进行彻底清理，归档入库，保证干部人事档案信息的完整性。

公务员队伍管理。完成2008年度干部年度考核审核批复工作。做好公务员日常管理工作，办理公务员登记材料上报审批工作2人，办理公务员转正16人，办理公务员录用手续12人。办理公务员职务晋升资格审查批复21人，办理非领导职务晋升手续9人，办理保留职级待遇审批2人。办理调任转任手续23人，办理辞职手续2人，完成面试考官资格认定材料上报审批工作8人，完成第三批参照公务员法管理事业单位15人的登记工作。公开招考公务员8人。完成党群系统2010年上半年招录公务员计划的上报审批工作。办理市法院干警法官等级变动审核17名。完成副局（科）级以上干部向出入境管理部门报送备案212人，办理因私出国（境）审批203人次，收回因私护照和赴港澳通行证300多本。加强对选调生的日常跟踪管理工作。

［**党的基层组织建设**］ 创新“一工程四机制”的农村党建新载体。“一工程”即是农村党建“三级联创”活动创建“生态文明建设排头兵”先进村示范工程（以下简称先进村示范工程）。深化“三级联创”活动，通过“自愿申报、专家评审、实地考察、研究决定、实施公示”等环节，选出领导班子好、经济社会各项事业发展有较好基础、具有较大发展空间和潜力的8个村作为重点创建村。组织

市属有关职能部门，对重点创建村进行政策扶持、资金扶持、项目扶持。至年末，全市31个职能单位扶持资金投入4000多万元，266个创建项目全部推进。“四机制”：一是建立农村干部任职公开承诺机制。全市218个行政村“两委”领导班子、673名村党支部委员、1125名村委会委员全部完成提出承诺、确定承诺、审定承诺、公示承诺等四个环节。二是推进农村干部成长机制。重点建立人才选拔机制、教育培训机制、激励保障机制，加强农村干部队伍建设。启动招聘大学生村官工作，从900多人中遴选出70名大学生任村官。选派14名村干部到佛山市南海区较发达的农村进行为期两个月的挂职锻炼。组织村“两委”符合条件的村干部102名，参加按国家规定课程进行的大专学历教育培训。举办农村党组织书记和村委会主任培训班。解决不在村委会兼任职务的农村党支部委员工资（津贴）待遇166人。三是完善党内帮扶困难党员机制。以开展“五清五帮”活动为契机，对全市1422名困难党员实行挂钩帮扶全覆盖；对农村低保、困难的党员139人实行定额补助，全年补助资金40.2万元。四是农民培训机制，用两年时间，对全市18～60岁有劳动能力的农民进行全面培训，人数约25万人。投入培训经费20多万元，举办全市村（社区）党组织书记、主任高级培训班。各镇（街）结合各自实际，根据市的实施意见和教学大纲开展相应的全面培训工作。

党员队伍建设。抓好发展党员工作，特别是农村发展党员的“六大机制”（责任制，回执制，公示制，推荐制，培训制，通报预警制）的落实，促使发展党员工作日益规范，全年发展党员998人，比上年增加134人，增长15%。其中女党员289名，占总数的29%，比上年增加60人，增长26%。35岁及以下党员731名，占总数的73%，比上年增加70人，增长11%。高中及以上学历的党员771名，占总数的77%，比上年增加128人，增长20%。开展庆祝建党88周年系列活动；扎实推进党务公开工作；开展“十佳”村（居）干部评选活动；进一步扩大基层党建工作指导员队伍等，促使全市党建各项工作取得新进展。

农村党员干部现代远程教育工作。一是完善阵地建设。完成硬件建设的基础性任务，所有终端接收站点均高标准配置电脑、电视、摄像头等设备。全市29个党工委、800多个党支部都按照要求建立播放点，做到场地、设备、制度、人员四配套。4月，选择部分镇、街、村、社区为示范站点，配置投影设备19套，探索具有实效的远程教育教学模式。二是强化培训。结合“农民大培训”的实施，充分利用远程教育丰富的教学资源，开展农村党员干部群众实用技术和实用技能培训。三是规范管理。统一建立远程教育站点设备管理制度、管理人员职责、设备操作规程和考核评估等工作制度，基本实现用制度管人、用制度管站、按制度办事的工作格局。四是学用结合。建立远程教育播放收看制度，每月至少开展远程教育活动1次，推进远程教育学习活动的日常化、规范化、特色化发展。五是发挥电教网点作用。利用报刊、电视、网络、组织活动等多种途径进行宣传，宣传党员远程教育的特点、作用，提高党员干部对党员干部现代远程教育的认识。

党内统计。完成2009年上半年的党内统计工作。对全市党员和党组织数据信息库进行更新维护。利用统计成果，分析整理出《从化市党组织党员情况一览表》、《从化市2009年上半年农村发展党员情况统计表》等资料，并根据统计的情况，分析发展党员的状况及在实施党员发展五年计划中存在的问题，为党建工作提供准确的数据，为掌握党组织和党员队伍情况、部署党建工作提供决策依据。

［**自身建设**］ 一是建立科学发展观的认识机制。通过在学习理论文件中提高认识深度、在推动从化经济社会发展的实际工作中提高认识深度、在开展本职工作中提高对科学发展观认识深度等三个重要途径，完善学习交流提高平台，组织党员干部参加深入学习实践科学发展观活动、深化拓展“讲党性、重品行、作表率”活动和机关服务年活动，强化组工干部为市委市政府工作大局服务、为广大党员干部和各类人才服务、为促进经济发展服务的理念。二是建立科学发展观的问策机制。一方面，创造机会和搭建平台，让组工干部对思想和工作情况进行自己查找、自己思考、自己总结，以及广泛听取干部群众意见，明确努力的方向，重点解决“善于按照科学发展观的要求发现问题”的问题。另一方面，引导组工干部针对发现的问题，拟定多种解决方案，通过比对、论证，选择最符合科学发展观要求的办法，既使问题得到妥善解决，又使工作效果体现科学发展观的要求，符合人民群众的根本利益。重点解决“善于按照科学发展观要求寻求解决问题的对策”的问题。三是建立科学发展观的回顾机制。通过工作例会制度、座谈会、交心谈心、个人思考和撰写总结材料等各种形式，总结和提高所开展的事件、项目等，培养组工干部的思考习惯和思考能力，提高工作效果、提高组工干部的素质。四是围绕“工作中娱乐、娱乐中工作；工作中长进、长进中工作”的要求，探索实施通过抓好理论武装，强化服务意识，突出“细胞”巩固，建立工学、劳逸结合新机制，建设高效团队，建立公道正派、清正廉洁团队，探索专家组团建设等措施，打造健康组工干部队伍，建设“协调统一、分工明确、内外相联、体现价值”的组工团队。

（中共从化市委组织部办公室供稿，张永红执笔）

人 事 工 作

［**管理机构**］ 市人事局属市政府序列行政机构，办公地址在街口街新城东路 99 号。定编 12 名，其中行政编制 10 名、工勤人员 2 名。2009 年末，在职 13 人，有局长 1 人、副局长 3 人。内设机构有：办公室、公务员管理科、工资福利科、人才资源开发管理科。下属机构有：市人才交流服务中心、市人事争议仲裁办公室、市机关事业单位工资统发管理办公室、市人才市场、市留学服务中心、市继续教育培训中心

［**人才队伍管理**］ 为加强全市人才队伍建设，人事局成立人才调查小组，由主要领导带队，经过深入调查研究，与有关部门反复协商，起草《中共从化市委从化市人民政府关于进一步加强人才工作的若干意见》、《关于进一步做好人才引进的意见》、《从化市杰出专业技术人才选拔和管理办法》等文件。10 月，经市委常委会审议通过，印发全市贯彻执行。

［**人事管理体制改革**］ 继续推进事业单位人事制度改革。按照事业单位试行人员聘用制有关要求和规定，对聘用期满人员，完成续聘工作。9 月，根据事业单位岗位设置和分配制度改革的要求，选择市中医院、城郊中学、太平镇第二中心小学 3 个事业单位，开展岗位设置管理试点和分配制度改革的相关

工作。

做好规范津贴补贴工作。按照省和广州市有关规范津贴补贴工作要求，不断完善规范津贴补贴制度和扩大规范范围，在市直机关、事业单位规范津贴补贴的基础上，各镇街于7月起按规定规范津贴补贴，使全市财政核拨单位（包括镇、街、园区）全部实行规范津贴补贴制度，基本做到公平、规范、统一。

开展事业单位工资制度改革。根据上级人事部门关于事业单位实施绩效工资的有关规定，制定从化市中小学教师实施绩效工资方案，经市委、市政府审核同意，已上报广州市人事、财政、教育部门审批。

建立原国有企业（行政性公司）部分退休人员补贴制度。根据广州市有关文件精神，制订从化市原国有企业（行政性公司）部分退休人员（副局级以上干部）发放生活补贴制度，解决原国有企业（行政性公司）部分退休人员在改革转制后待遇过低的问题。

继续完善市直机关、镇街（园区）年度目标管理奖励办法。根据市委市政府的要求和实际情况变化，对市直部门、镇街（园区）目标管理考核奖励办法进行修改完善，并按照考核结果实施奖励工作。

[**公务员管理**]　按照公务员公开招考办法，为国土、环保、城监等部门招考公务员34人。以《公共政策》、《公共礼仪》、《公文写作》为内容，举办公务员培训班5期，参加培训2100多人。开展“网络大学堂”学习培训，全市有398名公务员参加学习，并取得相应的培训学分。

[**专业技术人员管理**]　按照事业单位公开招考办法，为教育、卫生、畜牧等部门招考工作人员179人，报送广州市专业技术人员晋升职称材料688份，其中初级职称2份（评审），中级职称551份，高级职称135份。认定初级职称209人。组织2855名专业技术人员进行外语、计算机、会计、经济等职称考试。组织全市80多个单位120多人学习网络申报、审核、验证的操作技能，逐步使全市职称评审、继续教育学分验证等实现网络系统操作。按照继续教育“十一五”规划，组织3488名专业技术人员进行《公共危机管理》、《创新思维与创新力开发》继续教育培训。

[**毕业生就业服务**]　全年接收高校应届毕业生报到611人，其中本科198人，大专413人。为解决毕业生就业问题，局在每月举办招聘会的基础上，联合有关大专院校，分别在市经济开发区、明珠工业园举办毕业生专场招聘会6场，为毕业生搭建平台，共有200多家企业进场招聘，参加应聘1万多人次，达成就业意向的1082人，为毕业生提供多方位的就业服务。

[**年度考核工作**]　全市公务员2232人，参加2008年度考核的2226人，未参加考核的6人。被评为优秀的353人，称职1823人，基本称职1人，不称职1人，不定等次48人。事业单位10171人参加2008年度考核工作，被评为优秀的1766人，合格8336人，不合格4人，不定等次65人。

[**文书档案管理**]　对1980年恢复人事局后的人事综合档案进行收集整理，共4195卷，并建立档案综合管理各项规章制度。从4月开始，投入10多万元，购置数码相机、计算机、空调、档案柜等设备，配备专人管理。9月，经市档案管理评审机构评审，局机关档案综合管理达到广东省一级标准。

［**其他业务**］　一是组织近 200 名公务员和机关雇员进行初任培训。办理公务员调任手续 5 人，转任手续 10 人。二是完成 2008 年度市直部门和镇街（园区）目标管理考核奖励工作，全市 3750 多人参加考核，发放年度奖金 2400 多万元。三是全市行政机关和财政核拨的事业单位 12348 人全部纳入工资统发管理（含新增工资统发单位 8 个 96 人）。四是完成机关事业单位在职人员正常晋升工资档次及滚动升级 424 人，办理机关事业单位人员退休或提前退休 240 人。五是办理调出市外 14 人，调入本市 4 人（不含公务员和企业单位）。市内调配 88 人，安置军队转业干部 5 人，接收安置“三支一扶”（大学生在毕业后到农村基层从事支农、支教、支医和扶贫工作）高校毕业生 14 人。六是配合监察部门对 1 名事业单位违法人员进行调查处理，对 1 名公务员违纪行为进行行政复核。七是引进专业技术人才 128 人，其中高级 2 人，中级 13 人，本科 83 人，特殊人才 30 人。办理人事代理 98 人，试用期代理 113 人。

（从化市人事局供稿，路高明执笔）

编制工作

［**管理机构**］　市机构编制委员会办公室是市机构编制委员会的常设机构，既是市委的工作部门，又是市政府的工作部门，列入市委序列，不占机构限额，办公地址在街口街新城东路 99 号。定编 3 名。2009 年末，在职 3 人，有主任 1 人（由市委组织部部长兼任）、副主任 1 人。内设机构有：综合科。下属机构有：市事业单位登记管理局。

［**政府机构改革**］　根据《中共广东省委办公厅、广东省人民政府办公厅关于印发〈广东省市县人民政府机构改革意见〉的通知》和《中共广东省委办公厅、广东省人民政府办公厅印发〈关于深圳等地深化行政管理体制改革先行先试的意见〉的通知》精神，按照《中共广州市委、广州市人民政府关于印发〈广州市区、县级市人民政府机构改革意见〉的通知》要求，推进市政府机构改革。

保留的部门。市教育局、市公安局、市民政局、市司法局、市财政局、市国土资源和房屋管理局、市环境保护局、市文化广电新闻出版局（挂市版权局牌子）、市人口和计划生育局、市审计局、市统计局、市林业局、市安全生产监督管理局。

市监察局与市纪律检查委员会机关合署办公，市民族宗教事务局与市委统一战线工作部合署办公，列入市政府工作部门序列，不计入市政府机构个数。

重新组建和调整的部门。组建市科技和信息化局。市科学技术局（挂市知识产权局牌子）、市信息化办公室、市无线电管理办公室的职责整合划入市科技和信息化局。市科技和信息化局挂市知识产权局牌子，在市科技和信息化局内设机构挂市无线电管理办公室牌子。不再保留市科学技术局（挂市知识产权局牌子）、市信息化办公室；组建市人力资源和社会保障局。市人事局除公务员管理以外的职责、市劳动和社会保障局的职责整合划入市人力资源和社会保障局。不再保留市人事局、市劳动和社会保障局。原市人事局公务员管理职责划入市委组织部；组建市城乡建设局。市建设和市政管理局承担的除城市管理、市政管理、燃气行业管理、市容环境卫生以外的职责整合划入市城乡建设局。不再保留市建设和市政管理局；组建市水务局。市水利局的职责，市发展和改革局、市爱国卫生运动委员会办公室农村通水、改水的职责，整合划入市水务局。不再保留市水利局；组建市城市管理局。市城市管理办公室的职责，市建设和市政管理局有关城市管理、市政管理、燃气行业管理、市容环境卫生的职责整合划入市城市管理局。不再保留市城市管理办公室。市物价局不再单独设置，其职责划入市发展和改革局（挂市粮食局牌子），在市发展和改革局加挂市物价局牌子。市对外经济贸易合作局不再单独设置，其职责划入市经济贸易局，在市经济贸易局挂市对外经济贸易合作局牌子。市酒类专卖管理局改在市经济贸易局内设机构挂牌。市公路管理局的职责划入市交通局，市交通局挂市公路管理局牌子。不再保留市公路管理局。市农业局挂市委农村工作办公室牌子。市农业机械化管理中心的行政管理职责划入市农业局（挂市委农村工作办公室牌子），不再保留市农业机械化管理中心。市政府办公室（挂市政府法制办公室、市政府行政复议办公室、市政府侨务办公室、市政府外事办公室牌子）调整为市政府办公室（挂市政府法制办公室、市政府侨务和外事办公室牌子）。市政府行政复议办公室改在市政府办公室内设机构挂牌。广州市从化食品药品监督管理局由原实行广州市垂直管理调整为由从化市政府管理，更名为从化市食品药品监督管理局，不再单独设置，其职责划入市卫生局，在市卫生局挂市食品药品监督管理局牌子。改革后，原广州市从化食品药品监督管理局干部的职级待遇保持不变。市城市规划局更名为市规划局。

精简和规范议事协调机构及其办事机构。市文化市场管理工作领导小组办公室并入市文化广电新闻出版局，在市文化广电新闻出版局内设机构挂市文化市场管理工作领导小组办公室牌子；市爱国卫生运动委员会办公室并入市城市管理局，在市城市管理局内设机构挂市爱国卫生运动委员会办公室牌子；市人民防空办公室更名为市民防办公室，挂市人民防空办公室牌子，仍为市国防动员委员会的常设办事机构，也是市政府人民防空工作的主管部门。

经上述调整，市政府设工作部门25个。

开发区管理机构。广东从化经济开发区管理委员会为从化市政府的派出机构。

街道办事处。保留街口街、城郊街、江埔街3个街道党工委、办事处，分别为市委、市政府的派出机关。规范街道办事处内设机构，整合优化街道事业单位。街道党工委和街道办事处综合设置内设机构5个：党工委办公室（与办事处办公室合署办公，挂组织宣传办公室牌子）；经济服务科（挂农业科牌子）；社会事务科（与民政科合署办公，挂科教文卫科牌子）；人口和计划生育办公室；综治维稳和信访科（挂城市管理科牌子）。设立监察室（与纪工委机关合署办公，不计入内设机构个数）。设立人民武装部（不计入内设机构个数）。工会、共青团、妇联、残联等按其章程设立。

[**机构体制改革和调整工作**] 重新核定从化市各中小学教职员编制和后勤人员人数。根据广东省机构编制委员会办公室、广东省教育厅、广东省财政厅、广东省人事厅联合下发的《关于印发〈广东省中小学教职员编制定编标准实施办法〉的通知》的精神，对全市21所中学以及84所小学的教职员编制、学校领导职数、内设机构和内设机构负责人数进行重新核定。经核定，全市中学教职员编制2954名，后勤人员数443名；全市小学教职员编制2718名，后勤人员数406名。全市中小学合计教职员编制5672名，后勤人员数849名，共6521名。全市中小学编制数的

重新核定，进一步充实教育队伍，为教育事业发展提供有力的机构编制保障。

优化调整部门机构设置。优化调整和重新确定市国土资源和房屋管理局的内设机构、派出机构、主要职责、领导职数和人员编制，理顺国土资源和房屋管理系统管理体制。调整供销合作社联合社、市地方公路管理站和市路政管理所经费形式等机构设置。根据广州市有关文件要求，调整上述机构为市财政核拨款事业单位。核定市卫生系统事业单位内设机构和领导职数。全年市编委办为市卫生局下属市疾病预防控制中心等16个事业单位核定内设机构和领导职数，为卫生事业发展提供可靠的机构体制保障。

[**机构编制管理**] 加强机构编制总量控制。严格执行机构编制法规和政策，从紧从严控制机构编制，规范管理机构编制，严格实行集中统一管理。从严控编核编，严禁行政事业单位超编进人，把好人员调配和招聘的关口，防止盲目进人、逆向进人，强化人员入口管理，提高编制使用效率和行政事业单位工作人员素质。

加强机构编制监督检查。贯彻执行中央编办、监察部《机构编制监督检查工作暂行规定》，落实省、广州市编办关于机构编制监督检查工作的有关要求，采取日常监督管理和专项督察等方式，加强全市机构编制工作的监督检查。在检查中发现问题的，及时指出并督促进行纠正和整改，切实维护机构编制管理的严肃性和法律效力。认真落实“12310”电话举报制度，做好信访件的跟踪调查和反馈工作。

推进机构编制实名制管理工作。按照市组织人事管理的文件精神，研究机构编制管理制度和方法，推进各级党政群机关、事业单位的编制实名制管理，编制及编制证落实到人。控制人员增长，逐步解决超编进人、超职数配备领导干部、混编混岗问题，促进机构编制工作的规范化、法制化建设。完善编制和实有人员的动态管理工作，及时办理编制变动手续，以维护编制的严肃性和时效性。确保在编在岗实有人员与财政供养人员相一致。

[**事业单位管理**] 推进事业单位分类改革。根据《中央编办关于印发〈关于事业单位分类试点的意见〉的通知》、《广东省事业单位分类改革实施意见》、《广东省事业单位分类指导目录》和广州市编委办《关于事业单位分类有关工作的通知》的文件精神，市编委办对市属（含街、镇所属）事业单位现状及承担的主要职能进行摸底调查和分析，根据省编办印发的《广东省事业单位分类指导目录说明》的文件精神，对全市所有的事业单位按照行政类、公益一类、公益二类、公益三类、经营服务类等类别进行分类。制订并向广州市编委办报送《从化市事业单位分类明细表》以及《从化市事业单位分类情况说明》。

规范事业单位登记管理。2009年，市编委办逐步将事业单位登记管理工作的重心转移到完善登记管理程序、加强事业单位监督管理上，完善法人证书使用管理的规章制度，营造法人证书使用的良好环境，规范事业单位日常的登记管理工作。为配合市各部门的职能调整，确保市各职能部门的工作能有条不紊地顺利开展，根据上级及市委、市政府的有关文件精神，市编委办下属市事业单位登记管理局受理从化市人防通信站等7个事业单位的登记申请、从化市水利局茂墩水库管理所等98个事业单位的变更申请、从化市城郊街高步小学等120个在2007年教育系统改革中被合并的中小学的注销申请。年末，全市已登记事业单位（不含注销事业单位）合计367个，事业单位年检率和合格率均为100％。

（市编委办供稿，袁杰执笔）

老干部工作

［**管理机构**］　中共从化市委老干部局属市委序列行政单位，办公地址在街口街青云路286号。定编7名，其中行政编制6名（关工委1名）、工勤编制1名。2009年末，在职6人，有局长1人、副局长1人。内设机构有：办公室。下属机构有：从化市企业离休干部管理办公室、从化市老干部活动中心、从化市老年干部大学、从化市社区教育中心。协调机构有：从化市关心下一代工作委员会。

［**基本情况**］　2009年末，全市有离休干部113人。其中市属行政机关45人，企（事）业单位42人，镇街9人，属广州市垂直管理11人，易地安置管理6人。享受处县级待遇38人，享受局级待遇17人，享受股级待遇58人。年龄最大94岁，最小76岁。

2009年8月，设置从化市企业离休干部管理办公室，实施对市属企业离休干部的服务管理。同月，经市政府研究决定，成立从化市社区教育中心，挂靠在市老年干部大学，由老年干部大学具体负责其日常工作。

［**落实老干部政治待遇**］　市委、市政府举办春节团拜、中秋茶话会，向老干部通报全市的各项工作情况；市委、市政府的重要会议，邀请原市（县）五套班子离退休老领导及老干部代表参加；组织参观工农业生产，如到太平镇北回归线纪念公园及钱岗古村落、城郊街田心社、宝趣玫瑰世界等参观；以季度学习会形式举办保健讲座；在配合创建全国文明城市和创建全国优秀旅游城市活动中，多次召开老领导、老同志代表征询意见会和老干部座谈会、通报会，请老同志出谋献策；采取多种形式，向老干部宣传党的路线、方针和政策，引导老干部提高认识，更新观念，与时俱进；坚持每季度安排老干部学习会制度，传达学习贯彻中央、广东省乃至广州市和本市的有关会议精神和政策法规，让老同志充分理解并支持市委、市政府的方针政策；关心离退休干部党支部的建设；为每位老干部订阅《红枫》、《秋光》、《老干部政治理论读本》等刊物，以及其他各类政治书籍；抓好老干部来信来访工作，来访办结率达98％。

［**落实老干部生活待遇**］　一是贯彻落实市委组织部《关于调整因瘫痪等原因生活长期完全不能自理的离休干部护理费标准的通知》精神，解决离休干部护瘫费的问题。二是贯彻落实省纪委《关于解决离休人员待遇有关问题的通知》精神，由市财政拨款48万元，按要求将离休干部生活补贴提高到同级政府同职级在职人员津贴补贴水平的90％。三是在纪念新中国成立60周年之际，市委、市政府拨付9.8万元作为特殊慰问金，在国庆中秋节前发给离休干部。四是对市水产养殖场及市林业局良口林业分工站2名事业单位企业管理离休干部以财政支持机制的形式，解决托管费问题。全市企（事）业单位离休干部已实行全员办理转制手续，并以财政支持机制解决生活待遇，与机关离休干部的离休费基本持平。全年为老干部开设健康知识讲座3场次，近300人次参加。市中心医院派出医生到老干部局医务室坐诊，为老干部进行健康检查，每月2次。每年安排离休干部

进行年度体检。坚持实行与老干部“结对子”沟通联系制度，每周上班的第一件事是通过电话了解或上门探访离休老同志，坚持生日祝寿和探病机制，通过经常关心、询问老干部的日常生活情况，想方设法为老干部解疑释惑、排忧解难。

[**老干部活动**] 以老干部活动中心和老年干部大学为平台，组织老干部开展适合老年人特点的各项活动，组织开展丰富多彩的活动。全年接待到“中心”活动的离退休干部约3万人次。广泛开展纪念新中国成立60周年庆祝活动，配合市创建全国文明城市活动，动员组织老干部参加群众性爱国歌曲歌咏性活动，如“从化红歌会”、“祖国在我心中”——流溪之恋、万人同唱爱国歌曲歌咏晚会等。在庆祝新中国成立60周年之际，组织老同志参加广州市“国庆60周年老干部大型歌会”演出活动、“祖国颂”——广东省老干部庆祝中华人民共和国成立60周年大型歌会、广州老年大学庆祝新中国成立60周年暨广州解放60周年文艺汇演等。与市老龄委联合主办“与新中国同行——我们还年轻”庆祝新中国成立60周年暨2009年重阳敬老节球类比赛、文艺汇演、书画展、“迎亚运创国优”从化市老年人迎新春趣味游园会。配合市老龄委组织老干部参加广州市趣味活动等多项比赛，获得两项第一名。市老干大学舞蹈《真情》在广州老干大学庆祝新中国成立60周年暨广州解放60周年文艺汇演中，获“优秀节目奖”，市老干部大学在唱响广州——第13届广州老干部合唱节合唱展演中获组织奖。2009年，市老干部门球队、地掷球队队员踊跃参加各项比赛活动，在广州市门球精英赛、天河区“天河杯”门球赛和《门球友谊聚濠江》亚洲城市门球邀请赛中获得好成绩，在亚洲50支队伍中获得第十名。市老年干部大学从2007年9月开办，已有5个学期，就读2000人次。从化市社区教育中心和从化市老年干部大学是全民教育、终身教育有益的补充和延伸，2009年春秋两季招收学生1000多人次。开设有养生保健类、强身健体类、陶冶情操类、知识科学类等五大课程，13个专业，17个班。

老干部局被评为从化市“2009年度人口与计划生育工作优秀单位”、“2009年度工会工作目标考核模范单位”、“从化市‘三八’红旗集体”。局长李妙娟同志荣获“全国先进老年教育工作者”称号。

[**关心下一代工作**] 市关工委贯彻落实省、广州市关于加强关心下一代工作文件精神，市委下发《关于进一步加强关心下一代工作的意见》文件，调整充实关工委领导机构，由市委组织部部长何镜清任关工委主任。以庆祝新中国成立60周年为契机，加强全市关工组织建设、深入基层开展调查研究、协助职能部门扎实推进学校德育工作、开展有严重不良行为未成年人的调研；与有关职能部门围绕“爱祖国、迎亚运、促和谐”的主题，举办在“新中国怀抱里成长”征文比赛、“老少共庆新中国60周年华诞”等系列活动；贯彻上级精神，扩大网吧义务监督队至30人，净化社会文化市场。禁毒志愿服务队协助做好社区戒毒工作，举行“全民动员，禁毒防毒，创一流城市”大型禁毒宣传活动。举办心理健康图片展和禁毒图片展；举行快乐暑期活动；出版《难忘的回忆》一书；在邝柏辉家庭博物馆建立从化市青少年德育教育基地。举办第七、八期农村创业青年培训（提高）班，培养农业产业化领头人。扶困助学，关爱弱势群体，为他们办实事、办好事。成立“五老”（老干部、老战士、老教师、老专家、老模范）文明督导队，做好各项创文工

作。市关工委被评为2009年从化市预防青少年违法犯罪工作先进集体、从化市维护稳定及社会治安综合治理先进集体、广州市“羊城之夏”青少年暑期系列活动先进集体、广州市禁毒工作先进单位。执行主任陈长卿同志被广东省、广州市评为离退休先进个人。

（市委老干部局供稿，彭凯蔚执笔）

机关党建工作

［**管理机构**］　市直属机关党委属市委序列行政单位，不占机构限额，办公地址在街口街新城东路99号。定编5名，其中行政编制4名、工勤编制1名。内设机构有：办公室。2009年末，在职8人，有书记1人、副书记2人。

［**基层组织情况**］　党委属下党的基层组织68个，其中党总支部8个、党支部60个。党员总数1376人，其中35岁以下的青年党员318人，占23.1%；60岁以上的306人，占22.2%。在党员队伍中，高中以上学历1246人，占90.6%（大学专科以上学历1046人，占76%）；女党员371人，占22.2%；少数民族党员18人，占1.3%。

［**政治理论学习**］　一是抓好党委中心组学习。做到学前有计划、有预告；学习有考勤、有笔记、有讨论、有交流、有体会；在学习形式上做到三个结合，即分散自学和集中学习相结合、专题学习与专题辅导相结合、理论学习与工作实践相结合。参加市举办的领导干部理论学习报告会、理论学习经验交流会和市宣传干部、学习秘书培训班，提高中心组理论学习质量。二是加强对支部理论学习的指导检查。三是深入开展调查研究，就如何适应新形势发展需要，促进和推动机关党建工作创新发展为主要内容的专题调研，撰写《创新机关党建，开创机关党建工作新局面》、《关于机关作风建设的调研报告》和《关于建立健全服务群众、联系群众和征求群众批评意见三项制度的思考》等调研文章，探索新时期机关党建工作的思路和方法。

［**开展学习实践科学发展观活动**］　按照市委的要求，继续深入开展学习实践科学发展观活动。一是深入进行分析评议，力求查找问题更准确。通过多种形式、最大限度征求各方面的意见，联系实际，紧扣科学发展主题，撰写分析检查报告，召开民主生活会，组织群众对领导班子分析检查报告进行评议，对领导班子专题民主生活会质量进行测评，各项满意率达100%。二是制定整改方案，狠抓落实。把分析检查报告整改思路和措施具体化，分别从整改落实项目、整改落实措施、需要建立和完善的制度、加强领导班子建设的措施等方面，建立整改落实责任制，具体分解到责任领导，做到每个问题都有整改措施，每个措施都具有可操作性。三是及时进行分析总结，抓好“回头看”，不断深化学习实践活动成果。四是加强对整改落实工作的督促检查，对照“整改落实方案”，提出深化学习实践活动的工作思路与措施，加大兑现力度，深化拓展学习实践活动，确保各项工作的力度不减，有效促进科学发展的各项措施落到实处。

［**开展机关服务年活动**］　按照市委的统一部署，由市直属机关党委牵头，市纪委（监察局）、市委办、市委组织部、市府办和市财政局等单位共同组织，在全市73个市直机关单位中开展以服务企业、服务农村、服务基层、

服务群众为主要内容的机关服务年活动。成立机关服务年活动办公室，具体负责机关服务年活动。3月9日，在市中心会堂召开动员大会，对该项工作进行具体部署，明确机关服务年活动的七项主要任务。各单位分别在3月底前召开动员大会，制订活动方案，成立领导机构，部署活动。注重发挥媒体作用，全方位宣传机关服务年活动。市电视台、新闻中心、信息办等配合，做好宣传工作。在电视台、《今日从化》进行“机关服务年”系列报道，在从化信息网开辟机关服务年网页，编印《从化市机关服务年活动简报》13期。4月中旬至5月底，机关服务年活动办公室组成三个小组分别到各单位开展检查，及时发现问题，提出指导意见，确保活动取得实效。12月，机关服务年活动办公室对全市开展机关服务年活动情况进行总结，各单位制定“四服务”实事立项表，出台服务举措630条。其中承诺为民办实事567条，投入资金345万元，已落实500条；投入资金300多万元，帮扶困难村100多个；投入资金518万元，帮扶企业252个。

[直属机关党委组织建设] 领导班子建设。按照党章的规定及时补充和调整支部领导班子，选好配强领导班子，配齐配强兼职党务干部，优化领导班子结构，以保证党建工作顺利开展。抓好党务干部培训，通过集中培训、上专题辅导课、发放学习资料等多种形式进行培训。全年举办党务干部培训班2期，参加培训有230多人。按照有关文件规定和要求，建立健全党建工作责任制。强化“一把手”是抓党建“第一责任人”的意识，严格落实“一岗双责”制度。

党员队伍建设。抓好党员的教育管理。坚持“三会一课”制度，坚持党员民主评议制度、党内谈心制度、经常性教育培训制度；深入开展“讲党性、重品行、作表率”学习实践活动以及学习先进典型活动，激发党员的责任感和荣誉感；加强经济、科技、法律、管理等相关知识的学习，提高党员队伍的整体素质。健全和完善流动党员活动证制度、流动党员管理台账和党员基本情况信息管理系统。为严肃党的纪律，对殴打他人致伤的1名党员给予“党内严重警告”处分。

发展党员工作。按照“坚持标准、保证质量、改善结构、慎重发展”的方针，贯彻落实市委关于《从化市2006—2010年发展党员工作规划》，坚持“成熟一个，发展一个”的原则，全年发展党员39名，为25名预备期满的党员办理转正手续。加强对入党积极分子的培养教育和考察，3月，举办入党积极分子培训班1期，参加学习入党积极分子34人。

党务公开。健全监督机制、完善考核制度、健全运行机制，落实“三会一课”、决策议事、责任制度等党内制度，以及针对各项公开内容健全党内通报、情况反映反馈、重大决策征求意见、党务信息发布等有关配套制度，疏通和拓宽党内上情下达、下情上达的渠道。加强对属下（总）支部党务公开工作的指导，各党（总）支部结合实际，对党内事项进行公开，其中设立党务公开栏的有26个、采用电子显示屏的有6个、采用互联网站的有21个、采用办事指南及黑板报的有20个、采用意见箱和电话公开的有28个、采用手机信息平台公开的有28个，各党（总）支部增强党组织工作的开放度和透明度，扩大和保障党员的知情权、参与权、监督权。

开展党内关爱帮扶。贯彻落实《从化市“五清五帮”活动实施方案》精神，党委主要领导带头多次组织班子成员到挂钩联系点温泉镇中田村石井经济社，了解73户农户的生产生活状况，了解农户需要解决的问题，有针对性地制定帮扶措施。在“五清”的基础上，协调好镇、村委以及相关职能部门，做好“五帮”的工作。党委机关全体干部捐款近1000元，扶助困难户发展养殖业。深入农户12次，倾听群众诉求10条、帮解困10件、帮信息15条、帮维权2次、帮思想22次、帮农户33户，惠及人数60多人。中秋节、春节期间，党委主要领导登门慰问结对帮扶困难党员1名，送上慰问金1000元。慰问困难农户6户，送上大米等价值1500元慰问品。贯彻落实《关于开展城乡基层党组织互帮互助的活动的意见》，按照“三解决两提高一推进”的工作主题开展帮扶工作和“五个一”活动。党委领导班子成员多次到温泉村慰问特困党员2户，困难党员8户，资助困难学生1名，发放慰问（资助）金1万多元。组织属下各党（总）支部1023名党员向“广州市党内关爱扶助金”捐款66949元；组织开展“慈善一日捐”活动，各支部党员起带头作用，1326名党员干部职工捐款24.41万元。

党费收缴和使用管理。贯彻上级文件精神，在严格管好本级党费的同时，加强对各支部党费收缴工作的监督、指导，严格规范管理，依法依规办事。

［**党风和廉政建设**］ 一是加强教育。组织属下支部开展以“加强作风建设，保障科学发展”为主题的纪律教育学习月活动。7月9日，党委召开2009年纪律教育学习月活动动员暨反腐倡廉专题学习会，邀请市纪委领导作专题辅导报告，播放从化市“明察暗访”专题片，下属各党（总）支部全体委员参加学习。各支部有计划、有安排，完成规定的学习内容，创新教育形式，开展示范教育和警示教育。全年，参加纪律教育学习活动的党员1228人，占党员人数的97%。党政一把手作教育辅导报告51次，抓教育示范点3个。各单位专题研究党风廉政教育工作104次，集中观看反腐倡廉专题片58场，出版廉政宣传专栏38期，悬挂廉政宣传横幅57条。二是开展廉政文化进机关、进家庭活动，推进机关廉政文化建设。4—6月，组织广大党员干部学习王瑛同志先进事迹，掀起学习王瑛同志先进事迹的热潮。6月，在下属党组织中开展“扬正气，促和谐”优秀廉政公益广告展播活动，营造良好的反腐倡廉社会氛围。三是执行各项廉政制度，落实党内监督条例。坚持民主集中制，完善科学民主决策机制。抓好领导干部廉洁自律工作，建立健全领导干部述职述廉制度、个人重大事项报告制度、民主生活会制度。加强对下属党组织民主生活会的指导，提高民主生活会的质量。9月，召开以“加强领导干部党性修养、树立和弘扬良好作风”为主题的党委领导班子民主生活会。

［**精神文明建设**］ 一是举办公务员礼仪知识讲座。7月2日，在市中心会堂举办机关服务年活动工作会议暨公务员礼仪知识讲座，邀请著名礼仪专家、广州大学社科部党总支书记刘树谦教授讲授公务员礼仪知识，市直各机关单位负责人和办公室主任、部分政务窗口工作人员以及市直属机关党委属下各党（总）支部全体委员近300人参加，党委给与会人员赠送《广州市公务员礼仪手册》。二是开展迎国庆讲文明树新风系列活动。围绕普及文明礼仪知识、提高服务水平、转变机关作风等目标任务，从解决群众最关心的突出问题入手，广泛开展文明礼仪宣传普及活动、志愿服务活动、窗口行业文明服务等机关文化活动，着力在振奋群众精神、促进社会和谐稳定上下工夫，努力在提高公民文明素质

和社会文明程度方面取得实效。三是开展“重民意，端民行，携手共创文明城”主题活动。组织党委机关干部深入居民家庭进行宣传和问卷调查，听取市民对市创建工作的意见建议，赠送《重民意，端民行，创文明城市，从化市民读本》小册子，共同推进创建活动的深入开展。四是发挥党员的先锋模范作用，发动广大党员干部参与创建工作，争当创建工作的宣传者、示范者、实践者。11月，向属下党组织1360名党员发出《致党员的一封信》。

[**机关文化建设**] 组织开展形式多样的文化体育活动，丰富干部职工文体生活。7月，开展全民健身活动，组织干部职工参加第十届体育节登山比赛；选派3名代表参加广州市横渡珠江活动。8月，组织参加市“礼仪亚运，文明广州”——亚运知识竞赛活动，推荐3名优秀队员代表党委参加市组织的初赛。9月，组织两队合唱团和一队由180人组成的合唱团，分别参加市红歌会歌唱大赛和庆祝新中国成立60周年“万人同唱爱国歌曲”大型文艺晚会。12月，组织由12人组成的女子篮球队参加从化市“永大针织”杯女子篮球赛。

[**关心下一代工作**] 市直属机关党委关工委配合有关部门净化社区环境，组织青少年开展系列公益活动，做好帮教边缘青少年的转化教育工作以及扶贫助学工作，解决贫困学生的生活难题。11月，召开市直属机关党委关心下一代工作会议，邀请市关工委领导作《提高认识，努力做好基层单位关心下一代工作》的辅导报告，并进一步完善各支部关心下一代工作领导小组。

（市直属机关党委供稿，邝洁玲执笔）

党校工作

[**管理机构**] 市委党校属市委序列局级事业单位，办公地址在城郊街环城路49号。定编25名。2009年末，在职19人，有校长1人（由市委组织部部长兼任，不占编）、常务副校长1人、副校长1人。内设机构有：办公室、财务科、政工科、教研室、函授教育室、图书资料室。

[**干部培训**] 基本情况。分别举办局级领导干部清华大学城乡一体化建设高级研修班（55人）、副局级以上干部培训班（842人）、新任副局级干部培训班（78人）、中青年干部培训班（30人）和“沉下去，请上来”专题研讨班（45人）各1期，参加学习总人数1050人。与市委组织部、人事局联合举办公务员全员培训班、新录用国家机关工作人员初任培训班，参加学习的有2952人。与市基层办、市农业局联合举办村级干部培训班，参加学习培训的村干部有380人。协助市直机关、企事业单位、镇（街）举办党员和入党积极分子培训班，参加学习培训的党员和入党积极分子2552人。协助市委开展全市农民大培训工作，培训1465期，培训农民16.66万人次。

教学模式创新。一是形成适合从化市干部培训需要的开阔视野的教学模式——“请进来，走出去”。“请进来”就是与知名高校联合办学，在本市开设教学点，邀请高校著名的专家、学者来从化授课。实现教学资源整合和共享。“走出去”就是送学员到知名大学培训。在与复旦大学、北京大学成功联合举办培训班的基础上，继续与清华大学联合举办“清华大学城乡一体化建设高级研修班”。通过采取“课程学习＋战略研讨＋实地考察”的研究性培训，全方位拓展学员的战略思维、视野和素质。二是围绕从化市经济社会发展的重点、热点、难点问题开展探索“沉下去，请上来”的专题研讨教学新模式。“沉下去”就是组建专家团队，下基层单位开展专题辅导；“请上来”就是让干部围绕主题大家谈、专家点评，开展沙龙式、嘉年华的培训。让干部“在实践中学习、在学习中实践”，“在学习中考察、在考察中学习”，“在学习中服务、在服务中学习”的常年实施的干部培训，提高干部的思想工作能力水平，尤其是提高干部分析、解决问题的能力，达到培训与考察、使用干部结合的目的。这种新的教学模式，已在温泉镇、良口镇、吕田镇及流溪温泉旅游度假区现职副局级以上干部中开展，大家围绕“农村综治维稳及信访工作”的专题进行研讨，通过专题辅导、学员结合工作实际交流心得体会及提出问题、专家点评和解答问题，使学员对这项工作有新的认识，方法有新突破。实践证明，这种培训模式针对性强，能激发学员积极思考探讨问题、总结经验和吸取教训、提升工作能力和水平。三是实行挂职锻炼的培训模式。在中青年干部培训班中，采取“1＋8”（即1个月理论学习，8个月挂职锻炼）的培训形式。挂职锻炼从“上下挂职”向“项目负责制”发展。“上”就是从基层上派学员到机关挂职，“下”就是从机关下派学员到基层挂职，为年轻干部提供在不同工作岗位、工作环境中实践锻炼的机会，努力培养全能型干部。“项目负责制”就是将学员安排到市重点项目挂职锻炼或在本单位承担重点项目、重点工作，让干部在实践中增长才干、积累经验，提高处理复杂问题、驾驭全局的能力。挂职锻炼的教学模式，得到组织部门、相关单位、挂职干部本身的肯定。四是启动“自主选学”新模式。副局级以上干部培训班、新任干部和中青年干部培训班启动这一培训模式。具体是：副局级以上干部培训班必修课程2天，自主选学课程不少于3天；新任干部和中青年干部培训班必修课程7天，自主选学课程不少于5天。自主选学，提高干部教育培训的针对性和实效性，得到学员普遍欢迎。

培训内容创新。培训内容扣紧市委的中心工作“城乡统筹发展”，把培训的核心内容定为“城乡一体化建设”。同时又切合干部迫切需要提高这方面理论知识、工作能力、水平素质的实际。

管理创新。一是抓好制度建设，建立学员档案，把学员参加学习培训的情况与年度考核和工资晋升挂钩，实施公务员积分登记管理制度。二是加强班级管理。采取双班主任制，分工合作，进一步搞好教学管理。党校配备专职班主任与市委组织部干部科的同志全程跟班，实施严格管理，严格考勤，严肃学习纪律，实事求是地填写“干部培训情况登记表”。三是加强教学与管理部门的沟通，形成教师与教辅部门的良性互动。教辅部门收集学员提出意见和建议及时向教师反馈，倡导教师认真对待教辅部门提供的信息，根据学员的实际，及时调整教学方案，提高教学针对性。

［**为基层服务**］ 一是发挥职能优势，服务市委市政府的中心工作。配合市委、市政府做好“深入学习实践科学发展观”活动的宣传工作，抽调师资力量参加市宣讲团，送课下基层，协助基层党校、镇（街）和有关单位做好宣讲活动，开展宣讲活动30场，2000名党员干部群众接受教育。组织教师深入基层做好专题学习辅导，充分发挥党校职能的优势。利用教学场地，协助市政法委、市司

法局、市财政局、市共青团等单位举办培训班。二是做好“创文、创卫”工作。按照关于深入开展创建全国文明城市、国家卫生城市的工作部署，把创建全国文明城市工作的主题内容纳入党员干部培训计划，在副局级以上领导干部培训班、新任干部培训班、中青年干部培训班及全市公务员全员培训班，均设置与创建全国文明城市有关的课题，如“公共礼仪”、“城乡一体化”、“机关精神”等，全市参加学习 4002 人。三是扎实开展“五清五帮”活动。吕田镇水埔村为党校“五清五帮”活动联系点，活动中，广大教职员工积极开展一系列的走访慰问、捐资扶贫、助学等帮扶活动，向村民提供技能培训和就业指导、致富等信息，为村民办实事、好事。全年合计捐款 2600 元，捐物 58 件。根据市委“三级联创”精神的要求，党校协助市委组织部、市基层办与相关镇街村联系协商，在温泉镇宣星村、江埔街和睦村依托党员活动电教室和农村党员干部远程教育网络，建立村级党员干部培训基地，根据这两个示范村党员干部的需求，送教下乡，帮助提升村级党员干部的文化素质和工作能力。

（市委党校供稿，陈笔球执笔）

信访工作

[**管理机构**] 市信访局既是市委的工作机构，又是市政府的工作机构，挂靠市委办公室，办公地址在街口街新城东路 99 号。定编 8 名。2009 年末，在职 6 人，有局长 1 人、副局长 2 人。内设机构有：办公室、督察调研科和办信接访科（加挂市长专线电话办公室牌子）。

[**领导信访**] 市委召开常委会会议 3 次，专题研究部署信访维稳工作；召开全市性各镇、街、局一把手参加的信访维稳工作会议 8 次，全面部署信访维稳工作。全年市领导阅批群众来信 329 件次，其中市委书记欧阳知阅批 108 件次，市长梁建清阅批 96 件次，其他常委、副市长阅批 125 件次。

[**信访业务**] 全年受理信访量 2443 件次，比上年 2889 件次下降 15.4%。一是受理群众来信 275 件次，比上年 217 件次上升 26.7%。二是接听市长专线电话 868 件次，比上年 658 件次上升 31.9%。三是受理电子邮件 80 件次，比上年 70 件次上升 14.3%。四是受理群众网上信访件 693 件次。五是受理群众到本市上访量 433 批 1629 人次，比上年 551 批 1944 人次分别下降 21.4%和 16.2%。六是群众越级到广州市上访量 88 批 195 人次，比上年 90 批 416 人次分别下降 2.2%和 53.1%，其中群体性越级到广州市上访 6 批 53 人次，比上年 19 批 289 人次分别下降 68.4%和 81.7%。七是群众越级到省上访 1 批 40 人次，与上年的 1 批持平，而人次比上年 5 人次上升 700%。八是群众越级进京非正常上访 3 批 3 人次，比上年 1 批 4 人次分别上升 200%和下降 25%。全市各级信访部门为群众办实事、好事 119 件，为群众协调劳资纠纷和拖欠工程款数额达 1023.7 万元。

（市信访局供稿，何伟永、荣喜忠执笔）

（骆耀平编辑）

统战 党派

统战工作

［**管理机构**］ 市委统一战线工作部属市委序列行政单位，台湾工作办公室、民族宗教事务局与统战部合署办公，加挂市人民政府台湾事务办公室和民族宗教事务局牌子，办公地址在街口街新城东路99号。定编6名，其中行政编制5名、机关后勤服务人员事业编制1名。2009年末，在职6人，有部长1人（不占编）、副部长2人。内设机构有：办公室和台湾事务联络科。协调机构有：市工商联、市侨联。

［**学习教育活动**］ 统战部组织在职和退休干部、各民主党派正副主委，开展深入学习实践科学发展观活动。从“学、议、找、思、干、评”六字下工夫，学《毛泽东邓小平江泽民论科学发展观》等理论；议基层统一战线“为什么要科学发展”、“能不能科学发展”和“怎样科学发展”；找问题；思考推动科学发展观的思路和方向；围绕争当生态文明建设排头兵开展形式多样、生动活泼的主题实践活动；评数量、评质量、评效率、评影响，找准切入点，破解工作中遇到的难题。

［**多党合作和政治协商制度化建设**］ 一是推进政治协商制度规范化和制度化。贯彻市委制定的政治协商实行“三在前”的原则，配合市委、市政府分别召开多次党外人士座谈会、协商会及征求意见会议。对市委、市政府的重大事项和重大决策，向党外人士征求意见、建议。配合市政府组织的党外人士座谈会，征求党外人士对《从化市政府工作报告》和新一年工作的意见和建议。二是组织聘请特约“四员”（特约监察员、审计员、检察员、教育督导员）履行参政议政、民主监督职责。市检察院、监察局、审计局对重大案件的审理和处理均请特约“四员”参加，定期向特约“四员”通报有关案情；市监察局执行有关制度，邀请特约监察员参加全市的行风评议等检查活动；市教育局邀请特约教育督导员参与全市中小学校教学评估活动。三是配合九三学社广州市委，于2009年11月成立九三学社从化支部。

［**海内外统战工作**］ 一是成立从化市港澳台海外专项工作协调领导小组，市长梁建清任组长，市委常委邱永权，副市长温洁夫，市政协副主席、统战部部长邹建潮任副组长，统战部副部长李炳文任办公室主任。领导小组成员由市侨联、侨办、民政局、工会、团委、教育局、妇联及各镇街分管统战、侨务外事的领导和相关人员组成。日常工作由市委统战部负责，并由统战部牵头，协调有关部门开展专项工作。二是发挥统战线联系广泛的优势，加强经济领域统战和海外统战工作，扩大与港台及海外经济界的联系，充分发挥侨联、台办、海外联谊县的作用，邀请港澳台和海外各界人士回乡探亲、旅游、考察、经贸洽谈。三是通过“走出去”、“请进

来”，加强相互沟通，增进情谊。全年“请进来”4批次330多人、“走出去”3批次16人。四是配合广州市委统战部做好乡情联谊工作，为香港、澳门的社会经济繁荣与稳定作贡献。

［**促进非公经济企业发展**］ 一是会同市政协、市工商联分别到全市镇、街、工业园区127家企业开展调研，先后深入到天马集团等企业，通过走访，宣传政策、送温暖，坚定信心，在优化服务上下工夫，落实好政府已出台的各项扶持优惠政策。二是邀请中大教授为民营企业负责人讲授现代管理知识，邀请国内成功企业家交流管理经验，提高相关部门干部队伍素质。三是成立民企互助基金会，促进民营企业发展。协助街口街、城郊街、江埔街的工商联分会，筹备成立民营企业互助基金会，委托工商银行监管，用于支持民营企业的发展。四是加强对抗击金融风暴优秀企业的宣传报道工作，动员社会力量帮扶企业渡过难关，共同实现保民生、保发展、保稳定的目标，展现新时期民营企业家致富不忘国家和人民的良好形象。

［**民族宗教工作**］ 一是组织学习《宗教事务条例》，依法加强宗教事务管理，学习党的有关宗教政策和法规，及时调处民族矛盾。对一些影响民族团结以及民族地区发生的突发事件，做到及时了解情况，及时做好群众工作，及时化解矛盾，及时向上级有关部门请示汇报。二是做好少数民族人士服务工作，为少数民族人士做好事，办实事。主动联系市教育局，为需要照顾的少数民族考生（中考、高考）办理相关证明手续。三是及时处理有较大影响的民族宗教团体纠纷。会同流溪温泉项目办、良口镇、旅游局、国土局、规划局等单位多次修改征地方案，邀请云南省驻穗办的领导，协商和依法、公平、公正征地，维护少数民族人士的利益，使90多名暂住马术场征地范围内的佤族同胞顺利返回云南省，避免出现民族方面的群体事件发生，保证马术场征地工作顺利进行。

（市委统战部供稿，陈植玲执笔）

民主党派

［**中国农工民主党从化市总支部委员会**］ 基本情况。2009年末，有成员56人，其中在职人员27人，退休29人。设支部4个，分别是中心医院支部、综合支部、退休支部、广州医学院从化学院支部。成员来自市政协、农业局、水利局、中心医院、中医院、疾控中心、从化技校、棋杆中学等单位。成员中有广州市十三届人大代表1人，广州市十一届政协委员1人，从化市政协委员5人，从化市政协常委1人，特约审计员2人，特约教育督导员1人。硕士研究生3人，在读博士研究生2人。主任医师、副主任医师、副教授11人。

学习活动。总支每季度组织学习1次，各支部每月组织学习1次。学习贯彻中共十七大、十七届三中全会和农工党十四届二次全会精神；学习中共中央两个5号文件；学习贯彻中共从化市委十一届六次、七次全会和从化市2009年“两会”精神。通过学习，提高认识，增强信念，提高政治素质。

参政议政。2009年，成员中的广州市人大代表，在广州市人大十三届三次会议上撰写建议案2件。成员中的广州市政协委员，在广州市政协十一届三次会议上撰写提案1件，得到政府有关部门的重视和答复并实施。成员中的从化市政协委员在从化市政协八届

四次会议上撰写提案共10件，其中以总支名义提交的提案《确保从化旅游饮食品牌，加强农家乐相关饮食卫生的监督》和副主委李君撰写的提案《清理流溪河滩地种植的果树和蔬菜，减少流溪河的污染》被评为从化市政协八届四次会议优秀提案。总支正、副主委应邀参加市委、市政府召开的民主协商会、通报会和征询意见座谈会，积极发表意见和建议。成员中的政协委员积极参加政协活动，参与政协小组的调研活动，参与撰写调研报告提交市政协。

社会活动。9月，配合市科技局开展科技宣传周活动，退休支部成员参与新世纪广场的义诊咨询活动。广州医学院从化学院支部成员到江埔街锦一村开展健康讲座活动，向村民讲授常见病防治知识。科技支部成员参与市农业局科技人员下乡进行农技推广宣传活动，举办农业实用技术培训班，深入现场指导，解答疑难问题。多次派出成员参加市委老干局组织活动的医疗服务工作。成员参与慈善捐款活动，全年捐款5000多元。

立足本职。总支成员在各自岗位上尽职尽责，积极工作。总支被农工党广州市委会评为先进基层组织，被评为优秀党务工作者和优秀党员15人。被从化市委市政府评为从化市科技先进工作者1人，被市委市政府评为科技杰出专业技术人才1人。被广州医学院从化学院评为受学生欢迎老师4人，被单位评为优秀和先进个人多人。成员发表论文6篇，有多人担任多种科技书籍的编委和副主编。成员在农工党中央刊物《前进论坛》和《广东农工》、《广州农工》等杂志发表文章和诗歌多篇。

（中国农工民主党从化市总支部委员会供稿，邓汉洲执笔）

［**中国民主同盟从化总支部**］ 2009年末，有盟员38人，下设教育、综合、退休3个支部。

理论学习。总支部和3个支部先后组织盟员学习《中共中央关于进一步加强中国共产党领导的多党合作和政治协商制度建设的意见》、《中共中央关于加强人民政协工作的意见》、《中国民盟章程》以及《民盟广州市委关于把盟的基层组织建设成高素质的地方参政党的意见》，学习中共十七届四中全会精神，其中总支部组织支委学习2次，各支部组织全体盟员学习3次，支委还参加市委的统战理论学习培训会。盟员明确民盟的性质、地位、作用和自己的职责、任务。盟员表示，自觉接受中国共产党领导，坚持社会主义制度，树立立盟为公、参政为民、议政兴国的思想，为从化的社会发展，经济繁荣，人民幸福与社会和谐贡献力量。

自身建设。年初，总支部对正、副主委的职责进行分工，明确3位主委各联系的支部。3个支部就“关于如何加强支部自身建设的议题”展开研讨，盟员广泛发表意见，制定支部工作计划。总支部制定盟内人民代表和政协委员向盟员述职制度，支部主委向盟员述职、盟员个人向支部汇报制度，每半年召开一次民主生活会，用民主和监督的方式促进盟支部工作的正常开展。

理论学习。加强对入盟积极分子盟史和盟章知识的学习与培训，编写专题讲座材料1份，先后举办讲座2次、参加培训10人次。全年支部活动12次，其中理论学习与研讨4次、组织形势报告会1次、参政议政提案征集会1次、民主生活会1次、支部委员外出参观学习1次，支部委员活动4次。

参政议政。总支部围绕“促发展、保增长”的发展战略，在全体盟员中开展“如何振兴从化经济、怎样化解金融危机的讨论”；

市“两会”前，在盟员中征集建议和提案。在从化市政协八届四次会议上，民盟支部递交提案3件，盟员中的政协委员递交提案15件，小组讨论发言17人次，提案和建议受市政府的高度重视。政协委员孙颜君《关于公交车惠顾老年人》的提案，得到从化市老龄委、交通局和营运公司的重视，并已落实。

社会服务。5月，民盟从化总支部和民盟广州市卫生支部在从化新世纪广场举办大型联合义诊活动。参加活动的专家有20多人，为38人进行X光检查。接待诊疗病人200多人。

工作交流。先后与民盟佛冈县委员会进行工作访问和经验交流，应邀与从化的民建、民革、民进、农工党、致公党支部进行党派自身建设的研讨和工作交流，开展多种形式的联谊活动。参加中共从化市委统战部组织的民主党派工作交流会等。

（中国民主同盟从化总支部供稿，王军执笔）

[中国民主促进会广州市从化支部委员会]
2009年末，有会员15人，其中主委1人、副主委1人、支委1人。

加强理论学习。按照民进广州市委会的部署，结合形势发展及自身建设需要，民进从化支部组织会员学习中国特色社会主义理论体系、科学发展观、中共十七届四中全会精神，定期开展组织生活，参加民进广州市委会组织的报告座谈会、研讨培训班，多次实地考察城乡一体化建设。在纪念中华人民共和国及人民政协成立60周年之际，组织会员学习会章会史，使全体会员普遍接受理论学习教育和历史传统教育。通过学习，会员们进一步坚定以党为师、立会为公的信念，增强自觉履行参政党职能的使命感和责任感，为在各自的工作岗位上尽责出力提供强大的精神动力。

爱岗敬业。支部主任赵如松在本职工作中建功立业，作为从化五中主抓教学的副校长，带领高三级在2009年高考中再创从化五中高考成绩的新标杆，连续第四年荣获广州市高考毕业班工作一等奖；支部成员温清梅老师、李赛秋老师等爱岗敬业、率先垂范、业绩辉煌；老主任孙国盛老师虽已退休，但主动协助整理从化民进史和宣传改革开放三十年取得的成就，对青少年进行革命传统教育和改革开放三十周年成就教育。

参政议政。支部有市政协委员2人，其中常委1人。民进从化支部参加市委组织的各种协商会、征求意见会、座谈会，提出有益的意见和建议，得到市委领导的好评。支部主任赵如松多次参加市政协组织的“城乡一体化建设”、“我市中心城区道路建设与管理”的专题调研、“工业企业的运行情况”等视察调研活动并提出良好的意见建议；在2009年市两会期间，支部围绕市委“城乡一体化建设”的方针以及群众关心的热点、难点等问题，提出《整合公共交通资源　合理设计公汽线路》、《尽快解决教师的门诊医疗费补助问题》、《我市独生子女费问题亟待落实》、《从化五中的自来水问题亟待解决》、《进一步完善旺城旧区的市政改造的建议》等提案，为从化市经济社会发展建言献策。

服务社会。4月，组织全体会员参观从化经济发展的新成就。6月，围绕城区交通问题，对街口城区进行实地考察。8月，与民进广州市教育总支部开展围绕“搭建民进支部互动平台，探讨基层组织发展工作”的联谊活动。12月，支部组织会员参观宝趣玫瑰世界，密切支部会员之间的关系。

（中国民主促进会广州市从化支部委员会供稿，赵如松执笔）

［**中国民主建国会广州市委员会从化市基层委员会**］ 2009年末，有会员73人，其中女会员26人。会员平均年龄36.4岁。设委员9人，其中主任1人、副主任3人。会员主要分布在经济、商业、教育等部门，会员中博士研究生学历1人，硕士研究生学历9人，本科学历26人；中级职称15人，高级专业技术职称人员3人。2009年发展新会员6人。会员中，任中国民主建国会广州市委员会副主委、广州市政协常委、从化市政协副主席、从化市工商联合会会长1人，任中国民主建国会广州市委员会委员、从化市政协常委1人，任从化市政协常委1人，任从化市政协委员3人。

注重理论学习。遵照中共中央关于《加强多党合作与政治协商的意见》，组织会员参加各项学习活动。注重理论研究，坚持以邓小平理论和“三个代表”重要思想和科学发展观为指导，围绕中共从化市委、市政府的中心工作，开展各项活动。

参政议政。组织会员出席和参加政府有关部门召开的协商、征询、讨论会，为从化的社会经济发展建言献策。年集体和个人提交的提案8件。2008—2009年夏志新执笔撰写的《关于共同参与齐建社区为老年人服务体系的建议》调研报告被评为广州市政协优秀调研报告。2009年艾焕章被聘为“从化优秀专业技术人才”并享受从化市的技术津贴，谢谦、张芳贤、唐研、夏志新等被评为中国民主建国会广州市“优秀会员”。

服务社会。开展关注民生、关注社会服务。会员们多次为贫困村开展帮、扶工作。

（中国民主建国会广州市委员会
从化市基层委员会供稿，赵艳执笔）

［**中国国民党革命委员会广州市委员会从化市支部委员会**］ 2009年末，有党员7人，平均年龄40岁，其中女党员2人。教师6人，公务员1人。本科学历6人，硕士学历1人。高级职称5人，中级职称2人。谢昌仁任民革广州市委委员、从化支部主委、市政协常委、从化市特约监察员，段贤正任支部委员。市城建局副局长黄凌云任从化市及广州市人大代表。

参政议政。每年的“两会”前后，支部成员履行职责提交有价和有效的议案、提案和调研报告。至市政协八届四次会议，提交的提案15件，其中个人提案6件。人大代表黄凌云在广州市十二届人大会议前后提交议案10多件，为从化市的城市建设和发展出谋划策。在市政协八届四次全会上提交的《切实解决民主党派办公及活动场所》提案得到满意的解决和落实。

专题调研。2009年度，支部密切关注农村污水处理工程进展，全员到太平镇上塘村实地考察调研，及时反馈意见给相关部门，为行政决策提供参考。通过走访调查和问卷调查相结合的方式，提交《市内公交车运营现状调查报告》，为行政决策提供参考。

服务社会及慈善资助。发挥专业优势，送教下乡，全员参与在桃园中学听课指导，作专题讲座。汶川地震，捐资赈灾人均500元，每年捐资助学人均200元。为从化三中特困生捐款2000元，买教学参考书。2009年台湾地震，支部捐款800元；在全市的慈善捐款中，人均150元。

立足本职。党员大多数是单位的教学骨干，爱岗敬业，立足本职，教育教学教研成果丰硕。谢昌仁连任三届（2001—2010年）从化市高中英语学科带头人、市英语教学研究会副会长，是广州市第九中学中级职称评委会评委，是2009年从化市首届兼职督学、首届评估专家，受聘为广州市高中教师职务培训面授辅导老师。编撰专业辞书及论文累计近百万字，多篇论文获省、广州市级奖。

（中国国民党革命委员会广州市委员会从化市支部委员会供稿，谢昌仁执笔）

［**中国致公党广州市委员会从化支部**］ 2009年末，有党员15人。主要由归侨、侨眷中的教师和科技界人士、民营企业家组成。成员中有高级职称的3人，中级职称的5人。中青年党员比例占60%，大专学历12人。有市政协常委2人。

参政议政。致公党从化支部，遵照中共中央关于《加强多党合作与政治协商的意见》，遵循“肝胆相照，荣辱与共，长期共存，互相监督”的方针，围绕市委、市政府的中心工作及人民群众生产生活等重要方面，开展各种形式的调查研究，参政议政并不断提高参政议政的水平。2009年撰写《关于教师心理压力的调研报告》等各类提案10件（含党员个人及党派联合撰写部分）。其中获从化市政协优秀提案1件。

其他活动。年初，邀请市纪委、市检察院的主要领导到支部座谈，党员通过交流、学习，加强自身建设，提高反腐倡廉意识。邀请美国美东华人社团联合总会副主席李迦铨为团长的一行人来从化旅游观光、交流、学习，加强海外联谊活动。协助市委在从化中学开展赞助活动，扶持50名学生的学习经费，得到市政协、市教育局、从化中学领导及其学生家长的一致好评；协助市委在城郊街大夫田进行专家义诊，为村民诊病，免费发放药品；协助市委在城郊中学举办英语和其他学科的教学示范活动等。

（中国致公党广州市委员会从化支部供稿，温世明执笔）

［**九三学社从化支部**］ 经九三学社广州市委批准，2009年11月，成立九三学社从化支部，成员由科技人员组成。年末，有成员8人，单青任支部书记。

（市委统战部供稿，陈植玲执笔）

（骆耀平编辑）

社会群众团体

民间组织管理

[**管理机构**] 市民间组织管理办公室为市民政局下属事业机构，办公地址在市民政局内。定编1名。2009年末，在职1人。

[**登记管理工作**] 全年全市依法登记民间组织19个（见表1），其中社会团体6个，民办非企业单位13个。批准筹备1个，办理变更登记4个，办理注销登记0个，做好全市民间组织年检工作。至年末，全市有民间组织129个，已完成年检120个，占应接受年检93%，年检合格率100%。

表1 2009年从化市新成立民间组织表

（1）社会团体

成立时间	社会团体名称
2009.01.15	从化市义务工作者协会
2009.03.24	从化市管弦乐协会
2009.04.21	从化市档案学会
2009.04.27	广州从化工商互助协会
2009.11.17	广州从化自行车休闲运动协会
2009.11.17	从化市明珠工业园区企业家协会

（2）民办非企业单位

成立时间	民办非企业单位名称
2009.01.16	从化市工业幼儿园
2009.01.16	从化市工业第二幼儿园
2009.02.19	从化市童趣幼儿园
2009.03.02	从化市托斯卡纳幼儿园
2009.04.17	从化市逸泉山庄幼儿园
2009.04.27	从化市德程职业培训学校
2009.04.27	从化市广艺动漫职业培训学校
2009.05.18	从化市德立职业培训学校
2009.06.18	从化市世纪星小学
2009.09.29	从化穿越户外拓展俱乐部
2009.10.13	广州从化荔枝红越野车俱乐部
2009.10.19	从化市鳌头镇车头幼儿园
2009.11.12	从化市隆信职业培训学校

（市民政局供稿，吴迪执笔）

市工商联

[**管理机构**] 市工商联（同时挂从化市总商会牌子）属人民团体组织，办公地址在街口街河滨北路科技大楼三楼。定编4名，其中机关行政编制3名、工勤编制1名。2009年末，在职6人，有主席1人（不驻会）、党组书记1人、常务副主席1人。内设机构有：办公室、会员部。下属机构有：街口、江埔、

城郊街和鳌头、太平、温泉、良口、吕田镇分会。全市有会员 666 人，其中 2009 年发展的会员有 38 人。

［**参政议政**］ 发挥会员中人大代表和政协委员参政议政的作用。在人大、政协会议期间，组织会员中的人大代表、政协委员，围绕社会热点、难点问题，特别是民营企业在发展过程中遇到的困难和问题展开热烈的讨论，撰写《尽快完善西部走廊龙星工业园配套设施》、《关于支持大金峰旅游点开发的建议》、《关于明珠工业园道路设施完善事宜》等提案、议案 41 件。提案、议案观点鲜明、意见中肯，为市委市政府制定有关政策提供宝贵的意见和建议。

［**公益事业**］ 全年会员在社会各项公益事业活动中，捐资 80 多万元，其中捐资扶贫助学 50 万元、在敬老助残等其他公益活动中，捐款捐物 30 多万元。

［**为会员服务**］ 一是组织有关会员参加广州市“提振民企信心促进民企发展动员大会”和广州市“暖心强企”座谈会，树立会员应对金融危机，战胜困难的信心。二是印发《广州市关于促进中小企业平稳发展的实施意见》、《关于落实促进中小企业平稳健康发展 8 项税收优惠政策的紧急通知》和从化市《关于印发帮扶工业解困、支持企业健康发展的意见的通知》等资料 300 多份，鼓励会员面临困难和挑战，沉着应对、寻求发展、共克时艰。三是协助街口分会、江埔分会、城郊分会成立广州从化工商企业互助协会，帮助中小企业解决周转资金，支持企业发展。四是组织 22 名会员到无锡、南京、杭州等地区的民营企业进行考察学习。五是举办从化市工商联“鳌头商会杯”男子篮球联谊赛，活跃会员的身心，增强工商联的凝聚力。六是开展先进会员推荐活动。2009 年 5 月，会员企业广州天马集团天马摩托车有限公司、南海食街饮食实业有限公司、从化市永大针织制衣有限公司、从化市亨发企业有限公司、从化市聚赛龙塑料有限公司、从化市广来塑料制品有限公司获从化市劳动先进集体称号。七是补选从化市新科轻化设备厂厂长禤长有为市工商联十三届副主席、补选得田地产顾问有限公司总经理袁志敏、广州丽柏家具有限公司总经理周灿威、广吕房地产开发有限公司总经理李东南、从化良口联发鞋材厂总经理黄钊洪、广州从化粤海水泥有限公司董事长黎杰潜为从化总商会十三届常委。

［**基层建设**］ 一是按照“六有”（有场所、有专人、有经费、有章程、有办公设备、有分会名牌）标准规范分会建设，使分会工作正常化、规范化、制度化。二是制定每季度召开一次由市工商联领导、镇街分管领导、分会会长和分会秘书长参加的会务工作交流会制度，促进会务工作的开展，并逐步形成有各镇街特色的政企交流平台。

（市工商联供稿，刘志机执笔）

市总工会

［**管理机构**］ 市总工会属群团组织，办公地址在街口街青云路 268 号。定编 7 名，其中行政编制 6 名、事业编制 1 名。2009 年末，在职 7 人，有主席 1 人、副主席 3 人。内设机构有：办公室、组织宣教部。

［**维护职工合法权益**］ 法律援助。市职工法律援助站，为困难职工提供法律咨询、开展

法律援助。全年为职工提供法律知识咨询、援助12宗，涉及职工人数36人。在调查处理安全生产事故过程中，主动配合市事故调查组，督促事故单位切实按照省、广州市有关工伤条例的规定对死、伤职工家属进行经济补偿。全年工伤事故9宗，补偿金额近200万元。与市供电局联合举办《劳动合同法》培训班，邀请广州市总工会法律工作部部长张瑞洲授课，参加培训140人。在抓好全市职工的普法教育基础上，设立专门的普法宣传栏，定期开展《工会法》、《劳动法》、《劳动合同法》和《劳动争议调解仲裁法》、《就业促进法》等国家法律、法规以及工会工作各项知识的宣传。

推行平等协商和签订集体合同制度。总工会一手抓工会组建，一手抓集体合同签订，将两项任务指标分解到各镇、街、局以及社区，确保按时按质完成广州市总工会下达的指标任务。全年全市累计签订集体合同960份，其中公有及其控股企业89份，占应建制数100%；外资企业148份，占应建制数的83%；私营企业614份（覆盖企业3811家），占应建制的85%。全年新签集体合同98份，其中公有及其控股企业2家，外资企业9家，私营企业81家，行业性合同6份（覆盖企业212家）。续签集体合同45份，其中公有及控股企业4家，外资企业23家，私营企业18家。2009年，各镇、街、工业园区相应开展工资协商集体合同签订试点工作，全年全市签订工资协商集体合同20份。至年末，在已签集体合同中有保障女职工权益专门章节或条款的占80%以上。

签订劳动合同。总工会帮助和指导职工与用人单位依法签订劳动合同，指导基层工会依法参与所在单位规章制度的制订。至年末，全市已建立工会组织的企业1201家，职工人数9.65万人，有7.72万名职工与企业签订劳动合同，占职工总数的80%。

处理突发性群体事件。制定《从化市总工会处理突发事件办法》，协助党政机关处理同级及其下属企业、事业单位发生的突发事件，帮助企业尽快恢复生产和工作秩序。全年接待、处理职工来信来访和职工突发事件21宗，协助市信访、劳动、建设等部门共同处理和平息职工突发事件3宗，涉及职工450人。参与处理工伤死亡事故纠纷9宗，受伤职工及死亡职工家属的经济补偿200多万元。调处各类劳资纠纷9宗，妥善处理劳资双方关系，切实维护职工的合法权益。

［**构建和谐劳动关系**］ 协调劳动关系。一是1月16日，市召开第一次三方协商会议，就劳资三方如何加强劳动监察、遏制劳资纠纷、维护社会稳定、构建和谐企业、确保从化企业稳定进行协商，提出协调劳资双方劳动关系的指导意见。二是6月18日，召开第二次三方协商会议，由市劳动和社会保障局通报劳动仲裁、劳动监督检查、处理劳动争议案件以及创建和谐工业园区活动等方面的情况；市总工会通报集体合同签订、厂务公开民主管理、创建和谐企业和职工维权的工作情况；市工商局、个协、劳协通报企业改制、企业用工要求及标准，以及创建“重合同守信用企业”的情况。三是审议上报广州文轩苑度假中心、广州丰力橡胶轮胎有限公司作为广州市1A、2A劳动关系和谐企业候选单位。四是把劳动关系三方协商机制向镇、街、工业园区延伸，帮助镇、街、工业园区建立劳动关系三方协商机制，调处好本区域的劳动关系工作。至年末，5个镇3条街2个工业园区全部成立劳动关系三方协调领导小组。

参与劳动争议处理。市总工会选派2名干部参与市劳动争议仲裁委员会工作，并由1名副主席担任委员会副主任。建立和健全基层劳动争议调解委员会1020个，占已建工会企业的85%，劳动争议调解委员1989人。建立和健全镇、街、工业园区（区域性）劳动调解委员会，由1名镇、街党政领导或工会主席任调解委员会主任，协调本行政区域内的劳动争议调解工作，化解劳资纠纷，确保社会稳定。至年末，5个镇3条街2个工业园区全部设立劳动争议调解委员会。

开展劳动法律监督工作。全市已建立工会劳动法律监督组织1020个，工会劳动法律监督员1989人，劳动保障法律监督员1807人，依法开展工会劳动法律监督工作。调整市企业工资支付监控工作领导成员，由一名副市长担任组长，市劳动、工会、综治办等部门的各一名领导担任副组长，各镇、街也相应调整监控小组，并形成“一月一报”、“一季度一检查”的企业工资支付监控制度，遏制企业拖欠工人工资现象的发生。根据省乃至广州市的工作部署，配合劳动保障部门，每年组织开展2～3次的劳动法律法规专项抽查行动，指导、监督用人单位依法履行职责，对严重违反劳动法律法规的企业，及时调理处理，纠正用人单位违反劳动法律法规行为，履行工会的劳动法律监督职能。

［**完善职代会制度**］ 全市建立职代会制度的企事业单位808个，涵盖2230个单位。其中国有、集体及其控股企业、事业单位建立职工代表大会（含职工大会）制219个，建制率为100%；已建立职代会（职工大会制度）制的非公企业单位有589个，涵盖2230个单位，建制率为60%。区域性（行业性）职代会6个，覆盖企业442家，涉及职工人数2185人。

全市实行厂务公开企事业单位有1004家，占应建数的83.5%，其中国有、集体及其控股企业、事业单位219个，占应建数的100%，非公企业单位实行厂务公开785家，涵盖2230个单位，占应建数的80%。

在公司制企事业单位中，已实行职工董事、职工监事制度的420家，占独立基层工会建制的35%。按照厂务公开民主管理规范化建设文本开展厂务公开工作的有360家，占独立基层工会建制的30%。

［**开展群众性劳动竞赛活动**］ *开展技术创新活动*。健全群众性经济技术创新活动领导机构，制定活动实施意见，开展群众性经济技术创新和职工技术比赛等劳动竞赛。全市各级工会组织结合本地区、本单位行业实际，紧密围绕坚持为职工服务、为党政分忧、为企业和谐、为经济加油的主题，深入开展“当好主力军、建功‘十一五’、和谐奔小康”竞赛、“工人先锋号”和女职工建功立业示范岗等活动，开展职工培训、岗位练兵、技术比赛。全市工会开展劳动竞赛单位371个，参加活动3.65万人，参加技术培训、比赛职工1万多人；提合理化建议53件，已实施的建议16件；技术革新项目9项。

开展“安康杯”竞赛活动。为做好职工的劳动安全卫生工作，组织全市职工开展劳动安全卫生宣传教育工作，开展“安康杯”竞赛活动。至2009年5月，全市参加“安康杯”活动的单位有23个，班组108个，职工4555人。总工会接到广州迈林克电力有限公司的职工来信反映该企业生产车间原材料有异臭味和职工身体不适，即与市卫生防疫部门、劳监大队前往该企业进行调查处理，于9月上旬完成整改工作，还工人一个良好的生产作业环境。

［**开展具有工会特色的文体活动**］ 一是开展“创建学习型组织，争做知识型职工”活动。全市开展“创争”活动的基层工会1088个，

占95%，班组223个，占77%；选出广州广百从化分店、市中心医院内一科、市中医院科主任刘毅为示范典型单位和先进个人。开展精神文明创建活动和创建全国文明城市活动，印发宣传资料5000份，成立创文机构，制订计划措施，上门向外来工宣传，并组织开展“邻居日”、“爱国歌曲大家唱”等活动，取得良好宣传效果，发动职工参与“创文”活动。二是组队参加广州市第七届职工运动会。参与开幕式、拔河、乒乓球、羽毛球、中国象棋、游泳、闭幕式等项目和比赛，参赛运动员140多人，获得团体奖项7个、个人奖项8个，从化市代表团获得体育道德风尚奖和优秀组织奖。

［**组织建设**］ 配好工会领导班子。2009年，全市到期换届的镇、街、系统总工会（工委会）和直属基层工会，按照《工会法》和《广州市实施〈工会法〉办法》，依时换届选举，对工会班子不全的及时进行替补增选，所属基层工会女职委组建率92.5%以上，并配备女职委主任或副主任。

做好基层工会法人资格登记工作。专门召开工会工作会议，布置基层工会法人资格登记工作，并将办理工会法人资格登记指南印发到基层单位，全市符合登记办证条件的基层工会办证率81.63%。

做好培训工作。选派劳动安全、生活保障、女职工工作干部参加广州市总工会组织的各类业务培训；按照广州市工会干部培训工作要求，以基层工会为单位，组织全市各级工会主席进行业务培训，参加培训630人。

组建非公企业工会。6月，从化市委召开党建带工建联席会议，要求充分发挥党建带工建的作用。全年新建基层工会122家，涵盖单位280家，新发展会员4714人，其中外商投资企业6家，超额完成广州市总工会下达的非公有制企业组建任务。

贯彻《企业工会工作条例》。为强化基层工会对《企业工会工作条例》（以下简称《条例》）的贯彻落实，加大宣传力度，全市发放《条例》2000多份，并把贯彻《条例》与评选职工之家相结合，培育3个非公企业成为贯彻《条例》的示范单位。

［**经费的收缴与管理**］ 按时按比例超额完成广州市总工会下达的上缴经费指标，全年实际完成30.59万元，超额3万元，比上年增长11%。

按照全国总工会《关于加强工会经费审查监督工作的意见》的要求，履行监督职责，健全工会监督机制，加大审查审计力度，提高审计质量，在确保工会经费的正确使用和工会资产的安全、完整，加强工会廉政建设等方面发挥积极作用。一是年初召开市总工会全委会议和经审委员会议，对2008年同级工会经费预算执行情况和2009年同级工会经费收支年度预算进行审计及会议审查，确保工会经费依法依规使用。二是在11月上旬组成两个审计小组，对镇、街、工业园总工会和直属基层工会的财务收支情况及离任工会主席的工会经费收支情况进行审查。三是加强对下属工会的经费审查工作指导。5月，在从化经济开发区召开基层工会干部培训班，对基层工会主席和财务经审人员进行业务培训。四是建设一支高素质的经审干部队伍，凡新建工会和工会换届选举，总工会注意把好工会经费审查干部的任免关，推荐懂业务、会审计、素质高、有职称的专业人员充实工会经费审查队伍。

［**存在问题**］ 一是对《工会法》宣传力度不大，争取各级党政和社会各界支持还做得不够。二是开拓创新、深入基层、支持基层开

展工作不够。三是工会干部培训工作有待加强，工会干部整体素质有待提高。

（市总工会供稿，李素红执笔）

团 市 委

[**管理机构**] 团市委办公地址在街口街新城东路99号。定编6名，其中行政编制5名、工勤编制1名。2009年末，在职6人，有书记1人、副书记1人。内设机构有：城镇部、学少部（市少先队从化市工作委员会办公室与其合署办公）、办公室（市青少年教育工作领导小组办公室与其合署办公）。

[**主题活动**] 一是开展纪念“五四”运动90周年系列活动。4月，团市委联合市广播电视台举办“天马杯”“迎亚运·创国优·颂从化”歌曲创作大赛，团市委把获奖歌曲灌录成光盘。二是承办市委组织的“迎亚运·创国优”万人自行车流溪河畔大巡游暨2009年全民健身月活动。7—11月，组织全市基层团干部、志愿者队伍、驻从化的9所高校学生接力巡游，宣传从化市创建全国文明城市、2010年亚运会信息，获得由市迎亚运创国优组委会颁发的“优秀组织奖”。三是继续推进和巩固特色品牌活动。进一步深化“朝阳工程”，经过两年的探索实践，为期3年的“朝阳工程”青少年职业技能培训班运作正常，学生在校课程全部结束。全班22名学员，7人顺利通过职业技能资格考试，取得技能鉴定证书；22人全部推荐进入顺德、广州经济开发区等企业顶岗实习，企业反馈情况良好，达到预期的教育目标。团市委与驻从化的9所高校联合开展村（居）校联建行动，组织高校学生深入农村，为基层组织和群众提供实实在在的帮助，以实际行动参与新农村建设。四是加大从化市青年岗位成才活动的工作力度。以高校联盟方式，成立从化青年创业就业办公室，启动促进农村青年就业创业联想项目培训班，联同永亨隆公司开展大学生创业园活动，促进青年就业创业工作。继续推进“青年文明号”创建工作，广州从化凯旋宫饮食娱乐有限公司营销策划部、广州市碧水湾温泉度假村温泉康乐部温泉大堂班组、广州市文轩苑度假中心前厅部、广州市清香农产有限公司清香农产特优超市等4个旅游集体被评为2008年广州市“青年文明号”，邱索平、余银杏两位青年当选为2008年广州市“青年岗位能手”。

[**扶困助学**] 帮助特困青少年学生向省、广州市青少年发展基金会申请助学金，以及争取社会各界热心人士的支持，为从化市青少年学习成长创造有利条件。全年有168名学生受到各级助学机构的资助，助学金7.50万元。其中受到省“希望工程”资助的学生44名，助学金1.58万元；受到广州市“扶孤助学”的学生36名，受助款9400元；受到中山大学陈永正教授扶困助学款资助特困中小学生113名，受助款4.55万元；受到“生命创富”机构资助的贫困学生8名，受助款4312元。年初，向获得2008年福彩助学金资助的从化贫困大学生发放助学金28.3万元；9—10月，向获得2009年福彩助学金资助的从化贫困大学生发放助学金42.8万元。各基层团组织积极开展“一帮一”、“扶困助学”活动，帮助特困青少年学生向省、广州市青基会申请助学金以及争取社会各界热心人士的大力支持，为青少年学习成长创造有利条件。

[**青年志愿者活动**] 1月7日成立从化市志

愿者行动指导中心，标志着全市志愿服务工作跨入新的历程，全市志愿者有专门的办公场地，并招聘专人负责志愿者管理工作，从人力、物力上促进志愿服务质量，推动青年志愿服务事业的发展。召开 2005—2008 年度从化志愿服务表彰大会，表彰一批杰出志愿者、杰出志愿服务集体、志愿服务先进个人和集体、志愿服务优秀项目、志愿服务贡献奖等个人和集体。配合有关单位做好 2009' 从化迎亚运体育旅游荔枝文化节开幕暨“响水峡杯”中国（广州）从化山地越野挑战赛颁奖·从化流溪河渔业放生活动、2009 年功夫从化——WMA 中国武术职业联赛暨中央电视台《武林大会》咏春拳全球选拔赛等重大赛事活动的志愿服务工作。围绕创建全国文明城市（以下简称“创文”）主题月开展各项活动，有“文明出行”大拇指交通岗、“友爱车厢”大拇指行动、“卫生清洁”打扫活动、“社区志愿服务宣传”、“志愿服务月”等，组织志愿者 64 批次 5.08 万人次参加。深入城区各个社区开展志愿者社区服务大行动，组织从化地区高校志愿者协会与社区居委会结对共建和谐社区，动员广大市民对“创文”的关注和参与。联合市广播电视台，树立志愿服务典型，广泛宣传志愿服务精神。制作志愿服务动漫短片，通过网络等途径宣传志愿服务精神，做到宣传多元化，使志愿服务工作更深入人心。

[团组织建设] 一是召开共青团从化市第十八次代表大会。大会选举产生 25 名委员和 11 名候补委员，组成共青团从化市第十八届委员会，选举产生邓宇恒、丘俊超、余银杏、谢海佳、汤灿荣、李满容、何亮、邱泽广、何素馨等 9 名常务委员会委员，邓宇恒当选为共青团从化市第十八届委员会书记，丘俊超当选为共青团从化市第十八届委员会副书记。二是开展大培训、大调研，全面加强团组织自身建设。6 月上旬，团市委与市委组织部联合到各镇、街、直属局单位开展调研，明确今后一个时期全市“党建带团建”工作思路和落实具体措施，形成调研报告，为组织部门提供“党建带团建”工作依据。11 月 26—27 日，举办 2009 年从化市共青团干部岗位培训班，全市各镇、街团（工）委、市直属单位团组织书记、副书记及委员 130 人参加培训。三是继续完善和巩固共青团阵地建设。争取多方面支持，推进从化市青少年宫的筹建工作。

[少先队工作] 一是组织少先队代表参加广州市第十一届少代会。团市委副书记丘俊超被选为广州市少工委第十一届委员，西宁小学单浩被选为广州市第十一届少理事会组织部副部长，流溪小学张浩伦被选为广州市第十一届少理事会权益部干事，一批少先队工作者和少先队组织受到表彰。二是召开从化市少先队建队 60 周年表彰大会。10 月 13 日，举行庆祝少先队建队 60 周年表彰大会暨文艺汇演。表彰“从化市十佳少先队员”、“从化市十佳少先队辅导员”、“从化市优秀少先队志愿辅导员”、“从化市支持少先队工作好校长”等先进模范。三是开拓“清廉美德，薪火永传”廉政文化建设新品牌活动，培养青少年成为清廉意识的启蒙者、廉洁理念的传播者、清正为人的引导者，通过“小手拉大手”活动，使家庭、学校、社会形成廉洁合力。分别在六中和流溪小学开展第二课堂活动，采取小孩子论廉洁的方式，培养青少年的诚信品德和廉洁意识，开辟以团员青年和少年儿童为主要对象的廉洁教育新载体，传播清廉理念、传承清廉传统、传颂清廉美誉，为构建和谐从化作出积极贡献。

（团市委供稿，秦茂娇执笔）

市 妇 联

[**管理机构**] 市妇联办公地址在街口街新城东路99号市政府大院内。定编7名，其中行政编制5名、事业编制2名。2009年末，在职7人，有主席1人、副主席2人。内设机构有：办公室、妇女儿童部（妇女儿童工作委员会办公室）。下属单位有：从化市妇联关围幼儿园、从化市儿童乐园。

[**创新三项主体活动**] *“双学双比”活动*。一是牵线搭桥，推动农产品流通。12月，联系广州东江大酒店董事一行到从化考察农产品情况，了解从化农产品信息，为做好采购、流通工作打基础。二是继续加大培训力度，培养新型农民。市、镇街妇联联合市农业局、市农业推广中心等单位开展农村实用技术等培训班10期，参加培训1200多人。三是组织妇女参与发展乡村游、农家乐。引导农村妇女转变观念，自主创业，创办小商店、小餐馆、小旅馆，参与农产品加工、流通，增加农产品的附加值。四是创办以女性为主的合作社。引导农村妇女参与农村经济合作组织，广州市、从化市妇联对3位女性任社长的农村经济合作组织给予支持。五是广泛开展“美德在农家”活动。中秋节前，市妇联联合市文广新局等5个妇委会到鳌头镇中塘村举行“迎国庆、贺中秋”创建全国文明城市“社区文化月”送戏下乡活动。

“巾帼建功”活动。一是拓展巾帼建功活动内容。“三八”期间，开展“树巾帼形象，展行业风采”旅游企业文化展示活动，选出3家旅游企业参加从化市“三八”主场活动，通过展示，有效促进旅游行业服务质量和服务水平的提高，塑造旅游行业良好形象。二是举办“巾帼文明岗”经验交流会。6月，市妇联召开巾帼文明岗创建现场经验交流观摩座谈会，30个巾帼文明岗负责同志和镇街妇联全体干部60多人参加会议。三是扩大创岗覆盖面。全年新创建巾帼文明岗10个，其中被确认为广东省“巾帼文明岗”2个。四是以创文促进“巾帼建功”活动。市妇联在镇街妇联、机关单位妇委会中分别组建巾帼文明服务队48支，吸纳巾帼文明服务员300多名，发出《爱我家庭、共创文明——“爱我家园”巾帼文明行动倡议书》。

文明家庭创建活动。一是开展全民阅读系列活动。根据市文明委“八个”十佳评选活动要求，开展“十佳书香家庭”评选活动。“三八”期间，评选表彰从化市“书香家庭”50户、广州市“书香家庭”72户。二是开展“迎国庆、讲廉政、树新风”廉政文化进家庭活动，举办廉政文化进家庭书画展活动。三是开展“平安家庭”创建活动。发挥吕田镇创建“平安家庭”工作示范点作用，组织部分机关事业单位妇委会主任到示范点观摩学习。四是以家庭为平台开展创文系列活动。各级妇女组织配合创文参与各种主题鲜明的群众文化活动，倡导文明新家风，共建文明新从化。2009年，从化市妇联荣获广州市书香家庭有奖征文活动组织奖。

[**维护妇女儿童合法权益**] 开展“妇女法制宣传乡村行”活动，掀起学法新高潮。3月5日，市妇联在市委礼堂举行从化市女干部法律知识讲座暨法制宣传乡村行启动仪式，特邀暨南大学法学院专门研究婚姻关系的宋耀红教授讲课，参加学习100多人。“三八维权周”期间，市妇联联合市司法局、普法办等多个部门深入到村、居、厂、企举办法律知识讲座18场次，把法律知识送到基层，让法律知识进村入户。结合“6·26”禁毒日宣传

活动，分别在鳌头镇中塘村、良口镇移民村、吕田镇安山村3个行政村开展禁毒、创文创卫宣传活动，共派发宣传小册子3000多份。进一步完善信访登记和信访首问负责制。全年接待群众来信来访330宗。充分发挥劳动保障法律监督员、人民陪审员的作用。加强与各镇街综治维稳中心的联系沟通，参与人民调解工作，协同化解社会、家庭矛盾。同时，加强工作调研，探讨维权新办法、新措施、新途径。为营造全社会共同维护妇女权益的良好氛围，调动整合各方资源，着力解决妇女儿童维权的突出问题，推动维稳综治工作深入开展，2009年市妇联被评为广州市“五五”普法中期先进集体。

［**妇女儿童“两规划”的实施**］　根据广州市妇儿工委的文件精神，市妇联（市妇儿工委办公室）结合市妇女儿童发展规划实施的实际情况，对妇女儿童规划中的“居民合格碘盐食用率、婚前医学检查率、新生儿缺陷发生率、农村孕产妇住院分娩率、农村自来水末梢水四项指标总合格率”等10多项具体指标进行调整修订。9月，制定出台《从化市妇女儿童发展规划监测评估预警工作制度》，下发《关于下达从化市妇女儿童发展规划监测评估预警的通知》，发出红色预警指标6项、一般预警指标10项。

［**为妇女儿童办好事实事**］　一是更新就业观念，促进妇女再就业。依托下属的镇泰幼儿园和雅芳专卖店等，开办具有女性特色的技能培训班48期，参加学习500人次，为妇女解决就业岗位53个。二是帮扶困难妇女儿童，为妇女儿童办好事实事。三是开展“关爱母亲，健康同行”活动。在全市范围内为25～60岁低保家庭已婚妇女进行免费妇检，有868名妇女进行妇检。四是送医送药进乡村，为吕田、鳌头、良口镇3个村700多名群众进行免费义诊，派发药品价值2.5万元。五是开展女生助学活动。争取广州市妇联、利海集团对89名在读女学生资助为期3年的学费59万元。六是配合广州市妇联开展“广州妈妈”帮扶四川威州特困家庭儿童活动，资助2户家庭4名儿童每人每年1000元学费。七是在全市范围内开展贫困家庭重症儿童患病情况调查，收集45名重症儿童资料，报广州市妇联申请救治并全部进行免费体检，其中16名重症儿童得到救治。八是开展慰问活动，全年慰问困难妇女、孤困儿童、农村困难党员等150多人，送上慰问金3万多元。九是配合市政府推进农村危破房改造工作，有286户农村单亲特困母亲家庭的住房纳入改造之列。

［**“五清五帮”工作**］　市妇联领导带队，到鳌头镇中塘村开展“五清五帮”工作。对所联系的372户农户的情况，逐一进行登记造册，建立“五清五帮”工作台账，制定“五清五帮”工作帮扶措施。根据群众的诉求和妇联工作实际，为中塘村妇女学校、儿童德育培训中心配套设施设备2.5万元；开展“农科技术培训”，“送医送药到农村”，送戏下乡，慰问困难党员、困难群众、孤残儿童，特困儿童疾病救治等工作，送去药品价值8000多元，慰问困难党员、儿童等24户，送上慰问金5000多元。市妇联被广州市评为驻村、联系村先进单位。

［**“两园”建设**］　一是依托妇女儿童活动阵地举办青少年校外培训，全年举办各类少儿培训班4期，30多个班次，参加学习2000多人次。二是在全市中小学、幼儿园、农村（社区）中开展创建“广州市百所优秀家长学校”工作，至年末，全市有9所学校被评为

广州市优秀家长学校，家长学校建设上新台阶，家教工作水平明显提高。三是开展爱国主义教育。市妇联在“六一”期间开展内容丰富、形式多样的庆祝活动，以“爱祖国、颂中华做亚运小主人”为主题，联合市教育局等单位开展广州市第七届“羊城小市长”（从化赛区）评选，中小学生手抄报比赛和“迎国庆、讲文明、树新风、爱家乡”家庭现场绘画比赛，让儿童在感受新中国成立60周年巨变中度过一个愉快而又有意义的节日。四是丰富儿童校外文化生活。暑假期间市妇联举办“祖国伴我成长、爱我从化”青少年夏令营，参加活动100多人。

［**妇联组织建设**］ 坚持党建带妇建，推动妇建全面发展。全年新组建机关事业单位妇委会5个，任期届满进行换届的机关单位妇委会3个。10月，有2名妇女光荣当选为省十一次妇代大会代表，其中1人当选为省妇联十一届执委，有3个基层妇女组织被评为广州市“三八”红旗集体；有9个基层妇女组织被评为从化市“三八”红旗集体；有8名基层妇女干部被评为从化市“三八”红旗手，从化市妇联被评为广州市“三八”红旗集体。

（市妇联供稿，林惠群执笔）

市 残 联

［**管理机构**］ 市残联属群团组织，为局级事业单位，办公地址在街口街广场路122号。定编6名。2009年末，在职9人，有理事长1人、副理事长1人。内设机构有：办公室、康复宣文科、教育组联科。直属机构有：市残疾人劳动服务所、市残疾人康复中心、市康晖职业技能培训中心、市康园工疗站服务中心。

［**社会保障工作**］ 全年农村残疾人参加新型农村合作医疗缴费资助4587人，资助金额13.7万元；康复救助1222人，救助金额73.3万元。落实扶残助学优惠政策，有397名学生得到扶残助学金，总额17.8万元；有289名残疾学生及残疾人子女得到公益金生活资助。贫困残疾人享受专项补助8475人、补助金额841.752万元。

［**康复工作**］ 7月，顺利完成全省残疾人社区康复示范区创建工作，从化市被省民政厅、省卫生厅、省残联授予“全省残疾人社区康复示范市”称号。11月，从化市顺利完成创建全国白内障无障碍县工作，被全国残疾人康复办公室授予“全国白内障无障碍县”称号。全年完成白内障复明手术819例，其中广东狮子会为302名贫困残疾人实施免费手术。新招聋儿康复训练3名；脑瘫儿童康复训练15名；肢体残疾人康复训练20名；弱智儿童康复训练13名；残疾人用品用具供应826件、矫形器17件，为残疾人安装普及型小腿假肢4名、低视力佩戴助视器12名。全市在册精神病人3721人，检出率占全市总人口的6.68‰，显好率95%，肇事率低于0.2%。全年救助特殊儿童77人，月均训练50人，月均训练量3000人次，全年训练量3.6万人次，累计减免费用100多万元。太平、鳌头、吕田、温泉四镇社区康复站对3900名残疾人开展基础性、常态化的康复服务（全免费），对600名有康复功能训练需求的残疾人开展个别化的功能训练服务（全免费）。

［**就业工作**］ 抓好按比例安排残疾人就业年审工作。全市有476个单位进行就业年审，

安排残疾人就业348名，收缴残疾人就业保障金315万元。采取集中与分散安置残疾人就业的原则，多渠道、多途径开展残疾人职业介绍，扶持残疾人就业。全市有残疾人个体就业141人；有盲人按摩院6间，从业盲人按摩师32人。全年接受残疾人求职登记95人，推荐就业180人次，有效就业37人。

抓好残疾人职业技能培训。全年市镇两级举办种养培训班5期，培训残疾人325人。实施《长江高科技助残就业项目》，举办低端培训班1期45天，培训残疾人24人，经考试全部获得计算机办公软件应用中级资格证书。

康园工疗站工作。街口康园工疗站接收精神病康复者和智力残疾人18人；温泉康园工疗站的生产车间、综合楼和宿舍楼已完成水电装修，完成整体规划和绿化工程，正部署接收残疾人入站工作。

[**特殊教育**]　2009年全市有3名残疾学生参加高考，其中考上大学2人，各获得广州市残联一次性奖励4000元。考上中专1人。市特殊教育中心全年接收残疾儿童进行康复训练29人，其中聋儿9人，智障儿童20人。对全市0～15岁残障儿童开展康复教育情况调查，调查显示有残障儿童547人。

[**其他工作**]　全年分3批组织各镇、街、场残疾人专职委员进行培训，学习残疾人工作业务知识，了解市残联业务工作安排，布置年度工作任务。根据核发第二代“中华人民共和国残疾人证”工作要求，全面换发第二代残疾人证。全年换领二代残疾人证8360人，新办残疾人证978人。全年登记残疾人来信来访共45件，其中来信6件，来访接待率100%，来信回复率100%，办结率达98%。推荐刘汝南、巢石强参加广州市杰出残疾员工评选，刘汝南获得“第五届广州市十佳杰出残疾员工”称号。举行残疾人运动员选拔赛，有151名残疾人运动员报名参赛，选拔出30名运动员参加广州市第八届残疾人运动会，获冠军1人，亚军2人，第三名2人。

（市残联供稿，梁志忠执笔）

市　文　联

[**管理机构**]　市文学艺术界联合会属人民团体，办公地址在街口街河滨北路74号市博物馆1楼。定编2名。2009年末，在职3人。有成员单位17个，分别是作家、书法、美术、摄影、音乐、舞蹈、戏曲、兰花、笼鸟、山歌、楹联、奇石、硬笔书法、摇滚音乐、滴翠印社、收藏、管弦乐等协会，有会员1000多人。

[**开展活动**]　7—8月，举办文艺创作研修班，分三个阶段进行：第一阶段是文艺理论提升课，暨南大学中文教授、博士生导师、洪治纲老师讲授第一课《“三农”现象与底层创作》。第二阶段是以理论为指导，深入基层采风创作辅导课。学员在专家、学者的带领下，深入农村开展采风活动。通过参观新农村建设示范点，加深对“三农”工作的了解，学员对开展创建全国优秀旅游城市、开辟有特色的乡村游，争当全省生态文明建设排头兵充满信心，为日后的文艺创作提供更加丰富的题材及感性认识。第三阶段是作品展示研讨会。作品展示研讨会上安哥、李醒韬、陈秋明3位专家分别对100多件摄影、美术、书法作品进行点评。期望参加培训的文艺骨干要善于捕捉生活中的亮点，创作出题材、

构思有新意的作品。安哥老师还用自己潜心创作的摄影作品与与会者就摄影艺术创作问题进行探讨、交流经验。这次培训班引导艺术家深入基层，服务大局，实现传、帮、带，体现艺术价值，提高从化艺术骨干的积极性，推动文学艺术的创作，激励文艺工作者创作出更多无愧于时代的艺术作品。

［**获奖成果**］ 由文联组织选送、音协会员辅导的珠江学院和华软软件学院合唱队，参加广州市文联主办的“羊城放歌”广州市群众合唱、歌咏比赛分别获得金奖和银奖，文联获组织奖。

［**从化市楹联学会**］ 围绕本市大事开展活动。为配合市创建“全国优秀旅游城市”和迎接广州市旅游推介会在从化市召开，配合“宝趣玫瑰世界”献良策、搞创作，增加公园的文化底蕴；承办从化市迎亚运“良口杯”全国征联大赛活动。收集到全国楹联名家及爱好者参赛的作品1320副联稿（其中从化市作品68副），经初评，选出126副对联送省评委终评；配合市打造“百颗明珠”和“百里观光长廊”、为市举办“迎亚运越野赛”创作宣传口号和诗联作品；为打造全国闻名的宣星“体育运动谷”，对主要景点进行诗、联、赋、画的创作；为国庆60周年庆祝活动创作诗联一批；为配合风云岭公园新项目的建设，在公园大桥两端的竹筒牌坊撰写歌颂从化风光的七律诗两首。

提供服务。在传统节日期间，创作春联一批供市民选用；为迎春花市创作对联供花市选用；为吕田镇第四届美食节创作诗联一批；为街口永亨隆百货新址开张、为上城湾畔104套别墅起名供稿一批；为吕田“香蜜果山庄”、神岗“乐韵美食山庄”创作诗联和景点起名；为街口“天一角茶馆”、“趣香园”等铺面撰写谜语、对联一批。

为中国楹联学会出版年鉴创作选送作品一批。参与“新中国六十周年大阅兵全国题贺艺术大赛”活动并选送学员作品一批。为中国楹联学会出版的《2008对联中国》送稿一批，本学会有27人、参送作品94联，被中国楹联学会授予“2008年度特别贡献奖单位”，是全国10个荣获特别贡献奖的单位之一。

表2 2009年从化作者出版作品情况表

作　者	作　　品	出版年月	出版社名称
欧东林	长篇小说《那消失的村庄》	2009．05	作家出版社
叶卫国	散文集《一叶知秋》	2009	花城出版社
李利东 陈志发	调查报告《新农村观察——科学发展观视野中的从化新农村建设》	2009	花城出版社

表 3　2009 年从化作者书法作品获奖情况表

作者	作　品	获奖时间	颁奖单位	获奖名称
邓阳潮	隶书《春夜喜雨》	2009	广东省教育厅	获得广东省纪念建国 60 周年广东省师生书画摄影大赛教师组书法类二等奖
李颖涛	隶书对联	2009	广东省书法家协会	入选广东省书法“南雅奖”
李颖涛	篆书中堂	2009	广东省书法家协会	广东省书法“康有为奖”提名奖

表 4　2009 年从化作者美术作品获奖情况表

作者	作　品	获奖时间	颁奖单位	获奖名称
潘新照	油画《溢香》	2009	中国美术家协会	“2009 年全国首届中小学美术教育学术展”优秀作品奖
邓秀红	国画《果品物语》	2009	中国美术家协会	入选 2009 年全国中小学美术教师作品展
廖镜波	油画《相聚系列之一》	2009	广东省美术家协会	“祖国在我心中”广东省第十届群众美术、书法、摄影作品展铜奖
何彬彬	国画《火龙果》	2009	广东省美术家协会	入选“祖国在我心中”广东省第十届群众美术、书法、摄影作品展
杨　军	水彩《秋语》《灿烂的季节》	2009	广东省美术家协会	入选“祖国在我心中”广东省第十届群众美术、书法、摄影作品展
禤伟坚	国画《山水》《源泉活水》	2009	广东省美术家协会	入选“祖国在我心中”广东省第十届群众美术、书法、摄影作品展
涂鉴明	国画《寂静的月夜》	2009	广东省美术家协会	入选“祖国在我心中”广东省第十届群众美术、书法、摄影作品展
陶俊生	国画《你追我赶》	2009	广东省美术家协会	入选“祖国在我心中”广东省第十届群众美术、书法、摄影作品展
冯昌健	国画《晴岚滴翠图》	2009	广东省美术家协会	入选“祖国在我心中”广东省第十届群众美术、书法、摄影作品展
吴华涛	国画《桂峰云烟》	2009	广东省美术家协会	入选“祖国在我心中”广东省第十届群众美术、书法、摄影作品展
邓秀红	国画《尘封的记忆》	2009	广东省美术家协会	入选“祖国在我心中”广东省第十届群众美术、书法、摄影作品展

表 5 2009 年从化作者文学作品获奖情况表

作者	作 品	获奖时间	颁奖单位	获奖名称
刘付云	散文《献给凭祥的歌谣》	2009	凭祥市委宣传部	获得今日凭祥报社“祖国同行，话苍桑巨变（1949—2009）征文三等奖
邓嘉乐	《流溪绿韵展宏图》	2009	广州市作家协会、广州市林业局	庆祝建国 60 周年广州城市林业建设征文活动一等奖
张晓明	《祖国万岁》	2009.09	广州市教育局	广州市中学教师古诗词大赛二等奖
邹锡林	诗词《湘西黄龙洞》	2009.10	中国散文学会、神州书画报社等	2009 年“华夏情”全国诗文书画大赛一等奖

表 6 2009 年从化作者舞蹈作品获奖情况表

作者	作 品	获奖时间	颁奖单位	获奖名称
余钿钿、陆玮琪	舞蹈《小英台》、《清清河水豆花香》	2009.05	广州市教育局	分别获得广州市第五届学校艺术舞蹈大赛一等奖和二等奖。
利碧莹	舞蹈《小英台》	2009	广州市第五届学校艺术节组委会	广州市第五届学校艺术节舞蹈大赛一等奖
	舞蹈《小英台》	2009	艺术中国青少年国际展示交流活动组委会	艺术中国青少年国际展示交流活动组委会独舞少年组金奖
	舞蹈《小英台》	2009	2009 年新加坡国际青少年音乐舞蹈艺术大赛广东组委会	2009 年新加坡国际青少年音乐舞蹈艺术大赛中国广东赛区舞蹈项目少儿组金奖
城郊中学舞蹈队	舞蹈《清清河水豆花香》	2009	广州市第五届学校艺术节组委会	广州市第五届学校艺术节舞蹈大赛二等奖
许秋喜、阮水明、余钿钿、陆玮琪、欧阳颖、谢翠敏	舞蹈《跨越》	2009	广州市房地产交易登记机构	广州市房地产交易登记机构五四青年节文艺汇演一等奖
陆颖诗	舞蹈《一滴水》	2009	艺术中国青少年国际展示交流活动组委会	第三届艺术中国青少年国际展示交流活动中荣获独舞少年组金奖
张扬、叶飞、苏敬晴	舞蹈《舞起我的板凳龙》	2009	第四届和谐全国青少年春节联欢晚会文艺广东赛区组委会	第四届全国青少年春节联欢晚会广东展演少儿组金奖
张扬、利经华	舞蹈《摩登娃娃》	2009	第四届和谐全国青少年春节联欢晚会文艺广东赛区组委会	少儿组金奖

表 7 2009 年从化作者摄影作品获奖情况表

作者	摄影作品	获奖时间	颁奖单位	获奖名称
温金溪	《二重唱》《月亮披彩环》	2009	广东省摄影家协会	入选“广东科普之光”摄影大赛
温金溪	《猴趣》	2009	广州市摄影家协会	入选中日韩三国摄影对抗赛
谢冠球	《暮色下的小楼人家》	2009	广东省摄影家协会	广州市社会主义新农村摄影大赛三等奖
黄炳昆	《雨中拔河》	2009	广东省摄影家协会	广州市社会主义新农村摄影大赛三等奖
李晓彤	《从城之光》	2009	中国摄影家协会	“我的城市我的家”全国摄影大展中获得铜奖
赖雄敏	《共表爱心》	2009	广东省摄影家协会	入选“援困恤孤影像同行”广东首届“恤孤助学杯”慈善摄影大赛
赖雄敏	《立竿见影》	2009	广东省摄影家协会	入选“广东科普之光”摄影大赛
陈炜	《怀抱》	2009	广州市摄影家协会	入选中日韩三国摄影对抗赛
余志平	《奔翔》	2009	广州市摄影家协会	入选广州市第十届摄影艺术展
陈伟坚	《村中滑板》	2009	广东省摄影家协会	“良口杯”广州从化迎亚运广东摄影大赛三等奖

表 8 2009 年从化作者音乐作品获奖情况表

作者	作　品	获奖时间	颁奖单位	获奖名称
彭　斌	歌曲《海关关员进行曲》	2009	中国大众音协、中国大众音乐文学会、中国音乐家网	优秀词曲创作金奖
余钿钿、陆玮琪、黄小红等	客家山歌《客家阿婆搭飞机》	2009	广东省文化厅	广东省第六届群众戏剧曲艺花会中荣获金奖
余钿钿、陆玮琪、欧阳颖、谢翠敏	客家山歌《客家阿婆搭飞机》	2009	广东省第六届群众戏剧曲艺花会组委会	广东省第六届群众戏剧曲艺花会中荣获金奖
陈修远、陈怡远	歌曲《飘零燕》	2009	第四届和谐全国青少年春节联欢晚会文艺广东赛区组委会	少儿组金奖
李宜芳	歌曲《又见西北坡》	2009	中共广州市委宣传部、广州市文明办、广州市文化局	广州市优秀奖
文庭学、许秋喜、余钿钿、陆玮琪、欧阳颖、谢翠敏	音、舞、诗《祖国不会忘记》	2009	广州市质监系统	广州市优秀奖

表 9 2009 年从化作者楹联作品获奖情况表

作 者	作品	颁奖单位	获奖名称和等级
李润权、李法深、潘志民、钟承东、欧阳汝团等 27 人	楹联	中国楹联报社	《2007 对联中国》佳作、入选奖
潘志民、周桂莲、李润权、冯杰雄等 8 人	楹联	广东省楹联学会	"良口杯"迎亚运全国楹联大赛一、二、三、优秀、入选奖
陆桂昌、李润权、李法深、潘志民 4 人	诗、联	中国楹联报社	"新中国 60 周年大阅兵全国题贺艺术大赛及"及"祖国颂"全国诗书画大赛一、三等奖。
潘志民、李法深、钟承东 3 人	诗、联	有关省、市、县级	全国诗联大赛优秀奖、入选奖多次
李法深、潘志民、李润权、邝燮调、冯杰雄等 8 人	楹联	广东省楹联学会	《南国楹联》刊物入选刊登
从化市楹联学会	楹联	中国楹联学会	《2008 对联中国》特别贡献奖

（市文联供稿，麦翠云、潘志民执笔）

市 侨 联

［**管理机构**］ 市归国华侨联合会属群团组织，办公地址在街口街新城中路 39 号。定编 2 名。2009 年末，在职 2 人，有主席 1 人、副主席 2 人（不驻会）、副秘书长 1 人。街口街、江埔街、城郊街、太平镇、鳌头镇、温泉镇设有侨联组织。

［**组织建设**］ 一是加强侨联班子建设。开展学习科学发展观活动，各基层侨联以举行茶话会、座谈会等形式组织专题学习。4 月，组织各基层侨联主席、秘书长参加广州市侨联举办的"侨联系统干部培训班"学习。8 月，全体侨联干部参加广州市侨联组织的基层侨联经验交流现场会，学习白云区太和镇开展基层估量工作的经验。协同组织部门对全市各镇、街基层侨联进行一次"五有"（有组织、有队伍、有经费、有阵地、有活动）建设的检查，促进基层侨联工作上新台阶。10 月，开展科学发展观专题学习辅导会，增强做好侨联工作的责任感和使命感。二是加强基层组织建设，夯实组织基层组织。12 月，成立温泉镇基层侨联。三是继续推进侨联组织"五有"建设。

［**参政议政**］ 市政协侨联组的委员履行政治协商、民主监督、参政议政职能，向党和政府反映侨界呼声，积极撰写提案，全年提交提案 7 件，较好地反映侨界的心声。

［**为侨服务**］ 依法为侨胞办实事、好事。侨联全年受理来信 9 封，来访 17 件。马来西亚归侨郭振世要求帮忙解决安装电表，侨联干部及时与有关部门联系，为其妥善解决。对每件信访，做到件件有回复，依法维护归侨

侨眷的合法权益，化解矛盾，促进侨界内外和谐稳定。

[**献爱心活动**] 一是开展送温暖、献爱心活动。城郊街侨眷黄伟聪，还有一年的大学学业，但因家庭困难无法缴交学费。市侨联得知情况后，积极向上级侨联反映情况，得到广州侨界青年联合会给予3500元的资助，为黄伟聪完成学业提供保障。二是利用传统节日，慰问贫困的归侨侨眷，全年为广大归侨侨眷送上慰问金和慰问品1万多元，给广大归侨侨眷送上党的温暖和关怀。

（市归国华侨联合会供稿，张丽莹执笔）

市 科 协

[**管理机构**] 市科协属群团组织，办公地址在街口街河滨北路科技馆四楼。定编3名。2009年末，在职5人，有主席1人（不占编）、副主席1人。内设机构有：科普部。下属学（协）会有15个：市开发区科协、农学会、林学会、水利学会、医学会、市中医医学会、农村卫生协会、气象学会、畜牧兽医学会、教育学会、青少年辅导员协会、花卉行业协会、退休科技工作者协会、建筑业协会、蔬菜生产协会，会员2800人。

[**开展科普活动**] 一是开展科技周宣传活动。5月16日，组织水利电力学院法律系学生参加科技活动周启动仪式，进行《劳动法》等宣传咨询，发放甲型H1N1流感预防宣传资料1000份。18日，与市健康教育所联合组织“甲型H1N1流感病毒预防”进社区，进行流感预防宣传。二是组织有关职能部门和所属学会、协会筹备举办“全国科普日”主题活动。9月19日，在新世纪广场举行“从化市全国科普日科技咨询活动暨从化科普游启动仪式”，首次推出“从化科普之旅”。仪式现场精选《节能减排从我做起》、《公共安全与防灾避险》、《关注环境建设关爱健康生活》挂图以及自主开发的《创文明城市迎亚运盛会》、《创建中国优秀旅游城市》挂图52幅展示宣传。市委宣传部、市科技局、团市委、市计生局、市旅游局、市爱卫办、从化质监局及市属各协（学）会、节能产品企业等19个单位（21个展位）近100名科普工作者参加活动。各单位围绕主题集中开展“创文”、“创优”、“创卫”、迎亚运等为内容的宣传咨询和义诊活动，向公众派发各类科普宣传资料、书籍8000多份，医疗义诊220人（次）。举行公众日常生活的科普知识有奖问答。市电视台当晚作报道，《今日从化》连续两期刊登活动文章，“科普之旅”发回照片80多张。三是推动科普进农村、进社区、进校园、进企业活动。各镇街、园区科协、市属学会等科技群团发挥主渠道作用，开展各种形式的科普活动。组织从化中学天文兴趣小组开展日全食观测活动，在社区巡展《日全食科普挂图》。市农学会、市果业协会、市畜牧兽医学会深入各镇街农村开展种养技术指导服务；市农机服务中心与鳌头镇联合举办现代农业机械化推广活动；市气象学会邀请大学生现场观看气象预警预报、野外人工引雷试验成果；市退休科技工作者协会到城区各中小学举办青少年心理健康知识图片巡展；市中医医学会、市农村卫生协会联合为镇泰企业员工举办中医药专家义诊咨询、肺结核病防治知识宣传活动；市开发区科协为区内企业举办科技业务培训班，深入企业派发《预防甲流》资料。四是发挥城乡44个430米的科普宣传栏主阵地作用，利用科普挂图，普及科技知识。制作《创文明城市迎

亚运盛会》、《创建国家优秀旅游城市》、《迎亚运无马疫区知识挂图》、《科学防控甲型流感》、《科学防治禽流感》、《预防手口足病》、《加强家庭防范构建平安和谐社区》、《倡导健康生活方式关注身体健康》、《科学运动与应急防范》、《防震减灾科学知识》、《科学防灾避险》、《公共安全与应急防范》、《建设节约社会》、《发展一村一品特色生态农业》、《建设宜居农村弘扬生态文明》、《关注环境建设关爱健康生活》、《爱国拥军情系国防》、《日全食科普挂图》、《节能减排从我做起》等21个主题的科普挂图，让广大市民村民在休闲娱乐时，增加科普知识，提高科学素养。

[**推进农村科普"四个一"工程建设**] 在总结农村科普"四个一"(一个科普活动站、一个科普宣传栏，一个科普员、一个科普示范点）工程建设试点工作的基础上，加快建设步伐，扩大覆盖面。各镇、街结合"四个一"标准按行政村总数的20%上报48个建设名单。全年高质量完成20个村101米科普宣传栏建设，其中街口3个、鳌头7个、吕田4个、良口6个，实现镇街农村科普"四个一"建设全覆盖；新建20个科普活动站和20支农村科普队伍以及科普示范基地6个（吕田镇新联村"优质大芥菜"、桂峰村"优质三华李"，良口镇溪头村"优质三华李"、下溪村"高质毛竹"，鳌头镇新围村"优质瓜菜、冬种马铃薯"、车头村"优质粉葛"）。

[**开展农村技术培训**] 一是与市科技局、市畜牧学会联合举办畜禽养殖技术培训班，邀请广东省农业科学院兽医研究所、广州市动物卫生监督所和广州市农业技术推广中心的专家教授，为农户讲授发酵床养殖技术、畜禽养殖管理技术、常见鱼病的防治、畜禽主要疫病的免疫程序、免疫工作的具体要求和注意事项、甲型猪流感预防的诊断与临床鉴别诊断技术、猪流感预防的综合防控技术等畜禽水产养殖实际需求的课程，参加培训的养殖场（户）负责人570多人。二是与从化经济开发区科协联合举办"开发区企业科技管理培训班"，开展系列讲座活动。三是会同市关工委、退休科技工作者协会，在鳌头镇举办第七期农村青年农民创业培训班，参加培训近100人。四是邀请省农科院果树研究所专家潘学文研究员到西湖村开展技能帮扶，传授荔枝龙眼花果期管理技术。五是组织全市已建和待建"四个一"的行政村科普员55人，参加广州市科协在从化市城郊街田心社农家乐举办的广州市"乡村科普员培训班"(第二期)，邀请华南农业大学教授骆世明，中科院华南植物园科普部长、博导廖景平授课，全部学员获得结业证书。

[**开展"创文"活动**] 采取多种形式，开展"创文"宣传。制作1辑以科学运动为题材的展板（共10块），宣传倡导科学、文明和健康的生活方式；与广告公司联合开发1套《创文明城市，迎亚运盛事》挂图（共20幅），张贴在东城、碧溪、中田、镇安、青云、河东等社区《科普画廊》，印制5开10页的创文小折5000份，派发到农村科普"四个一"工程建设示范村进行宣传；与街口街联合举办创文科普讨论会活动。

[**"五清五帮"工作**] 在"五清五帮"工作中，主要领导多次带队深入到帮扶村——太平镇西湖村听取村委和村民意见、建议，理清帮扶思路，制定和落实帮扶措施，为丰富村民的文化娱乐设施，为西湖村科普文化广场建设帮扶部分资金。深入走访贫困家庭和特困党员，工作队员和单位驻会领导2次捐款，送去生活物资、慰问品、书籍等。

［**举办从化地区高校科普动漫研讨会**］　6月10日，由市科协、市动漫办主办的从化地区高校科普动漫大赛工作研讨会在广州城建职业学院召开。参加的单位有华农珠江学院、广州城建学院、中大南方学院、广州华软学院、南洋理工学院、广东水电学院、广州工程学院、广医从化学院8所高校。到会的企业有广州从化动漫产业园有限公司、广东天童影视文化有限公司、广州麦金数码科技有限公司、广州凡拓数码科技有限公司、广州正升计算机有限公司、广州博美堂多媒体工作室、广州尚视动漫公司、广州四方源动漫有限公司、广州海力动漫有限公司、广州千骐动漫公司等10家。出席会议的专家学者企业家50多人。驻从化的7所高校307人参赛，收到作品338件，其中动画类作品39件，漫画类作品299件，经专家评委对参赛作品进行初评，入围作品63件。大赛组委会邀请《漫友》杂志动漫研究所等8家单位的专家对入围作品进行终评，评出优秀获奖作品15件。

［**青少年科技素质教育**］　一是开展广州市第25届青少年科技创新大赛活动。10月，收集各类作品，经本市评选，上送广州市青少年科技教育协会。从化中学获得科研论文二等奖2项，街口中心小学获得二等奖1项、获得三等奖6项。从化中学获得发明创作作品一等奖1项、二等奖1项、三等奖3项；科学幻想绘画二等奖3人，三等奖5人；太平中学获优秀科技实践活动三等奖。二是开展“迎亚运奥迪杯”战龙四驱车校园行活动。12月，在从化市三中进行动员和指导，邀请专家进行比赛规则的解说，组装四驱车的技能等进行培训，全市到会的中小学85所。会后，流溪小学、河滨小学、市三中、西宁小学、鳌头中心小学等单位，在校园举行四驱车的拼装比赛和竞速比赛；从化市三中举行遥控车的拼装比赛和竞速比赛。流溪小学、河滨小学、市三中组队参加广州市举行的比赛，4人获得拼装车比赛二等奖，3人获得竞速比赛二等奖，5人获得三等奖，2人次和3人次分别获得遥控车拼装二等奖和三等奖；市三中还获得遥控车团体三等奖，流溪小学获得优秀组织奖。在市三中、流溪小学、河滨小学各推荐2人参加广州市组织的全国赛中，河滨小学的1名代表，获得竞速二等奖。三是挖掘地方资源，开展科技特色项目。全市有8所中小学9个项目上送广州市进行特色项目的认定，结果全部获得通过，如流溪小学的《农村一村一品的成因分析研究》、温泉镇第三中心小学的《识别本地常见植物》、太平中学的《探究红花荷的移栽种植技术》等。科技特色项目的研究与探索，让学生在贴近生活中掌握科技知识，提高其认知水平。四是以科技特色项目带动，全面开展科技活动。全市10所中小学向广州市教育局科研处申请并获得批准的科技特色项目有12项（未含申报的农村特色项目8所学校9个项目），具体内容涉及生物类、中草药类、信息技术、无线电技术、荔枝嫁接技术等。学校充分利用这些开展的项目，以科技活动小组、兴趣小组活动等形式，做到定计划、定期开展活动、定期进行总结，带动全校科技活动的开展。五是加强科技辅导员的培训。通过与广州市教育局及上级有关部门有针对性地开展对四驱车比赛活动的辅导教师的培训，特别是对技能的培训、拼装技巧的指导等，促进各校四驱车比赛活动的开展。

［**为科技工作者服务**］　协会注重为科技工作者服务，邀请日本PA公司到广州华软、城建学院举办高端动漫游戏讲座；组织各镇、街分管科协的领导、农办主任，各学（协）

会秘书长，赴全国科普先进单位——广州市到海珠区进行参观学习；举办农村科普员业务培训班；开展科协系统迎国庆爱国歌曲大家唱比赛活动；邀请喜乐登青少年拓展中心、外婆家农业生态旅游公司参加广州科普基地论坛交流会，帮助企业拓宽发展思路；组织天马、日立公司科研人员参加广州科协举办的《以创新方法 TRIZ 促进技术创新》专题报告会、《实施知识产权战略巡讲活动（广东）报告会》，提高自主创新意识；协助市果业协会申报省科协“科普惠农兴村计划”项目，获得省财政 15 万元专项资金补贴；协助市农学会申报广州科协“科普工作站”；协助喜乐登中心申报广州市科普精品示范工程；推荐科协委员列席人大会议，推荐科协人员参与公益之星及科技杰出人才评选活动。

（市科协供稿，李浙洲执笔）

市个体私营协会

[管理机构] 市个体劳动者协会、私营企业协会（以下简称“两协会”）办公地址在街口街西宁中路三多镇 2 号三楼。定编 5 名。2009 年末，在职 5 人，有会长 1 人、副会长 13 人（其中 1 人驻会）。“两会”各有分会 8 个。

[基本情况] 全市有个体工商户 1.91 万户，比上年增长 13%，从业人员 2.85 万人，注册资金 4.3 亿元；私营企业 2203 户，比上年增长 9%，从业人员 2.4 万人，注册资金 37.14 亿元。

[参政议政] 组织个体私营企业代表参加市十四届人大四次会议的旁听，向市委市政府提出个体私营经济发展的意见和建议。

[参与社会公益事业] 2009 年春节期间，走访慰问残疾特困会员 40 人，送上慰问品和慰问金。3 月，学雷锋活动月及端午节等节日，街口分会和城郊分会到辖区敬老院开展慰问活动；良口分会慰问因遭遇火灾损失严重的个体户；鳌头分会多次组织会员进驻乡村开展便民理发、维修义务服务活动；“两会”团委开展学雷锋活动，开展慰问重症儿童和敬老院老人、“情暖中秋”慰问孤寡老人等活动，送上应节礼品和慰问金。

[组织建设] 理事会建设。通过举办春节联欢晚会、登山，到企业考察等活动，加强理事会的联系和沟通，为理事提供交流和互助平台。做好私营企业协会换届的各项筹备工作。深入各分会调研，调整充实理事成员，把有能力、有实力、热心协会工作的会员充实到理事会中来，把协会建设成为充满朝气和活力的社团组织。

青年后备军建设。召开“两协会”团委第四次代表大会，选举产生新一届“两协会”团委委员。通过开展献血等各种活动，增强团组织的凝聚力，引导青年会员为社会建设贡献青春力量。

基层分会建设。根据全国“两会”系统开展“基层协会建设年”活动，协助下属基层分会完成各项硬件和软件建设，规范基层分会工作，提升服务水平，通过了上级验收组的检查验收。

[精神文明建设] 诚信宣传。协助工商从化分局开展“守合同重信用”个体户和企业的推荐工作。联合工商从化分局合同科等部门，开展“诚信从化”之“我诚信我光荣”大型宣传活动，邀请新闻媒体大力宣传报道从化

市“守合同重信用”个体户与企业的“守重”做法和体会，教育引导、带动会员行业自律，提高会员职业道德素质。

推优评先。配合团市委的选评工作，推荐协会优秀单位参加评选。“两协会”团委被评为2008年度从化市先进团委。从化利亨百货和从化宝艺灯饰设计公司团支部获得2005—2008年度“从化志愿服务贡献奖”。“两协会”团委李百强、兰英等7位团干部被评为2005—2008年度“从化志愿服务先进个人”。“两协会”还评选出经营情况良好、社会诚信度高的个体和私营企业为2008年度先进个体户、先进私营企业100户。

开展有益活动。举行春节、“三八”妇女节座谈会组织团员青年在“五四”青年节举行登山活动，丰富会员的文娱生活。举办从化市个体私营企业第四届男子篮球比赛活动，组成9支球队，进行20多场比赛。各种活动为会员搭建交流沟通、活跃身心的平台，增强“两协会”的凝聚力。

宣传工作。“两协会”在深入调研的基础上，归纳总结、提炼个体私营经济发展的经验、做法，以及会员中的好人好事，报送市“两协会”《老板周刊》刊登，展现“两协会”和会员的形象。为会员征订《光彩》、《老板周刊》、《生力军》等指导性读物，为会员提供准确、及时的生产经营信息和市场资讯。

（市个体私营企业协会供稿，黄秀妍执笔）

中国国际贸易促进委员会从化市支会

［**管理机构**］ 中国国际贸易促进委员会从化市支会（中国国际商会从化商会）是参照《公务员法》管理的事业单位，办公地址在街口街口岸路二幢五楼。定编5名，其中行政编制4名、工勤编制1名。2009年末，在职5人，有会长1人（市外经贸局领导兼）、专职副会长1人。内设机构有：办公室、会员部、出证认证部。

［**招商引资**］ 一是协同外经贸局，先后组织日本汽车零部件考察团、日本广州商会、日本佳天美旅行社、日本全日空航空公司、日本三菱银行、日本索尼公司、日本PA公司、英国TESO公司、法国家乐福集团、香港第一东方投资集团、香港成风集团、香港贸发局广州办事处、香港和记黄埔地产等企业，到从化市考察汽车零部件、动漫软件、电子信息、旅游、商业等高端制造业和现代服务业的投资环境。组织相关企业负责人参加省政府在香港举办的“2009粤港经济技术贸易合作交流会”、广州市政府在香港举办的广州外经贸白皮书发布会、穗港现代服务业合作交流会、在广州举办的“聚焦广州 投资未来——2009和跨国公司论坛”、广州市政府在日本举办的“广州—日本汽车零部件及相关产业投资交流会”等，并到香港、澳门、日本考察汽车零部件、现代服务业等20多家企业。通过一系列的投资促进活动，促使高宝集团、佳林医药等项目成功落户从化；增强投资企业的信心，刚辉橡胶公司、富欣织造公司等企业有意向增加投资。全年中国国际贸易促进委员会（以下简称“贸促会”）与市外经贸局接待来访客商20多批次100多人，参加省、广州市大型投资促进活动5次，接触世界500强等大型跨国企业50多家，派发宣传资料1000多份。通过广泛接触客商，进一步推介宣传从化市的投资环境和政策，提升从化市的知名度。二是注重创新招商方式方法，在招商引资工作中实施产业招商、行业招商、网上招商、项目招商和中介招商

等创新的招商方式；在招商方法上强调主动性、针对性和目标性。主动拜访相关行业协会、各国领事馆、世界500强企业和大型的跨国公司。三是开通招商网，开展网上招商。年初，与外经贸局开通“从化招商网”网站，列明从化市的投资环境、优势、政策、招商项目、产业规划、投资服务等内容，并随时更新，为招商引资工作提供新的平台。四是对全市土地、厂房、能源、产业、产能、项目、配套设施等情况进行摸查、调研，建立招商资源库，及时掌握可利用资源，为全市的对外招商引资服务。

［**经贸交流**］ 一是组织企业参加广交会。2009年春秋两届（105、106届）广交会会展，贸促会与外经贸局为企业争取到展位90个，有29家企业参展，合同成交额达4541万美元。二是动员协助企业参加境外展销会。全年全市有28家企业到境内外参加产品展销会或到境外市场考察，其中组织金浪星无纺布公司参加由广州市贸促委在台湾举办的2009年“台北、广州经贸周”暨“2009年海峡两岸医疗器械、药品、生物科技展览会”活动，企业收到良好的经济效益。三是协助有关职能部门和企业出访新、马、韩、日以及港澳台等国家和地区办理相关手续，进行产业招商和经贸考察活动，促进对外经贸交流活动的开展。四是政企互动，沟通信息。把省、广州市政府以及贸促会系统组织的境内外产品展销会、推介会和上级临时推出的专业性、行业性展销活动的信息及时向相关企业传递，为企业抢抓更多的订单。五是协同外经贸局争取上级政府对外贸进出口企业的各类扶持资金。通过宣传和发动，协助38家企业申报各类扶持资金总额近1000万元。至年末，为20家企业获取扶持资金300多万元。还有70家企业成功取得“中小企业国际市场开拓资金”的申报资格，比上年增加30家，增长1.2倍。

［**出证认证工作**］ 一是做好出证认证业务的各项工作。年初，增派1名干部到广州市贸促会学习一般原产地证出证认证业务，出证认证业务由1人增加到2人，保障出证认证业务正常地运作。二是热情为企业解决办证疑难，急企业所急，及时为企业办好出证认证。三是加强对企业的注册、年审和核查工作，到企业实地检查含进口成分的产品的加工工序、出口货物的原产地标记等，对不符合原产地证规则的情况及时予以纠正。四是组织企业手签员参加广州市贸促会每年举办的业务培训班，提高企业手签员的业务素质和办证效率。全年签发一般原产地证459份。

［**为会员企业服务**］ 一是着力加强政企沟通，及时向企业宣讲新政策、法规。为帮助企业应对国际金融危机带来的一系列影响和困难，与外经贸局一起先后组织3场企业座谈会及政策、金融、贸易信用的宣讲会，分别是“从化市扶持外向型企业发展座谈会”、“涉外企业应对金融危机座谈会”和“外贸政策和贸易融资推介宣讲会”，参加座谈会的企业十分踊跃。3月，召开从化市扶持外向型企业发展座谈会，邀请市政府、海关、出入境检验检疫局、国税局、外汇管理局、广州市外经贸局等政府职能部门参加宣讲政策，参加会议的企业负责人130人。11月，与从化出入境检验检疫局合作举办从化检验检疫服务外贸政策宣讲会，80多家企业、近百名企业负责人参加宣讲会。二是6月参加广州市国际贸易促进委员会召开的中国国际贸易促进委员会广州市委员会、中国国际商会广州商会第五届会员代表大会。大会通过由从化市国际贸易促进委员会推荐的港商企业代表李

建中先生、黄达智先生，台商企业代表黄如德先生，民营企业代表刘维嘉先生担任中国国际商会广州商会第五届理事会副会长，邝冠群先生担任理事；从化市国际贸易促进委员会会长担任广州市国际贸易促进委员会第五届委员。三是一般原产地证出证认证业务窗口于8月从外经贸局办公楼五楼搬到首层外经贸咨询服务中心大堂，方便企业办证，提高办事效率。

（中国国际贸易促进委员会从化市支会供稿，梁杰贤执笔）

市民营企业协会

[**管理机构**] 市民营企业协会属群众团体组织，办公地址在街口街东成路17号。2009年末，有会员（企业）87人（家），比上年增加4人（家），有名誉会长3人，主席、会长各1人，副会长14人（其中常务副会长2人），日常工作由秘书处主持。协会的顾问单位有：相关职能部门和各镇街的经济办35个。

[**基本情况**] 全年全市民营工业企业完成工业总产值114.73亿元，占全市工业总产值的38.66%，比上年增长4.06%，增速由11月起实现转降为升，并保持稳健上升发展态势。完成产值较大的企业有：广州天马集团有限公司（完成13.35亿元）、重庆隆鑫机车有限公司广东分公司（完成8.05亿元）、广州市明兴电缆有限公司（完成7.35亿元）、广州大津电器制造有限公司（完成4.52亿元）。全市民营企业完成民间投资38.8亿元，比上年增长11.6%，占全市固定资产投资的53%，成为拉动全市投资增长的主力军。民营企业实现出口额3.4亿美元，占全市出口总额的31%。

[**教育培训**] 协会继续做好中小企业技术人才培训、统计人员培训、“万村千乡”市场工程农家店经营培训、酒类产销人员专业知识培训和节能降耗知识培训等工作。关注热点，紧贴时政，协助企业应对金融危机，组织专题培训班，邀名师分析经济形势，邀请广东金融学院金融系教研室主任丁俊峰副教授和东方企业家商学院温舟教授作应对危机的专题讲座，为民营企业解困谋发展提供智力服务支持。协会还与市检察院、市经贸局联合举办“服务民营企业促进经济发展”研讨会，提供专业法律帮助和服务，为民营企业守法经营蓬勃发展保驾护航。

[**为会员提供服务**] 一是拓宽资金渠道，着力缓解民营中小企业融资难问题。2009年，为落实广州市经贸委关于加强政银企合作，帮扶企业应对金融危机，渡过难关的工作要求，协会与市发改局、经贸局、投资服务中心等部门共同承办多场企业融资服务座谈会。4月，市经贸局、民营企业协会组织30多家民企参加从化市政银企合作专项资金扶持对接活动，并组织天马集团、精密钣金、理想电子、迈克林等16家企业申报广东省、广州市中小企业专项资金政银企合作项目，获得贴息金额849万元。珍奇味食品、万博钢业、振杰机械等8家企业申请广州市财政扶持中小企业信用担保体系建设专项资金，获得中小企业担保费补助83.1万元。协会勇于创新开拓，协助工商联街口、城郊、江埔商会组建“广州从化工商企业互助协会”，通过挖掘和整合资源，为企业提供过桥资金帮扶服务，效果显著。协会成立仅半年，认投协会会员增至29家，认投总资金753万元，帮扶明兴

机械有限公司等 8 家企业 16 次，解决过桥资金 1.6 亿元，发挥会员之间应急互助作用，帮助企业渡过难关，解决融资难尤其是短期资金需求问题，实现持续发展。二是加快技术进步，促进民企增强核心竞争力。引导民营企业提升自主创新意识，加大技术进步投入。主动贴身指导、协助企业申报省、广州市技术创新、挖潜改造资金技术改造、财政扶持民营中小企业发展专项资金项目，提升企业核心竞争力，促进产业结构优化升级，为从化市经济发展增强原动力。2009 年，在从化市经贸局的组织申报和省、市经贸委的大力支持下，协会获得广州市资金扶持 25 万元，7 家企业获省乃至广州市贷款补助资金 286 万元；8 个技术改造、技术创新项目获省乃至广州市扶持资金 590 万元；5 个项目获省、广州市商业网点建设扶持资金 332.7 万元。三是加强市场开拓力度，扩大民营企业的市场份额。组织会员企业参加广博会、中博会、机博会、农博会等展会及省乃至广州市组织的对外招商引资推介会；参加广州中小企业与地铁建设对接咨询会、广佛春秋季欢乐购物节、阳山县人民政府和从化市政府合办的“2009 年阳山县碳酸钙粉体产业（从化）招商推介会”等一系列活动，搭建产品展示和经贸洽谈、合作平台，开拓新市场，扩大占有份额。2009 年，从化市聚赛龙工程塑料有限公司被国家科技部授予“民营科技发展贡献奖”，并被中国工程塑料工业协会评为“行业最具成长性企业”。凯旋宫大酒楼、南海食街成功被评为国家级五钻酒家。四是充分发挥管道作用，加大帮扶企业的力度，增强服务企业能力。组织学习《从化市扶持企业发展政策措施汇编》，配合市经贸局协调其他有关职能部门，协助做好严格落实市政府的有关帮扶优惠措施，协调相关部门兑现符合条件的企业的土地使用税减免、免二减三财政奖励等。对企业提出的拓宽融资渠道、重视人才的培养和引进、解决企业人才入户及其子女入学、适当减免残疾人就业保障金等问题和要求，向市政府有关部门反映协调解决，提升服务企业能力。

［**自身建设**］ 全年新发展会员 4 家。协会秘书处在全体会员企业信息员的支持配合下，编印《从化市民营企业协会大事记》4 期，及时传递，反馈市民营企业的信息给市四套班子及纪委领导，顾问单位和各会员企业。

（市民营经济办公室供稿，黄志伟执笔）

（骆耀平编辑）

档案　地方志　党史　机关管理

档案　地方志　党史

[**管理机构**]　市档案局（馆）是依照公务员管理的局级事业单位，对外挂档案局（馆）、市地方志编纂委员办公室、中共从化市委党史研究室 4 个牌子，办公地址在街口街新城东路 99 号。定编 14 名，其中事业编制 12 名、工勤编制 2 名。2009 年末，在职 14 人，有局长 1 人、副局长 2 人。内设机构有：办公室、管理科、监督指导科、史志科。

[**新馆建设**]　市档案馆新馆建设规划用地面积 4862 平方米，建筑面积 7450 平方米，预算项目总投资 3232.7 万元。新址位于市城郊街东风村、新图书馆旁。新馆设计按照《档案馆建筑标准》和现代化档案馆的要求，在库房面积、公共服务功能区、设施设备等方面，达到市级档案馆三类用房面积指标（6600～8800 平方米）。至年底，建设项目前期审批、设计、招标工作全部完成。

[**各级档案室建设成效显著**]　各机关单位加大对档案室室库设施建设的投入，不断完善保管、保护设施，改进管理手段，确保档案的完整与安全。如：鳌头镇档案室，库房面积达到 80 平方米，并配置有空调、打印机、传真机、复印机、数码相机及专用电脑 2 台；太平镇投入 4 万元改造机关档案室，扩大库房面积，更新办公设备，更换高配置的电脑，增加档案装具，机关档案“省一级”综合管理水平不断提高；温泉镇机关档案室在“省一级”达标基础上，重新调整室库布局，独立库房达到 60 平方米，并重新更换高配置的档案管理专用电脑，准备申报晋升机关档案综合管理“省特级”；市规划局增加档案装具 60 套，更换电脑和抽湿机；市人防办机关档案室室库面积达到 90 平方米，上年投入 5 万多元为档案室购置档案装具、空调机、抽湿机、电脑以及档案管理软件等设备，机关档案室晋升为“省一级”达标单位；原市人事局档案室投入 10 多万元购置档案装具、空调、电脑和档案软件、数码相机、打印机等设备，档案综合管理达到“省一级”管理水平；市老干局档案室达标后，增加购置摄像机、数码相机和录音笔；市国土资源和房屋管理局在库房安装与市公安局联网的防火烟感应器和防盗探测器自行报警系统；市环保局档案室在库房安装摄像监控设备等。还有部分已达标单位尽管经费比较紧张，也加大对机关档案室建设的投入，纳入单位年度工作计划，与其他工作同步开展。如：原市统计局、市物价局、市信息办、市广播电视台等单位，通过开展机关档案综合管理达标活动，档案室基础设施建设全面加强。

[**档案资源建设扎实推进**]　全年市档案馆依法接收 29 个单位的档案进馆，进馆档案 5.24 万卷（件、张），资料 537 卷；接收已公开现行文件 3718 件；电子文件目录 4.24 万条。其中街口街、吕田镇、温泉镇、市委

组织部、原市人事局、外经贸局、水利局、市统计局、直属机关党委、教育局等地和单位认真执行进馆质量标准，较好地完成进馆任务。市档案馆档案征集范围从社会团体扩大到个人，内容延伸至名人、史料。已征集进馆的有李务滋在民国时期任从化县县长期间的手稿；前国家女足从化籍运动员邱海燕与党和国家领导人的合影、参加外事活动与外国元首的合影等珍贵照片，以及奖章实物一批；20 世纪 60 年代从化老领导的工作照片一批；反映从化城乡面貌变迁、人民生活日新月异的摄影作品 800 多张；各种族谱、地方志书、从化民俗史料、名人书法等一批。通过征集馆藏档案、资料种类更加丰富。根据《广州市档案管理规定》，加强对市委、市政府重大活动档案的收集工作，对承办单位加强业务指导；及时收集市四套班子重大活动声像档案和全市性的荣誉实物进馆。

［**馆藏档案基本情况**］ 至年底，档案馆馆藏档案 26.23 万卷（件），档案门类 28 种，其中婚姻档案 14.37 万卷、退伍军人档案 6135 卷。全市机关新增各门类档案 14.39 万卷（件），其中市卫生局增加建立社区健康档案 4.24 万卷；市出租屋管理办公室对全市 2.03 万套出租屋建立登记档案；国土资源和房屋管理局增加专业档案 1.63 万卷；市法院增加诉讼档案 8813 卷；市民政局增加婚姻登记档案 3432 卷；原市劳动和社会保障局新增建立农民工职业技能培训档案 4930 份；农村富余劳动力转移就业登记档案 1.08 万份。建立社保档案 6.16 万份（其中农村居民 2.13 万份，城镇居民 4.03 万份）；建立城乡医保、职工医保、公医档案共 54.53 万份；各镇、街民政部门建立城乡居民低保档案共 2.5 万份。全市建立社保、医保、低保、残疾人、社会救助、婚姻登记、退伍军人、食品安全、职工、流动人员管理、出租屋管理等民生档案 20 多个门类。

［**档案信息化建设**］ 市档案馆在完成馆藏档案文件级条目数据库建立的基础上，逐步接收应进馆单位的电子文件；完成馆藏全文数据库、多媒体数据库、文档中心以及从化档案信息网站的建设规划。各级档案室档案信息化硬件建设不断加强。全市 72 个机关档案综合管理达标单位，全部运用计算机和规范的档案管理软件管理档案，并逐步加强对电子文件的管理。市法院开展诉讼档案电子文件的收集和归档工作，室藏部分开放档案实行全文数字化提供利用；市国土资源和房屋管理局投入 5 万多元升级档案管理软件。还有一部分准备申报达标的机关档案室，也使用档案管理软件；市“三级联创”创建“生态文明建设排头兵”先进示范村档案工作示范点的 8 条村，全部使用计算机和档案软件管理档案。

［**服务经济社会功能不断增强**］ 市档案馆拓展功能服务迈出新步伐。承办庆祝中华人民共和国成立 60 周年大型图片展——“从化大地、欣欣向荣”，利用 500 多张档案照片和新闻图片资料，展示新中国成立 60 周年以来从化取得的巨大成就；编辑出版人文广州丛书从化卷——《一泉碧波暖从化》，收录从化民俗文化图片 250 多幅，资料 13 万字。

［**声像档案工作创新发展**］ 根据《广东省档案条例》规定，承担市重要政务活动照片的拍摄工作。全年拍摄、整理重大活动照片 200 多张。为新闻媒体、各单位、《从化市志》、《从化年鉴》提供各类照片 100 多张。各级机关档案室也大力加强声像档案的收集工作，全年收集照片 5922 张；市国土资源和

房屋管理局、市建设和市政管理局等机关档案室还建立起多媒体数据库。

[**档案利用服务效果显著**] 市档案馆新鉴定开放档案条目7149条，对一批符合条件的档案提前开放；完善政府已公开信息查阅服务，通过市档案馆网页为群众利用政府已公开信息提供便利。连续两年，市档案局在河滨公园举办现场咨询会，宣传《档案法》、《广东省档案条例》、《广州市档案管理规定》，群众对利用开放档案和政府已公开信息的认知度逐步提高。全年政府已公开信息网上查阅点击率2.63万人次；接待到馆查阅利用档案1497人次，利用人数比上年增加49%，其中利用婚姻档案占53%，利用退伍军人档案占20%。全市各级档案室积极开展利用服务工作，全年接待利用总数达2.97万人次，其中有解决土地纠纷案、解决职工待遇问题、帮助企业争取发展资金、为发展地方经济服务、为构建和谐社会服务。各级档案部门为社会各界人士和经济社会的发展提供大量的有价值的档案资料。

[**新农村建设档案工作示范点初见成效**] 市档案局投入5万多元，资助创建“生态文明建设排头兵”先进示范村——档案工作示范点（8条村）的硬件建设。良口镇拨给赤树村5000元装修档案室。市档案局在全市村级建档合格基础上，指导示范村修订村委会归档范围和保管期限表，收集建立特色档案，服务“三农”工作。

[**档案法制建设和行政管理**] 一是档案行政执法责任制得到有效加强。经市政府再次清理审批事项，市档案局保留两项行政审批事项，两项备案事项。市档案局先后办理3宗机关档案室新建立和搬迁的行政备案。二是市直机关文书档案归档范围和保管期限表的制订与审核工作基本完成。三是市档案局结合档案工作年度考核对《文书档案归档范围和保管期限表》的执行情况进行检查。四是市机关年度工作考核促进机关档案工作上新水平。全年对75个市直机关、镇街、园区年度档案工作进行评估，评为优秀单位43个，合格单位19个，基本合格单位1个，不合格单位12个，合格单位占82.7%。全市机关单位（镇街、园区），档案综合管理达标占85%。五是做好机构改革档案处置工作。市启动机构改革，市档案局提前介入与有关部门共同研究机构调整单位的档案处置问题，并纳入市机构改革方案同步部署，及时提出档案归属流向和处置意见，确保机构改革后档案的安全与完整，通过举办培训班和上门指导等措施，积极帮助民营企业建立档案工作。已有广州云星地产公司、广州清香农产品有限公司、广州市雨润食品有限公司等民营企业建立档案工作。

[**市档案学会工作**] 从化市档案学会（以下简称学会）成立于2009年1月20日，有团体会员20人，个人会员49人。有理事长1人、副理事长4人、秘书长1人。办公地址在档案局内。

建章立制。一是建立学会工作制度。制订《学会理论与实践研究工作成果奖励试行办法》、《学会财务管理制度》、《学会档案管理制度》，并按规定建立学会财务管理小组，严格财经制度，完善财务收支手续。二是建立理事会例会制度。年中召开2次理事会工作会议，通报学会情况，研究讨论工作事项。

开展各项活动。一是组织会员到广州市荔湾区档案局（馆）参观学习。二是组织会员参加广州市档案学会举办的学术报告会1场。三是学会与从化市职业技能培训中心联合举办广东省首期社会从事档案整理中介服务人员从业资质培训班，参加培训共 41 人，并取得档案整理上岗证书。四是举办电子文件归档整理专题讲座，邀请广州市档案局技术处的专家授课，参加人员有 95 人。五是采取“以会代培”的形式，为太平镇的镇村档案员讲授“文书档案的整理方法”、“镇、村档案室管理的基本要求”以及“档案工作法规知识”，参加培训的有 60 多人。六是与市摄影协会举办中华人民共和国成立 60 周年“温泉之都·生态从化·档案人”摄影大赛，收集近百张记录从化 60 年来的新事物、新面貌、新成就、新变化作品。七是组织各单位档案员参加上级部门举办的庆祝新中国成立 60 周年征文和档案工作创新发展学术研讨活动，其中有 4 位同志撰写的论文，获 2009 年广州市档案学术研讨会优秀论文奖。

[**地方志工作**]　突破志稿复审难题。3 月 17—18 日，广州市志办在从化召开《从化市志》复审会，会上，广州市志办续修县级市志审查验收小组成员对《从化市志》提出六大方面的修改意见和建议，其中难度较大的有“总述”、“经济综述”等问题。复审会后，《从化市志》编辑部专门召开 3 次会议，认真归纳和整理意见，制订修改方案。各责任编辑严格按照中国地方志指导小组颁发的《地方志书质量规定》的标准和要求，认真细致地开展修改工作。修改稿在 4 月底再次送广州市志办审查验收。6 月 25 日，广州市志办续修县级市志审查验收小组成员再次反馈对《从化市志》的修改意见。为确保《从化市志》的编写质量，《从化市志》编辑部不厌其烦，采取广泛出击、分中有合的办法，继续开展对志稿的修改工作。一是为确保志书的整体质量，组织地方志工作机构人员和熟悉地情的专业人员，通过召开志稿评议会、座谈会、印发书面征求意见函等形式，广泛征求社会各界人士对志稿的意见和建议。二是把《从化市志》复审稿呈送市委、市人大、市政府、市政协、市纪委领导班子成员审阅。三是邀请广东人民出版社的专家对《从化市志》的语言文字进行审核。四是邀请高级农艺师和专家学者对第七篇《从化荔枝》和第三篇《环境资源人口》的第一章《自然环境》和第三章《土地资源与管理》进行点评。各责任编辑为进一步提高志稿质量，并利用送审前的空隙，再次对志稿进行审阅，对发现的一些交叉重复问题及时进行处理。

稳步推进《从化市志》验收工作。根据《广东省地方志书审查验收办法（试行）》，地方志书审查验收分为初审、复审、终审三个阶段，县（市、区）编纂的地方志书，由本级人民政府地方志工作机构组织初审、上一级人民政府地方志工作机构组织复审、上一级人民政府组织的地方志书审查委员会终审。为稳步推进《从化市志》按程序验收工作，市政府于 6 月成立从化市地方志书初审领导小组，组长由副市长温洁夫担任，成员由相关单位领导组成。6 月 24 日，初审领导小组召开初审会议，对《从化市志》的资料是否能真实全面反映政治、经济、文化、社会等地方特色和是否符合保密等法律法规进行初审。会上，组长温洁夫副市长对《从化市志》的志稿质量给予肯定，为下一步出版发行工作作出部署。

《从化市志》通过复审验收。12 月 30 日，《从化市志》（1979—2004）经广州市志办续修县级市志审查验收小组审查验收，通过复审。审查验收小组充分肯定《从化市志》的质量，认为内容比较齐，资料比较翔实。体例符合要求，篇目设置合理，体裁运用得当，记述比较客观、准确，文字、数据、图表比较规范，并且能较好地体现时代特色和地方特色。

《从化年鉴》编辑出版工作。《从化年鉴》工作自1999年启动以来，已成为市志办的一项常规工作，如何把年鉴办得有特色，历久常新，是年鉴工作者所面临的考验。2009年，年鉴编辑部主要从以下几个方面进行创新，力求彰显年鉴存史、资政、教化的作用。一是把从化地区中等职业技术学校、乡镇成人文化技术学校、大学教育部分的高校简介、辖区内各类卫生医疗机构和市内文化系统获奖作品，改为用要素齐全、简明扼要的表格来反映。二是增设“2008年从化市专业化管理住宅小区情况统计表”、“2008年从化市场建设统计表”和民政政务公开表，使与民生密切相关的信息通过年鉴这个载体记录下来。三是设2008年荣誉并对2007年荣誉作补遗，收录各行业获广州市委、市政府以上表彰情况。四是设置“心平气和抓发展就是践行科学发展”、“创建中国优秀旅游城市”、“从化市改革开放30年最巨影响力十件大事”、“抗冻救灾应急纪实”、“6·26抢险救灾”等专辑。同时对年鉴彩版的设计进行改版，除保留大事剪辑外，其他部分由上级领导视察、党建工作、园区风采、镇街风采、社会各项事业、荣誉、一方有难八方支援、“6·26洪灾”、创建中国优秀旅游城市、纪念改革开放30周年档案图片展、中国红色旅游文化村——宣星村等专题组成，有重点、有选择地以图文并茂的方式记载一年来从化发生的大事、要事和新事。全书约60万字，有照片100多幅，12月已送广东人民出版社编审出版。

[**党史工作**]　一是协办纪念中国人民解放军粤赣湘边纵队东江第三支队成立60周年大会。二是做好上级部门交办调研任务，7月28日，广州市委党史研究室就如何进一步加强地方党史工作到从化市开展调研，市分管领导温洁夫副市长，政府办副主任陈丹昭参加调研会。会上，市委党史研究室主任徐惠贞对从化市当前党史部门的机构不健全、体制不合理、队伍不稳定、经费不落实、完成任务情况等作汇报。三是筹备编纂《中共从化地方史》（1949—1978）工作。根据《中共广东省委办公厅关于加强〈中国共产党广东省地方史（第二卷）〉编写工作的通知》和《中共广州市委党史研究室关于进一步落实〈中共广州地方史（第二卷）〉编写工作的意见》的要求，地方党史第二卷的编写工作要在2010年前完成。为加强从化市中共地方史编纂工作的领导，充分发挥以史鉴今、资政育人的作用，更好地服务于党的中心工作，确保《中共从化地方史》（1949—1978）编纂工作的顺利开展。7月，市委党史研究室拟定《编写工作实施方案》、《中共从化地方史》（1949—1978）篇目，开展资料收集工作。

（市档案局供稿，于文吉执笔）

机关管理

[**管理机构**]　市机关事务管理局是参照公务员法管理的局级事业单位，办公地址在街口街新城东路99号。定编46名。2009年末，在职42人，有局长1人、副局长2人。内设机构有：办公室、财务科、接待科、保卫科、房管科、后勤科和老干科。下属机构有：市府车队、市府招待所。

[**公务接待**]　事务局坚持“从简、从细、从严”六字方针，着重抓好各环节工作。全年完成接待任务608次，接待宾客10739人次，其中接待省部级以上领导36批次，其他地区

考察团289批次，外宾10批次，兄弟县市66批次，市四套班子、市纪委及部门接待207批次。出色完成2009’从化迎亚运体育旅游荔枝文化节开幕式暨“响水峡杯”中国（广州）从化山地越野挑战赛颁奖·从化流溪河渔业放生活动、动漫产业论坛、中华国医国药创新发展示范基地项目建设研讨会、市党政考察团赴北京等地招商引资、学习考察等重要活动和大型会议的各类保障工作。

［**财务管理**］ 在2008年规范财务管理工作的基础上，根据2009年8月13日大院机关内部审计工作会议的有关精神，成立以市委常委、市委秘书长李艳阳为组长，各单位负责人为成员的内审工作领导小组，根据审计工作方针和要求，制定和印发《从化市大院机关内部审计工作制度》和《从化市大院机关2009年度内部审计工作计划》，认真组织对大院机关22个单位的内审工作，进一步完善监管机制，加强审计监督，实现政府性资金审计监督全覆盖，提高公共资金使用效益。

［**安全保卫**］ 一是强化保卫职能。坚持“预防为主，管理从严，消除隐患，确保安全”的方针，做好安保、维稳及消防工作，特别是高标准、严要求完成建国60周年国庆期间安保工作。二是改善安保设施。在机关大院安装视频监控系统，有效提高安全防控能力，在部分区域增设护栏设施，规范车辆出入、停放管理，并严格执行车辆通行有关规定，确保大院机关交通顺畅和安全稳定。

［**后勤工作**］ 一是严格按照会务服务规程，以饱满的热情、强烈的政治责任感认真履行服务职责，按照“早、细、实、好”的基本要求，高标准、顺利地完成各项会议的服务保障工作。全年保障各类市级会议110多次。二是与大院23个单位签订《从化市人口与计划生育工作任务书》，把任务分解下去，实行一级抓一级，层层抓落实，加强各种档案资料，育龄人员卡册，流动人口进行登记的管理，落实查环查孕制度等。三是按照市妇联的工作部署，积极组织安排，扎实开展妇女工作，管理局被评为“2009年从化市‘三八’红旗集体”。

［**房管和绿化**］ 一是做好市信访局等单位业务用房的翻新改造工作，经过半年的修缮，工程在5月验收合格并交付使用，确保改造调整的12个单位工作正常开展。二是根据市创建全国文明城市的部署和要求，加大机关大院及府后街环境卫生整治工作，开展卫生清洁月活动。优化园林绿化管理，对大院内部分树木进行砍伐、修剪或补种。

［**老干工作**］ 一是落实老干政策。坚持以人为本的理念，做好大院机关20多个单位8名离休干部、181名退休干部的日常管理工作，推进关于老干部的两个待遇工作的开展。二是增强老干活动中心职能作用。调整中心二楼功能区布局，增设多种按摩保健设备，为老同志提供一个舒适的老干活动场所。

［**节能减排工作**］ 一是科学管理，严格控制。根据《关于行政事业单位租赁到期的物业统一委托中介机构实行公开招租的通知》精神，4月21日事务局对属下合同期满的32间铺位经营权进行公开招租，实现国有资产的保值增值，并加强商铺、公寓租金和水电费收缴工作；在公务接待上实行严格的申报审批制度，以不铺张、不浪费为原则，以“农家乐”为特色，实行按人订餐，减少高标准消费；机关餐厅严格执行IC卡管理制度，根据实际取消晚餐供应，从而节省营运开支；积

极推行无纸化办公和严格实行办公及保洁用品领用登记、定量供应制度，纸张节省率达10%，保洁用品等降耗率达20%。二是实施改水工程。对府后街300多住户实施改水工程，实现用水管理规范化，各住户水费实行按表收费，每年节省用水5万吨，节约财政支出10多万元。三是通过更改100多个节水龙头、调整绿化自动洒水系统、更换200多个节能灯及对府后街公共用电设施实行改造，实现开源节流，减少资源浪费。

（市机关事务管理局供稿，李洁敏执笔）

（李信慧编辑）

法制 司法

政法 综合治理

[**管理机构**] 中共从化市委政法委员会（市委维护稳定领导小组办公室、市社会治安综合治理办公室、市委防范和处理邪教问题领导小组办公室与其合署办公）属市委序列行政单位，办公地址在街口街新城东路99号。定编21名。2009年末，在职21人，有书记1人（市委副书记兼）、副书记4人（其中兼职2人）。内设机构有：办公室、维稳科、综治科、业务科、禁毒办。业务指导、协调单位有：市公安局、市检察院、市法院、市司法局、市民政局。3月，成立临时机构从化市打击违法用地和非法采矿专责领导小组，领导小组下设办公室在市委政法委内办公。

[**维护社会稳定**] 完善工作制度。一是落实《从化市重大矛盾纠纷调处办法》关于各专责小组的责任，明确由市委维稳办负责协调、指挥全市重大矛盾纠纷及维稳事件，有效地提高处置矛盾纠纷和重大群体性事件的效率。二是建立全市综治委成员单位综治责任落实情况每季度通报制度。三是建立全市群体性事件通报制度。四是建立每月最后一周五召开全市信访维稳工作例会制度。五是发出《关于进一步加强我市涉法涉诉信访工作意见》的通知，制定政法委机关领导公开接访日活动制度。组织开展涉法涉诉信访大排查4次。政法部门受理涉法涉诉信访案件132件（其中政法委机关受理42宗），已办结123件，办结率为93.1%；接访群众43批72人次。妥善化解城郊街向阳十社因返还地合伙建益雅居楼盘长达13年的纠纷案，以及江埔禾仓村与国泰房地产公司因返还地引起长达8年的纠纷等多宗涉法涉诉疑难案件。

创新工作形式。一是开展市领导、政法部门主要领导、镇街主要领导三级领导“大排查、大接访、大调解”活动，全市各级共组织矛盾纠纷排查6次。二是多次牵头组成维稳信访工作组进驻省、北京，应对各种非正常进京上访事件。加强对重点信访事项的跟踪督办，努力促其息诉罢访，依法妥善解决一大批重点疑难信访案件。三是牵头成立从化市集中清理执行积案活动领导小组和清理无财产执行案件工作领导小组。2007年以前无财产积案执结率97.83%，使市清理积案工作始终位居广州市十二个基层法院前三甲。

[**社会治安综合治理**] 开展“人屋车场”专项整治。3月，根据广州市工作部署，市综治办组织召开全市“人屋车场”综合治理动员大会，成立流动人口与出租屋、机动车、重点场所3个专项工作小组，各专项小组开展专项行动4次，并在11月下旬对综合治理“人屋车场”相关工作进行考核验收，各镇、街、成员单位均通过考核验收。

建立综治特派员制度。4月，市综治委印发《关于建立综治特派员制度的意见》，分别聘请市公安局、市检察院、市法院各1名同志为 2009 年度重点整治工作综治特派员，分别进驻东城、旺城、镇北社区。通过明察暗访、跟踪调查，了解情况，发现问题，督促整改措施落实，促进重点整治工作的开展。

治安防范体系建设。在全市构建“社区防控网”、“路面巡逻防控网”、“企事业单位防控网”、“视频监控防控网”四位一体、四网联动的网络化整体防控布局。治安视频监控系统建设稳步推进，至年末，全市安装治安视频监控探头 5410 支，通过视频监控系统提供有价值破案线索 213 条，协助破案 18 宗，街口、城郊、江埔三个街道办事处内街内巷视频探头补点工程，现已安装 26 支。7 月，组建一支由 976 人组成的富有从化特色并有财政保障的村级治安联防队伍，按照每村（居）4 名联防队员的标准配备，由 4～5 个村以片为单位，组建联防中队，市、镇分别组建联防大队与联防支队，在派出所的统一组织安排下，以片为单位开展巡逻、护村工作。全年村级治安联防队协助破案 34 宗，抓获违法犯罪嫌疑人 44 人。

［**禁毒工作**］　一是加强禁毒教育示范学校建设，在已建成位于河滨北路 74 号的禁毒教育基地 1 间和禁毒教育示范学校两间（从化三中、江埔中学）的基础上，新增太平中学为禁毒示范学校。二是市禁毒委在鳌头镇举办大型禁毒宣传文艺晚会，晚会主题为“远离毒品、珍爱生命”，近 2000 多名干部群众以及学生观看表演。三是全年参加社区戒毒人员 30 人，参加美沙酮维持治疗累计 89 人次。四是“无毒社区”村创建工作效果明显，至年末，全市“无毒社区（村）”的创建率 90%。

［**基层基础建设**］　镇街综治信访维稳中心建设。9 月中旬，全面完成五镇三街综治信访维稳中心建设并投入使用，比省的要求提前一年。实现市综治维稳工作重心下移、关口靠前的目标。至年末，全市有 264 个村（居）和 10 家千人以上的企业成立综治信访维稳工作站。年底，着手开展推进全市 9 所大专院校综治信访维稳工作站建设。9—12 月，各综治信访维稳中心受理各类矛盾纠纷 311 宗，成功调处 186 宗，调处率 59.8%。

两所一庭建设。9 月，鳌头镇司法所大楼落成使用，至年末，全市五镇三街均建成“两所一庭”（派出所、司法所和人民法庭）。

平安村居（社区）建设。稳步推进“平安社区（村）”、“无毒社区（村）”的创建工作。全年全市有 57 个社区（村）通过“平安社区（村）”的检查验收，242 个社区、村、小村获得“无毒社区（村）”称号。

（市委政法委供稿，李慧执笔）

公安工作

［**管理机构**］　市公安局属政府序列行政单位，办公地址在街口街从城大道 233 号。定编 1012 名。2009 年末，在职 1101 人，有局长 1 人、政委 1 人、纪委书记 1 人、副局长 4 人。内设综合管理机构有：政工办、监督室、法制室、警务保障室。执法勤务机构有：指挥中心、国内安全保卫大队、治安管理大队、刑事侦查大队、交通警察大队、便衣侦查大队、人口管理大队、看守所、治安拘留所、强制隔离戒毒所。派出机构有：河西、河东、新城、城内、小杉、吕田、良口、温泉、灌村、江埔、神岗、太平、城郊、棋杆、明珠、鳌头、龙潭、经济开发区、流溪河林场 19 个派出所。

[**维护社会稳定**] 一是加强维稳情报信息工作，完善维稳情报信息的研判预警工作机制，搜集各种不稳定信息185条。二是强化信访维稳工作措施和各种人民内部纠纷的调解疏导工作。全年配合各级党委、政府化解各种矛盾纠纷和事件苗头99宗。三是做好各项稳控措施，及时成功化解、劝阻一批企图到省和进京上访的苗头，实现从化市在全国人大和政协“两会”、建国60周年大庆等敏感时期零进京上访的目标。四是完善各项突发事件处置工作预案，加强队伍处置群众性事件培训工作，组织开展处置突发事件防暴应急演练，公安队伍应急处置能力明显提升。

[**打击各类违法犯罪活动**] 严打成效。开展“粤安09”和“风雷”、“剑锋”、“红棉”、“飓风09”以及“创平安、迎国庆”专项行动，重拳打击各类严重暴力犯罪及“两抢一盗”等多发性犯罪。全年破刑事案件2781宗，刑事拘留犯罪嫌疑人1516人；逮捕1038人，上升11.3%；行政拘留1913人，上升28.3%；强制戒毒432人，上升85.4%；抓获网上逃犯236人，上升71%。侦破“5·7”京珠高速公路盗抢系列案，抓获犯罪嫌疑人22人，破获案件230多宗；侦破张某特大盗窃汽车团伙案和“10·30”京珠高速公路瓦窑岗服务区盗窃案。破获命案8宗、破案率80%；破“两抢”案490宗，抓获团伙成员564人；打掉涉黑恶势力团伙14个，抓获团伙成员117人、侦破涉黑恶刑事案件104宗。全年立各类刑事案件2759宗，比上年下降11%，其中“两抢”案件立案件44宗，下降14%，盗窃机动案件立案887宗，下降8%。

打击经济犯罪和毒品犯罪。全年立经济犯罪案49宗，涉案金额1428.72万元；破获经济犯罪案件43宗，破获毒品犯罪案件99宗，完成全年任务的102%，抓获毒品犯罪嫌疑人110人，打掉毒品犯罪团伙7个，收缴海洛因46.84克、冰毒85.2克、摇头丸29.2克、麻古17.15克、K粉1621.3克等。

预审监管工作。全年审结案件929宗1394人，比上年上升17.5%，审结率100%。移送起诉692宗1095人，上升11.68%，起诉率89%。通过预审扩展破案26宗，监管场所共深挖线索28条，扩展破获刑事案件67宗。监管场所全年收押1530人，关押2197人，比上年增加290人。

重点地区整治。对“两抢”、“两盗”案件多发的街口街东城社区、城郊街旺城社区、镇北社区等治安重点地区和治安复杂场所、行业等进行集中整治，清查出租屋2.87万套，核查流动人口7.32万人，整治各类治安复杂场所6284间，责令停业整改279间，取缔52间。经过集中整治，街口城区、城郊城区发案有所下降，治安秩序明显好转，全年刑事警情总量比上年下降1%，其中“两抢”警情下降5.8%。

[**治安管理**] 一是全市组建一支926人的村级治安联防队，协助抓获各类违法嫌疑人2310人，提供线索2252条，协破刑事案件786宗，协查治安案件1232人，为民办好事2408件。二是全年通过社会视频监控录像获取违法犯罪线索213条，协助破获案件一批。全市开展“社区防控网”、“路面巡逻防控网”、“企事业单位防控网”、“视频监控防控网”四位一体、四网联动的网络化整体防控，加强社会面防控工作。三是便衣专业打击队伍采取公开巡逻和隐蔽伏击相结合，有效地提升对社会面的防控能力和现行抓获率。全年便衣专业队伍抓获各类犯罪嫌疑人582人，其中刑拘466人，占全局刑拘总数的1/3，破获各类刑事案件713宗，打掉各类违法犯

罪团伙 93 个，为群众挽回经济损失折合人民币 300 多万元。四是加大各项治安行政管理工作力度，全年查处治安案件 8794 宗，查处违法人员 5532 人，收戒吸毒人员 432 人。整顿废旧物品收购业 38 间，清查歌舞娱乐服务场所 168 间，关停整治娱乐服务场所 21 间。

［**公安业务管理**］　危爆物品管理。加强对危爆物品、枪支、弹药的监管力度，全市危爆物品管理实现“零案件、零事故”。全年收缴各类枪支 335 支，其中仿真枪 314 支，猎枪 6 支、气枪 5 支、小口径步枪 1 支、自制枪支 2 支，仿真枪 3 支，收缴各种管制刀具 13 把。

户政和出入境管理。全年公安办证窗口部门接待群众咨询 6.45 万人次，受（办）理出境业务材料 3.7 万份，审核群众申请入户材料 4431 份，审批 4395 份，审核群众申请户口项目变更材料 784 份，审批变更项目差错信息 320 份，审核、签发第二代身份证资料 3.45 万条，审核 IC 卡暂住证 2.51 万条。

交通管理。围绕创建全国文明城市工作目标，交警部门大力加强交通管理和整治工作。全年组织开展各类交通秩序专项整治行动 130 次，出动警力 3.4 万人次，查处各类交通违法行为 4.13 万宗，暂扣机动三轮车 1.01 万辆，公开销毁非法机动车 1609 辆，行政拘留严重交通违法人员 206 人，刑拘 36 人。全年发生道路交通事故 4777 宗，其中重大交通事故 116 宗，死亡 128 人，受伤 2279 人，直接经济损失 300 多万元。

消防监督管理。结合创建全国文明城市和国庆安保工作，组织开展重点场所专项整治行动，对各类重点场所全面开展消防安全检查，全年全市没有发生造成人员伤亡的重大火灾事故。

［**基层基础建设**］　全年投入各项警务装备和基础设施建设资金 1077 万元，购置更新警务车辆 39 辆，完成刑警技术中队创建全国刑事技术一级示范点硬件改造，城内、新城派出所办公大楼改造以及看守所视频监控系统改造等一批基础设施建设工程；新购置一批单警装备，充实到各基层执法单位。

［**公安信息化工作**］　推进公安工作信息化“一平台三系统”（一个集“警务信息综合研判、警务实战指挥调度、应急管理”等三大功能于一体的省、市、县区三级公安机关指挥中心平台；派出所综合信息为基础的警务信息系统、社会治安视频监控系统、网络监控系统）和“五个一网”（视频监管一网控、办公办案一网通、信息情报一网综、服务措施一网办、工作执法一网考）建设，以信息化推动全市公安工作向规范化、高效化、专业化发展。2009 年，完成指挥大厅的信息化改造，构建集视频监控、指挥调度、快速查询等功能为一体的指挥调度平台。以“警综”系统（该系统主要包括派出所综合信息系统、警用地理信息系统、社会治安视频监控系统三大部分）、OA 办公自动化系统等应用系统为支撑，实现电脑制作笔录、案件网上审批、网上监督、网上追逃、网上办公信息化警务模式。开展全警采集、全警录入的信息采集百日大会战，全局共采集录入各类基础信息数据 380 多万条。全年通过各项信息化技术应用手段，侦破各类案件 1313 宗，抓获违法犯罪嫌疑人 854 人。

［**队伍建设**］　一是组织开展深入学习实践科学发展观、“作风建设年”、“社会主义法治理念”等一系列教育活动。二是强化队伍内部的管理监督，严格执行公安部关于枪支管理使用和饮酒、赌博的“五条禁令”，以及《广东省公安机关涉警交通事故责任追究规定》，

确保民警不出现各类违法违纪行为。三是以改善警民关系为目标，深入开展“大走访”、“五清五帮”等爱民实践活动。四是落实从优待警措施，全年民警晋升正、副股级非领导职务 187 人，组织干部职工分期分批到从化市中心医院体检。五是推行“工作执法一网考”，建立工作绩效与奖金福利、职务晋升、评先评优等挂钩的考核机制，奖勤罚懒、奖优罚劣，有效激励民警的士气，提高民警工作积极性和主动性。全年有 16 个集体和 35 名个人立功，10 个集体和 226 名个人受到嘉奖，另有 10 个集体和 35 名个人受到其他各类专项表彰。六是加强领导班子建设，通过竞岗，选拔出 10 名能力强、政治素质高的民警充实到领导岗位。七是抓好民警培训工作，全年培训民警 3960 多人次。

（市公安局供稿，黄俏云执笔）

检 察 工 作

［**管理机构**］　市检察院办公地址在街口街西宁西路 53 号。定编 97 名，其中专项编制 85 名、事业编制 12 名。2009 年末，在职 87 人（其中专项编制实有 75 人，事业编制实有 12 人），合同制检察文员 8 人；有检察长 1 人、副检察长 4 人。内设机构有：办公室、政工办公室、监察室、反贪污贿赂局（下设侦查科、综合预防科）、反渎职侵权局、侦查监督科、公诉科、控告申诉检察科（举报中心）、民事行政检察科、监所检察科、检察技术科、法警大队、机关服务中心。

［**打击刑事犯罪**］　全年受理公安和市检察院侦查部门提请逮捕案件 699 件 1125 人，分别比上年上升 5.7%和 8.7%，批准和决定逮捕 642 件 1026 人，分别增长 8.8%和 12.9%；受理公安机关和市检察院侦查部门移送审查起诉案件 713 件 1110 人，分别上升 12.1%和 11.2%，提起公诉 657 件 996 人，分别增长 9.1%和 3.3%，依法上调广州市检察院和移送其他检察院审查起诉 18 件 39 人。

［**预防和查办职务犯罪**］　预防职务犯罪。一是实施“青山秀水”工程，加强涉农职务犯罪的预防工作，促进社会主义新农村建设。二是加强重点工程专项预防工作，努力打造“阳光工程”。在广州亚运会马术比赛场馆等建设工地，开展预防职务犯罪系列活动。三是加强涉及民生的职务犯罪预防工作，派员对小海河华景段整治工程招标会场进行全程监督。四是加强对大型国有企业职务犯罪的专项预防工作，与大型国有企业和国有控股企业建立预防职务犯罪工作关系，协助企业加强制度建设和廉政教育。五是创建“清心约谈”制度，进行临界预警，塑造清正廉明、干净干事的氛围。六是开展司法领域职务犯罪预防工作。纪律教育学习月期间，检察长亲自为市公安机关副局级以上干警上廉政教育课。七是开设“空中法制课堂”，以手机短信形式向全市股级以上干部等发送廉言警句和典型案例，进行反腐倡廉温馨警示。八是在电视台播放预防犯罪公益广告，在报刊设置“职务犯罪预防年”活动专栏，宣传职务犯罪预防工作。

查办职务犯罪。全年立案查办贪污贿赂案件 9 件 9 人，其中贪污案 3 件 3 人、受贿案 3 件 3 人、挪用公款案 2 件 2 人、行贿案 1 件 1 人。追缴赃款及挽回经济损失人民币近 120 万元。立案查办滥用职权渎职案件 2 件 2 人。在查办职务犯罪中，重点查办涉农、涉林渎职犯罪案件，积极查办贪污、挪用国有资产案件，以及索贿受贿的职务犯罪案件和建筑工程领域的商业贿赂犯罪案件。

[**强化法律监督**]　一是强化立案监督和侦查活动监督。依法向公安机关发出《要求说明不立案理由通知书》或《立案建议函》10份，公安机关已经立案10件，比上年上升400%。决定追加逮捕3人，追加起诉4人。决定不批准逮捕103人，决定不起诉23人。纠正侦查机关违法使用强制措施1次，向侦查机关或其他有关部门发出检察建议5份。二是开展刑事审判法律监督专项检查活动，与市法院会签《关于检察长列席审判委员会会议的若干意见》，强化检察机关对刑事审判的法律监督。三是开展对刑罚执行活动的法律监督，建立完善留看守所服刑罪犯一人一档试点工作。开展看守所监管执法专项检查活动，维护在押人员合法权益，确保监管场所的安全。四是开展民事行政检察工作，受理民事行政申诉案件14件，其中执法和解2件，息诉6件，建议广州市检察院提请抗诉4件，积存2件。

[**控告申诉工作**]　加强控告申诉检察工作，积极化解矛盾纠纷。一是启动信访案件公开听证程序，妥善处理疑难缠访案件。二是完善信访工作机制，畅通信访渠道。聘请五镇三街的综治办主任为信息联络员，做好矛盾纠纷的排查调处工作。三是开展举报宣传、领导下访巡访和检察官走访基层活动。全年受理各类控申来信来访29件，法律咨询88次177人。

[**未成年人犯罪预防工作**]　健全工作机制，加强教育、挽救工作，加大对未成年人犯罪预防综合治理力度。在市检察院与各职能部门的共同努力下，未成年人犯罪率增幅下降87.6%，有效遏制未成年人犯罪上升的势头。具体做法有：一是成立未成年人犯罪案件办案组，简化办案程序。二是健全未成年人犯罪案件“捕前、诉前社会调查”机制。三是采取“四个一”（即发出一份检察官寄语、进行一次面对面谈心、要求写一份心得体会、进行一次回访）帮教模式。四是从源头入手，抓法制教育，筑起未成年人走向犯罪的思想堤坝。由院领导带头，深入学校开展法制讲座、法律知识竞赛、法律咨询等法制教育活动，并由院领导担任多间大学和中（专）学校法制副校长。市检察院的未成年人犯罪预防工作得到从化市综治委的肯定，2009年市检察院被评为“从化市预防青少年违法犯罪工作先进集体”，还被定为从化市“青少年法制教育基地”。

[**检察创新**]　一是全面加强检察法律服务室的创建工作。市检察院先后在街口街、江埔街、明珠工业园和市经济开发区分别设立检察法律服务室，至年末，在全市范围内所有镇、街和工业（园）区均设立检察法律服务室，并完善相关制度。二是以服务室为平台，充分发挥其职能作用。深入基层开展送法下乡、现场法律咨询、接受群众来信来访、控告申诉等活动，了解民情民意，排查化解农村基层矛盾纠纷，宣传检察职能，有效遏制群众盲目上访、越级上访和集体上访事件的发生。全年市检察院驻各镇、街、工业（园）区检察法律服务室共收到群众举报申诉案件12件次，派出干警到农村圩镇举办法律咨询活动10多次，接待群众100多人次，派发资料近1000份，为村居两委、企业、学校上法制课10多次，开展不捕不诉回访、下乡入户巡访等活动10多次。

[**推行阳光检务**]　一是开设网页，宣传检察职能。在市政府网站下开设市检察院网页，

网页上公布“检务公开”20项内容，并及时更新检察工作相关信息。在市检察院办公大楼一楼大厅设置案件信息查询触摸屏，方便群众查阅案件情况，自觉接受群众监督。二是举办以“检察·服务·和谐”为主题的第二次“检察开放日”活动。这次活动分为两大部分，第一部分在该院的办公大楼举行，邀请市有关领导、部分人大代表、政协委员、群众观看该院制作的检务公开宣传展板、文化长廊、办案区等情况，为卫生系统干部举办专场的“检察开放日”活动，让社会各界对检察职能、检察干警风貌等有更加深入的了解。第二部分以各镇、街、工业（园）区检察法律服务室为平台，各分管检察长率队向基层的人大代表、政协委员、干部群众通报该院检察工作情况，播放该院制作的反映检察法律服务室工作专题光碟，展出检务公开宣传展板等。在镇、街、工业（园）区基层一级开展“检察开放日”活动是该院一大创新，受到上级领导和代表、委员、群众的欢迎和赞许。三是利用电视、报纸、手机短信等媒体宣传检察职能和检察工作。四是在人大代表培训班上检察长向代表介绍检察职能。五是组织部分人大代表、政协委员观摩出庭公诉案件和视察驻看守所检察工作等。六是组织人民监督员对不诉案件进行监督，组织特约检察员列席检委会讨论案件，增强执法透明度。

［**后勤保障**］ 一是“两房”（办案用房和专业技术用房）建设工作稳步推进，已完成“两房”设计方案，并通过规划部门的审批。二是加大科技强检力度，改善办公办案条件。添置和更新一批现代办公设备。开通全国统一举报电话“12309”，利用现有视频会议系统，实现视频接访工作，方便来访群众，减少越级上访案件发生。与市党政机关办公自动化系统联通，使公文传送更便捷。

［**队伍建设**］ 一是开展学习实践科学发展观活动，增强干警服务意识。该院干警郭桂忠先后被评为2009年从化市“十佳”公益之星的“孝老爱亲之星”和第四届广州市道德模范之“孝老爱亲”道德模范。团支部2009年荣获从化市“先进团组织标兵”称号。开展“五清五帮”活动，真心诚意为群众办好事实事。二是建立和完善规范化建设工作机制。加强竞争机制和激励机制建设，2009年市检察院工作在广州市基层检察院建设考核中，考核成绩达到广东省检察院优秀标准。三是健全内部监督制约机制。贯彻广州市检察院关于开展机关作风建设年和机关服务年活动的文件精神，加强党风廉政建设，层层签订党风廉政建设责任状。创建廉政宣教室。建立岗位风险评估制度。密切配合广州市检察院巡视工作组的巡视工作，自觉接受上级监督，推动班子建设。市检察院被评为广州市检察机关2009年度“无违法违纪”单位。四是加强培训教育，提高干警业务水平。全年有60多人次参加各类培训，并有3人通过司法考试。五是加强调研信息宣传工作，提高干警综合素质。全院撰写调研信息宣传文章550多篇，其中被国家级刊物采用9篇，被省级刊物采用64篇，被广州市级刊物采用52篇，被从化市级刊物采用65篇，1篇论文在广东省法学会上荣获二等奖。市检察院向省级申报的一个研究课题首次获得成功。

（市检察院供稿，范永河执笔）

审判工作

［**管理机构**］ 市法院办公地址在街口街青云

路70号。定编153名，其中行政编制132名、事业编制20名、为离退休干部服务编制1名。2009年末，在职行政编制109人，事业编制8人，聘任制31人；有院长1人、副院长3人。内设机构有13个：办公室、政工办公室、监察室、书记员科、司法行政装备科、立案庭、刑事审判庭、民事审判一庭、民事审判二庭、行政审判庭、少年审判庭（2007年9月27日经批准设立）、审判监督庭、执行局。派出人民法庭3个：吕田、太平、鳌头人民法庭。直属行政单位1个：法警大队。

［**收结案情况**］　全年新收各类案件6266件，比上年下降28.94%，连同上年旧存案125件，共有案件6391件。其中受理的农信社金融借贷、教育储备金等系列案件大幅度减少。全年结案6303件，审判执行工作呈“三高一降”良好态势。一是结案率高，达98.62%，居广州市基层法院第二位。二是调解率高，达65.96%，连续四年居广州市基层法院第一位。三是服判息诉率高，达93.6%（上诉率仅为6.4%），在广州市基层法院中最高。四是存案量下降，全年仅存案88件，是市法院自1990年以来存案量最少的一年。

［**审判业务**］　刑事审判。全年新收刑事案件622件，连同上年旧存1件，共有案件623件，其中审结621件，结案率99.68%。坚持宽严相济的刑事政策，参与“平安从化”建设，为经济企稳回升、群众安居乐业创造良好的社会环境。其中审结“两抢两盗”（抢夺、抢劫、入室盗窃、盗窃机动车）案件261件384人，故意伤害案件98件133人，毒品犯罪案件68件75人，赌博犯罪案件20件41人，诈骗犯罪案件19件37人。开展“打黑除恶”专项斗争，依法从重从快处理李某等3人抢劫、故意伤害、非法持有枪支以及谭某等6人抢劫、盗窃、破坏电力设备等严重危害社会治安的黑恶势力犯罪。根据治安形势需要，市法院分别于1月和9月召开严厉打击严重刑事犯罪公开宣判处理大会，造就强大“严打”声势，震慑犯罪。

民商事审判。全年新收民商事案件2174件，连同上年旧存78件，共有案件2252件，其中审结2211件，审结标的金额达1亿多元。在民事审判上，市法院一直重视婚姻家庭、人身侵权、房地产、金融借贷等案件的审理，妥善处理涉及农村土地承包、劳资纠纷等引发的群体性、维稳性案件，依法维护当事人的合法权益和社会的和谐稳定。在国庆60周年期间，市法院妥善处理讼争地块达70亩的164名村民诉城郊街光联村两项经济社农业承包合同纠纷案件，有效地防止矛盾激化，维护农村社会稳定。积极做好国际金融危机的应对工作，妥善化解劳动争议纠纷及企业债务纠纷，灵活运用调解措施，促进多方市场主体互利共赢，帮助困难企业渡过经济危机。其中在审理纠纷时间长达十几年的流溪河山庄开发商与30多户构建别墅小业主的系列案中，市法院利用“三位一体”调解机制，通过做大量细致的工作，终于促成双方当事人达成调解协议，为该楼盘的整体盘活进一步扫清障碍。

行政审判。全年新收行政案件18件，连同上年旧存3件，共有案件21件，其中审结20件。在行政审判中，借助民事调解工作经验，积极推进行政诉讼协调和解机制，有效地化解“民告官”纠纷，取得良好的法律效果和社会效果。其中原告汕头市升航建筑有限公司诉被告从化市国土资源和房屋管理局的国有土地变更登记行政纠纷一案，因牵涉原告与第三人广州市某房地产有限公司的民事关系，如就案办案，势必使案件更复杂，处理过程更漫长。市法院多次组织当事人协商，最终促使原告与第三人达成和解协议，原告提出撤诉申请。

[**执行工作**] 执行治理成效。全年新收执行案件3450件，连同上年旧存43件，共有案件3493件，其中执结3449件，执结标的金额1.40亿元。采取大规模执行行动56次，搜查赖债者住所2930处，罚款、拘留赖债人员和暴力抗法人员15人。

开展主动执行试点工作。年初，省高级人民法院院长郑鄂率先在全国提出主动执行的构想，并将从化市法院作为全省首个试点单位。主动执行是指人民法院对发生法律效力且已过履行期的民事判决、裁定和调解书，在征得权利人同意的前提下，无需权利人申请，由人民法院直接移送立案执行，即将原来的权利人申请立案执行转变为现在的法院直接立案执行，从而达到便民利民、快速执行的效果。2月1日开始实施主动执行，至12月，市法院共审结具有财产执行内容案件581件，当事人同意主动执行的553件，占95.18%。在裁判文书生效并过履行期后，主动执行立案507件，执结491件。实施主动执行后，收到“四个明显”的成效：一是执行到位率从上年的35.2%提升到70.70%。二是执行和解率从上年的6.53%提升到59.67%。三是执结平均周期从上年的120天缩短到60天。四是2008年市法院关于执行效率和执行到位方面的当事人投诉为21件，在主动执行工作中没有收到投诉。6月16日，从化法院在全省法院“执行治理年”经验交流会上作主动执行创新机制经验介绍。

开展集中清理执行积案活动。3月底，市法院把2007年以前有财产未执结的365件案件全部执结，在广州市基层法院中率先完成清案任务，受到广州市政法委表扬。8月中下旬，经全面排查，市法院有2007年以前无财产执行积案5447件，至年末，执结5329件，结案率为97.83%，在广州市基层法院中居第三位。

创建调执结合机制。1月，市法院出台实施调执结合机制。以审执分离为原则，适当双向延伸调解职能与执行职能，实现两者的无缝对接，即利用调解法官对案情和当事人比较熟悉的优势，给予其一个月时间实施常规性执行措施，力促案件执行和解，逾期不能执结的，再移送执行局执行，从而进一步提高调解案件的执行效率和到位率。全年调解法官执结案件371件，占调解结案的43.19%，占执行结案的10.76%，执结标的金额949.75万元，执结到位率为99.99%。

建立赖债者持续曝光机制。年初，市法院在市委宣传部、政法委的支持下，建立赖债者持续曝光机制，对有履行能力而拒不履行的赖债者，无需权利人申请和缴纳任何费用，由市法院依职权在市内相关媒体上对其相关信息进行持续曝光。至年末，已在《今日从化》上发出三批限期履行公告，连续将89名赖债者信息登载上报，同时在市电视台及政府网滚动曝光，赖债者迫于压力纷纷与市法院主动联系履行事宜，收效明显。

稳妥执行一批重大案件。一是充分发挥能动司法职能，和解处理陈某申请执行广州市关岛房地产公司商品房预售合同纠纷一案，解封澳泉山庄涉案2.68万平方米的土地和部分房产，为广州市荣宏房地产有限公司注资盘活该烂尾楼盘扫清障碍。二是成功整体拍卖烂尾多年的位于温泉风景区出入口的温泉大厦，使其清偿上千万的历史债务，重现生机。三是东阳贸易有限公司申请执行国泰房地产开发有限公司借款合同纠纷一案，牵涉近2000万债权的执行，既涉及两企业的生存经营问题，也涉及大量职工的生活保障问题。

市法院坚持从大局出发，组织听证、调查案情、审查异议、平衡利益，经过做大量细致繁琐的工作，最终达成执行和解协议。国泰公司解除了历史包袱，东阳公司获偿千万债权，两困难企业均重获新生，取得“党委政府满意、双方当事人满意”的良好成效。四是妥善执行和解向阳十社申请执行黄某土地使用权纠纷案及黄某申请执行向阳十社合作开发房地产合同纠纷案，该纠纷历时6年，涉案面积500多平方米，有着复杂的土地使用利益关系，当事人矛盾容易激化，群体性事件一触即发。市法院本着和谐执行、平息纠纷的宗旨，将两案并案执行，在市委、市委政法委的大力支持下，成立案件协调小组，多次组织双方当事人协商。经过努力，促使双方达成执行和解协议，兑现两申请人的合法权益。

［**调解工作**］ 全年民商事案件调解结案1409件，调解率65.96%。9月23日，市法院在全省法院调解工作电视电话会议上作经验介绍。10月27日，市委副书记、政法委书记谭凯平对市法院的调解工作给予批示表扬。主要做法有：一是推进“三位一体”调解机制，巩固调解成果。继续增强诉讼调解与人民调解的衔接，充分发挥特邀民事诉讼调解员在送达、调解、执行中的作用，全年邀请特邀民事诉讼调解员协助送达、调解案件439件次，占调解案件的31.16%。其中在市委、市政府的组织部署，鳌头镇党委政府的协调以及人民调解员的参与下，市法院成功平息鳌头镇上西村村民与鱼塘承包者就占地补偿费分配问题发生的群体性纠纷，确保国家“十五”计划重点实施项目“西电东输”工程在从化如期进行。二是提高调解兑现，增强调解实效。为实现调解工作由量的积累向质的转变，真正做到案结事了，市法院在巩固调解数量的基础上，以提高调解兑现率为重点，努力提高诉讼调解的实效。通过在结案前创新双倍结案激励机制，在申请执行阶段创新主动执行机制和在执行初期创新调执结合机制，全年当事人主动兑现970件，占调解结案的68.84%，避免执行强制措施的使用，增进社会和谐。

［**司法为民**］ *加大对未成年人的司法保护。*少年法庭坚持“教育、感化、挽救”的审判方针，建立健全圆桌审判、社会调查报告、法官寄语、一对一帮教等四项新审判机制，着力挽救失足犯罪青少年，取得“审好一案、挽救一人、教育一片”的良好成效。延伸法院审判职能，提出农村校园周边暴力犯罪、“留守孩”外出租屋居住脱离家庭监管引发犯罪应予以重视等10多项司法建议，引起党委政府和社会各界的广泛关注。

*参与法制宣传。*邀请省乃至广州市和当地媒体，先后召开大型新闻发布会4次，向社会广泛展示法院整体工作、主动执行工作及调解工作情况。落实“五五”普法规划纲要，深入农村、社区、学校、企业进行现场开庭、宣判、上法制课、法律咨询，配合市电视台制作《法治与政务》专题栏目，在《花季法苑》教育刊物上进行法律讲座、案例剖析，提高广大群众的法制观念和法律水平。市法院被评为广州市“五五”普法中期先进集体，并荣获从化市综治宣传优秀组织奖。

*加强息诉罢访工作。*加强对群体性纠纷案件、重大敏感案件以及突发事件的处理，制定工作预案，化解矛盾纠纷。健全信访工作机制，办理涉诉信访案件，加强对一批重信重访案件的处理。开展大接访活动，每月安排一名院领导、每周安排一名庭室领导接访，畅通民意沟通渠道，构建信访工作长效机制。

落实便民利民措施。在立案大厅设立诉讼材料收转中心，为当事人提供“一站式”诉讼材料收转服务。开展巡回办案，利用“良口巡回法庭”和“东明巡回审判点”定期巡回办案。对涉农、老年人、残疾人及其他弱势群体案件实行“三优先”，即优先立案、优先审理、优先执行。开展司法救助，全年为 65 件案件当事人缓、减、免交诉讼费 10.66 万元，依法为 17 件刑事案件被告人免费指定辩护人，有效解决经济困难群众“打官司难”问题。

［**队伍建设**］　深入开展主题实践活动。开展“人民法官为人民”、“科学发展、先行先试”以及“四个年”（“廉洁警示教育年”、“审判管理年”、“执行治理年”和“司法能力建设年”）三项教育活动，以科学发展观为指导，结合自身实际，在全院开展交流座谈会、撰写学习心得、建言献策征集、办案能手评比等形式多样的活动，深入学习三项活动的内涵及要义。与来访的江西瑞金、肇庆怀集、湛江赤坎等 10 多个法院交流学习经验，博采众长。开展“百名领导干部联助百家企业”活动，到定点联助企业威莱（广州）日用品有限公司开展联助交流、法制教育讲座，建立“直通式”沟通渠道，帮助该企业积极应对金融危机，树立信心，走出困境。5 月，从化法院在广州市法院“科学发展、先行先试”工作座谈会上作主动执行经验介绍。8 月，在省法院司法改革工作座谈会上作经验介绍。

党风廉政建设。严格贯彻执行最高院“五个严禁”（严禁接受案件当事人及相关人员的请客送礼，严禁违反规定与律师进行不正当交易，严禁插手过问他人办理的案件；严禁在委托评估、拍卖等活动中徇私舞弊；严禁泄露审判工作的秘密）、省委政法委“六个严禁”［严禁收受现金（红包）、干股、有价证券、支付凭证和贵重物品，或接受可能影响执法、司法公正的吃请和娱乐活动；严禁出差、公务活动由企事业单位、个人接待，或接受下级机关、企事业单位、个人安排出入营业性娱乐场所；严禁充当黑恶势力“保护伞”，为非法经营活动提供保护或变相保护；严禁违规插手人事安排、政府采购和工程招标，或利用职权为亲友和身边工作人员经商办企业提供优惠条件、谋取好处；严禁利用工作和职务之便越权向办案单位或人员过问案情、干预案件的处理，或为请托人说情；严禁涉足涉赌、涉黄场所，参与赌博或涉及财物输赢的娱乐活动］的规定，全院每半年开展一次“五个严禁”廉政宣誓，在每一位干警座位上设置“五个严禁”警示牌，向社会公开 24 小时自动接听录音举报电话和电子邮箱，向每位当事人发送“廉政监督卡”，开展向每位干警家属发放《致法院干警家属的一封信》等 10 项“廉政警示教育年”活动，保证司法公正和廉洁。

加强文化建设。利用羽毛球、篮球、游泳、舞蹈等体育协会，每周组织体育活动，举办春节联欢晚会，参与广州市两级法院运动会和从化市万人红歌大合唱等文体活动，营造团结、活泼、进取的良好氛围。汇编《从化法苑》、《从化审判》，收录干警的优秀论文、调研成果，开展学术论文、裁判文书、案例分析、亚伟速录及档案装订等竞赛活动，为干警们提供交流平台，提高干警业务能力。法警大队开展争创“青年文明号”活动，被省高院和团省委评为“2007—2008 年度广东法院省级青年文明号”。

自觉接受监督。组织人大代表、政协委员到市法院旁听案件庭审和现场见证执行、拍卖。在草拟法院工作报告过程中，主动征求人大代表的意见。在代表大会期间，到各代表团听取代表审议意见，研究和落实代表提出的工作建议。深入开展“百场走访下基层”法制宣传活动，走访五镇三街的人大代表，广泛听取代表们关于加强和改进法院工作的意见和建议。落实与市检察院的联席会议制度，两院会签《关于检察长列席审判委员会会议的若干意见》，邀请检察长列席审委会会议，邀请检察院对庭审、拍卖会、听证会进行现场监督。

［**新审判业务大楼建设**］　新审判业务大楼选址在街口街河滨北路新图书馆旁边。2月6日新审判业务大楼举行奠基仪式。至年末，征地工作已经完成，设计和报建工作正在进行。

（市法院供稿，严天雄执笔）

司法行政

［**管理机构**］　市司法局属政府序列行政单位，办公地址在街口街城中路58号。定编84名，其中行政编制66名（局机关19名，基层司法所47名），机关工勤编制4名，事业编制14名（其中依照公务员管理事业编制8名）。2009年末，在职76人，有局长1人、副局长2人。内设机构有：办公室、政工办、法制宣传科、基层工作科、律师公证管理科、安置帮教科。直属事业单位有：从化市法律援助处、从化市公职律师事务所、从化市公证处。派出机构有：五镇三街司法所。

［**人民调解工作**］　敏感时期矛盾排查。人民调解工作坚持“调防结合，以防为主”的工作方针，做好人民内部矛盾的排查工作，有针对性地分别在市人大、政协“两会”前夕、清明节、六月初（“六四”事件20周年）、重阳、国庆前夕、元旦、春节前夕等敏感时期，组织7次人民内部矛盾排查调处活动，对排查出来的纠纷及时化解。

健全和完善调解信息网络。充分发挥镇、村、社三级调解委员会的作用，将矛盾纠纷化解在最基层。加强调解主任、司法所所长培训工作，在市调处办的指导下，各镇（街）调解委员会及时组织当地村（居）调解主任进行业务培训；在10—11月，市司法局组织全市司法所所长分两批次到河北省保定市中央司法警官学院进行学习培训。

发挥司法所工作站作用。太平神岗工作站、温泉灌村工作站、吕田东明工作站、鳌头民乐、龙潭工作站等五个工作站相继建成使用，工作站以其方便群众、贴近群众的特点，为化解大量矛盾纠纷提供便利，受到群众的好评。

人民调解宣传。2009年是《人民调解委员会组织条例》颁布20周年，根据上级统一部署，组织各镇（街）调解委员会和调处成员单位，开展以“人民调解、排查调处宣传月”为主题的宣传活动；组织局机关和5镇3街司法所统一开展“司法所宣传日”活动，进一步扩大司法行政工作和人民调解工作的影响力。

各类矛盾纠纷调处。全年全市各级调解委员会调解各类纠纷3125件，比上年下降15%，成功调处2829件，成功率91%。其中调解重大群体性纠纷89件，较大型的纠纷有“上城湾畔”工伤赔偿纠纷、雨润公司征地拆迁纠纷、市经济开发区劳资纠纷、良口镇欢乐佤谷百名佤族员工上访等重大群体性纠纷。

［**法制宣传**］　重点对象普法教育。加强对公务员特别是领导干部的宣传和教育，组织市

级领导班子参加广州市普法办举办的副处以上领导干部法律知识轮训班；组织全市700多名副局以上领导干部参加2009年正、副局级干部法律知识培训班；9月，开通从化市干部、职工网上学法考试系统，实现全市干部、职工普法考试考核的信息化；推进青少年学生法制教育工作制度化，4月，举办全市法制副校长、普法讲师团、志愿者法律知识培训班，邀请华南理工大学法学教授进行授课；加强对外来务工人员的法制宣传和教育，通过开展法律咨询、法制图片展览、派发宣传资料等方式进行宣传，提高外来务工人员学法、用法、守法的意识；加强对农民群众的法制教育工作，利用圩日，在太平、鳌头、吕田等镇开展一系列巡回法律咨询活动，将法律法规文件送到农民手中。

法律法规专题宣传。2009年，专题宣传的法律法规有10部，分别为《中华人民共和国食品安全法》、《中华人民共和国劳动合同法实施条例》、《广东省法律援助条例》、《中华人民共和国消防法》、《中华人民共和国森林防火条例》、《中华人民共和国循环经济促进法》、《中华人民共和国水土保持法》、《中华人民共和国残疾人保障法》、《广东省人口与计划生育条例》、《广州市安全生产条例》等。

拓宽普法渠道。一是市司法局与华南理工大学法学院、知识产权学院建立从化市法制宣传教育基地和创新实践与就业实习基地，充分利用外部资源，实现资源互补，达到互相学习、共同发展的目的。二是在加强法制宣传栏建设、开展各类法律咨询活动、做好《法治与政务》专栏节目的基础上，开通从化市普法网，为广大市民提供法律信息查询和法律咨询。三是编印《看漫画，来学法》两本漫画小册子和法制宣传贺卡3000张。四是利用“三八”妇女节、“3·15”消费者权益保护日、“6·26”禁毒日等为契机，配合从化创建全国文明城市工作，组织有关部门开展一系列的普法教育主题大型咨询活动，特别是在2009年广东省开展的“法治宣传教育周”活动中，与市依法治市办、市委宣传部等20多个单位联合开展以“科学发展·法治环境·树城市文明新风”为主题的法律宣传活动，把法制宣传与创建文明城市工作有机结合起来。全年编印法律知识读本2万本，制作流动展板42期，制作法制宣传挂图900套，编印法制宣传漫画2万份；组织法制讲课650多场次，开展法律咨询活动36场次，制作《法治与政务》电视专栏节目24期，播放48次，出版法制宣传栏3210期

创建民主法治示范村。按照司法部、民政部民主法治示范村创建标准和省司法厅、民政厅“六有”（有主要领导负责，有法制课室，有法制图书阅览室，有法制宣传栏，有村务公开栏，有一支法制宣传骨干队伍）要求，努力争创民主法治示范村、社区，以创建活动为载体提高农村社区群众学法、用法的水平。2009年，温泉镇云星村、太平镇邓村获广东省民主法治示范村称号，江埔街联星社区获广东省民主法治示范社区称号。至此，全市有全国民主法治示范村1个，省民主法治示范社区2个，省民主法治示范村5个。

［**安置帮教工作**］　继续推进安置帮教“四化”工作（帮教社会化、就业市场化、管理信息化、工作职责规范化），做好刑释解教人员的跟踪管理工作，帮助刑释解教人员重新融入社会，减少重新犯罪。1月，到广州市第二劳教所慰问66名从化籍的劳教学员，了解学员的改造情况和思想情况；在春节期间慰问特困刑释解教人员30多人。第二季度，对全市2008年刑满释放、解除劳教人员进行排

查，掌握其基本情况，对一些有困难的人员进行重点帮扶。筹备开展社区矫正的前期各项工作，草拟关于从化市社区矫正试点工作的相关文书，与市公安局、市检察院和市法院联系，对社区矫正的五种对象（被判处管制、被宣告缓刑、被裁定假释、被暂予监外执行、剥夺政治权利并在社会上服刑）进行摸查，为开展社区矫正工作做好准备。2009年，全市回归社会的刑释解教人员共171人，其中刑满释放84人，解除劳教87人。全市有在管的刑释解教人员1044人，其中刑满释放702人、解除劳教342人，重新犯罪9人，重新犯罪率为1.3%。

［**法律服务**］　一是公职律师为政府及其组成部门提供专业法律服务。公职律师事务所全年代理政府各类诉讼案件6件，为政府部门出具法律意见28件，审查合同20件，派员协助市领导接访118次，审查规范性文件4件，参与办理信访案件、调解大型群体纠纷28件，其中成功调处良口镇百名佤族员工上访纠纷，办结广州、从化两级政法委督办的江埔街和仓村11个经济社诉国泰公司一案等。二是公证处和各律师事务所严把办证、办案质量关，为广大群众提供优质有偿法律服务。公证处全年办结公证案件1933件，其中国内经济公证410件，国内民事公证1126件，涉外民事公证397件；广从律师事务所、映日律师事务所、政衡律师事务所3间社会律师所共办理刑事诉讼代理案件42件，民事诉讼代理案件252件，行政诉讼代理案件10件。三是镇街法律服务所为当地群众提供质优、价廉、便利的法律服务。四是法律援助工作有新的拓展。在开展“五清五帮”活动中，法律援助处结合自身职能特点，为结对的何家埔村、莲塘村提供法律服务帮扶，与两个村的村委会签订常年法律顾问合同，免费协助村委会处理日常法律事务，解答法律咨询，提供法律意见。市法律援助处（含各法律援助站）全年受理法律援助案件334件，其中刑事案件23件，民事案件311件（诉讼48件，非诉讼263件），接待法律咨询5230多人次。“12348”法律服务热线接受群众咨询1323件，其中来电951件，来访372件，咨询内容广泛，涉及婚姻家庭、合同债务、劳动关系等。

［**基层组织建设**］　一是做好队伍的党风廉政教育工作。二是深入开展学习科学发展观、机关服务年和纪律教育学习月活动。三是参与“五清五帮”工作和创建全国文明城市工作。四是加强对新任公务员的教育培训工作。2009年，市司法局获广州市先进集体称号4个、从化市先进集体称号4个，获广州市先进个人称号10人次、从化市先进个人称号7人次；被广州市司法局授予集体三等功称号，个人三等功1人，嘉奖3人次。

（市司法局供稿，杜毅阳执笔）

政 府 法 制

［**管理机构**］　市法制办属市政府办公室内设机构，办公地址在街口街新城东路99号。定编4名。2009年末，在职4人。

［**推进行政机关依法行政**］　规范性文件清理。制作从化设市开始市政府印发的174份政府规范性文件目录，开展实质性审查工作，对审查的规范性文件提出保留、取消或修改的清理意见。

行政审批及备案事项清理。为进一步创新政府管理方式，优化审批职能配置，建立公开、公正、高效、便民的行政服务体系，加快建设服务政府、责任政府、法治政府、廉洁政府和效能政府，市法制办按照市政府的工作部署，具体负责全市新一轮行政审批制度改革的行政审批及备案事项清理工作。对全市具有行政审批及备案职能的49个部门、五镇三街的审批事项483项、备案事项209项进行清理。经初步清理，减少审批事项276项（其中许可事项减少82项、非许可审批减少194项），审批事项精简率57.1%；减少备案事项108项，备案事项精简率61%，达到广州市提出的减少50%的目标。还对省、广州市委托下放的58项审批事项和32项备案事项进行审查，其中取消审批事项1项。

行政执法评议考核。对全市行政执法部门全年实施行政处罚的情况进行评议考核，被抽查考核的8个部门的成绩均在良好以上。

［**法制业务**］ 全年草拟、审查各类文稿、合同170份，提出法制意见133份；办理行政复议案件5件；代理诉讼案件4件，为政府或有关部门挽回损失1400多万元；协助办理土地、山林争议行政确权案件4件；协调民事、经济纠纷案件7件；办理行政执法证件138个；协助34个行政执法单位开通网上办理行政执法证系统；接待和解答群众法律咨询、来信来访161人次；办理执法投诉案件3件；办理信访复查案件16件。市法制办还积极参与政府和各有关部门开展的征地、房屋拆迁、整治河沙开采秩序、整顿市场经营秩序、交通运输秩序，关闭红砖厂、石粉厂，治理超限超载，调处重大疑难纠纷等工作，积极为政府和有关部门献计献策、排难解忧。

（市政府办供稿，邹瑾波执笔）

出租屋管理

［**管理机构**］ 市流动人员和出租屋管理办公室属市政府办公室内设机构，办公地址在街口街新城东路99号。定编5名。2009年末，在职5人，另有合同工2人，有主任1人、副主任1人。

［**基本情况**］ 全市有镇级出租屋管理服务中心10个，村委（社区）管理服务站16个。有工作人员148名，其中在编人员42人，出租屋管理员106人。全市登记在册出租屋9623栋2.03万套（住宅1.14万套、非住宅8904套），125.8万平方米，流动人员10.9万人（其中在校学生4.9万人），办理（持有）流动人员IC卡暂住证3.43万张，累计办证10.23万张，持证率91.4%，房屋租赁备案3122宗，备案率89%。出租屋发生治安案件18宗、刑事案件8宗，分别比上年下降53%和33%。

［**出租屋专项整治**］ 人屋车场专项整治。全市投入整治资金165万元，出动整治力量6100人次，清查出租屋6892套、流动人员2.33万人，整治出租屋消防隐患2279套，抓获在出租屋内的违法犯罪人员11人，处罚违法违规出租屋主6人。

房中房专项整治。市成立整治工作组，由市出租屋管理办公室统筹协调，工作组下设调查、查处、督导和宣传小组，分别由市国土资源和房屋管理局、市建设和市政管理局、市流动人员和出租屋管理办公室、市委宣传部等部门牵头开展相应工作。市人民政府印发《关于开展房中房专项联合整治的工作方案》。全市整治房中房37套，在9月初完成自拆。

消防安全整治。市组织开展出租屋消防安全大排查和专项整治工作，重点整治城中村和砖木结构的出租屋、搭建木阁楼住人和“三合一”（经营、煮食和住宿）经营场所，加大巡查力度，清除安全隐患。全年没有发生出租屋消防安全事故。

［**宣传工作**］　一是编印《工作动态》简报，全年24期。二是在从化电视台播放《热点追踪》房中房整治工作专题报道。三是编印出版介绍从化市加强出租屋流动人员管理工作五年成就的大型画册《跨越》。

［**“两费一税”征收工作**］　全年“两费一税”（即治安联防费、使用流动人员调配费，出租屋综合税）征收入库1210万元，与上年持平，其中房屋租赁综合税1064万元（比上年增长17%），使用流动人员调配费73.3万元，治安联防费73.4万元。

（市政府办供稿，黄焕光执笔）

（潘彦编辑）

地方军事

人民武装

[**管理机构**] 市人民武装部办公地址在街口街东成路53号。定编22名，其中行政编制8名，事业编制14名。2009年末，在职23人，有部长1人、政治委员1人、副部长2人。内设机构有：军事科、政工科、后勤科。下属机构有：民兵武器仓库和招待所。

[**军事工作**] 一是修订完善作战方案。根据上级下达的任务，先后修订《地面防卫作战方案》和《兵员动员方案》，并依据这些方案，组织各基层武装部、国防动员委员会各办公室制订完善相应的配套计划12个和重要目标守卫计划5个。在此基础上，对民兵支前保障、快速动员等6个预案进行统一规范，基本形成上下衔接、横向配套、实在管用的计划体系。二是结合民兵整组，全面整合作战力量。坚持“编为用、建为战”的原则，按照民兵组织队伍新的分类要求，对3000多名基干民兵进行调整整合。加强海空军预编兵员、预备役部队人员，基干民兵，人防、交通战备和经济动员等专业保障队伍建设。基本形成以专业技术分队为主体，以防卫、信息作战力量、应急分队为骨干的组织布局，达到布局合理、专业对口、便于领导、便于动员、便于遂行参战支前任务的要求。三是着眼遂行应急能力，加强针对性集训。先后组织18名应急分队骨干参加广州抢险救灾大队集训；组织175名民兵应急分队人员参加广州市的点验（逐一查对检验）。7月，组织民兵应急维稳机动中队进行防暴处突技能培训。8月，组织60多名民兵干部骨干进行提高完成多样化军事任务能力的集训；集中组织各镇（街）基干民兵、人防专业队员等进行军事基础技能训练，完成相关共同科目训练。四是立足实战需要，不断加强国防动员建设。先后健全政治动员工作体系，加强政治动员分队建设。扎实开展政治动员潜力调查，建立健全政治潜力数据库；统计地方拥军支前潜力信息数据1000多个，做到数据准确，登记清楚。贯彻落实广州市国防动员委员会第8次全体会议精神，以国防动员委员会名义牵头起草贯彻落实意见稿《紧紧围绕反“台独”应急作战准备扎实工作，着眼完成多样化任务推进国防动员建设科学发展》，对全市的国防动员建设工作进行总结并部署工作任务。

[**政治工作**] 坚持以主题教育为主线，突出抓好理论学习和政治教育。一是在开展“四个教育”（爱国奉献教育、革命人生观教育、尊干爱兵教育和艰苦奋斗教育）的基础上，完成警备区安排的理论学习和政治教育计划。主要开展“强化责任意识，严格责任追究”为主题的问责制教育、深入实践科学发展观、当代革命军人核心价值观、“锤炼坚强党性、培育优良党风、模范遵守党纪”主题教育、“增强党性树形象、改进作风促发展”教育整顿活动、省军区的专题理论教育等学习。二是党风廉政建设坚持高标准。部党委委员经常开展党风廉政教育，严格按《党委议事规

则》办事，在经费使用方面，坚持党委集体理财，落实军政主官联审制度，不搞先开支后报告。三是按照党员先进性教育要求，狠抓党委班子的组织、思想、作风、纪律建设。四是坚持以实施细则为依据，大力加强行政村（社区）民兵营“四个基本”（基本教育、基本队伍、基本制度、基本设施建设）建设。在调查摸底的基础上，结合村（社区）工作实际，起草《关于加强我市行政村（社区）民兵营“四个基本”建设的实施意见》。为统一标准，规范建设，提高整体质量和水平，结合全市民兵营基数大、基础薄弱等实际情况，采取普遍建、重点抓的办法，对全市所有行政村（社区）民兵营全面铺开建设，统一制作统计本1万多本；制作“两法两例”（国防法、兵役法，征兵工作条例、民兵工作条例）、民兵营职责牌1687块；购置资料盒2892个；采购姓名牌482个；制作室内外旗各241面。

［**后勤工作**］ 完善后勤保障方案，围绕应急防卫作战的后勤保障需要，加强保障研究，修订医疗救护、油料、运输、工程抢修动员方案，完善平战体制转换预案。根据省军区要求，坚持党委集体依法从严理财，禁止乱发补助补贴，严格经费管理审批权限，控制行政消耗性开支，着力提高经费使用效益。严格各种车辆的派遣权限和手续，做到军车运行凭证齐全有效。加强驾驶人员交通规则和安全常识的学习教育，做到安全无事故。做好卫生防疫和H1N1病毒防治工作。

［**征兵工作**］ 2009年，上级分配从化市的征兵计划（含女兵）有陆、海、空及武警四个军兵种。市征兵各项工作按照早计划、早安排、早准备的原则，广泛深入进行宣传，扎实开展工作。7月，市人武部会同教育、人事、劳动、统计等部门和人才交流中心、大专院校，对辖区内各类应届毕业生进行潜力调查，重点查清毕业人数、专业种类、人员分布、身体状况、外出去向、现实表现及家庭成员等基本情况，并运用“征兵信息管理系统”实行计算机管理，为确保预征对象质量、完成征兵任务提供可靠的依据。8月，在辖区内高校征招士官6名。10月20日至31日，各镇政府、街道办事处出动宣传车辆，大力宣传《国防法》、《兵役法》和征兵政策新变化等有关规定，大造征兵工作声势；各村、社区在学校、企事业单位、主要街道，挂横幅、贴标语，全市悬挂横幅1300多条，张贴标语3100多条，使征兵政策做到人人皆知；各民兵营深入学校、家庭走访座谈，做好适龄青年和家长的思想教育工作，了解现实表现，掌握第一手情况。通过广泛的宣传发动和深入的国防教育，有效地激发广大青年应征报名热情。全市适龄青年兵役登记6317人，应征公民报名共2970人，参加市检1012人。征兵工作顺利，没有发生退兵现象。

［**驻军情况**］ 至年末，在从化的驻军有市人民武装部、市消防大队、市武警中队、广州军区联勤部通信站、广州军区从化接待处、武警广东总队从化招待所、广东省消防总队从化接待站、中国人民解放军体育学院从化训练基地、广州军区空军95316部队。

（市人民武装部供稿，郑志祥执笔）

人民防空

［**管理机构**］ 市人民防空办公室（简称市人防办）是市政府赋予行政职能的局级事业单位，为市国防动员委员会的常设办事机构，办公地址在街口街从城大道459号。定编5

名。2009年末，在职8人，有主任1人、副主任1人。内设机构有：综合科。下属机构有：人民防空通信站，为股级事业单位，有编制3名，政府雇员2名。

[**人防指挥通信**]　通信警报建设。至年末，全市已安装防空警报器54台，发射接收基站3个，覆盖到从化全市五镇三街，流溪河水电厂、抽水蓄能水电厂等重要经济目标也安装有防空警报器。按广州市“十一五”防空警报器建设规划安排，从化市防空警报器将按每年9台的速度递增。市人防办装备有机动警报车2台，对讲机12台，单边带电台每周与广州进行两次模拟训练。

人防演习。9月18日，市在广东水利电力职业技术学院从化校区，成功举办模拟战时人员紧急疏散掩蔽演习，参加演练活动的师生2500名。9月19日上午，按“广佛同城——2009”城市人民防空袭检验性演习的统一部署，市在市人民防空应急指挥中心与广州市同步进行人防指挥所开设、临战疏散与接收安置、发放防空警报与消除空袭后果等6个科目演习。当天11时32分，全市44台防空警报器和2台机动警报车，同时在五镇三街进行防空警报信号试鸣，鸣响率100%，圆满完成演习任务。

人口疏散基地建设。9月，成立103仓库人口疏散基地管理办公室（临时机构）。市人防办配合广州市民防办公室，筹划建设人口疏散基地两个，分别是城郊街的田心社“农家乐”人口疏散基地和位于温泉镇的103仓库广州市防空防灾人口疏散基地，按照计划，准备把这两个基地建设成平战结合的、有从化特色的人口疏散示范基地。

[**人防工程**]　人防指挥所建设。市101工程按照“平战合用、地面地下一体化”的原则实施建设，该项目主体工程于2009年通过竣工验收，指挥通信工程、广州市委市政府后方战备指挥所配套工程、附属工程和园林绿化工程正在建设中。

人防“结建”工程建设。严格按结合民用建筑来建设防空地下室（简称“结建”），全年办理人防易地建设80项，收取人防易地建设费约1200万元；办理人防工程报建7项，面积5.24万平方米；人防工程竣工验收5项，面积6.15万平方米。至年末，全市建成人防地下室面积7.3万平方米，在建的有20.3万平方米。

平战转换工程建设。5月8日，位于市中心医院的人防工程平战转换试点工程竣工。该工程有一个防护单元，两个抗爆单元，人防建筑面积1457平方米，掩蔽人员800人，平时功能为汽车库，战时功能为医疗救护所，是市政府战时用于医疗救护指挥的场所。

[**人防宣传教育**]　市人防办按照国家人防办提出的人防宣传教育“进机关、进学校、进企业、进社区、进网络”的要求，结合从化的实际情况，及时充实人防网站内容，更新版面，通过网络普及人防知识。与《广州人防》、《今日从化》、《从化信息》、市政府网等媒体联系，报送有关人防工作动态50多条（篇）；给城区小学、驻从化大专院校、镇（街）武装部配发“人防知识挂图”35幅。

[**人防队伍**]　全市已组建抢险抢修、医疗救护、治安、消防、防化防疫、通信、运输方面的人防专业队7个，有队员800人，其中市本级400人，镇（街）400人。12月9日，市人防办举办人防专业队员培训班1期，参加培训的人防专业队骨干80多人。

（市人民防空办公室供稿，唐捷执笔）

（潘彦编辑）

基础设施建设

公 路

[**管理机构**] 市公路管理局是市政府赋予行政职能的事业单位，是从化市辖内省养公路的管养部门，办公地址在市太平镇神岗广从北路183号。定编227名。2009年末，在职248人，有局长1人、党委书记1人、副局长2人、副书记1人。内设机构有：办公室、养护管理科、财务科、安全监督保卫科、人事科、路政管理所、规费征稽所。下属机构有：彩虹桥征费管理所。

[**基本情况**] 全局管养公路通车里程为236.48公里，其中国道114.441里、省道65.698公里、县道13.678公里、乡道42.684公里；一级公路92.724公里、二级公路89.532公里、四级公路54.245公里；水泥混凝土路面236.48公里、沥青路面5.53公里、沙土路面4.426公里。永久性桥梁97座，共4648.4米，其中大桥11座，共1959.2米；中桥24座，共1619.5米；小桥62座，共1069.7米。

省养公路国道年平均好路率89%，年末好路率92%；省道年均好路率89%，年末好路率91%；县道年均好路率85%，年末好路率86%；乡道年均好路率83%，年末好路率84%。年末省养公路优等路里程105公里，均达到广州市公路管理局的路况指标要求。

[**明确公路建养管新思路**] 为进一步推进公路体制改革，完善管理，公路局深入开展调研活动，查找影响从化公路科学发展的突出问题，力求解决一批制约从化公路科学发展，群众看得见、摸得着的问题，明确发展思路，确立公路建养管并重的新思路：一是抓公路环境提升和路况质量提高。二是抓安全生产和公路安全。三是抓好公路改造和示范公路试点建设。四是抓好公路体制改革和谐活力公路系列活动。

[**公路养护**] 局坚持“作业手段机械化、施工工艺快速化、工程管理规范化、交通维持标准化”要求，加大对路面早期病害的预防性养护，确保公路路况稳定。全年修补坑槽沉陷罩面1.39万平方米，修补砼板4.1万平方米，修整边坡护墙526立方米，清理路障134吨，修补水沟、天沟1.26万米，修整路肩3.1万平方米，疏通及维修桥涵53座。2009年度计划大中修工程27项，改善工程6项。在国道105、106及省道353、354、355、118等线破板严重的路段采用置换板修补，修补数量4.1万平方米。全年补种各类示警桩524条，更换或设置各类大小标志牌18块，清洗标志牌1617块，维修、补划各种乡道标线8793平方米。

[**桥梁养护和管理**] 为确保桥梁安全，局成立桥梁养护管理和安全责任工作组，由养护、工程、路政、安监、道班等人员组成，负责全局桥梁的日常养护管理、安全隐患排查、

日常检查维修和处理桥梁突发事件等工作。明确有关部门、道班的养护管理责任，确保公路桥梁的安全，保证桥梁畅通。全年维修桥面搭板及铺装约1800平方米。对出现严重病害的如S118线飞鹅桥和Y525线五丰小桥进行维修和重建。

［**公路水毁防汛**］ 为切实做好汛期公路水毁预防及防汛抢险保畅通工作，局执行“预防为主，防治结合”的工作方针，坚持“五早”（早计划、早动员、早安排、早准备、早落实）。一是根据“安全第一、常备不懈、以防为主、全力抢险”的防汛工作方针，制订《从化局防汛抢险工作预案》和《突发事件应急预案》，设有防汛抢险队伍60人，公路运输分队60人。二是组织道班进行灌缝、清疏水沟涵洞等水毁预防养护工作，对管辖的所有桥梁进行全面细致的检查。

［**路政管理**］ 一是全年发出违法告知书及各类整改通知书18份，依法拆除各类违法建筑3间，面积132.76平方米，制止违法建筑2宗173平方米，拆除违法围墙1处50米，拆除乱悬挂和设置广告标牌（横幅）543块1507.99平方米，拆除违法埋设管线20米。二是加强公路建筑控制区的管理，重点抓好对公路建筑控制区的管理和公路用地及公路设施的管理，对挖掘、占用公路、埋设管线、设置交叉道口、造成公路路面损坏、污染等行为进行严密监控，对违反公路路政管理规定的违法行为依法及时进行处罚，有效地制止各种违法行为。全年查处损坏路产案件13宗，办理路政许可审批25宗，依法收取路产损失赔偿费35万元；依法收取利用、占用公路路产补偿费457.45万元。三是落实治理超载工作，整治超限运输车辆。在设立的治超执勤点，联合交警、交通等部门，对超限超载车辆严格实施卸载，依法严管重罚，全年查处超限运输车辆121辆，卸载总重3944吨，收取罚款102万元，查处漏撒污染公路违法车辆98辆次。

［**征收路桥费管理**］ 彩虹桥征费管理所全年征收路桥通行费582万元，超额完成全年收费任务。在通行费征收上，不断强化内部监督检查约束手段和力度，进一步完善各项规章制度。

［**队伍建设**］ 一是理顺关系，建立考核和监督机制。面对公路管理体制和运行机制的新情况，理顺和平、龙潭收费站有关人员的安置问题。在行业管理上，进一步加强对道班的建设与管理，计量支付，清晰资产使用权，并建立一套较完善的考核、监督机制。二是抓好职工之家建设工作，教育职工热爱公路、献身公路事业，以奋发有为、积极向上的精神状态投身公路工作。开展“五清五帮”活动，组织和动员干部职工与特困家庭结对，开展济困和捐款活动，形成全局为特困家庭“办实事、解忧难、送温暖、献爱心”的良好风尚。三是加强公路文化建设。按照构建和谐活力公路建设的要求，组队参加广州公路局各种比赛活动，展示公路形象，增强凝聚力。四是加强对党员干部的廉政教育，进一步提高党员干部的廉政意识。五是注重抓好制度建设，做到以制度管事管人。六是抓好创文、计生、档案、综治和维稳工作。公路局被广州市公路管理局评为“2008年计划生育工作先进单位”，档案综合管理工作被评为达标优秀单位。

（市公路管理局供稿，江梅枝执笔）

交 通

［**管理机构**］ 市交通局属政府序列行政单位，办公地址在从化市街口街青云路287号。定编11名，工勤编制2名。2009年末，在职106人，有局长1人、副书记1人、副局长1人。内设机构有：办公室（与计财科合署办公）、规划建设科、运输管理科、法规监察科。下属机构有：交通管理总站、地方公路管理站、地方公路路政管理所。主管的运输企业有：市运输服务公司、市运输公司。负责协管的运输企业有：广州二汽从化分公司、广州顺途公共汽车有限公司、从化中旅旅游运输有限公司、从化金晖出租汽车有限公司和广州从化凯旋宫出租汽车有限公司。

［**基础设施建设**］ 高速路网建设。增从高速交地数量占总数的九成，全线各标段已全面动工建设；大广高速从化段已完成良口至中和里30.07公里的初步设计，控制性工程争取年底前动工；北三环高速修编文件已上报省交通厅和交通部审批，国家发改委核准该项目的工作许可，正进行初步设计的准备工作，争取在2010年上半年动工建设；广从轻轨项目争取2011年动工；佛清从高速项目前期工作正在推进。

地方公路建设。鲜切花基地主干道已完成征地拆迁工作，进行施工；环玫瑰园道路扩宽工程红旗村至玫瑰园段已完成，玫瑰园至街人线路段正进行征地拆迁工作；街北高速至105国道连接线、人和工业大道改造工程已完成招标工作，两项建设正在紧锣密鼓地推进。完成省道355线新沙塱至大尖山14.321公里的改造任务，以及乡道286线街人线的公路改造和“三化”工程。投入2000多万元，完成沈山下桥等16座水毁桥涵的修复；全面修复“6·26”水毁公路工程，清除塌方16.6万立方米，修复挡土墙161处、路面8000平方米、路基5.26万平方米。

自然村道建设。在2008年全面完成总投资2.7亿元889公里自然村道改造任务后，局按照实极向广州市政府申请追加自然村道建设指标，批复落实696公里。“五通”工程向自然村延伸。

［**地方公路管养**］ 公路养护。强化养护管理，指导养路工人不断提高养护技能，及时调整改进管养方法，通过勤巡查及早发现和处理养护工作的问题，使养护工作更趋于合理、科学，促进养护质量的提高。具体措施主要有：一是以路面为中心，确保平整、畅顺。二是根据降雨量大的特点，勤巡线、勤修补、保畅通。三是加大路面补强力度，缓解路面破损程度，延长公路使用寿命。四是改进施工方法，促进养护质量提高。五是投入养护资金70多万元，采购沥青140多吨以及水泥沙石等各种材料用于修补路面。同时协助村道指挥部采用GPS技术验收自然村道，通过科学的测设，将新增加的65公里村道绘入广州市公路图。各项养护指标均达到上级要求，省、县道平均好路率达86%，乡道好路率为83%。局地方公路管理站被省交通厅评为“全省公路交通情况调查先进集体”。

路政管理。全年组织1520人次上路面实施路政巡查，辖区公路巡查里程累计1.59万公里，上路面巡查306天，出动路政巡查车320台次，依法、依规实施行政审批14宗。投入资金190多万元，设置、更新各类标志牌及支柱、示警桩、施工牌一批；重新划定公路中心线、人行横道线等3630平方米，更换、增设各类标线8629.5平方米。在路政巡查期间，清理占用路肩堆放杂物127处约

350 立方米，拆除非交通标志牌 12 块；全年处理路政案件 28 宗，结案率 100%。执法过程中，案件发现率 98%，运用法律条文准确率、上路巡查率、违章建筑控制率均达 100%，较好地维护公路产权的安全和完整。

公路设施的维护。2009 年是公路省检年，局按照要求做好以下工作：一是提高养护水平，对内业进行规范管理，熟练操作和应用新的软件。二是对所辖线路进行全面清理整顿、清拆公路两旁违章广告牌 75 块，拆除违章临时棚屋 18 间 198 平方米，清理公路两旁堆积物 210 立方米，并对乱摆卖、占道经营、以路为市的行为联合工商、城管进行治理。三是全年种植各种路树 3.5 万棵、种植草皮 1.25 万平方米；省道 355 线改造完工后，清除原有的桉树，补种新树种；精心修剪路树、花草，避免路树枯枝对行车行人造成意外伤害，保持公路环境美观、行车视线良好；按照养护技术要求修整路肩、边坡，修整疏通排水沟，及时清除车辆洒漏及其他障碍物；坚持路面巡查，并做到每天清扫路面一次，保持路面清洁畅通。

[**行业管理**] 春运、节假日旅客疏运工作。贯彻市对春运、清明、十一黄金周工作的各项部署，加强对驾驶员和其他人员安全教育，落实车辆管理各项安全措施，建立突发事件应急处理机制，科学组织调配运力，维持好站场秩序，确保各客流高峰期的旅客运输“安全、及时、优质、畅通、有序”。节假日期间累计出车 18.7 万班次，发送旅客 165 万人次，其中组织包车 1795 班次，发送旅客 7.9 万人次，加班 755 班次，发送旅客 1.4 万人次，期间没有发生死亡交通事故、重大突发事件和治安刑事案件，局被评为“广州地区春运工作先进单位”。

营运审验工作。依法行政，按章办事，做好道路运输业年度审验和换发道路运输新版 IC 卡证件、从业人员 IC 卡换证及清理欠缴、漏缴和车辆收费工作。全年办理各类行政经营许可和行政审批 643 件，包括道路货运经营许可 571 件、物流经营许可 23 件、停车场经营许可 12 件、摩托车维修经营许可 15 件及汽车维修经营许可 22 件；完成营运车辆 IC 卡换证 3261 辆，办理从业资格证 3451 人，在承诺时限内办结率 100%；完成驾驶员培训结业审核 1.48 万人次；完成客货运和出租车辆二级维护检测备案 6912 台次；受理各类服务投诉 31 宗，办结率和回复率 100%。

生产经营场所管理。根据市整治机动车维修市场领导小组的统一部署，协调市综治办、整规办，牵头联合公安、城管、工商等部门开展无证维修整治大行动。先后出动执法人员 250 多人次，对管辖路段的无证照机动车维修店档开展联合清理整治。查扣用于机动车维修的工具一批，强制拆除超经营范围的广告招牌，对占道经营的店档现场进行教育纠正，使“人屋车场”专项清理、重点路段机动车维修店档的整治工作，取得阶段性成果。配合 105 国道省道 355 线街口城区路段的公路扩建工程。

营运市场整治。局坚持把运输市场稳定放在首位，针对从化市运输市场上特别是外来人员集中的工业区、高校区、旅游区存在非法营运、无证经营、超载等违章经营行为，强化稽查执法，克服说情、阻挠执法和暴力抗法等重重困难，保持高压严查态势，以源头稽查为主，采取日常巡查、重点整治、突击检查等多种办法，对城区各客运站点、各主干道以及群众反映问题较多的黑点路段进行连续不间断的专项整治行动。全年累计出动稽查人员 4046 人次，查处大巴客车、非法改装货车、非法营运面包车等违章车辆 911

辆。联合公安、公路部门检查超限超载车辆142辆，查处121辆，卸载总重量3944吨。与上年比较违章车辆数量明显下降，有效地维护运输市场的稳定。

［**企业经营**］ 二汽从化分公司、从化中旅公司等客运企业利用自身品牌优势，通过紧抓安全生产，开源节流，降低经营成本，保持营业收入节节上升的态势。广州市顺途公共汽车公司在企业重组后，管理更加规范，服务质量不断提高，获得更大的发展空间。从化金晖和广州从化凯旋宫出租汽车有限公司两家小汽车出租车公司也在不断改进车辆和服务质量中稳步发展，营运摩托车逐年减少、规范管理，整个客运行业向着稳定、有序、良性竞争的方向发展。

［**公共交通**］ 公交车客运线网进一步延伸，原6路公交线路终点站由宝趣玫瑰世界延伸至城康村委；原4路公交线终点站由原来的九里步延伸到温泉侨宏山庄，整合后的4路公交线运行客车由原来的6台扩增到15台；原1路公交线始发站由江埔村委延伸到凤凰村委，里程增加6公里，方便更多的群众。

［**农村客运**］ 广州顺途公共汽车有限公司已开通吕田镇吕中、东明长流，良口镇良平，鳌头镇龙潭高平、山心等农村客运线路。继续推进镇圩客运站建设，温泉旅游客运站占地面积3.06万平方米、建设面积1.56万平方米，已完成客运楼建设；太平客运站的选址已拟定3个地点，并报太平镇政府和从化市规划局审定；新温泉和高平客运站规划选址正在进行中；完成太平镇政府旁105国道边2个港湾式停靠站以及鳌头镇、江埔街等13个农村客运候车亭的建设，其余农村客运候车亭建设规划已得到省市交通主管部门批复，进入动工建设阶段。

［**安全生产**］ 强化安全生产管理工作。一是抓好制度建设，局与系统内各单位第一责任人和直接责任人签订安全生产责任书，完善、规范和落实安全生产制度。二是抓好日常监管，坚持做到安全生产年年讲、月月讲、天天讲，不断强化各级干部职工的安全生产意识。季度及重大节假日前开展客货运输、危化品运输等道路运输行业安全检查，指导企业制定措施，排查整改安全隐患。加强企业安全生产资料台账和应急预案的建立健全，开展“安全生产年”、“安全生产月”和“公交汽车消防应急救援演练”等一系列活动。组织开展行业安全生产目标管理考核，抓好行业管理工作的细化、量化，通过考核促整改，促进全市运输行业安全生产工作的提高。三是抓好GPS监控。为提升和实现安全管理，局投入30多万元，筹建全省第一个利用高科技GPS监控系统为核心的“营运车辆智能管理中心”平台，实现全市418辆营运客车、200辆出租车GPS监控的全面覆盖，为客运行业的安全、稳定提供有效的管理手段，违章行为得到有效控制。超速客运车辆从6月的2023次，下降至12月份的5次。

［**开展“创文”活动**］ 按照全市部署，局深入开展“重民意，端民行，携手共创文明城”主题实践活动，主动开展创建工作，在推动市公共文明建设中发挥“排头兵”作用。

公共文明创建工作。建立创建工作机制，制定创建工作方案，与交通系统11个单位签订责任书。对公交企业的车辆状况、车容车貌、司机服务质量、车厢服务设施、候车亭（牌）维护等项目实行月度检查、季度考评，促进公交行业创建工作全面达标。充分发挥从化汽车站作为从化市对外重要窗口、主枢纽站场、旅客集散中心的影响力，将其打造成为交通系统创建全国文明城市主题月实践活动平台和宣传阵地，精心组织、开展“微笑服务月”、“卫生清洁月”、“友爱互助月”等主题实践活动，形成“友爱在车厢”、“文明之星、文明号评选”、“大拇指志愿者行动”三大交通系统创文品牌。其中“友爱在车厢”、“重大节假日站场志愿服务”被团市委评为“2009年度从化志愿服务优秀项目”。

抓好重点和难点工作。一是重视对公交、出租汽车企业员工的宣传教育，使员工对从化市创建工作的知晓率、支持率和参与率达100%。二是对公交、出租汽车企业领导问责。三是加大对创文工作的投入，公交车配备和完善车厢服务设施，出租汽车统一更新顶灯，座位套上全新的白色布套。四是加强检查督办，自创建以来，局坚持每天做好河东旧车站、新世纪广场、从化汽车站等检查点的值班稽查工作。从5月开始进行的每月公共文明指数测评中，“公共交通站点”项目测评在广州市12个区市中，连续8个月排名第一或并列第一。

（市交通局供稿，巢阳灿执笔）

电　力

［**管理机构**］ 中国南方电网有限责任公司广东电网广州从化供电局，属广州市局垂直管理单位，办公地址在街口街府前路40号。2009年末，有干部、职工436人，有局长1人、副局长2人、副书记1人、局长助理1人。内设机构有：党群部、安监部、综合部（6月22日，原办公室、财务部合并为综合部）、计划建设部（6月22日由发展建设部更名）、配电部、营业部（3月25日，撤销原配电营业部，增设配电部、营业部）、运行部（3月25日，原变电运行部划归广州供电局变电二部）和6个供电所、12个基层班组。

［**生产指标完成情况**］ 全年供电量13.76亿千瓦时，比上年增长2.3%；售电量12.88亿千瓦时，增长2.6%；其中大宗工业7.3亿千瓦时，占56.67%；非普2.2亿千瓦时，占16.77%；商业0.9万千瓦时，占6.98%；住宅2.4亿千瓦时，占18.63%，农田排灌0.0098万千瓦时，占0.76%，农业生产0.08万千瓦时，占0.62%。线损率6.4%，下降0.21%。当年应收电费9.44亿元，实收电费9.43亿元，回收率99.94%。累计欠费总额为890万元，其中当年新欠电费61万元，旧欠电费829万元。售电收入8.05亿元，增长3.72%；资金预算准确率100%；供电成本预算准确率99.58%。综合供电可靠率99.867%，用户平均停电时间11.633小时/户。电压综合合格率99.52%。日最高负荷25.8万千瓦（7月14日），日最高电量517万千瓦时（8月28日）。全年计缴税款1.32亿元，其中上缴广州供电局9627万元，从化市国税局2447万元，从化市地税局1113万元。固定资产净值增加4.6亿元，电力销售成本7.3亿元。全年用电报装4023户，容量11.32万千伏安，其中大宗工业12户，容量3.5万千伏安；非普工业343户，容量1.7万千伏安；住宅3160户，容量4.64万千伏安；其他508户，容量1.48万千伏安。至年底，全市有用电装表户18.6万户。

［**经营管理**］ 一是找准增长点，开拓电力市场。主动跟踪做好9个工业园区的供电服务工作，制定“家电下乡”工作方案，提高电力在终端能源消费中的比重，从而激活用电增长需求。二是开展用电检查工作，利用线

损四分系统和计量自动化系统开展反偷查漏工作，全年查处窃电和违章用电案件 6 宗，追回电量 232 万千瓦时，电费 7.3 万元，追罚违约金 42 万元。计量追补宗数 128 宗，追补电量 224 万千瓦时，追补电费 69.7 万元。三是推进“一站妥”服务，处理呼叫中心工作单 1568 份，“一站妥”比例达到 91.34%，比年度指标超出 16.34%。四是解决用户的困难，做到急群众所急、想群众所想，提前 1 个月完成夏湾拿小区一户一表改造工作。

[**电网建设**] 一是完成从化地区“十二五”电网规划，完成从化地区 2009 年滚动规划。联合广州城市规划设计院与当地政府合作进行从化电网建设与城市建设相结合工作。二是完成 220kV 绿洲输变电工程的征地及青苗补偿拆迁工作，变电站在 2009 年 12 月 26 日投产。完成 110kV 养生谷及水南输变电工程的征地工作。三是协助完成 500kV 库湾输变电工程选址工作。四是完成 2009 年第一、二批农网工程、配网大修技改工程，并提前完成 2010 年配网前期项目 8 项。完成吕田镇 13 个村、1 个社区趸售用电自然村的 16 项农网改造工程。五是电网建设属地化管理已延伸到供电所，在解决电网建设中发挥重要作用。配合南网公司完成 800kV 云—广直流输电线路的征地、青苗补偿工作。

[**电力供应**] 一是建立线路遭受外力破坏“黑点”档案，落实专人负责监督线路保护区内的所有施工，通过群防群治、人防技防相结合的管理手段降低设备故障率。二是开展设备状态监测，对在运行的配电变压器进行负荷测试 5021 台次，新增及更换 24 回 10kV 线路自动化开关 77 台，改造 5 间综合电房使其高压柜具备二遥功能。三是开展带电作业和配网带电合环工作，全年进行带电作业 115 次，7 次 10kV 合环转电工作。四是推进营配一体化工作，抓好数据质量的提升工作，使全局数据总质量值达 99.84%，成为省公司首个通过营配一体化实用化验收的单位。

[**安全生产**] 一是制定 2009 年安全生产目标和落实措施，把年度安全生产目标分解到部门、班组，并在输、变、配、营集约化管理改革后及时进行调整，使全局上下始终目标明确，步调统一。二是持续、有效地开展作业现场安全监察工作，重点是检查“十个规定动作”以及各项安全规章制度在现场的执行情况。全年检查作业现场 951 处，作业现场安全监察率 100%，发现违章 1 宗，违章率 0.11%。三是推进安全生产风险管理体系建设，组织人员参加一系列体系建设知识培训，组织多种应急处置方案的演练。各供电所运行班组已完成任务识别、风险评估、作业指导书编写工作。四是加大打击破坏、盗窃电力设施的力度，加强群防群治。全年破坏、盗窃电力设施案件发生宗数和设备直接经济损失分别比上年下降 64.8%和 63.8%，其中有 31 个行政村实现“零发案”。从化供电局被广州市评为“电力设施保护先进单位和综合治理先进单位”。

全年没有发生安全责任考核事故，实现全年不发生中断记录事故。连续安全生产天数为 2339 天（2003 年 8 月 7 日至 2009 年 12 月 31 日）。

[**党建工作**] 一是坚持“三会一课”党建工作制度，制定和落实中心组理论学习计划，全年中心组组织集中学习 14 次，中心组成员 7 人提交学习心得 31 篇。二是抓好基层支部建设和党员队伍建设，及时调整企业改革后的党支部设置。开展党员民主评议，全局 92 名正式党员全部参加党员评议，没有不合格

党员。三是转正党员 4 人，发展预备党员 6 人，办理预备党员转正 2 名。向上级党委缴交党费 1.87 万元，捐助广州市党内关爱辅助基金 8000 元。四是制定党风廉政建设工作计划，及时组织各部门、各党支部和各供电所签订 2009 年党风廉政建设工作目标责任书，党总支书记为党员上题为“加强作风建设，保障科学发展”的廉政辅导课，全年没有发现党员违反廉政制度现象。

［**队伍建设**］ 一是继续开展“同心结南网，创先兴广供”系列企业文化活动，成功举办“和谐快乐杯”职工卡拉 OK 大家唱等系列文化建设活动，进一步增强企业凝聚力。二是加强企业文化的宣传和报道，在广州 EIP 网站上发表信息 386 篇、在广州电力报发表文章 17 篇，其中《一诺千金》的故事获广东电网二等奖。三是完成年初各层级计划生育目标管理责任书签订工作，计生责任书签订率达 100%。全年没有出现违反计生现象。

三是制定《从化供电局 2009 年创先工作实施方案》，开展“创先”宣传活动，在局及各供电所的办公、生产场所制作创先宣传栏和张贴创先宣传标语，定期刊登创先工作情况和职工工作体会。

（从化供电局供稿，侯树民执笔）

邮　　政

［**管理机构**］ 市邮政局属广州市局垂直管理单位，办公地址在街口街河滨南路 182 号。2009 年末，在职员工 153 人，其中本科 22 人，专科 41 人，中专（技）26 人；中级职称 1 人，初级职称 9 人。有局长 1 人、副书记 1 人、副局长 1 人。内设机构有：综合办公室、经营服务部、账务中心，下辖支局 4 个，邮政网点 9 个，其中代理金融网点 5 个。

［**业务经营**］ 业务完成情况。市邮政局按照“化危为机，开拓创新，效益优先，和谐共赢”的工作方针，积极应对国际金融危机，深入拓展业务新市场，全年完成业务总收入 1371 万元，占年计划 101.6%，比上年增长 14%。以创新营销为突破口，强攻行动作保证，全力开展“开门红”和“强攻行动”，协调发展邮务、速递、储汇三大板块业务。全年实现函件业务收入 218 万元，比上年增长 3%，实现函件业务连年持续增长。集邮专业实现收入 96.6 万元，增长 17%。报刊流转额 468 万元，增长 21%，重点推广报刊礼仪卡，将其延伸到节日文化和礼仪文化领域，并通过提升营销手段及服务质量等办法，使报刊收入在订阅市场逐年收缩的情况下仍保持增长。速递业务实现收入 170 万元，推动“端午邮情”新项目，开展“一分钟”营销活动，提高保价费收入。大力发展金融类新业务，储蓄业务收入 366 万元，新增余额 5300 万元，存款余额 1.56 亿元。

重点经营活动。一是实现储蓄余额“飞跃 1.5 亿元”。温泉、鳌头支局通过开展“走入乡村”宣传活动，取得当地农户的信任，为农户代发征地款 1300 多万元；太平支局抢占市场先机，率先进入农贸市场，并做好华商联盟和商易通业务开发工作，成功开发客户 30 多户，实现余额增长 800 多万元。二是拓展金融新业务。年初，从化邮政局联合邮储银行从化支行和中国人寿保险公司从化分公司，共同举办“从化市邮政局、邮储银行从化支行贵宾客户联谊会”，促进金融营销。全年实现代理保险 1000 万元，销售基金 500 万元，理财产品 300 万元，代理体育彩票 100 万元。三是落实邮政“三农”服务工作，开通邮政农村金融服务绿色通道，参与从化地区的“农村社会养老保险”工作，制定发展“新农保业务”方案，开发代发农保户。四是重点函件业务项目营销策划取得新突破。组织从化市第四届“书信节”活动。

经营成绩。市邮政局被广东省邮政局评为“2008年广东省邮政系统文明单位”，获得广州市邮政局“2009年强攻行动先锋奖”称号。以“团结拼搏主动出击”为主题的从化邮政局储蓄余额超额完成纪实案例，荣获广州邮政“2009年年度营销案例二等奖”；以“打造品牌坚持双赢”为主题的从化市第四届书信节开发纪实案例，荣获广州邮政“2009年年度营销案例三等奖”。江永池获“2009年上半年余额发展优秀支局长”称号。在广州市邮政局举办的“强攻行动”支局营销对抗赛活动中，太平支局评为“龙虎榜”第三组第三名；禤杰婵获“2009年上半年余额发展优秀网点负责人”称号；刘伟明获2009年上半年余额“十强”营销能手（个人发展余额近500万元，销售保险100万元）。

［**服务质量**］ 从化邮政局着力提升服务质量水平，从前台窗口抓起，并延伸到各个岗位，加强邮件收寄安全工作，严格对收寄包裹的检验把关，提高投诉工作的应对协调，及时跟进处理，强化对服务质量的检查和监督。2009年，从化邮政的服务质量、服务水平、服务形象稳步提升，服务质量满意度为98分，没有发生负面事件。

［**通信能力建设**］ 以市场需求为导向，着力加快投递网基础建设，大力提高网络效能。一是通过实施竞争性报刊早报早投作业计划，实现在从化大部分区域对重点客户实行早报早投，加大对大客户的服务能力，提高重点地区报刊等竞争性业务的投递服务水平及竞争能力，改善大客户邮件报刊服务质量，大客户服务质量满意度有所提高。二是加大信报箱群建设投入，强化信报箱日常维护，有力配合从化市创建文明城市工作的开展。投入信报箱群建设资金120万元，用于旧城区信报箱改造，已建立信报箱1.7万户，其中城区1.5万户。对所有已损坏的信报箱进行维修，确保信报箱正常使用。

［**业务培训**］ 远程培训取得好成绩。在广大干部员工的参与下，从化邮政局支（行）局长远程培训和电子化支局远程培训取得较好成绩，支（行）局长的远程培训考试总体成绩在全区平均分之上，在七区二市中排名第五。在电子化支局远程培训工作中，局全体人员参加培训员工考试合格率100%，得到广州市邮政局的通报表扬。

提高员工的邮政基础知识和业务水平。一是练功比赛中，员工参赛率100%。二是通过练功比赛，选拔各个项目的优秀员工作为示范，把先进的操作方法传授给所有员工。三是针对局练功比赛中出现的薄弱环节，多次聘请广州市局的培训老师对员工进行培训，做到查漏补缺，全面提高。在参加广州市局第十六届职工岗位业务技术练功比赛中，荣获二市二区局组团体第二名，其中驾驶员项目比赛成绩与番禺局并列第一，储汇业务员和信息通信员项目比赛成绩均排列第二，投递员项目比赛成绩排列第三。

［**人力资源管理**］ 一是落实政策，有效提高员工的福利。组织实施《从化市邮政局企业补充医疗保险试行办法》，与从化市城镇基本医疗保障体系衔接。二是结合局实际，在强化绩效考核，强化贡献基础上，制定适应职级管理的考核薪酬分配办法。

[**党建企业文化**] 一是落实从化市委学习实践科学发展观精神，完成学习实践科学发展观活动工作，用科学发展观指导企业实践，解决制约邮政发展问题。二是面对金融危机的不利影响，广大干部员工努力拼搏，逆难而上，积极创新，善于拓展市场，完满完成市局下达的各项任务，初步形成“三心”（信心、用心、恒心）企业文化。三是开展各种文娱活动和体育比赛，为员工提供展示自我、提升自我的平台。

（市邮政局供稿，马腾升执笔）

电 信

[**管理机构**] 中国电信从化分公司属中国电信广州分公司垂直管理单位，办公地址在街口街青云路282号。2009年末，从业人员236人。本科以上学历49人，专科61人，中专25人。有总经理1人、副总经理2人。内设机构有：综合部、销售部、客响维护部，下设营销服务中心8个。

[**业务经营**] 全年业务收入1.4亿元，上缴税收750万元；固定电话用户约10万户，移动电话约3万户，小灵通4万户，宽带5万户，固网份额约占98%；移动电话占市场份额7%，处于快速发展阶段。

[**通信工程建设**] 从化分公司不断完善通信设施建设，坚持以市政建设需要及从化人民群众日益增加的通信需求为中心，利用有限的资源，全力配合推进市信息化建设。全年投资近千万元，新建各类通信、线路迁改、管道建设等项目近180项；完成天翼3G网络优化建设，实现除偏远地区外的天翼3G网络全覆盖；全力推进“光进铜退”工程及宽带提速；启动配合亚运会的800M工程建设，承担近20个基站的建设工作；配合创文工作，针对公话亭、通信设施进行整理、整洁、迁改工作；投资近200万元，在广州第一个率先完成279个农村党员远教点建设；完成田心村信息田园示范点建设工作，通过广州市政府的检查；各项工作顺利开展，保障市委、市政府在全面推进政府信息化、中小企业信息化、农村信息化建设、创建文明城市等方面的力度和进度。

[**网络建设保障**] 移动网络优化及建设成效显著。一是抓好网络优化工作。全年完成对136个村、100多家政企客户区域及主要楼盘C网信号质量测试，测试点463处。二是快速推进移动基站和室分系统建设。全年完成98个基站EV－DO升级改造及34个室外基站、20个直放站改造工程，12个室分项目的工程完工。C网基站增加至147个，直放站增加至54个；室内分布系统增加至15个。三是通过网络建设及优化工作，网络质量明显提高，用户申告环比（与上一阶段比较）原联通CDMA网络交割初期下降25%，其中无信号下降37.5%，信号弱、不稳定下降25%，呼叫建立成功率环比上升4.18%，提升用户网络使用的感知度。四是推进“光进铜退”战略，全年建成16个OLT（光缆终端设备），29个EPON设备间，共132个ONU（光节点），用户容量达固话12672线、宽带6336线。全部支持4M以上接入带宽，提升高带宽及高稳定性业务的提供能力。

市场营销。一是按照三个有利于（有利于聚焦客户、有利于定位中高端、有利于形成差异化）、四个原则（规模效益化、融合差异化、结构优化、管理量化），通过及时适度地调整优化营销策略、管控手段、支撑力度、绩效管理、运营模式、思想观念等方面，推动聚焦客户的信息化创新战略和融合经营差异化竞争规模发展策略的执行。二是建立健全面向客户的一体化服务体系，成立前后端捆绑服务工作机制，瞄准售前、售中、售后三个环节，以客户为中心，提供个性化的销售方案，不断推进政府信息化、中小企业信息化、农村信息化建设，用优质的服务、物美价廉的产品、高质量的网络满足广大人民群众的通信需求和生活需要。三是拓展社会渠道服务网点，扩大从化地区销售服务覆盖范围。落实网格化销售，完成网格划分、人员岗位调整、CMMS（是一项在中国大陆进行的关于居民媒体接触习惯和产品/品牌消费习惯的单一来源年度连续调查和研究）系统培训、绩效考核等工作，逐步优化完善网格化直销体系。四是加强营业厅的主动营销力度，推进卖场化经营，将重点业务套餐设专人专柜销售推广，组建专业营业厅销售团队进行业务销售拓展。

［**组织建设**］ 一是坚持以“服务从化、建设从化、回馈社会”为己任，参与从化经济政治文化活动，全年投入10万元，分别与市总工会联合举办“天翼杯”登山比赛，赞助“‘与新中国同行——我们还年轻’2009年重阳敬老节老人书画展”、教师节、拥军优属等活动。二是抓好党建、思想保障等工作，召开党员大会选举产生新一届党委和纪委；举行“天翼先锋行·天翼青春行”党团员主题活动，党员干部在业务发展中起到带头模范作用。三是加强内部网的企务公开专栏建设，实现企业的规章制度、党群工作、各项实施方案应用结果公开化。重大决策坚持民主决策流程，劳动竞赛、绩效方案、规章制度的制定都经过相关会议、意见征询、民主决议等流程。四是加强“有困难找工会”机制，工会经常深入基层调研，详细了解员工存在的困难。工会委员挂点基层，定期参加相关单位例会。五是整治改善部分营销服务中心办公场地、饭堂、宿舍等工作环境，建立员工休息室、员工图书室、宣传文化长廊。六是丰富员工文娱活动，组织先进员工短期休养，举办“拔河比赛”、“天翼杯”登山比赛、中秋游园会、“天翼杯”篮球赛、“员工集体生日”等活动。

（中国电信从化分公司供稿，朱其虎执笔）

中国移动通信集团广东有限公司从化分公司

［**管理机构**］ 中国移动通信集团广东有限公司从化分公司是中国移动（香港）有限公司全资子公司广东移动通信有限责任公司广州分公司下属分公司，办公地址在从化市街口街广场路121号。2009年末，有员工175人，平均年龄28岁，大专以上学历的员工占85%。内设机构有：综合部、市场部和业务拓展部、微区域4个，下管辖沟通100服务厅12间。

［**业务情况**］ 公司拥有全球通、动感地带和神州行（含大众卡）三大品牌，为从化80%以上的手机用户提供优质的移动通信服务。

［**市场经营**］ 一是公司克服宏观经济下滑的不利因素，化危为机，向管理要效益，根据市场新形势实行管理变革，推行低成本高效率运营，取得良好的效果。在主动通信客户数、业务收入、话务量增长率三个重要指标均在大广州9个分公司中排名第一。二是组建专门针对集团客户开展工作的部门一业务

拓展部，投入资源，使更多的集团客户能够享受到量身定做的服务，享受到信息化应用为其生产经营活动所带来的高效率和低成本。高价值集团驻点覆盖率 80%。三是社会渠道网点迅速发展，网点比同行业其他公司数量多 80%以上，覆盖全市所有的行政村，使客户能得到更加方便和及时的服务。四是校讯通业务发展势头良好，为学校和家长之间提供更便利的沟通手段，利用信息化手段协助学校提升管理质量，收到良好的社会效益和经济效益。五是 IP 数据专线、综合 VPMN（虚拟专用移动网）、WLAN（无线局域网络）等产品也逐步得到客户的认可，在为客户提供优质服务的同时，也为客户降低经营成本。与从化市人民政府签订战略合作协议，启动信息化工程 11 项，推动“信息广州”在从化落地。

［**创新管理模式**］　一是推出“行业化矩阵式”集团客户管理模式，使工作效率显著提高，集团客户规模迅速增长。实现市场部渠道管理的专业垂直统筹监管，使管理更加扁平化，达到更高的效率，新增市场占有率排名连续 12 个月保持在大广州前两名。二是以高校战略地图来全面掌握高校市场关系资源、营销资源，提高运营价值。2009 年高校迎新项目，新生充值率 40%，在广州排行第二，老生充值率 80%，在广州排行第一。高校迎新工作获得广州市移动公司的“校园迎新管理奖”和“校园迎新优秀奖”。

［**拓展市场领域**］　一是在农村市场开展 200 多场驻点促销，随着 3G 网络的完善，G3 信息机（无线固话）无月租，方便便宜的特性，得到广大村民的追捧。二是外来务工人员有较多的长途话务需求，G3 信息机套餐中包含长途通话的设计使外来工得到实惠。三是 G3 信息机的方便特性很适合市民的需求，从河西区搬到河东区，完全不用考虑号码的更换，更不用办理迁移手续，与朋友得以保持完全良好的沟通。四是在各大、中、小学开展校园市场驻点营销服务，为师生解答疑难，优质的服务得到广大师生的认可。动感地带、从化大众卡成为校园畅销产品，得到广大师生的喜爱。

［**网络建设**］　一是工程建设成绩斐然，推进 2G、3G 的工程站点建设，工程进度位居广州各分公司前列，城区，已经达到优秀的通话和无线上网质量标准。二是网络维护成效突出，持续对以全球通品牌为代表的 2G 网络进行优化，使网络质量更好，与竞争对手的相对优势更加明显。对全市的传输末梢进行优化工作，从化基站光缆末梢一级安全、二级安全指标分别为 93%、98%。

（中国移动通信集团广东有限公司
从化分公司供稿，钟献文执笔）
（李信慧编辑）

城乡建设 环境保护

城乡规划

［**管理机构**］ 市城市规划局属政府序列行政单位，办公地址在街口街河滨北路128号。定编20名，其中行政编制15名，工勤编制5名。2009年末，在职20人，有局长1人、副局长2人。内设机构有：局办公室、用地规划管理科、建设工程报建科、规划监察科。下属机构有：规划建筑设计室、规划勘察测绘队、市城市建设档案馆、市规划编制研究中心，下属机构有在职人员27人。

［**规划编制**］ 修编城市总体规划。年初，委托有关规划编制单位进一步探讨在新时期下从化市作为广州北部城市副中心的实质内涵和功能定位、城市发展方向和发展规模，以及城市特色和空间演化等问题。5月，完成《从化市城市总体规划（1998—2020）实施评估报告》的编制工作，并上报广州市城市规划局。按照程序，待省建设厅组织专家评审通过，省政府批准后，即可开展从化市城市总体规划的新一轮修编工作。

编制专项规划。先后组织编制的专项规划有：《广州从化市旅游发展总体规划》、《从化市河东旧城片区控制性详细规划》、《广州从化万亩鲜切花基地总体规划》、《温泉镇石海工业园控制性详细规划》、《广州科学城从化高技术产业园概念规划》等。

编制城市景观规划。为塑造良好城市形象，打造城市景观轴线，展现山水园林旅游城市特色，完成《万亩鲜切花旅游观光大道城市设计》、《万亩鲜切花入口广场规划》等规划方案。

编制生态环境规划。为更有效地指导乡村旅游建设与开展，完成城郊街田心社农家乐规划和吕田镇狮象村旅游规划，还开展市流溪河绿道太平至温泉流溪之恋旅游规划。

编制村庄建设规划。严格按照“生产发展、生活宽裕、乡风文明、村容整治、管理民生”的总体要求，结合实际，科学制定规划编制方案，为改善农民居住环境和质量，为建设社会主义新农村提供建设依据。至年末，已完成全市218条行政村的村庄规划编制，其中良口镇溪头村、街口街石潭村等按村庄规划建设成效显著。

［**市重点项目管理**］ 一是完成第16届亚运会（广州）马术比赛场赛时修建性详细规划。二是先后完成城区和温泉镇等市政管网污水处理厂的规划选址、咨询、审批工作。三是完成温泉养生谷项目的总体规划、控制性详细规划调整的咨询工作。四是完成动漫产业园一期用地以及105国道、355省道城区段的规划选址、设计条件等规划用地手续。五是完成中华国医国药创新示范基地总体规划方案的审查工作。

［**规划管理**］ 城市规划管理。全年累计发放建设项目选址意见书19宗，面积62.4万平方米；选址意见复函71宗，面积384.04万

平方米；发放建设用地规划许可证 89 份，用地面积 269.06 万平方米；核发建设工程规划许可证 94 份，总面积 140 万平方米。

规划验收管理。从项目竣工上严格把关，对已办理报建的建设项目进行跟踪。全年发放建设工程规划验收合格证 80 份，总面积 120.34 万平方米。

规划监察管理。配合城市管理监察大队查处各类违章建筑案件多宗，发出行政处罚书 17 宗，罚款补办及临时保留使用 8 宗，罚款金额 21.8 万元，拆除违法建筑 6 宗，面积 6178 平方米。

城建档案管理。规范档案工作，为局各项中心工作服务。全年整理业务档案 2529 宗，文书档案 252 件，库存总量约 2.9 万卷；接待利用 580 人次，745 卷。

规划编制管理。编制研究中心完成《从化市城市总体规划（1998—2020）实施评估报告》、《鳌头工业园区总体规划中期设计方案》等多项规划及修建性详细规划，完成全市 90 多条行政村庄规划编制组织工作。

规划设计管理。完成多个大型规划设计项目，包括广州城建学院总体规划设计，中大南方学院总体规划设计调整、邓村及石潭村的村庄规划、宣星村概念规划等以及社会调查工作共 33 项。

勘察测绘管理。完成从化珠江投资有限公司、从化方圆地产公司等建设单位的规划放线及验线测量共 109 宗，测量面积 200 万平方米。

（市城市规划局供稿，肖蔚琳执笔）

建设和市政管理

[管理机构] 市建设和市政管理局属政府序列行政单位，办公地址在街口街河滨南路 36 号。定编 22 名，其中行政编制 18 名、离退休干部服务编制 1 名、工勤编制 3 名。2009 年末，在职 25 人，有局长 1 人、副局长 3 人、副书记 1 人、纪委书记 1 人、总工程师 1 人。内设机构有：办公室、建筑业管理科、房地产开发管理科、市政管理科、公用事业管理科。下属机构有：建设工程质量安全监督站、建设工程质量材料检测室、城监大队、市容环境卫生管理所、水质净化厂、市政排水管理所、市政园林管理所、路灯管理所、自来水公司。代管机构有：城市管理委员会办公室、建设工程招标投标办公室、城市房屋拆迁管理办公室、散装水泥管理办公室。

[建筑行业管理] 建筑业概况。至年末，全市在监项目 104 项，总建筑面积 202.14 万平方米，造价 30.62 亿元。全年核发施工许可证项目 103 项，总建筑面积 102.61 万平方米，工程造价 21.92 亿元。

建筑工地安全生产和文明施工管理。继续开展建设法律法规宣传教育、培训工作。抓好“安全生产月”系列活动，开展建设工程质量安全大检查，组织开展建筑工地消防、建筑钢材质量、防范建筑起重机械、高处坠落、坍塌安全事故等的专项检查，开展建筑施工安全隐患排查治理工作，主要抓好深基坑、高支模、塔吊、高边坡等重大危险源的治理，有效地防止和减少安全事故的发生。抓好建设工程安全防护和文明施工措施费用的征管，继续抓好农民工业余学校的创建，实施建设工程“平安卡”制度，加强对跨地区建筑企业的管理，建立建筑市场诚信体系，对进入从化的外地建筑企业实施告知登记，严格落实文明施工安全生产管理各项措施，重大安全责任事故实现连续 6 年“零发生”，文明施工管理水平得到提升。

建设工程质量监督管理。通过健全工程质量监督管理制度，强化质量监督的科学化和信息化建设，创新监督管理模式，实行差别化管理，加大对建筑材料、混凝土以及新型墙材的监督抽查力度，开展对监理企业的行为检查，加强对建设工程质量的管理。强化专项检查制度，定期组织专项大检查，加强对起重设备的管理，提高市政工程监督水平，开展对扣件式钢管脚手架的钢管和扣件的监督抽查，加强对前提条件勘查和施工许可证现场发放的管理工作，全年没有发生重大质量责任事故。

建设工程招标投标管理。开展“每月一法规”学习，促进干部廉洁自律。根据招标投标工作的发展趋势，研究和探索符合从化实际的评标办法，草拟新的招标投标管理规定。加强对招标代理单位的管理，打击建设工程招标投标过程中使用虚假资料的违法违规行为。开展招标投标网上报名和资格审查软硬件建设，加强评标专家库的动态管理，扩充专家库成员。全年完成工程项目交易305项，其中公开招标214项，邀请招标91项，合同价24.55亿元。

其他管理项目。推广散装水泥、新型墙体材料、建设工程造价、建筑材料检测、勘察设计市场、施工图审查、监理等行业管理。通过召开现场会、主题工作会议、派发现场资料、加大检查力度、加强对违规行为的处罚等方式，加强使用散装水泥、预拌砂浆的宣传和推广，抓好预拌混凝土质量管理，全年累计应用预拌混凝土24.3万吨。强化新型墙体材料专项基金和散装水泥专项资金的征管力度，规范征收和返退手续，累计办理新型墙体材料专项基金62宗，征收基金707.3万元；办理散装水泥专项资金97宗，征收专项资金90.9万元。抓好建筑节能设计审查备案和建设工程竣工验收备案工作，全年办理公共建筑节能设计审查备案99项、居住建筑节能设计审查备案124项；全年办理竣工验收备案60项，总建筑面积97.9万平方米。抓好建设工程的造价管理工作，做好每季度材料指导价的测定和指导价差文件的编制，把好建设工程造价审核关。加强建筑工程质量监督检测工作，新增检测项目2项，加强人员技术培训，提高检测水平，完成各项检测2.42万组。加强勘察设计市场管理，严格实行施工图审查制度，纠正违反建设工程强制性条文83条，维护工程安全和社会公共利益，保证设计质量。加强对监理单位和人员行为规范管理，落实建设工程安全监理责任。

［**市政建设和管理**］　市政公用基础设施建设概况。除七星体育公园1、2、3号路等3项工程因征地拆迁无法提供施工走廊外，1.8亿元财政预算内项目和6.3亿元融资项目全部开工建设。

市政道路和配套设施建设。105国道和355省道城区段升级改造工程全面开工建设，土建工程和管道铺设抓紧推进，基本完成主体工程建设，绿化、照明等配套工程开工建设。府前路、建设路、开源路沥青路面改造，旺城北小区路面改造，蓝田排放站改造，翠云小区、关围小区改造，华滨南路道路工程等先后完工，蓝田路、中田路、城中路等7条道路沥青铺设全面完成，城区市政基础设施建设不断完善。从化大道南段（海塱桥至355省道）已全面完工。从化大桥及其联系道路工程正抓紧做好前期的各项工作。完成城区12座桥梁的安全检测工作，投入400多万元对城区市政设施进行改造维修。城南大道（蓝田西路至355省道）和七星体育公园1、2、3号路及中医院扩建道路等工程正在推进。

市容环境卫生管理。潭口垃圾场第二填

埋区建成投入使用，更新配置果皮箱 890 多个。接管商贸城小区、河滨北路和北星小区等的卫生保洁工作，保洁面积不断扩大。规范清扫保洁作业，完善监督管理机制。狠抓市容环卫执法管理，落实执法员、卫生监督员岗位责任制，加大执法力度，与沿街单位、店铺签订“门前卫生责任书”6000 多份，监督店档履行门前卫生责任。整治乱张贴，清理乱张贴、乱涂画 105 万张。强化对余泥渣土排放的监控，加强街道清洗和中转站的保洁，提高城区公厕管理水平，市容市貌进一步改观。

园林绿化管理。加强园林绿化建设和改造，先后完成田心社农家乐、红荔新村、龙井新村、旺城北区、登云小区、碧翠小区绿化种植工程。在城区中心大面积种植各种时令鲜花，并在各公园、广场、道路交界处等进行立体花卉种植，全面完成城区的绿化补种。

排水设施改造和市政排水管渠清疏。先后完成城南村自然明渠、门口江、青云路排水渠箱、中田路、商贸城南区排水的清淤和改造。对城区市政排水设施进行全面排查，改造有问题的管道和沙井，保持对城区市政排水管网的循环清疏，畅通城区市政排水管渠。

[**公用事业管理**] 城镇污水处理系统建设和农村生活污水治理工作。根据广州市的统一部署和要求，从化须在 2010 年完成五个污水处理系统项目建设，56 个行政村污水治理工程。至年末，中心城区、温泉镇、太平镇和良口镇污水处理厂已进入建设阶段；明珠工业园污水处理厂已进入主体施工阶段，土建工程进度约 80%；污水管网施工抓紧进行。农村生活污水治理工作的整体进度约 90%，已进入工程实施的村 20 个，已完工的村 36 个（完工比率为 64.3%）。按照工程计划，2008 年的 22 个计划项目已全部完工；2009 年的 19 个计划项目中，有 12 个村已完工，7 个村进入实施阶段；2010 年的 15 个计划项目中，有 13 个村进入实施阶段。

交通设施建设。对城区残旧的标志、标线、标牌进行全面翻新，标设摩托车停车位 1.17 万个，新增车行道汽车临时停车位 1000 多个。实施新城东路、青云路、旺城大道、东成路设置中间分隔护栏及人行道护栏工程。开展城区交通方案的研究，着力从市政设施设置方面解决城区交通堵塞问题。

城区生活污水处理。抓好污水处理生产运行管理和生产质量管理，加强对厂内的机电设备的维修保养，更新设备，全年处理污水 591.6 万立方米，完成 COD（生化需氧量）消减量 95 吨，处理后各项水质指标均达到国家排放标准。

路灯建设和管理。完成一河两岸、河东桥头等亮化工程和迎宾大道、七星路小区、建云东小区、旺城北区等路灯工程建设，文峰塔光亮工程已在国庆前亮灯，全年新建路灯 8570 盏，新增容量 390.4 千瓦。加快推进路灯节能改造，安装节能设备 12 台。加强路灯日常维修和保养，亮灯率保持在 98% 以上。

供水行业管理。良口水厂建设是亚运会马术比赛场馆安全供水的市政府重点督办项目，其中厂区已基本完成主体工程建设；管道建设已完成过河管和 DN600 管的安装，其他管径的管道完成工程量的 90% 以上。针对市内自来水水厂数量多、规模小、管理困难、水质问题多的状况，召开全市自来水工作会议，强化水质保障。对被指定为亚运会接待单位的碧水湾、文轩苑、温泉宾馆的供水、供气情况进行检查，完成应急方案。自来水公司积极应对国际金融危机对用水市场的影响，加快管网改造，开拓用水市场，更新改造水质检验设备，加强节能降耗，纠正违章用水，完善客户服务体系建设，服务水平和服务质量进一步提高，完成供水量2676.02万吨，比上年增长4.18%；售水量2325.35万吨，增长5.31%。水质综合合格率99.9%以上。

燃气行业管理。加快推进管道燃气工程建设，管道天然气已投入使用。抓好各气站及门市部的安全生产管理，堵塞管理漏洞和治理安全隐患，燃气市场安全和供气得到有效的保障。

［**城市管理和监察**］ 城市管理工作。城管办发挥协调管理职能，促进城市管理各项工作的落实，妥善解决环境卫生、城市容貌整治等多项城市管理难题。推进户外广告设置有偿使用工作，制定实施意见，完成招拍挂前期工作。解决停车难问题，制定《从化市解决停车难问题实施方案》，推进道路临时停车位的有偿停放服务工作。

城乡清洁工程。加大宣传力度，继续实施城乡清洁工程的检查考核办法，健全镇、街、园区、村环卫队伍，落实城乡清扫保洁制度，完善农村环卫设施设备购置，进一步加强垃圾日产日清工作，落实门前卫生保洁责任制。抓紧推进垃圾压缩中转站（或垃圾填埋场）的建设，太平镇垃圾压缩中转站已进入设备安装阶段，吕田镇已完成垃圾填埋场的建设。

城市管理监察工作。加强队伍建设，成立女子城管执法队伍。加大城市管理宣传力度，逐步树立“法治城管、亲民城管、文明城管、和谐城管”的新形象。创新执法方式，实行城市管理综合执法。以商业大街和主干道为严管路段，加强各大肉菜市场周边整治，整治城区“六乱”（乱摆卖、乱张贴、乱悬挂、乱堆放和乱搭建）2.46万宗。抓“两违”（违法建设、违章建筑）查控，查处各类违法建（构）筑物899宗，面积22.96万平方米。监督指导协调各镇、街、园（区）城监中队各项执法工作，会同查处各类违法建（构）筑物390宗，面积8.47万平方米。

城市房屋拆迁。开展105国道和355省道城区段（一期）升级改造项目拆迁工作，至年末已完成项目征地368.5亩，拆除建（构）筑物4.84万平方米。完成市体育中心拆迁安置楼建设，小海商业街安置楼建设进展顺利，从化大桥、中医院道路、陈屋等一批拆迁项目已完成前期工作，中医院道路项目已动迁。

［**房地产开发管理**］ 加强房地产企业资质年检、项目手册管理，重点加强对企业开发经营管理、开发经营业绩、资本金到位以及使用情况、企业技术经济管理人员情况等方面的审查。2009年末，在册管理的房地产开发企业59家，注销开发资质2家。采取多项措施，促进房地产企业把握商品房销售回暖的有利时机，加大资金投入，加快新楼盘开工建设，全年全市新开工报建商品房项目12宗，建筑面积28.8万平方米，建筑造价3.8亿元。

（市建设和市政管理局供稿，王海英执笔）

城市监察管理

［**管理机构**］ 市城市管理监察大队（简称市城监大队）隶属市建设和市政管理局管理，为参照《公务员法》管理的事业单位，办公地址在街口街小海地段自编1号。有事业编制54名。2009年末，在编50人，政府雇员

10 人，城市协管员 30 人；有大队长 1 人、副大队长 1 人和政委 1 人。内设机构有：办公室、业务执法科、监察督办科、机动中队，直属一、二、三、四中队和女子执法队（2009 年 9 月组建）。派出机构有：五镇三街、3 个园（区）和市政市容环卫城管中队共 12 个，其人、财、物均实行属地管理，业务上接受大队指导。

［**队伍建设**］ 一是落实工作目标管理岗位责任制，实施“五定”机制，将执法职责分解到中队，做到“定人、定岗、定责、定时、定点”。二是严格执行执法工作责任人和责任过错倒查追究制度，保证执法行为规范、合法。三是执行每月对中队的目标管理岗位考核制度。通过每月对各个中队执法业务进行检查评比，有效落实各中队的工作纪律、执勤执法、地段管理情况，并将每月的考核情况给予通报，将考核与补贴挂钩。四是坚持实行大队领导每日值班巡查制度。坚持每日安排大队领导对各中队的执勤执法、地段管理、队员风纪等情况进行检查监督，及时将存在的问题反馈给中队，保证各项工作任务的顺利完成。五是实行监察督办制度。由监察督办科对巡查发现和群众投诉的问题负责及时督办落实。六是实行每周例会制度。大队每周召集创建文明城市工作例会，由中队负责人汇报“创文”执法整治情况，综合总结执法整治工作的重点难点问题，针对具体情况提出相应整治措施，迅速集中力量加以整治。七是举办各类城市管理业务培训班。对大队全体人员、市容环卫各中队及镇、街、园区中层干部展开《广州市城市管理综合执法条例》专题培训，提高队伍执法水平和依法行政能力。八是成立首支女子执法队，执法实施刚柔相济。

［**城管法律法规宣传**］ 一是成立大队宣传工作领导小组和宣传工作组，充分发挥新闻媒体的作用，对集中整治城区“六乱”的违章行动、清拆违法建设、创建全国文明城市各类执法整治行动进行宣传。全年电视报刊报道城监材料有 140 多篇，制作专题宣传栏 17 期。二是加大城管宣传力度，印发《城监快报》17 期 700 多份，自编自制倡议书等宣传单张、海报 2 万多份。三是在巡查和纠正各类违章行为的执法过程中，坚持以“教育为主，处罚为辅”的执法方式，持续做好城管法律、法规的宣传和对违章行为当事人的教育工作。

［**城市管理监察执法整治**］ 整治城区“六乱”。按照“商业大街和主干道严管，肉菜市场周边严控，内街内巷和社区规范”的原则，大队不断探索精细化城市管理工作：一是实施“定人、定岗、定责、定时、定点”五定机制，职责到人到岗，从制度上保证工作落到实处。二是加大巡守力度，对广场及市场周边乱摆卖现象突出、群众意见大、投诉多的地段进行大力整治。三是坚决攻破难点，依法取缔长期乱摆卖、影响群众通行、经宣传教育仍不改正的无证摊贩。四是注重疏导规范，节假日期间加强对活动现场和摊点的疏导规范。全年组织开展各类整治行动 140 多次，整治占道经营 8000 多宗，取缔乱摆卖 9000 多宗，规劝、教育制止各类违法行为 3000 多宗，清理乱张贴、乱涂写 23.4 万条（处），营造整洁、舒适、干净的城市环境，推进从化“创文”工作开展。

查处违法违章建筑。全年制止违法建（构）筑物 900 多宗，23 万多平方米，清拆违法建设 1.2 万多平方米，协助镇、街、园区查处违章建筑 390 宗，面积 8.4 万多平方米。主要完成九大强拆任务，出动 600 多人次，拆除违建面积7413平方米，分别为省道256线天马厂至和睦路段违章建（构）筑物44宗1583平方米，东方夏湾拿1宗违法扩建楼房40平方米，城郊街东风村7宗违法建设810平方米，江埔街商贸城违法建设厂房800多平方米，七星路违建楼房两栋250平方米，城南村下围争议楼房400平方米，田边村违建60平方米，团星村违建27宗3000平方米，强制拆迁105国道下罗路口两户“钉子户”楼房2幢470平方米。加强文明施工管理，结合投诉热点，组织开展多个专项执法行动，坚决遏制违章施工行为。全年责令违章施工补办手续123宗，13.4万平方米，处罚无证施工单位17个。

［处理群众来访投诉］　重视群众投诉，开展和参加每周“接访日”活动，大队领导逢周二定期在市信访局接访，及时妥善处理群众投诉，着重解决重复投诉和疑难案件。全年受理各类投诉273宗，其中上级交办、职能部门转办和人民群众各类信访投诉93宗，人民群众来电来访178宗，承办市政协提案1宗，协办1宗，交办率100%，办结率97%。定期梳理城市管理投诉案件，加强对重点、难点案件的督办，发出督办通知16份，交办通知1份。

（市城市管理监察大队供稿，
陆展东、康国将执笔）

自来水工程建设

［管理机构］　市自来水公司隶属市建设和市政管理局管理，办公地址在街口街新城东路10幢3号。2009年末，在职119人，有总经理1人、副经理3人。内设机构有：办公室、财务科、给排水工程业务管理科、违章用水监察科、水厂、河东供水管理所、河西供水管理所。

［基本情况］　公司有自来水厂2间，分别是第三水厂和河东水厂，设计日供水能力12万立方米，全年日均供水量约7.29万立方米，用水高峰期间单日供水量达8.58万立方米，供水覆盖面积约230多平方公里，用水人口20多万人。全年供水量2676.02万立方米，比上年增长4.18%；售水量2322.13万立方米，增长5.16%；工业总产值2662.48万元，增长5.58%；水量回收率88.27%，比上年提高0.31%；实现利润609万元；上缴税收312万元；水质综合合格率、出厂水综合合格率、管网水综合合格率均99.9%以上。

［拓展用水市场］　筹建广州新泉自来水有限公司。广州新泉自来水有限公司（简称良口水厂）的建设项目，是为保障2010年广州亚运会在从化良口举办的马术比赛场馆安全供水的政府重点督办项目，是亚运会马术场设施配套的一部分，按照亚运会组委会的要求，必须在2010年6月前建成投入使用。市委、市政府高度重视亚运马术场馆及配套设施的建设工作，于2008年10月20日专题召开市长办公会议，根据市长办公会议精神，良口水厂的建设由良口镇政府和市自来水公司共同组建“广州新泉自来水有限公司”作为建设和经营的主体，项目筹办工作由市建设和市政管理局负责牵头落实。水厂选址在良口镇良新村格塘社（即良口坝往上行300米的左边山坳），占地约130亩。水厂的建设分两期进行，第一期为日供水量2万立方米，一期建设用地1.91万平方米，总投资约6500万元，资金来源为财政融资，水厂建成后供

水范围将达到29.28平方公里，覆盖良口镇区以及整个新温泉旅游景区；第二期为日供水量4万立方米，远期发展可达日供水量8万立方米。

解决街口城区河东片供水水压低问题。公司通过对整个管网的压力监测分析，经过科学论证，在2009年分别接通第三水厂至河东568米的DN800过河管、河东南小海150米的DN400过河管以及从樟公路230米的DN600过河管。经过驳通三条过河管和对部分管网的改造，使河东片的末梢水压从原来的1.2兆帕提升到3.6兆帕，有效提升河东片的供水服务压力，基本解决人口居住紧密地区及边远地区用水难的问题。

管网建设情况。全年新装DN100～400输水管道6592米；DN100以下管道4.46万米。配合市政道路建设，改造DN200以上管网1376米，安装改造消防栓232个。完成楼房一户一表改造38栋，安装水表1759个。

［**管理工作**］　一是进一步夯实公司硬件设施，提升服务质量、提高办事效率。为方便群众咨询公司的各类业务，公司新增电话客服系统和短信催缴水费系统，并于2009年7月投入使用。同时增设河东供水管理所和河西供水管理所的视频监控系统。添置工程车辆2台。购置一批先进仪器，分别有全站式电子测量仪、卫星定位仪（GPRS）、不停水开孔机等。二是规范用水市场，纠正违章用水。针对用水市场存在混合用水的问题，公司违章用水监察科采取分步分片进行清查，完成河东片的清查工作；河西片已完成清查约80%。对表锁进行查漏补缺，补表锁526个。查处违章用水640宗，追收拖欠水费407宗。三是对水厂的硬件设备进行更新改造。完成化验楼的规范改造和大型仪器的配置，使化验室的检测能力和检测精确度有较大的提高；并增设水厂出厂水余氯和pH值在线检测设备，确保出厂水符合国家饮用水标准。四是做好节能降耗工作。在4月下旬第三水厂过河管工程完成通水后，城区的整体水压提高，水厂根据水效能技术参数，结合搜集回来的管网压力测压数据分析比较，及时将出厂水压下调0.03兆帕，达到降低电耗的目的，使每千立方米水的平均耗电降低到268度。五是加强对水厂机械设备及外露大管的维修、保养工作。聘请专业防腐工程公司进行全面的防腐、维护工作，确保机械的正常运转，延长使用寿命。

（市自来水公司供稿，龙小敏执笔）

国土资源和房屋管理

［**管理机构**］　市国土资源和房屋管理局属政府序列行政单位，办公地址在街口街河滨南路63号。定编98名，其中行政编制30名、执法编制63名、工勤编制5名。2009年末，在职90人，有局长1人、副局长4人。内设机构有：办公室、计划财务科、规划用地科、产权地籍科、执法监察科（加挂执法监察大队牌子）、房地产市场管理科、房屋管理科、地质矿产管理科（矿委办），以及吕田、良口、温泉、太平、鳌头、街口、城郊、江埔8个国土资源管理所。下属机构有：市测绘队、市土地开发整理中心、市土地房产交易登记所、市土地房产评估所、市房屋安全鉴定所、市土地纠纷调处办公室、市房屋租赁管理所、市房地产中介服务管理所和太平、鳌头、良口、吕田房管所，下属机构共有在职人员74人。市政府委托管理的单位有：从化市房改办、从化市土地储备开发中心，托管单位共有在职人员15人。

[**土地管理**] 开展“四个万亩”工作。根据市委、市政府的指示精神，牵头组织落实“四个万亩”（即新储备万亩工业用地、新储备万亩城建用地、实现万亩农村土地承包经营权流转、新开垦万亩补充耕地）的工作。一是已确定新储备万亩城建项目用地67个，面积2.67万亩，其中已征地6310亩，占23.7%。二是已确定新储备万亩工业项目用地51个，面积1.64万亩，其中已征地4272亩，占26%。三是已确定土地开垦补充耕地项目43个，面积1.63万亩（参见土地开发整理条目）。四是已实现万亩农村土地承包经营权流转工作，以出租形式为主，流转面积达1.03万亩，并制定2010年农村土地承包经营权流转工作计划。

土地利用规划修编。在现状调研的基础上，完成五镇三街的土地利用现状调研报告，并结合城市规划用地、重点项目用地需求和耕地及基本农田保护要求，对建设用地进行科学合理的安排和布局，在充分考虑土地资源可持续利用和社会经济可持续发展的基础上，形成大纲编制成果。至年末，《从化市土地利用总体规划修编大纲》已通过省国土资源厅的审核。在规划修编工作中，通过对水库水面地类处理及废弃矿山、“采石场复绿”等挖潜方式，腾挪出更多建设用地规模用以缓解土地供需矛盾；邀请规划编制单位就规划修编中建设用地需求进行整理、挖潜，全面启动镇级规划修编工作。

建设用地报批。上报全市2008年两个（第3、4）批次城镇建设用地，2009年10个（第1至第9和第11）批次城镇建设用地，广州市2009年城市建设用地第五十五号地块及广州增城至从化高速公路（含街口支线）从化市路段，合共13个批次73宗地及1个单独选址项目，面积8715.56亩。其中经省政府批回建设用地9个批次56宗地及1个单独选址项目，分别为：第16届亚运会马术场用地，2008年第1～4批次和2009年第1～5批次城镇建设用地，面积4916亩。正在国务院、省、市审核中的建设用地有：2009年第6～9、11批次城镇建设用地，广州市2009年度城市建设用地第五十五号地块及广州增城至从化高速公路（含街口支线）从化市路段项目，共5个批次15宗地及1个单独选址项目，面积4432.01亩。

国有土地出让。全年全市协议出让及“招拍挂”出让土地共67宗，总面积5022.66亩，出让金28亿元。其中协议出让土地5宗，面积183.4亩，出让金2938.1万元；划拨土地3宗，77.9亩，出让金1810.8万元；公开“招拍挂”出让土地59宗，面积4761.36亩，成交价共27.53亿元，高出底价共8.49亿元。其中属工业用地39宗，面积1567.14亩；经营性用地20宗，面积3194.26亩。依法办理53宗城镇建设用地补办出让手续，面积59.42亩，补办出让金40.61万元。颁发国有土地建设用地批准书43宗，面积1836.6亩。

征地及土地储备。实施征地项目159宗，其中重点征地项目93宗，面积2.83万亩；与委托征地调查单位签署《委托征地调查协议书》27宗，面积4840.6亩。完成国有土地储备28宗，面积2655.1亩。

土地纠纷调处及处置盘活闲置土地。全年调处土地纠纷14宗，面积243亩；正在诉讼期间的土地纠纷案1宗；已报市政府讨论通过，并准备作出行政裁决书的土地纠纷案4宗。处理群众来信来访25宗，接待来访群众45批次，210人次。盘活闲置土地（通过动工开发）11宗，面积413.29亩，处理闲置土地行政诉讼案2宗。

土地开发整理。《2006—2020年从化市土地开发整理补充耕地专项规划》已经市政府批准，并报广州市国土房管局、省国土资源厅和相关部门备案。一是对 2005—2006 年已经广州批准立项的农用土地开发复垦项目进行清理 17 个，面积 1.13 万亩，其中有 11 个项目已验收合格。二是对 2008 年经广州市批准立项的市级财政投资土地开发整理项目共 10 个，面积 1.43 万亩，拟新增耕地面积 1488.63 亩。三是已确定利用园地坡地补充耕地项目 43 个（其中财政资金 12 个、社会资金 31 个），面积 1.63 万亩（其中财政资金面积 4276.9 亩、社会资金面积 1.21 万亩），拟新增耕地面积 1.51 万亩；财政资金补充耕地项目，已通过广州市国土房管局组织的项目前期审核专家评审；社会投资补充耕地项目，第一批 11 个，面积 3527 亩，在 2009 年 12 月 14 日经省国土资源厅实地抽查，认定合格予以确认，增加耕地指标面积 3424 亩，第二批 20 个，面积 8541.63 亩，已全部动工开发。有 12 个项目预计在 2010 年初可以竣工。

农村集体土地所有权登记发证。全年审批农村居民建住宅用地 216 宗，面积 1.82 万平方米。补发农村集体所有权证 13 宗。

全国第二次土地调查。至年末，农村土地调查已完成全市的地类调查，并已按“新国标”地类建立数据库，基本农田上图（在电脑地形图上把基本农田进行分类标明）和建设用地项目均摸清底细，建立起全市覆盖城乡各类土地房产的庞大数据库，掌握土地基础数据。

土地卫星图片执法检查和土地日常执法。市与各镇（街）、场（园区）和市属各相关职能部门签订《查处违法用地工作责任书》、《2009 年从化市土地执法监察工作共同责任书》，按照“层级管理、分片包干、责任到人”的原则，构建市、镇（街）、村（居）三级动态巡查监察网络，确保早发现、早制止土地矿产违法违规行为。为减少违法用地面积，市购买国土资源部 2009 年 1—6 月、1—9 月和 1—11 月土地卫星图片图斑，摸清全市各镇（街）、场（园区）在 2009 年新增建设用地变化图斑的基本情况，并函告和协助各镇（街）、场（园）区，对需要落实整改的图斑点进行整改，尽快完善合法用地的有关手续，并对涉嫌土地违法案件进行立案处理。6 月，在省第四次土地卫星图片执法检查工作中通过省的检查，验收合格。4 月，城郊街道办、局执法监察大队、市城监大队等相关职能部门对城郊街东风村占地违法建筑采取联合执法行动，拆除违法建筑 7 间，占地面积 800 多平方米；9 月，对街口街团星村第三经济社占地违法建房进行强制拆除，拆除违法建筑 27 间，占地面积 2130.75 平方米。根据国土资源部、广州市国土房管局对土地执法监察工作的有关规定，以及国土资源有关法律法规，制定《从化市国土资源执法监察动态巡查工作规范》并下发各相关单位执行。

［**矿产资源管理**］ 打击非法采矿行为。3 月，市成立由市委副书记、市政法委书记谭凯平任组长，市委常委、常务副市长王建新，市委常委、公安局局长魏素新任副组长，相关职能部门领导为成员的从化市打击违法用地和非法采矿专责领导小组。市公安局成立专案小组，对非法采矿行为专案处置。局执法监察大队会同市公安局专案组开展多次打击行动，对 33 个无证采矿点进行实地勘查，竖立禁止开采公告警示牌；制止鳌头镇丁坑村地段非法偷挖矿产资源的行为，现场扣留涉嫌犯罪人员 18 人，查封作案工具一批，刑事拘留 7 人；制止鳌头镇黄矛村地段非法偷挖矿产资源的行为，现场扣留涉嫌犯罪人员 13

人，扣留作案小货车1辆，没收炸药7.8吨，刑事拘留6人；市公安局专案组前往江苏、湖南两省对2名在逃涉嫌犯罪分子实施追逃，并成功抓捕归案。在开展动态巡查中，制止和查处非法采矿案件8宗，刑事拘留13人，查封作案车辆23辆，挖掘机9辆。

温泉地热资源管理。从化市委、市政府成立地热资源调研工作小组，由市长梁建清任组长，成员由各相关职能部门领导及有关人员组成，对温泉镇和良口新温泉度假区的地热资源开发与利用中存在的问题进行详细分析调研，邀请相关技术人员编写调研报告，已上报市政府审定。

矿山企业采矿许可证年检及延续换证。全年全市有9家非煤矿山企业参加2008年度矿山企业采矿许可证年检（其中采石场6家，矿泉水企业2家，地热企业1家），合格率为100%。有4家企业换领广州市国土房管局颁发的采矿许可证。收取采矿权第一期出让金150万元，采矿权使用费1.2万元，款项已全额缴入广州市财政。

矿产资源补偿费征收。按要求完成全市8个矿山2009年上半年矿产资源补偿费征收工作，合计征收24.04万元。根据非煤矿山石场年度开采动态监测情况，对顺兴石场超量开采76.99万立方米矿石的行为，作出补交33.87万元矿产资源补偿费的处理，并已全额缴入国库。

关闭矿山。配合市安监局，跟进2家关闭矿山闭坑整治工作，其中1家（城郊街水牛岭萤石矿）已完成闭坑工作，另1家（吕田银田矿）正配合当地政府理顺土地租赁补偿工作，在广州市地质调查院的配合下，完善闭坑设计方案。

关闭粘土砖厂。全市有28家粘土砖企业需要关闭、拆除。通过各相关单位的共同努力，全市粘土砖企业已基本完成关闭、拆除工作。

［**地质灾害防治**］　一是对全市226宗地质灾害隐患点进行全面检查，并将检查结果上报广州市国土房管局和市应急办。二是针对全市226宗地质灾害隐患点情况，制发防灾工作明白卡4026张。完善全市地质灾害群测群防三级监测网络，印发监测人须知400份，确保监测人工作到位、责任到位。三是与全市173个地质灾害隐患点的监测人签订从化市地质灾害防治责任书519份。四是开展鳌头镇山心村高丰社、良口镇锦村瓦坑社、吕田镇鱼洞村、江埔街海塱村大灶长岭山地质灾害隐患点治理工作，并已按规范、程序招标完毕，顺利完成勘查、设计工作。研究鱼洞、瓦坑、联群3个重大地质灾害的治理和搬迁工作。

［**房屋管理**］　廉租住房保障制度建设。通过“三审核两公示”后核定全市2008年申报的“双特困”家庭115户，并做好该“双特困”家庭的住房保障解决实施方案。拟分配廉租房的有39户，拟发放租赁补贴的有60户，租金核减的有16户。该方案于2009年8月经市政府审核通过开始组织实施。

房改房和集资房上市工作。房改房、集资房上市382套，回收资金359万元，支取住房基金16万元；参加住房货币分配的单位累计有53个，汇缴总额1134万元，支取总额198万元。

农村危破房改造。协助各镇、街推进“6·26”灾后重建工作。由市国土房管局牵头的吕田镇吉兴社、良口镇斗潭社、城郊街矮岭第九社的灾后重建工作进展良好，工程已进入扫尾阶段。2009年，按照市对农村危破房改造的新要求和部署，已修改完善《危破房改造方案》，并经市政府常务会议审议通过，发文执行。

测绘工作。全年完成土地测绘72宗、面积4942亩，房产预售和确权测绘38宗、面积102万平方米。

土地房产交易登记发证。全年受理房地产交易、登记、抵押收件1.14万宗。办理土地、房产登记2.2万宗。其中办理国有土地使用权登记220宗，面积208.2万平方米；办理集体土地使用权登记78宗，面积3.32万平方米；办理商品房登记3014宗，面积35.19万平方米，房屋价值14.57亿元；办理房屋二手交易登记3262宗，面积39.24万平方米，交易金额6.81亿元；办理土地转让104宗，面积81.26万平方米，转让金额4.41亿元；办理预售商品房预告登记6069宗，面积68.53万平方米，售房总金额32.48亿元；办理房地产权抵押登记3538宗；办理房地产抵押备案登记（预告登记）5652宗；办理土地抵押登记104宗，面积460.14万平方米，贷款金额27.25亿元，抵押物权利价值39.17亿元。全年发出房地产权证1.16万本，房地产他项权证3560本。办理商品房确权47宗，颁发商品房产权证明书4223份，总建筑面积50.5万平方米。

房地产市场管理。办理商品房预售许可证38个，面积约33万平方米，预售房屋2793套。做好落实商品房预售款监管协议书、预售款监管操作流程等具体业务工作，对商品房预售款实行全程监控；商品房合同实行网上实时备案，购房者在签订商品房买卖合同时，可在广州市房屋管理系统网上实时备案。2009年4月20日通过招投标的方式，确定中国建设银行股份有限公司从化支行为从化市物业专项维修资金的缴存银行。至年末，累计缴存物业专项维修资金7080万元，涉及楼盘147个，业主1.3万户。

房地产市场行情。商品房销售：总面积68.53万平方米，比上年增长93%；宗数6069宗，增长125%；金额32.48亿元，增长105%；商品房销售均价4739元/平方米，上升6%。其中全年普通住宅均价4384元/平方米，上升14%；联排住宅均价6829元/平方米，下降20%。二手房交易：总面积39.24万平方米，增长41%；宗数3262宗，增长76%；交易总金额6.81亿元，增长83%；二手房交易均价1737元/平方米，上升30%。其中全年普通住宅均价1569元/平方米，上升14%；联排住宅均价4895元/平方米，上升1%。

直管公房管理。一是完善日常巡查制度，强化工作职能。要求各房管所严格执行月报工作制度，对直管公房进行不间断巡查，在雨水多发季节做到每星期上报一次，发生隐患能及时处理和上报，切实做好安全防范工作。二是加强排查，及时整改。全市有直管公房1227间，其中约30%属砖瓦平房或砖木结构房屋，分布在各镇，每次雨季来临前，能及时对直管公房进行全面检查，实行24小时值班制度，发现破漏房屋及时加固维修；对存在火灾安全隐患的房屋做到及时整改；发现危险房屋及时向租户发出危房通知书，并将租户迁出，对房屋进行排危修缮，不能修缮的全部拆除。

房屋租赁管理。全市有出租屋2.03万套，面积125.89万平方米。办理合同登记备案1.84万宗，备案率91%。一是加强全市出租屋的租赁安全巡查工作。制定《从化市出租房屋结构安全专项检查实施方案》，组织力量对全市出租屋进行安全排查，对镇（街）出租屋中心反馈的危房信息，及时进行实地鉴定，对危险房屋一律采取停租或拆除措施。二是加强对无证照生产经营的出租屋进行专项整治。对五镇三街和两个开发区的出租屋进行清查，发出催办租赁合同登记备案通知书191份，经催办并已办理租赁合同登记备案的有105间。三是做好“房中房”整治工作。会同相关部门摸查出全市“房中房”37套，经过深入细致的宣传思想工作，督促“房中房”业主按有关规定自行拆除、整改合格，化解居民之间的矛盾，消除安全隐患。

房地产中介机构管理。2009年3月18—24日，对全市的房地产中介机构进行地毯式检查。检查房地产中介公司35家，其中合格28家，不合格和无证照7家，对不合格的房地产中介公司发出整改通知书，至年末，有5家整改合格。同时对全市的房地产中介机构进行年检。

土地房产评估。完成房屋继承、赠与、课税计价审核书3781份，土地收回、挂牌评估报告96份，补交地价款评估125份，转让评估报告116份，容积率变更评估报告9份，协议出让评估报告4份。

房屋安全鉴定。全年发出鉴定文书63宗、鉴证面积26.31万平方米。一是对全市直管公房和农村危破房进行房屋安全检查工作。二是对出租屋和“房中房”进行安全检查工作。三是完成市委、市政府、市信访局及各镇（街）政府（办事处）等部门转来的“要求房屋安全检查、鉴定”信访件，免费检查、鉴定16宗，约3.9万平方米。

［**其他业务**］　“城中村”改造试点建设。一是编制《从化市城中村改造促进办法》，修改完善《江埔街联星村改造项目可行性研究报告》。二是进行土地属性和类别的调查摸底工作。三是跟踪协调河东传统旧城区的控制性详细规划的编制工作。四是对联星村改造项目进行可行性研究分析。五是组织对联星村拟改造地块进行勘测定界工作，为推进用地申报和土地出让工作做好准备。六是跟踪协调城南村旧城片区控制性详细规划的编制工作。

“旧城”改造试点项目建设。一是进行政策宣传、解释和思想动员工作。二是跟踪协调陈屋片区的修建性详细规划的编制工作。三是就市建设和市政局草拟的《从化市陈屋征地拆迁安置实施方案》提出修改意见，并呈报市政府。四是推进项目招商推介工作。

信访和维稳及综治工作。全年收到信访件（包括上级转来的信访件网络信访件）96宗，其中56宗已解决，22宗正在处理中。接待群众来访、来电咨询80多宗共350人次。

解决历史遗留办理房地产证问题。全年解决历史遗留问题楼盘5宗，涉及住户约400户，具体楼盘有：位于街口街西宁中路四巷1号的商贸大厦，位于街口街西宁中路115号的金宁大厦，华侨房地产公司开发的位于街口街中田路四巷2、4幢侨福楼和街口街凤仪西一巷11幢的华晖商住楼，河东北路龙井村19幢、河东北路龙井村17幢等。

法律法规政策培训。一是协助省国土资源厅、广州市国土房管局举办县（市）、乡镇级相关领导干部国土资源管理法律法规政策培训班。二是组织国土所、执法监察科（大队）的干部参加省国土资源厅、广州市国土房管局举办的与工作相关的法律法规培训班。三是内部组织干部职工学习与工作业务有关的法律法规和政策。

综合档案管理。全年入库档案1.42万宗卷（件），资料6182份。协助法院查封及解封资料1030份，接待利用者1.76万人次，提供档案、资料7319多卷（件），复印档案资料1.36万张，出具证明2469多份。

代政府收取税费工作。全年收取土地出让金20.24亿元，完成一般预算收入3.15亿元（其中耕地占用税0.85亿元、契税1.3亿元、其他收入1亿元），合计23.39亿元，全部收入均按规定上缴入库。

（市国土资源和房屋管理局供稿，梁庆辉执笔）

环境保护

［**管理机构**］ 市环保局属政府序列行政单位，办公地址在街口街河滨北路128号。定编10名，其中行政编制8名、工勤编制2名。2009年末，在职10人，有局长1人、副局长2人、总工程师1人。内设机构有：办公室、科技建设规划科、监督管理科、辐射与固废污染控制科。参照公务员法管理下属机构有：市环境监理二所（含环境科学研究所、温泉环境监测站）、市环境监察大队、市环境保护咨询服务站，下属机构共有在职人员26人。业务指导机构：从化市环境保护协会。

［**环境监督**］ 建设项目审批。严格执行建设项目的环境影响评价制度，全年审批准予建设项目320个（其中报告书7份、报告表114份、登记表199份）。建设项目环保设施竣工验收89宗，验收合格率100%。有34个新上建设项目因不符合环保要求被否决，保证新上建设项目的质量。

排污费征收。加强排污申报登记管理工作，逐步使排污申报登记工作走向规范化。全年核发排污许可证21个，排污申报登记注册证37个。全年征收排污费229.8万元。

环境监测。完成常规的环境监测、重点污染源监测、环境统计企业监测、环境工程验收监测、污染事故应急监测和配合信访等工作。全年开展污染源监测1200多次，开展环保设施竣工验收监测89项。编制《环境质量季报》、《环境监测年鉴》，为环保指标考核、环境管理提供科学可靠的数据依据。巩固烟尘控制区、环境噪声达标区等创建成果的复测工作，2009年烟尘控区和环境噪声达标区覆盖率100%。

环境执法。先后开展流溪河水源饮用水保护专项行动、全国环境安全大检查专项行动等多项执法行动，开展饮用水源污染、城区烟尘污染、农村畜禽养殖污染及印染、化工、电镀等重点行业污染专项整治。全年市环保局在开展各类专项行动、检查、排查中出动人员2551人次，检查企业单位950家。全年对122家企业作出行政处罚，发出限期整改通知书169份。

固体废物与辐射管理。全年全市转移一般工业固体废物450吨，转移危险废物419.45吨，医疗废物约181.21吨。在辐射安全方面，国庆期间，市环保局在全市范围内开展辐射安全监督检查专项行动，对全市各涉源单位进行检查，各涉源单位按照相关法律法规要求办理《辐射安全许可证》和签订安全责任书。

［**专项整治**］ 石材和石粉加工企业专项整治。此次专项整治行动历时近8个月，检查石材、石粉加工企业100多家，发出责令停止生产的行政处罚告知书84份，行政处罚决定书84份，10多家已自行关闭，整治工作取得初步成效。11月30日，由市政府组织，各镇街、各单位配合，统一行动，依法关闭全市所有违规经营的石材、石粉厂。

饮食服务业污染整治。为能实时监测，经申请，市政府已批复同意实施油烟在线监控系统项目建设工作，加大投入用于油烟在线监控系统建设。

机动车排气噪声污染防治。全年全市首发、换发本地车环保标志1.24万个（其中国

Ⅰ3492个，国Ⅱ1146个，国Ⅲ5882个，黄标1865个）。市环保局与市公安交警大队联合组成的机动车尾气路检抽检小组从2009年11月25日开始实施定期的道路抽检工作。市环境监理二所已完成机动车尾气碳氢化合物等3个项目及社会生活源噪声标准扩项工作。

［**环境保护信访**］　全年接到上级交办、领导批办、部门转办和人民群众来电、来信、来访等各类污染投诉共413件，其中上级交办40宗，来电346宗，来信19件，来访8宗；按行业类别划分：属工业污染的123宗，建筑污染21宗，三产污染200宗，其他污染69宗；按污染种类划分：废气污染232宗，废水污染46宗，噪声污染120宗，固废污染9宗，其他污染6宗。环境投诉受理率、查处率、回复率均达100％。

［**流溪河饮用水源保护**］　在日常环境监管工作中，大力整治位于流溪河两岸的漂染、皮革和化工等存在污染隐患的重点工业，对排放废水采取加密监测、增加监测项目等手段加强监管，密切注意有毒有害物质的处理情况，发现异常及时通报并作处理，责令重点企业和敏感单位自查，依法落实排污口规范化，多家重点排污企业已完成整改任务。2009年继续对流溪河两岸污染源开展调查，摸清流溪河两岸各排放口状况（已对准水源保护区和二级水源保护区内的各排口进行卫星定位）。

［**主要污染物总量减排**］　完成全市水泥生产企业的二氧化硫总量减排台账编制，并送至上级总量部门核定。COD减排项目稳步推进，雅特公司、玮思工业区工业治理项目的主体工程建设已基本完工。2009年二氧化硫减排量1197吨，COD减排量为47.9吨。从化钽铌冶炼厂和广州从化明基印花有限公司已完成在线监控系统的安装、联网工作，于12月底完成验收工作。建立全市联动机制，实行空气污染综合整治工作报告制度，及时报送责任单位开展空气污染整治工作进展情况。完善总量减排归档工作，确保每项减排项目和措施都有相应的档案资料，做到国控、省控重点污染源企业一源一档，并定期更新和整理每个项目的档案资料，实行动态管理，及时反映减排工作情况。

［**参与市中心工作**］　新农村建设工作。为巩固从化市市直相关职能部门、镇（街）、村党的建设“三级联创”活动成果，结合实际，市环保局向广州市环保局申请从化市“三级联创”活动生态先进村示范工程建设资金，已申请到专项补助资金28万元，分别补助街口街团星村、江埔街和睦村、城郊街大夫田村、鳌头镇桥头村、吕田镇新联村、温泉镇宣星村、良口镇赤树村等7个村各4万元，用以改善农村人居环境。

创建文明城市。按照市委、市政府的要求，组织系统干部职工入户开展公共文明调查，编写创建工作信息简报和汇总调查问卷等，在入户大调查期间，走访街口街府前社区28栋单元楼超过300户住户，回收公共文明指数征求意见问卷269份，收集到23户住户所提出的诉求41条，圆满完成市创建文明城市办公室下达的调查任务。

［**从化市第一次全国污染源普查**］　完成从化市第一次全国污染源普查工作报告和技术报告的编制、档案管理和移交工作，并顺利通过国家、省以及广州市的验收，总体工作质量优秀。普查工作进入成果开发利用阶段。

［**环保应急能力建设**］ 为增强应对突发环境污染事故的能力，完善《环境应急预案》，加强环境应急指挥系统和各类应急装备、监测仪器的建设，确保做到准备充分、措施得力，妥善应对突发环境污染事故。2009 年上半年先后妥善处理“2·19”流溪河死鱼事件和“5·20”李溪坝死鱼事件等突发水环境应急事故。市环保局派员参加广州市应急演练大比武从化赛区演习、广佛突发环境事件应急演习以及誉桦木业重大危险源事故应急预案演习等一系列监测演习。通过演习，进一步提高处理环境突发事件的能力。

［**环境宣传教育**］ 以“六五”世界环境日为契机，市环保局联合市委宣传部和广州从化中燃城市燃气发展有限公司，在新世纪广场联合举办主题为“联合起来应对气候变化，你的星球需要你”的环保宣传活动，以及开展以“四服务”（服务企业、服务农村、服务基层、服务群众）为主要内容的机关服务年活动，营造机关工作人员乃至全民参与环保的氛围。

（市环保局供稿，郑丽芬执笔）

（潘彦编辑）

经济管理

发展　改革

［**管理机构**］　市发展和改革局（加挂从化市粮食局牌子）属政府序列行政单位，办公地址在街口街河滨北路32号。定编29名，其中行政编制26名、工勤事业编制3名。2009年末，在职30人，有局长1人、副局长2人、专职党委副书记1人。内设机构有：办公室、国民经济综合科、投资管理科、粮食调控科、粮食管理科、经济体制改革办公室；有副科级事业单位市经济动员办公室，市金融办、市追债办工作职能由该局承担。

［2009**年国民经济和社会发展计划执行情况**］

总体情况。全市实现生产总值150.98亿元，比上年增长12.0%。其中第一产业16.76亿元，增长6.6%；第二产业71.02亿元，增长5.9%；第三产业63.20亿元，增长20.2%。三次产业比重为11.10∶47.04∶41.86，全地区工农业总产值完成325.3亿元。面对国际金融危机的冲击，及时采取得力措施，扶企解困，增投资促消费，扩大内需，迅速扭转经济运行中一度出现的明显下滑局面，生产总值保持两位数增长，达到增长11%以上的预期目标。

工业。产业体系现代化建设进一步发展，集聚、集群和集约效应进一步增强，经济开发区二期全面建设，获得“中国最具投资价值开发区”称号，明珠工业园各项建设加快推进，“国家汽车及零部件出口基地广州从化基地”正式成立。广汽日野、丰力轮胎二期、万宝冷机二期、海霸王食品等一批重要企业顺利投产，高新技术产业和民营工业持续发展。落实各项政策措施，切实加强协调与服务，加大力度重点帮扶41个年产值亿元以上企业和24个新竣工投产企业，力促47个在建工业项目加大投入和加快进度，推动企业增产增效，实现工业经济的稳步增长。节能减排有序推进，耗能多、污染大的企业得到有效整治，关闭上百家小石材厂，化学需氧量减排2.1%，二氧化硫排放量减排80%。2009年，全地区实现工业总产值296.74亿元，增长6.9%。

农业和农村经济。现代农业发展模式逐步成熟，农业龙头企业和基地带动的效果进一步增强，农业基础设施持续改善。粮食、畜牧生产保持稳定增长，蔬菜、水果得到较好收成，三鸟和水产品养殖有较大幅度增长。农村“五通”（通水、通电、通路、通电视、通电话）工作继续推进，新农村建设扎实开展，农民居住条件得到改善，农民得到改革实惠。农业和农村经济保持良好发展势头，全年实现农业总产值28.56亿元，比上年增长6.7%。农民的工资性收入较快增长，农民年人均纯收入7361元，增长13.5%。

第三产业。第三产业保持快速增长态势，成为拉动经济增长的主要动力。全面实施“双百三五七品牌”（双百：“打造百里观光长廊，点缀百颗旅游明珠”；“三五”指“打造一批五星级宾馆、五钻级酒家和5A级景区”；“七品牌”指发展乡村风情、温泉养生、森林度假、运动康体、文化欣赏、国际商务、饮食购物）旅游发展战略，加快旅游环境、旅游设施建设，重点发展温泉养生、“农家乐”和生态游，全面提升旅游业发展水平，流溪温泉旅游度假区开发建设及旅游创优工作顺利推进。全年接待游客 754.72 万人次，实现旅游总收入 25.74 亿元，分别比上年增长 49.2%和 54.2%。房地产投资比上年增长超过 40%，住宅销售大幅增长。国家拉动内需政策促进城乡市场持续繁荣，旅游发展及家电下乡有力带动商贸流通和消费增长，商品购销两旺，全市社会消费品零售总额 54.56 亿元，增长 15.7%。

外经贸。应对国际金融危机的冲击，加大招大商、引大资的力度，通过各种形式的招商推介活动，提升引进外资质量。新批准引进外资项目 34 个；实际利用外资 1.71 亿美元，比上年增长 26.3%。努力稳定出口，全年外贸出口总额 11.14 亿美元，外向型经济呈现积极变化，外贸出口降幅逐步收窄。

固定资产投资和基础设施建设。增（城）从（化）高速公路（从化段）动工建设，大（庆）广（州）高速公路通过国家项目核准，北三环高速、佛（冈）清（远）从（化）高速等项目筹建工作有序推进，从化轻轨项目工程规划和可行性研究工作积极推进，广州从化动漫产业园招商中心落成，各项重大基础设施和生产力骨干项目全面筹划并加紧实施。全年全社会固定资产投资完成 72.93 亿元，比上年增长 22.9%，为不断增强经济发展后劲、推动生态文明建设和改善民生打下坚实基础。

财税和金融。进一步加强税收征管，全年实现税收总收入 22.73 亿元，比上年增长 12.5%。重视发展总部经济，切实推动财源建设，全年完成地方财政一般预算收入 15.34 亿元，增长 30.5%。切实改进金融协调，努力加强银企合作，全面推动金融创新，金融对经济发展的支持力度明显加大，年末各项存款余额 186.31 亿元，贷款余额 84.79 亿元，分别增长 20.5%和 49.0%。

各项社会事业。深入实施科技兴市战略，切实加快科技创新步伐。全年新上科技项目 49 项，其中示范工程 22 项，重点攻关 13 项；鼓励各类企业加大技术改造和技术创新投入，重视名牌培育和知识产权保护。继续坚持教育优先发展地位，以推进义务教育阶段规范化学校建设为抓手，大力促进城乡教育的均衡发展和各类教育的协调发展。积极推进镇级医疗机构体制改革和基层公共卫生服务体系建设。全面推进人口与计划生育的创优升类工作，稳定低生育水平，全市人口出生率、自然增长率分别为 10.96‰和 5.71‰，计划生育率 95.2%。加大财政公共投入，全面实施各项惠民政策。进一步加强就业服务，转移农村富余劳动力就业超过 1 万人，城镇登记失业率控制在 1%的较低水平；努力提高城乡社会保障水平，养老、医疗保险制度有效覆盖，自然灾害救助和慈善事业取得明显成效，城乡群众生活质量进一步改善，文化、体育、广播电视等社会事业取得新的成绩和进步。

存在的困难和问题。在国际金融危机不利因素的影响下，市经济发展和经济增长方式的薄弱环节进一步显露；扩大投资、促进消费等方面受到各种因素制约，稳定出口难度加大；城乡二元结构问题仍然存在，城乡居民收入差距还比较明显，农业及农村现代化建设仍需加倍努力；在就业、民生、社会稳定等方面也存在不同程度的问题，需要在保证经济增长的同时加以解决。

［固定资产投资管理和项目审批］ 一是完善

项目推进机制，开展“百名领导联系百个企业”活动，组织开展重大项目协调，狠抓重点项目谋划和申报工作。二是抓好重点建设项目计划导向作用，“以重大项目为跨越式发展突破口”，提出一批对市经济和社会发展具有明显带动作用的重点建设项目。三是集中力量推进重大项目前期工作，其中项目前期取得重大突破的有广从轻轨交通工程、退二园区平台建设、教育基础设施建设、自然村村道建设、中心镇医院建设、中医院扩建、公检法业务用房建设、污水处理设施建设、现代服务业建设、畜牧业等项目。四是发挥政府投资的引导作用，切实搞好投资管理。优化投资服务，提高办事效率，严格执行固定资产投资项目立项审批、核准、登记备案等规定和制度，规范政府投资行为，完善投资管理各项制度。全年办理审批核准及备案、复函项目300多宗，全年完成固定资产总投资额72.93亿元，比上年增长22.9%；年投资项目审批办结率100%。坚持做到“零”收费，实现“零”投诉。对全市35个重点建设项目努力争取列入省乃至广州市重点建设项目计划，投入大量的跟踪服务工作，使上报省和广州市审批的重要项目取得较快的实质性进展。做好市服务业引导资金和产业转型升级项目专项资金的申请衔接工作。2009年，为中心镇医院、“退二进三”（从第二产业中退出来，从事第三产业）平台建设、污水处理设施、教育基础设施、生猪养殖场、农用地复垦等项目进行资金扶助申请工作。全年全市已落实国家、省、广州市发改委建设补助资金8000万元，其中中央预算内投资补助资金1020万元，广州市补助资金6980万元。

[**粮食经营管理**] 创新体制机制，发展流通产业，搞好粮食供需平衡和储备粮管理，加强粮食市场监管，确保本地区粮食安全。一是落实粮食工作责任制，做好粮食购销和适时轮换，保证粮食市场稳定和价格合理稳定，规范市场秩序，开展科学保粮，加强仓储安全生产和消防管理工作，全面开展粮食清仓查库工作，完成社会粮食供需平衡调查。二是整合资源，进一步改善仓储设施。对粮库和供应网点进行维修改造，良口、江埔粮所搬迁工作有序推进。连续27年荣获“四无”（无害虫、无霉变、无鼠雀、无事故）粮仓市称号。加强粮食仓储规范化管理，进一步规范粮食市场秩序。三是完善粮食应急体系建设，应急保障能力得到提高。

[**从化国民经济和社会发展规划调研**] 一是抓好形势分析和计划编制实施工作，提出2009年全市国民经济和社会发展计划与发展改革工作思路，为市政府确定年度目标和主要任务提供重要基础。开展年度计划与“十一五”规划的衔接，组织对“十一五”规划中期执行情况评估。二是继续加强经济社会发展监测分析。三是协助上级发改委做好规划调研工作，做好广州市建设首善之区、现代产业体系、现代服务业、空港经济区等前期调研的征询工作，结合从化特点和具体情况提出合理化建议。四是牵头做好各项调研工作，制定相关政策和措施。牵头起草《关于推进城郊街经济社会城乡一体化的意见》、《从化市关于资本市场推动企业上市实施办法》、《从化市常住人口调控管理办法》等多份政策措施，获市政府肯定。

[**经济体制改革工作**] 推进经济、社会、农村、金融四大领域的改革，着力推进城郊街城乡一体化综合改革、农村土地使用制度改革，推进地方金融制度创新，小额贷款公司、村镇银行改革试点稳步推进，农村信用社改

革逐步深化。要素市场化配置改革加快推进；工业用地全面推进招拍挂制度，生态环境有偿保护制度开始探索，养老医疗保险制度逐步建立和完善。

（市发展和改革局供稿，黄远青执笔）

物 价

[**管理机构**] 市物价局属政府序列行政单位，办公地址在街口街新城东路99号。定编18名，其中行政编制14名、事业编制4名。2009年末，在职18人，有局长1人、副局长2人。内设机构有：办公室、价格管理科和收费管理科（合署办公）。直属副局级行政机构有：市物价检查所（加挂从化市价格举报中心牌子）。下属事业机构有：市价格认证中心。

2009年12月28日，根据《中共从化市委、从化市人民政府关于印发〈从化市人民政府机构改革方案〉、〈从化市人民政府机构改革方案实施意见〉的通知》，市物价局不再单独设置，将其职责划入市发展和改革局（挂市粮食局牌子），在市发展和改革局加挂市物价局牌子。

[**物价形势**] 2009年，受国际金融危机的冲击，价格不确定因素很多，形势复杂多变，居民消费价格总指数为97.5%，比上年下跌2.5%，其中食品消费价格指数为99.3%，下跌0.7%。

[**价格监测**] 一是做好特殊时期价格监测。甲型H1N1流感疫情发生后，市物价局迅速开展防控疫情相关的口罩、消毒液、体温计等商品和抗病毒、增强免疫等药品的监测预警。二是坚持重大节日期间价格监测。在元旦、“五一”、国庆节等重大节日期间，对包括生猪、仔猪、粮油、石油气、副食品在内的30种商品价格进行持续监测。

[**价格和收费行政管理**] 加强民生价格监管。根据国家发改委先后多次调整成品油价格的通知要求，市物价局迅速落实、督促各成品油经营单位严格执行国家成品油价格政策，维护成品油市场价格稳定；春耕期间，为进一步稳定全市化肥价格，市物价局从3月中旬开始至5月上旬加强对化肥市场的监管。

落实相关价格政策。取消100多项行政事业性收费项目；统一取消毕业班补课费；调整儿童乘车身高优惠票价和旅游参观点等票价优惠政策身高的标准；落实全市旅游景点节假日的门票价格优惠措施政策；取消交通运输六项（公路养路费、航道养护费、公路运输管理费、公路客货运附加费、水路运输管理费、水运客货运附加费）收费；重新核定全市春运期间公路客运线路票价；争取省、广州市物价局、经贸委的支持，退还供电部门在实行差别电价过程中多收9间水泥厂的电价款，化解社会矛盾，保障企业权益，支持节能减排政策落实。

审查行政事业性收费。开展2008年度收费综合年审工作，结合减轻企业负担治理乱收费的工作，分别对市建设局等40个单位进行重点审查，审查收费项目100多项，审查金额2.5亿元，指出各类违规收费5项，对存在的问题进行规范。审核换发行政事业性收费许可证83个、经营服务性收费许可证59个、教育收费许可证175个。为加强物价监管员、企事业单位物价员的管理水平，举办培训班3期，培训物价员250多人。

价格管理。5月，市物价局会同市建设局、环保局、财政局，依法依规依程序召开全市污水处理费调整方案听证会，根据市政府的批复，从2009年7月1日开始调整城区的污水处理费标准，以及对各镇开征污水处理费；批准或调整市内4个旅游景区的6项收费；调整市内第4路、第6路、第6A路公交线的票价；重新明确环卫服务收费项目、收费标准和征收方式；批准或调整4所民办学校的收费标准、批准3所成人技术学校的收费申请；重新制定从化市停车场的机动车停车服务收费标准，制定市政道路路面停车收费标准，并经从化市政府常务会议批复同意，于2010年1月1日开始执行新的收费标准；对市内10家自来水厂进行调研，了解各水厂在调价后和执行新的水资源费标准后的经营情况，并形成调研报告上报广州市物价局。

价格成本监审。做好市自来水价格、污水处理费、市六中校服厂、南洋英文学校、英豪学校、新世纪星学校和港湾学校的收费等成本监审工作，理顺和规范各单位的收费；及时向省、市物价局报送从化市农产品成本调查数据和日常商品的价格监测数据；继续推进价格服务进万家的工作，及时对市内26个价格服务进万家公示栏内容进行更新。

[**价格监督检查**] 开展节假日市场价格检查。在元旦、五一、十一等重要节假日，加强对供求矛盾突出且与人民群众衣、食、住、行、用密切相关的商品或服务，尤其是粮食、食用植物油、肉禽蛋奶等基本生活必需品和液化气等紧缺消费品的市场价格检查；应对市场不稳定的倾向性、苗头性问题，准确掌握市场价格动态。

专项检查。一是根据国家和省乃至广州市的统一部署，在全市范围内开展惠农价费政策落实情况专项检查工作，规范涉农收费行为，维护农民利益。二是开展医疗服务价格、药品市场价格专项检查。分别在5月、11月开展防控甲型H1N1流感疫情相关的药品价格专项检查，检查市内各大药店和医疗机构；在9月至10月开展全市医疗服务价格专项检查，全市抽查医疗和药品机构15间。三是开展清明节期间殡葬服务价格专项检查。四是开展化肥等农资价格专项检查。以执行优惠政策、落实差率控制措施、实行最高限价、实施明码标价为内容，适时安排开展对化肥等农资价格的专项检查，维护农资市场价格秩序。五是开展涉企收费专项检查。结合治理整顿乱收费，减轻企业负担工作，开展涉企收费专项检查，检查范围包括对国土、建设、房管、规划、交通部门及其下属单位的收费政策执行情况进行检查，以此优化企业发展环境、切实减轻企业负担。六是开展2009年教育收费专项检查，全市抽查职业院校和中小学校14所，取得明显成效。还适时开展涉及出租汽车收费专项检查等。

价格诚信单位建设。组织多家具有较强价格自律意识的企业参加广州市第四批“价格诚信单位”评选活动，经严格的评审、考核和审议，广州市双湖电力实业有限公司、从化市三百洞雄鹰森林度假村有限公司2家企业被评为广州市第四批价格诚信单位。

[**“12358”价格举报**] 全年受理各种价格举报39件，其中来电28件、来访6件、上级交办5件，已办结39件，办结率100%。

[**价格认证**] 继续深入开展价格认证中心的规范化建设，12月，经广东省物价局价格认证中心规范化建设验收小组检查，市物价局价格认证中心被授予“规范化价格认证中心”荣誉称号。进一步做好涉案物价格鉴证、交通事故车物定损及旧车交易评估等鉴定工作，全年承办价格鉴证业务543宗，鉴证金额

845万元，其中涉案物价格鉴证444宗，鉴定金额732.85万元；交通事故车物损失价格鉴定96宗，鉴定金额111.86万元。全年价格鉴证业务没有出现投诉和复议案件。

［**价格服务**］ 推进价格服务进万家活动。结合机关服务年活动，通过开展价格服务企业、农村、基层、群众等活动，保障价格服务进万家活动持之以恒开展下去，进一步提高服务意识。

加强电子政务信息公开工作。全面更新市物价局网页，将涉及民生的大部分行政事业性、经营性收费标准实行网上公开，并不断在网页上更新价格工作信息，增强价格政策透明度。

开展价格工作宣传。及时组织和加大信息宣传报道力度，在媒体上报道全市价格形势等信息，正确宣传价格政策，开展价格法律法规宣传，扩大价格工作影响面。

［**价格协会工作**］ 至年末，协会有个人会员25人，集体会员69家，其中2009年新发展1家。一是抓好基础建设，夯实工作根基，不断完善协会相关制度，坚持会长办公会议，协会运转顺畅，工作脉络清楚、正常有序。二是参与由市物价局牵头的对民生价费的调研工作，疏导价格矛盾，为政府决策提供准确的信息，维护社会稳定，促进社会和谐。三是为企事业单位提供价格服务；通过服务，反映企业的心声，为企业排忧解难，提高协会的社会声誉与地位，为协会良性发展增添力量。四是承担价格管理的辅助性、事务性工作；组织工作人员到申请收费的相关单位进行综合调研和评估，为开展下一步工作做好准备。五是加强横向联系，提高协会工作水平；加强与省、广州市价格协会的上下联系，及时接受工作指导；加强与各地价格协会的横向联系，学习兄弟单位的先进经验；加强与行业协会的联系，拓宽协会工作渠道。六是加强宣传，提高形象；协助市物价局办好《从化物价》，为企事业单位提供最新的价格信息和价格咨询服务；为协会理事、常务理事征订《粤港澳市场与价格》杂志，及时传递市场价格信息。

（市物价局供稿，黄文彪执笔）

统　　计

［**管理机构**］ 市统计局属政府序列行政单位，办公地址在街口街新城东路99号。定编19名，其中行政编制8名、事业编制10名、工勤编制1名。2009年末，在职19人，有局长1人、副局长1人。内设机构有：办公室、综合统计业务科、工农业统计业务科。直属事业机构有：市统计普查中心、市社会经济调查队、市服务业统计调查中心。

［**统计年报和定期报表**］ 统计年报。采取集中统一培训和各专业与主管部门联合组织培训等方法，提高统计人员的业务素质，确保年报数据的质量；成立统计年报工作领导小组，年报上报数据前由领导小组进行审核评估，按时按质完成年报工作。

定期报表工作。专门召开工作会议，提出工作的组织方式、操作规程、质量控制、数据处理及总结考核等各环节要求。制定工作目标责任制，明确各专业人员责任。局领导明确分管专业，亲自过问，检查监督各专业做好定期报表；科室同志分工合作，各负其责，抓好定期报表数据质量和报送时效，确保2009年定期报表完成。

［**统计调查**］ 一是完成第二次全国经济普查、基本单位调查核实、全国城乡划分清查、人口变动和劳动力抽样调查等专项调查任务。二是进一步强化能源、服务业统计工作，做好年度单位 GDP 能耗核算和全市服务业统计调查。完善商业、固定资产投资统计下移镇（街）、园区工作。三是在 7 月至 9 月，会同有关职能部门针对重点行业、大型企业和主要经济指标深入各行各业开展全市性数据调查核实工作，进一步掌握相关指标源头数据情况，切实提高政府统计工作的权威性和统计数据的严肃性。

［**统计改革**］ 严格执行上级统计制度，采取有效措施，继续协助广州市统计局实现 GDP 下算一级和联算制度；抓好农村、城镇居民住户调查，个体商业调查，服务业个体经营户调查等多项抽样调查工作，向各级政府提供准确数据。完成农村住户调查进行扩点工作，按照市政府的指示精神，为进一步搞准市镇两级农民收入和生活水平数据，在全市 150 户调查户的基础上再增加 210 户，全市调查户扩大到 360 户。根据广州市统计局服务业处的统一部署，认真改革服务业定期报表抽样方法，对服务业个体户 3 个调查点进行整体更换。建立健全《从化市旅游统计报表制度》，着重抓好旅游统计数据。

［**统计服务**］ 一是围绕市委、市政府中心工作和经济社会发展的热点、难点问题展开深入调研和分析研究。2009 年，先后开展农民收入水平和生活质量情况、节能减排、工业企业用电等问题研究，以及对房地产销售情况、固定资产投资情况、旅游业发展情况等的调查核实，为领导决策和有关部门制定措施提供参考。全年撰写统计分析 26 篇，其中撰写的《全市经济平稳快速发展——2009 年前三季度从化市经济运行分析》，发表在《广州统计信息》刊物上。二是为各级党政领导和社会各界提供优质的统计信息服务。汇编《2008 年从化市国民经济和社会发展统计公报》，继续做好《从化统计月度资料》的编印及发放。三是充分发挥统计咨询和统计监督的作用，及时向人大、政协“两会”提供统计资料服务；配合做好妇女儿童发展规划监测工作。

［**统计法制建设**］ 深入组织实施统计“五五”普法教育工作，以业务培训会、普查和专项调查等契机，有针对性地开展统计法制宣传活动，加强对新《统计法》的宣传力度，全年对 1086 名基层统计人员及企事业单位有关工作人员开展普法宣传教育，发放宣传资料 2100 多份。坚持执法与统计并举，各统计专业将执法工作灵活融入日常统计工作中，充分运用《统计报表催报书》、《统计检查查询书》等法律文书，督促有关单位依时、准确提供统计资料。全年重点抽查 62 个单位的统计资料，对 2 个单位的统计违法行为进行通报批评，保证统计工作依法进行。

［**统计信息化建设**］ 进一步完善信息化建设。更新防火墙、集线器等设备，完善局域网，实现全局信息资源共享，与广州市统计局进行异地数据传输。与市信息中心合作，对从化统计信息网站进行升级维护，及时公布政务信息和统计信息。组织有条件的企业进行网上直报，提高数据搜集处理效率。

［**教育培训**］ 采取集中培训与分镇、街、园区辅导相结合的方法，搞好对基层统计人员的培训教育。全年组织参加业务知识学习 1647 人次，组织参加全国统计从业资格考试和统计继续教育 956 人，参加统计职称考试

9 人，统计队伍的业务素质得到提高。

[**市统计局档案管理晋升“省二级”**]　进一步加强和完善档案管理整体建设，设置固定综合档案室，配置软硬件设备，落实兼职档案员。规范建设文书、设备、会计、声像、业务、荣誉实物六大类档案。编写市统计局《组织机构沿革》、《大事记》等资料。10 月 15 日，经市档案综合管理升级评审组检查验收，市统计局晋升为机关档案综合管理“省二级”达标单位。

[**第二次全国经济普查**]　全面完成对全市 269 个普查区、342 个普查小区、2414 个普查登记单位、20939 户个体经营户的经济普查数据处理及上报等工作，完满完成第二次全国经济普查。

（市统计局供稿，李伯英执笔）

审　计

[**管理机构**]　市审计局属政府序列行政单位，办公地址在街口街府前路 42 号。定编 18 名，其中行政编制 15 名、工勤编制 3 名。2009 年，在职 18 人，有局长 1 人、副局长 2 人。内设机构有：办公室、财政基建审计科、行政事业审计科和经济责任审计管理科。市经济责任审计联席会议办公室（无编制）在市审计局内办公。

[**概况**]　围绕市委、市政府中心工作，坚持“依法审计、服务大局、围绕中心、突出重点、求真务实”的审计工作方针，突出对经济和社会中的热点和难点问题开展审计监督，为促进依法行政、维护财经秩序、推进廉政建设等发挥积极的作用。全年完成审计项目 23 个，完成年度审计项目任务 105%；查出违规金额 2019 万元；管理不规范金额 4944 万元；应交财政金额 1591 万元；应归还原渠道资金 299 万元；应调账处理金额 1661 万元；向纪检监察部门移送事项 1 件；发表各类信息 12 篇。

[**本级预算执行情况审计**]　全年对市财政局具体组织的 2008 年度本级预算执行情况、地方税务局的税收征管情况，市教育局和市卫生局的部门预算执行情况进行审计，并对部分财政专项资金管理使用情况进行延伸审计或审计调查。经审计发现个别部门在预算执行和其他财务收支方面存在如下一些问题：1. 财政部门没有及时把 2008 年前财政专户存款利息收入 554 万元纳入非税收收入管理；年终没有及时对往来账款进行清理，出现以前年度收入 156.34 万元长期挂账。2. 在税收征管方面，经抽查 7 户纳税户，发现有 2 户在 2008 年未按规定足额申报税（费）共 83.02 万元。3. 纠正教育部门由于账务处理不当，造成多计收入 935.57 万元，多列支出 809.97 万元，以及部分中小学收取的山林承包款等没有执行“收支两条线”管理、固定资产管理不规范等问题。4. 查出卫生部门管理不规范资金 5.9 万元，违规金额 6.1 万元。

[**乡镇财政审计**]　根据上级审计机关“各区、县级市按 10%比例安排乡镇财政审计，规范财政收支管理，促进乡镇政府依法办事”的要求，对江埔街街道办事处 2008 年度财政财务收支情况进行审计，对该街道办及其部门的会计资料和其他有关资料实施检查。通过审计，纠正该街道办非税收入未实行“收支两条线”管理、未按规定处置固定资产、开

支手续不健全等问题，进一步规范乡镇财政管理工作。

［**经济责任审计**］ 贯彻落实中共中央办公厅、国务院办公厅两个《暂行规定》，开展领导干部经济责任审计工作。全年完成12名领导干部的经济责任审计工作。审计查出违规金额521万元，管理不规范金额709万元，应上缴财政金额105万元。审计查出主要存在的问题有：一是对政府规定的行政性收费未能严格执行“收支两条线管理”规定，存在坐收坐支、未能及时足额上缴财政以及支出未能按照规定用途使用等。二是对专项资金未能做到专户专账管理和专款专用，存在着挤占或挪用现象。三是对固定资产管理疏忽，存在着固定资产未入账等问题。四是内部控制管理制度不健全，对专款收入挂账，错列科目，少列收支，存在着违法使用票据，开支手续不健全。五是未按规定实行政府采购等问题。对审计查出的存在问题，依法依规作出审计处理。

［**专项资金审计**］ 根据上级审计机关和市政府的工作部署，全年完成专项资金审计或审计调查项目8项，主要包括2008年社会保险基金的审计、“5·12”汶川地震救灾资金和物资的筹集、管理和拨付情况的跟踪审计、2008年度教育转移支付专项资金的审计、市污水治理和河涌综合整治专项资金以及建设项目的跟踪审计等。其中，2008年度教育转移支付专项资金的审计结果表明，从化市对这部分资金管理、使用总体情况较好。但审计查出部分学校没有及时发放义务教育阶段贫困寄宿生生活补贴，纠正部分中小学校资产管理较混乱的问题等。向市政府及有关部门如实反映这些专项资金的管理和使用情况，有针对性地提出建议和意见，确保专项资金的专款专用。

［**内审工作**］ 结合从化实际情况，在市委、市政府领导的重视与支持下，颁发《进一步加强和改进行政事业单位审计工作的意见》，使从化市的内审工作走向规范化。全年市内审协会举办内审人员业务培训班2期，参加人数350人次；组织全市内审人员参加上级内审协会组织的业务培训班。通过开展一系列的培训教育活动，为内审工作的扎实开展打下基础。根据市政府办的要求，组织人力编撰《从化市内审工作人员常用法规手册》，统一内审模式，促进内审工作规范化、制度化。

（市审计局供稿，邓杰锋执笔）

工商行政

［**管理机构**］ 广州市工商行政管理局从化分局归口广州市工商行政管理局垂直管理，办公地址在街口街中田东路41号。定编277名，其中行政编制220名，工勤编制27名，事业编制10名，依照公务员法管理编制20名。2009年末，在职244人，有党委书记1人、局长1人、副局长3人。内设机构有10个：办公室（和财务科合署办公）、党委办公室（和人事教育科、监察科合署办公）、注册科、企业监督管理科（和个体私营经济管理科合署办公）、市场规范管理科（和牲畜屠宰管理科合署办公）、商标广告管理科、合同管理科、法规科、经济检查科、消费者权益保护科。事业单位有：经济信息室。依照公务员法管理单位有：12315消费者申诉举报中心、从化市消费者委员会办公室。派出机构有：街口、城郊、江埔、太平（和神岗工商

所合署办公)、鳌头（和龙潭、民乐、棋杆工商所合署办公)、温泉（和灌村、桃园工商所合署办公)、良口、吕田8个工商所和经检大队、屠宰执法大队。

［**基本情况**］ 全市有内资企业833户，比上年减少6%，注册资本57.67亿元。其中新核准登记36户，注销登记77户。

全市有私营企业2203户，比上年增长10%，注册资本36.81亿元。其中新核准登记455户，注销登记69户。

全市有个体工商户1.91万户，比上年增长15%，资金数额4.28亿元。其中新核准登记3882户，注销登记777户。

全市有外资企业338户，比上年增长4%。其中新核准登记12户。

全市有农民专业合作社73户（见表1)，其中新核准登记48户，比上年增长192%。

全市有农贸肉菜等各类市场29个（见表2)。

全年立案查处无证经营等各类经济违法案件566宗，移交公安制假案件2宗。

3月1日开始，广州市工商局下放企业登记审批权限，除邮政企业、电信企业、电力企业、财务公司、期货公司、外商投资企业再投资企业、连锁经营企业、特殊部门保留企业、留学回国人员办企业、市局国有企业及分支机构、本市集团有限公司和股份有限公司及其子公司、分支机构等由广州市工商局登记外，其余注册资本1000万无（含苞欲放1000万元）以下的内资企业，由各分局负责登记；注册资本1000万元以上的内资企业，由申请人自主选择到广州市工商局或者分局登记。

7月1日开始，广州市工商局在广州市工商局从化分局实行外资驻窗工作，在辖区窗口开始受理和办理外资企业注册、变更、注销等相关业务。

［**整顿和规范市场经济秩序**］ 食品安全监管。加强对市场食品准入管理，进一步落实索证索票和粘贴式台账制度，实行大米供货商、代理商登记备案管理。以人民群众日常生活必需的食品和节日、季节性食品为重点，集中开展专项执法检查和食品质量监测工作。食品监测车抽检食品样品1207个，合格1198个，不合格9个，合格率99.25%。工商所食品监测箱抽检样品4920份，其中合格4879份，不合格41份，合格率99.17%。建立亚运食品质量风险评估和预警机制，为开展亚运食品流通环节安全保障工作做好准备。以“瘦肉精”事件为契机，强化用肉监管。捣毁私宰窝点3个，没收私宰肉750千克，立案10宗。督促14家已升级改造的农贸市场安装视频监控系统，重点对猪肉经营行为进行监控，确保群众用肉安全。在辖区开展食品流通许可证探索工作，制定操作性较强的实施办法，将食品流通许可证的受理和发放与营业执照受理、发放，同步、同窗口进行，免却经营者多头奔波的麻烦。

打击传销。全年全市组织行动174次，出动人员3120人次，出动车辆442车次，清查场所6261场次，取缔传销窝点7个，教育遣散传销人员40人次，解救受骗群众11人，刑事拘留传销骨干45人，其中批捕44人，判刑29人，有5人以组织、领导传销活动罪被判处有期徒刑，成为从化市首例以该罪判决的案例。从化市从打击传销重点地区调整为一般地区。

清理无照经营。稳步推进亮照经营，全年引导办照1027户，依法取缔无照经营户1030户。

合同管理。全市有“守合同重信用”企业86家，“守合同重信用”个体工商户15

家，在建设路创建“守合同重信用一条街”1条。办理拍卖备案登记30宗，备案登记金额1.96亿元，成交额3532万元。办理动产抵押登记18宗，担保登记金额1.86亿元，为企业发展盘活资金。受理并解决合同纠纷调解案件241宗，为群众挽回经济损失60.5万元。

商标广告管理。开展破损、残缺招牌广告摸查，登记破损、残缺招牌广告307块，业户自行拆除或整改120块，已通知但未自行整改的187块招牌，则函告从化市城市管理监察大队组织强制拆除。查办违法广告案件12宗。协助企业解决商标注册问题12宗。全年有2件商标被认定为广东省著名商标，5件商标被认定为广州市著名商标。至年末，全市有广州市著名商标26件，广东省著名商标7件。

消费维权。全年消委会接待来电、来信、来访468人次，受理消费投诉69宗，解决66宗，解决率96%，为消费者挽回经济损失94万元。12315消费者申诉举报中心接待群众来电来访233宗，受理申诉、投诉案件128宗，到期反馈128宗，为消费者挽回经济损失11.8万元。建立44家红盾服务维权工作站，尽力把消费纠纷解决在萌芽状态。

服务新农村建设。放宽市场准入门槛，简化办事程序，提供绿色通道，大力支持、引导组建农民专业合作社，支持农民专业合作社跨地域、跨所有制、跨行业开展经营服务，提高市场竞争能力。规范农资市场经营秩序，查处农药化肥案件5宗，涉案货值10.5万元。加强“家电送货下乡”工作监管，加强法律法规宣传。通过合同监管，调解纠纷等多种途径，为订单农业提供优质服务。深入推广涉农合同示范文本应用，签约农户9255户，签约金额1.27亿元。

［**队伍建设**］ 扎实开展队伍作风建设年和机关服务年的“两年”活动、实践科学发展观后续工作和民主评议政风行风活动，确保活动取得实效、取信于民。主要抓好班子建设、干部队伍建设、人员意识教育、纪律等制度的落实等方面工作，调动人员积极性，逐步转变工作意识，进一步改进工作作风。全年收到群众、企业寄来的感谢信3封，企业赠送的锦旗3面、牌匾3块。利翠莲同志获“从化市十佳公益之星——敬业奉献之星”和“第四届广州市道德模范”称号。行风评议工作获从化市行评团“满意”评价，在全市参与行评的4个单位中获得第一名。继续抓好惩防体系建设。进一步深化政务公开和党务公开，在原有公开内容基础上，向社会公开行政处罚信息，改进政务公开网站建设，提升政府信息公开水平，着力打造阳光工商。全年举办和参与各类培训53班次，受训人员1378人次。提前100%完成公务员年度培训积分达标要求，进一步提高队伍综合素质。

表 1　从化市农民专业合作社情况一览表

序号	企业（机构）名称	成立日期	成员人数	地址	经营（业务）范围
1	广州市从化流溪荔枝加工专业合作社	2007.08.31	15	从化市街口街新村北路（农校楼）首层	组织、供应成员所需的农业生产资料；组织收购、销售成员及同类生产经营者的产品；开展成员所需的农产品加工、贮藏等服务；引进新技术、新品种，开展与农业生产经营有关的技术培训、技术交流和信息咨询服务（国家法律、法规禁止的不得经营；应经专项审批的，未获得审批前不得经营）。
2	广州从化上罗农产品专业合作社	2007.10.18	5	从化市江埔街上罗村下洞四队	组织、供应成员所需的农业生产资料；组织收购、销售成员及同类生产经营者的产品；开展成员所需的农产品加工、贮藏等服务；引进新技术、新品种，开展与农业生产经营有关的技术培训、技术交流和信息咨询服务（国家法律、法规禁止的不得经营；应经专项审批的，未获得审批前不得经营）。
3	广州从化新南荔枝专业合作社	2007.10.31	14	从化市温泉镇新南村石鼓塘队45号	组织、供应成员所需的农业生产资料；组织收购、销售成员及同类生产经营者的产品；开展成员所需的农产品加工、贮藏等服务；引进新技术、新品种，开展与农业生产经营有关的技术培训、技术交流和信息咨询服务（国家法律、法规禁止的不得经营；应经专项审批的，未获得审批前不得经营）。
4	广州市从化金秋腊味专业合作社	2007.11.29	51	从化市吕田镇安山村老围社下绿坝	肉及肉制品加工、销售：腊肠，腊肉，腊鸭（卫生许可证自2007年10月31日起四年有效。国家法律、法规禁止的不得经营；应经专项审批的，未获得审批前不得经营）。
5	广州从化高山番薯生产专业合作社	2007.12.06	127	从化市良口镇乐明村委侧农用市场楼房101房	组织、供应成员所需的农业生产资料；组织收购、销售成员及同类生产经营者的产品；开展成员所需的农产品加工、贮藏等服务；引进新技术、新品种，开展与农业生产经营有关的技术培训、技术交流和信息咨询服务（国家法律、法规禁止的不得经营；应经专项审批的，未获得审批前不得经营）。

续上表

序号	企业（机构）名称	成立日期	成员人数	地址	经营（业务）范围
6	广州市从化富民皇竹草种植专业合作社	2008.03.19	15	从化市鳌头镇鳌山村上罗队村口右侧第二个鱼塘瓦房	种植、销售：皇竹草（国家法律、法规禁止的不得经营；应经专项审批的，未获得审批前不得经营）。
7	广州市从化合群番薯生产专业合作社	2008.03.26	38	从化市良口镇西环街4号	种植、销售：番薯（法律、法规禁止或限制的不得经营；应经专项审批的，未获得审批前不得经营）。
8	广州从化健丰蔬菜专业合作社	2008.04.21	5	从化市江埔街河东北路170号之一	种植、销售各类蔬菜，收购和销售成员及同类生产经营者的产品，引进农产品新技术、新品种，开展与经营者有关的技术培训、技术交流和信息咨询服务（国家法律、法规禁止的不得经营；应经专项审批的，未获得审批前不得经营）。
9	广州市从化宝溪蔬菜专业合作社	2008.04.21	9	从化市鳌头镇宝溪村1号	蔬菜种植；依法为成员提供农业生产资料的购买，农产品的销售、贮藏以及与农业生产经营有关的技术、信息等服务（国家法律、法规禁止的不得经营；应经专项审批的，未获得审批前不得经营）。
10	广州市从化荔蜜蜂业专业合作社	2008.05.14	7	从化市江埔街联发机动车交易市场8栋6号单元	食品零售：蜂蜜及其制品（卫生许可证有效期至2012年3月28日）。培育、生产良种种蜂（国家法律、法规禁止的不得经营；应经专项审批的，未获得审批前不得经营）。
11	广州从化黄龙杨梅种植专业合作社	2008.05.23	105	从化良口镇黄龙带胜塘村委背后	杨梅种植；组织采购、供应社员所需要的农业生产资料；组织收购、销售社员及同类生产经营者的产品；开展社员所需的农产品加工、贮藏等服务；引进新技术、新品种，开展与农业生产经营有关的技术培训、技术交流和信息咨询等服务（国家法律、法规禁止的不得经营；应经专项审批的，未获得审批前不得经营）。
12	广州市从化黄茅甜笋专业合作社	2008.05.28	25	从化市鳌头镇前进中路54号二幢	种植、销售：甜笋；商品信息咨询服务（国家法律、法规禁止的不得经营；应经专项审批的，未获得审批前不得经营）。
13	广州市从化惠民白榄专业合作社	2008.05.28	31	从化市太平镇飞鹅村陆一队39号	种植、销售：白榄；商品信息咨询服务（法律、法规禁止或限制的不得经营；应经专项审批的，未获得审批前不得经营）。

续上表

序号	企业（机构）名称	成立日期	成员人数	地址	经营（业务）范围
14	广州市从化玉兔花生专业合作社	2008.05.28	19	从化市鳌头镇前进中路54号	花生种植、销售；商品信息咨询服务（国家法律、法规禁止的不得经营；应经专项审批的，未获得审批前不得经营）。
15	广州市从化爱农番薯专业合作社	2008.05.28	42	从化市鳌头镇龙潭圩新旧街之间（之三）	种植、销售：番薯；组织收购成员及同类生产经营者的产品；开展成员所需的农产品加工、贮藏和信息咨询服务（国家法律、法规禁止的不得经营；应经专项审批的，未获得审批前不得经营）。
16	广州市从化城康红葱专业合作社	2008.05.28	28	从化市街口街新村北路63号二层	种植、销售：红葱；商品信息咨询（法律、法规禁止或限制的不得经营；应经专项审批的，未获得审批前不得经营）。
17	广州市从化车头粉葛专业合作社	2008.07.10	6	从化鳌头镇车头村顺禾队70号	种植：粉葛；组织采购、供应成员所需的农业生产资料；组织收购、销售成员及同类生产经营者的产品；引进新技术、新品种，开展与农业生产经营有关的技术培训、技术交流和信息咨询服务（国家法律、法规禁止的不得经营；应经专项审批的，未获得审批前不得经营）。
18	广州市从化康力渔业专业合作社	2008.09.05	5	从化鳌头镇新城区前进北路1巷2号	水产养殖、销售；商品信息咨询服务（国家法律、法规禁止的不得经营；应经专项审批的，未获得审批前不得经营）。
19	广州市从化平岗蔬菜专业合作社	2008.10.16	5	从化市温泉镇平岗村龙江里（自编73号）	种植、销售：蔬菜、水果；开展与农业生产经营有关的技术培训、技术交流和信息咨询服务（国家法律、法规禁止的不得经营；应经专项审批的，未获得审批前不得经营）。
20	广州市从化新隆马铃薯专业合作社	2008.10.23	10	从化鳌头镇新围村委楼三楼	种植、销售：马铃薯；组织采购、供应成员所需的生产资料；引进新技术、新品种，开展与农业生产经营有关的技术培训、技术交流和信息咨询服务（国家法律、法规禁止的不得经营；应经专项审批的，未获得审批前不得经营）。
21	广州市从化良华水果种植专业合作社	2008.11.17	6	从化温泉镇云星村新华社1号	种植、销售：水果、蔬菜；种植：水稻（法律、法规禁止或限制的不得经营；应经专项审批的，未获得审批前不得经营）。
22	广州市从化炬发水果专业合作社	2008.11.17	7	太平镇神岗邓村105国道地段（未编号）	收购、销售：水果；商品信息咨询服务（法律、法规禁止或限制的不得经营；应经专项审批的，未获得审批前不得经营）。

续上表

序号	企业（机构）名称	成立日期	成员人数	地址	经营（业务）范围
23	广州市从化荣联沙糖桔专业合作社	2008.11.26	5	从化良口镇长流村长人社14号	种植、销售：沙糖桔；商品信息咨询服务；组织采购、供应成员所需的农业生产资料（国家法律、法规禁止的不得经营；应经专项审批的，未获得审批前不得经营）。
24	广州市从化帮农蔬菜专业合作社	2008.11.27	78	从化市鳌头镇车头村委办公楼（自编8号）	种植、销售：蔬菜（法律、法规禁止或限制的不得经营；应经专项审批的，未获得审批前不得经营）。
25	广州市从化兴隆蔬菜种植专业合作社	2008.12.29	5	从化市温泉镇新田村上村队56号（自编101号）（旧供销社侧）	种植、销售：蔬菜，水果；商品信息咨询服务（国家法律、法规禁止的不得经营；应经专项审批的，未获得审批前不得经营）。
26	广州市从化钱岗糯米糍荔枝专业合作社	2009.01.09	8	从化市太平镇钱岗村村委大楼（自编201房）	糯米糍荔枝种植、销售；花卉草木、蔬菜种植、销售（国家法律、法规禁止的不得经营；应经专项审批的，未获得审批前不得经营）。
27	广州市从化江氏兰花种植专业合作社	2009.01.09	6	从化市鳌头镇沙迳村禾一队14号	种植、销售：兰花（国家法律、法规禁止的不得经营；应经专项审批的，未获得审批前不得经营）。
28	广州市从化新安蔬果专业合作社	2009.01.20	5	从化市太平镇秋枫村村委楼	种植、销售：蔬菜、水果；组织采购、供应成员所需的农业生产资料；组织收购、销售成员及同类生产者的产品；引进新技术、新品种，开展与农业生产经营有关的技术培训、技术交流和信息咨询服务（国家法律、法规禁止的不得经营；应经专项审批的，未获得审批前不得经营）。
29	广州市从化万祺水果专业合作社	2009.02.24	8	从化市江埔街上罗村下洞2社	水果、蔬菜种植、销售（法律、法规禁止或限制的不得经营；应经专项审批的，未获得审批前不得经营）。
30	广州市从化年丰香蕉种植专业合作社	2009.02.24	12	从化市鳌头镇棋杆钻石大道8号	香蕉、木瓜、水果种植、销售（法律、法规禁止或限制的不得经营；应经专项审批的，未获得审批前不得经营）。

续上表

序号	企业（机构）名称	成立日期	成员人数	地址	经营（业务）范围
31	广州市从化百枫林木专业合作社	2009.03.24	10	从化市良口镇下溪村河背旧村委楼	造林；种植、销售水果和蔬菜；农业生产资料的购买；商品信息咨询（国家法律、法规禁止的不得经营；应经专项审批的，未获得审批前不得经营）。
32	广州市从化联丰构树种植专业合作社	2009.03.26	6	从化市吕田镇联丰村委祠堂内	种植：构树；组织采购、供应成员所需的农业生产资料；组织收购、销售成员及同类生产经营者的产品；引进新技术、新品种，开展与农业生产经营有关的技术培训、技术交流和信息咨询服务（国家法律、法规禁止的不得经营；应经专项审批的，未获得审批前不得经营）。
33	广州市从化民众蔬果专业合作社	2009.03.31	56	从化市太平镇共星村村委	蔬菜、水果种植和销售；商品信息咨询（国家法律、法规禁止的不得经营；应经专项审批的，未获得审批前不得经营）。
34	广州市从化田心农家乐专业合作社	2009.04.01	66	从化市城郊街光辉村第四经济合作社社部大楼	种植：蔬菜；组织采购、供应成员所需的农业生产资料；组织收购、供应成员所需的农业生产资料；组织收购、销售成员及同类生产经营者的产品；引进新技术、新品种，开展与农业生产经营有关的技术培训、技术交流和信息咨询服务；经营旅馆业、餐饮以及举办休闲健身娱乐活动（由属下分支机构经营）（国家法律、法规禁止的不得经营；应经专项审批的，未获得审批前不得经营）。
35	广州市从化先一水果专业合作社	2009.04.03	6	从化市街口街赤草村广从路边华隆公司内	种植、收购、销售：水果；商品信息咨询（法律、法规禁止或限制的不得经营；应经专项审批的，未获得审批前不得经营）。
36	广州市从化兴民农产品专业合作社	2009.04.27	16	从化市街口街东成路28号三栋一层	农产品种植、销售及商品信息咨询（国家法律、法规禁止的不得经营；应经专项审批的，未获得审批前不得经营）。
37	广州市从化桥娣桂花农民专业合作社	2009.05.25	6	从化市流溪河林场东星村一队7号	种植、销售：桂花；林木；花卉；农产品（法律、法规禁止或限制的不得经营；应经专项审批的，未获得审批前不得经营）。

续上表

序号	企业（机构）名称	成立日期	成员人数	地址	经营（业务）范围
38	广州市从化圣堂蔬果专业合作社	2009.05.26	5	从化市太平镇文阁村西向队70号	种植、销售：蔬菜、水果；组织采购、供应成员所需的农业生产资料；组织收购、销售成员及同类生产者的产品；引进新技术、新品种，开展与农业生产经营有关的技术培训、技术交流和信息咨询服务（国家法律、法规禁止的不得经营；应经专项审批的，未获得审批前不得经营）。
39	广州市从化丰源甜竹笋专业合作社	2009.06.03	6	从化市鳌头镇洲洞村委办公楼3楼	种植、销售：甜竹笋（法律、法规禁止或限制的不得经营；应经专项审批的，未获得审批前不得经营）。
40	广州从化嘉香蔬菜专业合作社	2009.06.03	5	从化市良口镇团丰村大田队	种植、销售：蔬菜、水果；开展农产品的销售，农业生产资料的购买、商品信息咨询等服务（法律、法规禁止或限制的不得经营；应经专项审批的，未获得审批前不得经营）。
41	广州从化新田水果专业合作社	2009.06.08	36	从化温泉镇石坑村石坑社	种植、销售：水果（法律、法规禁止或限制的不得经营；应经专项审批的，未获得审批前不得经营）。
42	广州市从化佳谊马蹄种植专业合作社	2009.06.10	14	鳌头镇前进路66号黄罗村委	种植、零售：马蹄（国家法律、法规禁止的不得经营；应经专项审批的，未获得审批前不得经营）。
43	广州从化穗丰蔬果专业合作社	2009.06.12	5	从化太平镇上塘村新市场一楼三档（仅作写字楼功能用）	种植、销售：蔬菜，水果，农产品；组织供应成员所需的农业生产资料；组织收购、销售成员及同类生产经营者的产品；引进新技术、新品种，开展与农业生产经营有关的技术培训、技术交流和信息咨询服务（国家法律、法规禁止的不得经营；应经专项审批的，未获得审批前不得经营）。
44	广州市从化石联莲藕专业合作社	2009.06.23	16	从化市鳌头镇石联村村委楼	种植、销售：莲藕；商品信息咨询（法律、法规禁止或限制的不得经营；应经专项审批的，未获得审批前不得经营）。
45	广州从化东坑沙糖桔专业合作社	2009.06.24	7	从化市吕田镇东坑村东明道班侧	种植、销售：沙糖桔（法律、法规禁止或限制的不得经营；应经专项审批的，未获得审批前不得经营）。

续上表

序号	企业（机构）名称	成立日期	成员人数	地址	经营（业务）范围
46	广州市从化青山黄皮专业合作社	2009.06.30	88	从化市城郊街城康村村委办公楼二楼	种植、销售：黄皮；商品信息咨询（法律、法规禁止或限制的不得经营；应经专项审批的，未获得审批前不得经营）。
47	广州从化坪地番薯专业合作社	2009.06.30	8	从化市吕田镇东明圩	种植、销售：番薯（法律、法规禁止或限制的不得经营；应经专项审批的，未获得审批前不得经营）。
48	广州市从化锦二桃花专业合作社	2009.06.30	43	从化市江埔街锦二村委1楼	种植、销售：桃花、蔬菜（法律、法规禁止或限制的不得经营；应经专项审批的，未获得审批前不得经营）。
49	广州市从化清绿蔬菜专业合作社	2009.06.30	17	从化市城郊街城康村村委办公楼（一楼）	种植、销售：蔬菜；商品信息咨询（法律、法规禁止或限制的不得经营；应经专项审批的，未获得审批前不得经营）。
50	广州市从化红石白榄专业合作社	2009.07.01	271	从化市太平镇红石村委楼三楼	农业生产资料的购买，农产品销售，白榄收购及销售；商品信息咨询（法律、法规禁止或限制的不得经营；应经专项审批的，未获得审批前不得经营）。
51	广州市从化新联大芥菜专业合作社	2009.07.22	5	从化吕田镇新联村民委员会办公楼（自编202房）	种植、销售：大芥菜及其他蔬菜（国家法律、法规禁止的不得经营；应经专项审批的，未获得审批前不得经营）。
52	广州市从化桥头花卉专业合作社	2009.07.27	37	从化鳌头镇桥头村村委楼	花卉种植、销售，园林绿化，商品信息咨询（国家法律、法规禁止的不得经营；应经专项审批的，未获得审批前不得经营）。
53	广州市从化金茂凉粉草专业合作社	2009.08.13	15	从化鳌头镇丁坑村村委楼二楼	种植、销售：凉粉草；引进新技术、新品种，开展与农业生产经营有关的技术培训、技术交流和信息咨询服务（法律、法规禁止或限制的不得经营；应经专项审批的，未获得审批前不得经营）。
54	广州市从化联溪三华李专业合作社	2009.08.17	181	从化良口镇溪头村村委楼	三华李种植、销售；商品信息咨询（国家法律、法规禁止的不得经营；应经专项审批的，未获得审批前不得经营）。

续上表

序号	企业（机构）名称	成立日期	成员人数	地址	经营（业务）范围
55	广州市从化田心农家乐专业合作社城郊分社	2009.08.18	无	从化城郊街光辉村第四经济合作社社部大楼（经营场地由广州市从化田心农家乐专业合作社提供）	中餐制售（不包含凉菜，不包含裱花蛋糕，不包含生食海产品。持有效许可证经营）；休闲健身娱乐活动（国家法律、法规禁止的不得经营；应经专项审批的，未获得审批前不得经营）。
56	广州市从化惠民马铃薯专业合作社	2009.08.25	20	从化城郊街大夫田村村委楼二楼201室	马铃薯种植、销售及其商品信息咨询（国家法律、法规禁止的不得经营；应经专项审批的，未获得审批前不得经营）。
57	广州从化新南大红柿专业合作社	2009.08.26	8	从化温泉镇新南村王洞社12号	种植、销售：大红柿及其他水果（国家法律、法规禁止的不得经营；应经专项审批的，未获得审批前不得经营）。
58	广州市从化合丰农产品专业合作社	2009.09.21	16	从化鳌头镇塘贝村大岭队	种植、批发、零售：水稻、玉米、蔬菜、花卉；批发、零售：家禽、水产品、大米、食用植物油、蛋类；收购：农副产品；提供农业技术咨询服务（法律、法规禁止或限制的不得经营；应经专项审批的，未获得审批前不得经营）。
59	广州市从化实和蔬果专业合作社	2009.09.23	5	从化太平镇颜村二社	种植、销售：蔬菜、水果、花卉、苗木（国家法律、法规禁止的不得经营；应经专项审批的，未获得审批前不得经营）。
60	广州市从化的溪蔬果专业合作社	2009.09.24	8	从化良口镇达溪村达一社	种植、销售：蔬菜、水果、花卉（国家法律、法规禁止的不得经营；应经专项审批的，未获得审批前不得经营）。
61	广州市从化众鑫蔬果专业合作社	2009.09.27	6	从化太平镇高埔村新村经济社	种植、销售：蔬菜、水果、苗木、竹（国家法律、法规禁止的不得经营；应经专项审批的，未获得审批前不得经营）。
62	广州市从化庆丰农机专业合作社	2009.10.09	5	从化街口街西宁西路三巷8号	组织农业机械化种植、收割及农产品初加工；提供农业信息技术咨询服务；农业机械设备及配件销售（国家法律、法规禁止的不得经营；应经专项审批的，未获得审批前不得经营）。
63	广州市从化兴联蔬菜专业合作社	2009.10.10	24	从化吕田镇新联村委楼201室	种植、销售：蔬菜；商品信息咨询（国家法律、法规禁止的不得经营；应经专项审批的，未获得审批前不得经营）。
64	广州市从化众兴蔬菜专业合作社	2009.10.27	5	从化鳌头镇前进南路二巷11号	种植、销售：蔬菜。

续上表

序号	企业（机构）名称	成立日期	成员人数	地址	经营（业务）范围
65	广州从化市冠恒花卉专业合作社	2009.10.27	16	从化江埔街河东南路107号3幢之一	种植、销售：花卉、苗木（国家法律、法规禁止的不得经营；应经专项审批的，未获得审批前不得经营）。
66	广州市从化御田番薯专业合作社	2009.10.29	5	从化鳌头镇帝田村村委楼（自编202房）	种植、销售：番薯（国家法律、法规禁止的不得经营；应经专项审批的，未获得审批前不得经营）。
67	广州市从化惠农蔬菜专业合作社	2009.11.02	5	广州市从化良口镇仙溪村田心社15号	种植、销售：蔬菜、水果（国家法律、法规禁止的不得经营；应经专项审批的，未获得审批前不得经营）。
68	广州市从化邓村渔业专业合作社	2009.11.02	15	从化太平镇神岗邓村村委楼201房	水产养殖、销售；商品信息咨询。（涉证项目持有效许可证经营）
69	广州从化吕中鹰嘴桃专业合作社	2009.11.11	8	从化吕田镇吕中村苏坑队	种植、销售：鹰嘴桃（国家法律、法规禁止的不得经营；应经专项审批的，未获得审批前不得经营）。
70	广州市从化德盛蔬果专业合作社	2009.11.25	6	从化太平镇钱岗村南向队	种植、销售：蔬菜、水果（国家法律、法规禁止的不得经营；应经专项审批的，未获得审批前不得经营）。
71	广州市从化裕民蔬果专业合作社	2009.12.8	5	从化太平镇共星村六子岗队15号	种植、销售：蔬菜、水果（国家法律、法规禁止的不得经营；应经专项审批的，未获得审批前不得经营）。
72	广州从化星竹水果专业合作社	2009.12.10	5	从化太平镇共星村竹园头	种植、销售：水果、蔬菜；收购和销售成员及同类生产经营者的产品；引进农产品新技术、新品种，开展与经营者有关的技术培训、技术交流和信息咨询服务（国家法律、法规禁止的不得经营；应经专项审批的，未获得审批前不得经营）。
73	广州市从化晨立葡萄种植专业合作社	2009.12.11	5	从化城郊街城康村龙潭口	种植：葡萄、龙眼、荔枝、农产品；农产品的初加工及销售（国家法律、法规禁止的不得经营；应经专项审批的，未获得审批前不得经营）。
合计			1794		

表2 从化市各类市场名录

序号	工商所	单位名称	地址
1	街口所	街口新城消费品综合市场	从化市街口街新场区内
2		街口西街消费品综合市场	从化市街口街西宁中路
3		从化市城内肉菜市场	从化市街口街城内路南山楼
4		中华消费品综合市场	从化市街口街中华路
5		广州市从化众惠肉菜市场	从化市街口街西宁西路44号
6	城郊所	从化北街清新肉菜市场	从化市街口街镇北路龙仔新村
7		北街消费品综合市场	从化市街口街镇北路
8		从化旺城农贸市场	从化市旺城北路五巷
9		从化街口大牲畜市场	从化市城郊街
10		广州市从化万盛广场建材家居博览园	从化市城郊街明珠工业园路口
11		广州市从化勤成建材市场	从化市城郊街
12	江埔所	七星消费品综合市场	从化市河东七星路
13		从化联星惠民综合市场	从化市街口街河东北路33号
14		河东消费品综合市场	从化市河东车站旁
15		从化市联发摩托车市场	从化市小海区
16	鳌头所	从化鳌头佰家益综合市场	从化市鳌头镇棋杆圩内三角市
17		从化市鳌头人和消费品综合市场	从化市鳌头人和圩
18		从化市鳌头新城市场	从化市鳌头镇新城区
19		民乐农副产品综合市场	从化市民乐镇内
20		龙潭高平农副产品综合市场	从化市鳌头镇高平村
21		从化鳌头龙潭瑞华综合市场	从化市鳌头镇龙潭片内
22	太平所	广州市从化太平荣标综合市场	从化市太平镇大同路
23		从化太平兴富农副产品市场	从化市太平平中路
24		太平消费品综合市场	从化市太平镇内
25		神岗消费品综合市场	从化市太平神岗片荔溪苑开发区
26	温泉所	温泉消费品综合市场	从化市温泉镇内
27		桃园消费品综合市场	从化市温泉镇桃园片
28	良口所	良口消费品综合市场	从化市良口镇内
29	吕田所	吕田桂冠农产品交易市场	从化市吕田镇北街10号

附录：

一、从化市2009年获“广州市著名商标”企业情况

表3　2009年获“广州市著名商标”企业情况表

最初认定时间	商标注册单位	商标	认定商品（服务）
2009	广州保赐利化工有限公司	英文字样	漆、喷雾漆
2009	广州（从化）亨龙机电制造实业有限公司	“亨龙”图案	电焊机、网焊机
2009	广州天马集团天马摩托车有限公司	TianMa	摩托车
2009	广东广本机电有限公司	远大 YUANDA	摩托车
2009	广州真巧食品有限公司	真巧	饼干、巧克力
2007（2009年延续）	广州天鹿锅炉有限公司	图案	锅炉（非机器零件）、蒸汽存储器
2007（2009年延续）	广州天马集团天马摩托车有限公司	贝速特	摩托车
2007（2009年延续）	广州天马集团天马摩托车有限公司	KTM	摩托车
2007（2009年延续）	广州三雅摩托车有限公司	“三雅”字样＋图案	摩托车
2007（2009年延续）	广州从化碧水湾温泉度假有限公司	“碧水湾”字样＋图案	安排和组织会议，娱乐，体育场设施出租

二、从化市2009年获“广东省著名商标”企业情况

表4　2009年获“广东省著名商标”企业情况表

最初认定时间	商标注册单位	商标	认定商品（服务）
2009	广州市从化杰丰针织品有限公司	莎奴亚	服装
2009	从化市清香蔬果加工厂	图形	蔬菜干、荔枝干、龙眼干

三、2008年度获“广州市守合同重信用企业”名单（9户）

1. 从化市亨业发展有限公司
2. 广州绿宇园林工程有限公司
3. 从化市志信建筑工程有限公司
4. 广州真巧食品有限公司
5. 广州启意贸易有限公司
6. 广州市从化南海食街饮食实业有限公司
7. 广州鳌峰矿泉饮料有限公司
8. 广州市珑腾能源设备有限公司
9. 广州市汉普医药有限公司

四、2008年度获“广州市守合同重信用个体工商户”名单（2户）

1. 广州市从化城郊兴华建材店
2. 从化市街口名人视力健眼镜商场

（广州市工商行政管理局从化分局供稿，李韩英执笔）

质量技术监督

[**管理机构**] 广州市从化质量技术监督局归口广州市局垂直管理，办公地址在街口街凤仪东路109号2楼。定编52名，其中行政执法专项编制45名、后勤服务人员事业编制7名。2009年末，在职50人，有局长1人、副局长3人。内设机构有：办公室、业务科、食品生产监管科、特种设备安全监察科、法制科、稽查一科、稽查二科、稽查三科。下设机构有：广州市从化质量技术监督检测所。

[**标准化监管工作**] 全年为33家企业办理59个企业产品标准备案，为108家企业办理385条标准信息登记，动员19家企业28个产品采用国际标准或国外先进标准，送标准到企业22家；及时组织纯标识不合格企业负责人参加培训，完成30家纯标识不合格后处理；指导农业标准化承担单位完成8个广州市农业技术规范的制定工作，指导5个广州市级农业标准化示范区做好验收材料工作；开展公共场所服务标识规范工作，以建立样板单位为突破口，采取以点带面的工作方法，启动全市公共场所服务标志标准化改造工作；参与亚运标准的制修订，制定亚运食品标准《代用茶卫生要求》（DBJ440100/T36－2009）和《从化市沐浴温泉水质量技术规范》、广东省地方标准《地理标志产品——钱岗糯米糍》并发布实施，6月钱岗糯米糍获得国家地理标志保护产品称号。

[**计量监管工作**] 全年完成对191家企业384家次的监督检查，检查计量器具3741台(件)，巡查覆盖率100%，发出整改通知书13份，整改完成率100%。全年处理计量投诉18宗，其中无效投诉16宗，立案查处1宗，移交广州市局处理1宗；开展“关注民生，计量惠民”专项行动，全年对列入整治范围的33家企业开展专项整治，检查各类计量器具2771台（件），帮扶20家企业完善计量管理、投诉管理等制度；开展电子计价秤、气瓶充装、加油站等各类专项整治10多次；辖区全年有6家企业通过计量体系认证确认、1家企业完成C标志认证复评，完成水表检定1331件、医疗计量器具检定191台（件），完成对10家实验室和3家建标企业全年不少于1次的监督检查，组织对2家机动车安检机构按新标准进行设备更换和系统升级。在“3·15国际消费者权益日”和“5·20世界计量日”，开展宣传服务活动。

[**质量监管工作**] 全年国家、省、广州市质监部门抽样检查辖区产品642批，经检验实物质量合格531批次，平均抽样合格率82.7%，比上年增长1.6%。圆满完成絮用纤维、人造板、装饰材料等三类重点产品专项整治，加强对7家摩托车企业家电下乡产品质量监督工作，开展燃油助力车生产企业专项整治，对辖区6家生产企业进行生产现场检查，实施监督抽查。全面落实质量兴市工作，推动从化市政府成立“从化市质量兴市工作领导小组”及“从化市质量兴园区工作领导小组”，完成35家生产企业的质量建档工作；落实对18家特种设备使用单位的规范工作，提高其特种设备管理工作水平；推进8家企业开展采标（指国内产品采用国际标准的一种专用说明标志，是企业对产品质量达到国际先进水平或国际水平的自我声明形式）工作。全年对14家企业14批次不合格产品进行后处理，完成率100%，辖区产品质量总体水平稳步上升。

[**食品生产监管**]　全市纳入监管的食品企业116家，其中获QS证食品企业102家（128张QS证书），通过QS现场核查3家，食品小作坊11家（腊肉7家，河粉1家，白酒3家）；食品添加剂企业4家；食品用包装容器等相关产品企业7家；化妆品企业15家。全年日常巡查344家次，发出限期整改通知书33份，完成率100%；监督抽查不合格产品后处理51宗，其中立案查处26家，停产整顿2家，处罚金额2.02万元，完成率100%；对87家企业98个单元进行QS年审，对21家企业进行实地抽查，2家年审不合格的企业移交稽查立案查处，年审工作完成率100%。对河粉、非发酵性豆制品、烧腊制品、饮用水行业开展专项整治，完成打击违法添加非食用物质和滥用食品添加剂的专项整治工作；完成市局布置专项检查工作33项，检查企业108家次；查处食品类其他案件6宗，处罚金额5000元（其中1宗正在处理中），全年各类食品检查出动约1359人次。

[**特种设备安全监察**]　至年末，辖区有特种设备总数5464台，使用单位801家。全年办理设备使用登记985台；办理告知、停用、过户、注销等707台；办理作业人员备案219人、接待上门或电话咨询1461人次；跟踪处理不及时约检或超期未检的设备385台，机电类和承压类定检率达100%；特种设备使用单位现场安全监察762家次，施工安装现场巡查105家次，检查发现隐患177处，发出监察指令书112份，处理举报投诉及上级交办18宗，移交稽查立案查处5宗。全年开展气站、重点监控设备、熔解乙炔和压力管道元件、起重机械、小型锅炉等各类专项整治10多次；通过举办特种设备安全知识活动进校园、特种设备进乡村、特种设备应急救援演练等活动，开展形式多样的特种设备安全知识宣传活动，参加活动2000多人，派发宣传资料3000多份。

[**稽查打假**]　全年出动执法人员763人次，立案查处案件62宗，结案案件55宗，在办案件7宗。已立案案件中，计量案件6宗，质量案件49宗，特设案件5宗，标准案件2宗；涉案物品货值97.87万元，罚没款入库34.01万元，暂无公告案件、移送案件、行政复议和行政诉讼案件，保持辖区制假案件零查处率。以“质监服务年”和“质量和安全年”为主线，开展各类专项整治30次，出动执法人员405人次，检查企业86家；配合各业务科开展专项整治10次，立案查处违法企业3家，取缔食品作坊23个，处理无证设备3台，有效地提升企业的质量水平，确保辖区食品和特种设备两大安全。

[**检测所工作**]　检测所在质量监督检验方面，完成委托检验报告504份，与31家企业签订全年委托检验协议；在计量检定方面，检定各类计量器具1.09万台次，其中加油机1580台，衡器692台，天平砝码401台，压力表4325个，温度仪表955台，长度仪表951台，理化仪器169台，集贸市场衡器1498台，其他计量器具310台，新签订全年计量器具检定服务企业10家，按检定周期对集贸市场衡器实行免费检定；新办代码证1020个、变更1879个、年检2680个，办理IC卡2740个，注销代码证97个；条形码业务方面，注册条形码21个，续展条形码32个，办理条形码胶片324张。

（广州市从化质量技术监督局供稿，马莉苗执笔）

食品药品监督管理

［**管理机构**］ 广州市从化食品药品监督管理局归口广州市食品药品监督管理局垂直管理，办公地址在从化市街口街河滨北路 32 号 7～10 楼。定编 27 名，其中行政执法专项编制 23 名、后勤服务人员事业编制 4 名。2009 年末，在职 18 人，有局长 1 人、副局长 2 人。内设机构有：办公室、稽查科、药品医疗器械监管科、保健品化妆品监管科、食品安全协调科。下属机构有：广州市药品检验所八分所，年末有在职人员 4 人。从化市政府协调机构有：从化市食品安全委员会办公室。

根据 2009 年 12 月 28 日印发的《从化市人民政府机构改革方案》，广州市从化食品药品监督管理局由广州市食品药品监督管理局垂直管理调整为由从化市政府管理，更名为从化市食品药品监督管理局，不再单独设置，将其职责划入从化市卫生局，加挂市食品药品监督管理局牌子。业务上接受广州市食品药品监督管理局的指导和监督。改革后，原广州市从化食品药品监督管理局干部的职级待遇保持不变。

［**“三品一械”监管**］ 行政许可情况。全年发放药品经营许可证 26 个，换发药品经营许可证 39 个，变更药品经营许可证 12 个；依法注销药品经营许可证 11 个；受理药品经营企业 GSP（《药品经营质量管理规范》的英文缩写）认证申请 56 家（其中 36 家为 GSP 再认证申请），GSP 认证后跟踪检查 12 家。受理保健食品经营许可申请 133 份，发放保健食品卫生许可证 115 份，同意变更 3 家，注销企业 11 家，不予行政许可 2 家。2009 年 6 月《食品安全法》实施后，因新《保健食品监督管理条例》尚未制定出台，暂停受理经营保健食品申请。

抽验情况。全年完成药品抽验 230 批、保健食品抽验 26 批、化妆品抽验 52 批、医疗器械抽验 26 批。

建立等级量化评定标准。收集“三品一械”（药品、保健食品、化妆品和医疗器械）生产经营企业信用档案信息，对管理相对人从基础信息、监管信息、行政处罚信息、其他信息等四个方面进行收集、核实、整理，建立相应档案，开展信用评价工作。在药械信用等级分类管理方面，选择药品批发、药品零售企业（街口片区）进行试点，试行信用分类管理。对 4 家药品批发企业、街口地区 29 家药品零售企业开展信用等级评价工作，其中 25 家被评为 B 级，8 家被评为 C 级。对辖区内的Ⅱ类医疗器械生产企业进行评级，1 家被评为 C 级，1 家暂不评级（未取得产品注册证、未生产）。在化妆品信用等级分类管理方面，选择 14 家化妆品生产企业确定为信用评价试点单位，按照评价标准，其中 10 家企业被评为 A 级，3 家被评为 B 级，1 家评为 D 级。评为 D 级的企业已列入重点监控对象。

推行信息化监管。督促和指导药械生产、经营、使用企业通过安装符合要求的信息化管理软件，并协助其申请数字证书，实现与局端监管系统的数据信息互联。至年末，辖区内有 126 家药械生产、经营企业实现监管数据上传。

［**稽查执法**］ 全年立案 21 宗，结案 24 宗，罚没款共 50.96 万元，申请法院强制执行案件 1 宗。一是开展防控甲型 H1N1 流感工作检查。与医疗机构和药品医疗器械生产经营企业建立联系制度，督促企业规范生产，加强对医疗机构使用医用防护服、医用防护口

罩等的监管，并切实加强对防控药械品种的巡查和抽验力度，严查涉及防控药械的违法行为。二是联合相关部门共同开展春节、五一和中秋国庆等节假日前“三品一械”专项检查。三是组织开展假药“降糖胶囊”，以及“一洗黑”、“苗岭牌洁肤霜”等特殊保健化妆产品专项查处行动。四是开展仿药类边缘产品专项整治。以培训班、张贴海报、派发宣传资料等形式，向广大消费者宣传仿药类边缘产品的类型特征和危害等内容，引导市民正确辨别“仿药类边缘产品”。组织多次联合行动，深入生产企业和经营单位，严查仿药类边缘产品。

[**食品安全综合监管**] 食品药品安全工作综合评价。组织有关职能部门开展 2008 年度各镇政府（街道办）、园区管委会食品药品安全工作综合评价工作，以市政府名义对 2008 年度食品安全监管工作先进单位 10 个、先进个人 32 人，以及没有食品安全事故单位 8 个进行奖励。制定《从化市食品安全重点工作实施方案》，对整治目标、整治时限、整治内容、责任单位和责任人作出明确的规定和要求，督导各职能部门完成食品安全重点工作。

产品质量和食品安全督导。联合市整规办深入各镇政府（街）、园区分别开展产品质量和食品安全暗访与督导工作。暗访食品加工经营、饲料经营、餐饮、药品经营使用、保健品经营、化妆品使用等单位 100 家，及时通报暗访和督导中发现的问题，督促存在问题的单位及时整改。开展创全国文明城市、创中国优秀旅游城市、创全国卫生城市食品药品安全督导检查，全面协调和督导各部门按职责分工开展食品安全监管。根据市政府的分工，食品药品监督管理局承担从化市 2010 年亚运城市行动食品药品安全及产品质量组办公室日常工作，协调各部门完成亚运食品安全保障方案和应急预案的制定和修订，组织开展亚运食品安全各项保障工作，部署亚运食品药品安全应急处置方案。

违法添加非食用物质和滥用食品添加剂专项整治。承担从化市打击违法添加非食用物质和滥用食品添加剂专项整治领导小组办公室日常工作，制定专项整治工作实施方案、联席会议制度、宣传方案，协调 9 个相关职能部门召开专题会议，研究部署并逐一落实专项整治。

查处“瘦肉精”猪肉专项行动。协调各有关部门做好疑似“瘦肉精”中毒事件全方位正面宣传工作，组织召开防控“瘦肉精”中毒事件会议，严格落实正常情况每日报告、特殊问题及时报告的制度。从 2 月 25 日开始，组织各有关部门在辖区范围内开展地毯式清查处理和专项督察。

[**药品检验所八分所工作**] 3 月，药检八分所实验室装修工程顺利通过广州市局组织的竣工验收和技术验收，并于 6 月通过省实验室资质认定现场评审，所申报的 48 个检测项目全部通过计量认证，获得向社会出具药品检验报告的资格。全年完成的检验任务有农村专项针对性抽验药品 90 批，日常监督抽验药品 25 批，防控甲型 H1N1 流感疫情抽验药品 8 批，补肾壮阳功能的中成药非法添加化学物质专项抽验药品 4 批。

[**宣传与教育**] 培训工作。督促化妆品生产企业按要求设置微生物检验人员和专职卫生管理员岗位，并参加相应培训。举办国产非特殊用途化妆品备案系统培训，逐步开展国产非特殊用途化妆品备案工作。有 12 家符合备案要求的企业完成首次备案。

食品药品安全知识进校园。与教育局等部门合作，全面启动食品药品安全知识进校园宣传教育活动，在中小学校普及食品药品安全知识。通过食品药品安全知识主题班会、派发食品药品知识手册、校园小广播、播放食品药品安全知识电视专题片、开展“食品药品安全在我家”征文比赛和有奖知识问答等活动，引导中小学生树立食品药品安全观念。组织学校食堂从业人员进行食品安全知识培训，并通过“校讯通”平台向学生家长发送食品药品安全知识短信，扩展食品药品安全宣传平台。

食品药品安全知识进农村。定期更新在行政村设置的食品药品宣传栏资料。6 月，联合市妇联在各镇街多条行政村开展“关爱生命珍惜健康”送医送药进乡村活动，以真假中药辨别、用药咨询等形式向农村群众普及饮食用药安全知识。

食品药品安全知识进社区。在街口街团星村举办食品药品安全宣传进社区活动，以“讲座+咨询”宣传形式，向社区群众讲授食品用药安全知识和列举近年食品药品监管中的典型案例，提醒消费者关注饮食用药安全，带动亲朋好友拒绝假冒伪劣“三品一械”，自觉维护自身健康利益。

（从化市食品药品监督管理局供稿，何碧金执笔）

安全生产监督管理

[管理机构] 市安全生产监督管理局属政府序列行政单位，办公地址在街口街河滨北路 128 号城晖大厦 5 楼。定编 16 名，其中行政编制 5 名、行政执法专项编制 9 名、工勤事业编制 2 名。2009 年末，在职 16 人，有局长 1 人、副局长 3 人。内设机构有：办公室（综合法规科与其合署办公）、监督管理科（加挂市安全生产应急救援指挥中心牌子）、执法监察科（加挂执法监察大队牌子）。下设事业单位：市安全生产宣传教育培训中心。

[安全事故情况] 全年全市发生各类安全事故 229 宗，死亡 132 人，受伤 261 人，直接经济损失 176.22 万元（见附表），事故宗数、死亡人数、受伤人数、直接经济损失与 2008 年相比分别下降 17.63%、7.69%、20.43%、8.19%。

[监督管理工作] 落实安全生产责任制。年初，根据全年安全生产工作计划，细化和完善各项安全生产责任制，逐级分解安全生产控制指标。市政府与各镇、街、园区和有关单位签订安全生产责任书，进一步明确各镇、街、园区和有关单位安全生产监管职责；各镇、街、园区与属地村（居）委、企业、有关签约单位和下属企业也多层次签订安全生产责任书，建立一级抓一级、层层抓落实的安全生产监管制度。与此同时，市委、市政府把安全生产工作列为各镇、街和各有关职能部门年度目标管理考核的重要内容之一，有力推动各镇、街及各部门和单位做好安全生产工作的责任感，进一步强化落实安全生产责任制。

重点行业和领域事故隐患排查治理。协调、联合有关部门突出检查道路交通、非煤矿山、危险化学品、冶金有色、民爆物品和烟花爆竹、建筑施工、水利、电力、农业机械、渔业船舶、特种设备、旅游、人员密集场所、“三合一”（住宿、仓库和营业场所合为一体）场所等重点行业和领域安全生产。在重大节假日期间和汛期前夕，由市政府领导带队，组织开展全市安全生产大检查，及时消除事故隐患。全年监督监察生产经营单位 8947 个、1.25 万次，查处各类事故隐患

4999条，实施各类安全生产行政处罚59次，实施经济处罚罚款78.3万元。

开展安全生产联合大检查。联合有关部门全年出动人员3.72万人次、检查生产经营单位2.09万家次，排查一般事故隐患6488条，已落实整改6158条（整改率94.9%），正在整改330条。责令停产停业整顿46家。打击非法生产单位212个，已取缔189个；打击非法经营单位492个，已取缔465个；打击非法建设单位401个，已取缔203个。

落实企业安全生产主体责任和安全生产标准化工作。重点抓好C级企业晋升B级企业，确保生产性企业100%落实安全生产主体责任工作，并以该项工作为基础，在非煤矿山、危险化学品、机械制造、家具制造、烟花爆竹、陶瓷等88家企业开展安全生产标准化工作，其中42家企业通过有关行业安全生产标准化达标验收，有力推动企业提高安全生产管理水平，取得阶段性成效。从化市的做法得到省和广州市安全监管局充分肯定和推广。

成立市安全生产应急救援指挥中心。进一步完善全市危险化学品重特大事故应急救援预案，会同市应急办、鳌头镇政府等部门和单位联合在广州誉桦木业有限公司、从化东洋贸易有限公司开展场外应急救援预案演练，提高部门间的指挥协调和应急处置能力。

依法做好生产安全事故调查处理。根据《生产安全事故报告和调查处理条例》的规定，按照“四不放过”原则（事故原因未查清不放过，责任人员未处理不放过，整改措施未落实不放过，有关人员未受到教育不放过），牵头组织对2009年发生的温泉镇浴日山庄“3·13”起重机械伤害事故、广州市从化流溪河怡养院“4·7”坍塌事故、吕田镇“5·10”压路机伤害事故、广州义丰木业有限公司“10·7”物体打击事故等4宗生产安全事故进行调查处理，依法严肃追究事故有关责任单位及其负责人的法律责任。

帮扶企业安全发展。邀请安全生产专家参与执法监察工作，从政策咨询、办事程序、技术指导、隐患整改、宣教培训等方面为企业安全生产管理提供更好的服务，使监管与服务得到有机结合，帮助企业建立健全隐患排查治理机制，帮扶企业查隐患抓整改；围绕市政府重点工作，加大对重点企业、工程项目安全监管和帮扶力度，扎实落实安全生产“三同时”（指生产经营单位新建、改建、扩建工程项目的安全设施，必须与主体工程同时设计、同时施工、同时投入生产和使用）工作，帮扶新设立企业按期顺利投产。

［**机构和队伍建设**］ 一是扎实推进基层安监队伍建设，举办镇、街、园区安监人员行政执法证培训班1期，培训24人。在符合条件的村（居）委全部成立安全生产管理机构，并对50个村（居）委150名安全管理人员进行业务培训。切实提高基层安监人员业务水平，初步形成市，镇、街，村（居）三级安全生产监管网络，把监管工作落实到基层。二是扎实推进安全主任管理工作。市制定《从化市安全主任管理推行工作方案》，市安全监管局和各镇（街）、园区按要求成立安全主任管理办公室，规范和完善安全主任的管理工作，调动安全主任开展隐患排查治理工作的积极性。三是健全投诉举报制度，加强廉政建设。结合“机关服务年”、“创建文明城市”和民主评议政风行风工作，进一步健全投诉举报制度，多渠道向社会公布安全生产违法违纪行为的举报方式，及时查处有关部门和群众关于安全生产问题的投诉信访案件；加强全市安监系统作风建设，多措并举抓好民主评议政风行风活动，全市安监系统各单位在2009年开展的民主评议政风行风活

动中被评为“满意”单位。

[**专项整治**] 一是开展危险化学品和烟花爆竹专项整治。联合相关职能部门对辖区内74家危险化学品生产经营企业进行执法监察，出动1412人次，查出事故隐患415条，已整改415条，监督监察覆盖和整改率100%；开展对烟花爆竹储存、运输、销售、燃放等环节安全管理的联合执法，依法取缔各类非法经营销售网点，坚决打击、取缔非法生产、销售、运输烟花爆竹行为，全年对全市126家烟花爆竹经营单位实行监督监察2010次，查出事故隐患336条，已整改336条，监督监察覆盖和整改率100%。二是联合国土、公安等部门开展非煤矿山专项整治，对4个非煤矿山企业实行监督监察85次，查出事故隐患66条，监督监察覆盖和整改率达100%。三是按《安全生产法》的要求，监督、综合协调各行业监管部门开展安全生产监督管理工作和专项整治，及时消除安全隐患。

[**宣传教育和培训**] 一是围绕“关爱生命，安全发展”主题组织开展2009年“安全生产月”系列活动，成立以市政府分管领导为组长的“安全生产月”活动领导小组，市长梁建清在《今日从化》报上发表致辞，号召广大市民积极参与“安全生产月”活动。二是充分运用宣传媒体作用，广泛宣传安全生产法律法规和安全生产知识，在从化电视台、《今日从化》报等新闻媒体播放刊登安全生产公益广告。公安、安监、质监、气象等部门向市民发送安全提示、平安祝福等方面的短信息，安监、交警、消防、建设、交通等行业主管部门深入开展安全知识大宣讲活动。三是强化安全生产培训工作，全年培训新增安全主任155人、安全主任再教育1135人（广州市下达任务为1000人）、新增生产经营单位主要负责人190人（广州市下达任务为100人）、生产经营单位主要负责人再教育662人，超额完成广州市下达的安全生产各项培训任务。四是编制从化市安全生产年活动简报8期1000份，及时通报有关单位开展安全生产年活动情况。

表5　2009年从化市各类安全事故一览表

事故类型	事故宗数	死亡（人）	受伤（人）	直接经济损失（万元）
工矿商贸企业（含建筑）	4	4	0	133
道路交通（一般以上事故）	221	128	260	31.69
消防（2009年12月31日前建档火灾事故）	4	0	1	11.53
合计	229	132	261	176.22

（市安全生产监督管理局供稿，唐斌阳执笔）
（潘彦编辑）

经济 贸易

经济工作

[**管理机构**] 市经济贸易局属政府序列行政单位，办公地址在街口街东成路 30 号。定编 46 名，其中行政编制 15 名、行政执法专项编制 6 名、事业编制 20 名、为离退休干部服务编制 2 名、工勤编制 3 名。2009 年末，在职 49 人，有局长 1 人、党委副书记 1 人、副局长 3 人、整规办专职副主任 1 人。内设机构有：党政办公室、组织人事科、招商协作科、企业综合管理科、商业流通科、工业运行科（对外挂从化市乡镇企业管理办公室牌子）、酒类专卖管理科（对外挂从化市酒类专卖管理局牌子）、食盐和酒类专卖稽查队。市整顿和规范市场经济秩序工作领导小组办公室、打击生产和经销假冒伪劣商品违法行为领导小组办公室和民营经济办公室的工作职能由该局承担。协调单位有：从化供电局、从化市邮政局、广州市质量技术监督局从化分局。

[**工业经济**] 全年全市完成工业总产值 296.74 亿元，比上年增加 6.34 亿元，增长 6.87%（按价格紧缩法，下同）。其中规模以上工业企业累计完成工业产值 278.74 亿元，增长 6.66%，占工业总量 93.93%。工业销售产值完成 271.42 亿元，工业产品产销率 91.47%，减少 2.61%。工业累计实现税收 10.98 亿元，增长 4.67%。总用电量为 12.88 亿千瓦时，增长 2.6%，其中工业用电约 9.45 亿千瓦时，减少 1.36%。

[**商业经济**] 在扩内需、保增长、刺激消费的多项政策措施引导下，全市的消费品市场供需顺畅、流通活跃。2009 年，全市社会消费品零售总额 54.6 亿元，比上年增长 16.9%，其中批发零售业 42.5 亿元，增长 13.5%；住宿餐饮业 12.1 亿元，增长 25.2%。商品销售总额 73.7 亿元，增长 21.5%，其中批发额 31.3 亿元，增长 35.3%。商业用电 0.93 亿千瓦时，增长 9.9%。

[**管理和服务**] 加强经济运行调控。一是加强目标责任落实和对工业项目的监督、协调和落实工作。会同监察局、外经贸局、投资服务中心对工业增长目标任务进度进行督察，对产值完成进度不理想的镇、街、园区，帮助其查找原因，采取有力措施，扭转局面。二是进一步完善规模以上工业企业每月用电量台账，针对部分企业出现用电量增加而工业产值反而下降的异常情况，分别在 4 月和 8 月组织各镇、街、园区对用电量异常企业进行调研，找准原因，逐步解决。三是挖掘新上规模企业，督促企业做好资料收集申报工作，确保产值如实申报。11 月，组织各镇、街、园区对辖区企业开展排查，掌握 2009 年 1—9 月底止销售产值达 350 万元以上的 46 家规模以下企业情况，并及时转交统计部门跟进处理。至 12 月底，这批企业中已

转为规模以上企业的有33家。

帮扶服务企业。一是为企业发展解决困难。按照《关于印发在建、未建项目情况和工作任务表的通知》和《关于印发调整在建、未建项目责任表和企业帮扶责任表的通知》的工作要求，局会同监察局、外经贸局、投资服务中心做好监督、协调工作，重点协调解决24家新上项目存在的实际困难，督促项目尽快建设、投产。至年末，海霸王食品、日野汽车等18个项目已建成投产，累计实现产值9.62亿元；万宝冰箱等6个项目因受设备调试、证照不齐全等影响正在试产或尚在建设。重点加强对41家超亿元企业的服务工作，全力推动全市保增长、促效益工作的开展。全年41家超亿元企业完成工业产值209.87亿元，占全市工业总产值的70.88%。二是落实帮扶政策措施。协调有关职能部门，落实好市政府的有关帮扶优惠措施，协调相关职能部门兑现符合条件的企业的土地使用税减免或免二减三财政奖励等。对企业提出的拓宽融资渠道、重视人才的培养和引进、解决企业人才入户及其子女入学、适当减免残疾人就业保障金等问题和要求，向市政府反映协调解决，力促企业健康快速发展。三是为企业搭建产品展示和经贸洽谈、合作平台。组织全市民营企业参加2009广州博览会、第六届中国国际中小企业博览会和广州市重点商贸项目国际招商推介会，以及各类对外项目投资对接会、中小企业融资对接会等。2009年，从化市获得广博会广州市组委会颁发的“先进组织奖”和“优秀布展奖”，这是从化市连续五年获此殊荣。四是创新方式破解融资瓶颈。为缓解中小企业融资难，局会同市投资服务中心、广东创富担保有限公司，推进做好组建小额贷款公司和村镇银行的相关工作，先后走访近百家中小企业，为15家企业提供贷款担保1.2亿元。局与市民营企业协会协助街口、江埔、城郊三个商会，组建广州从化工商企业互助协会，由各民营企业自愿筹集750万元，解决市明兴机械有限公司等8家企业约1.6亿元的转贷过桥资金，及时帮助企业渡过难关。五是帮助企业应对经济金融危机的冲击。局会同市民协中小企业服务中心先后举办一系列的提升中小企业管理水平的培训班，举办《面对金融危机的中小企业战略选择》专题讲座2期。并借广州市举办亚运会契机，帮助市中小企业把握商机渡过难关，组织广州中宇冷气科技发展有限公司等6家民营企业，参加广州市经贸委和广州市地铁总公司联合召开的“广州中小企业参与广州地铁建设对接咨询会”。

加快电力基础设施建设。一是协调督促和推进重点电力基础设施建设。组织召开全市电网建设工作联席会议，明确落实各有关职能部门的工作责任，加快推进电力基础设施规划建设工作。协调各相关镇、街、园区以及国土、供电等部门共同做好各重点电网项目的站址征地、线路占地青理赔偿、清障工作，督促加快工程施工建设。220千伏绿洲变电站已在12月建成并投入使用，110千伏水南输变电站和养生谷变电站、10千伏电网大修技改项目等也正在加紧建设中。全力协调鳌头工业基地（广州万宝集团冰箱有限公司）高压线路工程建设工作，开辟绿色通道，在60天内完成全长8公里的高压线路工程，确保万宝冰箱项目的正常生产用电。二是协调解决企业用电报装的问题。为使企业尽快投产，产生效益，局加快落实《关于建立企业用电报装绿色通道的实施意见》，及时协调供电部门给予落实报装用电工作，全市已有10家企业通过该绿色通道进行报装用电。

引导企业升级转型和技术改造。一是针

对金融危机对国际市场的冲击，引导来料加工型企业开辟国内市场，及早转变为进料加工贸易或正常贸易。特别加强企业的沟通联系，指导其将来料加工改为进料加工。开展创名牌战略和质量管理工作，会同质监、工商等部门制定《2009 年从化市实施名牌战略工作方案》，实施名牌培育工程，通过深入基层调查，筛选确定 10 多家企业的产品、商标列为重点培育对象，加强分类指导，定期组织列入《目录》企业开展争创品牌工作系列辅导和培训，对列入《目录》企业实行优先重点扶持。二是鼓励和支持企业加强技术改造。按照《关于促进中小企业平稳健康发展的意见》要求和条件，争取上级部门财政扶持资金，加大技改投入力度，全力促进扩能项目尽早释放新增产能。全年申报省、广州市的技改项目 25 个，创新项目 13 个，政银企合作 20 个，项目总投资 8.89 亿元。至年底已获得省、广州市财政资金扶持的项目 41 个，落实资金 1725.1 万元。

实施节能降耗。一是围绕“十一五”期间全市万元 GDP 能耗比“十五”期间下降 20%以上，平均年节能率为 4%以上的目标，局对纳入广州市百家重点节能降耗的 4 家企业进行指导督促，使企业完成能源利用状况报告和企业能源审计报告，加快推进节能技术改造。上半年，广州市经贸委组织专家组对从化市重点耗能企业进行 2008 年度节能目标考核，结果全部为优秀。二是做好已关闭 9 家落后水泥产能企业的后续工作。会同安监等部门，推进企业拆除厂房工作，并加强监管，防止出现安全事故发生。除鳌头水泥厂 2 条生产线以外，其余落后水泥企业生产线已全部拆除。会同环保局等部门关闭 77 家高能耗石粉建材企业。三是加强资源综合利用，推进企业清洁生产工作。重点指导企业做好资源综合利用、节能减排以及小印染、小电镀企业的清洁生产工作，促进循环经济发展。广州誉桦木业公司经过评估、筛选确定的 27 个清洁生产方案已全部实施，在 2008 年 5 月通过广州市清洁生产企业审核验收，并被推荐申报省清洁生产企业。局指导督促用水和排放排污大户的印染、电镀行业对污水处理系统进行改造和创新工艺流程，加强水循环再利用工作，减少排放，节约用水。如广州明基印花公司对生产工艺流程和污水处理技术进行改造后，煤、电等能耗比上年降低 30%以上，水循环再利用率达 50%以上，废水排放量上年排放的 50%，产值翻一番。

[**项目跟踪服务**] 一是加大对重点产业的招商力度。局会同明珠工业园在广州琶洲中国进出口商品交易会展馆成功承办“从化市汽车零部件产业投资推介会”，并在“2009 中国（广州）国际机械装备制造业博览会”，展示、宣传到从化考察洽谈投资事宜。二是做好重点项目的推进工作。为加快万亩工业储备用地项目进展，局及时成立工作领导小组，并要求相关镇、街每半个月报送进度报表，每月召开工作联席会议，并以先易后难的工作思路稳步推进。全年完成报批 748 亩，征地 4272 亩。着力抓好高扬国际商业广场项目、荣宏国际商贸城项目（原晶都汽车城）、澳泉花园烂尾楼改造项目、吕田“生命谷”项目的跟踪服务工作，协调推进北部生鲜农产品交易市场、蜂蜜博览园、南海食街休闲广场、美时家具广场、广州金钊电子机电市场等项目建设。三是做好在谈项目的跟踪服务工作。重点跟进顺德美的电器集团的“华凌冰箱”（原年产 100 万台）和“空调”项目（原年产 100 万台）异地选址扩建生产，两个项目合计需解决用地约 1400 亩，扩产后，年产达到 300 万台，年产值 130 亿元。为吸引

更多的家电企业集聚从化发展，打造家电板块，在广州市经贸委和发改委的大力支持下，局会同明珠工业园做好“广州家用电器（从化）制造基地”申报列入“广州市2010年重点建设项目”的工作，为下一步引进“美的”等大型家电企业创造更好的发展环境。局还密切跟踪美佳华实业（深圳）有限公司商贸项目以及北京当当网华南区物流中心项目、海尔物流产业园项目和台州商会工业园项目等，争取尽快解决这些项目的用地问题。

［**加快商贸流通业发展**］ 一是组织指导企业申报各级各类商业网点建设扶持项目资金。全年全市获得商业流通项目建设扶持资金330万元，加快市场升级改造、商业网点建设进程。其中南海食街“一村一品”美食街扩建技术改造等8个项目获得广州市商业网点建设项目扶持资金；从玉绿色农产品现代流通网络体系建设项目等2个项目获得广东省级项目建设资金扶持。“万村千乡”市场工程4家承办企业开展的一村两店建设、信息化建设共获得省市扶持资金180万元并向商务部申报2009年国家级“万村千乡市场工程”建设项目规划，争取国家级项目建设资金扶持。吕田桂冠市场通过广州市验收，获得从化市财政资金的扶持。二是启动家电、汽车下乡活动。共有30家中标企业到从化市备案，全市备案网点共44家，销售家电下乡产品6371台（件），销售额1279.9万元，已补贴金额971.5万元。下乡汽车、摩托车销售2592台，补贴金额355万元。三是优化万村千乡市场工程建设项目。为加快推动农村市场体系建设，新建和改造104家农家店（其中村级店101家、镇级店3家）。全面完成农家店信息化建设，通过广州市经贸委和广州市财政局的验收。四是开展购物嘉年华、农家乐美食节系列活动。先后开展“千年商都·让生活更精彩——广佛欢乐购物嘉年华”系列活动，活跃繁荣从化市消费品市场。组织企业参加“广佛春季欢乐购物节”、“广货北上”和“广州产品国内行”等一系列经贸活动。五是抓好碧水湾、文轩苑创建国家五钻级酒家申报评审工作。六是承办从化市首届文化美食节。举办“十佳”餐饮企业、厨师、名菜、手信评选活动，提高从化市生态美食的知名度和美誉度。七是加快推进再生资源社区便民回收点建设。新建逸泉社区、良口碧水新村社区和鳌头镇鳌头圩便民回收点，通过广州市经贸委、供销社、财政局的联合验收。

［**整规打假**］ 市整规（打假）办公室组织开展卷烟、食品、文化市场等一系列专项整治行动，全年全市出动执法人员1.3万人次，检查各类市场、企业、店档3.25万家，立案查处各类案件237宗，涉案价值662.74万元，罚没金额109.85万元。一是强化食盐和酒类市场监管，查处酒类违法案件13宗，申请立案处理10宗，结案10宗，罚没金额2.429万元。二是加强酒类生产、零售许可证的年审工作，新办酒类零售许可证323个，年审酒类零售许可证850个。协助市内11家酒类生产企业进行酒类生产许可证年审，其中6家为全国工业品生产许可证。三是对全市加油站销售国Ⅲ标准车用燃油的执行情况进行综合检查，并牵头会同工商、交通、安监、税务等部门严厉打击非法经营成品油行为，查获非法经营运油车6辆，分别送交通、工商部门处理，有效地杜绝市非法经营成品油的行为。四是开展为期半年的“人屋车场”整治行动，对全市再生废旧物资回收站62间、废旧金属回收站点29间以及无牌无证照经营店档进行全部清查规范，立案查处2间，取缔29间，督促办理营业执照8间。

［**队伍建设**］ 一是基层党组织建设，全年发展新党员 10 人。二是开展以“服务企业、服务农村、服务基层、服务群众”为主要内容的机关服务年活动。着力实施“五清五帮”工作，组织机关干部职工对太平镇神岗村、菜地塱村有效开展帮扶工作。三是抓好“三级”联创工作，落实帮扶项目，支持新农村建设。四是落实综治维稳和计生各项工作措施，落实信访工作领导责任制，妥善处理群众问题。全年办结信访件 9 宗，办结率 100%。五是工、青、妇、团建、档案等一系列工作达到预期目标。

（市经济贸易局供稿，钟志强执笔）

外经贸工作

［**管理机构**］ 市对外贸易经济合作局属政府序列行政单位，办公地址在街口街口岸路 2 栋。定编 14 名，其中行政编制 12 名、工勤编制 2 名。2009 年末，在职 15 人，有局长 1 人、副局长 2 人、纪检组长（不占编）1 人。内设机构有：党政办公室、招商科、对外贸易发展科、外商投资管理科、加工贸易科、对外公平贸易科。下属机构有：市贸促会、国际商会、外商投资企业协会、翻译协会。

［**经济指标完成情况**］ 全市新批准外资项目 34 个，比上年减少 36%；合同投资总额 2.51 亿美元，增长 27%；合同外商投资 1.41 亿美元，比上年减少 19%；吸收外商实际投资 1.71 亿美元，增长 26%。完成年计划任务 120%，超额完成广州市和从化市年初下达的全年实际利用外资预期目标。增资企业 11 家，合同增资额 9307 万美元，比上年增长 76%，其中外商增资额 6492 万美元，增长 36%。

全市进出口总值 17.89 亿美元，比上年减少 18.5%，其中出口总值 11.14 亿美元，减少 16.75%，占全年计划任务 13.9 亿美元的 80.1%；进口总值 6.75 亿美元，减少 21.3%。在出口分类统计中，三资企业出口为 7.59 亿美元，减少 20.2%；内资企业出口 3.55 亿美元，减少 8.2%。在出口形式上，一般贸易出口 3.11 亿美元，减少 14.6%，占出口份额 28%；来料加工出口为 6.49 亿美元，减少 22.3%，占出口份额 58.2%；进料加工出口 1.53 亿美元，增长 26.2%，占出口份额 13.8%。进口方面，三资企业进口 5.86 亿美元，减少 26.75%；内资企业进口 8839 万美元，增长 55.65%。

全市有 8 家企业完成 11 项对外投资项目，比上年增长 4.5 倍。获得核准的对外投资项目有：新动力塑胶公司在尼日利亚设立的新龙实业（尼日利亚）有限公司和新豪实业有限公司、在蒙古设立的龙峰贸易有限责任公司；德旺塑料制品公司分别在捷克设立的捷克佳达国际有限公司和在德国设立的德旺国际贸易有限公司（两家均为贸易公司）；阿塔米得拉乐器公司在西班牙设立的阿塔米得拉（西班牙）乐器有限公司；威戈翰橡胶公司在马来西亚设立的威戈翰（马来西亚）橡胶有限公司；从化华星卷闸防盗门厂在香港设立的罗威王科技制品有限公司；广州世艺五金制品有限公司在香港设立的香港中邦电子五金制品有限公司；罗威王建筑材料公司在美国设立的有鸿投资有限公司。上述投资项目中生产性质有 7 项，贸易性质有 4 项。全年累计投资总额 2322 万美元，比上年增长 18.7 倍，投资 100 万美元以上的项目占 63.6%。其中新动力塑胶有限公司境外项目投资总额达 1580 万美元，单个企业境外投资规模在省乃至广州市项目中亦名列前茅，成为上级部门重点关注的亮点。

[外经贸发展的主要特点]　外贸进出口降幅收窄。受上年全球金融危机的影响，2009年开始全市外贸进出口出现大幅下滑，而且下滑幅度较大，全年全市进出口总值比上年下降18.5%，降幅比广州高12.14%。其中出口下降16.75%，降幅比广州高3.81%；进口下降21.29%，降幅比广州高22.17%。从化市外贸首次出现负增长。存在的主要问题：一是企业承接订单困难。受2008年年底国际金融危机的影响，2009年，从化市大部分企业承接加工订单平均减少30%，约有27%的加工贸易企业没有新签加工合同，出现加工生产的空当。全年全市加工贸易合同数357宗，下降25%。二是部分重点企业由于原材料价格上涨、市场萎缩、购买力下降等原因，出现出口大幅下滑。主要是钻石加工行业，永钊钻石厂下降27%，东麟钻石有限公司下降28%，而钻石珠宝加工出口值占全市出口总值40%，大宗出口产品的大幅减少下滑必然拖累全市整个外贸出口。三是部分出口企业关闭停产。由于受前两年国家对加工贸易宏观调控及当前金融危机带来的冲击，全市已关闭停产加工贸易企业9家，外迁企业2家，主要是一些产品低附加值，劳动密集型企业，涉及行业有灯饰、塑胶、家具、服装等，直接影响产值5000多万元人民币，出口额600多万美元。

外贸进出口额呈回暖趋势。全年全市出口比年初−37.9%降幅收窄18.8%，从4月开始出口基本徘徊在−20%左右，显示出外贸出口降幅已到底，并逐步回升，对外贸易不断向好的方向发展。一是降幅逐月收窄，逐步回稳。全市外贸出口从2009年1月份下降37.9%到一季度下降25.3%，二季度下降22.3%，三季度下降19.98%，到12月下降16.75%，降幅总体上逐月收窄，企业出口呈现回暖态势。二是进料加工贸易及部分企业保持出口增长态势。全年进料加工出口1.53亿美元，比上年增长26%。出口增幅较大企业有丰力橡胶轮胎有限公司（增长64%）、协蕊不织布有限公司（增长109%）、金浪星非织造布有限公司（增长187%）等。全年全市新签加工贸易合同出口总额达7.88亿美元，增长10%。全市从事加工贸易企业72家，已签订加工贸易合同企业52家，占72%。三是对外贸易市场结构有所调整，新兴市场出口量增大。全市加工贸易出口市场主要是以欧洲、美国、香港等地为主。欧洲占出口份额34.7%；美国占13.2%；南美、非洲、中东等其他新兴市场占12%；香港占10%；日本占3.5%；中国台湾占2.7%。新兴的非洲、中东市场增长明显，如阿拉伯联合酋长国市场增长106%，墨西哥市场增长38%，菲律宾市场增长42.8%，阿根廷市场增长75%等。增长幅度较大的主要出口商品有塑胶制品、橡胶制品、机电产品、纺织制品、鞋类产品、贵金属制品、杂项制品等。四是出口商品结构出现变化。钻石、机电产品、摩托车出口降幅较大，服装、塑胶、化妆品等出口明显增长。钻石出口4.51亿美元，占出口总值40.5%，下降28%；机电产品出口6239万美元，占出口总值5.6%，下降21%；摩托车出口1.24亿美元，占出口总值11%，下降24.5%；化工产品出口2228万美元，占出口总值2%，下降9%；服装、鞋帽、无纺布出口5792万美元，占出口总值5.2%，增长66.5%；化妆品出口2896万美元，占出口总值2.6%，下降13.6%；塑胶制品出口3119万美元，占出口总值2.8%，增长12.3%；玩具、工艺品、饰品出口1.13亿美元，占出口总值10.1%，增长9.2%。

五是加工贸易企业努力转型升级，开拓内销市场。已有雅芳制造有限公司、三奇石矿有限公司、刚辉橡塑五金制品有限公司、富敏城工艺有限公司等30多家企业从来料加工转为就地加工内销，从外销为主转为内外兼顾，实施多元化市场策略。到12月全市转营内销产品销售额约9.1亿元，占出口份额16%。全市外商投资企业中有超过70%的企业有经营内销业务。

外资结构呈现新变化。由于受到国际金融危机和经济衰退的影响，全市新批准的外资项目宗数较少，制造业项目不多，但利用外资呈现前少后多、大项目增多、服务业项目增多的特点。上半年合同投资和实际利用外资下滑幅度比较大，下半年通过加大招商引资力度，促企业增资，释放存量，利用外资实现“井喷式”增长。下半年，市新批准较大的项目有广州香港马会赛马训练有限公司投资总额9659万美元，注册资本4830万美元；广州市蝴蝶谷旅游开发有限公司总投资额2929万美元，注册资本1171万美元；雅居乐房地产有限公司增资5162万美元等。这些项目成为拉高从化市合同投资（增长27%）的主要引擎。通过对外资企业联合联检的促动，督促外资企业尽快履行合同、章程的要求按时入资，协助项目加快建设进度等措施，使原有的大项目也能按时入资，如广州合景房地产开发有限公司如期出资3202万美元、广汽日野有限公司如期出资3054万美元，以及原有项目存量的注资，全市实际利用外资增长26%。

对外经济合作项目大幅增长。实施“走出去”战略取得明显成效，全市核准已有8家企业完成11项对外经济合作项目，是上年全年项目数4.5倍，累计投资总额2322万美元。服务业外包工作也取得突破，中弈信息公司承接美国软件外包业务量达100多万美元。

开放型经济为全市经济社会发展作出贡献。全市三资企业完成工业产值约160亿元，约占全市工业总产值54%，累计增长9.3%；国税涉外税收6.79亿元，占全市国税65%；地税涉外税收2.50亿元，占全市地税20.3%。两税占全市税收40.8%。

［**招商引资**］ 一是制定招商引资工作计划，明确全年招商引资的任务、重点和工作措施。制订2009年利用外资任务计划，把利用外资的任务分解到经济园区和相关镇街，明确任务，落实职责，调动上下齐动的积极性。二是组织各类投资促进和招商推介活动。先后组织日本汽车零部件考察团、日本广州商会、日本佳天美旅行社、日本全日空航空公司、日本三菱银行、日本索尼公司、日本PA公司、日本普利司通公司、英国TESCO公司、法国家乐福集团、香港第一东方投资集团、香港成风集团、香港贸发局广州办事处、香港和记黄埔地产、恒大地产、香港文化传信集团有限公司等企业到从化市考察汽车零部件、旅游、商业、动漫软件、房地产、电子信息等高端制造业和现代服务业的投资环境。组织相关企业负责人参加省政府在香港举办的“2009年粤港经济技术贸易合作交流会”、广州市政府在香港举办的广州外经贸白皮书发布会和穗港现代服务业合作交流会、在广州举办的“聚焦广州 投资未来——2009年跨国公司论坛”、广州市政府在日本举办的“广州—日本汽车零部件及相关产业投资交流会”、澳门特区政府在澳门举办的“澳门投资展览会”等，并到香港、澳门、日本考察汽车零部件、现代服务业等20多家企业。全年接待到访外商20多批次共100多人次，参加省乃至广州市大型投资促进活动5次，接触世界500强等大型跨国企业50多家，派发宣

传资料 1000 多份。通过组织参加各项投资推介活动，广泛接触客商，进一步推介宣传从化市的投资环境和政策，提升从化市的知名度。促使一批项目成功落户从化市，如香港马会赛马训练、蝴蝶谷旅游开发、得亨家具、佳林医药等项目已落户从化；科昂诗汽配、刚辉橡胶、富欣织造等一批企业有意向增加投资。三是注重创新招商推介方式。在招商引资工作中实施产业链招商、行业招商、园区招商、项目招商和以商引商等招商方法，开展“走出去”与“请进来”相结合，大型推介与小分队上门拜访相结合，综合式与定点式招商相结合，主动拜访相关行业协会、各国领事馆、世界 500 强企业和大型的跨国公司，增强招商的主动性、针对性和目标性。四是开展招商引智活动。主动参加第十二届留学人员交流会，邀请留学生到从化市参观考察，为从化市献言献策。五是充分利用从化招商网，开展网上招商。年初，开通“从化招商网”网站，网站列明从化市的投资环境、优势、政策、招商项目、产业规划、投资服务等内容，并随时更新。从化招商网的开通，为市的招商引资工作提供新的平台。六是加强与广州市外经贸局、广州投资促进中心的联系，开展投资促进活动。加强与中介招商机构、行业组织的联系，开展中介招商工作。先后与广州开发区建智投资顾问公司、普华永道、安永会计师事务所、留学人员创业园公司等中介机构广泛接触，争取中介机构为从化市招商引资。探索设立招商顾问机制，开拓招商引资新路子。七是通过加强服务，出台帮扶措施，促使优质企业增资扩产。至年底，增资额较大的企业有：雅居乐房地产（5900 万美元）、广从高速（3100 万美元）、凯茵橡胶公司（1000 万美元）、马贝建筑材料公司（400 万美元）等。八是储备招商项目，整合招商资源。根据掌握的项目线索，按照项目成熟程度，建立招商项目库，采取定人定时联系沟通。对市现有的土地、厂房、能源、产业、产能、项目、配套设施等情况进行摸查、调研，建立招商资源库，为全市的对外招商引资服务。

［**外贸出口**］ 一是做好各类扶持资金的划拨和申报工作。通过提高工作效率，加强与市财政局沟通，加快上级各类扶持资金的划拨速度，让企业尽快用上扶持资金。协助 60 家企业申报 2009 年各类扶持资金总额 1200 万元，已到位资金 1115 万元，企业数和金额数分别比上年增长 58％和 68％。还有 70 家企业成功取得“中小企业国际市场开拓资金”的申报资格，比上年增加 30 多家，增长 1.2 倍。通过为企业申报各类扶持资金，帮助企业解决出口、技术改造、开拓市场、优化结构、品牌等方面的资金困难，促进企业扩大生产经营。二是发动企业抢抓生产订单。成立抢抓订单工作领导小组，局机关全体工作人员分工每人联系 5 家有一定规模的进出口企业，定期汇总企业的订单、生产、经营情况，针对企业存在问题，制定相应的工作对策。把广东省、广州市政府以及中国国际贸易促进委员会系统组织的境内外产品展销会、推介会和上级临时推出的专业性、行业性展销活动的信息及时传递到相关企业。邀请广州市外经贸局相关业务处室，对省、广州市政府 2009 年加大支持企业发展扶持政策进行宣讲，与海关、检验检疫、外管、国地税及金融机构进行互动和沟通，增强企业战胜困难的信心和勇气。发动外贸企业参加各种类型的境内外展销活动。组织参加春交会，全市有 12 家企业参加，当届合同成交额 1780 万美元，比上届增长 18.5％；有 17 家企业参加 106 届秋交会，累计合同成交额 2761 万美元，比上届增长 55％。动员企业参加境内

外展销会。全年有30多家企业到境内外参加产品展销会或到境外市场考察，如广州吉声琴业有限公司、伊思曼公司等分别到德国科隆、美国和北京参加乐器专业展，订单分别比上届增长21%和16%。与商务部中国国际电子商务中心合作，为15家企业争取到免费1年的金牌会员待遇，争取在电子商务方面开辟一个新天地，为获得更多的订单提供多方面渠道。受金融危机的影响，不少外贸企业出口收汇超期，造成逾期核销。根据企业出口的实际情况，局会同国税、外管部门及时为36家企业办理核销手续，涉及出口金额1530万美元，减轻企业的负担。三是鼓励各类企业开展对外贸易业务。发挥“绿色通道”作用，帮助外贸公司开拓澳门市场。全市有16家民营、私企和个体企业取得进出口经营权资格，壮大出口队伍，增强出口实力。

[**对外经济合作**] 组织企业“走出去”到境外开展投资活动。一是宣传对外经济合作政策。通过走访多家企业，为企业送政策上门，发放《广州企业“走出去”指南》宣传手册，组织企业参加广州市外经贸局举办的各种境外投资宣讲活动等措施，宣传对外经济合作政策，使很多企业主动积极咨询，申办“走出去”手续，取得良好宣传效果。二是紧贴企业，跟踪服务。在了解企业有走出去意向后，就将其列为重点服务对象，加强和企业的沟通联系，为企业提供从初期投资意向到境外企业的核准、从注册到经营运作的全程跟踪服务，为企业解决实际操作过程中遇到的各种问题，加强企业进行对外投资的信心。三是为企业申报和争取国家、省、广州市的各项对外经济合作扶持资金，调动企业“走出去”的积极性。

[**机关效能建设**] 一是建立健全各项审批制度，提高行政效能，在日常工作中为企业做到贴身服务、主动服务。在全市行政审批绩效测评中，局驻窗口单位连续12个月获得第一名。二是协助市贸促会开展各项服务工作，为企业对外参展、产品促销、原产地证明等提供便利。三是动员外资企业尽量安排当地劳动力，解决市的劳动就业问题。要求外资企业按规定为员工购买社保和医保，处理好发展与环境保护的问题，努力促进和谐从化的建设。四是抓好下属支部和系统公司的业务指导工作。2009年下属机关支部、外贸总公司支部、外经总公司支部、致通公司支部、从发塑胶厂支部、退休老同志支部均能做好本支部工作，其中外贸总公司支部在金融危机下积极开拓新业务，全年出口总值1072.26万美元，比上年增长1.37%，全年上缴进口关税、增值税等各项税收10多万元；致通公司支部2009年由于工作实绩突出，获得“A类企业”称号。五是做好局机关党支部、团委换届选举和发展新党员工作，办理预备党员转正4名，发展新党员1名，吸收6名工作先进同志为入党积极分子。六是开展以“优化提升服务环境，促外经贸科学发展”为主题的学习实践活动，结合庆祝改革开放30周年和建国60周年，开展外经贸系统30周年回顾活动，编撰出版《从化外经贸三十周年画册》。编印《从化外经贸简讯》，及时向社会各界传递外经贸工作进展的动态信息。七是计生、档案、保密工作严格按规定执行，信访工作按要求抓好落实，妥善处理原外经系统企业下岗干部职工、国有企业退休老同志等待遇问题，确保社会的稳定。工会、共青团、妇女、关工委等工作健康开展。

（市对外贸易经济合作局供稿，冼栩龙执笔）

口岸工作

[**管理机构**]　市口岸办公室隶属从化市政府办公室管理（对外挂市政府口岸办公室牌子），办公地址在街口街口岸路2号。定编6人。2009年末，在职6人，有主任1人、副主任1人。内设机构有：综合科、财务科。驻口岸查验单位有：从化海关、从化出入境检验检疫局。

[**经济运行情况**]　全年经从化口岸进出口货物15.85万吨，比上年增加0.2%；进出口货物总值13.2亿美元，减少21.9%；进出境车辆1.84万辆次，减少6%。从化检验检疫局检验出入境货物2.26万批，货值6.4亿美元，分别减少6.37%和7.72%。

[**协调管理**]　一是坚持召开口岸联席会议制度，提高口岸各单位整体工作水平。二是组织口岸各单位到企业开展调研活动，了解企业发展规划和生产运作，听取企业意见，为研究制订通关便利措施打下基础。三是按照甲型H1N1流感疫情防控工作要求，及时成立由口岸办和查验单位主要负责人及有关人员组成的从化口岸甲型H1N1流感防控工作领导小组，采取一系列措施，严密组织开展口岸甲型H1N1流感防控工作。四是配合市委、市政府开展形式多样、内容丰富的主题活动，营造和谐向上的氛围。五是完善口岸"一条龙"服务功能，提高口岸服务水平，为企业急事急办，加班加点，切实为企业解决难题，受到企业好评。六是采取多项措施落实亚运会马术比赛前期口岸各项通关准备工作，加强与上级口岸管理部门的沟通对接，及时了解筹备和举办亚运会马术比赛的工作要求，完善和充实其工作内容，并配合市委、市政府推进亚运会马术比赛马匹、物资通关、赛后与香港马会合作的事宜。

[**安全工作管理**]　结合从化市创文和创卫的要求，进一步完善和健全从化口岸有关长效机制、应急机制，抓好内部管理、外树文明形象。一是口岸巡逻队坚持执行24小时巡逻制度，并增派专门的治安监督员进行监督管理，对重点岗位及重点人员如车检场监管区值班人员、司机等进行经常性安全教育，以提高安全责任意识。二是为配合创卫工作，协调口岸各单位认真落实绿化、卫生工作检查制度，并层层签订《创卫责任书》，做到分工明确，落实到人。三是在创文活动中主动联系交警、市政有关部门，在口岸路指定位置停放车辆，整治口岸小区乱停乱放现象，确保通关车辆安全顺畅。四是推进口岸小区视频监控工程的建设工作，以确保口岸小区及周边的安全。

[**精神文明建设**]　一是在口岸系统中开展评先创优活动，被市政府授予"先进集体"11个、"先进工作者"40名。二是在广州共建文明口岸的评先活动中，从化海关和从化出入境检验检疫局被评为"广州市共建文明口岸先进单位"，2人获得"广州市共建文明口岸先进个人"称号。三是协同报关协会和查验单位召开企业报关、报检员座谈会，促进口岸的和谐发展。四是举办两年一度的口岸运动会，加强口岸系统各单位与政府职能部门、行业协会、进出口企业之间的沟通联系。

[**队伍建设**]　一是组织党员干部深入学习领会党的十七大及有关会议精神、学习新党章，使党员干部不断增强党性，牢记全心全意为人民服务的宗旨，继承和发扬党的优良传统

和作风。二是按照市委和市纪委各项工作的部署，加强党风廉政教育，使党员干部和员工的廉政意识和责任意识进一步增强，为做好口岸各项工作提供根本保证。三是响应市委、市政府开展“五清五帮”工作号召，着力为群众解决实际问题。

（市口岸办供稿，牛丽雅执笔）

市政府投资服务中心

［管理机构］　市政府投资服务中心是市政府派出机构，办公地址在街口街河滨北路128号。定编13名，其中行政编制4名、事业编制9名。2009年末，在职10人，有主任1人、副主任4人。内设机构有：办公室、招商服务科、综合科、督办投诉科。有驻窗口单位16个：发展和改革局、对外贸易经济合作局、城市规划局、城乡建设局、国土资源和房屋管理局、环保局、财政局、从化市质监局、卫生局、气象局（避雷所）、文化广电局、国税局、地税局、公安局（消防、公安办证）、自来水公司、民防办。

［招商引资］　全年全市新签和增资扩建投资项目107个，其中新签项目69个，增资扩建项目38个，比上年增长149%，包括工业项目49个、旅游23个、房地产19个、其他16个。工业项目增加172%，旅游、房地产分别增长109%和90%。新签项目合同投资额147.8亿元，实际投入资金26.55亿元，分别增加369%和减少26%。项目建成后预计产值41.19亿元，税收1.36亿元。在新签（扩建）的107个投资项目中，已竣工并投产的15个，正在动工建设的62个，其余30个因其他原因尚没有动工建设。

［引进项目特点］　一是引入的项目投资较大，效益较好。二是工业项目是投资发展的主要产业。三是增资扩产项目增多。四是新签（扩建）的投资项目中，还没有动工建设的项目比较多，有30个，占新签（扩建）项目的28%。

［业务情况］　全年受理投资业务1.03万宗，办结率100%，群众满意率99%，接受和解答投资者各类咨询4332宗。全年审核办理投资项目规费减免14宗，财政奖励19宗。根据市政府关于扶持工业企业解困文件精神，为171家工业企业办理2008年度土地使用税财政奖励，金额929.8万元。为40家企业办理城市基础设施配套费减免，面积76.26平方米，减免资金7717.4万元。

［招商工作］　从化市的“双转移”工作在广州市目标责任考核中被评为优秀。一是不断完善“双转移”政策措施。制定出台《2008—2009年从化市产业转移和劳动力转移主要工作方案》、《从化市承接广州市“退二进三”企业项目转移工作方案》、《从化市与广州开发区推进产业转移共建产业园工作方案》、《从化市城区产业“退二进三”工作方案》、《关于推进我市产业转移和劳动力转移在用地方面的配套贯彻意见》、《关于从化市产业转移区域布局指导意见》、《从化市2008—2009年产业转移和劳动力转移目标责任制考评办法》等7份文件，明确每项工作的时限、责任单位和责任人，配合部门、具体承办人、市挂钩联系领导以及工作推进的政策措施、土地利用规划、镇（街）园区区域发展规划、控制性详细规划、环境评估等，并建立定期汇报和调研核查制度。市政府还相继出台相关配套扶持政策，促进转移企业

得到实惠，加快建设和发展步伐。二是主动承接广州“退二”企业落户从化工作。协调经济开发区、明珠工业园、鳌头产业基地做好转移基地的规划和实施方案，主动与广州“退二进三”办公室及广州市国资委、发改局衔接，加强与纳入广州“退二”企业的联系，邀请其到从化考察、洽谈和投资。帮助广州市“退二”企业（如广州天鹿锅炉有限公司、万宝集团等）解决搬迁、人才入户、扩征用地、用电等问题。加强与广州开发区的联系和沟通工作，推进与广州市开发区产业转移共建产业园区的工作，拟定初步方案。全年引入广州市“退二”项目 11 家，其中已建成投产 8 家，在建 3 家，转移和安排就业人员近 5000 人。三是城区“退二进三”工作有新进展。根据《关于推进从化市城区产为“退二进三”工作意见》，对从化市城区“退二进三”的 68 家企业已完成核查和建档工作，主动协调解决第一批城区“退二进三”搬迁企业遇到的困难。实现 5 家企业整体搬迁（其中 2 家已完成整体搬迁并投产，3 家已完成选址），2 家因生产任务紧以及原厂区环境优美和与城市发展暂时没有影响调整为第二期搬迁。由于供用地等方面原因，仍有一批项目无法进行选址工作。

［**服务工作**］　深化服务。一是针对重点项目遇到的突出问题和困难，定期召开联席会议，掌握项目进展情况，研究探讨解决方案和办法，推进项目实施。二是企业落地后，安排专人跟踪服务，协调解决企业经营发展中遇到的问题，及时了解企业发展的深度需求，使其在从化能够发展好、发展顺、发展快。三是主动为城郊街美都化妆品基地 26 家企业办理城市基础设施配套费等规费减免手续，涉及土地面积 34.86 万平方米，办理厂房、仓库面积共 46.57 万平方米，宿舍、办公楼面积共 6.53 万平方米。

强化基础服务。一是做好资料收集。实施产业招商、行业招商、网上招商、项目招商和中介招商等资料收集，进行研究和分析。二是通过开展全市工业投资项目用地（建设）的情况调研，摸清全市招商引资资源，掌握土地、厂房等闲置或可利用资源，建立资源信息库，在市投资服务平台网站为招商引资提供信息服务。三是加强从化投资服务平台建设。把市投资服务中心网站打造成信息发布、投资服务咨询与互动于一体的一站式投资信息与政务信息平台。四是编印《扶持企业发展政策措施汇编》，收集国家、省、广州和从化市近几年来帮扶企业的各类政策信息，为企业服务。

开辟招商引资新途径。一是在招商方法上，坚持“五个结合”，即主阵地招商与分层次招商相结合；走出去招商与请进来招商相结合；网上招商与传统方式招商相结合；直接招商与间接招商相结合；自己组团招商与随团招商相结合。二是在招商引资上，坚持“四突出，四为主”，即突出自行招商，以骨干企业、重点企业和园区为主，突出三大园区主阵地招商，以吸引大项目和著名企业投资为主，突出以外引外，以引导投资企业增资扩股和发展新项目裂变效应为主，突出项目跟踪，以提高项目落实率和资金到账率为主。如会同投资方东港果鲜水果市场公司做好广州北部精装农产品交易市场建设项目推进工作，根据选址调整重新进行合同的拟定、优惠政策的支持等工作。三是在信息服务上，实现网上在线投资资讯服务，提高招商推介效率，即在市投资服务中心网络上分三个层次综合发布全市项目、用地招商信息，分别是规划招商信息、可征地招商信息、可供地招商信息。

［**调研工作**］ 围绕投资环境的改善，做好调研、策划、协调和组织等相关工作，形成多项调研报告和工作意见，为市政府决策提供参考依据。一是开展全市工业投资项目用地（建设）的基本情况调研。《调研报告》针对市工业项目自1995年以来已供地正在建设、已供地没有动工（包括闲置）、已有项目但没有供地（征地）、闲置工业厂房等情况，提出具体处理解决的意见和办法。二是组织有关部门开展对动漫产业发展情况的调研，拟订《关于促进从化市动漫产业发展的优惠办法》，为动漫产业基地招商引资提供政策信息。三是做好农村征地及留用地使用情况的调研，拟订《关于使用农村留用地优惠办法》，为破解征地难问题提供依据，有效地促进征地工作和推进村、经济社发展集体经济及保障被征地农民的利益工作的开展。

［**农村金融机构试点工作**］ 一是稳步推进村镇银行的筹建工作。及时邀请广东中小企业融资促进会（下称融促会）运用其丰富的金融和学术资源，为从化市新型农村金融机构的试点工作提供顾问服务。及时报送市关于全面开展村镇银行新型农村金融机构试点的规划、工作方案，这些规划、方案得到省、广州市金融办、银监局的大力支持，同意把从化市列入村镇银行试点地区，并获国务院批准。二是着力破解中小企业融资难问题。争取华鼎担保有限公司、创富担保有限公司在从化市设立分公司，开展融资担保业务。全年为三雅公司等11家企业落实贷款担保，担保贷款额8730万元，银行待放款2300万元，意向担保贷款1.3亿元，为企业解决融资要求。

［**队伍建设**］ 一是以信息化建设为载体，实现软硬件建设的跨越式发展。配合市纪委、市监察局开展办证大厅的驻窗口单位业务审批和流程软件开发升级及与市监察局行政审批电子监察系统的对接开发工作，提高行政服务效能和阳光审批效率，受到投资者和市民的好评。二是加强中心队伍建设，提高人员素质和服务意识。

（市政府投资服务中心供稿，周辉翔执笔）

（李信慧编辑）

旅游 商业

旅游行业管理

[**管理机构**] 市旅游局属赋予行政管理职能的事业单位，办公地址在街口街东成路 20 号。定编 13 名，政府雇员 2 名。2009 年末，在职 15 人，有局长 1 人、副局长 2 人。内设机构有：办公室、行业管理科。直属事业单位有：旅游质量监督管理所、旅游问询中心、旅游执法大队。

[**基本情况**] 市旅游局深入实施“旅游旺市”、“发展生态旅游业”战略，坚持走“国际化、高端化”发展道路，结合亚运旅游工作需要，以“打造百里观光长廊，点缀百颗旅游明珠”，全面推进“双百三五七品牌”、“1232”等工程，着力打造森林度假、温泉养生、高端商务、乡村风情、运动康体、文化欣赏、饮食购物七大品牌产品，旅游基础设施建设、旅游产品建设、市场营销、行业达 755 万人次，旅游收入 25.59 亿元，分别比上年增长 49.21%和 53.33%。

[**实施“双百三五七品牌”工程**] 市旅游局继续坚持走“高端化、国际化”发展道路，以推进“双百三五七品牌”（“双百”即“打造百里观光长廊，点缀百颗旅游明珠”，把从化南到北 80 多公里的主干道都变成旅游观光大道，把从化 100 多个景区景点都变成旅游明珠；“三五”即“建设一批五星级酒店、5A 级景区、五钻级酒店”；“七品牌”即“开发森林度假、温泉养生、高端商务、乡村风情、运动康体、文化欣赏、饮食购物七大旅游产品”）工程为核心，着力“打造百里观光长廊，点缀百颗旅游明珠”，大力推进旅游产品建设，并取得显著成效。一是响水峡漂流景区、崴格诗温泉庄园、东锦千鲤百花园、大金峰百花果公园等一批旅游项目成功推出市场。二是从都·国际会议中心、广州马术运动场、蝴蝶谷森林度假区、生命谷养生保健度假区、雅居乐温泉酒店、华熙温泉花园酒店、棕榈度假酒店、文轩苑升级改造等项目建设进展顺利。三是流溪河国家森林公园、石门国家森林公园按 5A 级景区标准创建工作和碧水湾温泉度假村、夏湾拿豪生酒店、逸泉国际大酒店、双湖酒店、文轩苑度假中心、望谷温泉度假村等申报高星级酒店工作成效显著。3 月，温泉镇、良口镇获得“中国绿色名镇”。4 月，凯旋假日酒店被评定为国家特级（五钻）酒家，碧水湾温泉度假村通过国家四星级酒店初评。9 月，流溪河森林公园和石门森林公园被省林业局、省旅游局认定为“2009 年森林生态旅游示范基地”。10 月，翠岛度假村被评定为国家三星级酒店。11 月，宝趣玫瑰世界和大丘园农庄被广东省旅游局和广东省农业厅认定为“广东国民旅游休闲·农业旅游示范基地”。12 月，宣星村被中国重点城镇文化建设投资指导工作委员会和全国新农村建设产业化发展办公室认定为“中国红色旅游文化村”，成为全国第一个“中国红色旅游文化村”。同月，逸泉

国际大酒店、南海食街被评定为国家特级（五钻）酒家。全市生态休闲旅游产品体系已逐步完善，旅游产品建设也正向高端化、国际化方向阔步迈进。

［**旅游宣传营销**］　以成功申报“中国文化生态旅游示范地”、“中国最佳旅游度假胜地”和“中国优秀生态旅游城市”为契机，大力塑造和提升从化市“温泉之都，生态从化”主体旅游形象。一是先后组织旅游企业参加珠三角旅游巡回推介、中国休闲产业博览会、广州国际旅游展、广州—成都时尚品牌展销会、广州名优商品（西安）展销会、全国百城旅游宣传周等系列活动，面向客源市场推介旅游产品，提升旅游产品的吸引力、影响力和竞争力。二是 4 月在凯旋假日酒店举办珠三角百家旅行社从化春季联谊推介会，邀请珠三角地区百强旅行社旅游专家到从化市考察调研，推介丰富的旅游资源和旅游精品线路，拉动客源市场。三是 6 月与中国温泉在线、广东温泉宾馆在广东温泉宾馆联合举办“中国温泉行业精英沙龙研讨会”，汇聚温泉旅游专家共同探讨温泉旅游发展大计和宣传温泉旅游形象，为温泉企业打造一个良好的宣传推广平台，进一步擦亮从化温泉招牌。四是注重城市旅游品牌的塑造和提升。4 月，在北京召开的第二届中国文化生态旅游高峰论坛上，从化市获得“中国文化生态旅游示范地”。11 月，在云南迪庆召开的 2009 年全球旅游度假论坛上，从化市荣获“中国最佳旅游度假胜地”称号。12 月，在北京举行的第三届中国旅游论坛上从化市荣获“中国优秀生态旅游城市”称号。五是联系香港亚洲电视《广饮广食》节目组，于 9 月安排该节目组一行 8 人到市拍摄以“从化五道菜”为主题的美食资讯节目并在亚洲电视本港台播放，提高市旅游的国际知名度和影响力。六是加强招商引资工作，先后与日本、马来西亚、东莞、佛山、南湖国旅、岭南集团等实力雄厚的企业洽谈并视察市旅游资源和投资环境，推进市旅游招商引资工作。

［**旅游节庆活动**］　以“迎亚运·创国优”为契机，组织举办形式多样、丰富多彩的旅游节庆活动，吸引各方游客，活跃市旅游市场。一是启动以“愿君多采撷，从化最相思”为主题的从化生态休闲游·采撷季活动，先后策划、组织旅游企业举办溪头李花节、石门国家森林公园“黄金花海”、良口杨梅节、大丘园火龙果节、宝趣玫瑰世界“六月花童免费玩”、石门国家森林公园“七彩天池”等以赏花摘果为主题的一系列花果节庆活动。二是组织旅游企业举办响水峡击“缶”开漂仪式、吕田美食节、田心社农家乐启动仪式、碧水湾“清凉水世界”、响水峡“红柿狂欢节”、流溪河国家森林公园泼水节、宣星村“宣星之夜赏月晚会”、石门国家森林公园红叶节、流溪河森林公园梅花节、石门森林公园油菜花节等一系列旅游节庆活动，确保月月有活动、越玩越精彩，以节庆活动汇聚人气、活跃市场，在旅游市场上形成持续影响力。三是在 7 月举办 2009’从化迎亚运体育旅游荔枝文化节开幕暨中国（广州）从化山地越野挑战赛系列活动，全面启动从化人、广州人、广东人“游从化”活动，通过国家级体育赛事和《人民日报》、中央电视台、《中国旅游报》、《广州日报》、人民网、南方网、新浪网等权威媒体的强大影响力，宣传推介市丰富的生态旅游资源和产品。四是在 11 月底举办全省农业乡村旅游启动仪式暨从化温泉旅游文化节，展示农业乡村旅游和温泉旅游的发展成果，大力宣传推介农业乡村旅游和温泉旅游的产品特色，增强农业乡村旅游和温泉旅游的市场吸引力和竞争力。五

是在12月组织举办2009年功夫从化中国武术大赛——WMA中国武术职业联赛暨中央电视台《武林大会》咏春拳全球选拔赛和“从功夫到武术——中国体育产业从化高峰论坛”，结合从化市发展以旅游产业和体育产业相结合为特色的体育旅游产业的需要，以举办功夫从化系列活动为载体，借助中央电视台等国内外知名度高、实力强的新闻媒体的强大宣传推广作用，宣传和推介体育旅游产品，增强体育旅游产品的国内外知名度和市场吸引力。六是在12月底举办“食在广州，味在从化”首届美食文化节活动，开展“从化市十佳餐饮企业”、“从化市十佳厨师”、“从化市十佳名菜”以及“从化市十佳手信”评选活动，展示从化市丰富多样的特色乡村美食和市“美食天堂”的形象，提升从化市的美食品牌，提升餐饮企业的知名度、信誉度和市场竞争力。

［**开发乡村旅游**］ 以创建全国乡村旅游示范地为切入点，全面推进乡村生态游的开发建设。一是建立和完善乡村游发展规范和建设制度，草拟《从化市农家乐等级经营服务规范》(初稿)、《从化市农业旅游示范点评审管理办法〈试行〉》(初稿)。二是着力打造“生态型”、“运动型”、“怀旧型”、“休闲型”、“农耕型”、“口福型”六大特色乡村游产品，取得显著成效。2009年已成功推出“农耕型”的田心社农家乐、“生态型”的溪头旅游村、“运动型”的宣星运动谷等特色乡村游项目，市场反应良好，成为广东省、广州市乡村游产品建设典范，吕田狮象村、小杉村农家乐、良口大江里农家乐等项目已全面启动顺利推进。“农家乐”已成为从化市旅游的新元素，成为广州地区最有特色的“农家乐”和农业休闲观光旅游产品，成为广州乃至全省的典范。3月，从化市被中国养蜂学会认定为“生态荔枝蜜基地”(2009.03—2011.03)，是全国首个，也是唯一获此殊荣的县市。市“百里农家乐旅游圈”格局正逐步形成。

［**旅游基础设施建设**］ 以提升城市旅游服务功能为目的，不断完善旅游基础设施和功能设施。一是完成流溪河一河两岸美化亮化工程，改善流溪河两岸的环境和面貌。二是增设街口城区、市汽车站旅游问询中心，推进中心的建设和设备配置工作，首批位于南海食街、流溪温泉旅游度假区、从化汽车站旅游问询中心建成投入使用，进一步完善旅游服务功能，提高旅游服务水平。三是配合国道105、省道355线城区段道路升级改造。四是推进流溪广场、杨朔文化广场及“流溪之恋”休闲观光河堤项目建设。五是第二批旅游标志牌建设及中英文旅游标志牌、旅游交通指引、旅游导览图建设工作进入施工建设阶段；旅游景区(点)、酒店等公共场所公共信息图形符号规范设置工作逐步推进，全市旅游标志系统进一步规范和完善。六是完成从化旅游门户网站改版升级工作，旅游政务、旅游信息发布、在线旅游服务方面取得新突破。七是完成旅游资源普查工作，为从化市旅游可持续发展提供可靠依据。

［**行业管理**］ 加强行业管理和人才培训。一是执行2009年5月实施的新的《旅行社条例》，发挥旅游假日协调机构职能，加强行业管理和监督。二是加强旅游安全教育和检查。开展安全生产月活动，举办旅游从业人员旅游安全和消防安全知识培训班，召开旅游安全和消防安全工作会议，到流溪河森林公园、大金峰百花果公园、响水峡漂流景区等旅游企业开展安全生产检查活动，发现旅游营运、道路标志设置等方面存在问题，并指导、督促企业及时整改和妥善处理。三是加强旅游

质量监督。公正、依法、合理、及时处理好各类旅游质量投诉，确保和谐稳定的旅游环境。全年旅游业没有发生安全生产事故。四是组织旅游企业工作人员举办各类培训班。结合迎接广州 2010 年亚运会的需要，举办和参加一系列学习培训，包括广州市旅游局举办的 2009 年广州地区星评员培训班和从化市举办的旅游企业中层管理人员培训班、旅游行业英语培训班、《旅行社条例》学习培训、旅游行业一线岗位培训班和旅游业公共信息图形符号标准化培训班，提升企业服务档次、标准化水平和旅游从业人员的综合素质。五是公开招聘一批公职导游，充实旅游接待人才队伍，优化旅游接待人才结构，满足政务工作和旅游接待需要。

（市旅游局供稿，李小梅执笔）

旅游　餐饮

表 1　从化市旅游景点一览表

名　称	简　　介	地　址	电　话
从化温泉风景区	省级风景区，以世界珍稀含氡小苏打温泉著称，区内山清水秀，风光旖旎，旅游配套设施齐全。周恩来、朱德、邓小平等党和国家领导人以及尼克松、胡志明等外国元首曾到此疗养、度假。	从化市温泉镇	87832392 87832305
流溪温泉旅游度假区	由广州市重金打造的国际旅游度假区，以世界珍稀含氡小苏打温泉闻名，度假区规划分为商务会议区、温泉养生区和大众休闲区。碧水湾温泉度假村、文轩苑度假中心等旅游知名企业已开业。	从化市良口镇	87832056
碧水湾温泉	国家 AAAA 级旅游景区，大型露天温泉区内有 30 多个风格各异的温泉池，有各种适合大人和儿童玩耍的水上娱乐项目，同时还有热情奔放的民族风情舞蹈表演。	从化良口流溪温泉旅游度假区	87842888
广州抽水蓄能电厂旅游度假区	国家 AAA 级旅游景区，首批“全国工业旅游示范点”之一，是一个集高新科技和休闲度假于一体的旅游景区。该电厂是目前世界上规模最大、科技含量最高的抽水蓄能电厂；度假区内风光秀丽，上下水库犹如两颗硕大明珠互相辉映，景色迷人。	从化市吕田镇小杉	87836998
流溪河国家森林公园	国家级森林公园，有“第二庐山”之美誉，游览项目有：游船、瑶族风情表演、五指山观景、森林彩弹野战等，深秋观红叶，冬来赏梅花，“流溪香雪”美景美不胜收。	从化良口流溪河林场	87843288
石门国家森林公园	国家级森林公园，拥有华南地区仅存的 1.4 万亩原始次生林和全国第一家国际森林浴场，有“南粤九寨沟”之称；春夏看红花荷、禾雀花，秋冬赏漫山红叶，是一年四季观赏林木花草、放松身心的旅游胜地。	从化温泉大岭山林场	87850018

续上表

名 称	简 介	地 址	电 话
天湖旅游度假区	天湖有如碧玉翡翠镶嵌在群山中，湖光山色，区内有华南地区最大的自然瀑布“百丈飞瀑”以及飞虹瀑、香粉瀑，气势如虹。	从化市温泉镇	87838507
仙沐园氡温泉乐园	园内有近30个特色温泉池，还拥有广东省内最大的温泉冲浪池，其负离子香薰水雾温泉和针刺型温泉水柱按摩治疗椅（简称“水疗吧”）更是全国首创。	从化市温泉镇温泉东路80号	87839318
三百洞生态度假区	全国第一个定向运动主题公园，可开展丰富多彩的定向越野、山野攀爬、帐篷野营、野外拓展等活动。	从化市太平神岗三百洞	87804747
北回归线标志塔公园	世界地理标志最高的北回归线标志塔，如同点火飞天的宇宙火箭，每年夏至日在此可看到“立竿不见影”的天文奇象。	从化市太平经济技术开发区	87817707
三椏塘幽谷	幽谷之中，满目翠竹欲滴、古木参天、怪石苍藤、小溪潺潺，恍如进入一个清凉的世界，瘦身石、通天岩、飞流仙桥，各种各样的热带雨林奇观应有尽有。	从化市流溪河国家森林公园	87843288
天湖瀑布谷漂流	漂流位于一个幽谷，两岸有美丽壮观的瀑布，谷内树藤交错，神秘刺激。	从化市温泉天湖风景区	87839318
响水峡生态漂流度假区	集叠翠峡谷、缤纷花海、天然栈道、如练瀑布、古河谷漂流为一体的纯生态峡谷乐园。	从化吕田镇塘田路段	87847666
田心农家乐	都市人的生态菜园。在这里可以品农家菜、住农家屋，甚至可以荷锄伺果蔬，亲手采瓜果，享尽田园生活之趣。	从化城郊街田心村	37916311
溪头旅游度假村	旧式建筑、袅袅炊烟、淡淡溪水、黄茶杜鹃、花香鸟鸣、鸡犬相闻，最适合一杯清茶一本书，一分闲适品桃源的心情。真所谓“鸢飞戾天者望峰息心，经纶世务者窥谷忘返”的“静心村”。	从化良口镇溪头村	13527782793
大丘园生态农庄	300亩的绿色生态果园里种有特别甜美的台湾良种火龙果和各种各样台湾宝岛才有的珍奇植物。	从化市城郊街光辉村	87906368
仙居农庄	火龙果和番石榴的世界，还有天然健康的农家美食。	从化市鳌头镇棋杆小坑村	87861034
钱岗古村、广裕祠	钱岗古村是岭南特色古村，村道交错，犹如一个巨大的迷宫。广裕祠位于村中心，是南宋左丞相陆秀夫后裔的宗祠，国家级文物保护单位，2003年被联合国教科文组织评为亚太地区文化遗产保护奖第一名杰出项目奖。	从化市太平镇钱岗村	87822211
荔枝皇、孝行牌坊	名列上海大世界基尼斯纪录的荔枝皇，树龄400多年，占地一亩多，年产荔枝1.5吨以上。孝行牌坊为从化市文物保护单位，位于木棉村龟咀石塘岭山脚、流溪河大坳拦河坝引工程右灌渠旁。清光绪十七年（1891）为纪念村中孝子谢树藩，由朝廷礼部奏请光绪帝御建。	从化市太平镇神岗木棉村	87820026

续上表

名　称	简　　介	地　址	电　话
喜乐登乐园	青少年素质拓展训练基地，以服务青少年为宗旨，以“熔炼高效团队，锻造精英人才”为理念，集科普教育、户外拓展于一体的青少年运动乐园。	从化城郊街红旗村	87904218
东方夏湾拿花园	广州首个拉丁风情小镇，洋溢着浓厚拉丁文化韵味，热情奔放色彩的小镇，让人仿如置身于古巴的异国他乡之中。	从化市太平镇	87808011
东锦千鲤百花园	集锦鲤文化和花果观赏于一体，是一个独具特色的农业旅游观光点。	从化市良口镇	15913136094
宣星运动谷	温泉宣星村是全国唯一的一家红色旅游文化村，也是从化“运动型”旅游村。	温泉镇宣星村	13926116010

表 2　从化市旅游宾馆（饭店）一览表

名　称	星级	地　址	电　话	备注
广东温泉宾馆	三星	从化市温泉镇温泉东路 80 号	87830888	“从化五道菜”推荐接待单位
双湖酒店	三星	从化市吕田广州抽水蓄能电厂旅游度假区	87836998	“从化五道菜”推荐接待单位
湖光度假山庄	三星	从化市良口镇流溪河国家森林公园旁	87843388	
正大度假村	三星	从化市温泉镇温泉东路 106 号	87836868	
广蓄专家村酒店	三星	从化市温泉镇康复路 17 号	87838699	
翠岛水电度假村	三星	从化市温泉镇温泉西路 20 号	87838632	
华辉度假村	三星	从化市温泉镇云星大道	87832388	
天伦酒店	三星	从化市街口街河滨南路	87966198	
钻石山庄	二星	从化市温泉天湖风景区 16 号	87838186	
三百洞雄鹰楼	二星	从化市太平神岗三百洞生态度假区	87804646	
威格诗温泉庄园		从化市良口镇米埔入口直入	87851888	
碧水湾温泉度假村		从化市流溪温泉旅游度假区	87842888	“从化五道菜”推荐接待单位
文轩苑度假会议中心		从化市流溪温泉旅游度假区	87841888	“从化五道菜”推荐接待单位
碧泉大酒店		从化市温泉镇温泉东路 73 号	87838938	“从化五道菜”推荐接待单位
凯旋宫大酒店		从化市环市东路 168 号	87989883	
夏湾拿豪生酒店		从化市太平东方夏湾拿花园	61701188	“从化五道菜”推荐接待单位
逸泉国际大酒店		从化市街口街逸泉山庄亲泉路 1 号	87808888	
滴翠山庄		从化市流溪温泉旅游度假区	87841868	
颐龙山庄		从化市流溪温泉旅游度假区	87841812	“从化五道菜”推荐接待单位
流溪明珠度假村		从化市良口镇黄竹塱流溪河水电厂	87843191	

续上表

名 称	星级	地 址	电 话	备注
侨宏花园度假村		从化市温泉镇温泉西路22号	87837788	
荔圃温泉度假村		从化市温泉镇温泉西路108号	87839016	“从化五道菜”推荐接待单位
圣泉大酒店		从化市温泉镇温泉东路58号	87837888	
锦泉酒店		从化市温泉镇河西路63号	87838168	
清音酒店		从化市温泉镇河西路38号	87837188	
省干部疗养院		从化市温泉镇温泉东路86号	87838922	
荔景园会所		从化市街口街青云路385号	87972818	
凤凰山温泉疗养院		从化市流溪温泉旅游度假区	87842838	
境秀宾馆		从化市温泉镇河西天湖路29号	87838218	
福田酒店		从化市吕田镇吕东路	87858822	
白天鹅培训中心		从化市流溪河林场新群工区	87843183	
北溪度假村		从化市温泉镇河东康复路8号	87838427	
鸿辉假日酒店		从化市温泉镇河东区荔园路22号	87836888	
竹溪村酒店		从化市温泉镇温泉西路46号	87838886	
绿泉酒店		从化市温泉镇温泉西路47号	87839088	
竹庄别墅		从化市温泉镇河西路128号	87839988	
亿慧宾馆		从化市温泉镇温泉东路72号	87835155	
景悦酒店		从化市街口街城中路D5区3栋	87966998	

表3 从化市旅游酒楼（食肆）一览表

名 称	星级	地 址	电 话	备注
逸泉国际大酒店	五钻	逸泉山庄亲泉路1号	87808888	
南海食街	五钻	从化市江埔街小海桥	87981548	“从化五道菜”推荐接待单位
凯旋宫大酒楼	五钻	从化市环市东路168号	87989883	“从化五道菜”推荐接待单位
华景大酒楼		从化市江埔街小海桥	87980633	“从化五道菜”推荐接待单位
碧水园农家菜馆		从化市流溪温泉旅游度假区	87842123	“从化五道菜”推荐接待单位
山水园农庄		从化市灌村路口直入500米	87987798	“从化五道菜”推荐接待单位
和兴美食村		从化市街口街海关对面	87966225	
农家庄园		从化市流溪温泉旅游度假区	87842818	“从化五道菜”推荐接待单位
在田小馆		从化市江埔街河东龙井59号	87982790	“从化五道菜”推荐接待单位
乡下人家		从化市流溪温泉旅游度假区	87842664	
裕福乡村酒店		从化市城郊街新村北路146号	87918841	
兆丰园		从化市城郊街三将军村第四社内	87900001	
怡景酒店		从化市街口街河滨北路	87956699	
田心农家乐		从化市城郊街田心村	37916311	
流溪河国家森林公园松涛餐厅		流溪河国家森林公园	87843288	“从化五道菜”推荐接待单位

表 4 从化市内旅行社（门市部）一览表

名 称	类 别	地 址	电 话
华夏国际旅行社	国际社	从化市街口街河滨南路 35 号之一	87931493
广东南湖国旅国际旅行社	国际社	江埔街环市东路 138	37981365
天伦旅行社	国内社	从化市街口街河滨南路 38 号	87961580
梦旅旅行社	国内社	从化市街口街蓝田路 39 号	87926698
中宇旅行社	国内社	从化市街口街西宁东路 1 栋 2～3 号	87927888
康城旅行社	国内社	从化市街口街凤仪东路 122 号	37903111
广之旅门市部	门市部	从化市街口街河滨南路 37 号	87926786
羊城之旅门市部	门市部	从化市街口街河滨南路 37 号	87972698
康辉旅行社门市部	门市部	从化市街口街广场路 33 号	87967903
中妇旅门市部	门市部	从化市街口街凤仪东路 72 号	87963053
省职旅门市部	门市部	从化市街口街新城东路 18 号	87941730
省天马从化街口门市部	门市部	从化市街口街河滨北路科技楼一楼	61700676
省天马从化太平门市部	门市部	从化市太平镇新平路东侧步行街街尾	37922877
广东四通旅行社从化门市部	门市部	从化市府前路 214 号	37938666
国之旅门市部	门市部	从化市街口街广场路 107 号	87968790
和平国旅门市部	门市部	从化市街口街青云路 377 号	37902377
省中旅门市部	门市部	从化市街口街东成路 20 号	37930700

表 5 从化市旅游购物点、交通一览表

名 称	地 址	电 话
清香特产超市	从化市江埔小海开发区	87980398
珍奇味名优特产总汇	从化市江埔小海开发区	87979111
顺昌源酒厂	从化市城郊新开工业区	87863003
流溪香雪特产专卖	从化市流溪温泉旅游度假区	37951138
大山特产超市	从化市街口街环市东路 395 号	37989923
国强蜂唛养蜂场	从化市温泉镇荔园路 10 号	87830262
中旅运输公司	从化市街口街青云路 385 号	87969121

表 6　从化市旅游节庆活动一览表

名　称	主要内容	时间	地点
温泉节	泡世界名泉，观烟火，赏花灯，品乡村美食	农历大年初一至初七	碧水湾温泉度假村
李花节	观赏万亩李花	2 月	良口镇联溪
红花荷节	观赏鲜艳的红花荷	1 月下旬至 3 月下旬	石门国家森林公园
禾雀花节	观赏形状奇特的禾雀花	3 月下旬至 4 月下旬	石门国家森林公园
竹笋节	观竹笋、品竹笋宴	4 月至 5 月	流溪河国家森林公园
杨梅节	采摘、品尝水果珍品——杨梅	5 月下旬至 6 月下旬	黄龙带水库
三华李节	品尝从化特产三华李	6 月	良口镇联溪
荔枝节	采摘、品尝岭南佳果	6 月 28 日至 7 月 28 日	从化市
泼水节	感受清凉水世界	7 月	流溪河国家森林公园
高山番薯节	品尝高山番薯、番薯宴	11 月	良口镇达溪
吕田美食节	品尝豆腐宴、高山腊味、山村美食	12 月底	从化吕田镇
红叶节	观赏漫山遍野的红叶	12 月中旬至次年 1 月中旬	石门国家森林公园
梅花节	观赏华南地区最大面积的连片白梅	12 月中旬至次年 1 月中旬	流溪河国家森林公园

（市旅游局供稿，李小梅执笔）

供销商业

［**管理机构**］　市供销合作社联合社按照事业单位管理，办公地址在街口街东成路 28 号。定编 16 名。市政府于 2009 年初批准供销社实施机关改革方案，核定机关人员编制和机关工作人员工资，费用由财政核拨。2009 年末，在职 16 人，有主任 1 人、副主任 1 人。内设机构有：党政办公室、人事保卫科、财会审计科、计统业务科。下属机构有公司 11 个：果菜副食、日用杂品、综合服务、物资回收、花木园林、六建、果兴农产品、绿鑫园林、金顺贸易、帮民农资、从安烟花爆竹；基层供销社有城郊、江埔、太平、神岗、吕田、良口、温泉、鳌头、龙潭、民乐、棋杆供销社。

［**经营基本情况**］　全年经营总额 2.91 亿元，其中商品总销售 2.83 亿元，比上年增长 8.8%；商品总购进 2.54 亿元，比上年增长 5.7%。全社核算单位盈亏相抵后持平，缴纳税金 900 万元。

［**为农服务**］　一是完善农资连锁经营服务网络。3 月 15 日，供销社举行“放心农资进万家、诚信服务为三农”现场咨询活动，参加农资农家店 200 多家，现场派发《放心农资

进万家宣传手册》4500多册，向农民群众讲解科学用肥用药及真假农药化肥辨别知识，开办农资和农业生产知识有奖问答与赠送农资产品、家用小礼品等活动，农民群众踊跃参加，收到很好的社会效果。春耕期间开展农资打假行动，发出《关于开展2009年农资打假自查自纠行动的通知》，要求每一间农资加盟店自查自纠，做好商品进销台账，索齐商品的“三证”，自查是否有国家违禁的、过期失效的商品销售；由业务科牵头，帮民农资配送中心、基层供销社组成检查小组，检查门店205家，发现问题立即发出整改通知，限时整改；实行回头看，跟踪落实整改情况。经过自查自纠行动，农资门店秩序良好，没有发现禁止销售的高毒、高残留农药；商品充足，保障供应，价格稳定；证照齐全，合法经营。二是完成“万村千乡”市场工程、“一村两店”的改造任务和巩固农家店成果。根据市政府关于对“万村千乡”市场工程的要求，在原来一村一店的基础上，在较大的村建立“一村两店”村级农家店。有45家村级日用品店按标准进行改造，全面通过广州市经贸委、广州市财政局的验收。至年底，供销社日用品农家店有130家，农资农家店128家。为巩固升级改造农家店成果，加强对经营者的业务培训和服务指导，提高经营者的守法意识和安全意识，完善防范和监督假冒伪劣农资商品进入市场的长效机制，保证农家店经营商品质量安全。三是构筑农产品经营服务网络，拓宽农产品销售渠道。供销社以果兴农产品公司配送服务中心为依托，带动基层供销社、农民专业合作社拓展农产品经营，经营品种逐步扩展到腊味、番薯、白榄、蜂蜜、葱头、甜笋、花生、蔬菜等品种，果兴农产品公司联合广州的饮食公司，在广州市西湾路建立祥民农产品经营部，展销农民专业合作社的产品和“一村一品”特色农产品，发挥农产品进入城市的窗口作用。在广州市总社的牵线带动下，成立“兴民农产品专业合作社”，建立农产品配送中心，为广州市罗岗开发区饭堂进行蔬菜配送，全年配送蔬菜10万公斤，解决从化农副产品的销路。为解决蜂蜜销售难问题，太平供销社在良口等地设点为蜂农收购近百花蜜20吨，并在2009年加强荔枝干加工和月饼生产等传统经营项目，取得较好的经济效益。供销社系统全年经营各类农副产品近3000吨，促进全市农副产品的流通，稳定价格，助农增收。

［**农民专业合作社**］ 供销社坚持为农服务的宗旨，把促进农业增效、农民增收作为出发点和落脚点。一是继续大力发展农民专业合作社。新组建兴民农产品和石联莲藕等10家农产品生产销售专业合作社。至年底，全社已组建农民专业合作社22家，带动农户3300多户，助农收入160多万元。二是建立健全管理结构、规范各级管理制度。对已组建的22家农民专业合作社，从硬件建设到内部管理上逐步加强完善，指导合作社的经营活动，统一制作招牌，统一制订财务规章制度，统一发放社员证，对财务人员进行统一培训。三是加强自身建设，努力提升竞争力。在规范运作的基础上，加强专业合作社质量建设，吸引本地区同类农副产品的种植大户、农户加入专业合作社，提高合作社的带动辐射能力。如金秋腊味专业合作社严把产品质量关，改良配方和改进外观包装，产品供不应求，产量和经济效益同步增长，顺利通过了国家食品生产QS认证的验收，被广东省供销社和广州市供销社认定为示范专业合作社。惠民白榄专业社出资近万元购买复合化肥赠送给社员，组织社员开展白榄种植技术研讨活动。全年专业社收购白榄近10万公斤；鳌头黄茅甜笋专业合作社与村委合作，

投资2万多元建造甜笋初级加工场，收购产品15万公斤，使农民的产品有出路，增加收入。四是重新构建与农民的合作关系。专业合作社可解决农民分散经营、品牌、技术、协作等方面势单力薄的问题，通过合作，实现共同发展。2009年，金秋腊味和爱群番薯专业合作社对社员进行利润二次返还分配。

[**再生资源回收管理**]　在2008年完成8个镇回收示范点的升级改造并通过验收的基础上，总结废旧物资回收经营管理的经验和做法，研究和探索经营管理新路子。结合市综治委开展“人屋车场”整治行动，对废旧物资回收行业开展专项整治，清查再生资源回收店档397家次，推进再生资源社区便民回收点的布点建设，分别在逸泉山庄、良口、鳌头等地试办3个社区便民回收点，推行垃圾分类处理，服务社区居民。

[**烟花爆竹经营管理**]　为防止烟花爆竹经营事故的发生，供销社成立安全生产管理小组，加强对各基层社和个体经营户进行安全经营检查，配合公安、安监部门在节日期间开展安全大检查行动。4月，从安公司配合公安局把查获3吨价值约5万元的烟花爆竹进行销毁。分期派出管理人员和从业人员参加安监局的安全培训，投入资金安装仓库视频监控系统，仓库实行24小时值班制度，坚持“确保安全、管理有序、合理布局、方便群众”的原则。按照专柜经营、专店经营的要求，重新核定零售网点，营造让政府放心的安全经营局面。

[**队伍建设**]　一是根据市委的要求，抓好党委建设。健全党委中心组和组织生活制度，增强党员的理论水平和组织观念，发挥党员的先锋模范作用。二是完善《党政领导成员党风廉政建设岗位责任制》，开展反腐倡廉教育和学习市纪委十一届四次全会精神，不断纯洁党风党纪和提高党员干部的政治素质。加强精神文明建设，树立良好的社风社貌，三是配合做好创建文明城市、公民思想道德教育、未成年人思想道德建设。四是根据市委办《关于开展机关服务年活动的实施意见》，巩固科学发展观活动成果和开展以服务企业、服务农村、服务基层、服务群众为主要内容的机关服务年活动，使干部职工业务素质和为农服务的能力进一步提高，党性修养、思想意识、宗旨意识、工作作风有效改进。五是根据市委、市政府“五清五帮”活动的工作部署和要求，采取措施把市委、市政府对群众的关怀落到实处。组织机关干部多次深入挂钩村进行调查，倾听农民群众的诉求和积极为村的困难党员、群众、学生解决实际困难，为五保户捐资重建家园。在石联村组建莲藕专业合作社和大米专业合作社，赠送化肥给社员，帮助农民致富增收。

（市供销合作社联合社供稿，李东执笔）

烟草专卖

[**管理机构**]　广州市烟草专卖局从化分局属广州市烟草专卖局（公司）垂直管理，办公地址在街口街城中路97号。2009年末，在职员工53人，有局长1人、副局长1人。内设机构有：综合办公室、专卖管理办公室（含专卖内部管理监督办公室）、卷烟营销部。

[**完成指标任务情况**]　全年实现卷烟销售2.40万箱，完成年计划销售任务100%，比上年增长0.84%；销售额4.6亿元，增长6.98%。卷烟零售客户2051户，持证入网率

100%，入网销售率 100%。重点考核品牌综合达标率 100%。全年广州市税务局划拨从化市税务局税款 2080 万元。

［**卷烟营销**］ 深入推进工商协同营销工作。加强对卷烟市场的调研分析，与卷烟零售客户和消费者的沟通互动，进一步实现以市场导向、面向客户、面向消费者的工商一体化营销体系，按“规范订单采集与货源供应”有关规定，分流大型客户，培育提升中小型客户和培育品牌，改善卷烟零售客户结构和品牌结构，建立市场信息采集工作体系。为做好客户培育和品牌培育的提升，6 月，为 63 户卷烟零售户安装广州“金叶通”POS 管理系统软件，组织客户进行系统操作培训，使客户了解和掌握自身的卷烟盈利情况，节省客户经营成本，提供更全面的信息服务，进一步提升客户服务管理工作水平和零售客户卷烟经营能力水平。

［**专卖管理**］ 专卖打假。一是密切与市政府及各职能部门沟通协调，严厉打击卷烟违法犯罪分子的嚣张气焰。分局注重在领导机制上加强沟通协调，紧紧依靠从化市委、市政府的领导和各职能部门的紧密配合。2 月，公安机关抓捕 2008 年潜逃案犯 1 人，并判刑。6 月和 10 月，会同公安机关分别查获违法运输烟草专卖品案件 2 宗，抓获涉案人员 8 人，交由司法机关进行调查。11 月，联合从化市整规办、公安刑警大队等部门，在从化市鳌头镇横岭村九队鹤子窿捣毁卷烟制假窝点及中转仓库各 1 个，现场查获 YJ14 卷烟机 1 台、YJ23 接嘴机 1 台，烟支 89 件，烟丝 45 袋及制假辅料一批，涉案价值 72 万元，抓获涉嫌参与制假人员 3 人。二是充分利用媒体舆论导向，提高广大市民对烟草专卖法及法律法规的认识，使卷烟打假形成合力。通过从化电视台的《政务之窗》、《今日从化》栏目，分别制作烟草专卖法及其法律法规专辑和《解读烟草专卖许可证管理办法》的专栏；在“3·15”消费者权益日和镇圩集市日，开展“知识兴农、标准富农、品牌强农、计量惠农、打假护农”等活动，现场派发各类宣传单张 380 多份，解答消费者如何辨别真假卷烟、卷烟防潮和保管等问题，讲解卷烟制假窝点的特征等，维护广大消费者合法权益的同时，提高广大市民对烟草专卖法及法律法规的认识，形成政府打假、专卖打假和群众打假的合力氛围。全年分局立案查处制假售假等违法经营活动案件 56 宗，比上年减少 16 宗。捣毁卷烟制假窝点 1 个，查获烟机 2 台，比上年减少 4 台；收缴非法生产卷烟 893.84 万支，烟叶 15 吨，烟丝 1.035 吨，滤嘴棒 22.5 万支，抓获和拘留制假贩假人员 14 人，逮捕 13 人。

市场管理。一是开展全市烟草专项打假“百日行动”，遏制“假、私、非烟”的违法行为，稳定辖区的卷烟经营秩序。从化分局在辖区内开展卷烟市场清理整顿“百日行动”，出动执法人员 771 人次、组织专项行动 25 次、检查店铺 3246 家次（含货运店铺）、捣毁卷烟制假窝点 1 个、立案 33 宗、查获假烟 134.2 万支、非烟 1.04 万支、私烟 0.544 万支、烟叶 15 吨、YJ14 卷烟机 1 台、YJ23 接嘴机 1 台、烟丝 26 袋、取缔无证经营户 89 户、引导办证 220 户。二是开展专卖“市场检查复合式工作方法”的工作，加大卷烟市场监管力度。因地制宜地将稽查一中队、二中队的市场检查工作进行地段划分管理，细化稽查员的管理路线，并与相关客户挂钩，稽查中队定期进行分散检查、集中巡查及重点检查三部分，实行工作责任问责制。

卷烟许可证换发。根据省、市局的工作要求，做好换发 2008 年版烟草专卖零售许可证的工作，维护广大零售客户和消费者的合法权益。至 2009 年 3 月止，换发新证 1855 户，完成 97.17%，圆满完成换发证工作任务。

［**内部专卖管理监督**］ 严格落实内部专卖管理监督工作，规范内部经营行为，按照市局（公司）相关要求，逐项对照、认真检查，全年检查卷烟销售业务 6.77 万笔，涉及金额 4.639 亿元，抽查零售客户 4632 户，电话询访 2600 户。分局员工不存在违法、违规经营现象。

［**企业内部标准管理**］ 从化分局围绕市局（公司）“一本制度、两个体系、五个平台（卷烟营销信息平台、工商协同营销信息平台、企业管理信息平台、成本核算信息平台、物流信息平台）”的具体要求，坚持以“安全质量并举、两个利益至上、服务管理创新、规范和谐发展”的质量/职业健康安全方针；贯彻落实卷烟零售户满意率达 90%以上、因质量原因退货率为零、零售客户对投诉处理结果满意率达到 95%以上等质量总目标。认真执行杜绝各种重大事故、减少工伤事故及财产损失、杜绝食堂就餐时食物中毒等安全目标。分局全体员工遵守各项规章制度并按制度办事。各部门能积极配合开展“五个平台”建设工作，制定分局督察考评方案，加强对“四员”服务质量、卷烟质量进行督促和跟踪管理，公平、公正、公开地处理卷烟零售客户投诉。

［**企业文化和精神文明建设**］ 一是以企业文化推进精神文明建设工作。分局内训师向全体员工进行企业文化理念宣讲，加深员工对企业文化的理念理解，提高全体员工的自律意识、规范从业意识。二是加强员工队伍建设。组织开展多层面的教育培训工作，加强员工对知识的更新、强化和吸收，2009 年营销员岗位技能鉴定合格率 100%。三是不断增强员工团队精神和凝聚力。分局全员参加广州市烟草专卖局（公司）举办的广州烟草“安康怀”职工运动会，获团体组织奖。2009 年，被广州市精神文明建设委员会评为“广州市精神文明单位”，被广州市总工会评为广州市“五一”巾帼奖先进集体，被从化市评为“2009 年度打击生产和经销假冒伪劣商品工作先进单位”，被广州市烟草专卖局（公司）评为“优秀专卖班组”。

（广州市烟草专卖局从化分局供稿，陆雪清执笔）

（李信慧编辑）

农业　林业　水利　养殖业

农　业

[**管理机构**]　市农业局属政府序列的行政单位，办公地址在街口街河东北路54号。定编34名，其中行政编制29名、工勤编制4名、离退休服务编制1名。2009年末，在职34人，有局长1人、党委书记1人、党委副书记1人、市派驻纪检组长1人、副局长3人。内设机构有：办公室、农业发展与综合开发科、科技与政策法规科、农村经济体制与经营管理科、市场与经济信息科、种植业管理科、蔬菜生产管理科。下属机构有：市九里埗果场、市太平果场、市高埗果场、市农业科技推广中心。

[**基本情况**]　农村经济收入。全年全市农村经济总收入200.89亿元，农业总产值28.56亿元，比上年增长6.7%；农业增加值16.76亿元，增长6.6%；农民人均纯收入7361元，增长13.5%。

粮食。全市粮食播种面积35.08万亩，单产325公斤，总产11.4万吨，分别比上年增长0.66%、0.93%和1.6%。其中水稻播种面积31.29万亩，单产333公斤，总产10.41万吨，分别增长0.19%、1.03%和1.22%；玉米播种面积0.82万亩，单产274公斤，总产0.23万吨，分别减少0.71%、增长5.51%和4.77%；番薯播种面积1.81万亩，单产284公斤，总产0.52万吨，分别增长4.54%、减少6.27%和2.01%；其他粮食作物（包括马铃薯、绿豆、红豆、饲料粮等），播种面积1.15万亩，总产0.25万吨。花生播种面积4.13万亩，单产168公斤，总产0.69万吨，分别比上年增长3.77%、持平和增长0.16%。

水果。全市水果总产量6.87万吨，比上年增加0.57万吨，增长24%。其中较大宗水果荔枝总产2.35万吨，比上年增加0.26万吨，增长12.44%；青梅总产0.24万吨，增长84.62%；龙眼总产0.62万吨，增长26.53%；李子产量0.73万吨，减少12.31%；红柿总产0.96万吨，增长9.09%；其他杂果总产1.97万吨。

蔬菜。全市蔬菜常年种植面积9.89万亩，比上年增长2.0%；总产量60.75万吨，增长5.5%；总产值9.79亿元，增长6.2%。

花卉。全市花卉生产总面积2万多亩，其中从化万亩鲜切花生产基地花卉企业有29家，生产面积约8500亩，产值超过2亿元。

[**农业工作**]　加强对农业和农村经济工作的服务和指导。农业局围绕市农村工作会议所确定的工作重点和工作任务，制定“农业局八大项重点工作”和“科室十六项亮点工作”以及各项工作措施，促进全市各项农业生产工作的顺利进行。一是大力发展生产。抓季节、争主动、全力抓好春耕生产、双夏、秋收、冬种，促进全市农业生产丰收。二是加强对全市农业标准化生产工作的组织、指导和实施，特别是围绕荔枝和蔬菜等大宗农产

品标准化生产工作的实施，加大农业执法力度，抓好各个工作环节管理，重视生产技术规程的落实，提高农产品质量安全水平。三是拓宽农产品流通渠道。突出发挥农业龙头企业的辐射带动作用，督促和指导各有关农业龙头企业大力帮扶农民发展生产，并做好农产品的收购、加工、销售工作，解决农民农产品销售难的问题，带动农民致富。

［**落实支农惠农政策**］　大力推进万亩土地承包经营权流转集中经营。一是对全市农村土地流转情况进行调研，制定《从化市农村土地经营权流转的工作实施方案》。二是成立土地流转工作领导机构，加强工作指导。三是确定城郊街为土地流转工作的试点街，成立广州市首个土地流转的服务机构“城郊街土地流转服务管理中心”，各镇街选定2～3个土地流转试点村，探索土地流转的经验和做法。四是对五镇三街进行土地承包经营权情况的调查，指导做好土地流转的书面合同备案、登记及建档，规范土地流转相关手续和基础性工作，保护农民合法权益。五是确定土地流转面积和涉及合作经济社和农户情况，加快农村土地集约经营，推进社会主义新农村建设。全年全市新增土地流转面积1.03万亩（其中城郊街5657亩），提前超额完成市下达的指标和任务。全市落实土地流转补贴资金200多万元。

鼓励和扶持百户农民家庭自主创业。一是制定和印发《扶持农村规模种养基地建设促进农民自主创业专项资金使用办法》，成立专项资金审查工作小组，规范专项资金的管理和拨付。二是做好普查造册登记工作，完成农村规模种养基地和农村农产品加工、流通大户的普查造册登记工作，做到一户一册，登记备案。三是严把审核关。全年造册登记的农村规模种养基地、农产品加工流通大户677户，其中种植大户519户、养殖大户120户、加工流通大户38户。各镇街推荐扶持151户，要求解决扶持资金115.255万元。

落实有关粮食补贴政策。一是中央种粮综合直补49元/亩。二是中央良种补贴早造10元/亩，晚造15元/亩。三是省种粮直补8元/亩。四是广州市种粮直补50元/亩。全年新增玉米良种补贴10元/亩。全年落实种粮补贴5386万元。

加强农民负担监督管理。一是深入贯彻《中华人民共和国农村土地承包法》、《中华人民共和国农民专业合作社法》和《广东省农村集体经济组织管理规定》，稳定和完善农村以家庭承包为基础的充分结合双层经营体制，进一步完善第二轮土地承包关系。二是落实农民负担监督管理工作，对全市减负工作部门31个单位进行责任考核，均评为优秀单位。三是落实减轻农民负担工作责任制，市政府与镇街、涉农收费部门签订《2009年度从化市农民负担目标管理责任书》。

［**农业产业化经营**］　一是培育发展壮大农业龙头企业队伍。新增广东省农业龙头企业1家，广州市级农业龙头企业5家，从化市农业龙头企业12家。至年末，全市有农业产业化龙头企业46家，其中国家农业龙头企业1家，省级农业龙头企业5家，省级扶贫型农业龙头企业1家，广州市级农业龙头企业14家，广州市级待培育农业龙头企业2家。二是抓好农业龙头企业年度量化指标考评工作。对在册的34家农业龙头企业，分为“加工流通型企业”与“示范推广型企业”两种类型，从6个方面进行年度工作考评，评出优秀单位7个、先进单位7个和表扬单位8个，给予通报表彰和奖金奖励。三是协助各农业产业化龙头企业做好经营发展及农产品的收购、保鲜、贮运、加工、销售等工作。全年各企

业生产、收购、加工、销售农产品11.61万吨，鲜切花2500万支，盆栽花卉27万盆，牲猪出栏1.960万头，三鸟600多万只，实现年销售总收入11.45亿元，创利税1346.9万元，出口创汇4583.1万元，带动当地农户7.25万户，辐射带动面积33.65万亩，户均年增加收入2652元，招收当地农民工2912人，增加农民工资性收入4956.94万元。四是大力发展和规范农民专业合作社。全年新增农民专业合作社47家。至年末，已在从化市工商管理部门注册登记、送资料到农业局备案的农民专业合作社有73家，涉及水果、蔬菜、花卉、蜂蜜、经作、水产、加工流通等七大类产业，拥有社员3026人，带动农户1.96万户，占农户总数的19%。全年为农户直接销售和代理销售农产品8000多万元，促进农业增效、农民增收。

[**“一村一品”产业发展**] 一是抓好“一村一品”专业生产村基础设施建设。正在施工的项目有江埔上罗红柿基地、良口联群杨梅基地等。二是对2005年首批“一村一品”进行复审。经市政府审批，首批“一村一品”10个品种17个专业生产村保留“一村一品”授牌，并批准温泉镇南平村列入“一村一品”专业生产村。至此，全市有“一村一品”21个，涉及40个村。三是着力提升大芥菜的影响力。2008年，吕田大芥菜被评定为市的“一村一品”，获得成功，直接增加当地农民纯收入200多万元。2009年，农业局对大芥菜以“广州市从化‘一村一品’农家乐发展有限公司”作为经营主体，通过“公司+基地+农户”的经营模式，建立中心示范基地300亩，辐射带动村民种植1000多亩。改进包装，加强宣传推介，进一步提高知名度，扩大影响力，大力提升档次和效益，推动农业观光游、“农家乐”乡村风情游的健康发展，有效地促进山区农民致富增收。

[**蔬菜专业生产村建设**] 一是抓农田基础设施建设。争取广州市财政支持1202.70万元，完善宝溪村、高禾村、城康村、平岗村4个蔬菜专业生产村农田基础设施和农业生产装备建设。二是抓企业、合作社和大户连片种植。动员、鼓励与扶持企业、合作社和蔬菜种植大户进行连片种植，建立蔬菜种植中心示范区，辐射带动周边农民发展蔬菜生产，扩大蔬菜种植规模，促进蔬菜规模化、集约化发展。三是抓专业村产品流通。鼓励种植户与蔬菜流通大户、加工流通龙头企业加强沟通，共同联合，发展订单蔬菜，确保蔬菜种得出、卖得好，促进菜农增产增收。四是抓专业村技术培训。根据蔬菜生产季节和生长特点，分期分批聘请省、市有关科研单位的蔬菜专家到村、到田头上课和指导，推广先进生产技术，使蔬菜技术指导直接到户、良种良法直接到田、技术要领直接到人，提高菜农的种植技能。五是抓新品种引进推广。从省蔬菜研究所、广州市蔬菜研究所和广州市农业技术推广中心等科研技术部门，为专业村引进推广蔬菜优质新品种10多个，提升蔬菜的品质和市场竞争力。六是抓经营模式的创新。以蔬菜专业合作社为切入点，通过“合作社+基地+社员或农户”的模式，实行“八个统一”(统一生产布局、统一农资供应、统一技术规程、统一产品标准、统一产品标识、统一注册商标、统一技术培训、统一开拓市场)，促进蔬菜生产向专业化、产业化、标准化发展。

[**万亩鲜切花生产基地建设**] 至年末，城郊街万亩鲜切花生产基地落户企业29家，生产基地面积8500多亩，初步形成以生产玫瑰、百合、菊花、切叶、盆花、特色苗木为主体

的产业格局。随着基地主干道路及观光道路建设的启动，以“玫瑰花”和“火龙果”为主题的观光休闲农业项目的相继推出，一个集花卉生产、销售、科研、展示、休闲观光于一体的现代农业示范园区逐步形成。一是着力推进基础设施建设。街口——人和线升级改造工程已基本完成；基地观光道（横江大道至横江道班段）扩宽改造工程，主体工程（即环玫瑰园道路扩宽工程红旗村至玫瑰园段）已完工；基地主干道各标段已开始施工；基地次干道观光带进入施工阶段。二是突出重点，打造亮点。推动城郊街西和村草堂社农家乐项目建设，草堂社设计工作已经完成，即将进入实施阶段；推进西和村兰花产业基地建设，西和村兰花产业基地规划建设面积1000亩，大部分企业已搭建好生产大棚，并进入生产阶段；城郊街光辉村田心社“农家乐”建设已初具规模；指导和引导观光道沿线广州花卉研究中心、红旗百合园等企业的景观设计工作，广州怡欣园艺、振兴园艺等两家企业已完成景观设计。三是开展招商引资，做好为企业服务工作。基地新增企业9家，新增生产面积2500亩。另有广东优新苗木产业基地等企业拟定落户意向书。四是推进退果还田和土地流转工作。万亩鲜切花基地领导小组以倒排计划的形式有效推进退果还田和土地流转工作。2009年基地完成土地流转2000多亩，退果还田3000多亩。

[**农产品质量安全监督管理**] 一是落实农产品质量属地管理责任制。年初，召开全市农产品质量安全工作会议，与各镇（街）签订农产品质量安全责任书，明确各镇（街）的属地管理责任制。二是开展2009年农产品质量安全整治暨农产品质量安全执法年活动。制订和实施农产品质量安全整治暨农产品质量安全执法年活动方案，农业部、广东省农业厅、广州市农业局分别到从化市生产基地、农资店等进行督察和暗访，对农产品质量安全工作给予肯定。三是在全市范围内开展打击违法添加剂食用物质和滥用食品添加剂专项整治。四是加强无公害产地认定和产品认证管理。2009年，新申报无公害农产品基地认证1个，产品1个。完成129个GPS卫星定位，加强巡查力度，出动180人次，巡查无公害农产品产地129个。全市无公害农产品产地认定129个，面积1.54万亩，产品认证47个；绿色食品认证3个，面积4855亩；有机食品认证2个，面积5880亩。五是提升农产品质量安全监测能力和监测水平。全年完成田间速测（速测卡）5811份，完成率56.31%；网上实时监控（分光比色法）2万份，完成率91.08%；定性定量检测（气相色谱仪）627份，完成率104.5%；配合农业部和广东省、广州市有关部门完成“例行监测”和“专项监测”155份，完成率100%。全年无发生农产品中毒事故。

[**筹建广州北部精装农产品交易市场**] 经市领导研究，广州市北部精装农产品交易市场选址从原来的江埔街锦三村路口调整到和睦村。一是大力争取广州市支持。9月，广州市农业局领导到从化考察，表示大力支持市场建设，要求抓紧市场的立项、规划、征地等前期工作，加快进入建设阶段，扶持建设大型冷库、生产加工车间等设施设备。二是拟订广州市北部农产品交易市场2009—2011年工作任务实施计划表（草案）。10月，市农业局草拟广州市北部农产品交易市场2009—2011年工作任务实施计划表（草案），并向有关部门发出意见征询函，征求修改意见，经修正报市委审定后下发。三是协助市召开3次协调会。年末，基本确定市场用地四周界线，面积约583.38亩。

［**发展观光旅游农业**］ 至年末，全市有休闲农业旅游景区30多处，各类农家乐100多家，开展旅游接待的大小农庄300个，从业人员1万多人，带动3万多名农民从事与休闲农业游“农家乐”相关的种植业、养殖业、服务业。一是“一村一品”专业村基础设施建设的投入，逐步把中田大红桂味、联群杨梅、溪头三华李等“一村一品”专业村打造成生态休闲观光农业。二是引导“宝趣玫瑰世界”改善各项设施建设，把农业科研和生产活动与旅游观光有机结合起来，形成一个集生产、销售、展示、科普、休闲观光为一体的多功能综合性的从化特色玫瑰主题公园，让游客既能入园赏花，又能入园采花，尽情享受田园乐趣。三是推动“外婆家兰花世界”建设。该企业已完成总体规划，并进入实施阶段，主干道、大门牌坊装饰工程施工已经完成，兰花生产基地内的灯饰工程等正在建设中。四是支持宣星村运动谷建设，宣星村运动谷于10月向社会推出，游客如鲫。五是冬种油菜花2000亩，紫云英1.3万亩。

［**名优品牌申报**］ 一是发动农业龙头企业积极申报省名牌产品，有3个企业5个产品申报省名牌产品；组织农业企业申报广州特产，有15个企业21个产品申报广州特产（省名牌和广州特产在评定中）。二是组织农业企业参加各项产品展销展示活动，先后参加漳州荔枝龙眼交易会、中国博览会、广州——成都博览会、广州名优农产品博览会、粤赣农业经济合作交易会、全省农家乐启动仪式从化美食节等展示展销活动，取得较好的社会效益和经济效益。从化市被农业部认定为全国农产品加工创业基地。

［**社会主义新农村建设**］ 一是着力抓好第三批生态文明村建设工作，全市第三批生态文明村建设工作顺利结束。全市第三批生态文明村建设有150个自然村，完成改建巷道106万多平方米，改建排水排污渠52万多米，改厕1100多户，改牲畜栏8000多平方米；建设宣传栏151个，垃圾中转屋71间，垃圾池329个，多用篮球场107个，户外体育路径（健身器材）144套，文化小广场和生态小公园一批。全市累计投入资金3248.70万元，其中广州市补助140万元，从化市级财政投入补助资金1927.72万元，镇、街投入补助资金254.60万元，村、社集体投入518万元，群众自筹、投工投劳折算和社会各界捐资约408.38万元。惠及农户1.40万户，人口5.52万人，覆盖239个经济社，占全市经济社总数8.66%。至此，全市建成生态文明村479个，其中2005年度建成生态文明村试点村30个；2006年度（第一批）建成111个，2007年度（第二批）建成188个，2008年度（第三批）建成150个。已建成的生态文明村覆盖782个经济社，占全市经济社总数28.3%，惠及农户4.29万户，人口17.24万人。二是推进第四批（2009年立项）生态文明村建设工作。全市第四批生态文明村建设共有157个自然村，村覆盖240个经济社，占全市经济社总数8.7%，惠及农户1.45万户，人口5.82万人，正在建设中。从化市级财政需投入补助资金2300多万元，镇、街财政需投入补助资金约300万元。

［**农业综合服务**］ 农业科技培训。举办蔬菜、水果、农机等专业技术培训班20班次，培训新型农民1304人。

沃土工程。全市冬种油菜花2000亩，紫云英1.3万亩。

农资管理。全年开展执法检查32次，出

动执法人员 377 人次，检查农药批发、零售店 365 间次，立案查处违法案件 1 宗，查处不合格化肥 33.9 吨，不合格农药 0.141 吨，处罚金额 1.5 万元，有效净化农药市场，维护农民的合法权益。

病虫害测报。全年发出病虫测报 11 期，共 1000 份，其中水稻 5 期、荔枝 5 期、主要作物病虫害 1 期，短期预报准确率达到 95%以上。加强橘小实蝇、红火蚁、豚草动植物检疫监测与防控工作。

农业信息服务。发送“农信通”短信 20 多条，受益农民约 1.5 万人。

（市农业局供稿，陈涌湟执笔）

农业科技推广

［**管理机构**］ 市农业科技推广中心为副局级事业单位，隶属市农业局管理，办公地址在街口街旺城大道 323 号。定编 65 名。2009 年末，在职 51 人，有主任 1 人、副主任 2 人。内设机构有：行政综合科（办公室）、蔬菜科、粮油作物科、水果花卉科、技术规划科。

［**新品种引进繁育推广**］ 粮油作物类。引进水稻新品种有软红米、黑香软米、泰源占 7 号等 8 个；示范品种有白香占、双银占、五山丝苗等 8 个；繁育提纯新优花生品种有珍珠红、粤油 7 号、珍珠黑等 7 个。全年推广水稻杂优种子 3 万千克。优良常规种 1 万千克。推广花生种 3000 千克。

蔬菜类。开展广州市第五届蔬菜新品种（节瓜）擂台赛，参与品种 21 个。引种示范丰绿苦瓜、绿胜 1 号丝瓜、南海节瓜等瓜豆类品种 18 个；引种广西荔浦芋头、韶关乐昌芋头、花都炭步芋头等新品种 5 个；引进试种进口玉米新品种 18 个，选出适合本市推广种植品种 2 个。

水果类。继续试种水果新品种有天草杂柑、挂红三华李、红肉脐橙、大黑炭杨梅、粤翠菠萝等 13 个；繁育优质果苗有从城甜黄皮、鸡心甜黄皮一批。

［**科技推广服务**］ 利用从化电视新闻节目、《今日从化》报、中国移动从化分公司的“农信通网”短信平台，以及通过科技下乡咨询活动、举办各类技术培训班、现场技术指导等多种形式，向全市农民传递农业知识和农业信息。继续做好“一村一品”专业村的技术指导。全年举办农业实用技术培训班 58 班次，培训人数 3500 多人次，印发科技资料 1 万多份，解答群众咨询 1200 多人次。推广新技术“枇杷生产技术规程”、“无核红柿生产技术规程”、“水稻三控施肥技术”等。12 月，市农业科技推广中心分别获得广东省农业厅和广东省科学技术协会授予“广东省农业科技推广先进单位”和“广东省科普惠农兴村先进单位”称号。

［**农业科技项目实施**］ 一是抓好广州市下达的 2009 年新型农民科技培训项目，按时按质完成培训新型农民 700 名的任务。二是抓好广州市农业局下达的冬种绿肥（紫云英）的肥田沃土工程项目。继 2008 年成功种植冬种紫云英 2000 多亩后，2009 年又在鳌头镇上西村、下西村、横江等 18 个以水稻为主导品种的村，完成紫云英种植任务 1 万亩。三是抓好广州市农业技术规范的制定。完成《红葱头生产技术规程》、《从城甜黄皮生产技术规程》等广州市农业技术地方标准 8 个。

［**科技队伍建设**］ 一是抓好理论学习。不定

期选派农业技术员参加省、广州市有关部门举办的继续教育工程培训班。二是制定激励措施。鼓励科技人员在全国发行的期刊上发表技术论文。三是抓好实践活动。要求所有农业科技人员必须参与镇、村举办的农业技术培训班授课，锻炼和提高授课能力。至年末，取得农艺师职称有 11 人。

（市农业科技推广中心供稿，郭铁城执笔）

农业机械

[**管理机构**] 市农业机械化管理中心属赋予行政管理职能事业单位，办公地址在街口街城内路 28 号。定编 13 名。2009 年末，在职 14 人，有主任 1 人。内设机构有：办公室、农机发展管理科和农机安全监理科（挂农机安全监理站牌子）。下属机构有：市农机技术推广站。

[**基本情况**] 装备水平。全市农机总动力 17.75 万千瓦，比上年增加 3.70%。其中农用拖拉机保有量 2827 台，增加 0.75%；联合收割机 91 台，增加 3.40%；水稻插秧机 32 台，增加 6.67%；耕整机械、机（电）动植保、节水灌溉、农田基本建设及畜牧水产养殖、农产品加工等先进适用的农业机械均有较快增长，农机装备结构明显改善。

机械化程度。全市耕种收综合机械化水平 42.87%，比上年提高 2.13%。全市机耕面积 31.25 千公顷，约占耕地面积 75.6%，比上年提高 2.67%。水稻机收面积 8.18 千公顷，约占水稻面积 40.87%，比上年提高 17.31%；水稻机插面积 0.24 千公顷，约占水稻生产面积 1.22%，比上年提高 0.49%。大宗特色农作物生产关键环节机械化取得突破性进展，旱地耕整起垄、植保、节水灌溉、自动施肥和鱼塘增氧、投料及农产品加工等机械化水平明显提高。

服务组织和经营效益。全市从事农机服务人员 4000 多人，成立农机专业合作社 1 家，扶持培育农机大户（指拥有农业机械资产原值 10 万元以上的农机户）35 户、农机专业户 2428 户，农机服务的组织化程度和农机使用率明显提高，全年农业机械化经营服务收入 9713.8 万元，比上年增长 0.37%。

[**农业机械购置补贴**]全年向中央、省和广州市各级财政申请农业机械购置补贴达 324 万元，已落实中央、广州市财政农机购置补贴资金 205 万元，享受补贴的农民和农业生产经营组织 892 户，引导农户投入资金 372 万元。其中补贴购置的农业机械有工农 12K 手扶拖拉机 10 台、津华旋耕起垄机 4 台、电动喷雾器 1000 多台、水泵 41 台、多功能微耕机 1 台、灌溉施肥设施 20 台套、粮食加工机械 1 套，自动喷淋设施 40 亩，温室喷淋系统 160 亩等。

[**农机安全监理**] 增设农机安全监理科，增编 3 名。新增人员从市农机技术推广站中招考调入。改善农机监理基础设施建设，完善农机安全监理办证大厅的建设和配备办公设备，购置农业机械检测线 1 条，改变以前“眼看、耳听、手摸”的落后检测手段。建立首个农机安全村，推进农机监理工作重心下移。在拥有农业机械比较多的鳌头镇龙潭村建立从化市第一个“农机安全村”。组建“村农机安全领导小组”，组长由村党支部书记担任，农机监理员、农机安全员和机手代表为成员，成员分工明确，责任到人，从源头上消除农机事故隐患，促进平安乡村建设，辐射带动农民群众和农机操作人员注意安全，

安全生产。结合农时季节、节假日开展农机安全生产大检查，组织农机监理人员落到田间场院，督促机主及时对农机具的保养、调试和检修工作，减少农机安全事故隐患。向全市农机手发放《农机安全生产知识手册》、《农机用户指南》、《农机知识问答100题》和“广州市农机安全小手册”等资料1000多份。至年末，全市拖拉机注册登记576台，联合收割机50台；拖拉机驾驶（操作）员1773人，联合收割机驾驶（操作）员7人。其中新注册登记核发牌证的联合收割机4个、手扶拖拉机4个，办理年检换证的小型方向盘式拖拉机驾驶证（GHK）30个。对2001—2004年办理的驾驶员证及拖拉机、联合收割机档案进行整理归档，整理驾驶员证档案350份，拖拉机、联合收割机档案325份。向白云区、花都区、增城区等区（市）移交办理异地登记的农业机械牌证档案资料20份。全年没有发生农机安全事故。

［**机务组织管理**］ 在春耕、夏收、夏耕、秋收、冬种等重要农时季节，全年组织参加农业生产作业的联合收割机100多台、拖拉机2200多台和其他农业机械一批，逐步改善农业生产手段，提高重要农时重点作物的机械化作业水平，推动农业标准化、规模化、产业化发展。在抗旱工作中，做好“三防”物资的管理，组织技术人员深入到各镇（街）村，指导农民使用抗旱机具，帮助农民解决实际问题，对超负荷损坏的机具进行抢修，确保农业稳产、农民保收。

［**农机推广和技术培训**］ 全年推广农业机械1000多台套，其中植保机械1000多台、拖拉机10台、旋耕起垄机4台。举办农机驾驶和维修技能培训班3期，培训人数303人，全部通过考试合格，分别领取方向盘式拖拉机驾驶证和农机维修资质鉴定证；举办农业机械操作技术培训650多人次。新建立育插秧机械化技术示范点5个、1000亩，召开农机现场演示会2场，300多人参加。

［**队伍建设**］ 实施党务政务公开制度，自觉接受群众监督。健全组织生活制度，组织好各项教育学习活动。健全各项规章制度，落实目标管理。学习实践科学发展观，积极开展“五清五帮”“机关服务年”、“纪律教育学习”等活动，党的十七届三中、四中全会等一系列学习活动。

（市农业机械化管理中心供稿，
张艳芬执笔）

林　业

［**管理机构**］ 市林业局属政府序列行政单位，办公地址在江埔街河东北路20号。定编21名，其中行政编制18名、工勤编制3名。2009年末，在职21人，有局长1人、副局长2人、党委副书记1人、纪委书记（纪检组长）1人。内设机构有：党政办公室、计财科、营林科、林政科。下属机构有森林分局、吕田森林派出所、林科所、温泉木材检查站、风云岭森林公园管理所、森林消防大队以及东明、吕田、良口、温泉、太平、鳌头、街口、江埔、城郊林业工作站。市政府委托管理的机构有：森林防火办、山林纠纷调处办。广东省、广州市委托管理的机构有：广东从化陈禾洞省级自然保护区管理处、广州温泉自然保护区管理站。

［**造林绿化**］ 一是全市完成春季造林面积7680亩（其中迹地更新4500亩，青山绿地

工程林分改造 3180 亩）。以林科所为主，开展育苗工作，培育胶袋苗 27.7 万株，大田育苗约 24.8 万株。二是 3 月 12 日，市领导、林业局机关干部职工、城郊街干部职工、95316 部队官兵在 95316 部队驻地开展“迎办绿色亚运，共建宜居城市”义务植树活动。植树节期间，全市义务植树 5 万多棵。三是推进森林公园和自然保护区建设工作。风云岭坪地公园的总体规划设计完成初稿，提交市政府审定；完成大部分征地租地工作，调蓄湖建设已开始施工。陈禾洞省级自然保护区生物防火林带规划、选址工作已完成。道路、桥梁、基建规划设计工作正在施工建设中。按照《从化市林业保护和发展规划（2009—2020）》，做好 12 个县级森林公园的规划和分布建设工作。四是配合市委、市政府创建中国优秀旅游城市和迎亚运相关绿化工作，完成 105 国道从化段（流溪河林场至温泉）景观林带二期设计、施工招标等前期工作。协助做好 105 国道和 355 省道景观林带升级改造建设工程。高标准规划建设迎宾路景观林带工程、旺城大道绿化升级改造工程、万亩鲜切花基地观光路和草堂社农家乐绿化工作。五是结合广东省林业局的万村绿行动、广州市绿色家园建设和从化市“三级联创”工作，坚持生态优先，易于管理的原则，继续推进新农村绿化建设，全年完成 20 个村的绿色家园建设。六是配合市委、市政府做好重点建设项目，协助做好吕田镇首谷、蝴蝶谷、侨鑫项目、宣星运动谷、广州马术场、太平镇绿洲变电站、良口自来水厂、大金峰百花果公园等项目的占用林地相关报批资料。

［森林资源管护］　森林病虫害防治。防治的重点是松材线虫。为防止病虫害进一步扩散蔓延，全市设置固定观测点 10 个，清理枯死树 315 株，确保有虫不成灾。严密监控薇甘菊的入侵，运用人工、药物等方式清除薇甘菊 300 亩。

生态公益林管护。一是加强对生态公益林相关法律法规的宣传。在重点地段设立 100 多个显眼的宣传牌、标志牌和石界碑。二是加强生态公益林管护队伍的建设。配给护林员相应的通讯、交通工具，制定护林员考核奖惩制度，实行工资奖金与年终考核成绩挂钩。三是按照《广州市生态公益林条例》的要求，落实专人负责收集整理生态公益林资料，规范生态公益林损失性补偿款的发放；严格按照《广东省生态公益林效益补偿资金管理办法》的要求做好补偿金的发放方案，按程序确定补偿对象和补偿面积，做到专款专用。

森林防火。一是抓好森林消防队伍和防火设备设施建设。争取市委、市政府支持，增加森林消防队人员编制 8 名。二是通过开展消防应急演练及其他训练加强森林消防大队机动中队队员体能和消防技能。三是向上级争取资金，投入 300 多万元增加森林消防机动中队及市、镇两级扑火物资储备。四是定期总结扑火情况，提出扑火措施。全年全市发生森林火灾 42 宗，过火面积 4591.9 亩。

林区秩序整治。先后开展“秋季旋风行动”、“保护野生鸟类行动”、“绿盾三号行动”等专项整治行动。全年受理各类接、报警求助电话 404 次，处置警情 404 宗；受理各类森林案件 74 宗，其中森林刑事案件 28 宗，林业行政案件 46 宗。全年破获各类森林案件 64 宗。森林刑事案件侦破 22 宗（其中积案 2 宗），林业行政案件查处 45 宗。全年处理违法人员 74 人，其中刑事拘留 26 人，直接取保候审 3 人，林业行政处理 45 人。广州市温泉木材检查站（从化市木材检查站）全年检查木材运输车辆 4129 车次，处理木材运输车辆2165辆，其中无证运输木材24宗，超载运输木材2144宗，依法依规没收木材3161立方米。

[**行政审批**] 全年，收到林业行政许可申请3352宗。经审批，其中准许林业行政许可3337宗，因不符合条件或资料不全等退回申请15宗。在准许的行政许可中，其中核发木材运输证3212宗，运输木材数量2.05万立方米；核发林木采伐54宗，消耗林木蓄积6.99万立方米，生产木材3.68万立方米；核发毛竹采伐证5宗，生产毛竹57.26万株；审核上报征占用林地15宗，经核准同意使用面积141.97公顷；核准同意临时使用林地1宗；以及核发木材经营加工许可证50宗。

[**山林纠纷调处**] 依法定程序作出山林纠纷处理决定3宗，调解处理10宗，受理立案7宗，行政复议3宗，应诉3宗，完成调查取证工作提交市政府讨论准备结案8宗，正在开展调处的29宗，接待群众来访26宗。

[**《从化市林业保护和发展规划（2009—2020）》编制工作**] 完成《从化市林业保护和发展规划（2009—2020）》（以下简称《规划》）编制工作。《规划》以山水构架为基础，在“山—水—城”的大框架前提下，形成“一河、两带、三片”[一河：流溪河；两带：105国道和S355省道（从化段）绿化带；三片：北部、中南部、西部三个功能片区]的总体布局，投资12.6亿元，把建设森林生态安全保护、森林生态建设、森林公园与生态旅游建设、新农村绿色家园建设、城区与中心镇绿化建设、商品林建设、特色经济林建设、森林文化建设、林业科技创新平台建设九大工程，并在科学分析从化的植物群落区系、典型植物群落特征的基础上，推荐各林种主要群落及其配置模式、各林种主要应用树种等。到2020年，从化森林覆盖率将达到69.7%，林木绿化率将提高到72.3%，基本建成功能完备的北部生态林区、中南部景观林区、西部防护林区三道绿色生态屏障，形成青山环抱、林带环绕、绿海田园的生态景观格局，真正成为北回归线上的森林之城。

4月7日，中国林业科学研究院林业研究所研究员王成，华南农业大学校长、教授陈晓阳，广东省林业调查规划勘测设计院教授级高工刘凯昌，广东省林业科学院副院长、研究员李小川等国家、省、广州市知名专家对该《规划》进行评审，一致通过该《规划》的审定。

（市林业局供稿，朱艳玲执笔）

水利建设

[**管理机构**] 市水利局属政府序列的行政单位，办公地址在江埔街河东北路18号。定编22名，其中行政编制18名、工勤编制3名、离退休服务编制1名。2009年末，在职22人，有局长1人、副书记1人、副局长2人。内设机构有：党政办公室、计划财务科、水政水资源管理科、工程管理科、科教规划科；代市政府管理市防汛防旱防风指挥部办公室、市水库移民工作领导小组办公室。下属机构有：市水政监察大队、市水利水电勘测设计室、市水利水电建设管理中心、河东水利管理所、新庄水利管理所、茂墩水库管理所、天湖管理区、农电管理总站。

[**三防工作**] 雨情水情。至12月31日，全市累计降雨量1547毫米（三防遥测雨量），比多年平均值偏少12.1%，比2004年（典

型干旱年）少 108.1 毫米；13 座重点水库蓄水总量 2121.79 万立方米，比多年平均值少 18.5%。

风情。2009 年汛期，影响从化的台风共有 3 个，分别是“浪卡”、“莫拉菲”和“巨爵”，但并未发生灾害。其中在第 6 号台风“莫拉菲”和第 15 号台风“巨爵”期间，市三防指挥部启动防台风Ⅳ级应急响应 2 次。第 6 号台风“莫拉菲”期间，按照《关于启动防洪应急预案防台风Ⅳ级响应的紧急通知》，市三防指挥部研究成立由副市长刘宗静任总指挥，市政府副秘书长唐石森、市水利局局长冼叶生任副总指挥，市三防指挥部成员单位为成员的防风应急指挥部，统一负责“莫拉菲”台风的防御工作。

灾情。2009 年，主要受干旱天气影响，各地出现不同程度的旱情。5 月上旬到中旬，5 个镇（街）有 80 多个行政村受旱，农田受旱面积 2.4 万亩，较严重的有 7962 亩。从 10 月初开始，各地陆续出现秋旱。11 月 4 日统计，全市农田受旱面积共 4.01 万亩（其中水稻 29299 亩，蔬菜 4878 亩，其他 5905 亩）。通过抗旱，4 万亩农田已缓解旱情，占农田受旱总面积的 99.74%。由于部分支流、山坑断流，部分农田地势较高，水源缺乏，全市有 103 亩水稻的旱情无法缓解。该次干旱造成全市粮食作物损失 30 吨，经济作物损失合计约 90 万元。在该次抗旱中，全市投入抗旱机具 727 台，出动 2.45 万人次，投入资金 137.78 万元。抗击秋旱工作取得显著成绩：一是通过及早部署防旱和抗旱工作，在降雨量比 2004 年典型干旱年少 108.1 毫米的情况下，小（一）型以上水库在汛末的蓄水量比 2004 年多 362.88 万立方米。二是 4 万亩农田迅速缓解旱情，占农田受旱总面积的 99.74%。三是农业生产受旱损失程度低，保证全市晚造粮食生产的丰收。晚造水稻播种面积 15.58 万亩，单产 332 公斤，总产 5.17 万吨，比上年分别增长 0.46%、0.9% 和 2.59%。

［**水利工程建设**］ 农田标准化建设。对 9 块农田（9650 亩）的水利设施进行改造，广州市到位资金 2412 万元。

五小工程建设。共 17 宗（小水库 7 宗、小堤围 4 宗、小村落 6 宗），广州到位资金 5120 万元。

市重点项目。共 4 宗，从化市黎塘河一河两岸整治第一期工程，从化市太平镇中心坑（下游段）改造工程，从化市小海河至华景段堤围加固整治工程（河涌综合整治工程）。广州到位资金 5500 万元，其中从化市黎塘河一河两岸整治第一期工程 5000 万元、广州市流溪河防洪整治工程情人路段 500 万元，从化市小海河至华景段堤围加固整治工程已于 2007 年安排资金 322 万元；从化自筹资金共 3125 万元（未含中心坑、华景的概算外增加的征地费用），其中从化市太平镇中心坑（下游段）改造工程 1990 万元、从化市小海河至华景段堤围加固整治工程 1135 万元。

渠道整治工程。共 4 宗，广州到位资金 326 万元。

其他项目。共 6 宗，广州到位资金 2620 万元。

水库移民基础设计建设工程。广州到位资金 2838 万元。

总投资情况。全年水利建设投资 2.19 亿元，是历年来水利项目和投资最多的一年（其中广州市到位资金 1.88 万元，从化自筹资金 0.31 亿元）。

［**水政执法**］ 继续整治、打击河道非法采沙行为。对群众的举报，无论白天黑夜，均快速行动，及时查处。做好巡查跟踪工作，违

法采沙行为得到压制。做好对辖区砂场整治、水行政执法以及协助广州市水政监察支队开展水行政执法调查等工作。发出《责令停止违法行为通知书》34份、《责令暂停河道工程通知书》1份，累计出动巡查184次。

［**水资源管理**］　一是严格把好涉水项目审批关。全年涉及水行政管理范围审批的项目27项，其中从化市城郊街新星村、鳌峰矿泉等单位要求确定水利控制线的项目8项；在小海河、潖江（二）河等河道管理范围内修建临时建筑物的申请10项；其余9项为其他涉及水行政审批。开发建设项目咨询意见的项目10项，分别有西气东输管道走向、宝鼎公司开发建设项目和污水处理厂选址等。二是做好行政收费收缴工作。水法规宣传不断深入，巡查制度逐步完善，各项行政收费基本踏入正轨。征收行政规费194.54万元，其中水资源费90.25万元，水土保持补偿费103.45万元，河道管理范围占用费0.84万元。三是贯彻实施《水土保持法》为预防和治理水土流失，保护和合理利用水土资源，加强辖区内矿石场和房地产开发项目的水土保持巡查。严格对照《水土保持法》有关规定，对已开发的矿石场和房地产公司，不定期进行现场检查水土流失情况和水土保持方案落实的情况；对新开发的建设项目，如需破坏植被或水保设施的，必须提供有资质单位设计的水土保持方案，并主动到现场勘察，严格审批各项水土保持方案。为加强水土保持设计和施工管理，有效控制生产建设项目活动引起的人为水土流失，配合广州市水务局开展对审批的项目进行水土保持监测工作。2009年从化市被确定为全国第一批监督管理能力建设县，按照上级有关文件精神和要求，迅速成立了领导小组，并及时编制《从化市水保监督管理能力建设工作计划》，确保下阶段顺利开展水土保持监督管理能力建设工作。

［**水库移民**］　争取省和广州市的支持，改善水库移民生产生活及各项基础设施，全年争取水库移民资金2838万元。一是良口镇黄龙带胜塘村移民整体搬迁安置工作，首期原良口镇大街安置工程已基本完成，在2010年春节前交付使用。二是完成黄龙带水库移民村的果园道路工程、抢险工程，城郊街光辉村田心社的鱼塘整治、社道建设、北星村公屋改造，江埔街凤二村新群社机耕路建设等工程。三是水库移民粮差及水库移民后期扶持资金。

［**机关建设**］　围绕贯彻落实“为民、务实、清廉”的要求，加大党风廉政建设工作力度。一是开展以四服务（服务企业、服务农村、服务基层、服务群众）为重点的机关建设年活动。从单位实际出发，不断创新观念、创新制度、创新工作，切实解决广大人民群众反映强烈的热点、难点问题，加强勤政廉政为民服务，提高行政效能，树立为民、务实、清廉的形象。二是完善廉政制度。重新修订《水利局车辆管理制度》等各项管理制度。三是扎实开展“五清五帮”的各项活动，局系统190多名干部职工参加，按照市学习办的要求，做好温泉镇的桃莲、石海等8个行政村“五清五帮”的各项工作。四是做好建党88周年、2009年度的纪律教育学习活动月等工作，组织中层以上干部参加广州市水务系统劳模事迹报告会、组织廉政演讲活动并参加水务系统的党风廉政知识测验和知识竞赛活动，党风廉政建设工作得到扎实开展。

（市水利局供稿，李云清执笔）

养　殖　业

［**管理机构**］　市畜牧兽医渔业局属政府序列行政单位，办公地址在江埔街河东北路 46 号。定编 44 名，其中畜牧兽医渔业局 24 名、广东省渔政总队从化大队 6 名、动物防疫监督所 14 名。2009 年末，在职 40 人，有局长 1 人、副局长 2 人。内设机构有：办公室、畜牧科（蜂管科）、兽医科、渔业科、科教法规科。下属机构有：广东省渔政总队从化大队、市动物防疫监督所、市水产技术推广站、市养蜂场、市禽畜良种场、市水产养殖场。有镇级畜牧兽医站 8 个。

［**基本情况**］　全市畜牧渔业产值 7.93 亿元，比上年增长（下同）7.6%。其中畜牧业产值 6.99 亿元，增长 10.17%；渔业产值 9428 万元，增长 2.75%。

畜牧生产。全市生猪饲养量 60.88 万头，存栏量 24.7 万头，出栏量 36.18 万头，比上年分别增长 6.2%、3.8%和 8%；能繁母猪 3.56 万头，减少 4.2%。三鸟饲养量 939 万只，存栏量 279 万只，出栏量 660 万只，分别增长 4.6%、3.3%和 5.1%。肉鸽存栏量 12.77 万只，增长 26.1%；出栏量 90.82 万只，减少 20.7%。大牲畜存栏 5885 头，减少 14.6%，其中耕牛 3483 头，奶牛 2402 头，产奶量 7161 吨。肉兔饲养量 4.12 万只，出栏量 6.54 万只，分别增长 75%和 282.3%。犬只存栏量 4.86 万只，增长 1%。本地蜂农 850 户，外地蜂农 320 户，饲养中蜂 4.5 万群。由于荔枝开花期缩短等原因，蜂蜜产量有所下降，全年蜂蜜总产量为 280 吨。

水产生产。全市水产养殖面积 1.93 万亩，其中池塘面积 1.38 万亩，山塘、水库面积 5490 亩。渔业产量 9182.61 吨（其中天然捕捞 86 吨），产值 9428 万元，增长 10.21%和 2.75%，实现渔业的增产增收。

［**兽医管理体制改革**］　5 月，市畜牧兽医渔业局会同市人事局在畜牧兽医渔业局中层干部中开展竞争上岗工作，本着公平、公正、竞争、择优的原则，公开选拔一批年富力强、有专业知识的人员担任局机关、渔政、动监所中层干部。8 月，经市政府同意，开展专职村级防疫员公开招聘工作，公开招聘专职村级防疫员 55 名，在广州地区率先实行专职村级防疫员办法。

［**无规定马属动物疫病区建设**］　基本情况。从化马术场是 2010 年广州亚运会马术比赛场地。为确保马术比赛顺利进行，省政府要求把从化市建成国际认可的广州亚运无疫区。为此，市政府于 2008 年 10 月 16 日成立从化市亚运无疫区建设与管理工作领导小组，由副市长刘宗静任组长，市政府办、市农业局、流溪温泉管委会、市畜牧兽医渔业局、良口镇政府负责人任副组长，成员由市公安、交通、城管、畜牧兽医渔业局、工商、海关、检验检疫局的负责人组成。领导小组负责组织对无疫区的相关动物清理，组织领导小组成员单位实施区域管理措施，并在规定期间禁止非亚运比赛马属动物及相关动物产品进入无疫区，组织实施相关区域的虫媒治理等工作。下设办公室，负责日常具体工作，办公地点设在市畜牧兽医渔业局。市畜牧兽医渔业局将无疫区建设 96 项指标进行分工，把任务落实到单位，把责任落实到人，确保无疫区建设顺利进行。2009 年 11 月 23 日，农业部第 1291 号公告宣布广州亚运无疫区建设通过评估建成，这是全国第一个接受国家现场评审并确认正式建成的无疫区、第一个无

规定马属动物疫病区。顺利通过世界动物卫生组织、国际马联考察认可。

宣传广泛。广州亚运会马术比赛是我国内地首次举办的国际性马术比赛。为让广大市民充分了解创建无疫区的重要意义，做到人人皆知，积极参与，采取多渠道多形式进行宣传：一是充分利用新闻媒体和畜牧网站播放宣传口号、宣传标语。二是在全市张贴省政府广东省人民政府《关于实施广州亚运马属动物疫病区域化管理的通告》720 份，派发宣传小册子 1 万册、《畜牧兽医法律法规政策选编》500 册。三是在主要公路旁、重要路口、重要场所竖立宣传栏 3 个和宣传牌 28 个，动物防疫制度宣传牌 280 个。在全社会营造创建无疫区的良好氛围。

加强基础设施建设。一是建设从化兽医实验室。新建实验室面积 450 平方米，内设解剖室、理化检验室、生化检验室和各类工作室，配备离心机等 27 种仪器设备，是全省首个设备设施齐全的县级实验室。二是建设太平、温泉、石岭、良口 4 个公路动物防疫监督检查站，对进入从化的动物及动物产品实施监督检查，防止规定动物疫病进入从化。三是在萝岗区九龙镇建设动物检疫隔离场，面积 2.8 万平方米，负责对进入从化无疫区的猪、牛、羊活体进行隔离、观察和疫病检测。四是购置消毒车、无害化处理车、防疫消毒设备设施一批，全面提升防疫水平。

强化动物疫病防控。一是在全市 584 个畜禽养殖场建立养殖档案、免疫档案；在 221 个行政村建立畜禽散养户免疫档案，建立健全动物及动物产品追溯制度。二是对全市固定饲养的 16 匹马建立档案后迁出本市，对劳役用的流动性马属动物 136 匹实行强制搬迁，确保全市无规定马属动物疫病病源。三是对全市应免的 27.23 万头生猪进行日本脑炎免疫，开展猪、牛、羊、马属动物三次抽样检测，抽取样品 6421 份，强化动物疫病免疫和监测。四是面向社会招聘动物检疫检验员 37 名，调配到公路检查站和隔离场工作，保证各检查站和隔离场正常运作。

[**创建“生态荔枝蜜基地”**] 2007 年 12 月 29 日，市政府成立创建“中国荔枝蜜之乡”工作领导小组，领导小组办公室设在市畜牧水产管理中心，负责日常具体事务。2008 年 1 月 9 日，市召开申报中国荔枝蜜之乡汇报会，提交申报“中国荔枝蜜之乡”的报告，专家组听取从化市汇报后，建议重新考虑申请名称。3 月，由市政府主办，市畜牧水产管理中心、市科协和中国蜜蜂博物馆协办的“从化市蜜蜂文化科普展”在博物馆举行。全面推介从化市蜂业发展成就和蜜蜂对人类生产、生活的贡献，向广大市民阐释蜜蜂文化的内涵。10 月 29 日，市畜牧兽医渔业局向中国养蜂学会提交《关于申报“中国荔枝蜜发源地”的报告》。2009 年 1 月 10 日，根据专家建议，市政府重新向中国养蜂学会提交《关于广东省从化市申报“生态荔枝蜜基地”的报告》，介绍从化市优美的生态环境，悠久的荔枝种植、养蜂历史，良好的养蜂业发展状况，合理的蜜蜂产业现代化发展规划。市畜牧兽医渔业局会同相关职能部门狠抓蜂业生产管理和服务，推介从化市良好的生态环境和生态蜂产品，组织蜂业企业申报认证。3 月 8 日，在福州市举行的全国蜂产品市场信息交流会暨中国蜂业博览会上，从化市被认定为“生态荔枝蜜基地”，是全国首个、唯一获此殊荣的县市。

[**防控重大动物疫病**] 抓好重大动物疫病免疫。2009 年，市政府出台《从化市重大动物疫病防控责任制规定》、《从化市重大动物疫病防控责任制考评办法》，明确镇、村防控重

大动物疫情的责任，形成全社会齐抓共管新格局。市畜牧兽医渔业局狠抓各项措施落实，积极开展春、秋防疫大行动，切实抓好禽流感、蓝耳病、口蹄疫、狂犬病等国家强制性重大动物疫病防控工作，加强养殖场、散养户的防疫监督检查，做到强制免疫率达100%。针对秋冬动物免疫力下降，易染疫病的特点，编印《冬季畜禽饲养管理简易手册》1000本发放给养殖者；建立疫苗管理与发放制度，发放国家强制性免费疫苗，价值110多万元。

*加强动物疫病防控监督力度。*加强规模养殖场防疫监督指导，强化免疫抗体水平监测工作，在全市44个养禽场抽取血清样品1013份，进行高致病性禽流感、新城疫抗体水平监测，及时准确掌握动物的免疫情况，促进防疫工作开展。

*强化源头的动物疫病控制。*全面实施动物及其产品溯源制度，开展生猪“二维码”标识信息录入、佩戴耳标工作；向养殖场（户）免费派发《养殖档案》2000本，《免疫档案》、《免疫证》8.2万本，规范养殖、免疫档案填写和管理，使全市的动物防疫、检疫及监督管理工作逐步走向法制化和规范化，控制动物疫病的发生和流行，保障畜牧业生产持续、健康发展，确保社会公共卫生安全。

［**发展生态养殖**］ *规范畜禽养殖管理。*一是严把规模养殖场审批关。执行市政府《关于加强环境保护，规范和促进畜牧业健康持续发展意见》及补充规定的文件精神，对新建、改建和扩建规模养殖场严把审批关，确保新办养殖企业符合规划及环保要求。二是开展生态养殖示范点建设。扶持中小型猪场建沼气池10个、燕都奶牛场生态综合治污模式等示范点建设，逐步治理养殖污染。建设鳌头镇横坑村人畜分离养殖示范小区，在农村推广人畜分离养殖方式。三是推广零排放养殖技术。在10个中小型猪场推广生物发酵床养殖技术试验，为彻底治理养殖污染，提高养殖效益探索新方法。

*推进标准化规模化养殖。*一是推进鱼塘标准化建设。按水深3米，通水、通路、通电及各项生产设施配套齐备的要求，推进全市鱼塘标准化建设，完成面积1360亩。二是加强龙头企业建设。协助广州市东锦种养有限公司纳入广州市鱼病测报点，提高防病治病能力。协助广州市先步农业发展有限公司申报省级鳄龟良种场，该场成为广州市第二家省级水产良种场。

*开展渔业放生活动。*7月12日，在流溪河设置五个放生点，放生优质鱼苗300万尾。

*探索建立渔政监督员制度。*开展“鱼群漫游”护卫工程，聘请流溪河流域30个村的治保主任为兼职渔政监督员，强化渔业资源保护力度，受到上级充分肯定，广州市在从化市召开经验交流会，推广从化的做法。

［**动物产品质量安全监控**］ 落实执法责任制，签订执法责任书，依法委托各单位实施行政执法，加大执法力度。制定畜牧渔业系统《行政处罚程序规定》、《行政执法案件立案、结案审批暂行规定》、《行政执法检查、考核制度》、《行政执法人员执法过错责任追究制度》等制度，规范执法监督的言行标准，规范执法行为，树立良好形象。强化检疫监督，严把市场准入关。全年产地检疫牲猪30.71万头，检疫家禽1307万只，屠宰检疫牲猪22.86万头；检出病猪、不合格生猪325头，病禽4212只，对检出不合格畜禽进行无害化处理，保障猪肉产品质量安全和市民身体健康。加大监督执法工作。渔政大队和动物防疫监督所加强对兽药、渔药、饲料等养殖业投入品的生产、经营、使用等环节的监管，

严厉打击销售、使用违禁兽药、添加剂和破坏渔业资源行为。全年行政立案31宗，其中查处违法经营违禁、假劣和不合格的兽药13宗，违法引进动物产品3宗，马属动物违法进入无疫区7宗，破坏渔业资源及违法经营水生野生动物案件8宗，没收违法经营兽药、动物产品、捕捞工具一批，有效净化全市养殖环境，保护渔业资源。

［**基层畜牧兽医站建设**］ 一是对镇、街畜牧兽医站办公环境差、办公设施落后等地方，进行全面改造装饰，更新办公用具，配备电脑、摩托车、采样设备、检疫工作箱、机动喷雾器等办公防疫设备设施，改善基层办公条件，提高防疫水平。二是加强队伍建设。落实人员工作职责，实行网格化管理。建立健全《动物防疫工作制度》等7个制度，规范档案管理，受到广州市充分肯定。

［**科技推广服务**］ 一是对社会关心的瘦肉精、猪流感等热点问题，聘请专家对饲料生产者、经营单位负责人、畜牧兽医站技术员、养殖场技术人员进行培训，举办各类培训班10期，培训900多人，提高养殖场的饲养管理水平和疫病防控水平。二是加强新技术推广应用。重点推广发酵床零排放技术、沼气循环生产模式，举办培训班2期，培训56人。三是组织科技下乡活动3次，派发动物防疫宣传资料2500份，接受群众咨询1300多人次。在全市各行政村、养殖场等张贴动物质量安全宣传海报400多份，重点宣传畜牧兽医法律法规、识别瘦肉精中毒和处理等知识，营造全社会动员、群防群控的良好社会氛围，提高群防群控能力和水平。

（市畜牧兽医渔业局供稿，路子正执笔）

气象事业

［**管理机构**］ 从化市气象局属广州市气象局垂直管理单位，办公地址在从化市环市东路232号（江埔街江村105国道旁）。定编16名，其中广州市编制9名、地方编制7名。2009年末，在职28人，有局长1人、副局长1人。内设机构有：办公室、业务科、防雷所。

［**气候概况**］ 全年气温稍偏低，日照偏少，降水偏少。年平均气温21.3℃，比常年偏低0.2℃，最高气温37.8℃，最低气温－2.9℃，改写历史最低值。年日照时数1474.7小时，比上年少30.2小时。年降水量1489.3毫米，比历年平均偏少两成，比上年减少843.7毫米。

［**气象灾害**］ 2009年1月9日至18日出现持续低温霜（冰）冷天气，果树蔬菜严重受损，直接经济损失2912万元。10月降水严重偏少，全市出现干旱，农作物受旱面积7800亩。

雷电灾害。从化市属雷暴高发地区，据不完全统计，2009年全市发生雷电灾害21宗，受伤1人，直接经济损失129.8万元。

［**业务质量**］ 地面测报。台站平均错情率0.0‰，台站个人平均错情率0.0‰，报表错情率0.0条/月。农气测报表错情率0.0‰。

天气预报。一般天气24小时晴雨预报准确率93%；低温24小时预报准确率76%；高温24小时预报准确率89%；霜冻24小时预报准确率100%；暴雨24小时预报准确率64%；暴雨过程预报准确率71%。各项指标全部达标。

[**气象服务**] 及时向当地政府和有关部门发出书面天气报告，其中《从化气象信息快报》43 期，《从化气象信息专报》26 期，天气报告急件 4 期，电视新闻稿件 42 份，报刊天气预报 114 期，中长期天气预报 36 期，紧急重大情况报告 4 份。发布预警信号 64 次，其中台风预警信号 6 次，暴雨预警信号 5 次，雷雨大风预警信号 2 次，大雾预警信号 3 次，寒冷预警信号 22 次，高温预警信号 18 次，森林火险预警信号 8 次。

[**防雷减灾**] 防雷减灾工作以服务为宗旨，执行国家防雷规范，贯彻落实“预防为主、防治结合”的方针，通过 2009 年计量认证现场评审。对全市 90％以上的防雷设施进行年度定期检测，95％的新建防雷设施进行工程质量验收。联合安监、建设等部门执法检查 3 次，督促一批不合格的防雷设施进行整改，消除雷害隐患。利用电视、报纸等媒体，广泛宣传防雷减灾科普知识，进一步提高全市群众的防雷减灾意识。

[**野外雷电试验**] 2009 年 5 月 12 日至 8 月 31 日，继续开展夏季野外引雷试验，引雷成功 7 次。围绕雷电监测、雷电预警预报、雷电防护等重要课题，试验基地还开展不同屏蔽体的雷电电磁屏蔽效能研究，开展雷电活动特征、机理、电磁效应的综合试验和科学研究，开展对自然闪电和人工触发闪电传播特征的观测和研究，取得较为丰硕的成果，并培养一批骨干人才。

（从化市气象局供稿，肖汉城执笔）

（骆耀平编辑）

财 税

财 政

[**管理机构**] 市财政局属政府序列行政单位，办公地址在街口街府前路98号。定编54名，其中行政编制24名、参照《公务员法》管理23名、事业编制5名、工勤编制2名。2009年末，在职52人，有局长1人、副局长2人、副书记1人。内设机构有：办公室（含法规科）、综合规划科、农业科、预算科（含税政科）、行政事业科、会计社保科、财政监督科、企业经建科、国库科、政府采购科、国有资产管理科。下属机构有：国库支付中心、农业税收征收管理办公室、市基金收费管理办公室、市财政投资评审中心、市公共资产管理中心、市中华会计成人中等专业学校从化分校。

[**财政决算**] 一般预算收支执行。按现行财政体制口径计算，全市一般预算收入15.34亿元，比上年增收3.59亿元，增长30.5%。

财政支出。全市一般预算支出19.18亿元，比上年增支8219万元，增长4.5%。一般预算收入加上上级补助收入及上年结余，减去一般预算支出、上解支出及增设预算周转金等，全年预算实现收支平衡，略有结余。

基金预算收支执行。全市基金预算收入22.74亿元，比上年增收15.16亿元，增长200.02%；全市基金预算支出14.71亿元，比上年增支5.42亿元，增长58.41%。基金预算收入加上上级补助收入及上年结余，减去支出后，全年基金预算实现收支平衡，略有结余。

[**强化征管**] 2009年，受全球金融危机的影响，财政面临经济增速放缓和国家出台一系列增支减收政策的双重挑战。面对罕见的困难和压力，市财政迎难而上，以强化征管为突破口，确保财政收入稳定持续，取得财政收入止跌回升、逆境上扬的佳绩，财政收入由第一季度负增长到8月起增幅在广州地区连续排名第一。一是采取措施全面推进综合治税。执行《从化市综合治税管理规定》，建设、国土房管、规划、公安、财政等部门建立“先税后证”等税源控管制度，将综合治税工作纳入年度工作考核内容；实施《从化市发票抽奖操作试行办法》，鼓励和发动市民在本地区消费并索取发票，堵塞税收漏洞；税务、交警等部门在本市车辆检测站设点征收车船税；国土部门大力协助追缴房地产企业代收代缴的契税以及督促购房人及时缴纳契税。加快促进土地征地结案，加大耕税等土地税费的征收力度；税务部门强化征管，加强税源调查分析和监控，建立和完善税收收入增长机制。二是想方设法壮大发展总部经济。加强宣传发动，协调相关部门为镇街提供政策、信息等服务，支持和指导镇、街、园区大力招商；规范全市总部经济企业行为，挖掘和整合部分房产资源，引入中介企业设立总部商务服务区，实行“一站式”服务。由总部经济形成的税收地方部分1.14亿元，

占地方税收总收入 10.85%。三是挖潜补漏拓宽非税收入渠道。征管工作重点向深度、广度和基层推进。实行“阳光招租”活动，规范行政事业单位出租物业的管理，整合、盘活新世纪广场商铺等公共资产，在促进商业品牌做大做强的同时，增加国有资产有偿使用收入。四是争取上级支持。财政部门积极向上级反映从化市的难点和困境，争取政策和资金的支持；同时完善和落实《从化市争取上级补助资金奖励办法》，调动有关部门的积极性，争取农口、社保、民政、卫生、政法、文教、体育、建设市政、交通等上级资金补助 4.63 亿元。五是抢抓机遇拓展融资业务。抓住国家宽松货币政策的有利时机，主动与各大银行沟通联系，创造条件向银行融资，保证全市重点项目和产业平台建设资金所需。六是继续做好债权追收工作。在债权追收工作难度逐年加大、加重的情况下，迎难而上，采取措施，多次对欠债重点户发送《关于支付欠款的函》，要求所有欠款单位签订《债务确认书》，确保诉讼时效不超期。

［**财政支出**］ 一是支持公共教育优先发展，投入 6.76 亿元，保障教育创强工作的资金需要，落实“两免一补”优惠政策，完善义务教育经费保障机制，促进基础教育均衡发展。二是投入 7494.5 万元改善城乡医疗设备条件和公共卫生服务，增加对突发性公共事件、疾病预防控制等涉及群众健康的投入。三是扩大社会保障的覆盖面，投入 2.11 亿元用于城乡居民基本医疗保险、被征地农民养老保险、农民五保供养、城乡低保补助、拥军优属及退伍安置等；投入 7682.2 万元用于发放种粮直补、生态公益林、能繁母猪、农机等补贴以及农村部分计划生育家庭奖励金。四是支持城乡文化体育建设，投入 6084 万元完善体育基础设施以及新图书馆、农家书屋、祠堂文化室、10 分钟文化圈等文化服务工程建设，改善群众文体娱乐生活。五是维护秩序保稳定，投入 2.32 亿元用于公共安全保障，完善社会治安视频监控系统建设，改善基层信访维稳工作条件。

［**深化改革**］ 一是深化财政国库管理制度改革。根据财政部的统一部署，开展财政资金安全管理检查工作，制定《从化市财政垫付资金管理工作制度》等一系列内部管理制度，堵塞管理漏洞，确保财政资金管理安全、规范。建立绿色拨款通道，进一步简化国库支付流程，缩短拨款时间。用足用活国库资金，发挥财政国库“蓄水池”的作用，通过暂付方式解决建设及储备土地资金 10.6 亿元和预算暂时无法安排的民生及其他事务开支 2.8 亿元，为财政减少融资利息支出和增加库存利息收入 1970 万元。推进公务卡结算改革，制订实施方案，确定代理结算银行和研发结算软件系统，为 2010 年全面实施公务卡结算做好准备。二是深化部门预算改革工作。修改完善《从化市财政预算管理规程》，继续细化部门预算编制项目和内容。强化预算约束，把好支出关口，严格控制预算追加。全年办理预算追加请款报告 970 份，政府采纳率 95%以上，有效避免“人、车、会、话”等一般性支出和行政事业经费的过快增长。三是完善财政投资评审管理。实施评审一次性告知制度，引入竞争，拓宽委托评审中介渠道，强化委托评审项目管理，评审工作质量和效率不断提高。全年完成评审项目 955 项，送审额 19.35 亿元，审定额 16.21 亿元，核减额 3.1434 亿元，核减率 16.25%。四是加强政府采购监管力度。利用政府网络平台进行广泛宣传，指导各单位快速规范办理政府采购；落实财政部门政府采购监管职责，规范政府采购监管制度。全年办理政府采购

5624宗，采购金额1.56亿元，比采购预算金额2.72亿元节约1.16亿元，节约率42.56%。五是推进财政支出绩效评价和财政监督工作。完成2007年度抚恤事业费专项资金、2003—2007年度全省山区信息化建设项目的绩效评价工作；组织中央扩大内需项目绩效评价目标申报工作；强化完善财政监管长效机制，修改完善并报请市政府批转执行《从化市财政性专项资金管理办法》，会同纪检、监察、审计部门，抽查街口街、民政局等31个单位的财政性专项资金；开展"6·26"房屋重建专项资金管理检查、"小金库"专项治理工作、扩大内需促进经济增长政策落实和资金监管工作等专项检查，强化财政资金监督检查机制，堵塞管理漏洞，提高资金使用效益。六是完善镇、街、园区财政体制改革。完善新一轮镇、街、园区财政管理体制，加大对镇、街、园区的转移支付力度，合理确定分配关系，完善激励奖励政策，调动各级增收理财的积极性。

[**队伍建设**] 一是致力构建教育、制度、监督并重的惩治和预防腐败体系，开展内容丰富、形式多样的教育学习活动，坚持对干部职工进行理想信念教育、党的优良传统和作风教育以及反腐倡廉教育，做到警钟长鸣，不断强化干部职工纪律法制观念，提高拒腐防变、抵御诱惑的能力。二是强化制度建设，狠抓责任制落实。制定《限时办结制》、《一次性告知制》、《首问负责制》、《AB角工作制》、《服务承诺制》、《文明用语》等一系列管理制度，将管理制度整理编印成册，发给干部职工人手一册，充分发挥制度的监督制约作用，克服队伍中的懒政和惰性行为，转变工作作风，提高办事效率。三是改善财政办公条件，组织多形式的文娱体育活动，丰富干部职工的业余生活，增强干部职工的体质和队伍的凝聚力，队伍建设成效显著，干部职工的精神面貌焕然一新。

（市财政局供稿，谭少中、李素芳执笔）

国家税务

[**管理机构**] 市国家税务局归口广州市国家税务局垂直管理，办公地址在街口街广场路50号。定编165名。2009年末，在职137人，有局长1人、纪检组长1人、副局长1人、总经济师1人。内设机构有：办公室、人事教育科、监察室、计划统计科、信息中心、进出口税收管理科、税收政策管理科、征收管理科、票证中心、政策法规科、机关服务中心、机关党总支办公室。下属机构有第一至第六税务分局。

[**税收收入**] 一是抓好税收收入计划预测和分析。重新制定《从化市国家税务局国内税收收入分类预测考核暂行办法》，将2008年度税收收入100万元以上的纳税户列入税收分类预测名单，继续实行月度、年度预测与绩效考核挂钩办法，进一步提高全局的税收预测和分析水平。二是开展重点税源（行业）调查，提高税源监控水平。建立统计部门与征管分局和企业之间的三方联动的重点税源调查模式，将上年纳税300万元以上的大户列入税源重点大户调查名册，通过实行税源联络员管理制度，建立层级监控体系。三是加大征管力度，着力推进征稽一体化建设。进一步深化数据预分析，深入推进纳税评估和专业化税源管理，坚持每季与对口稽查局召开联席会议，加强沟通与协作，开展对自来水行业和假发票开具行为等的专项检查和整治，从严从重查处各类涉税违法行为。全

年检查案件 19 宗，查结案件 16 宗，其中查有问题案件 14 宗，查补税款 5.99 万元，罚款 3.06 万元，加收滞纳金 1.51 万元，上述税款、罚款、滞纳金合计 10.56 万元。

全年组织国内税收收入 12.14 亿元，比上年增收 6960 万元，增长 6.1%；剔除海关代征，组织国内税收收入 11.53 亿元，比上年增收 4807 万元，增长 4.4%，完成广州市局下达年度税收任务（含免抵调库）11 亿元的 104.8%。其中“两税”（增值税、消费税）收入 6.52 亿元，增收 2819 万元，增长 4.5%，完成局计划年度“两税”任务 5.5 亿元的 118.5%。组织从化市地方财政收入 2.44 亿元，增长 8.1%，增收 1839 万元。

［**依法治税**］ 一是多管齐下开展执法监督，严格贯彻执法责任制。制定《2009 年执法监督工作实施方案》，在法规部门和征管分局间设置执法行为的双重预警监控，组织各征管分局就再就业税收优惠政策落实情况、个体定期定额核定、征管退税审批、增值税减免审批以及一般纳税人认定等五项指标开展交叉执法检查，对个别重点执法项目进行专项检查，开展年度专项督察内审检查和重点执法考核评议。从 1 月 1 日开始，对税收执法管理信息系统反映（申辩调整后）的过错信息实施责任追究，并进一步优化完善税务人员税收执法档案。从上年 7 月开始建立执法档案至 2009 年 10 月止，执法档案共记录税收执法过错信息 41 个种类，涉及执法人员 201 人次。二是贯彻落实增值税、消费税新暂行条例及实施细则。为落实好新增值税、消费税条例的实施工作，局在广州市局的领导和指导下，各部门密切配合、协调推进，及时向广大纳税人宣传，做好培训、指导和电子申报软件升级等工作。通过制定周密的工作方案，认真落实，积极跟进，顺利实现新暂行条例和实施细则的过渡。在落实新条例的过程中，局做好新政策对税收收入影响的预测，开展对全体干部职工的培训，广泛铺开对纳税人的宣传，使纳税人及时深入地了解新税法的内容，形成认真学习新税法、自觉运用新税法、全面贯彻新税法的良好氛围。三是试行海关进口增值税专用缴款书“先比对后抵扣”的管理办法。为保障正常有序的经济秩序，维护纳税人合法权益，打击不法分子的违法行为，加强海关进口增值税专用缴款书的增值税抵扣管理，根据市局的统一布置，4 月 1 日起，局开始试行“先比对后抵扣”的管理办法。为更好地落实该管理办法，及时通知所有的增值税一般纳税人完成增值税电子申报软件的升级工作，保证纳税人正常采集海关缴款书，并在 4 月结合税收宣传月活动对所有的增值税一般纳税人分批举办 8 场税收政策宣讲会进行宣传，避免纳税人因操作等原因不能满足申请稽核时限，发生过期不能抵扣的问题。四是做好《广东省商品销售统一发票》票种简并和换版工作。为使《广东省商品销售统一发票》票种简并和换版工作有序顺利地开展，局对照广州市局导出的《纳税人票种核定销售千位以上普通发票清册》中从化局经管的 668 户纳税人，进行逐一调查核实确认，指定专人负责跟踪汇总上报，并在 5 月 31 日前全部完成上述纳税人的新版票种核定工作。6 月，局在 5 个征管分局举办“小规模纳税人票种简并和换版辅导”培训班 6 场，编印简易《普通发票管理系统》（限额电脑版）操作流程免费派发给纳税人，并向广大纳税人提供使用新版商品销售发票软件下载、安装、打印机调试、解答纳税疑难问题等服务工作，减少发票简并和换版给纳税人带来负面影响和不便，让纳税人更好更快地用上新版发票。

［**税收征管基础建设**］ 一是进一步改进数据预分析工作机制。为做好数据应用预分析工作，编写《从化市国家税务局税收业务数据应用系统预分析工作评价办法》，制定预分析工作的程序和要求，明确工作方法，使该项工作更加具有预警性、及时性、长期性，促进预分析工作的进一步提高。预分析工作的深入开展，在各征管指标的监控上不断加强，特别是一级考核指标，都有不同程度的提高。2009 年下半年连续 6 个月催报率 100%、催缴率 100%，涉税事项按时办结率 99.98%，税登登记率 100%，征管质效有显著提升。二是进一步完善纳税评估工作体系。在总结往年的实施经验的基础上，根据工作的实际情况和稽查一体化的要求，对 2008 年制定的《纳税评估单位质量评价及优秀案例评选方法》进行修改完善，把检查分局也纳入到该方法的评选范围内，使评价体系更加完善和科学，更加有利于加强部门间评估工作的统筹、交流与合作，充分发挥各自的优势。局还召开纳税评估工作经验交流会，互相促进提高，进一步提升整体评估水平。全年进行重点评估 95 户，补税 3096.95 万元，补税额占从化税收总量 2.88%，比上年提高 114%，调整应纳税所得额 3846 万元，比 2008 年提高 10%。三是推进专业化税源管理工作的深入开展。局在 2008 年初步搭建专业化管理模式的基础上，按照相关工作要求，结合实际情况，组织相关业务科室和各征管分局根据自身实际情况制定用废（金属）行业、商贸企业、塑料行业、无纺布行业、种养行业、纸箱行业、出口企业共 7 个行业的管理指引。继续完善集中与分散的管理模式，实现在集中的同时继续加强行之有效的属地管理数 18 户，补缴各项税款 33.58 万元。四是做好数据应用管理和服务平台创新项目的后续完善工作。数据应用管理和服务平台的创新项目上年 9 月实施，初步搭建起集服务管理、预警监控、纳税评估、征退一体化等功能于一体的数据应用平台，基本实现对日常征管数据进行多角度的预分析和预警监控目标。五是做好代征协管工作。借助协管员的作用，从税务登记管理入手，加强对纳税人户籍的动态管理和实地巡查，通过平时的巡查巡检，及时发现漏征漏管户，督促其办理税务登记，纳入正常管理，从而加强税法宣传力度，进一步整顿征管秩序，营造一个公平、公正的税收环境。全年代征单位代征税款 1300 多万元；完成申报提醒、催报催缴、核实经营业户情况等 3000 多户次；协助税务机关完成实地核查 2000 多户；日常巡查巡检反馈纳税人经营信息 3000 多户次；协助税务机关派发各类通知、宣传资料 10000 多份，整理和归档纳税人资料 5000 多户。

［**纳税服务**］ 一是根据第三方满意度调查结果，改进纳税服务工作。局邀请 GfK 中国专项研究公司广州分公司对 2008 年第三方满意度调查的结果进行分析，并提出改进建议。根据建议，局举办纳税服务培训班 1 期，举行纳税服务现场经验交流会，分析存在的问题，对整体纳税服务现状和各办税厅的情况进行调查摸底，初步拟订纳税服务需求计划、办税厅标准化建设计划和办税厅标识标准化建设的措施，并及时将具体情况向上级部门反映，争取早日实施计划，更好地服务于纳税人。9 月 24 日，举办关于纳税服务方面的调研课题研讨会，有 30 个单位和 3 个院校参加研讨活动，收到调研文章 36 篇。二是推广网上报税。为进一步优化网上办税服务，节省申报高峰期纳税人到税务机关前台排队等候的时间，从真正意义上实现足不出户完成增值税报税、申报、税款缴纳和税控 IC 卡清卡等工作，对符合网上报税条件的所有增值

税一般纳税人 748 户，推广应用增值税专用发票（增值税普通发票）存根联网上报税的报税方式。以纳税人自愿的原则，让纳税人自由选择是否购买网上报税系统进行网上报税。做好宣传和培训工作，为从化市各镇、街的纳税人举行税收政策宣讲会 8 场，并联合中介公司组织网上申报的防伪税控企业举办网上报税的培训班。三是加快出口企业退（免）税审批办理进度，支持地方经济发展。全年受理出口企业申报 1495 户次，申报受理率、审核和审批率均达 100%，审核退（免）税额 4.19 亿元，实际办理退（调）库 2.88 亿元，其中免抵税额 1.1 亿元。四是扎实开展税收宣传月活动。举办“税收伴我行”中学生漫画比赛，有 20 所中学参加，上交作品上千幅，评出第一、二、三名及优秀奖 75 名。联合各基层征管分局举办税收政策宣讲会 8 场，宣传近期一些热点、难点的税收政策法规。联合地税局在从化市电视台滚动播放税收宣传短语，营造良好的税收氛围。联合地税局在广州城建职业学院建立从化市首个青少年税收宣传教育基地，进一步拓宽向青少年宣传税收知识的途径。

[**队伍建设**] 一是按照“重在取得实效，重在取信于民”的要求，根据问题的轻重缓急、难易程度，分门别类提出整改意见，明确整改重点，落实整改责任，确定整改时限。通过完善相关机制，真正从长远和根本上解决问题，把整改落实成效最终变成学习实践活动的“三个成果”的体现。在对活动成效进行的群众满意度测评中，群众的“满意率”95%，“基本满意”5%，“不太满意”和“不满意”为零，实践活动达到预期效果。二是严格执行廉洁从政各项规定，加大反腐倡廉力度。落实领导干部廉洁从政的各项规定。重点落实领导干部个人重大事项报告制度和领导干部不准收受红包、礼金等各项规定。全年全局有 14 人次向组织申报个人重大事项，有 41 人次拒收或退回纳税人赠送的红包、礼品、礼券，有 6 人次上交无法拒收的有价证券 4500 元，其中领导干部 5 人次。三是加强制度建设。对近年局内部制定的制度重新梳理并汇编成册，做好廉政公约的签订工作，执行“一书一卡”制度，贯彻落实出入境管理规定。四是做好考核和培训工作。制定《从化市国家税务局部门主要负责人考核暂行办法》，全面考核部门负责人的理想信念、工作能力、工作实绩、工作作风、廉洁自律等德能勤绩廉方面的实际表现，提高各部门主要负责人的工作执行能力和领导能力，确保各项工作得到有效落实。五是开展文化建设活动，为庆祝建国 60 周年，举办“爱国歌曲大家唱”和“荣耀中华、如歌税语”书画摄影比赛；举办年度篮球、乒乓球、羽毛球、毽球联赛，组织团员青年进行户外拓展训练，安排干部和离退休人员检查身体，发出《健康生活倡议书》；举办“和睦家庭、和谐国税、亲子同乐庆六一”游园会；自行组建的“稻草人”乐队，先后参加广州市局和从化市的多场演出。

（市国家税务局供稿，卢从涯执笔）

地方税务

[**管理机构**] 市地方税务局归口广州市地方税务局垂直管理，办公地址在街口街凤仪西一巷 10 栋。定编 168 名。2009 年末，在职 146 人，有局长 1 人、副局长 3 人、纪检组长 1 人、总经济师 1 人、副调研员 1 人。内设机构有：办公室、税政科、征收管理科、规费管理科、计划财务科、人事教育科、信

息管理科、监察室。下设机构有：稽查局、纳税人服务中心以及街口、鳌头、太平、温泉、良口、吕田税务分局。

［**税费收入**］　全年组织各项税费收入首次突破20亿元大关，收入总量20.38亿元，比上年增长17.53%，增收3.04亿元。税收收入总量12.3亿元，增长15.83%，税收增幅在广州市系统排名第四，增收1.68亿元，完成全年收入目标11.88亿元的103.54%。各级次收入均增长，中央级收入2.11亿元，增长11.41%，增收0.2亿元；省级收入2.94亿元，增长23.99%，增收0.57亿元；区县级收入7.24亿元，增长14.09%，增收0.9亿元，区县级收入总量占地方税收总量60%，完成市政府年初下达任务7.17亿元100.98%。社保费收入7.38亿元，增长21.68%，增收1.32亿元，在税费收入中的比重由2008年的32.6%上升到36.2%，社保费收入的大幅增长为从化市建立健全社会保障体系提供财力上的保障。

［**社会保障费征管**］　一是联合市劳动和社会保障局成立社保费全责征收上线工作领导小组，定期召开地税、社保、财政及各大银行联席会议研究解决问题，制订应急预案共同应对突发性事件发生。成立社保费全责征收上线办公室，增配和临时抽调6名业务骨干加强社保费征收工作，针对存在的问题提出解决办法并汇总下发，定期发布各分局成功申报率和缴款率，增强催报工作针对性。全年向广州市局上报问题报告单104份、业务及系统需求41条。先后6次在从化电视台、《今日从化》播放和刊登全责征收通告，印发宣传小册子2万多本，利用地税网站和手机短信全方位多角度开展宣传，营造有利于改革顺利推进的外部环境。二是开展对内外业务培训18场次。组织8名业务骨干到社保局跟班学习，邀请社保部门和市局规费处有关领导给全体人员授课，组织业务骨干和推广小分队成员到基层指导工作。5月下旬，设立辅导室，组成辅导小组对有需求的缴费人进行专门辅导，参加辅导约1500人次。制作申报操作的视频录像，编写系统操作流程及常见问题解决方法，发给税管员及缴费人学习，尽快熟悉申报操作，为成功进行缴费申报扫清障碍。三是做好缴费服务和数据清理。采取多种措施缓解征收大厅压力，增设社保专窗、社保费咨询台，科学设置叫号机功能，在办税服务厅设置办事指引，指定专人做好解释、宣传和引导工作。对人力资源公司和上千人大企业采取集中再培训、周末预约服务，集中人力解决问题确保成功申报。四是顺利完成100户广州市属缴费单位社保费以及农村养老保险、被征地农民养老保险和农转居养老保险的全责征收上线工作，按时向省局直属分局移交16户省属社保缴费单位。做好城镇老年居民养老保险和城乡居民医疗保险开征工作。

［**税源管理**］　一是根据广州市局关于构建专业化税源管理新模式的要求，重新明确征收单位税源管理机构的设置和重点税源管理员的职责，修订重点税源及重点建设项目管理办法实施细则。健全完善重点税源户台账，加强重点税源信息分析，提高重点税源监控质量和效率。全市地方税纳税额50万元以上的企业有295户，全年缴纳税收9.51亿元，占税收总量的77%。建筑业全年缴纳地方税收2.36亿元，增收0.6亿元，增长34.09%；房地产业缴纳地方税收3.38亿元，增收1.19亿元，增长54.33%。这两个行业税收增量1.79亿元，重点企业和行业对地方税收增收贡献十分突出。二是按照“政府牵头、

部门协作、信息共享、齐抓共管”的思路，推动市政府出台包含财经责任问责制和年度目标管理考核制的《从化市综合治税工作意见》，出台包含地税与规划、建设、国土房管、财政等部门联席会议制度在内的《加强部门协作落实建筑业和房地产业税收管理职责意见》。三是推动加快从化市企业基础信息共享交换平台建设步伐，完善个体税源协管工作机制，加强出租屋税收征管，继续与38个单位签订委托代征代售协议并及时审批支付手续费，做好委托镇街在国税办税大厅设立窗口代征地方税费工作。全年委托代征地方税费1.59亿元，占地方税收总量的13%。

［**税收征管**］ 一是加强地方各税征管。全年征收营业税5.32亿元，比上年增长31.4%，增收1.27亿元，增收额占地方税收总增量3/4。征收企业所得税1.57亿元，增长17.11%，增收2289万元。个人所得税方面，有1289人参加年所得12万元以上个人所得税自行申报并补税22万元，开展高收入行业和个人所得税自查补税59万元，对377户企业个人工资薪金所得和企业工资费用支出进行比对补税1.2万元，对117户企业个人股东股权转让个人所得税进行专项检查查补税款近60万元。征收个人所得税1.96亿元，增长7.25%，增收1324万元。三大税种增收量占地方税收总增量的97%。二是挖掘小税种增收潜力。全年征收车船税1000万元，比上年增收593万元，增长145.7%，增幅居各税种之首。土地使用税入库1.07亿元，增收2132万元，增长24.96%；房产税入库4907万元，增收1087万元，增长28.46%。

［**税收执法管理**］ 一是加大税收优惠政策宣传力度，规范税收优惠政策的申请和备案程序。依法落实小型微利企业、高新技术企业、下岗再就业人员等税收优惠政策。对116户进行企业所得税优惠项目备案的企业和项目开展核查，依法取消2户不符合小型微利企业条件的业户税收优惠资格并补税6983元，受理并依法审批12户下岗失业人员开办个体工商户减免税申请，与纳税人“共渡时艰、共克难关”。全年受理业户减免税申请204户次，符合政策要求的有91户次，全年累计依法审批减免税费总额631万元。二是加大发票违法行为查处力度，全年召开打击发票违法犯罪活动专项检查税收政策宣讲会12场。开展全市货运行业自开票单位、物流企业、建安和餐饮行业发票使用专项检查，开展打击假发票“买方市场”专项检查，收缴假发票294份，补征税费70万元。三是完成“南粤金税”、广州市地方定额发票抽奖、从化市发票抽奖共15期，总兑奖金额1.63万元。四是推进在线开票应用系统上线试点工作，已申请开通在线开票资格的企业达145家，开具发票3581份，开票金额达7.4亿元。五是抓好群众举报涉税违法案件查处，受理并办结涉税举报案件14宗，查补税费224万元；首次依法采取强制执行措施拍卖欠税户房产抵缴税款及滞纳金84万元；采取质疑约谈方式促使47户企业补缴税费556万元，实行查前业户自查方式促使256户企业补缴税费692万元，通过质疑约谈和查前自查补征税费总量占稽查查补税费总额的82%。六是落实稽征定期会议制度促进稽查和征管工作互动，制订税务分局移送稽查局案件操作指引，规范案件移送程序，落实“一户一建议一回复”制度。

［**纳税服务**］ 一是推广使用综合办税自助服务系统，大力推广应用税务电子邮箱，优化各分局网报用机。简化同城通办服务资料交换程序，方便纳税人跨镇办税，全年交换同

城通办资料 2161 户次。二是开展税法宣传，利用《地税服务之窗》、网站、税收宣传栏、电子显示屏、办税大厅触摸屏等载体开展日常性税收宣传，累计免费派发宣传资料 6 万多份。以“税收·发展·民生”为主题，开展“我与税收亲密接触”、中学生“税收伴我行”漫画大赛、“送税法进农村”等税收宣传活动。在广州电视台《地税纵横》和从化电视台《政务之窗》播放专题节目 5 期，在《今日从化》报开辟《地税之窗》专栏 18 期。在广州城建职业学院成立从化首个青少年税法教育基地。全年受理纳税人咨询 5446 人次，咨询服务即时回复率 96.8%。

［**队伍建设**］ 一是完善干部激励和交流轮岗机制，有 24 名干部调换工作岗位，新录用公务员和前台协税员 8 名。做好能级管理资格考试组织工作，全局有 117 人报名参加能级资格考试，全部取得税收管理员资格。二是开展教育培训工作，提高队伍素质。组织 42 名中层以上干部到浙江大学进行培训，邀请中山大学、浙江大学老师到局讲课，提升中层干部的领导力和执行力。三是组队参加市局和从化市组织的爱国歌曲大合唱活动，参加上级组织的各项体育比赛，获得羽毛球比赛从化青年组冠军和从化市女子篮球赛第五名。四是发动全局干部职工为各项社会公益活动捐款 5.59 万元，开展扶困助学，帮助 12 名学生考上大学，组织参加无偿献血活动。五是完成团总支选举换届工作，组织未婚青年参加联谊活动和植树活动。团总支被评为从化市“先进团组织”、“红旗团委”。六是执行党风廉政责任制、廉政承诺、廉政登记、诫勉谈话、双重组织生活等廉政制度。局被从化市委、市政府评为“先进集体”，被国家人力资源和社会保障部、国家税务总局联合授予“全国税务系统先进集体”称号。

（市地方税务局供稿，李惠玲执笔）

（李信慧编辑）

金 融

[**概况**] 从化市内有各类银行8间，分别是中国人民银行从化市支行、中国工商银行股份有限公司广州从化支行、中国农业银行股份有限公司从化市支行、中国银行股份有限公司广州从化支行、中国建设银行股份有限公司从化支行、中国农业发展银行从化市支行、广州农村商业银行股份有限公司从化支行、中国邮政储蓄银行从化市支行。

2009年，全市本外币各项存款余额为188.78亿元，比上年增长19.46%，增幅0.48%；全年增加30.75亿元，比上年增长5.5亿元。本外币各项贷款余额85.01亿元，增长49.4%，增幅34.64%；全年增加28.11亿元，增长13.35亿元。金融机构不良贷款率0.18%，比年初下降5%，实现不良贷款额和不良率双降。辖区银行结汇4.65亿美元，减少22.71%；售汇0.55亿美元，增长76.2%。结售汇顺差4.1亿美元，减少28%。

中国人民银行从化市支行

[**基本情况**] 中国人民银行从化市支行是中国人民银行的派出机构，根据中国人民银行的授权，维护本辖区的金融稳定，承办有关业务，办公地址在街口街开源路31号。2009年末，在职员工19人，有行长1人、副行长1人（由人行增城市支行行长、副行长兼任）、行级干部1人。内设机构有：办公室和综合业务科。

[**会计国库**] 全年报解预算收入52.17亿元，其中中央级预算收入8.87亿元，地方级预算收入38.07亿元，办理业务45.65万笔。

[**会计国库核算规范化管理**] 一是加强会计国库规范化管理工作。支行依据《金库条例》、《中国人民银行关于国库会计核算管理与操作的规定》、《中央银行会计集中核算系统业务规章制度汇编》，确立年度工作计划与目标，结合实际情况，对部分会计、国库《核算操作流程》、《岗位责任制》进行补充、修改，将各项工作任务、工作目标细化分解落实到人，使各岗位职责目标明确，规范操作和制度化管理有章可循，有据可依，提高会计国库工作服务水平和质量。二是发挥会计结算监督、管理作用。建立监督双周报制度，事后监督岗每两周报送国库资金安全情况周报，对业务风险点进行排查分析。国库会计人员在实施日常柜面监督时严格执行有关制度，履行事中监督的职责。设置会计事后监督岗，对上日的业务进行事后监督检查，设置《事后监督登记簿》，发现问题及时堵塞漏洞，确保业务的真实性、准确性和国库资金的安全。从2009年8月1日开始，把事后监督岗从综合业务科分离出来，由专人负责，以便加强监督管理。

[**货币金银管理**] 一是做好货币真伪鉴定和假币收缴（没收）工作。全年进行货币真伪鉴定15笔，合计297张，面额22990元。二是加强人民币的流通管理，分别在5月26日

至6月18日和10月13日至10月20日，组织实施人民币收付业务专项检查。三是做好现金管理非现场监管的数据统计和分析工作。四是做好人民币银行结算账户的监督和管理，稳妥地做好专用账户提现的审查和批复工作。全年支行按照工作要求，批复可以提现的专用账户14户。五是组织辖区金融机构参加人行增城市支行召开的“2009年增城从化货币金银工作会议”。六是组织辖区金融机构人行、中行和农行共5人，参加从化市公安局在从化市街口街新世纪广场举行的反假货币宣传活动，派发宣传单300多份，咨询人数200多人次。七是做好辖区反假货币工作，7月8日，与市公安局联合召开“2009年从化市反假货币工作联席会议”，研讨和部署2009年辖区反假货币工作。

［**反洗钱工作**］ 一是按规定接收辖区金融机构报来的大额可疑交易报告、非现场监管报表及有关信息。二是按时完成2008年辖区金融机构反洗钱工作绩效评估有关工作。三是组织辖区金融机构参加人行增城市支行在从化温泉召开的“2009年辖区金融机构反洗钱联席会议暨反洗钱知识培训”。四是根据人行广州分行2009年反洗钱工作会议精神和工作部署，布置辖区金融机构完成2008年9月1日至9月30日期间发生的大额现金交易情况的报送工作。五是根据人行广州分行的统一部署，在11月组织辖区金融机构开展反洗钱宣传月活动。

［**外汇管理工作**］ 全年从化辖区国际收支收入为4.37亿美元，比上年减少28%；支出1.28亿美元，增长102.36%。顺差3.09亿美元，减少43%。

［**服务与监管**］ 一是做好服务贸易外汇管理，推进贸易便利化。做好出口收汇网上核销系统运行工作。为新企业做好培训和开户工作，及时为企业解决系统运行中出现的技术和业务问题。根据《关于下发支持地方外经贸发展若干措施的通知》的要求，为推进贸易便利化，提升外汇服务水平，积极向企业宣传便利化措施。二是根据《国家外汇管理局关于在全国范围推广上线直接投资外汇业务信息系统境外投资模块有关事项的通知》规定，做好直接投资外汇业务信息系统境外投资模块推广工作，在2月28日前完成从化地区所有既存境外投资项目已办理的审查、登记、核准或备案等业务补录入ODI模块的相关工作。三是加强对贸易外汇真实性、有效性的管理。2009年上半年，国家外汇管理局下发《完善出口收结汇联网核查和出口收结汇联网核查系统》的通知，支行做好政策宣传工作，设立政策咨询热线电话，向银行和企业介绍相关措施的便捷之处和操作方法，提高银行、企业对联网核查政策和核查系统功能的认识，加快出口收结汇联网核查的办理速度。四是进一步规范个人结售汇业务的管理流程，根据有关文件精神对单笔金额超限额排名前5位交易、个人结售汇大额及异常情况进行非现场监测工作，保证个人结售汇管理信息系统数据完整、准确。五是根据《国家外汇管理局关于外汇金宏系统在中国银行和中国工商银行进一步试点的通知》要求，督促辖内中国银行和中国工商银行从2009年5月18日起通过外汇金宏系统进行国际收支统计申报以及相应的进出口核销数据报送，并要求各银行按规定的时间完成业务切换前发生的业务在旧版国际收支系统中的处理。

［**综合工作**］ 加强货币信贷政策的窗口指导工作。11月，支行组织召开从化辖区金融系统联席会议，通报辖区金融运行情况，传导

货币政策，研讨跨境贸易人民币结算问题。引导辖区各金融机构密切关注货币政策调整对从化辖区的影响，合理扩大信贷规模，加大对重点工程建设、中小企业、三农等的信贷支持，加大对技术改造、兼并重组、节能减排、发展循环经济的信贷支持，继续限制对“两高”行业（即高污染和高耗能的产业）和产能过剩行业劣质企业的贷款，促进信贷结构调整和发展方式转变。

提高金融统计工作质量。夯实金融统计基础，提高金融统计工作质量。一是做好金融统计新老系统的数据核对工作及历史数据的备份工作，并对新金融统计监测管理信息系统进行调试，确保新系统能独立、顺利地完成各项统计业务工作。二是提高金融统计报表和分析质量，使之更加准确，全面地反映辖区金融运行及发展情况。三是开展从化市银行及其他金融业经济普查工作，并对普查数据进行认真审核，确保数据的准确性。四是按人行广州分行要求开展从化辖区农村金融发展情况调查，并上报有关数据。

《贷款卡》的办理及年审。根据《贷款卡管理办法》和分行有关通知精神，支行做好贷款卡的办理和年审工作，为辖区企业提供优质服务。全年新办《贷款卡》84 个，参加年审的《贷款卡》385 个，由于各种原因贷款卡年审率仍然偏低。

（中国人民银行从化市支行供稿，孔思明执笔）

中国工商银行股份有限公司广州从化支行

［**基本情况**］ 中国工商银行股份有限公司广州从化支行，办公地址在从化街口街中华路6号。2009 年末，在职 136 人，其中大专以上学历 121 人，取得中级以上职称 17 人。有行长 1 人、副行长 2 人。内设机构有：综合管理部、公司业务部、小企业金融业务部、个人金融业务部、运行管理部。下设二级支行 6 间、24 小时自助银行 17 间；拥有柜员机 48 台以及各类自助设备一批。

［**经营情况**］ 全年全行各项存款余额 30.6 亿元，比上年增加 5 亿元；各项贷款余额 22.03 亿元，增加 13.53 亿元；实现拨备前利润 9364 万元，增加 2993 元。

［**中间业务**］ 支行稳步推进中间业务全面发展，实现中间业务收入较快增长。一是继续加强对传统优势中间业务的营销，做好结算、银行承兑汇票、代收代付及网上银行等业务。二是加强产品创新，营销新的银行理财产品，更好地满足客户理财的需求。三是做好产品售后服务，完善产品服务链，提高附加值。全年实现中间业务收入 4482 万元，比上年增加 1822 万元。

［**服务渠道建设**］ 一是加强物理渠道、电子渠道、客户经理渠道、直销渠道四位一体的渠道体系建设。二是对营业网点进行升级改造，美化网点服务环境，完善网点服务功能。三是加大离行式自助设备投放力度，增开自助银行，扩大服务范围。至年底，在从化地区投放的自助设备总量共 48 台。

［**风险防范管理**］ 一是贯彻落实不良贷款责任制，加强对各项贷款的跟踪检查。二是强化内控管理，完善风险监控机制。做好结算业务的风险监管，加强风险数据的监管和分析工作，提高业务质量。三是实施部分重要业务检查和案件风险排查两大项制度专项检

查工作，有效地遏制、预防重大业务差错事故和案件的发生。四是落实“违规积分”管理规定，强化营业经理履职和网点核算质量管理，有效防控操作风险。五是明确反洗钱工作职责，做好反洗钱工作。六是坚持防范与教育相结合的方法，开展员工思想动态管理，确保员工队伍的素质。

［**党建工作**］ 一是根据上级党委的工作要求，制订支行党总支中心组学习计划，组织党员干部开展专题学习。二是加强组织建设，有计划、有步骤地培养和发展业务能力强、作风品德好、思想上追求上进的年轻员工加入党组织。全年有 2 名预备党员按时转正，发展新党员 4 名。

（中国工商银行股份有限公司广州从化市支行供稿，李健强执笔）

中国农业银行股份有限公司从化市支行

［**基本情况**］ 中国农业银行股份有限公司从化市支行属中国农业银行股份有限公司广东省分行营业部垂直管理单位，办公地址在街口街河滨南路 23 号。2009 年末，在职员工 202 人，有行长 1 人、副行长 2 人。内设机构有：公司业务部、个人金融部、电子银行部、财会运营部、综合管理部；下辖营业网点 12 个。

［**经营数据**］ 全行本外币各项存款余额 48 亿元，比年初增加 8.7 亿元；各项贷款余额 13 亿元，比年初增加 1 亿元；不良贷款占比 0.04％。

［**金融服务**］ 负债业务方面主要抓紧重点资源维护，对财政、医保、优质企业等系列对公存款资源进行定向跟踪，优先满足其业务需求；同时因势利导，在资本市场震荡调整期运用理财手段为个人客户提供资金管理服务，各项存款保持稳步增长，存款市场份额继续居同业首位。资产业务方面突出重点，在保证大项目顺利投放的同时寻求与中小企业合作机会，并为个人客户提供全方位信贷服务。三农业务方面充分利用特色业务功能，以惠农卡为载体，以农户小额贷款为重点，点面结合、全面推动，为农村地区广大民众提供快捷、便利的金融服务平台。中间业务方面进一步加强对新产品的引导、推介和捆绑力度，并做好客户回访和一对一跟踪服务，银行卡开卡等传统业务保持良好优势，新业务拓展如网上银行、转账电话、投资银行等又出现较大亮点。在做好市场拓展的同时，着重加强服务渠道建设，通过硬件设施改造完善、规范化服务标准标杆导入等手段，服务环境得到改善，服务水平有所提高。

［**内部控制**］ 通过重点查找和防范柜台、信贷等重点业务及人、财、物等关键环节的风险点和管理漏洞，保证违规问题整改成效，推进案件防范进一步得到深化。以风险分析例会为主要宣讲渠道，通过对不同阶段违规操作行为进行总结归纳、点评分析，使员工对风险点和习惯化操作漏洞有直观认识，更加主动地进行整改和防范。紧密关注辖下干部员工思想行为动态，并对重要岗位人员进行强制休假和定期轮换，满足制度达标和业务发展需要。通过以上措施的有效落实，全年没有发生违法违纪案件和责任性事故，实现安全运营。

［**队伍建设**］ 从施展才能、增强素质、开阔

视野和情暖人心等多个方面进行有效联动。在工作上，主动搭建好技能培训、岗位竞聘和双选轮换，以及业务竞赛、献计献策的多角度平台，让员工更安于工作、勇于进取；在生活中，创造外出观光、拓展联谊、爱心志愿等多种活动机会，并想方设法为员工切实解决生活困难，使员工更有归属感和认同感。全行形成团结共进的氛围，队伍更趋和谐、稳定。

（中国农业银行股份有限公司从化市支行供稿，李慧洁执笔）

中国银行股份有限公司广州从化支行

［**基本情况**］ 中国银行股份有限公司从化支行属广州市白云支行垂直管理单位，办公地址在街口街新城东路 74 号。2009 年末，在职 80 人，有行长 1 人、副行长 2 人。内设机构有：营业部、业务发展部。下设营业网点 4 个。从化辖区内有 24 小时自助银行 2 个，存取款机、中银自助通等各类自助设备 20 多台。

［**业务情况**］ 全行人民币存款余额 26.73 亿元，比上年增加 2.63 亿元。其中人民币企业存款余额 14.84 亿元，增加 1.20 亿元；人民币储蓄存款余额 11.89 亿元，增加 1.43 亿元。外币存款余额 1306 万美元，比上年增加 434 万美元，其中外币企业存款余额 489 万美元，上升 333 万美元；储蓄存款余额 817 万美元，上升 101 万美元。贷款余额 12.50 亿元，增加 7.38 亿元。一般公司贷款收息 3287 万元，增加 1298 万元。全行零售贷款余额 3.46 亿元（不含公积金贷款），比上年增加 1.65 亿元，不良比率 0.09%；实现个人投资经营类贷款 8 笔，金额 1801 万元。易居宝业务 26 笔，投放金额 2721 万元。全行中间业务收入 1207 万元，其中对公收入 295 万元，对私收入 483 万元，实现国际贸易结算量 2.37 亿美元，比上年增加 8405 万美元，增长 55%；中间业务收益 303 万元。信用卡发卡 2233 张；代理保险产品 1901 万元，基金销售 3117 万元，理财产品 1.86 亿元。

［**主要工作**］ 一是加大储蓄存款的吸存力度，为信贷投放提供有力保证。加大对 VIP 客户的维护和拓展工作，对储蓄中、高端客户进行电话拜访，加强与客户的感情沟通。发挥理财客户经理的作用，要求理财经理每日通过财富平台对 VIP 客户的资金情况进行跟进，在了解客户资金去向的同时争取资金尽早回流。二是做好大堂引领员的培训工作，对存入大额资金的客户引荐至 VIP 客户窗口，让客户体验 VIP 客户服务。三是发展一手楼宇按揭业务，重点做好楼盘的维护工作。四是个人投资经营类贷款及易居宝品种取得较大突破。为改变支行零售贷款增长来源单一的现状，支行大力发展个人投资经营类贷款，推进二手楼和汽车贷款业务发展。全年投放汽车贷款 65 笔，金额 560 万元。

［**内部管理**］ 一是加强对业务差错案例的分析，认真总结经验，教育员工在办理各项业务过程中，必须严格执行有关制度。发挥业务经理的作用，引导业务经理加强对业务的复核和检查，防范差错的发生。二是开展《关于继续强化案件防控工作巩固案件风险排查的自查》、《不规范账户自查整改》、《深入开展“保密宣传教育月”活动》、《“网点下班晚”专项治理活动》、《关于银行卡客户风险等级划分及客户尽职调查专项自查》等工作。组织全体员工对业务差错及视频差错存在问

题进行深刻剖析，提高员工业务操作技能及风险防范意识，避免同类问题再次发生。三是加强对员工的业务培训，提高员工业务素质。重点落实网点班前早会、学习制度，各网点先后组织网银业务、保险产品、代收付、尾箱管理、个金整合业务流程等业务的培训，通过培训提高员工的业务技能和水平，防范业务差错发生。四是做好反洗钱工作，加强对员工的反洗钱工作培训，完善有关制度，加强对可疑资金的申报工作。五是做好对重点岗位、重点人排查工作落实情况，掌握好重点岗位员工的思想状况，注意了解其 8 小时以外的动向，有重点有选择地与员工进行谈心、家访。加强保安员的管理，组织保安员班后学习，要求熟悉保安员管理规定并严格执行。六是落实每个月组织全体员工进行“四种预案”演练的制度，通过演练，提高员工对预案的熟悉程度，增强员工对突发事件的处置能力。对“110”联网报警系统每月进行测试，确保联网报警系统正常运作。加强对 ATM 机的巡查，要求每天班前、清机和班后三个时间段巡查 ATM 机，防范不法分子利用 ATM 机作案，确保 ATM 机的正常运作。

（中国银行股份有限公司广州从化支行供稿，邓宇东执笔）

中国建设银行股份有限公司从化支行

［**基本情况**］ 中国建设银行股份有限公司从化支行属广东省分行垂直管理单位，办公地址在街口街府前路 98 号。2009 年末，在职员工 148 人，其中大专以上学历 117 人，中级以上职称 14 人。有行长 1 人、副行长 1 人、行长助理 1 人。内设机构有：综合管理部、财务会计部、公司客户部、个人客户部和营业室。下设网点 5 个，分别是开源支行、太平支行、西宁中分理处、七星分理处和太和分理处。有自动柜员机 35 台，自助终端 11 台。

［**经营概况**］ 全年一般性存款余额 38.76 亿元，上年增加 9.97 亿元；各项贷款余额 14.13 亿元，比上年增加 6.12 亿元（含信托贷款）；不良贷款率为 0.08%；贷记卡客户净增 4715 户；全年经营利润比上年增长 6.5%。

［**业务情况**］ 一是发展资产业务，拓展授信业务，大力支持地方经济建设。全年新增公司贷款 4.34 亿元（含信托贷款），发放个人住房贷款 5.8 亿元，发放小企业贷款 1.53 亿元。二是大力吸纳公众存款，增强资金实力。全年新增企业存款 6.15 亿元，个人存款 3.82 亿元。三是抓好乾元系列、贷记卡、基金、黄金等重点产品的销售，大力推进电子银行、代发工资、代理保险等业务。依托产品优势，提高客户的产品覆盖率。

［**经营管理**］ 一是加强信用风险管理，提高资产质量。成立贷后管理团队，落实信贷基础质量考评工作。二是加强操作风险管理，确保安全运行。落实账户管理制度，规范流程操作。加强检查督促，对检查发现的问题限期整改，并明确整改责任人。三是加强安全生产管理和突发事件应急处置演练。推进创建“平安建行”工作，把安全责任落实到各部门、网点和各岗位人员。四是加强员工安全教育，强化员工安全意识，提高技防、物防、人防水平。

［**服务建设**］ 一是坚持“以客户为中心”的

服务理念，进一步完善服务机制，转变工作作风，做好服务工作。二是加强服务渠道建设，增强服务功能。加快网点改造建设，改善服务环境；推进电子渠道建设，引导客户使用网上银行、手机银行、电话银行办理业务。加快网点转型，所有网点年内实现一代或二代转型，转型网点办理业务速度较转型前提高30%。三是深化柜面优质服务，规范员工行为。推进服务文化建设体系，查找员工在服务上存在的问题，及时对员工进行教育，强化员工服务意识，有效维护建设银行的社会形象。

[**企业文化建设**] 一是加强经营理念、服务理念的学习宣传。二是以文化体育活动为载体，营造团结和谐的企业文化氛围，增强员工对工作事业的集体荣誉感。三是开展关爱员工活动，让员工感受企业的温暖。通过个体心理咨询、访谈等形式，了解员工工作和生活上的困境，最大限度地为员工排忧解难。向困难职工和患病员工送上慰问金，落实员工劳保福利。四是组织员工参加公益活动。组织员工为贫困山区孩子募集捐款、捐书、捐物，帮助失学儿童早日圆求学之梦。

[**队伍建设**] 一是落实科学发展观活动整改阶段工作，开展调查研究，提高领导干部政治敏锐性和经营决策水平。二是加强领导干部队伍管理，强化党风廉政建设。落实廉洁自律制度，大力推进反腐倡廉工作。对中层以上管理干部和六级以上专业技术岗位人员建立个人廉政档案。三是强化员工培训，提高员工综合素质。增强培训的针对性和实用性，增强培训效果。全年举办培训班23期，参加培训的有1085人次。

（中国建设银行股份有限公司从化支行供稿，肖锡林执笔）

中国农业发展银行从化市支行

[**基本情况**] 中国农业发展银行从化支行属广州市行垂直管理单位，办公地址在街口街青云路238号。2009年末，在职16人，有行长1人、副行长1人，大专以上学历13人、取得中级以上职称3人。内设机构有：办公室、客户业务部、会计结算部。

[**经营情况**] 全年不良贷款余额（按新五级分类统计标准）为0，与年初持平，应计不良贷款影子拨备总额为25.88万元，与年初持平。各项贷款余额3.32亿元，不良贷款占比为0，与年初持平。全行实际利润为554万元，资产月平均余额3.06亿元，资产利润率1.82%，比上年上升0.12%。总收入1691万元，成本支出（业务管理费、其他营业支出、营业外支出）275万元，收入成本率16.27%，比上年下降19.37%。中间业务收入1.15万元，增加0.01万元。存款日均余额3559万元，人均存款227万元，增加74.67万元。

[**岗位绩效考核**] 一是明确各岗位工作责任的落实。在岗位设定时，坚持岗位工作与具体人员相分离的原则，不要先按人设岗、抽象明确岗位职责，先把每个部门所有岗位工作的任务目标和管理责任理清，然后逐项工作明确具体的工作流程和标准要求、应当遵守的制度规定以及审核把关的关键风险点，再把各项岗位工作分配给不同的人员，有效避免由于岗位人员变动而造成操作风险的产生。二是为有效配置人力资源，充分挖掘内部潜力，完善激励约束机制，合理拉开收入

分配差距，进一步调动员工的积极性，立足解决业务发展与现有人员的结构性矛盾，支行制定《员工双向选择竞争上岗实施方案》并上报审批，于7月6日完成全行员工双向选择竞争上岗竞聘演讲及民主推荐工作，并按照2009年提出的岗位绩效考核方案，在全行落实做好岗位绩效考核工作，为促进支行业务的有效发展和员工自身素质全面发展奠定坚实基础。

［**贷款风险防范措施**］ 一是做好贷后新老客户的维护和服务，把客户当成朋友，建立良好的沟通渠道，用创新的营销手法和高效率的工作赢得客户的认同，进一步加深银行与客户之间的信任，既有利于保证银企长期合作，又有利于防范风险。二是关注客户贷款资金使用及企业往来资金的去向，不断提高信贷资产质量，彻实防范各类风险的发生。三是加强对各级储备粮库存的监管力度，对已轮换的市县级储备粮，做好库存核查工作，并督促企业及时上划销售货款。全年累计发放粮食贷款3065万元，累计收购、调入粮食价值3065万元，形成库存数量2172万公斤，新发放贷款与新增库存值相一致。累计销售粮食2173万公斤，销售收入4361万元，销售收入应收回贷款2925万元，销售回笼贷款归行4328万元，收回贷款2912万元。四是对商业性项目贷款严格按照《中国农业发展银行贷款项目管理指引》、《中国农业发展银行农村基础设施建设和农业综合开发贷款办法（试行）》和《贷款资金使用管理协议》的有关规定及要求，落实贷后管理各项措施，密切关注企业工程进度和资金使用情况，确保资金专款专用，切实从源头上防范贷款风险。商业性贷款余额2.71亿元，比上年增加1.77亿元，增长185.92%，其中商业性流动资金贷款余额1310万元，增加780万元，增长147.17%。五是做好真实性核查工作。客户经理根据各企业的核查方案定期检查企业生产和经营情况；支行每月召开真实性核查会议，分析存在问题，并提出下一阶段的工作重点，防范各类风险的发生。

［**综合管理**］ 一是逐步更新支行各部室的旧办公设施，使办公环境简洁大方、舒适美观。二是做好信息电脑维护工作，主要做好数据备份和加强网络安全管理及计算机防病毒工作，保证信息电脑安全运行，及时更换老旧设备，保证办公及业务工作顺利开展。三是充分利用固定资产条码管理系统，重新对固定资产、低值易耗等财产进行清理，并登记造册，使固定资产管理进一步规范化。四是在5月，各部室抽调专人，按照《中国农业发展银行广东省分行保密制度》、《中国农业发展银行档案管理制度（2009年修订）》、《中国农业发展银行档案工作手册》要求，收集、整理、保管和统计本行2008年度的档案，严格执行党和国家的保密规定，不断完善档案的保管条件，维护档案的完整与安全。

［**安全保卫**］ 支行在6月15日至19日，开展以“创‘四无’保平安、迎国庆、促和谐”为主题的安全保卫工作自查工作。一是促进各级加强安全管理，防范和化解各类安全隐患风险，提升案件防控水平。二是把安全防范工作意识渗透到工作生活细节中去，提高干部职工对安全工作，特别是国庆期间的安全防范工作的认识，确保支行各项业务营运和人生的安全性，做到看好自己的门，管好自己的人，确保一方平安。三是注意掌握本行人员的思想动态，严防事故的发生，力求把各类案件、事故和问题解决在萌芽状态。四是采取有力措施，加强车辆管理，做好车辆检查及维修，提高人员的安全意识和社会

责任意识。五是不断完善安全保卫工作，按要求迁移值班室及对会计结算营业室进行安全整改，更换及加装摄像头，为支行各项业务的顺利开展提供有力保障。

[**队伍建设**] 支行根据《中国农业发展银行广东省分行“遵章守纪、合规经营”专题教育活动实施方案》的通知要求，开展各项专题教育活动。一是组织员工学习中国农业发展银行基本规章制度、专业管理办法和业务经营有关的法律法规。二是落实党风廉政建设责任制的各项要求，把党风廉政建设工作与业务工作“同部署、同落实、同检查、同考核、同奖惩”。三是坚持民主集中制原则，发挥班子集体领导作用。凡是重大决定都由集体讨论后执行，没有个人说了算的现象。四是在岗位竞聘、贷款营销、大宗物品采购等的管理上，建立较完善的实施细则，强化监督，有效地防止不正之风产生。五是做好员工的思想政治工作和维稳综治工作。引导员工正确认识支行改革与发展中出现的矛盾和问题，把全行员工思想政治工作统一到为实现支行业务有效发展中心工作中，促进业务经营的跨越式发展。在支行业务经营、党务、工会工作中，对于员工反映的合理诉求，向上级行报告，按照有关法律法规和政策尽快予以解决。对暂时没有条件解决的问题，耐心细致地做好员工的思想疏导工作，及时化解员工思想矛盾，为构建和谐银行，提高工作质量和效率奠定良好基础。

（中国农业发展银行从化市支行供稿，李志斌执笔）

广州农村商业银行股份有限公司从化支行

[**基本情况**] 2009 年 12 月 11 日，广州农村信用合作联社从化信用社改制为广州农村商业银行股份有限公司从化支行，属广州农村商业银行垂直管理单位，办公地址在从化市城郊街河滨北路 98 号。2009 年末，在职员工 293 人，其中大专以上学历 122 人、本科以上学历 76 人，有行长 1 人、副行长 1 人、行长助理 1 人。内设机构有：综合管理部、财务会计部、风险管理部、公司银行部、个人银行部、公司业务一部、公司业务二部、个人贷款营销中心、个人贷款分中心、新港湾综合分社。

[**经营业务**] 全年全行各项存款余额 37.56 亿元，各项贷款余额 28.73 亿元，中间业务收入 849 万元，实现经营利润 7690 万元。

[**人力资源管理**] 一是根据总行条线管理、体制改革和业务发展需要，完成组织架构和人员调整，对照岗位设置和人员定编要求，精简人员及时分流到营销和柜台业务一线。二是推进竞聘上岗和机关员工双选，配合新组织架构的实施，实现人员优化配置。三是深化劳动用工制度改革，根据总行的要求做好定员定编工作，实施严格的员工岗位管理办法，加大各重要岗位轮换力度，有效防范风险。四是完善薪酬制度，根据总行绩效工资分配指导意见，制订营销人员、柜员、管理人员绩效工资分配方案，调动员工的积极性。

[**拓展存款**] 一是加强对业务经理和各二级支行行长，分理处主任的业务指导，通过每月组织召开二级支行分理处主任例会的形式，增进二级支行、分理处之间的业务交流和信息沟通，突出重点项目，全面铺开对负债业务的拓展工作。二是利用资源，拓展村镇征地款。三是加强对公客户的拓展和维系工作，采取定期主动上门拜访，关心客户的经营和

资金需求情况并协助解决。四是加强与各级政府、财政局、农业局、供电局、房管局等的沟通，争取对公存款增长有新的突破。五是针对存款增长建立相应的激励机制，有效提高全员营销的积极性。

［**营销贷款**］ 一是稳定存量，做好现有优质客户的管理、互访和营销工作，杜绝现存客户的流失并为双方进一步合作打下基础。二是打破贷款区域狭窄、业务品种单一的局面，向从化以外的地区拓展业务，加强银行承兑汇票、保函、保理等新产品的营销，满足客户的全面需求。三是组织落实有效的营销方案，加大贷款营销力度，并通过精心组织、参加各项营销活动，主动宣传从化支行业务，有效推动与政府、企业之间的业务合作。四是加强个人信贷业务的服务手段和新业务品种的营销力度，开展预约收件、售房部现场收件、节假日收件等服务，不断优化业务操作流程，发挥个贷开放式柜台作用，加快业务办理速度，以速度和优质服务赢得顾客。

［**中间业务和国际业务营销**］ 一是通过组织代理保险业务培训等多种方式，发挥从化支行网点资源的优势，向客户推广代理保险产品。二是宣传和拓展从化支行的中间业务品种，如短信通业务、农民工银行卡、青春卡业务。三是举行特色鲜明的“麒麟卡”。宣传活动，先后组织业务人员到从化市多所高校举办宣传活动，扩大“麒麟卡”的市场影响力，加大发卡力度，增强盈利能力。四是拓展国际业务，优化办理国际业务窗口，提高外汇专管员的业务知识水平，大力营销外币对公账户等产品，进一步满足客户的需求。

［**营运管理**］ 一是严格执行会计结算业务的各项规章制度，规范各项业务流程，强化监督管理，完善内控机制。二是配合总行开展拓宽结算渠道和业务领域工作，加强一线员工对新业务和规章制度的培训学习，促进各项业务的顺利开展，提高金融服务水平。三是开展各项常规会计检查和自查工作，进一步规范会计结算业务操作，发现问题及时进行整改和针对性辅导，有效地控制和杜绝经济案件的发生。四是配合总行新一代核心业务系统上线，组织各网点进行新一代核心业务系统实操演练，完成新旧系统并行和“新一代”核心业务系统全辖试运行工作，为新一代业务系统的完善和上线做好各项准备工作。五是配合总行会计督导和事后监督的工作，制定相关的奖罚制度，督促二级支行、分理处对存在问题进行全面整改，防止再次出现相同的问题。六是提高结算中心的工作质量和完善结算中心的业务功能。按照人行的有关规定，做好大额和小额支付系统、EFT 实时贷记、农信银等的会计结算工作。

［**内控管理和案件防范**］ 一是做好贷款审查工作，在风险可控的情况下，大力支持业务的发展。二是做好信贷五级分类及贷款贷后管理工作。三是开展信贷业务风险、重点业务风险、集团及关联客户大额贷款风险、银行承兑汇票业务风险、个人贷款资产评估业务风险、保证金操作及审批意见落实等排查工作，并对存量公司客户的各项业务情况进行自查，发现问题及时跟进了解，采取相应措施解决问题，有效防范信贷风险。四是完善信贷档案集中管理，严格实行集中放款。五是调整办理贷款发放前的抵押登记手续，保障从化支行权利，防范信贷风险。六是组织信贷条线人员参加总行新信贷系统培训课程，加强信贷员对新信贷系统操作的认识程度和掌握程度。

［**党团建设**］　一是按照总行党委的统一部署，在全行开展以“继续解放思想，推进科学发展”为主题的学习活动，解放思想，促进业务发展。二是加强对入党积极分子的培养工作，组织参加广州市委党校举办的学习培训班，端正入党动机，提高自身思想政治素质，做好预备党员的考察、转正工作，壮大从化支行党组织成员队伍。三是推进党建工作规范化，抓好党中心组学习活动，开展民主评议党员活动，组织党员开展批评和自我批评，不断提高党员干部的理论水平和战斗力。四是完善从化支行团组织建设，召开共青团广州农村商业银行从化支行第一次团员大会，选举产生共青团广州农村商业银行从化支行第一届团总支委员会委员。

［**队伍建设**］　一是深入开展“送温暖、献爱心”活动，关爱生活困难和需要组织帮助的在职和退休职工，对长期病患职工及特困职工进行慰问和跟踪，让职工感受到广州农商行大家庭的温暖。二是组织员工定期进行体育健身活动，举办从化支行 2009 年员工健身运动会，让广大员工参与到各项体育健身运动中，通过各项赛事的开展，锻炼员工的意志，提高员工的身体素质，活跃企业文化。三是组织员工参加总行第五届业务技能竞赛，通过奖励取得名次的选手，鼓励全体员工进行业务技能大练兵，提高员工业务水平。四是组织员工开展形势教育活动，引导全行员工认清从化支行当前所处的内、外部经营环境，领会总行提出的“化危为机，转危为机，危中育机，危中寻机，善于在危机中寻找机遇，在困难中谋求出路，在竞争中实现广州农商行稳健较快发展”工作要求，树立信心，凝聚合力，为企业和谐稳定发展营造良好氛围。五是组织从化支行全体员工进行年度体检。

（广州农村商业银行股份有限公司
从化支行供稿，廖玉烘执笔）
（李信慧编辑）

宣传　文化　新闻

宣 传 工 作

［**管理机构**］　市委宣传部属市委序列行政单位，办公地址在街口街新城东路99号。定编10名（常委、宣传部长不占定编），其中行政编制9名、工勤编制1名。2009年末，在职8人，有部长1人、副部长2人。内设机构有：办公室、理论科、宣传科、外宣办（对外挂市委对外宣传工作领导小组办公室牌子）、文明办（对外挂市精神文明建设委员会办公室牌子）、新闻协调办。协调机构有：市文化广电新闻出版局、市广播电视台、市新闻中心、市文联。

［**理论学习**］　党委中心组理论学习。根据深入学习实践科学发展观的要求和中央、省、广州市委的工作部署，市委中心组把学习贯彻党的十七大和十七届三中全会、四中全会和省委十届五次全会、广州市委九届七次全会以及从化市委十一届六次、七次全会精神作为学习重点，紧扣中心，明确重点，围绕落实科学发展观、“振兴从化现代工业经济，壮大市域经济实力”、《珠江三角洲地区改革发展规划纲要》、爱国主义和六个“为什么”、加强和改进新形势下党的建设等专题，通过举办专题报告会、学习讨论会、干部培训班等形式深入推进全市各级党委中心组理论学习。

开展宣讲活动。加强基层思想政治工作，在全市范围内开展“爱国主义和六个‘为什么’”、“庆祝新中国成立60周年”、学习“党的十七届三中、四中全会精神”等宣讲活动，先后邀请广州市著名专家教授到从化作学习贯彻《珠江三角洲地区改革发展规划纲要》辅导报告和“羊城学堂进农村——文明城市创建与公共礼仪”专题讲座。全年市委基层理论教育讲师团深入基层一线上辅导课79场，及时转发、下发《党员学习资料》、《党员学习辅导》、《社会主义核心价值体系学习读本》等理论学习资料近万册，覆盖到全市各单位，及时传达相关文件精神和市领导最新的工作指示，有效推动全市党员干部的理论学习。组织开展对全市基层党委中心组学习检查考核，全市29个党委在检查考核中全部被评为优秀。继上两年度，2009年市委中心组再度被广州市评为“2007—2008年度党委（党组）中心组理论学习优秀单位”。

［**社会宣传**］　全力做好全市重大活动、中心工作的新闻宣传，开展以宣传党的十七届四中全会精神及市委十一届六次、七次全会精神为重点的新闻宣传；充分发挥电台、电视台、《今日从化》报等主流媒体的作用，加强主题策划，开辟专题、专栏，系列报道全市深入学习实践科学发展观活动和“五清五帮”活动；大张旗鼓宣传从化市创建全国文明城市和国家卫生城市的进展与成效；大力宣传从化市庆祝新中国成立60周年系列活动；广泛深入做好对甲型H1N1流感防治的宣传教育工作，普及科学防范知识；精心策划宣传

从化“农耕型”、“运动型”、“休闲型”、“生态型”、“怀旧型”、“口福型”六型农家乐，以及打造“双百三五七品牌”（“双百”即“打造百里观光长廊，点缀百颗旅游明珠”，把从化南到北80多公里的主干道都变成旅游观光大道，把从化100多个景区景点都变成旅游明珠；“三五”即“建设一批五星级酒店、5A级景区、五钻级酒店”；“七品牌”即“开发森林度假、温泉养生、高端商务、乡村风情、运动康体、文化欣赏、饮食购物七大旅游产品”）的旅游战略。

[**对外宣传**] 紧紧抓住市委、市政府的发展思路和全市发展中的亮点，组织策划一系列对外宣传工作。一是多次组织广州电视台、《广州日报》、《南方日报》等省、广州市媒体到从化市良口镇黄龙带水库和溪头村等了解当地种植特产水果的情况，参观从化“农家乐”旅游项目，宣传从化“农耕型”、“运动型”、“休闲型”、“生态型”、“怀旧型”、“口福型”六型农家乐，以及打造“双百三五七品牌”的旅游发展战略。二是把握社会生活动态，不断加大民生新闻报道，创新新闻报道方式，提高新闻质量，突出从化特色宣传。全年接待包括中央电视台、新华社、《人民日报》、马来西亚电视台以及广东电视台等多家媒体的记者380人次。中央、省、广州市各大媒体（电视、电台、报纸、杂志）刊播从化正面新闻报道约1070篇。三是精心制作《流溪之恋》宣传片，为从化新一轮大发展提升美誉度。

[**基层公共文化建设**] 按照广州市提出打造农村基层“十里文化圈”和城市“十分钟文化圈”的标准，从化在2009年末已建成文化点259个（含农村文化室121个，祠堂文化室71个）。城区建有文化节点35个（含文化广场5个、图书馆1间、文化馆1间、博物馆1间）。“农家书屋”（含社区）全覆盖任务在221个行政村中基本完成。已建“绿色网园”46间，市级配送的电脑桌（椅）、网络设备（路由器、交换机）于12月初全部配送完成，全面实现公共文化设施全覆盖的目标。其中创新性提出祠堂文化室建设和组建村级文艺宣传队工作，具有较强的广州地区农村文化特色，得到多家媒体关注、高度评价和报道。12月底，按时完成广州市提出的三百洞发射塔的建设任务，实现无线发射信号从良口到太平全覆盖，使广大农村群众共享文化信息资源。扶持民间文艺精品创作，全市获国家、省、广州市等奖项的文艺作品10篇。

[**举办庆祝新中国成立60周年宣传教育活动**] 成功举办“爱国歌曲大家唱”群众性歌咏活动、“祖国在我心中”——“流溪之恋 万人同唱爱国歌曲”大型歌唱活动、“颂祖国 赞从化”红歌会歌唱比赛、“从化大地 欣欣向荣”庆祝新中国成立60周年大型图片展、“迎国庆、颂中华，祖国在我心中”征文比赛以及国庆游园活动等大型活动。在全市营造祥和、喜庆的节日氛围，树正气、鼓士气、聚人气。

精神文明建设

[**深入开展创建全国文明城市活动**] 开展形式多样的宣传活动。设置大型户外广告60个，工地围墙、商场门口户外广告30个；制作创文宣传小手册《重民意，端民行，创文明城市——从化市市民读本》15万本，《致市民的一封信》10万份，候车亭、出租车、公交车创文宣传画、宣传标语1200幅。为加

大“创文”宣传力度，从2009年11月开始，每星期编印一期《文明导报》，内容包括“创文”知识、“创文”动态、“创文”成果、市民谈“创文”征文、文明礼仪知识等，每期印3.6万份，发放到社区及中小学，推动“小手牵大手”活动。

广泛开展创建全国文明城市主题月实践活动。5—12月，每月围绕一个主题组织开展系列活动，先后开展“微笑服务月”、“文明出行月”、“卫生清洁月”、“友爱互助月”、“志愿服务月”、“礼仪推广月”等主题活动，组织全市机关干部入户开展“重民意、端民行”问卷调查活动，深入推进群众性精神文明创建活动，引导广大市民从我做起、从现在做起，自觉遵守道德规范，主动维护公共秩序，不断提升文明素质，切实把创建全国文明城市工作引向深入。全市各单位、镇街、社区每月围绕主题月开展活动约300次，全市开展主题月活动4500多次。

[**开展思想道德建设实践活动**] 道德模范选拔工作。组织开展八个“十佳”[即十佳服务窗口、十佳书香家庭、十佳环保企业、十佳平安卫生村（社区）、十佳创业青年、十佳志愿者、十佳村（居）干部、十佳公益之星]评选活动，开展第四届广州市道德模范推荐评选和“我推荐、我评议身边好人”活动。市人民检察院的郭桂忠被评为“第四届广州市孝老爱亲模范”、广州市工商行政管理局从化分局的利翠莲被评为“第四届广州市诚实守信模范”。太平镇邓村、湖田村被广州市文明委评为“广州市文明示范村”，温泉镇宣星村被广东省委、省政府授予“广东省文明村”荣誉称号。

开展以“争做好市民，当好东道主”为主题的“亚运广州行”活动。进一步推动全市深入开展“迎亚运、讲文明、树新风、促和谐”全民行动——“争做好市民，当好东道主”主题活动，通过开展“全民习礼仪”、“全民学英语”、“全民勤健身”、“全民守秩序”、“全民齐清洁”、“全民传爱心”六大主题行动，广泛发动全市各单位和广大市民群众，普及亚运知识，提高市民素质。结合“四进社区（科技进社区、卫生进社区、文化进社区、教育进社区）群众文艺大汇演”活动，鼓励广大市民积极参与，教育引导广大市民以崭新文明形象迎接亚运会。全市各单位、镇街、社区每月围绕主题日开展活动约230次，全市开展活动约3000次。

[**加强和改进未成年人思想道德建设**] 开展系列主题教育活动。开展“从化市首届中小学生诵读中华经典美文表演大赛活动”，以“做一个有道德的人”为主题，广泛开展各种主题教育活动，如“孝敬父母、体验亲情”活动、“和谐校园”创建活动、“爱心奉献”活动、“向国旗敬礼，做一个有道德的人”网上签名寄语活动，开展庆祝“六一”系列活动，举办主题为“庆建国60周年，齐创国优促和谐”的第四届书信节活动，举办从化市第五届“相聚从化”高校文艺活动暨“红歌嘹亮，激情飞扬——革命歌曲大家唱”演出晚会等。

加强未成年人思想道德教育阵地建设。一是成立并健全从化市家庭教育研究小组，组织召开家庭教育研讨会。全年举办各类家庭教育活动5场，参加活动约1800人，有效提高全市家教水平，为少年儿童健康成长提供良好的条件。二是开展“朝阳工程”青少年职业技能培训班，对有轻微犯罪的特殊青少年开展职业技能培训和法制教育。经过两年的学校教育，第一期培训班35名学生，已全部进入实习培训阶段，达到预期的教育目标。三是创办《文明导报》，为创建全国文明城市工作设立宣传平台，为加强下一代思想道德建设提供良好条件。

（市委宣传部供稿，黎志平、陈哲执笔）

文化事业

［**管理机构**］ 市文化广电新闻出版局同时加挂市版权局牌子，属政府序列行政单位，办公地址在街口街河滨北路 74 号。定编 9 名，其中行政编制 7 名、工勤编制 2 名。2009 年末，在职 8 人，有局长 1 人、副局长 2 人。内设机构有：办公室、业务科。下属执法机构：文化市场综合行政执法队，在职 5 人。下属事业机构有：文化馆、图书馆、博物馆，在职 47 人。下属文化企业有：广州市从化新华书店有限公司、从化市电影服务中心，有员工 19 人。驻局政府协调机构有：市社会文化管理委员会办公室、市文物管理委员会办公室。全市有镇、街文化站 8 个，村文化室 219 个，社区文化室 42 个。

［**文化活动**］ 广场文化活动。全年文化部门承办、协办各类文艺演出 55 场次，观看演出累计约 13 万人次。其中承办的大型文艺汇演有第 16 届亚运会倒计时 600 天、500 天广场群众文化活动，"颂祖国、赞从化"——从化市庆祝中华人民共和国成立 60 周年迎亚运系列活动之"红歌会"歌唱大赛，"羊城之夏"公益文化春风行，从化市新一轮禁毒人民战争文艺晚会，2009'从化迎亚运体育旅游荔枝文化节开幕暨"响水峡杯"中国（广州）从化山地越野挑战赛颁奖·从化流溪河渔业放生活动仪式，庆祝建军 82 周年"军民共建·和谐田心"军民联欢晚会等。

基层文化活动。文化馆实施群众文化辅导员进社区（农村）、分片辅导制度。依托学校、街道综合文化活动中心，推进公共文化服务创新，开展面向基层的公益性文化活动。辅导培育村（居）文艺骨干，在太平镇菜地塱、温泉镇宣星、江埔街凤院等村，建立业余文艺宣传队 13 个，初步形成舞蹈、合唱、粤剧、小品等特色基层文化队伍。

［**市博物馆**］ 全年举办大型展览 12 场，有《从化市收藏家协会会员收藏品展》、《从化市美协会员精品展》、《"太岁——肉灵芝"展览》、《鸟类科普展》、《刘加振书画展》、《"麦当劳杯"从化市第十九届中小学幼儿书画大赛》、《"地球历史、生命演化"科普图片展》、《人体的奥秘》、《蝴蝶展》、《昆虫展》、《从化市政协书画摄影展》、《广州党建 30 周年图片展》等，全年参观达 3.5 万人次。

［**市图书馆**］ 10 月，在第四次全国公共图书馆评估定级中，市图书馆顺利通过国家一级馆验收。至年末，市图书馆有藏书 32.79 万册，全年入馆 31.4 万人次，外借图书 9.01 万册次。全年举办免费电脑培训班 13 期，更新流动图书 2 万多册次。

［**公共文化服务体系建设**］ 城乡公共文化基础设施建设。根据年度的目标任务，稳步推进全市基本实现城乡公共文化基础设施全覆盖工作，初步建成城市"10 分钟文化圈"、农村"十里文化圈"，以祠堂文化室建设为亮点，以农家书屋（社区书屋）建设为抓手，按照构建结构合理、发展平衡、网络健全、运营高效、服务优质、覆盖全社会的要求，多项城乡文化工作取得突破性进展。农村文化设施建设纳入城乡建设整体规划，从化市委出台《从化市推进公共文化服务体系建设实施方案》，农村文化的投入加大，并形成以

市区大型公共文化设施为主干，以街镇和村（居）基层文化设施为基础，统筹规划、合理布局的公共文化服务体系格局。全市按照城区“10分钟文化圈”、农村“十里文化圈”的标准建立农村及社区文化室261个，其中建有富含地方特色的温泉镇宣星村、太平镇菜地村、鳌头镇水西村等祠堂文化室73个。城区建有文化节点35个，其中文化广场11个，面积12.26万平方米；全市已建“农家书屋（社区书屋）”260个，提前一年完成“农家书屋（社区书屋）”的全覆盖，农村群众“看书难、用书难”的问题逐步得到解决。

推进全国文化信息共享工程。市图书馆支中心在电子阅览室利用投影仪为读者播放各类视频讲座、电影、动画片，还根据群众的需求，将家禽饲养、苗木、花卉栽培、科普卫生等近200G的视频资料，刻录成光盘，免费派发给群众。至年末，市图书馆支中心数据的储存量已接近1TB（TB是计算机存储信息单位）。全年为群众提供网上参考咨询144例，远程提供电子文献176册（篇）。

[**文物和非物质文化遗产普查与保护**] 开展文物田野调查工作。2009年，市文物普查人员深入各镇、街进行田野调查工作60多次，重点对市野外文物（以古祠堂、古墓为主）的生存环境和位置进行摸底、排查，为开展市祠堂文化室改造工作提供准确的参考数据。至年末，市文物普查田野调查工作已基本完成，转入资料整理阶段。

推进非物质文化遗产保护工作。非物质文化遗产保护工作取得成效，水族舞和从化客家山歌在2009年被列入广州市第二批非物质文化遗产保护名录。对鳌头镇的醒狮，城郊街的麒麟舞，猫头狮，吕田镇的吕田大肉，温泉镇宣星村的“刘仙姑传说”和太平镇的“钱岗庙会”等有悠久历史和人文色彩浓郁的项目进行重点普查和发掘整理，做好相关传承人的资料备案。

[**文化市场管理**] 文化经营项目审批。严把市场准入关，制定清晰、规范的审批流程，把审批时限、依据、程序等通过政务公开宣传栏、公示栏等形式予以公示。进一步加大对文化经营单位的审查力度，对逾期不能提交有效前置审批证件的，不予通过年检，同时责令变更或注销，确保文化市场经营主体的合格率。全年新办文化经营许可证17个。至2009年末，全市有文化市场经营项目393个，其中歌舞娱乐场所42个、网吧39个、音像类94个、电子游戏类5个、游艺类24个、书报刊115个、复印和打字63个、录像和放映11个，年审率97%。

文化市场稽查。一是在重大节假日和喜庆日，严密封堵查缴政治性非法出版物。二是进一步规范书报刊市场秩序，尤其是学校周边的书报刊经营场所，全面整治书报刊、教辅资料市场，坚决扫除各类有害的文化垃圾。三是清查音像市场，坚决查缴各类非法音像制品，清除翻版、盗版行为，清缴整治低俗音像制品，维护音像行业的合法权益，保护消费者利益。四是按照创建全国文明城市的要求，加强有证网吧的经营，杜绝网吧接纳未成年人、未成年人吸烟、无证上网等行为的发生。协同工商局、电信局等单位，建立举报机制，发挥网吧义务监督员的作用，对城中村、城乡结合部等部位进行监督、巡查，保持对“黑网吧”的高压态势。五是规范娱乐场所、营业性演出场所、印刷业等的管理，严格按照审批流程办事，严把市场准入关。六是积极参与“人屋车场”整治，确保安全生产。

执法情况。全年市文化执法队出动执法2330人次，检查各类文化经营场所4180间次，其中检查网吧 1678 间次。查处违规经营的网吧 35 间次（其中停业整顿 8 间）、音像店 22 间次、书报刊零售店 21 间次、卡拉 OK 歌舞厅 5 间，吊销 1 间涉赌游艺娱乐场所、1 间涉毒歌舞娱乐场所，取缔 5 间游艺娱乐场所和 3 间演出经营场所。查处取缔无证经营的卡拉 OK 娱乐场所 6 间、无证电子游戏机室 3 间、无证音像制品摊档 36 个、无证书报摊档 25 个。会同工商、公安等相关职能部门取缔“黑网吧”28 间。收缴非法音像制品 2.55 万张、非法书报刊 1.5 万册（份），以及用于非法经营的电脑设备 100 多台（套）、电子游戏机 20 多台和卡拉 OK 设备一批。

［**文化企业**］　市电影服务中心扎实开展“2131”电影下乡惠民工程，全年放映电影 550 场（其中农村电影下乡 330 场次），观众达到 6.46 万人次。

新华书店股份有限公司 2009 年图书销售总额为 1145.5 万元、230 万册，上缴税款 8.5 万元，利润 132.7 万元。

（市文化广电新闻出版局供稿，林绮执笔）

广 播 电 视

［**管理机构**］　市广播电视台为市委宣传部协调管理的事业单位，归口，办公地址在街口街河滨北路 308 号。定编 105 名，其中机关管理人员事业编制 18 名，事业编制 87 名。2009 年末，在职 96 人，有台长 1 人、副台长 3 人、党委书记 1 人。内设机构有：办公室、计财科、事业管理科、技术工程科、总编室、新闻部、社教部、播音部、风云岭微波站。下属机构有城区、太平镇、鳌头镇、温泉镇、良口镇、吕田镇 6 个广播电视站。

［**基本情况**］　2009 年，市调频广播覆盖率 80%，可接收从化电台、广州电台、广东珠江经济电台 3 个电台的节目。从化调频立体声广播电台频率 102.3 兆赫，第一次播音时间为 7 时 30 分至 14 时，第二次播音为 16 时 30 分至 20 时 00 分。

全市 3 户以上自然村都通广播电视信号，其中有线电视覆盖率 92.5%，可接收 25 个台的电视节目。

在市有线电视网的本港台、翡翠台 2 个频道插播从化电视新闻和专栏节目，插播时间为：晚上 19 时 00 分首播，23 时 03 分及次日中午 12 时 42 分重播；专栏节目在星期一至星期日的《从化新闻》后播出，分别为：《话说从化》、《走进从化》、《法治与政务》、《热点追踪》、《从化警讯》（与市公安局合办）、《流溪艺苑》、《时尚自由行》，共制播 364 期，累计播出时间 3000 多分钟。

“从化电视综合频道”每天 24 小时播出，播出内容有《从化新闻》、从化风光欣赏、媒体聚集、电视连续剧、动画片、电影及农业卫生科教片等。

2009 年，电台、电视台开播栏目 400 多期，电台播出新闻稿件 3400 多篇，电视台播出新闻稿件 2800 多篇，公益广告 600 多条次。全年全台获广州市以上广播电视新闻类奖共 26 篇（见下表），广州市计划生育公益广告奖共 7 篇。

［**事业建设**］　农村有线电视建设。2009 年初，市广播电视台针对市内一些自然村因高山阻隔，地处偏僻、距离偏远、住户分散缘故，未能通有线广播电视信号情况，积极筹集资金，先后投入 130 多万元，架（敷）设光缆皮长 30.8 公里，光缆纤芯长 182 公里，同轴电缆架（敷）设 145.2 公里；新发展吕田东明吉兴社、鳌头大岭社、太平新围社、

吕田猪枯凹、太平银林李宅社等5个自然村有线广播电视，全市没有通有线广播电视信号的自然村减少至168个。2009年新报装6015户。至年末，全市有线电视用户11.3万户，有线电视信号覆盖人口53万人。

全面铺开城区有线数字电视工程。一是对辖区部分跨国道、省道、村道、社道的危险或过低线路进行加高改造。二是改造“三线搭挂”线路。三是及时更换残旧线路。经网络整治，大幅提升网络传输质量，使数字电视报装用户稳步增加，全年数字电视报装用户2500户。全市累计数字电视用户突破2.4万户。

三百洞发射台建设工程。2月，针对市风云岭发射台只能覆盖良口以南的1100平方公里，区域为51%（不包括良口、吕田）；人口为27%（良口、吕田以及鳌头山心村等）的状况，市广播电视台在市委、市政府的领导下，精心筹划，分步运作，经过多方努力，促使三百洞发射台纳入广州市广播电视无线覆盖工程立项。工程立项后，台领导班子多次召开专题会议，研究部署工作，组织精干队伍，跑部门、跑工地，查证材料、督办相关手续，使工程有序开展。自8月4日工程队进场至12月31日止，先后完成山顶平整、工地勘探、图纸设计和部分工程招标工作，1.8公里的盘山公路已通车，供水工程已完成吸水池建设，发射台铁塔基础土建工程已完成基坑挖土工程。整个工程建设正按进度、逐项、有序地稳步推进。

[**安全播出和安全生产**] 为保证安全播出，市广播电视台按照“突出重点，狠抓落实，消除隐患，抓出成效”的安全播出原则，及时完善《安全播出应急预案》，严格节假日值班、报告制度，不断加强对卫星地面接收设施的管理。严格日常管理制度，制订得力防范措施，确保国庆60周年庆典及从化直播节目等重大活动的安全播出；在安全生产上，按照施工和运作程序，严格要求，特别是户外抢修工程和正在抓紧推进的三百洞发射台工程建设，始终做到安全第一，人员、措施到岗到位。通过检查发现，各镇站的安全生产意识明显加强，需要即时发出整改通知的件数由2008年的7件下降到2009年的2件。全年没有发生安全生产事故。

[**宣传报道**] 思想理论宣传。市广播电视台重视宣传报道十七大精神并结合市委提出的发展战略，在节目中适时开办《贯彻“十七大”精神落实科学发展观》及《解读十七大》专栏，以直观的形式、通俗的语言，深入宣传十七大、解读十七大。并广泛深入报道社会各层面在贯彻十七大精神和落实全市发展战略中涌现的先进人物、先进经验，营造全市干部群众团结一心、共谋发展的良好舆论氛围。

重大题材策划。市广播电视台重点抓好人大、政协“两会”、建设农家乐、争当生态文明建设排头兵、创建全国文明城市、庆祝新中国成立60周年等重大题材的宣传策划工作，特别是为迎接新中国成立60周年，精心策划“六十华章，辉煌巨变——庆祝新中国成立60周年系列报道”，分别从工业、农业、生态旅游等九个方面全面展示从化60年辉煌成就，收到良好的宣传效果。

重要活动宣传。市广播电视台围绕市委提出的“争当生态文明建设排头兵”的发展战略，投身到全国文明城市和中国优秀旅游城市创建活动，以市委提出的创建“国家卫生城市”、“全国文明城市”为宣传重点，在节目中开设“双创”系列报道小专栏，每天一辑，以城市环卫和市民文明指数的软硬件建设为切入点，进行正面报道。在创建全国文明城市活动中，以开展“重民意、端民行、携手共创文明城”主题实践活动为抓手，大力推进城市公共文明建设，重点展示城乡新貌、家园新风。通过重点宣传，有力地推动活动的深入开展。

日常工作宣传。市广播电视台通过总编室、电台、新闻部、社教部四个部门，坚持把推进全市四个文明建设作为日常宣传活动的出发点和落脚点，积极探索，大胆改革，不断丰富节目内容，重点采取以“活动带节目”的形式。如围绕抓好建设“中国优秀旅游城市”、“双百”工程（打造百里观光长廊，点缀百颗旅游明珠）、“三五”工程（建设一批五星级酒店、五钻级酒店和五A级景区）以及“李花节”、“流溪香雪”、“山地越野挑战赛”、“从化迎亚运体育旅游荔枝文化节”、“乡村农家乐”和发展七大旅游产品等更加贴近群众生活的活动，不断丰富节目内容，收到良好效果。

[**档案综合管理达标工作**]　市广播电视台根据《广东省机关档案工作业务建设规范》的要求，成立由台长谢晓明任组长，副台长黄鉴森任副组长，各科室负责人为成员组成的广播电视台档案综合管理工作领导小组，还相继成立综合档案室、档案升级工作小组、档案鉴定小组等。为档案管理工作的顺利开展，市广播电视台将档案管理工作纳入广播电视事业资金运行计划中，拨出一定的资金作为档案管理工作建设专项经费。2009年12月，经市档案综合管理升级评审组验收，成为省一级档案综合管理单位。

表1　2009年从化市获奖广播作品情况表

年月	作品名称	颁奖单位	获奖等级	主创人
2010年3月	从化建成国内首个获国际认可的无规定马属动物疫病区	广州市文化广电新闻出版局、广州市广播电视学会	2009年度广州市广播电视节目奖广播消息类二等奖	杜颖华、李一美、利彩玲
2010年3月	关注气候变化　救救地球家园	广州市文化广电新闻出版局、广州市广播电视学会	2009年度广州市广播电视节目奖广播消息类二等奖	余伟红、利彩玲、邓敏、余伟东、徐国林、黎美芳
2010年3月	全省首个农村“计生新家庭文化屋”落户我市	广州市文化广电新闻出版局、广州市广播电视学会	2009年度广州市广播电视节目奖广播消息类三等奖	余伟红、徐国林、余伟东
2010年3月	从化“乡村特色游”农民增收致富好路子	广州市文化广电新闻出版局、广州市广播电视学会	2009年度广州市广播电视节目奖广播消息类三等奖	杨少兰、戚桂芬、徐小薇、余伟东、李清沂
2010年3月	穿越五十年的音乐经典——《我的祖国》	广州市文化广电新闻出版局、广州市广播电视学会	2009年度广州市广播电视节目奖广播文艺类二等奖	邱锦华、杜颖华、徐小薇

续上表

年月	作品名称	颁奖单位	获奖等级	主创人
2010 年 3 月	乐动红歌	广州市文化广电新闻出版局、广州市广播电视学会	2009 年度广州市广播电视节目奖广播文艺类三等奖	余伟东、余伟红、利彩玲
2010 年 3 月	粤韵悠扬	广州市文化广电新闻出版局、广州市广播电视学会	2009 年度广州市广播电视节目奖广播文艺类三等奖	杜颖华、邱锦华、徐小薇、利彩玲
2010 年 3 月	严把家风	广州市文化广电新闻出版局、广州市广播电视学会	2009 年度广州市广播电视节目奖广播文艺类三等奖	利彩玲、戚桂芬、徐小薇、杜颖华、杨少兰
2010 年 3 月	溪头村——贴上时尚标签的山水游	广州市文化广电新闻出版局、广州市广播电视学会	2009 年度广州市广播电视节目奖广播播音类三等奖	徐小薇
2010 年 3 月	“五清五帮”农民受惠	广州市文化广电新闻出版局、广州市广播电视学会	2009 年度广州市广播电视节目奖电视消息类二等奖	李清沂、徐国林、曾熙明
2010 年 3 月	从化“乡村特色游”　农民增收致富好路子	广州市文化广电新闻出版局、广州市广播电视学会	2009 年度广州市广播电视节目奖电视系列报道和连续报道类二等奖	李清沂、麦剑辉、徐国林
2010 年 3 月	天象奇观：月光直射北回归线标志塔	广州市文化广电新闻出版局、广州市广播电视学会	2009 年度广州市广播电视节目奖电视消息类三等奖	集体创作
2010 年 3 月	亚运会：让中国马奔向世界	广州市文化广电新闻出版局、广州市广播电视学会	2009 年度广州市广播电视节目奖电视消息类三等奖	邓静西、钟炫锋、余伟红
2010 年 3 月	流溪之恋	广州市文化广电新闻出版局、广州市广播电视学会	2009 年度广州市广播电视节目奖电视消息类三等奖	邬影红、利嘉娴、黄健怡、赖国东、崔宏彬
2010 年 3 月	市纪委真情帮扶　卫东村实现社社通水	广州市文化广电新闻出版局、广州市广播电视学会	2009 年度广州市广播电视节目奖电视播音类三等奖	吴家彤
2010 年 3 月	60 年，岁月如歌（开篇）	广州市文化广电新闻出版局、广州市广播电视学会	2009 年度广州市广播电视节目奖电视主持类三等奖	朱　妍
2010 年 3 月	希望与失望	广州市文化广电新闻出版局、广州市人口和计划生育局	第五届广州市广播电视人口和计划生育公益广播类节目二等奖	余伟东、余伟红、邓敏

续上表

年月	作品名称	颁奖单位	获奖等级	主创人
2010年3月	星球物语	广州市文化广电新闻出版局、广州市人口和计划生育局	第五届广州市广播电视人口和计划生育公益广播类节目三等奖	余伟东、李　斌、徐小薇
2010年3月	消除性别歧视　促进男女平等	广州市文化广电新闻出版局、广州市人口和计划生育局	第五届广州市广播电视人口和计划生育公益广播类节目三等奖	李　斌、利彩玲
2010年3月	进行非医学需要的胎儿性别鉴定是违法行为	广州市文化广电新闻出版局、广州市人口和计划生育局	第五届广州市广播电视人口和计划生育公益电视类节目二等奖	邓　杰、朱建文
2010年3	关爱女孩　关注民族的未来	广州市文化广电新闻出版局、广州市人口和计划生育局	第五届广州市广播电视人口和计划生育公益电视类节目二等奖	肖燕金
2010年3	婚检话儿要开口	广州市文化广电新闻出版局、广州市人口和计划生育局	第五届广州市广播电视人口和计划生育公益电视类节目二等奖	邓　杰、关键汉、谢玉婷
2010年3月	自觉参加免费婚检　积极预防出生缺陷	广州市文化广电新闻出版局、广州市人口和计划生育局	第五届广州市广播电视人口和计划生育公益电视类节目三等奖	唐　芳
2010年3月	浅谈“三农”报道中如何做好对农采访	广州市文化广电新闻出版局、广州市广播电视学会	2009年度广州市广播电视节目奖论文类三等奖	黄健怡
2010年3月	试论如何把握好主持节目时的状态	广州市文化广电新闻出版局、广州市广播电视学会	2009年度广州市广播电视节目奖论文类三等奖	戚贤燕
2010年3月	一种不解扰实现数字电视节目插播的方法	广州市文化广电新闻出版局、广州市广播电视学会	2009年度广州市广播电视节目奖论文类三等奖	邓日洪

（市广播电视台供稿，梁伟纯执笔）

新闻中心

[管理机构]　市新闻中心为市委宣传部协调管理的事业单位，办公地址在街口街河滨北路308号。定编25名。2009年末，在职24人，有主任1人、副主任1人。内设机构有：办公室、记者部、总编室、专题部、电脑网络部、《从化乡音》编辑部。

[基本情况]　《今日从化》属市委、市政府

内部刊物，每周出版两期，四开八版（彩版），设有《时政要闻》、《社会新闻》、《今日时评》、《综合新闻》、《流行前线》、《健康养生》、《娱乐闲情》、《周边新闻》等十多个栏目。全年出版97期。《今日从化》免费派发至市内股级以上单位、各村、居委的干部职工及街口、江埔、城郊三个街道办事处的沿街商铺。

“从化政府网·新闻栏目”是从化市政府在互联网上对外宣传的主要栏目。2009年，在从化政府网上采用与《今日从化》一稿两用的形式发布网上新闻，发布新闻4500多条，没有出现网络信息错误。

[**宣传报道**]　宣传报道学习实践科学发展观。开辟《深入学习实践科学发展观活动》栏目，设置《局长谈科学发展》人物访谈栏目，配发时评，加强学习实践科学发展观的宣传效应。同时出版特刊，全面报道第一、二阶段学习实践所取得的成效。配合学习实践活动，大张旗鼓报道“五清五帮”活动，为全市学习实践活动营造氛围，制造声势。

宣传创建全国文明城市。先后在《今日从化》上设置《创文新视点》、《大家创文大家受益》、《创文大家谈》、《创文进行时》、《创文面面观》、《做文明市民　建文明城市》、《市民是城市的主人，城市是市民的家园》等十多个栏目，全方位跟踪报道全市各职能部门、各条战线参与创文的情况。从5月开始至年底，策划编辑专版36个，发表时评80多篇，刊登有关图片100多张，刊登创文新闻200多篇。为创文工作深入民心、家喻户晓作出应有的贡献。

宣传民生事件。《今日从化》采取头版头条的形式，加大民生、基层、弱势群体关注力度，民生新闻所占新闻比例有较大幅度增加。如“农民也可以购买养老保险”、“让农民也分一杯羹”等一批报道，真实全面地反映“三农”（农村、农民、农业）问题，推广传播农科知识，为加快农村发展、破解二元结构难题，促进全市经济社会发展作出贡献。

宣传报道重大活动和中心工作。围绕人大、政协“两会”、全市经济工作会议等重大活动，市新闻中心提前谋划，发扬团结协作，连续奋战，敬业奉献的精神，尽力做到当天新闻当天刊发，确保在第一时间把市委、市政府的大政方针和发展蓝图传达给全市人民。把政府重点工作，如项目建设、全民创业、城市建设、优化经济环境、新农村建设等作为宣传工作的重点，对各个时期中心工作的宣传，精心设置栏目，用一定分量的版面，进行重点工作追踪报道。

宣传维稳综治。5月18日至8月18日，市新闻中心充分利用《今日从化》作为平台，制定宣传方案，开辟“维稳”专题版面，设置《加强人屋整治，构建和谐从化》等栏目进行系列报道，有力地配合有关部门做好这次综治宣传工作。期间刊登有关综治方面的文章80多篇，推出专版8个。

宣传廉政建设。与市纪委监察局合作，在《今日从化》上开辟廉政之窗，设置小栏目《政风观察》、《从城清风》等，定期或不定期安排版面，宣传全市的廉政建设情况，还策划“我市2008年党风廉政建设和反腐败工作亮点纷呈”专题报道。

[**专题宣传业务**]　扩大《今日从化》派发面。把《今日从化》派发到部分农村，让街口街道办事处、吕田镇等有阅读能力的农村群众阅读，透过《今日从化》了解从化新闻或信息。

加强与各部门和社会各界互动。在《今日从化》的新闻内容和版面安排上向群众倾斜，向有关部门、有关行业倾斜，加强与各部门、社会工商企业界互动，向社会提供更多的实用信息。如与市地税局合作开设的地税之窗专栏受到纳税人的好评。

拓展专题宣传业务。抓住各个重大活动契机，积极拓展专题宣传业务思路，精心做好《今日从化》的广告策划，如新中国成立60周年专题宣传策划，出专版20多个，促进专题业务增长。

[**党务工作**] 深入开展学习教育主题活动。开展深入学习实践科学发展观活动、机关服务年活动、纪律教育学习月活动、创建全国文明城市活动。

做好发展党员工作。全年发展新党员2名。

开展“五清五帮”和“结对子”互帮互学活动。开展支部“结对子”活动和党员“结对子”帮扶活动；开展“五清五帮”活动，组织全体干部职工，深入江埔街海塱、下罗两个行政村366户农民家庭中调查摸底和开展帮扶工作。

（市新闻中心供稿，李永坚执笔）

《乡村语文》

[**管理机构**] 《乡村语文》属广东省教育类内部报刊，由从化市教育局教研室主办，办公地址在街口街青云路74号永发大厦202室。2009年末，在职13人，有总编1人、副总编2人。内设机构有：总编室、副总编室、电脑室、采编部、小记者培训部、《流溪山泉》编辑部。

[**基本情况**] 《乡村语文》报全年出版31期，设有相对固定的版面和栏目，如《文峰塔下》、《习作星空》、《发表园地》、《美文欣赏》、《知识之窗》、《校园新秀》、《语文长廊》、《校园风景线》等。

《流溪山泉》由原中共广州市委常委、宣传部长，时任河源市委书记陈建华亲笔题名创办，为双月刊。全年出版6期，设立的固定栏目有《作家园地》、《荔乡文艺》、《园丁之页》、《心灵驿站》、《流溪诗苑》、《文明礼仪》等。

全年举办小记者培训班5期，培训小记者约400人。

[**专题报道**] 系列报道。一是8月的河源之行系列报道。省市几位知名作家与乡报全体编辑前往河源采风，在报纸的头版刊登《心灵之旅　感动之行》、《万绿湖徜徉》、《血田，在阳光下……》等。二是“于漪谈语文教学”系列报道。在报纸的头版刊登《紧扣一点深入学》、《于漪妙语选登》、《于漪新世纪教育论坛丛》引言、《学会照镜子》、《要读出文章的个性》、《汉语，魅力无穷》、《走进语文》等。

举办纪念新中国成立60周年征文活动。5—9月，从化市关工委、教育局与乡村语文报社联合举办“在新中国的怀抱中成长”征文活动，分中学组、小学组。中学组有8间学校参赛，收到文章约130篇，约15万字；小学组有10间学校参赛，收到文章约150篇，约18万字。

宣传报道学校情况。如《山区师生的故事——良口中学访问记》、《五中：三把“钥匙”迎高考》、《师生携手同前进，鳌中校园气象新》、《奋进在创建“百年名校”的征途上——太平中学采访记》、《桃花依旧笑春风——桃园中学采访记》、《进步，源自他们的努力——记发展中的横江小学》、《山里崛起的排头兵——车头小学采访记》、《坚守：

为了山娃子的成长——太平上塘小学采访记》等。

宣传报道各校优秀教师。全年采访中、小学教师共22人，在头版刊登《永葆芳香的山里花——沙贝小学郑永花老师专访》、《“三心”相交 获取成功——民乐中学江伟华老师侧记》、《从教17年，勇于探新路——记棋杆中学语文高级教师钟丽娴》、《群星闪亮照荔乡——教学新秀赞》、《良师和优生的代表——安山小学采访记》、《昔日山里娃，今天好园丁——记吕田二小巢君华老师》、《春风般和煦 清泉般甘甜——记太平屈洞小学叶健珍老师》、《优秀教师的风采——记车头小学陈焕珍老师》、《爱与被爱都是幸福的——吕田中心小学温玉连老师》、《一堂精彩的语文公开课——和仓小学朱玲玲》、《难舍难分的师生缘——记黄惠琴调离大凹小学的动人场景》等。

宣传报道各校优秀学生。全年采访中学学生共33人，在中学头版刊登《一位山区学生的成长经历——访华师附中高二级黄金彩同学》、《展翅欲飞的雏鹰——采访龙潭中学两位优秀生》、《棋杆中学：春花灿烂的校园》、《迎战火红的六月——神岗中学采访记》、《恰同学少年 风华正茂——记神岗二中三位优秀生》、《沈家有女初长成——访街口小学优秀毕业生沈碧初》、《高考状元向小记者谈成长体会》、《老区的新一代——访吕田中学三位学生》、《一幅色彩斑斓的图画——访龙潭中学六位学生》等。全年采访小学学生16人，在小学头版刊登《缤纷的电脑世界，她迷上了画——记江埔小学梁钰婷》、《放飞梦想，振翅高飞——吕田二小潘颖媚侧记》、《聚焦在小学二年级学生身上——走访河滨小学廖泽舜》、《烂漫的山花——记沙贝小学冯伟丹》、《优秀小记者谈采访体会——记太平高平小学几位小记者》、《黄维——你真棒》、《一只美丽的小天鹅——记鳌头高平小学林焕慧同学》、《勤采百花酿好蜜——记太平二小邓乐儿同学》、《奖杯是怎样得来的——记新城小学李晓彤和陆艺莹》等。

宣传报道“凡人风采”。有《敢于创新 坚韧不拔——鳌头镇农民企业家刘汝南访问记》、《一位失明教师的创业路》等。

中小学生思想道德教育的报道。在中小学头版设有《文峰塔下》评论专栏，刊登《炼就坚实翅膀，飞向理想天空》、《一个让人震撼的教例》、《一代新锐的脚印》、《青春无敌》、《说“精彩”》等。《灯下漫笔》专栏刊登有《人品》、《人格》、《谋生与乐生，关键在于“道”》、《浅谈谋生与乐生》、《挑战命运》等。

专版报道。设置的专版有“小记佳作”、“母亲节”、“中考写作”、“国庆征文”、“当年小记忆成长”、书法（叶劲儿学生作品、纪念新中国成立60周年老同志书画作品）等。在《乡村语文》报出版专版的中学有神岗二中、太平二中、河东中学；小学有佛冈龙山中心小学、岭南小学、车头小学、鳌头二小、太平二小、佛冈石角中心小学。

宣传报道小记者班情况。培训班内容丰富多彩，如2月举办的第29期小记者培训班，带领小记者们游览玫瑰园，写出不少佳作。8月举办的第30、31期小记者夏令营，组织小记者到长隆欢乐世界一日游，小记者热情高涨，学习与游玩相得益彰，得到学生及家长的好评。

（《乡村语文》报社供稿，唐红波执笔）

（潘彦编辑）

教 育

综 述

[**管理机构**] 市教育局属政府序列行政单位，办公地址在街口街西宁东路25号。定编34名，其中行政编制23名、工勤编制3名、为离退休干部服务编制8名。2009年末，在职32人，有局长1人、党委书记1人、副局长3人、纪委书记1人。内设机构有：办公室、基础教育科、组织人事科、财务基建科、职业与成人教育科、教育督导室。下属机构有：教学研究室、教学仪器管理站、教育信息中心、教育财务结算中心和吕田、良口、温泉、太平、鳌头、城区6个教育指导中心，在职人员68人。市招生考试委员会办公室参照公务员管理，挂靠市教育局，在职3人。

[**基本情况**] 全市有各级各类学校170所，其中托儿所6所、幼儿园53所、小学65所、普通中学25所、中等职业技术学校2所、市职业教育中心1所、镇（街）成人文化技术学校7所、特殊教育学校1所以及高等院校10所。全市各级各类学校在校学生17.56万人，其中在园（班）幼儿1.52万人，小学生4.87万人，普通中学学生（含高中）4.4万人，中等职业学校在校生7157人，高等院校在校生6.06万人。有广东省国家级示范性普通高中1所，广东省一级学校11所，广州市一级学校26所，从化市一级学校30所；广州市义务教育规范化学校47所；省重点中等职业技术学校1所；广东省示范性乡镇成人文化技术学校3所，广州市示范性乡镇成人文化技术学校4所。

[**教育经费投入**] 健全以财政支出为主的多渠道筹措教育经费机制，进一步加大教育经费投入。全年全市教育经费总投入6.89亿元，比2008年增长25.23%。其中财政拨入款5.84亿元（含教职工工资，本级财政拨入款占4.11亿元、城市教育费附加拨款占1721.80万元）、事业性收费8426.60万元、社会捐资249.5万元、其他1860.10万元。

[**扶困助学体系建设**] 扎实推进免费义务教育，投入免费义务教育专项资金4928万元，受惠学生15.76万人次。贯彻实施《从化市农村被撤并小学学生交通费和生活费补助方案》，对全市农村被撤并小学学生因远距离上学而产生的交通、生活费实施补助，全年投入补助资金266.7万元，受惠学生1.72万人次。加强扶困助学体系建设，全市有1249人次的贫困家庭学生接受资助，资助金额113.9万元。全年全市小学学生入学率100%，初中学生入学率100%，高中阶段学生入学率90.67%，幼儿教育学前三年入园率91.3%；小学学生辍学率为0.024%，初中学生辍学率为0.067%，均达到省教育厅规定的目标要求。

[**创建教育强市后续工程**] 市政府继续开通绿色通道，加快推进“创强”规划建设工程。

至年末，全市已完成“创强”规划征地面积1189.737亩，占“创强”规划征地面积的95.4%；已竣工和在建校舍建筑面积24.09万平方米，占“创强”规划基建总面积的87.1%。“创强”督导验收之后，全市再完成“创强”征地73.4亩，“创强”基建面积4.20万平方米，并投入2472.67万元用于教育信息化、中小学功能室和仪器设备的建设。通过组织调研、现场指导、召开协调会等方式，指导太平、鳌头镇做好教育强镇自查整改和迎接复评的准备工作。市政协组织“创强”后中小学教育教学工作专题调研，对“创强”后续工作给予充分的肯定。

[**义务教育规范化学校建设**] 根据《从化市义务教育规范化学校建设方案》，继续做好校园建设规划工作。推动义务教育内涵发展，召开全市义务教育阶段教育教学工作会议，出台《关于加强义务教育规范化学校软件建设的指导意见（试行）》，就加强义务教育阶段教育教学工作提出一系列新的举措。按照“成熟一所，验收一所”的思路，继续开展广州市义务教育规范化学校评估认定工作，全年认定义务教育规范化学校12所。至2009年末，全市有广州市义务教育规范化学校47所，占义务教育阶段学校总数的56.6%。按照国务院、省、广州市的部署，结合义务教育规范化学校建设，实施中小学校舍安全工程，全面完成中小学校舍安全的排查鉴定工作。

[**教育信息化建设与管理**] 继续加强教育信息化硬件建设，全市中小学生机比为9.8∶1，师机比1.8∶1，中小学全部实现校校通；全部中小学（92个点）铺设专线光纤，并统一接入市教育信息中心；全市教育系统OA办公系统建设不断完善，基本实现无纸化办公。探索网络环境下教研活动的新模式、新方法，先后多次与天河区联合举办网络教研活动。开展城乡学校多层次的区际或校际联盟活动，提高教师利用信息技术实施教学组织和教学研究的能力。组织参加2009年广州市中小学多媒体教育软件评奖活动，全市有26件作品获奖。召开全市教育技术装备工作会议，对近年来教育技术装备工作进行全面的总结，并对今后一段时期的工作进行部署。

[**教育教学质量**] 围绕素质教育这个中心，开展课堂教学有效策略研究活动，深入实施新课程改革，继续加大教育科研力度，加强教学常规管理，提升教育教学质量。立足抓早、抓细、抓活，加强对高考、中考备考研究和指导。中考工作方面，全市七科总分平均分比2008年提高6.39分，七科700分以上人数有334人，比上年增加219人。全市高考喜获丰收，多项指标再创新高：一是全市高考总上线人数和总上线率两项指标均改写1977年国家恢复高考以来的最高纪录，高考总上线人数为3408人，高考总上线率为88.63%。全体考生各批次上线人数和上线率均大幅度增长。二是全市应届考生文、理本科上线人数和上线率大幅度增长，上线率继续稳定保持在广州12个区（县级市）中等位置。三是体育艺术类考生本科上线成绩突出，上线率41.16%。四是高考总分高分数段人数大幅提升，600分以上高分数段人数116人，比上年增加73人，增长169.8%。高考单科成绩在全省获并列第一名的考生有10人，改写全市历年高考最高纪录，从化中学禤文伟同学以662分的成绩被清华大学录取。

[**学校德育工作**] 以丰富的德育资源为依托，不断拓宽德育渠道，创新德育载体，学校德育工作呈现良好发展局面。制定出台《关于

加强学生参加社会实践活动管理的意见》，规范学生社会实践活动的组织管理，结合创建全国文明城市工作，广泛开展创建全国文明城市主题月、文明出行月活动，组织广大干部职工和学生参与第二届全国道德模范评选投票活动。深入开展“社会主义荣辱观教育”、“感恩教育”、“书香校园”、“中华文化经典诵读”等主题系列教育活动，提高德育工作的针对性、实效性。开展 2009 年从化市优秀学生、先进集体评选活动，激励广大学生崇尚先进、学习先进。全面加强团队组织自身建设，召开共青团从化市教育局第八次代表大会，开展全市教育系统优秀共青团员、团干和先进团队组织评选和表彰活动。

［**教师队伍建设**］ 全市有中、小、幼、特教职工 7510 人（含民办学校），其中中学教职工 3027 人，小学教职工 3299 人，幼儿园教职工 1176 人，特殊教育教职工 8 人；在职公办教职工 6690 人，社会力量办学教职工 820 人。学历层次方面，小学教师的学历达标率 100%，其中大专以上学历占 78.34%；初中教师的学历达标率 99.21%，其中本科以上学历占 77.26 %；高中教师的学历达标率 98.42%。职称方面，中学高级教师 395 人，占中学教职工的 13.2%；中学一级教师 1552 人，占中学教职工的 51.9%；小学高级教师 2213 人，占小学教职工的 66.6%。做好教师调配工作，通过综合考核，择优录用本科以上师范类毕业生 108 人，其中本科生 101 人、研究生 7 人，引进、调入外地优秀教师 6 人。加强教师职业道德建设，举办全市中小学教师“师德建设”辩论赛，先后开展师德建设教育月活动和全市教育系统师德建设活动。组织开展一系列评优评先活动，全市被评为从化市教学新秀 69 人，被评为广州市优秀教师 74 人，被评为广东省南粤优秀教师 5 人（参见《2009 年荣誉》），被评为从化市名教师 10 人（参见科技管理之从化市科学技术大会条目），被评为从化市名校长 3 人（参见科技管理之从化市科学技术大会条目）。分类别、分层次对教师和中小学校长实施培训，着力抓好教师全员培训、骨干教师培训和农村教师培训，累计培训 1850 人次。深入推进事业单位人事制度改革，开展中小学校岗位设置试点工作，推进新一轮事业单位人事聘用制工作，稳步实施义务教育学校教师绩效工资制度。改革选人用人机制，完成中小学校长的换届工作。严格按照广州市的部署和要求，稳妥地推进解决代课教师问题，有 33 名代课教师通过参加“代转公”考试等考核办理入编手续。

［**学校体卫艺工作**］ 体育工作。开展各项体育评比活动，提高学生身体素质。协助举办 2009 年广州市“市长杯”羽毛球赛从化赛区的比赛，并组织从化中学代表从化市参加广州市的总决赛。举办 2009 年从化市小学生棒球赛，禾仓小学夺得冠军并代表从化市参加广州市棒球锦标赛获第八名。举行 2009 年从化市初中学生田径邀请赛，44 名运动员获得各项目的前三名。举行“新兴杯”首届从化市小学生乒乓球团体赛，流溪小学代表队分别摘取男子组和女子组的桂冠。举行 2009 年广州市“市长杯”校园足球联赛（从化赛区）比赛，街口街新城小学、从化七中、从化中学分别获小学组、初中组、高中组的冠军并代表从化市参加广州市校园足球联赛。组织参加 2009 年广州市校园青春健身操、拉拉队比赛，从化中学、从化四中分别获得二等奖。举办 2009 年从化市中学生田径运动会暨广播体操比赛，全市中学有 26 个代表队 1353 名运动员参加 136 项次和 3 个组次比赛，有 2 人次破 2 项中学生田径运动会纪录。举办

2009年"新创展杯"从化市中小学生男子篮球赛，太平镇第二中心小学、从化中学和英豪学校代表队分别获小学、初中和高中组的冠军。组织参加2009年广州市中学生田径运动会，高中组团体总分获第五名。

卫生工作。做好学校卫生防疫工作，重点抓好甲型H1N1流感防控措施的落实工作，有效防止甲型H1N1流感在校园的流行。先后3次组织60人次参加广州市有关部门举办的预防呼吸道传染病及甲型H1N1流感培训班；先后举办预防呼吸道传染病培训班1期，甲型H1N1流感防控知识培训班3期，参加培训729人次。配合市卫生部门做好学生预防甲型H1N1流感疫苗接种工作。组织五个检查组到全市学校和托幼园所检查甲型H1N1流感防控工作，确保防控工作措施落到实处。

艺术教育。开展各类艺术比赛活动，提高学生的艺术素养。举办2009年从化市学校艺术节（逸泉杯）舞蹈专项比赛，并选送10个优秀节目参加广州市第五届学校艺术节舞蹈专项比赛，获一等奖2个，二等奖8个。举办2009年从化市中小学生艺术大赛、从化市第十九届"麦当劳"杯中小学生幼儿现场书画大赛和2009年从化市中学生"税收伴我行"漫画大赛。组织参加第三届广东省中小学生艺术展演，获一等奖1个，三等奖1个。组织参加广东省第三届中小学艺术教育论文报告的评选，获一等奖4篇，三等奖1篇。组织参加广东省庆祝建国60周年中小学师生书法绘画摄影比赛，获一等奖5个，二等奖14个，三等奖17个。组织参加"2009年广州市学校美术创作比赛"，获一等奖16个，二等奖25个，三等奖49个。组织参加广州"国际和平海报设计比赛"，获广东赛区一等奖3个，二等奖1个，三等奖3个，优秀奖5个，优秀组织奖3个。组织参加广州市首届中小学音乐剧比赛，获一等奖1个，二等奖1个。

科普教育。依托市青少年素质拓展基地、市博物馆等科普教育基地，组织开展形式多样的科普活动。加强对学生的生态环境教育，在全市中小学四年级和七年级开设从化生态环境教育课程。组织参加广州市第25届青少年科技创新大赛，获一等奖1个，二等奖7个，三等奖14个，优秀奖1个。组织开展"迎亚运奥迪杯"战龙四驱车校园行活动并组队参加广州市比赛，获二等奖9个，三等奖9个，优秀组织奖1个；组队参加广州市组织的全国比赛，获二等奖1个。继续推进绿色学校创建工作，从化市第二幼儿园被评为广东省绿色学校。组织参加广州市节约用水征文活动，推荐征文175篇，参与人数达1万人。

（市教育局供稿，李能文执笔）。

幼儿教育

［**概述**］ 全市有托幼园所59所，其中公立园2所，集体办、私立托幼园所57所，全市在园在班幼儿共1.52万人，幼儿教育学前三年入园率为91.81%，比上年增长5.02%。有教职工1176人，其中专任教师694人。有广东省一级幼儿园2所，即从化市幼儿园、从化市第二幼儿园；广州市一级幼儿园8所，即温泉镇中心幼儿园、英豪幼儿园、鳌头镇中心幼儿园、鳌头镇廖奉灵幼儿园、太平镇圣宝幼儿园、良口镇中心幼儿园、温泉镇中心幼儿园、吕田镇中心幼儿园；从化市一级幼儿园5所，即街口街中心幼儿园、江埔街联星幼儿园、太平镇神岗中心幼儿园、太平开发区幼儿园、温泉镇桃园中心幼儿园。举

办从化市幼儿教师语言教学教材分析培训班，参加培训的有全市各幼儿园园长、骨干教师约 140 人。首次组织 12 所乡镇中心幼儿园园长 12 人、民办幼儿园园长 43 人到从化市幼儿园、从化市第二幼儿园分别进行为期两个月和一个月的全方位跟班学习，提高园长的管理水平。举办“从化市乡镇中心幼儿园”晨间活动现场会，通过现场展示，引导各类园所因地制宜更好地开展晨间活动。加强师资培训，举办全市幼儿园园长、托儿所所长培训班和全市“幼儿园健康活力操”教师培训班。从化市幼儿园、从化市第二幼儿园通过结网互动方式，在师资培训、整日生活、教育教学等方面进行第一阶段的专业引领，引导试点园管理走向规范，通过组织开展开放日，以专家讲座、课例展示、专家点评、教师反思及交流等方式，充分发挥示范幼儿园的示范、辐射带动作用。加强对外交流，组织幼儿园园长、幼教专干到海珠区、增城市进行观摩学习，组织骨干教师到广州市的名园观摩学习，吸取优质幼儿园的管理经验和教育教学方法。

（市教育局供稿，李能文执笔）

[**从化市幼儿园**] 基本情况。从化市幼儿园是省一级幼儿园，位于街口街教育路 6 号，占地 8407 平方米，校舍建筑面积 5776 平方米。2009 年末，有教学班 17 个，在读幼儿 535 人，其中大班 6 个、中班 5 个、小班 6 个；教职工 79 人，其中在编人员 59 人，有园长 1 人、副园长 2 人；专任教师 36 人，其中有大专以上学历 32 人，有幼儿园高级教师 33 人。

2009 年，吴秀玲老师被评为“广州市优秀教师”；1 人被评为“从化市优秀教师”；8 人被评为 2008 年度从化市好园丁。

教科研活动。一是申报教育部“十一五”课题“整合分享阅读与词素意识教学，加速培养儿童自主阅读能力”，并于 2009 年 8 月向教育部递交申请并获立项通过。在课题获批立项后，多次邀请教育部“十一五”课题分享阅读课题组专家，对教师开展分享阅读教材、教法培训工作，组织教师上分享阅读观摩活动，邀请专家进行活动观摩指导，全面提高教师的教科研水平。二是该园教师积极开展理论实践活动，其中撰写的论文《家园校共携手，构建幼小衔接之桥》获中国基础教育研究所教科研成果一等奖，论文《开展以民间节日文化为基点的幼儿园课程》获广东省学前教育协会 2008 年度论文年度奖，活动设计《纸的秘密》获广东省学前教育协会 2008 年度课例设计优秀奖，论文《家园校共携手，构建幼小衔接之桥》获中国基础教育研究所教科研成果一等奖，论文《农村幼儿园体育活动现状简析及实施策略》在中国学前教育研究会第七届学前儿童健康教育学术研讨会上荣获三等奖；参加从化市幼教语言论文评比活动，论文《家庭早期阅读的策略》、《从冷落到兴趣——教师在语言区的指导策略》、《浅谈语言教学的有效性》、《早期阅读活动的实践探讨》分别获一、二、三等奖；参加 2009 年从化市多媒体教育软件评奖活动中，课件《动物如何保护自己》、《小马过河》、《蝴蝶大观园》分别获一、二、三等奖；论文《农村幼儿园体育活动现状简析及实施策略》获广州市幼儿体育专题论文评比一等奖，论文《幼儿安全生活教育的有效策略》、《乡土材料在幼儿园体育游戏中的运用》、《浅谈如何组织好幼儿的体育活动》获广州市幼儿体育专题论文评比三等奖；参加从化市幼儿教师语言教学设计及实施活动比赛，小班语言听说游戏《小动物在……》获得一等奖，中班古诗活动《惠州一绝》和大班谈话活动《手语》获得二等奖。

开展创文活动。开展“小手牵大手，文明一起走”、“爱国歌曲大家唱”、“净化学校周边环境”、“全民勤健身”、“友爱互助月”、“我们的节日”、“志愿服务月”、“法制宣传月”、“慈善帮扶月”、“亚运广州行”等创文活动，提高孩子们的思想道德素质和文明礼仪素养，将文明礼仪教育活动与家庭美德教育、行为规范教育相结合，通过孩子带动家庭成员用实际行动来支持、参与到从化市创建全国文明城市工作中，帮助孩子与家长树立起“文明行为，从我做起，从小做起”的观念，提升孩子与家长的文明素养。

综治维稳工作。幼儿园做好2009年度维稳及综治目标管理责任书执行情况考核工作，组织全体教工对2009年度该园维稳及综治工作认真进行自查、自纠和总结，做到制度完善，措施得力，资料齐全。

食堂卫生监督管理。完善卫生管理组织机构，健全卫生管理制度，落实责任。4月9日，广州市卫生监督所验收、评审小组领导对幼儿园食堂进行评审，通过现场评估、查阅资料，该园被定为食品卫生B级单位。

家园共育。以尊重、平等、合作的原则，充分利用家长的教育资源，创设沟通的渠道，开展家园合作的教育活动，组织召开新生家长会、全园家长会、家长委员会会议，以及邀请家长来园助教、通过校讯通、家园之桥宣传栏、家园联系手册等形式引领家长树立正确的育儿观念，幼儿园在2009年参加“广州市百所优秀家长学校”评比活动中，被评为“广州市百所优秀家长学校”。

参加各类比赛成绩。舞蹈《羊宝宝迎亚运》在2009年从化市学校艺术节舞蹈专项比赛中获幼儿组一等奖，并选送到广州参赛，在2009年广州市学校艺术节舞蹈专项比赛中获幼儿组二等奖；组织幼儿参加第六届“天才杯”全国儿童画擂台赛，26位幼儿分别获金奖和银奖；12位教师获全国儿童画教育辅导优秀奖；组织幼儿参加第六届“绿色家园”幼儿书画大赛，22位幼儿分别获特金奖和金奖、银奖及铜奖；3位教师获“绿色家园”园丁奖；六一期间，组织幼儿参加从化市第十九届中小学生、幼儿现场书画大赛，分别获得一等奖1个，二等奖2个，三等奖3个，6位教师获得优秀指导老师称号；在从化市妇联举办“爱祖国、颂中华、做亚运小主人”幼儿绘画活动中，有两名幼儿分别获得一等奖和二等奖。

（从化市幼儿园供稿，李素玲执笔）

普通教育

［**小学教育**］　2009年，全市有小学65所，在校生4.87万人，小学适龄儿童入学率为100%。有教职工3299人，其中专任教师3079人。有广东省一级学校4所，即流溪小学、西宁小学、街口街中心小学、太平镇中心小学；有广州市一级学校9所，分别是街口街新城小学、英豪学校小学部、鳌头镇第二中心小学、良口镇善施学校、温泉镇第二中心小学、温泉镇第三中心小学、太平镇第二中心小学、鳌头镇中心小学、鳌头镇同心小学；从化市一级学校18所，分别是城郊街中心小学、城郊街北星小学、城郊街黄场靖安小学、鳌头镇第三中心小学、鳌头镇水西小学、鳌头镇高平镇泰小学、鳌头镇车头小学、太平镇飞鹅小学、太平镇钱岗八一小学、温泉镇第一中心小学、流溪河林场学校小学部、吕田镇中心小学、江埔街中心小学、江埔街禾仓小学、江埔街江埔小学、江埔街联星小学、太平镇屈洞小学、太平镇信诚木棉

小学；广州市义务教育规范化学校 33 所，即流溪小学、西宁小学、太平镇中心小学、街口街中心小学、吕田镇中心小学、良口镇善施学校、温泉镇第二中心小学、温泉镇第三中心小学、太平镇第二中心小学、鳌头镇第二中心小学、鳌头镇中心小学、鳌头镇龙潭同心小学、街口街新城小学、太平镇钱岗八一小学、太平镇菜地塱小学、太平镇银林小学、温泉镇石海小学、温泉镇中田小学、温泉镇龙新小学、鳌头镇人和小学、鳌头镇高平小学、鳌头镇大氹小学、鳌头镇水西小学、良口镇第二小学、良口镇石明小学、街口街团星小学、明珠小学、江埔街锦联小学、吕田镇第二小学、吕田镇第三小学、吕田镇鞍山小学、太平镇飞娥小学、城郊街北星小学。

（市教育局供稿，李能文执笔）

［**流溪小学**］　基本情况。流溪小学是省一级学校，位于街口街城内路 84 号，占地 1.59 万平方米，校舍建筑面积 9659.1 平方米。2009 年末，学校有教学班 30 个，学生 1457 人，有教职工 85 人，其中小学高级教师 69 人，一级教师 8 人；本科学历的教师 43 人、大专学历的教师 33 人。

开展创建文明活动。围绕创建文明城市，构建和谐校园的工作目标，加强对未成年人的思想道德建设。组织开展“讲文明树新风”、“爱国歌曲大家唱”、“中华经典美文诵读”、“全民学英语”、“小手牵大手，文明一起走”等丰富多彩的活动。

加强课题研究。为了加强与学校教学同步的常规教研，把教研活动置于真实的教学语言、真实的学习表现、真实的教学情境、真实的课堂基础上，把教研贯穿在教师教学设计、教学实施和教学反思的全过程。让教师在真实的教学活动中解决问题，使教学过程成为行动研究的过程，将新课程理念体现为课堂教学的常态，促进素质教育有效推进，各学科组都按计划开展“探讨有效的备课形式，增强教学的有效性、有效辅导学生为主题的教学沙龙、名师示范课”等丰富多彩的教研活动，举行从化市有效课堂教学成果展示系列活动。

竞赛成绩。2009 年，学校获广东省中小学校本培训示范学校（《教师建设》教师发展学校）称号；获 2008 年度从化市教育工会精神文明单位奖；获广州市《现代中小学生报》第六届“百所读报用报先进学校”称号；获广州市第二届优秀科普作品积极创作奖；获广州市“读文学名著，做书香少年”课外阅读活动组织奖；获实践新时期从化人精神标兵单位称号；获 2006—2008 年度从化市先进集体称号；成为广州市家长学校示范点；参加“中华腾飞，盛世和谐——广州市第三届校园动漫美术创作比赛”，获动漫展板设计“优秀动漫学校”称号；参加“广州市第五届学校艺术节艺术表演类比赛”获器乐民乐小学组二等奖；《仙人掌汁液净化了水》在广州市第二届优秀科普作品评选活动中获得优秀科普作品积极创作奖；数学科获广州市小学数学学科第二届十佳学科组，在加强科组建设、促进教师专业发展工作中取得较好的成绩，被评为 2008 年从化市优秀学科教研组；参加从化市艺术节舞蹈专项比赛获小学乙组一等奖；启智学校的舞蹈在 2009 年从化市学校艺术节舞蹈专项比赛中荣获特别节目表演奖；少先队大队部获从化市先进少先队组织；二（6）中队获从化市优秀中队光荣称号；学校男、女子乒乓球队参加“新兴杯”首届从化市小学生男、女子乒乓球团体赛均获第一名；与直属学校联合组队参加 2009 年从化市教育系统教职工足球赛获得冠军；参加从化市首届中小学生诵读中华经典美文表演大赛荣获小学组比赛一等奖；语文科组、体育科组在加强科组建设、促进教师专业发展工作中取得较好的成绩，被评为2008年从化市优秀学科教研组。学校荣获2008学年从化市小学教学质量优良单位一等奖。师生个人参加各项竞赛成绩优异：学生获国家级奖励3人次，省级奖励1人次，广州级奖励23人次，市级奖励110人次；教师获国家级奖励2人次，广州市级奖励27人次，市级奖励104人次。

（流溪小学供稿，何观真执笔）

［**中学教育**］ 全市有普通中学25所，在校生4.4万人（含高中），初中学生入学率100%，高中阶段学生入学率为90.67%，比上年增长1.5%。有教职工3027人，其中专任教师2477人。有广东省国家级示范性普通高中1所，即从化中学；广东省一级学校5所，即从化中学、从化二中、从化五中、从化六中、从化七中；广州市一级学校9所，即从化三中、吕田中学、民乐中学、龙潭中学、桃园中学、神岗中学、鳌头中学、棋杆中学、英豪学校初中部；从化市一级学校7所，分别是太平中学、从化四中、河东中学、城郊中学、太平二中、灌村中学、神岗二中；广州市义务教育规范化学校14所，即从化中学、从化二中、从化三中、从化六中、从化七中、吕田中学、桃园中学、神岗中学、鳌头中学、棋杆中学、民乐中学、龙潭中学、太平中学、林场学校。

（市教育局供稿，李能文执笔）

［**从化中学**］ 基本情况。从化中学是广东省一级学校，广东省国家级示范性高中，广东省普通高中教学水平优秀学校。位于从化市街口街城内路239号。学校占地面积12.5万平方米，校舍建筑面积8万多平方米。2009年末，有初中班19个、学生1031人；高中班54个、学生2963人；在职教职工278人，有校长1人、副校长4人；专任教师245人，中学特级教师1人，中学高级教师125人，中学一级教师80人，教师学历达标率100%。学校有从化市学科带头人9人、广州市特约教研员或学科中心组成员8人、省级骨干教师6人。

德育工作。一是抓校风建设和学校光荣传统教育，完善和健全学生管理制度。二是以创建文明城市活动为契机，深化未成年人思想道德建设工程。三是完善“校园大评比”活动。四是继续推进“安全文明校园”工作，校园的监控系统投入使用。五是心理健康教育跃上新台阶，学校被广州市教育局评为“广州市中小学心理健康教育示范学校”。

队伍建设和教学教研。一是加强党支部建设。深入学习实践科学发展观活动，实效明显，成绩喜人。邱榕基书记代表学校党支部两次在从化市学习实践科学发展观活动大会上作经验介绍。二是加强行政班子自身建设，倡导“克己、厚道、乐群、有为”的行政作风。三是抓好教师队伍建设。组织开展“从化市骨干教师培训”、教师外出听课学习、“师徒结对”、远程教育及教师继续教育学习等系列活动，召开学校七届二次教师代表大会。四是加强有效课堂教学的管理和研究。五是加强学科组的建设与管理，开展创建“强势科组”活动。六是加强教学质量的跟踪管理，有效评价教师的教学效果。七是提高教师专业素质，组织12名青年教师参加“从化市骨干教师培训”活动。八是扎实开展各级课题研究，进一步营造科研氛围。学校被中国中小学幼儿教师奖励基金会评为国家教师科研基金“十一五”规划重点课题先进实验单位；邱榕基、吴羽君、李跃建被评为国家教师科研基金“十一五”规划重点课题先进工作者。九是组织教师参加各类教研、研讨及培训活动。杨仁宽被广东省教育厅评为广东省首批名教师工作室主持人。2009年，学校有15人获中学高级教师职称，8人获中学一级教师职称。王水根被广东省教育厅评为“南粤优秀教师”；王水根、向全梅、许佑柏被评为“广州市优秀教师”；谢银开被评为“广州市优秀教育工作者”；肖初炜、殷细敏、夏昶、利志标、宋春华被评为“广州市优秀班主任”。校长邱榕基在学校管理和教育教学领域中成绩显著，被从化市委、市政府授予首届“从化市名校长”荣誉称号；吴羽君、李跃建和杨仁宽被从化市委、市政府授予首届“从化市名教师”荣誉称号。

高考和中考情况。2009年高考：上省重点线197人，比上年增加11人；本科A线以上656人，比上年增加56人；本科B线以上818人，比上年增加14人；禤文伟、黄子斌以662总分获得从化市理科状元，并分别被清华大学、上海交通大学录取；陈梦洁、冼柏辉以654总分获得从化市文科状元；禤文伟、黄子斌、黄靖妍、李惠珍、陈梦洁、冼柏辉、黎湛深分别获得物理科、化学科、生物科、政治科、历史科、地理科从化市总分状元；谢国添、朱远彬、廖卓瑶、邝达平、何振超、孙韵婷、马浩滨获理科基础广东省状元；有16人次获得从化市各项单科成绩状元；总分600分以上115人，比上年增加73人。学校连续13年荣获广州市高中毕业班工作一等奖。2009年中考：总分A等（648分以上）201人，700分以上121人，比上年增加31人。总平均分639.4分，名列从化市第一。杨智斌以775分荣获从化市中考总分状元（名列广州市第31名）；黎咏乔成为从化市本届中考第二个进入广州市前100名的考生。从化市前七名均被从化中学包揽。有202人次获得从化市单科第一名和并列第一名。学校荣获从化市初中毕业班工作一等奖。

校园文体活动。一是精心策划组织“爱国歌曲大家唱暨国庆成立60周年大型晚会”、“从化市老少共庆建国60周年”、“清廉薪火从化行活动”等大型活动。二是承办从化市退休协会组织的“老人节联欢活动”。三是成立学校体育协会，开展各项有益教职工身心健康的文体活动。四是学校参加2009年从化市中学生田径运动会，高中组荣获团体总分第一名，初中组获团体总分第六名。2009年，学校被广州市体育局、广州市教育局评为广州市青少年校园足球活动布局学校。

校园基础工程建设。2009年9月7日，学校大门（树·门）落成并投入使用；标准运动场投入使用，运动场看台完成招标并开始施工；高三楼电教室改造成课室2间；对音乐楼多功能室进行改造装修；在校园内安装视频监控系统；完成学校校舍危房的排查和鉴定工作。

（从化中学供稿，梁苗执笔）

[**从化市第六中学**] 基本情况。从化六中是广东省一级学校，位于江埔街沿江南路300号。学校占地11.4万平方米，校舍建筑面积5.35万平方米。2009年末，有初中班18个、学生987人，高中班32个、学生1688人，在职教职工185人，有校长1人、副校长3人，专任教师163人，其中高级教师（含研究生学历）35人、中学一级教师75人，教师学历达标率100%。全校有从化市名教师、从化市学科带头人、省级名师培养对象、省级骨干教师培养对象各1人，广州市骨干教师4人；阮筱梅老师被评为从化市名教师，李永雄老师被评为广州市“十佳”数学老师；

选拔从化市骨干教师9人，校级学科带头人9人及从化六中骨干教师培养对象12人。

2009年，学校获广东省普通高中教学水平评估优秀等级；获广州市民主管理学校三星级单位、广州市安全文明校园、广州市心理健康教育示范学校、广州市优秀家长学校等称号；学校饭堂2009年12月获得广州市食品卫生B级单位的认证。

创建国家级示范性高中。围绕创建国家级示范性高中和高中教学水平评估优秀等级的目标，一是做好宣传发动，采取各种方式（升旗讲话、会议、活动等）向教职工和学生进行创示范性高中和高中教学水平评估宣传教育，提高师生知晓率、参与率和荣誉感。二是制定《从化六中迎接广东省普通高中教学水平评估工作方案》、《从化六中普通高中教学水平评估资料目录表》、《从化六中高中教学水平评估资料准备要求》及《资料收集推进表》，对评估工作作出周密的安排，做好迎评资料的整理，做到齐全、详实、规范。实施有效课堂教学，提高课堂优良率。三是做好迎评工作，11月26日至28日，广东省普通高中教学水平评估组一行11人，对学校进行普通高中教学水平评估，评估组一致认为：该校的办学理念先进，办学目标明确，领导班子团结精干，教师队伍敬业精良，学校管理科学民主，课程改革真抓实干，教学质量快速攀升，社会声誉日益提高，是一所具有广阔发展前景的区域性重点高中。评估等级为“优秀”。四是争取上级部门的支持，申报工作经过逐层审批，现已进入省督导室审批阶段，创建示范性高中的各项筹备工作正密锣紧鼓地进行。

教学教研。实施“三限课堂教学管理模式”（“三限”即限时讲授、限时训练、限时反馈），把其作为学校课堂教学改革研究的课题，大力提高课堂效率。全年开展“三限”公开课466节，备课组活动超过1180次。实践证明，通过实施“三限”教学模式，促进“三变”（变注入式教学为启发式教学，变学生被动听课为主动参与，变单纯知识传授为知能并重），突出学生主体地位，逐步建立起合作、探究的自主构建型课堂。组织参加2009年从化市中学生田径运动暨广播操比赛，获广播操队乙组第一名、团体总分第三名并进入甲组。

高考和中考情况。2009年高考：上本科线以上313人，占47.10%；上省专B线以上646人，占97.28%；高考工作获广州市高中毕业班工作二等奖，4个学科获广州市突出贡献奖；语文备课组和教师何忍旭、黄巧云、张镇亮获从化市突出贡献奖（集体、个人）。其中理科基础有2人满分，江镓威以125分夺从化市语文第一名；陆倩仪以137分获得从化市英语第二名；谢鹏勇以137分获得从化市化学第二名；邓治成、邝英杰以127分获得从化市地理第二名。2009年中考：总分平均分637.8分，全级优秀率65.50%、合格率90.86%，获从化市初中毕业班工作质量一等奖；英语和物理平均分、全科合格率、平均合格率、总分合格率均比同组学校高，陈嘉敏、陆颖君分别获物理满分100分、化学满分100分。

德育工作。一是开展“廉政文化进校园”教育活动。二是开展感恩主题教育活动。利用重大节假日，如三八节、端午节、五四青年节、母亲节、国庆节等，引导学生通过参与实践活动，用各种方式表达自己的感受、感想，增强学生对社会主流思想的认同感。三是开展“安全、和谐校园”主题建设活动。四是完善开展家、校、社区三位一体的德育教育网络体系。五是创造性地开展活动，增强团队的凝聚力和影响力。如开展创建绿色校园、“环保手抄报”评比、废品回收、“成年宣誓”、十八岁青春感言征文、千万贺卡寄真情——学会感恩征文、学生参与到志愿服务活动。推行值周班工作制度，提高学生“自我服务、自我管理、自我教育”的能力。开展“星级班集体”评比活动，成立由学生干部组成的课间操监督小组、仪容仪表检查小组和墙报评比小组，让学生参与学校的民主管理工作。

完善新校区设施设备。完成新校区物理、化学、生物探究实验室、实验室和仪器室的建设。完成新校区校园音响系统、校园网的建设。完成新校区的初步绿化美化工作，以及新旧校区之间的道路修整。

（市第六中学供稿，黄房新执笔）

职业与成人教育

［**概述**］ 全市有中等职业技术学校2所（见表1），即：市职业技术学校和市技工学校，开设专业35个，在校学生7157人，专任教师286人。全市有乡镇成人文化技术学校7所（见表2），其中鳌头镇、太平镇、城郊街的成人文化技术学校为广东省示范性乡镇成人文化技术学校，江埔街、温泉镇、良口镇、吕田镇的成人文化技术学校为广州市示范性乡镇成人文化技术学校。加快推进职业技术教育园区建设，园区第一期各项建筑工程基本竣工，投入4875万元，完成征地109.91亩、建筑面积2.09万平方米。从化市太平职业高级中学更名为从化市旅游职业学校，并与成人中等专业学校一起并入市职业技术学校办学。举办主题为“广州·从化手拉手合作共进，推动从化职业教育发展”的联合办学活动，广州市轻工职业技术学校将价值80多万元的先进教学设备提供给市职业技术学校使用。贯彻省委、省政府部署的“双转移”战略，全年开展农村实用技术培训达7.3万人次；开展转移农村富余劳动力培训人数达6683人，考取各种技能证书2653人，转移就业2865人。

表1　从化地区中等职业技术学校基本情况表

学校名称	地址	学校占地面积（平方米）	学校建筑面积（平方米）	2009年招生人数	2009年末在校中专生（人）	2009年末在校教职工		至2009年末已开设的专业（个）	2009年毕业人数	2009年毕业生综合就业率（%）
						总人数	其中专任教师人数			
市职业技术学校	从化市街口旺城大道337号	118548	28241	1321	3041	162	100	13	548	99.2
市技工学校	从化市江埔街海朗村	96370	77558	1533	4116	236	186	22	997	99.2

表 2 从化地区乡镇成人文化技术学校基本情况表

学校名称	地址	学校占地面积（平方米）	学校建筑面积（平方米）	2009 年开设的培训项目	2009 年培训人数	2009 年末在校教职工	
						总人数	其中专任教师人数
鳌头镇成人文化技术学校	从化市鳌头镇棋杆圩中华路 2 号	11255	2670	电脑、空调、酒店服务、蔬菜工、果树工	2804	7	6
太平镇成人文化技术学校	从化市太平镇佛岗村	3330	2500		5446	4	2
城郊街成人文化技术学校	从化市城郊街新村北路	2064	1641		6636	4	2
江埔街成人文化技术学校	从化市江埔街政府内	2530	1961		4704	3	1
温泉镇成人文化技术学校	从化市温泉镇源湖村	4192	1957		7056	4	2
良口镇成人文化技术学校	从化市良口镇塘尾村	7992	2050		5306	4	2
吕田镇成人文化技术学校	从化市吕田镇北街	3716	1606		5583	3	1

（市教育局供稿，李能文执笔）

[**从化市职业教育中心**] 基本情况。2009 年 7 月，从化市成人中等专业学校划归从化市职业技术学校（农校）管理。市职教中心由广州市广播电视大学从化分校、从化市教师进修学校组成，学校实行一套班子两个牌子的管理模式。学校位于街口街青云路 16 号，校园占地面积 6000 平方米，校舍建筑面积 6847 平方米。2009 年，电大毕业生 787 人；全年招电大生 1212 人。至年末，有在校生 2632 人，其中电大专科 1694 人、电大本科 938 人；在职教职工 48 人，离退休教工 64 人，有校长 1 人、副校长 2 人，专任教师 36 人，分为中英组、文科组、理科组、财经组和电教组，其中高级职称 4 人，中级职称 26 人。

教师继续教育培训。一是开展关于中小学教师继续教育专题调研，并形成专题调研报告通过市教育局提交给从化市政协。二是开展骨干教师培训。其中开设中学、小学教导主任培训班各 1 个，分别培训 44 人和 65 人。组织小学语文、英语和数学科组长培训班各 1 个，分别培训 73 人、72 人和 68 人。组织中学、小学骨干教师培训班各 1 个，分别培训 126 人和 125 人。三是扎实推进远程教育培训。其中报读广州市第 0802 期远程课程 105 人次，报读广州市第 0901 期远程教育课程 3047 人次，报读 2009 年暑期教育系统突发公共事件应急管理课程 787 人次。四是组织培训者参加各类培训。学校组织 1 位教师参加华中师范大学举办的广州市 12 区培训机构骨干教师培训班；组织 4 位老师参加广东省教育技术中级培训主讲教师资格培训和高级研修班培训。五是开展心理健康 B 级和 C 级证书班培训，分别培训 68 人和 63 人。

教学工作。学校坚持把质量意识贯穿于教学全过程，形成学校、辅导教师、学生和班主任的“四位一体”的教学管理模式，并采取措施，加强教学全过程的管理和质量监控。一是贯彻落实各项教学管理规定，规范教学管理。二是以检查促教学。三是加强集中实践性教学环节的管理，提高学员分析问题和解决问题的能力。四是强化教学研究活动，为提升教师素养搭建平台，该校的一项广州电大科研课题“关于开放远程教育课程教学模式的研究”获得省级电大立项，有四位教师参与科研课题。

加强学校管理。学校注重制度建设，先后修订完善《从化市职业教育中心教师管理规定》、《从化市职业教育中心后勤人员管理规定》、《从化市职业教育中心合同工管理规定》、《从化市职业教育中心岗位津贴方案》等一系列规章制度，使学校管理工作更规范。

开办首届村干部电大专科学历培训班。为支持新农村建设，在市委组织部的支持下，学校于 2009 年 7 月进行“一村一大学生”招生，第一期招收村干部 101 人，开办首届村干部电大专科学历培训班。学员主修行政管理专业，学制三年，课程包括必修课、选修课、公共选修课和实践环节，并针对村干部的工作性质，专门加设农村管理、社区管理、计算机应用等专业课。

新校区建设。新校区地址在街口旺城大道 337 号，建设项目正按规划有序推进，至 2009 年末，已完成新校区的土建，进入装修工程建设的招投标阶段。

（市职业教育中心供稿，巢伟泉执笔）

[市职业技术学校（市农业中等专业学校）]

基本情况。市职业技术学校是从化市政府主办、市教育局管理的全日制综合型中等职业学校，位于城郊街道办事处旺城大道 337 号，2009 年 9 月增挂从化市旅游职业学校牌子。同年被省教育厅授予广东省重点中等职业学校称号。2009 年末，学校占地面积 11.67 万平方米（174.99 亩），建筑面积 3.76 万平方米。有教职工 165 人，其中专任教师 100 人，高级职称 5 人，中级职称 27 人，高级技师 1 人，技师 13 人。开设数控技术应用、机电技术应用、制冷和空调设备运用与维修、汽车运用与维修、计算机及应用、计算机网络技术、电子商务、会计、幼儿教育、旅游服务与管理等专业 13 个，有教学班 61 个，全日制在校学生 3041 人。全年各专业招生 1321 人，学校招生工作被省教育厅评为一等奖。2009 届毕业生 488 人，推荐就业 485 人，就业率 99.4%。

教研教学成果。学校成功申报为广州市教育局中职有效教学试点学校，把《有效的职业技能训练的实践及其研究》作为学校研究的总课题，下设子课题 43 个，其中李丽芳老师的课题被定为广州市教研室研究子课题。学校开展思维能力、珠算、电子小制作（闪光灯循环电路）、点钞 4 个项目的竞赛，取得预期效果。组织 34 名学生参加广州市组织的项目竞赛。骆惠华老师被评为 2009 年广州市优秀班主任。

组织开展公益活动。学校团委多次组织

学生参与公益活动，如到街口敬老院和城郊街敬老院进行敬老活动，参加团市委组织的“文明出行，从我做起”交通安全宣传活动，组织适龄学生参与献血活动，参加市委宣传部组织的“支持从化市创建全国文明城市”宣传活动等。通过活动，增强学生的公民责任心。

开展专业考证和农民科学技能培训。全年组织各级技能考证1094人，其中汽车维修工107人，计算机图像制作员43人，电子商务员27人，制冷设备维修工15人，数控车床工58人，维修电工中级72人，计算机绘图员55人，高级电工16人，维修电工上岗证163人，会计从业资格证172人，珠算证295人，统计从业资格证71人。组织培训农民工1148人，其中初级维修电工59人，计算机办公软件80人，新型农民培训班16期1009人。还组织农民科学知识讲座80期。

改善办学条件。根据市委、市政府“长远规划，分步实施”的策略和“调大、调强、扶优、扶特”的原则，全市职业教育资源整合于9月完成。从化市职业教育园区一期工程已建成投入使用教学楼1栋，面积8618平方米；宿舍楼1栋，面积2875平方米。

（市职业技术学校供稿，叶平执笔）

大学教育

［**概述**］ 辖区内有高等院校10所（见表3），分别是广州大学华软软件学院、广州南洋理工职业学院、华南农业大学珠江学院、广州城建职业学院、广州医学院从化学院、广州工程技术职业学院、广东水利电力职业技术学院、中山大学南方学院、广州华夏职业学院、广州电视大学从化市分校。高等教育发展迅速，各学校的办学规模和招生规模不断壮大，已成为高级人才、科研技术、教育资源的集中区域。2009年，除广州电视大学从化市分校外，9所高等院校开设202个专业，招生2.3万人，在校学生6.06万人；在校教职工总数3921人，专任教师2722人，教授138人，副教授499人。高等院校主要为民办二级学院或公办独立学院，以开设三年制的大专学历教育为主。

2009年，市内自学考试大专开考的专业55个，本科开考的专业51个，报考自考大专及本科的共2.58万科次；是年获自考大专毕业证183人，获自考本科毕业证79人。

表3　从化地区高等院校基本情况表

学校名称	学校性质	地址	学校占地面积（平方米）	学校建筑面积（平方米）	2009年招生人数	2009年末在校大学生		2009年末在校教职工		至2009年末已开设的专业（个）	2009年毕业人数	2009年毕业生综合就业率（%）
						总人数	其中本科生人数	总人数	其中专任教师人数			
广州大学华软软件学院	民办	从化市广从大道13号	321678	186296	3378	10541	871	711	491	33	1923	95
广州南洋理工职业学院	民办	从化市太平镇神岗三百洞大道	199800	118568	1696	6154	0	394	208	29	1717	98.01
华南农业大学珠江学院	民办	从化市江埔街白田岗	137862	110000	2656	8588	894	508	358	26	1616	99.67
广州城建职业学院	民办	从化市环市东路166号	524142	209021	5025	12075	0	697	487	13	2917	98.46
广州医学院从化学院	公办	从化市江埔街大江路	75258	27316	856	2151	0	109	80	5	679	96.47
广州工程技术职业学院	公办	从化市江埔街海朗村	241092	93045	2774	4996	0	238	161	46	986	94.7
广东水利电力职业技术学院	公办	从化市江埔街江村	450882	210000	1796	5392	0	570	360	30	1210	99.8
中山大学南方学院	民办	从化市温泉镇乌土村	666000	145654	3887	9726	1485	596	515	14	0	0
广州华夏职业学院	民办	从化市棋杆镇	171828	29200	951	951	0	98	62	6	0	
广州电视大学从化市分校	公办	从化市街口街青云路	4196	6044	1100	2700	900	60	33	18	1000	

（市教育局供稿，李能文执笔）

（潘彦编辑）

卫生　体育

卫生事业

[**管理机构**]　市卫生局属政府序列行政单位，办公地址在从化市街口街河滨南路39号。定编20名，其中公务员编制18名、机关工勤编制2名。2009年末，在职16人，有局长1人、副书记1人（由派驻纪检组长兼任）、副局长1人。内设机构有：党政办公室、人事科、计财科、医政科、防保科。下属机构20个，分别为卫生情报信息资料室、市中心医院、市中医院、市疾病预防控制中心、市卫生监督所、市慢性病防治中心、广州血液中心从化血站、市“120”急救医疗指挥中心、赤草医院、街口街医院、江埔街医院、城郊街医院（三街医院分别加挂社区卫生服务中心牌子）、吕田镇医院、良口镇医院、太平镇医院、温泉镇医院、鳌头镇医院、太平镇神岗医院、温泉镇灌村医院、鳌头镇龙潭医院。驻局代管机构有：市红十字会办公室、市初级卫生保健委员会办公室。

[**基本情况**]　全市有各类医疗卫生机构289个，其中市属医疗卫生机构8个，镇街医院11个，外驻单位医疗机构3个（分别为广东省干部疗养院、广东省工伤康复医院、广州市流溪河林场职工医院，原外驻单位医疗机构水利部广东省水利厅从化疗养院已停业），民营医院1个（明珠医院），厂矿、学校、事业单位、对外门诊等机构26个，个体开业医疗点18个，其他卫生机构1个（从化市残疾人康复中心），农村卫生站221个。

全市有卫生工作人员3648人，其中专业卫生技术人员2690人，每千人口拥有卫技人员4.78人。在专业卫生技术人员中，有执业医师资格765人、执业助理医师资格208人、注册护士1014人、药剂师145人、检验员189人、其他369人。全市有病床1745张（市、镇街两级医院1250张），平均每千人口拥有病床3.1张。

全市各类医疗卫生机构门诊总人数为182.68万人、住院人数为5.7万人、业务收入为3.76亿元，分别比2008年增长16%、13%、17%。药品收入占业务收入比例为39.72%。

[**卫生改革**]　围绕国家和省医改工作部署，有计划、有步骤、分层次地推进医药卫生体制改革。扎实推进镇街医疗机构管理体制改革，3月，市政府印发《从化市镇街医疗机构管理体制改革方案的通知》，确定全市镇街医疗机构改革的方向和目标。完成3间分支机构的资产处置和新设综合门诊、卫生站建设工作；推进市中心医院第二期3号住院楼，市中医院扩建，太平镇、鳌头镇中心镇医院和城郊街社区卫生服务中心等基础设施建设工作。理顺预防监督管理体制，市疾病预防控制中心和卫生监督所实现政事分开管理。建立卫生监督网格化管理模式，促进卫生监督规范化建设。2009年，从化市组建卫生监督协管员队伍。

［**医疗管理**］ 继续深入开展医院管理年活动，开展“医疗质量万里行”工作和医疗安全百日专项检查。加大医院感染管理力度，加强督导检查。启动医疗卫生机构医疗污水整治工作。推进医疗机构合理用药，规范麻醉药品和精神药品管理，举办精神和麻醉药品使用、管理人员培训。强化护理质量管理，提高护理质量和技术水平，完善分级护理制度，建立护长例会制度，提升护理人员素质。完成执业医师注册和变更注册 210 人次；护士执业证书换证及延续注册 1079 人，护士首次注册 112 人，变更注册 41 人。组织医师资格实践技能考试和医学综合笔试，受理考生报名 323 名，通过率 22%。

［**农村卫生**］ 市卫生局不断加强和完善农村卫生服务体系建设，改善农村卫生服务条件，加强基层人员培训力度，提高农村卫生服务能力。太平、鳌头中心镇医院和城郊街社区卫生服务中心建设稳步推进。完成吕田镇医院、太平镇神岗医院、鳌头镇龙潭医院、温泉镇灌村医院功能科室的改造。加强村卫生站业务指导和监管，完成新建村卫生站扫尾工程和验收，继续落实村医补贴政策，对参加新型农村合作医疗的农村居民实行减免收费政策，全年给予村卫生站医生补贴 220.3 万元、减免村民收费补助 241.1 万元。严格执行乡村医生及护士从业管理制度，全年完成 295 名乡医《乡村医生证书》年审工作，经审批加入村卫生站工作的注册乡村医生 5 人、注册护士 7 人。举办全市乡村医生培训班 2 期，培训人员 900 人次。

［**社区卫生**］ 贯彻《从化市发展城市社区卫生服务的实施意见》精神，强化社区卫生服务网格化管理，提高社区卫生服务覆盖率，不断深化“六位一体”（指集预防、医疗、保健、健康教育、康复、计划生育技术指为一体）的服务功能。扎实推进街口街、江埔街、城郊街社区卫生服务中心标准化建设。开展家庭病床服务项目，推进家庭健康建档工作。全年建立社区居民健康档案 4.5 万份，设置家庭病床 88 张，提供家庭医疗服务 3024 人次。启动药品统一配送和政府补助 10%门诊基本医疗费用政策。全年补助 5652 人次，减免医疗费用 1.71 万元。加大全科医生培训力度，积极开展送卫生进社区活动。

［**慢性病防治**］ 结核病控制管理项目稳步推进，加强归口管理。全年接诊本地户籍人口可疑病人 1359 例，确诊肺结核病 425 例，其中涂阳病人 218 例，涂阴 207 例；确诊流动人口涂阳肺结核病人 51 例，涂阴病人 87 例。健全麻风病三级防治网络，完成麻风病管治各项量化指标。全年管治麻风病人 3 例，临床治愈 1 例，患病率 0.36/10 万，管治率达 100%。加强糖尿病、心脑血管病等慢性病防治。全年报告高血压 2428 例，糖尿病 1313 例。加强碘缺乏病、狂犬病等地方病防治。推进美沙酮维持治疗门诊工作，全年入组人数 106 人，维持治疗管理 29 人，日平均替代治疗 19 人。

［**卫生应急管理**］ 不断提升重大突发事件处置能力，推进突发公共卫生事件监测预警信息系统建设，提高整体队伍参与重大突发公共卫生事件应急应对能力，继续做好突发公共卫生事件相关信息的网络直报，加强卫生应急队伍建设。全年举办医疗防疫人员疫情处理和应急处理培训班 12 期。组队参加广州市及从化市人民防空、防涝演练及火灾应急处置演习，以及从化市高中会考医疗保障等活动。全市没有发生突发公共卫生事件。

［**红十字会工作**］　一是市红十字会弘扬“人道、博爱、奉献”的红十字精神，全年募集社会捐款 11.61 万元。二是开展扶贫助学活动，全年筹集 13.63 万元资助贫困学生 184 人次。三是开展社会急救医疗救助，全年为 17 名无经济支付能力的突发意外事件伤病员发放救助金 11.67 万元。四是开展以“红十字博爱送万家”为主题的社会救助系列活动，向吕田镇、良口镇、温泉镇、鳌头镇、太平镇、城郊街及部分贫困村发放衣服、运动鞋、棉被、牙刷等物资一批，价值 50 多万元。五是开展初级卫生救护培训。派出 4 名医务人员参加广州市组织的师资培训班；5 月，举办第 62 个“世界红十字日”和国家首个“减灾防灾日”活动，为群众举办初级卫生救护技能现场教学；9 月，在“世界急救日”期间，举办卫生救护知识讲座；12 月，为教育系统校医、体育老师、公安干警和志愿者 400 人提供救护知识培训。

［**无偿献血**］　完善血站质量管理体系建设，加强采血管理和血液检测工作，加强人员培训，确保临床用血安全。新建新世纪广场爱心献血屋。全年无偿献血 7648 人次，献血量 2097.2 升，分别比上年增长 4.99% 和 13.2%，100%为自愿无偿献血，其中全血 209.72 万毫升，血浆 104.86 万毫升，机采血小板 182 单位（U），为临床提供红细胞类制品 1051 单位（U）。全市医疗临床总用血量比上年增长 14.6%，成分输血达 99%，医疗临床用血 100%来自自愿无偿献血。

［**卫生科研**］　2009 年，全市卫生系统获得 2009 年中国中医药管理局立项课题 1 项（急性缺血中风临床路径建立与评价的示范性研究）；广州市卫生局立项课题 10 项，其中一般引导性项目 3 项：儿童肾病综合征 NPHS2 基因筛查及临床应用研究、新辅助介入化疗对宫颈癌的疗效研究、脊椎椎管狭窄高危程度的临床评估及应用；推广新技术新项目 9 项：巴氏染色与妇科白带快速染色液染色的对比研究、反复性流产的淋巴细胞主动免疫治疗、超激光治疗痛经的临床应用、婴儿吸吮联合脉冲治疗和穴位按摩催乳作用的临床应用、生物反馈—电刺激—盆底肌肉锻炼联合进行产后盆底肌肉康复训练、快速脑干听觉诱发电位在基层儿童保健工作中的应用、从化市社区慢性肾脏疾病流行病学调查、多功能动态尿液计量瓶在危重病人监测中的应用研究、主动脉球囊反搏术治疗心肌梗死并心源性休克的临床应用；从化市科技局立项课题 1 项：补阳还五汤联合贝那普利治疗早期糖尿病疗效观察。全年发表在国家级期刊论文 62 篇。

［**打击非法行医**］　全年没收医疗物品 2330 千克，罚款 8000 元，吊销医疗机构执业许可证 1 家，吊销执业医师注册证 1 人。开展打击“两非”（非医学需要鉴定胎儿性别和选择性别终止妊娠的非法行为）专项监督检查，查处超范围开展 B 超诊疗活动医疗机构 1 家。

（市卫生局供稿，蔡松深执笔）

爱国卫生

［**管理机构**］　市爱国卫生运动委员会办公室属副局级行政单位，办公地址在街口街开源路 29 号。定编 5 名，其中行政编制 3 名、事业编制 1 名、政府雇员 1 名。2009 年末，在职 5 人，有主任 1 人、副主任 1 人。内设机构有：综合科。下属机构有：爱国卫生服务站。

［**启动创建国家卫生城市工作**］　5 月 14 日，从化市委、市政府在市流溪影剧院召开创建全国文明城市、国家卫生城市动员大会。会上，全市 46 个创建全国文明城市、国家卫生城市牵头单位和 8 个责任单位负责人向市委书记欧阳知递交《从化市创建全国文明城市、国家卫生城市责任书》，启动创建国家卫生城市工作。市成立创建国家卫生城市工作指挥部，下设办公室在市爱卫办，印发《从化市创建国家卫生城市实施方案》，落实创卫经费，并按照第一阶段的工作任务，开展全面的宣传发动和调查摸底工作，在街口街凤仪社区和青云公园、金瓯广场的沙井口安装防蚊闸 118 个，作为 2011 年灭蚊达标工作的试点。在街口、江埔、城郊街道办事处各社区规划和设置爱卫宣传栏，为全面启动创建国家卫生城市工作，做好宣传舆论准备工作。

［**农村改水**］　全年全市完成农村改水 54 个自然村，人口 3.11 万人，其中一次改水 24 个自然村，5802 人；二次改水 30 个村，2.53 万人。农村改水工作完成的重点工程有：城郊街横江居委 4 个自然村的通水工程；良口镇达溪村村民饮用水工程；钱岗、文阁等 6 个行政村饮用水工程；太平镇木棉村二次改水工程。至年末，全市 1520 个自然村中，已通自来水的有 1412 个自然村，占 92.9％，农村饮用自来水受益人口达 39.43 万人，占农村总人口 95.6％。

［**农村改厕**］　7 月，开展全市农村使用户厕情况调查，制定《从化市农村改厕工作方案》，把 2009 年至 2010 年全市农村改厕任务分解到各镇（街）。配合市生态文明村建设，结合“五改五有”（改水、改厕、改巷道、改排水排污渠、改牲畜栏；有宣传阅报栏、有生态小公园、有文化小广场、有篮球场、有垃圾屋或垃圾池）抓好农村户厕的改造。全年完成户厕改造 1.12 万户。

［**创建省和广州市卫生村活动**］　先后两次举办创建省、广州市卫生村业务知识培训班，组织各镇（街）分管领导和专职干部到番禺和肇庆广宁县参观学习各级卫生村的先进经验。全年全市创建省卫生村 8 个，广州市卫生村 22 个。至年末，全市有省卫生村 33 个，广州市卫生村 86 个（见下表 1）。

［**病媒生物防制**］　结合城乡清洁工程，对全市城乡进行全面的环境整治和药物喷洒，有效地控制病媒生物的孳生，使四害密度保持在国家规定的标准范围内。防制的重点工作有：一是对太平镇邓村、菜地塱和温泉沙岗等村进行药物喷洒工作，发动村（社）大搞环境卫生、清理积水、清除孳生地，有效降低蚊蝇密度。二是对江埔街联星村登革热疫点进行药物防控，组织人力对疫点一公里范围的村内外环境先后两次进行药物喷洒和烟熏，对蚊虫孳生地进行清理。三是承接 2010 年亚运会跑马场和周边 5 公里范围内病虫媒生物防治的喷洒和消毒任务，在 10 月和 12 月完成两次药物喷洒。

［**健康教育**］　结合从化创建全国文明城市和国家卫生城市工作，在全国爱卫月和卫生清洁月，分别联同市创文办、市健教所以及市科协等有关单位，深入到各镇（街）、村，举办各种类型的宣传咨询活动 5 场，发放宣传单张 2 万多份。开展控烟活动，向各单位发放“禁烟标志”500 多份，公共场所、各单位会议室均按要求设立“禁烟标志”。

［**存在问题**］　一是全市农村仍有 108 个自然村 1.83 万人未通自来水，有 186 个自然村

5.3万人需要进行二次改水。农村改水资金经初步核算，需投入资金3067万元左右（其中一次改水1395万元，二次改水1672万元），资金缺口大。二是全市农村仍有2.25万户农户使用旧式茅厕，占有户厕的25.5%，特别是吕田、良口等边远山区的农民大多数使用的仍是旧式茅厕。为早日达到省和广州市的要求，使90%以上的农户能使用上清洁卫生的三级无害化卫生户厕，市财政还须加大对农村改厕配套资金的投入。三是农村爱国卫生工作仍未建立和健全长效的卫生管理机制。四是市财政每年划拨的病媒生物防制经费5万元，远远不能满足全市城乡除害防病工作的需要。

表1　从化市各镇（街）历年创建广东省、广州市卫生村情况表

镇（街）	编号	村（社）名	获广州市卫生村称号年度	获省卫生村称号年度
鳌头镇	1	楼星村杉田社	2005	2006
	2	高平村上芦社	2006	2006
	3	潭口村卜篷社	2007	2008
	4	洲洞村洲峰社	2007	2008
	5	西向村大卜社	2007	2008
	6	月荣村东方红社	2008	
	7	新围村西瓜地社	2008	
	8	黄茅村永安社	2008	
	9	南楼村铺锦社	2008	
	10	横岭村一社	2008	
	11	帝田村大田社	2008	
	12	横岭村七队	2009	
	13	民乐村	2009	
	14	中塘村大石古社	2009	
	15	石咀村东坑社	2009	
城郊街	1	茂新村	2006	2007
	2	光辉村田心社	2007	2008
	3	小坑村一社	2007	
	4	大夫田村	2007	2008
	5	北星村	2008	2009
	6	西和村一社	2008	
	7	向阳村六社	2008	
	8	水坑村二社、四社	2008	2009
	9	光辉村一社	2009	
	10	荷村二十社	2009	

续上表

镇（街）	编号	村（社）名	获广州市卫生村称号年度	获省卫生村称号年度
江埔街	1	鹊塱村上一社	2006	2006
	2	凤二村新群社	2007	
	3	凤二村田一、田二社	2007	
	4	禾睦村	2007	2008
	5	凤一村钱山社	2007	
	6	黄围村四爪浪社	2007	
	7	下罗村忠信社	2008	
	8	鹊塱村大星社	2008	
	9	锦一村长田社	2009	
	10	下罗村东升社	2009	
	11	山下村禾一、禾二社	2009	
街口街	1	城南村	2003	2008
	2	石潭村	2006	2007
	3	赤草村店头社	2007	2008
	4	城郊村二社、二十社	2008	
	5	雄锋村六社	2008	
	6	团星村	2009	
吕田镇	1	小杉丘屋社	2006	2008
	2	坪地村高围社	2006	2008
	3	塘田村古田社	2007	
	4	狮象村上围社	2007	
	5	水埔村墩头社	2007	
	6	小杉村塘边社、横份社	2008	
	7	新联村司马弟社	2008	
	8	东坑村下大步社	2008	
	9	草埔村孙屋社	2009	
	10	份田村份段社	2009	

续上表

镇（街）	编号	村（社）名	获广州市卫生村称号年度	获省卫生村称号年度
良口镇	1	梅树村	2006	2007
	2	乐明村水口围	2006	2007
	3	长流村杨围社	2006	2007
	4	胜塘村第五社	2007	2008
	5	下溪村万角社	2008	2009
	6	溪头村	2008	2009
	7	锦村茅坪社	2009	
	8	赤树村瓦田寮社	2009	
温泉镇	1	宣星村	2006	2006
	2	石坑村红田社	2006	2006
	3	桃莲村猿啼岭社	2006	2006
	4	南平村木一、木二社(木棉社)	2007	2008
	5	宣星村五、六社	2007	
	6	石坑村石坑里社	2007	
	7	桃莲村龙田社	2007	2007
	8	平岗村龙岗里社	2007	
	9	平岗村金鸡社	2008	2009
	10	平岗村尚平社	2008	2009
	11	龙岗村石桥社	2008	
	12	密石村虎形社	2009	
	13	中田村中园社	2009	
	14	桃莲村南大社	2009	
	15	南星村汤屋社	2009	
太平镇	1	三百洞村	2005	2006
	2	木棉村李埔社	2007	2009
	3	木棉村龟咀社	2008	2009
	4	上塘村谭庄社	2008	
	5	元洲岗村黄洞社	2008	
	6	钟楼村金中社	2008	
	7	银林村郭庄社	2008	
	8	神岗村僚仔社	2009	
	9	银林村叶宅社	2009	
	10	邓村	2009	
	11	湖田村三社	2009	

（市爱国卫生运动委员会办公室供稿，
李颖方执笔）

疾病预防控制

[**管理机构**] 市疾病预防控制中心，对外挂市卫生检验中心、市健康教育所牌子，为副局级事业单位，办公地址在江埔街河东南路51号。2009年末，在职71人、临工27人、退休人员15人，其中在职副主任医师1人、主管医（技）师18人、医（技）师24人、医（技）士11人，有书记1人、主任1人、副主任2人。内设机构有：办公室、卫生监测科（劳动卫生科、质量控制管理科）、疾病预防控制科、健康体检科、卫生检验科、预防门诊科、健康教育科。

[**基本情况**] 全年发生法定传染病1532例，总发病率267.44/10万，其中甲类为零；乙类1066例，发病率186.09/10万；丙类466例，发病率为81.35/10万，比上年发生法定传染病1279例上升19.78%，主要是手足口病和肺结核病有所上升。报告病例数居前五位的病种是：肺结核、手足口病、梅毒、病毒性肝炎、流行性腮腺炎，分别为659例、343例、189例、138例和54例，五种传染病占传染病的90.27%（1383/1532）。

全年常规免疫六苗累计接种率分别为：卡介苗99.96%，脊髓灰质炎糖丸99.40%，百白破三联制剂99.43%，麻疹99.30%，乙肝疫苗99.45%，乙脑疫苗99.14%。

[**疾病监测和防治**] 传染性非典型性肺炎防控。加强各镇街“非典”防控的监督工作，提高防控人员技术水平。准备好防护用品，定期检修消毒药械，随时准备应对突发事件。

人禽流感疫情防控。按照《人禽流感疫情应急处理预案》，加强与畜牧、工商等部门沟通，落实2009年高致病性禽流感防治工作措施。

甲型H1N1流感疫情防控。4月开始，疾控中心密切关注国内外甲型H1N1流感疫情态势，在不同阶段按照上级部门不同防控措施进行防控。在流感疫情进入社区流行阶段，中心及时处理甲型H1N1疫情6宗，报告甲型H1N1病例34例。全年举办甲型H1N1流感防治知识培训班7期，培训566人。

季节性流感防控。启动流行性感冒疫情日报零报告工作；举办全市医疗机构相关人员流感防治知识培训班，培训40人；在从化中学举办全市中小学校、托幼机构、教育指导中心相关人员流感防治知识培训，培训222人；为易感人群注射流感疫苗1.42万人份；全年处理流感样疫情13宗，其中符合突发公共事件疫情7宗，涉及504人。

病毒性肝炎防治。全年病毒性肝炎发病率12.95/10万，占乙类传染病的12.95%（138/1066），比上年上升16.95%。其中甲型肝炎12例，占病毒性肝炎的8.7%（12/138）；乙型肝炎48例，占病毒性肝炎的34.78%（48/138）；丙肝57例，占41.3%（57/138）；戊肝12例，占8.7%（12/138）；未分型肝炎9例，占6.52%（9/138）。针对病毒性肝炎发病率维持在较高水平，除加强肝炎工作防治知识宣传外，还保持和提高乙肝疫苗和甲肝疫苗接种率，尤其保持高水平新生儿乙肝疫苗接种率，按上级统一布置开展乙肝疫苗调查漏补种工作。

登革热防治。举办登革热知识讲座1期，培训50人。10月12日，在江埔街联星村处理一起输入性登革热疫情，出动专业技术人员33人次，消杀9.42万平方米，成功控制疫情，没有出现二代病例。

霍乱监测。在辖区内选定3个河水监测

点（即麻村、街口、大坳村）和城区污水点进行外环境采样监测，全年采样 176 宗，其中监测河水 132 宗，污水 44 宗，经检验均为阴性。中心医院在腹泻病人中采样检测 82 宗，没有发现阳性。

艾滋病防控。2009 年全市新增 HIV 感染者 5 例，AIDS 病人 7 例（死亡 1 例）。至年末，全市 31 例 HIV 感染者和 AIDS 病人中，有 27 人接受疾控中心的定期随访。对市看守所、强制戒毒所的吸毒人员进行艾滋病监测，采血 832 人，其中检出 HIV 阳性 4 人，梅毒 8 人。在 5 间娱乐场所针对高危人群开展宣传教育和行为干预工作 8 场次，干预 FSW 人群 1018 人。10 月，举办有各街镇场医院检验和防疫医务人员参加的艾滋病检测技术和艾滋病知识培训班 1 期，培训 60 人。各街镇医院均开展母婴艾滋病筛查工作。

狂犬病防控。全市接诊犬伤及其他动物伤患者 4881 人，3 小时内及时处理伤口 1788 人；接种狂犬疫苗 4881 人，接种率 100%。

碘缺乏病防治。继续落实以食盐加碘为主的防治措施，巩固碘盐缺乏病防治效果。选定 9 个点，在 36 个行政村（居委）、288 户居民中开展食用盐监测工作，检测结果碘盐覆盖率 98.26%。开展 8—10 岁儿童尿碘水平监测，均达到《实现 2010 年消除碘缺乏病目标行动方案》的有关指标要求。以健康咨询等方式在社区和外来务工人员中开展碘缺乏病防治健康教育。

亚运病媒专项监测。对亚运场馆和周边农村以及接待酒店进行蚊、蝇、蟑螂、鼠类监测。从化设有亚运会运动场馆 1 个，即广州马术场；亚运指定接待酒店 3 家，即广州从化碧水湾度假村有限公司、文轩苑、广东温泉宾馆；选定良口镇热水村为主要居民区监测点。从 8 月开始，市疾病预防中心对上述监测点每月开展病媒监测工作，主要针对蚊、蝇、蟑螂和鼠类这 4 类病媒的数量、种类和分布进行调查监测，并按时将数据反馈给广州市疾控中心、从化市牧畜水产局和爱卫办等部门。

布鲁氏病监测。根据广州市疾控中心布鲁氏病监测方案要求，在 11 月对鳌头镇谭口养羊场和良口合群养羊场饲养人员，以及市场销售、肉类加工人员进行监测，采样 35 人，送广州市疾控中心检验，结果均为阴性。

钩体病防控。全年从化发生钩体病 1 例，对病人隔离治疗，无爆发疫情。对鳌头镇车头村普通人群进行抗体监测，共 100 人，上送广州市疾控中心检验，结果均为阴性。

医院消毒效果监测。全年检查医疗卫生单位 36 家，抽检 559 宗，合格率 94.99%，全年全市没有发生院内感染引起的爆发疫情和死亡事故。

［**计划免疫管理**］　开展乙肝疫苗、脊髓灰质炎疫苗及“4·25”计划免疫查漏补种、麻疹查补种和疫情处理。全年没有发现疑似脊髓灰质炎病例，发现麻疹病例 3 例，新生儿破伤风 1 例，AFP 病例 1 例（排除脊髓灰质炎），15 岁以下乙肝病例 9 例，AEFI 病例 5 例。在外来务工人员中开展防病知识宣传活动。开展计划免疫培训及新生入学验证补种工作，至年末，已完成验证小学 64 所，幼儿园 50 所，验证率达 100% 。补证人数 4324 人。

［**卫生监测**］　一是开展日常监测（见下表 2）。二是开展有毒有害因素监测。以《职业病防治法》为依据，对 28 家工矿企业的生产场所进行有毒有害因素监测。其中三苯监测 74 宗，合格率 95.9%；粉尘监测 129 宗，合格率 99%；噪声监测 208 宗，合格率 90.4%；高温监测 35 宗。通过建立职工健康档案和生产环境的监测，给厂方改善生产环

境提供合理的科学数据。三是完成各项专项监测。其中完成亚运会生活饮用水安全保障监测工作。对市自来水公司和骏业供水公司的水源水、出厂水、末梢水各抽检 2 宗，共 6 宗，检验 192 项次，所检项目结果均符合生活饮用水卫生标准。完成亚运会餐具消毒卫生专项调查监测工作。11 月对 6 家餐具集中消毒企业和 37 家餐饮单位进行抽检，抽检餐具 760 宗。完成 2009 年餐饮业熟肉制品危害因素调查工作。完成 2009 年食品污染和食源性致病菌监测工作。全年抽检 54 宗视频进行食品污染和食源性致病菌监测检验，食品种类包括包类、蜜饯、茶叶、大米、米粉、植物油、腐竹和熟肉制品等。开展放射性监测工作。在江埔、城郊、太平、神岗、鳌头、棋杆等街、镇进行监测采样共 132 宗。

［**卫生检验**］　在日常检测工作（见表 3）中，从收样、检测、原始记录到发出完整报告，始终按各项技术规范和计量认证的要求，做好每一份样品的检测，准备好各种采样用试剂、采样工具、采样容器及快速检测用试剂，做好突发公共卫生事件的应急采样及检测工作。

［**健康体检**］　切实做好食品从业人员、公共场所从业人员、学生、驾驶员、职业工人的预防性健康体检工作（见下表 4），不断提高服务质量，有效促进各行业人员的疾病预防控制水平。

［**健康教育**］　一是通过各种媒体，如电视台、电台、《今日从化》等，以及移动通信的农信通项目，组织部的农村干部远程教育信息报送，送展版下乡等途径开展健康教育。二是开展义诊咨询活动。分别在新世纪广场、温泉沙岗村、太平医院门口、河滨南路、太平镇邓村等多个社区、村委开展义诊咨询与宣传活动 18 次。三是开展健康教育周活动。5 月 15 日，开展广州市第九届健康教育周从化分会场活动，主题为“健康呼吸，预防流感”。四是开展应对 H1N1 突发公共卫生事件应急健康教育。五是开展亿万农民健康促进行动，在吕田镇开展狂犬病防治知识的健康教育与健康促进工作。六是在市内 8 所大学开展“艾滋病知识进校园活动”。

表 2　2009 年卫生监测情况

项目		宗数	项数	合格率（%）
饮用水卫生		33	656	89.31
公共场所		7611	7611	96.44
食品卫生	食具	8070	28070	74.01
	食品	355	355	86.41

表 3　2009 年卫生检验情况

分组	项目	宗数	项次
临床检验	乙肝	23445	46890
	谷丙转氨酶	5805	5805
	乙肝二对半	9730	29982
	HIV 抗体	967	967
	麻疹、风疹病毒抗体	8	16
	血常规	9906	178306
	尿常规	9906	108966
微生物检验	肠道菌	23445	46890
	食品	547	2718
	食具	33680	33680
	水质	568	1360
	公共场所	1134	1134
	霍乱监测	176	176
	医院监测	598	1794
理化检验	食品	411	2480
	水质	572	7168
	职业监测	1354	1802
	碘盐监测	288	288
	食具包装材料	19	108

表 4　2009 年各行业健康体检情况

单位：人

体检人群	人数	检出病人	检出率（%）
食品从业人员	17764	918	5.17
公共场所从业人员	5602	323	5.77
驾驶人员	54154	362	0.67
职业工人	14497	2907	23.26

（市疾病预防控制中心供稿，刘厚金执笔）

卫生监督

［**管理机构**］　2009 年 1 月，市卫生监督所与市疾病预防控制中心机构设置分开，为参照公务员法管理的事业单位，办公地址在江埔街河东南路 51 号。定编 35 名。2009 年末，在编 33 人，临聘人员 5 人，有所长（书记）1 人、副所长 3 人。内设机构有：办公室、办证科、公共卫生监督科、劳动和医疗监督科。聘任镇街卫生监督协管员 14 名。

［**基本情况**］　全年核查办理发放各类卫生许可证 3546 个，其中食品卫生许可证 2366 个（包括饮食服务 2033 个，集体食堂 333 个），公共场所卫生许可证 1162 个（包括文化娱乐公共场所 106 个，桑拿浴室 39 个，旅业招待所 186 个，理发美容 783 个，泳场 26 个，商场 22 个），集中供水 15 个，其他 3 个。参与新、改、扩建卫生工程项目设计 430 份，进行建设项目竣工验收认可 419 份。进行卫生监督 6457 户，3.32 万户次，合格 2.75 万户次，合格率 82.0%。警告并限期整改 872 户次，停业整顿 113 户次，立案 31 宗，罚款 33 户次，金额 2.84 万元。调离患“五病”（痢疾、伤寒、病毒性肝炎、活动期肺结核、化脓性、渗出性或接触性皮肤病）从业人员 1267 人。开展食品卫生监督量化分级管理评定 1103 家，其中评定为 A 级 9 家、B 级 50 家、C 级 1044 家。

［**各项执法整治**］　重点场所专项治理。分别在 4 月、6 月、9 月开展三次重点场所专项治理行动，共出动卫生监督人员 428 人次，检查经营性公共场所 508 间，其中桑拿沐足场所 46 间；整改隐患 47 处，其中桑拿沐足场所 9 处。

生活饮用水专项检查。对市辖区内的市政水厂、自建水厂及二次供水设施的基本情况进行调查，发现问题及时通知限期整改，同时对供水企业是否按要求合法使用消毒剂进行监督，共有 15 家水厂通过检查。

打击违法添加非食用物质和滥用食品添加剂专项整治行动。出动执法人员 586 人次，检查餐饮单位和集体食堂 1806 家，重点整治糕点、烧卤熟肉制品、冷热饮品和米面制品等环节和产品。

清查“瘦肉精”行动。出动监督员 186 人次，检查肉档 816 个，查出未落实用肉索证索票和台账登记制度的有 6 个，没收和集中销毁不合格肉类制品 60 公斤。

查处无证照或证照不齐食品生产加工单位。核查食品生产加工单位 190 家，确认无证无照 83 家，自行停业 30 家，取缔 32 家，引领经营 41 家。

［**卫生保障工作**］　一是在元旦、春节、五一等重要节日期间，加强旅游景点、车站及其周边的饮食店档、商场、超市的卫生监督巡查，确保食品安全卫生。二是在高考前，组织对中学食堂进行卫生监督，要求做好食品留样，把好食品原料采购关，注意食品加工

过程的卫生管理，并做好学生的防暑降温。高考期间强化对从化中学、从化六中两个考点进行反复监督巡查，保证2009年高考期间没有学生食物中毒事故发生。三是在市党代会，人大、政协“两会”，广州市政协视察活动和从化田心农家乐剪彩活动等重大会议和活动期间，派出卫生监督员驻点进行餐前监督，通过对现场环境考察、索取菜谱、深入每个聚餐接待点进行备餐加工全过程的监督，及时发现存在问题和隐患，迅速加以纠正消除，保障会议和活动的饮食安全。

[**医疗卫生监督管理**] 依法开展医疗许可工作。全年受理医疗机构校验286家，其中新办证1家，增加诊疗科目3家，校验282家。受理医师执业注册129人，协助处理全市护士注册移交1126人。

开展全市村级卫生站专项监督检查。全年检查村级卫生站184个，发出整改通知28份，查处超出诊疗科目开展滴注的卫生站8个，没收药品460公斤。

打击非法行医。加强与市整规办、工商、城管、药监等部门协调，报案37宗，均已办结。取缔无证行医场所67个次，没收医疗物品2330千克，罚款8000元，吊销医疗机构执业许可证1个，吊销执业医师注册证1个。

防控甲型H1N1流感工作。检查全市中小学校和托幼机构137所，对发现的问题和不足及时督促整改落实。

开展职业卫生监督检查。通过组织咨询活动、发放咨询资料、深入工厂面谈等形式宣传《职业病防治法》以及职业卫生知识，提高从业者劳动卫生水平和法律意识。重点对有机溶剂、制鞋、皮革、粉尘和化工等职业危害严重行业进行监督，检查企业78家，发出整改意见书36份。

（市卫生监督所供稿，李锦庭执笔）

二级甲等医院

[**市中心医院**] 基本情况。市中心医院是二级甲等综合性医院，爱婴医院。门诊部位于市区朝阳街1号，保健部位于市区新城西路76号，住院部位于市区从城大道566号。医院占地面积10万平方米，建筑面积13.2万平方米，业务用房建筑面积8.2万平方米。2009年末，在编职工656人，编外职工342人，离退休人员199人。在岗职工中有卫生技术人员787人，占在岗职工的78.86%。卫技人员中有副高职称人员56人，中级职称221人。全院有医学博士1人，硕士研究生26人，本科学历245人，大专学历353人。全院医疗设备总值6495万元，万元以上医疗设备527台（件），其中2009年投入资金1281万元，购买万元以上医疗设备58台（件）。全院有救护车6台，全院设临床科室19个，医技科室6个，定编病床480张，实际开放病床700张。

全年门诊病人70.5万人次，比上年增长16.8%，门诊病人中急诊的有2.11万人次，增长7.6%，门诊小手术17万例，增长4.7%。收治住院病人2.67万人次，增长13.7%。住院病人大中型手术5727例，增长7.4%。抢救急危重症患者1870人，抢救成功率86.5%。出院病人治愈好转率96.4%，住院病人平均住院日8.3天。急诊科“120”出车5786车次，接诊病人6000多人次。

全年业务收入2.1亿元，比上年增长17.7%，其中医疗收入1.2亿元，增长13.7%，药品收入8660万元，占业务收入41.1%。

学习活动。一是作为从化市委第一批学习实践科学发展观活动示范单位，在学习活动结束后，按市委的安排，做好整改落实“回头看”工作。大力整改查找出来的突出问题，投入53万元修建面积6000平方米的中心花园和3200多平方米的休闲林园和小道，美化环境。投入90万元修建大型停车场，可停放小车100多辆、摩托车和单车1000多辆，解决职工和患者家属停车困难问题。投入50多万元修通与环城路连接的院内道路。投入10多万元在一号楼前设置公共汽车站，方便群众就医出行。投入5.2万元购置消防器材一批。投入34万元安装视频系统，加强治安监控。二是按市纪委要求开展纪律教育学习月活动，印发学习资料，出版宣传栏，组织党员和中层干部观看宣传教育电视片《医德医风警示录》，学习《反腐倡廉教育读本（2009）》、《腐败泯灭亲情》等资料。增强党员和干部学习的自觉性和责任感，引导党员和干部常修为政之志，常思贪欲之害，常怀律己之心。三是按市普法办要求完成650多名职工干部网上普法考试工作。四是坚持药品网上阳光采购工作。全年购进药品7424万元，其中中标药品7350万元，占99%，超过广州市卫生局关于药品网上阳光采购的要求。五是全年收到病人赠送锦旗75面，感谢信89封，有251次退回病人红包4.75万元，其中为病人交住院按金1.5万元。六是全院职工参与慈善一日捐款活动，共捐款6.49万元。

荣誉。内一科被广州市委、市政府授予“广州市先进集体”称号，被广东省卫生厅、共青团广东省委授予“青年文明号”，被广州市卫生局评为优秀护理集体。胡伟红被省物价局评为“广东省企事业单位优秀物价员”。曾翠连被广州市卫生局评为优秀护士。钟赛琼被从化市委、市政府授予从化市劳动模范称号。罗玉容被从化市委、市政府授予从化市十佳助人为乐之星称号。宋杰丽被市委、市政府评为“从化市科技先进工作者”。王芝钧被市委、市政府评为从化市科技杰出专业技术人才。蔡旗被市委、市政府授予从化市名医生称号。

科研教学。加强医学继续教育工作，到广州大医院进修学习17人，参加短期培训110人。邀请广州市专家教授来院举办学术讲座107次，参加培训1.51万多人次。接收大专院校实习生243人，接收镇街医院人员进修培训35人。全院医护人员发表论文50篇，其中国家级12篇，省级16篇，广州市级22篇，科研项目《原发性肝癌螺旋CT双期/三期增强扫描推广应用》获从化市科技进步三等奖。全年开展新技术新项目28项，有15项科研项目获得立项，获科研基金资助23万元。其中，广州市医药卫生科技重点项目1项，即《不同血浆比例换血治疗新生儿重症高胆红素血症的研究》。广州市医药卫生科技项目新技术新项目推广应用项目9项，即《宫颈液基细胞学检查：巴氏染色与妇科白带快速染色的对比研究》、《反复性流产的淋巴细胞主动免疫治疗》、《超激光治疗痛经的临床应用》、《婴儿吸吮联合脉冲治疗和穴位按摩催乳作用的临床应用》、《生物反馈—电刺激—盆底肌肉锻炼联合进行产后盆底肌肉康复训练》、《快速脑干听觉诱发电位在基层儿童保健工作中的应用》、《从化市社区慢性肾脏疾病流行病学调查》、《多功能动态尿液计量瓶在危重病人监测中的应用研究》、《主动脉球囊反搏技术治疗心肌梗死并心源性休克的临床应用》。建设广东省中医强省科研课题1项，即《痫宁喷雾剂对大鼠癫痫放电的影响》。从化市科技计划项目1项，即《从化地区大肠癌患者直系亲属大肠筛查》。

重点传染病防治。制定《应对流感大流行准备计划与应急预案》。成立应急工作领导小组和专家治疗小组。组织“禽流感病防治”、“手足口病防治”、“甲型 H1N1 型流感防治”等重点传染病全员培训和应对卫生突发事件抢救演习，配置齐全急救专用设备和防护消毒物资，提高医院应对能力。全年完成 2008 年食用三聚氰胺问题奶粉婴幼儿后续治疗及统计 3834 例，完成手足口病治疗及上报病例 305 例，收治甲型 H1N1 流感 12 例，其中确诊 1 例，疑似病例 11 例。

妇幼保健。全市孕产妇 6025 人，活产数 6036 人。产前检查 5965 人，产前检查率 99.82%。孕产妇系统管理人数 5095 人，系统管理率 84.41%。住院分娩 6021 人，住院分娩率 99.75%（在中心医院住院分娩 2254 人，活产数 2260 人，其中高危孕产妇 1263 人）。孕产妇死亡 2 例，死亡率 33.13/10 万。围产儿死亡 52 例，死亡率 9.28‰。参加评审 52 例，其中不可避免死亡 40 例，创造条件可避免死亡 12 例。引起围产儿死亡的原因主要是畸胎、羊水因素、脐带因素为主。0—6 岁儿童 3.69 万人，系统管理人数 3.51 万人，系统管理率 95.03%。3 岁以下儿童 1.57 万人，系统管理 1.42 万人，系统管理率 90.53%。5 岁以下儿童死亡 37 人，死亡率 6.13‰。婴儿死亡 31 人，死亡率 5.14‰。全市登记结婚 1.19 万人，参加免费婚检 2120 人，婚检率 17.81%，婚检中发现各种疾病 621 人，疾病检出率 29.28%。全市应筛查新生儿 6361 人，实际筛查 6182 人，筛查率 97.18%。确诊 G－6PD（即葡萄糖－6－磷酸脱氢酶，一种遗传性代谢缺陷）缺乏症阳性 495 人，甲状腺功能低下 4 人。全年完成儿童体检 9060 人，幼儿园教师体检 1025 人，新生入托体检 3553 人，视力筛查 8743 人，听力筛查 7612 人，护齿 3519 人。儿童体检中发现各种疾病 990 人，其中体弱儿 271 人，中度以上营养不良 259 人，中耳炎 23 人，视力异常 437 人，并进行跟踪指导治疗。作为国家级“预防艾滋病母婴传播工作”监测点，在全市范围内开展预防艾滋病母婴传播工作。全市接受婚前艾滋病咨询 7394 人，艾滋病检测 6669 人。全年完成妇女病普查 6661 例，其中机关企事业单位女职工妇女病普查 4793 名；开展“南粤春暖行动”为农民工妇女进行妇女病普查 1000 人；开展“关爱母亲，健康同行”活动为低保家庭妇女免费妇检 868 人。查出各种疾病 2760 例，疾病检出率 41.43%。对检出疾病的妇女给予指导和治疗。高质量完成计生“四术”工作，放环 107 人，引产 378 人，结扎 179 人。

义诊和体检工作。全年到镇医院参加会诊、手术 120 次，组织医疗队下乡义诊 6 次。完成年度高考学生体检 3900 人。全年完成企事业单位团体健康体检 4.7 万人。11 月派出 18 人参加市征兵体检工作，圆满完成体验任务。

（市中心医院供稿，邓汉洲执笔）

【**市中医院**】 基本情况。市中医医院是二级甲等中医医院，院址在街口街镇北路 21 号。医院总占地面积约 8666 平方米，业务用房建筑面积约 1.48 万平方米。2009 年末，有在职员工 377 人，其中在编 264 人，编外 113 人。在职员工中卫技人员 329 人，其中：医生 112 人、药剂师 29 人、护士 166 人、医技师 22 人；高级职称 22 人，中级职称 74 人，初级职称 233 人；学历结构为硕士研究生 9 人，本科 80 人，大专 97 人，中专及高中以下 143 人。全院万元以上医疗设备共 186 台(件)，总价值约 2742 万元，较大型设备有美国 GE 全身螺旋 CT、ATL 三维彩色 B 超、日立 500mAX 光机、C 臂 X 光机、GE 中央＋床边多功能心电监护仪、日立 AU400 全自动生化分析仪等。设置病床200张，实际开放病床240张。有救护车4台。设置临床科室16个，医技科室3个。全年门诊、急诊19.58万人次，住院9034人次，病床使用率112%，辅助科室检查14.54人次，住院手术1286例，门急诊手术1325例，抢救危重病人220人，抢救成功率61%。全年全院开展新技术新项目35项。全年总收入8484万元。

基建情况。2008年，市政府将原街口电珠厂旧厂房划拨给中医院使用，通过招标，从2009年5月开始对该楼房进行全面改造和装修，至11月20日完成改造投入使用，该楼主要设行政办公室、砭石、理疗和后勤保障等科室。原住院部九楼和门诊四至五楼，经过重新设计和装修后用作病房，增加病床100—120张。加快位于青苔坑以北30多亩医院扩建用地的征地工作，至年末，医院扩建工程征地工作已接近尾声，土地丈量超过90%（注：扩建第一期建设门诊住院综合楼，设计楼高12层，建筑面积3.38万平方米，工期为3年，预计新增病床560张）。

防范医疗纠纷。进一步加强基础理论、基本知识、基本技能“三基”培训，举办“防范医疗纠纷”业务讲座，认真履行告知义务，确实维护患者知情权，并在此基础上，加强全院职工的职业道德教育，对潜在的医疗差错隐患及时纠正。试运行格式病历，使医护人员有更多的时间与病人进行交流、沟通。全年先后处理医疗投诉12例，通过听取病人及家属意见，耐心细致解释工作，积极与病人家人做好善后工作，医疗纠纷均得到圆满解决。全年没有发生重大医疗差错。

专科建设。一是以创建“省中医名院”为目标，实施中医名医、名科、名院“三名工程”战略，以中医名科建设带动全院综合服务能力的提高，突出中医药特色，进一步加强脑病专科、肿瘤专科、泌尿专科、中西医结合儿科以及肛肠专科等专科的建设。骨外科、泌尿外科、普外科等手术科室在全面展开现代微创外科技术的同时，也注重传统医学中手法复位和小夹板固定技术以及各种中药合剂、药膏、跌打酒等的研发、运用。二是砭石治疗中心于2008年6月挂牌成立，该中心主要是以“施氏砭术综合疗法”为主，系国家级著名中医施安丽教授（国家中医药发展战略研究课题组成员、广东省中医院主任导师）所创。施安丽教授在市中医院收授弟子10名，传承其学术思想和技术，并进行多次的系统培训。砭术治疗中心挂牌后接诊患者5208人次，其中住院患者3698人次，门诊患者1510人次，并在许多病种的治疗上积累一定的经验。尤其对各种颈肩腰腿痛、关节疼痛、神经系统疾病及部分内科杂症都有明显的疗效。砭石治疗中心积极探索开展“治未病”工作，分别在立春、春分、立夏、夏至、立秋、秋分、立冬、冬至这8天里进行“施氏节气砭术保健”，为广大市民提供良好的砭石保健服务，增强市民体质，尤其是有效缓解上班族及电脑综合征、体虚容易感冒、亚健康人群的疲劳、头痛、失眠、更年期综合征等多种临床症状。全年开展天灸冬病夏治疗法约4000人次，中药封包治疗约500人次。

科研教学工作。一是举办医疗事故防范、腹膜炎的非手术治疗、中医基础概论、执业医师基础培训和操作考试、砭石疗法的临床运用、糖尿病防治等专题讲座，提高医务人员业务知识水平。二是选送医师参加专科进修3个月至1年9人次，院外短期培训234人次，院内全院业务学习7次，约1820人次，邀请上级专家指导会诊17人次，接收学校及镇级医院进修实习36人次，医学院学生见习约1350人次。三是加大科研的力度，脑病专科承担一项“十一五科技支撑重大项目”

课题《缺血中风防治方案和疗效评价的示范研究》，该专科也是广东省“十一五”中医特色专科建设单位，于11月12日通过省专家组的初审。全院全年申报科研项目6项，市卫生局批准立项2项，分别为《补阳还五汤联合贝那普利治疗早期糖尿病疗效观察》、《急性缺血中风临床路径建立与评价的示范性研究》。

合理控制医疗费用。加大控制医疗费用、药品费用增长的力度，严格执行《药品比例控制线规定》，每季度对超出药品比例警告线的医生进行全院通报批评，并视情节轻重作出不同的处理，其中对医生个人药品比例1年内累计3次超过警告线5%以上的实行待岗学习处理。通过采取强力措施有效地降低医疗费用和药品比例。2009年，医院门诊每人平均费用87元和住院平均费用4589元，在广州市县级市属医院中相对较低。

成立体检中心。4月19日，市中医院成立体检中心，抽调经验丰富的2名主管护师主持日常事务，并承担儿科导诊工作。全年为30多家单位数千人进行体检。

义诊服务。一是组织有经验的医务人员下乡到贫困边远乡村为当地群众及残疾人义诊12次，配合市卫生局、市肿瘤协会等分别进行义诊、送医送药活动。中秋节前，院团总支联合神岗卫生院组成专家医疗队到神岗老人院进行中秋慰问和身体检查，免费做心电图，为老弱病残的病人诊治350余人次，分发健康处方，受到群众好评。二是派出保健医生，为市政府部门各种大型会议运动会高考等提供医疗保障服务11人次。三是开展形式多样的健康教育工作，各病区医护人员积极为病人作健康教育，各病区及门诊定期制作健康教育宣传栏和派发资料，受到群众好评。

举办封闭式全员培训。8月，市中医院举办“转变服务理念，提高员工素质”封闭式全员培训班4期，每期培训时间为2天，分别由3名院领导授课。通过全员培训，进一步加强医院员工素质教育，转变员工服务理念，规范职工行为，提升医院品位，建立良好的医院文化。

（市中医院供稿，潘秀静执笔）

体育事业

［**管理机构**］ 市体育发展中心（挂体育局牌子）属赋予行政管理职能事业单位，办公地址在街口街河滨北路45号。定编7名。2009年末，在职8人，有局长1人、副局长2人。内设机构有：综合科、业务科。下属机构有：市青少年业余体校、河滨游泳场、广州市体育彩票管理中心从化分中心，共有在职人员37人，其中体校24人、泳场12人、广州市体育彩票管理中心从化分中心1人。

［**体育成果**］ 基本情况。参加国家级比赛获得奖项10项（见下表5），其中第一名2个，第二名3个，第三名2个，第四名2个，第八名1个。参加广东省级比赛获得奖项58项（见下表6），其中第一名15个，第二名16个，第三名12个，第四名2个，第五名12个，第六名1个。参加广州市锦标赛获得奖项92项，其中第一名33个，第二名17个，第三名22个，第四名13个，第五名2个，第七名3个，第八名2个。

输送队员情况。全年从化体校向广州市以上输送优秀运动员3名，其中输送到广州市伟伦体校拳击队的有温梓锋、陈成燨，输送到广州市伟伦体校摔跤队的有刘文惠。

［**全民健身活动**］　基本情况。继续实施全民健身第二期工程，全年举办全市性单项比赛20次，参加人员约17万人次；乡镇运动会1次，参加人员约2000人次；系统单位运动会1次，参加人员约3000人。全年全市经常参加体育锻炼有24.5万人，占全市总人口的46.2%。形成以不同形式、不同时期、因地制宜开展体育健身活动的良好局面。

组织新春期间系列体育活动。一是组队参加2009年元旦万人健身跑活动。1月1日，市体育局组织从化市青少年业余体校的50名教师学生参加广州市2009年元旦万人健身跑活动，以实际行动，迎接亚运会的到来。二是举办2009年从化市新春体育活动。在年初一举办新春体育集市活动，在延续往年体育集市健身项目活动的基础上，增设猜灯谜和体育图片展等内容。当日参与活动的群众1.2万人次。三是组队参加贺新春闹元宵活动。正月十五，按照广州市体育局的要求，选派鳌头镇桥头村醒狮队代表从化市参加在广州市天河体育中心举行的“龙腾虎跃闹元宵”舞狮比赛，获得第二名。

举办迎亚运系列体育活动。一是开展健身日群众文化活动。5月27日，在市河滨游泳场广场，与市文明办联合举办2009年从化市“争做好市民、当好东道主”——“亚运广州行”健身日群众文化活动。设置趣味体育游戏、体育知识问答和体育图片展等项目。活动当天，吸引近千名市民参加。二是开展万人自行车流溪河畔大巡游。为迎接2010年广州亚运会，创建国家优秀旅游城市，营造良好的全民健身氛围，7月13日，由市委、市政府主办，市体育局和团市委承办，在流溪河堤举行从化市“迎亚运、创国优”万人自行车流溪河畔大巡游暨2009年全民健身活动月启动仪式，市五套班子领导，各镇、街和市直局以上单位党政正职领导和800多名中学生组成共1000多人的队伍参加这次活动，市委书记欧阳知等市领导、广州市体育局副局长关渭贞参加启动仪式10公里的巡游。三是配合市委、市政府完成“响水峡杯”2009年中国（广州）从化迎亚运山地越野挑战赛和2009年从化迎亚运体育旅游荔枝文化节两项大型活动相关的工作任务，为“迎亚运、创国优”的系列活动增加内容、营造氛围，从而为从化知名度和影响力的提升作出积极的贡献。

举办首个“全民健身日”健步行活动。8月8日，是全国第一个“全民健身日”，为迎接2010年广州亚运会，扩大首个“全民健身日”的影响力，进一步宣传、发动广大群众参与全民健身活动，营造良好的全民健身氛围，当日在流溪河堤举办“全民健身日”健步行活动暨第十届体育节启动仪式，市属五镇三街、教育系统、健身气功辅导站等部门分别组织干部职工参加，现场还组织热心群众进行健身气功、健身舞、踢毽子等多个项目展示。活动当天，有近千名群众参与。

举办2009年全民健身月暨第十届体育节系列比赛。一是举办足球比赛。这次比赛参赛队伍有10支，赛程10天。最后火炮营队获得第一名，公安局、明珠工业园队分别获得第二、第三名。二是举办登山比赛。9月23日，在风云岭举办的体育节登山比赛，有来自全市各镇、街、局等10多个单位的98名登山运动员参加，其中有3名运动员，分别改写市第十届运动会登山比赛的最高纪录。三是举办篮球比赛。第六届“江埔常青杯”篮球赛作为传统品牌赛事保留延续举办，市体育局组织“体彩”代表队首次参赛。恢复篮球联赛制，有参赛队伍30支。

承办上级交办的体育赛事。一是承办羽毛球系列大赛。报名参加2009年广州市“市长杯”羽毛球系列大赛从化赛区的群众有

420 多人次，成绩和水平发挥较好。二是承办广州市“市长杯”乒乓球比赛。8 月 24 日，由广州市体育局、亚组委竞赛部主办，市体育局承办，从化市乒乓球协会协办的“迎接亚运会　双杯共闪耀”走近 2009 年乒乓球女子世界杯——广州市“市长杯”乒乓球百姓系列和谐赛，在市儿童乐园拉开帷幕，全市五镇三街均按照要求组织队伍参加，其中预赛分五个组别，有 40 个代表队参加，决出五个组别的冠军参加 9 月 19—20 日在广州举行的总决赛，其中青少年组和家庭组获得第五名。

宣传推广健身气功。4 月，市体育局组织 10 多名健身气功学员参加由广州市体育局主办的健身气功比赛，取得八段锦第一名、六字决第二名。从化市健身气功队代表广东省参加 6 月 26 日至 28 日在武汉市举办的全国第三届健身气功交流比赛，获得易筋经、八段锦两个项目的第二名。8 月，从化市健身气功队代表广州市参加广东省第十届体育节获易筋经和八段锦两项第一名，并在全省体育大会闭幕式上作汇报表演。

[**体育专项管理**]　市体育活动中心建设。市体育活动中心作为市的 18 项重点建设项目之一，着重推进土建工程的建设工作。至年末，综合运动大楼已完成基础和主体结构及室内砌筑批档；完成体育馆的基础和观众台混凝土浇筑及看台以上框架柱钢筋制作安装；附属设施及园林工程部分已经完成：公园次出入口南侧围墙，足球场、篮球场观众看台砌石，篮球场基础混凝土倒制，足球场碎石沙垫层铺设、平整；健身广场水泥石粉拌合物铺设、平整；园林排水管安装（完成 45%）；公园主出入口大门模板、钢筋、混泥土分项施工等。

市河滨泳场管理。为加强安全防护工作，争取市财政投入 19 万多元，对泳场池面及周边地面进行全面维修，增强防滑功能，在 5 月 16 日完成维修工程后向公众开放。抓好安全管理工作，加强对救生员的培训，做好游泳场次的安排，保证泳季开放的正常有序，并首次尝试开放冬泳一个月，受到泳客的欢迎。全年市河滨游泳场的经营收益 90 万元，比上年增长 60%。

推进城乡体育一体化进程。配合市生态文明村建设，市体育局争取广州市体彩公益金近 200 万元，扶持新农村体育设施建设，在 4 月验收并结付 2008 年完成的生态文明村篮球场建设 121 个，路径 131 条。至年末，市第三批生态文明村体育设施建设正按计划建设中。其中由市体育局直接扶持并建成交付使用的村（社）篮球场 8 个、健身路径 5 条。并分步对全市体育健身设施 368 个点中需要维修的 110 个点，做好统筹规划和维护置换工作，推进“农民健身工程”建设。

体育彩票销售管理。加强体育彩票销售工作，明确专人专管，以良好的服务态度，保证服务质量，及时收集体育彩票的销售信息，除加大中国电脑体育彩票销售工作外，还增加“亚运彩票”即开型体育彩票的销售工作，并通过电视、宣传栏、宣传广告等各类形式做好宣传发动，激发广大彩民的购买热情。全年体育彩票累计销售 1700 万元。

表 5　2009 年从化运动员参加国家级运动会获奖项目情况表

运动会名称	时间	地点	姓名	性别	项目	名次
第十一届全运会	2009.11	济南	杨炳武	男	摔跤 55 公斤级	3
			黄钟鸣	男	轻量级四人单桨赛	2
			李静敏	男	马术团体三项	2
			贾德龙 鲁　超 齐　辉 汤　淼 马　辉	男	棒球	1
			吴　迪 梁莉莎 许　敏 孙　雪 唐纯芳 陈莹伊 袁　佳	女	垒球	2
			钟艳怡 钟秀东	女	女足	4
			肖剑华 邓晓静 黄志娟	女	女足	8
全国田径锦标赛	2009.05	郑州	李雪姬	女	4×400 米	1
					400 米	3
全国青年曲棍球锦标赛	2009.08	郑州	吴俊杰 朱卫江 夏志杰 潘东权 巢杰明 李昌家 高杰生 范志远 张　锐 卢永权	男	曲棍球	4

表 6　2009 年从化运动员参加广东省级运动会获奖项目情况表

运动会名称	时间	地点	姓名	性别	项目	名次
广东省田径锦标赛	2009.07	湛江	陆少文	男	撑竿跳	1
			谭月明	女	撑竿跳	2
			谭月明	女	4×400 米接力	2
			谢煜洲	男	撑竿跳	4
			林政杰	男	撑竿跳	5
			林政杰	男	4×400 米接力	1
			刘敏玲	女	4×400 米接力	6
			罗小鹏	男	4×400 米接力	1
广东省击剑锦标赛	2009.11	惠州	周　慧	女	重剑个人	1
					重剑团体	1
			戚键珊	女	重剑个人	2
					重剑团体	1
			冯金禅	女	花剑个人	2
					花剑团体	2
			黄晓敏	女	花剑个人	4
					花剑团体	2
			罗德聪	男	佩剑个人	2
					佩剑团体	1
			曾东杰	男	重剑个人	3
					重剑团体	2
广东省柔道锦标赛	2009	中山	张俊鹏	男	柔道	3
			黄坤伦	男	柔道	5
			李敏婷	女	柔道	2
			何凤思	女	柔道	5
			李晓慧	女	柔道	3
			何丽谅	女	柔道	3

续上表

<table>
<tr><th>运动会名称</th><th>时间</th><th>地点</th><th>姓名</th><th>性别</th><th>项目</th><th>名次</th></tr>
<tr><td rowspan="9">广东省举重锦标赛</td><td rowspan="9">2009.07</td><td rowspan="9">龙门</td><td rowspan="3">何晴俊</td><td rowspan="3">女</td><td>女子丙组 47 公斤级抓举</td><td>3</td></tr>
<tr><td>女子丙组 47 公斤级挺举</td><td>1</td></tr>
<tr><td>女子丙组 47 公斤级</td><td>总成绩第二名</td></tr>
<tr><td rowspan="3">马　彬</td><td rowspan="3">男</td><td>丙组 55 公斤级抓举</td><td>2</td></tr>
<tr><td>丙组 55 公斤级挺举</td><td>2</td></tr>
<tr><td>丙组 55 公斤级</td><td>总成绩第二名</td></tr>
<tr><td rowspan="3">巢秋燕</td><td rowspan="3">女</td><td>女子甲组 58 公斤级抓举</td><td>3</td></tr>
<tr><td>女子甲组 58 公斤级挺举</td><td>3</td></tr>
<tr><td>女子甲组 58 公斤级</td><td>总成绩第三名</td></tr>
<tr><td rowspan="7">广东省拳击锦标赛</td><td rowspan="7">2009.08</td><td rowspan="7">汕尾</td><td>黄海杨</td><td>男</td><td>甲组 48 公斤级</td><td>1</td></tr>
<tr><td>李建港</td><td>男</td><td>甲组 54 公斤级</td><td>5</td></tr>
<tr><td>王春洋</td><td>男</td><td>乙组 45 公斤级</td><td>5</td></tr>
<tr><td>温梓锋</td><td>男</td><td>乙组 45 公斤级</td><td>5</td></tr>
<tr><td>陈成爔</td><td>男</td><td>乙组 51 公斤级</td><td>5</td></tr>
<tr><td>武荣洲</td><td>男</td><td>乙组 57 公斤级</td><td>5</td></tr>
<tr><td>杨俊辉</td><td>男</td><td>乙组 57 公斤级</td><td>5</td></tr>
<tr><td rowspan="5">广东省摔跤锦标赛</td><td rowspan="5">2009.07</td><td rowspan="5">江门</td><td>骆嘉健</td><td>男</td><td>乙组 60 公斤级</td><td>3</td></tr>
<tr><td>谭学文</td><td>男</td><td>乙组 55 公斤级</td><td>5</td></tr>
<tr><td>潘在发</td><td>男</td><td>乙组 54 公斤级</td><td>5</td></tr>
<tr><td>黎锦坚</td><td>男</td><td>乙组 58 公斤级</td><td>3</td></tr>
<tr><td>程 伟</td><td>男</td><td>乙组 60 公斤级</td><td>5</td></tr>
<tr><td rowspan="2">广东省赛艇锦标赛</td><td rowspan="2">2009.11</td><td rowspan="2">肇庆</td><td>何乃基</td><td>男</td><td>双人 2 千米</td><td>3</td></tr>
<tr><td>陆杰洲</td><td>男</td><td>双人 2 千米</td><td>1</td></tr>
<tr><td rowspan="2">广东省游泳锦标赛</td><td rowspan="2">2009.10</td><td rowspan="2">惠州</td><td rowspan="2">康　华</td><td rowspan="2">男</td><td>4×100 米接力</td><td>1</td></tr>
<tr><td>甲组　全能</td><td>3</td></tr>
</table>

续上表

运动会名称	时间	地点	姓名	性别	项目	名次
广东省射箭锦标赛	2009.08	广州	江卓希	男	男子乙组个人 25 米双轮	1
					男子乙组个人 40 米双轮	2
					男子乙组个人 18 米双轮	2
					男子乙组个人双轮全能	2
					男子乙组团体双轮全能	1
					男子乙组个人 30 米双轮	1
广东省足球锦标赛	2009.11	惠州	钟艳怡 叶翠姬 谭嘉丽 钟秀东 邝茜妍	女	女足	1

（市体育发展中心供稿，曾皓执笔）

（潘彦编辑）

科学技术

科技管理

[**管理机构**] 市科学技术局加挂市知识产权局牌子，属政府序列行政单位，办公地址在街口街河滨北路科技楼。定编12名，其中行政编制8名、事业编制3名、工勤编制1名。2009年末，在职11人，有局长1人、副局长2人。内设机构有：办公室、知识产权科、科技管理科，协调管理市政府地震办公室。属下股级事业单位的有：市科技创新服务中心。

[**从化市科学技术大会**] 4月17日，市委、市政府在市中心会堂召开从化市科学技术大会，会议总结2007—2008年的科技工作，市委、市政府表彰2007—2008年度从化市科技进步奖项目18项，其中一等奖3项，二等奖5项，三等奖10项（见表1）；表彰“从化市科技先进单位”10个，“从化市科技先进工作者”20名（见附录一）；“从化市科技杰出专业技术人才”10名，“名校长”3名，“名教师”10名，“名医生”3名（见附录二）。市委书记、市人大常委会主任欧阳知出席大会并作重要讲话，充分肯定从化市2007—2008年科技工作所取得的成绩，并对全市今后的科技工作提出“要加强自主创新工作，做强做大高新产业”的要求。

表1 从化市2007—2008年度科学技术进步奖项目情况表

奖项	序号	项目名称	完成单位	完成人员
一等奖	1	以回收PET为基体的环保型阻燃增强复合材料	从化市聚赛龙工程塑料有限公司、中山大学化学与化工工程学院	廖家志、郝源增、桑杰、张玉澎、麦堪成、李谷
	2	荔枝龙眼果酒发酵关键技术及副产物综合利用研究	广州市从化顺昌源绿色食品有限公司、广东省农业科学院蚕业与农产品加工研究所	周振家、陈卫东、吴继军、刘芳芳、张友胜、林士莹、刘学铭、王朝文、徐玉娟、张岩
	3	大电流逆变电阻焊机	广州（从化）亨龙机电制造实业有限公司	邹春芽、邹春华、孔祥玉、张正平、罗清龙

续上表

奖项	序号	项目名称	完成单位	完成人员
二等奖	1	传统话梅工艺现代化及其产业化关键技术	广州从化龙丰园果子食品厂、华南农业大学、广州出入境检验检疫局	莫国良、刘　欣、焦　红、赵力超、陈永泉、蒋瑾华、莫国安、黄　苇、周爱梅、张晓群、赵力超
	2	可调式在线氯化消毒法及其应用系统的研究	广州迈高化学有限公司	郑庆泉、孙永学、黄爱珉、杜伟贤、郑庆禄、朱利茂、杨小芳、梁鸿谋
	3	井岗红糯的选育及示范推广	从化市科技信息研究所	郑威桃、林楚雄
	4	果蔬保鲜加工前处理关键技术研究	广州华隆保鲜有限公司	欧阳建忠、刘锐波、张洪江、吴振先、陈维信
	5	丹参注射液治疗急性中小量脑出血的临床研究	从化市中医院	李洁霞、石晓东、丁　木、李伟华、姚文林、肖　华、米建平、黄日祥、黄浩基、邝翠群
三等奖	1	荔枝真空冷冻干燥技术研究及产业化	广州市清香农产有限公司	张国宣、罗树灿、林　捷、段　杉、欧建昌、杜海珍、李远志、郑　华、熊　颜
	2	杂交鲟一年两茬无公害高产养殖技术	广州市先步种植发展有限公司、暨南大学生命科学技术学院水生生物研究所	梁日东、屈绍彭、林小涛、田希文、苗玉琴、孙军、王文博、王伟军、张广海、梁华海
	3	从化市低温寒害分析——预报预警系统	从化市气象局	但建茹、林　蟒、曾雅靖、管秀群、童　彬
	4	有机蔬菜的病虫害综合防治技术	广州东升有机种植有限公司、从化市吕田镇科学技术委员会	王　义、李耀基、杜秀云、冯宏杰
	5	老龄荔枝高接换种后早结丰产栽培技术示范	从化市国营九里步果场	王群新、潘亦平
	6	无核沙糖桔标准化生产示范推广	从化市良口柑橘协会	李柱银、廖桂标、张启明、梁彬南
	7	三椏塘科普教育径和珍稀濒危植物科普园	广州市流溪河国家森林公园、广州市林业局、中国科学院华南植物园	温焜城、温美燕、温金溪、谢春玲、陈红锋、王发国、周劲松、龚　琴、余　荣、温建华、温敏锋、江国辉

续上表

奖项	序号	项目名称	完成单位	完成人员
三等奖	8	原发性肝癌螺旋 CT 双期/三期增强扫描推广应用	从化市中心医院	李远章、金来明、王均芝、张克勤、曾军荣、邱建民、李继生、万　华、谢培梁、熊伟立、吕从辉、姚文武
	9	水性丙烯酸气雾漆	广州保赐利化工有限公司、广州大学	叶建军、杨小业、昂正益、郑　成、吴　琼、朱晓玲
	10	密泡机专利技术产业化	广州从化新科轻化设备厂	禤长有、殷丽霞、李　敏、李全友、吴　昊、刘晓楠

附录一：从化市 2007—2008 年度科技先进集体和先进个人名单

一、从化市科技先进单位（共 10 个）

从化市科学技术局

从化市农业局

从化市气象局

从化市人口和计划生育局

从化市科学技术协会

从化市温泉镇人民政府

广东从化市经济开发区科学技术委员会

广州保赐利化工有限公司

广州珍奇味食品有限公司

广州宏晟光电科技有限公司

二、从化市科技先进工作者（共 20 名）

骆志荣（从化市农业局主任科员）

陈长卿（从化市关工委主任）

林楚雄（从化市科技局科技管理科科长）

但建茹（从化市气象局副局长）

禤国标（从化市职业技术学校培训科科长）

刘艺锋（从化市农业科技推广中心技术规划科科长）

曾　燕（从化市畜牧兽医渔业局蜂管科科长）

宋杰丽（从化市中心医院副院长）

巢金培（从化市委办副主任）

李世友（从化市经济技术开发区管委会科委主任）
巢金红（吕田镇政府农办主任）
邓帝新（城郊街道办副主任）
李洁霞（从化市中医院医务部主任、脑科主任）
莫金昇（从化市卫生局主任科员）
李　赍（从化市政府办公室调研科科长）
钟国良（从化市教育局中小教科科长）
谢卫权（从化市林业局园林科副科长）
邹立新（从化市明珠工业园区管委会社会事务综合管理部部长）
李景峰（鳌头镇政府副镇长）
邓展聪（从化市人口计生局流动办主任）

附录二：从化市科技杰出专业技术人才及“名校长”、“名教师”和“名医生”名单

一、从化市科技杰出专业技术人才（共10名）
郝源增，从化市聚赛龙工程塑料有限公司董事长兼总经理
邹春华，广州亨龙机电制造实业有限公司副总经理兼技术总工程师
武燕珍，从化市畜牧兽医渔业局副主任科员
丁　木，从化市中医院医务科科长
苏宇贵，广州中宇冷气科技发展有限公司总经理
欧阳建忠，广州从化华隆果菜保鲜有限公司董事长兼总经理
刘俊锋，广州宏晟光电科技有限公司总经理
曾漫江，从化市安厦建设工程施工图咨询有限公司建筑师
王芝钧，从化市中心医院外一科主任
艾焕章，广州天马集团天马摩托车有限公司总经理助理

二、从化市“名校长”（共3名）
邱榕基，从化中学校长
谭金荣，流溪小学校长
李少敏，新城小学校长

三、从化市“名教师”（共10名）
李醒群，市教育局教研室副主任
吴羽君，从化中学副校长
欧日初，城区教育指导中心数学教研员
杨仁宽，从化中学教师
阮筱梅，从化六中教导处主任

巢秀珍，流溪小学教师
马水莲，新城小学教导处主任
李跃建，从化中学副校长
黄玉颜，城郊中心小学教导处主任
黄长新，从化四中副校长

四、从化市“名医生”（共3名）
蔡　旗，从化市中心医院儿科主任
黎志明，从化市街口街医院党支部书记
刘　毅，从化市中医院内科主任

［**科技立项**］　基本情况。2009年，全市科技计划立项147项，扶持资金1690.5万元，其中省科技计划项目立项5项（见表2），扶持资金230万元；广州市科技计划项目立项6项（见表3），扶持资金1026.5万元；从化市级科技计划项目立项136项，扶持资金434万元。

表2　2009年从化市获省科技立项项目汇总表

序号	项目编号	项目类型	项目名称	承担单位
1	2009A080208003	省重大科技专项	低VOC高性能乘用车内饰件专用PP复合材料的研制及产业化	从化市聚赛龙工程塑料有限公司
2	2009CD090	省创新基金（大学生创业）	闪水立面墙面漆及其生产工艺	广州市成捷易化工有限公司
3	2009CD091	省创新基金（大学生创业）	生产工程实时监测管理软件包的开发	广州市长青信息技术有限公司
4	2009CD092	省创新基金（大学生创业）	发酵柿子果酒酿造技术的开发	广州汇醇生物科技有限公司
5	2009CD093	省创新基金（大学生创业）	巧克力加工设备开发与应用	广州可思机械科技有限公司

表 3　2009 年从化市获广州市科技立项项目汇总表

序号	项目编号	项目类型	项目名称	承担单位
1	2009V41C411	广州创新基金	新型医学影像用特种玻璃光纤传像产品	广州宏晟光电科技有限公司
2	2009A1－D251	广州市一区一项目	低 VOC 环保型安全气雾剂关键技术研究与应用	广州保赐利化工有限公司
3	2009C6－I051	市难题招贤项目	荔枝酒典型香气成分的确定及产业化研究	广州市从化顺昌源绿色食品有限公司
4	2009Z1－E661	市科技支撑	蜂蜜绿色加工关键技术研究及产业化	广州市谭山蜂业有限公司
5	2009Z1－E691	市科技支撑	三华李食品绿色深加工技术应用研究及产业化	广州市从化龙丰园果子食品厂
6	2009Z2－D381	市科技支撑	食品安全溯源软件服务系统	广州中弈信息科技有限公司

加强省科技计划项目的组织申报。2009 年，先后组织两期广东省科技计划项目的申报，共申报项目 15 个，类别包括：重大科技专项、产学研合作专项、工业攻关、农业攻关等，其中从化市聚赛龙工程塑料有限公司申报的“低 VOC 高性能乘用车内饰件专用 PP 复合材料的研制及产业化”科研项目，获省科技厅立项支持 200 万元。市科技局还组织申报省科技型中小企业技术创新专项——大学生科技创业项目，并获立项扶持。引导三名分别毕业于伦敦大学的硕士、中山大学的学士和广东机电职业技术学院电子专业的大学生，利用自身优势，各自独立组建公司创业，并申报省科技项目，上述四个项目均顺利通过省科技部门的评审，分别获得无偿创业资金 10 万元。

广州重点科技计划项目的组织实施。2009 年，组织申报广州市科技计划项目和广州市软件产业发展项目共 34 个。获广州市科技部门评审立项扶持 18 项，扶持资金 1026.5 万元。8 月，保赐利化工有限公司与华南理工大学合作的“低 VOC 环保型安全气雾剂关键技术研究与应用”科研项目，成功申报广州市的“一区一项目”重大科技专项，获 500 万元立项资金支持。该项目通过研究气雾漆产品内容物中降低气 VOC 含量，提高气雾剂的安全性，将减少大量的有害物质排放。该项目的实施，每年直接节省资源 1.62 亿元，为地方创造就业岗位 300 个。

从化市级科技计划项目的申报和评审。为贯彻落实市委、市政府《关于促进自主创新加强科技工作的意见》，市科技局采取一系列的措施促进从化市级科技计划项目申报和评审工作。一是出台科技计划项目申报指南。研究制定《从化市 2009 年度科技计划项目申报指南》，明确规定从化市 2009 年度征集的科技计划项目的范围、主要类别和重点。引导全市各界积极申报本市级科技成果转化计划、重点科技攻关计划、社会发展计划和科技重大专项计划。二是广泛发动，积极组织项目申报工作。通过下发通知、传真和网上发布等形式向全市公布申报指南，并举办有关单位科技管理人员和科技型企业负责人参加的科技计划项目业务培训班，邀请广州市科技专家现场讲解科技政策法规。通过广泛宣传和积极引导，共征集到2009年度本市级科技计划项目55个，其中产学研合作8项，科技成果转化10项，重点科技攻关计划17项，社会发展研究计划3项，科技重大专项计划17项。三是组织专家组评审。创新科技计划项目评审办法，首次引入专家评审机制，邀请广州有关行业专家，对征集到的项目进行评审，由专家审查申报材料，对申报项目进行分级评分，提出建议立项或建议不立项的意见供主管部门参考，为确保扶持项目的科学性、公平性和合理性打下基础。全年本市级科技计划项目立项共136项，其中工业类项目44项，农业类项目55项，社会发展类项目4项，信息化项目10项，其他项目23项，项目扶持资金434万元。

[**科技成果转化和认定**] 全年全市科研项目获省科技进步三等奖1项，广州市科技进步一等奖1项、三等奖2项（见表4）；有10项科研成果顺利通过上级科技部门的专家组结题验收（见表5）；做好本市级2006—2008年度已立项科技项目的总结验收工作，全年先后组织54个科技计划项目的总结验收。有5家企业申报和获认定为高新技术企业（见表6），有5家企业申报并被广州市科技局认定为民营科技企业（见表7），至年末，全市重新认定高新技术企业达到7家，民营科技企业26家。积极引导科技型企业做好高新技术产品的认定工作，全年组织申报高新产品认定项目15项，获认定10项（见表8）。

表4 2009年从化市获广州市以上科技进步奖项目一览表

序号	获奖名称	编号	获奖项目	承担单位	项目参与人员
1	2008年度广东省科技进步三等奖	B09—0—2—03	以回收PET为基体的环保型阻燃增强复合材料	广州市聚赛龙工程塑料有限公司	郝源增、麦堪成、桑杰、刘文志、廖家志、严星桓、秦赶年、张玉澎、李谷、黄雪芳
2	2008年度广州市科技进步一等奖	化—1—01	高性能熔压光纤传像源件关键制造技术	广州宏晟光电科技有限公司	刘俊锋、罗新华、蔡国章、钟汉民、王广信、李光、黄朋、郭清
3	2008年度广州市科技进步三等奖	机—3—01	大电流逆变电阻焊机	广州（从化）亨龙机电制造实业有限公司	邹春华、孔祥玉、江红旗、张正平、罗青龙、罗宝喜
4	2008年度广州市科技进步三等奖	农—3—02	广州鳄龟产业化生产关键技术研究与推广	广州市先步农业发展有限公司	刘继芳、梁日东、刘翠娥、梁启防、李若利、甘安辉、李亚光

表 5 2009 年广州市以上科技部门项目结题从化部分验收汇总表

序号	项目编号	项目类型	项目名称	承担单位	项目结题验收时间
1	2006EA78001	国家星火	果菜标准化生产、贮运保鲜加工质量安全监控服务体系	广州从化华隆果菜保鲜有限公司	2009.04.29
2	2006V41C0701	国家创新基金	空气源卫生热水器节能技术研究	广州科宇能源有限公司	2009.05.27
3	2006V41C0791	国家创新基金	逆变式多脉冲大功率专用储能焊机的研究	广州（从化）亨龙机电制造实业有限公司	2009.05.21
4	2005A20302001	广州市计划	发酵型特色果酒生产关键技术及产品	广州市从化顺昌源绿色食品有限公司	2009.06.11
5	2006C12E0061	广州市计划	金梅糖产品食品研发及产业化	广州市珍奇味食品有限公司	2009.04.09
6	2006D90104009	广州市计划	酸溶法柔性光纤传像束产业化建设	广州宏晟光电科技有限公司	2009.10.10
7	2006Z1－E0131	广州市计划	切花月季产业化的关键技术	从化市友生园林有限公司	2009.05.11
8	2007C12E0011	广州市计划	胭脂鱼南移植全人工繁殖及苗种规模化生产技术研究	广州市先步农业发展有限公司	2009.03.03
9	2007C12E0081	广州市计划	荔枝蜜生产质量控制技术研究及产业化	广州市谭山蜂业有限公司	2009.04.09
10	2007Z2—I0051	广州市计划	钢管散热器端口密封电阻环焊设备及工艺	广州（从化）亨龙机电制造实业有限公司	2009.02.24

表 6 从化市 2009 年被上级科技部门认定的高新技术企业

序号	企业名称	认定部门	证书编号
1	广州（从化）亨龙机电制造实业有限公司	省科技厅	GR200844000375
2	从化市聚赛龙工程塑料有限公司	省科技厅	GR200844001263
3	广州保赐利化工有限公司	省科技厅	GR200844001306
4	广州德旺塑料制品有限公司	省科技厅	GR200844001406
5	广州宏晟光电科技有限公司	省科技厅	GR200844000957

表 7 从化市 2009 年被上级科技部门认定的民营科技企业

序号	企业名称	认定部门	证书编号
1	广州市霖鑫电力设备有限公司	广州市科学技术局	穗 2009C001
2	广州市从化西洋食品有限公司	广州市科学技术局	穗 2009C002
3	广州吉声琴业有限公司	广州市科学技术局	穗 2009C003
4	广州三立无纺布有限公司	广州市科学技术局	穗 2009C004
5	从化市温泉国强蜂唛养蜂场	广州市科学技术局	穗 2009C005

表 8 2009 年广州市以上科技部门高新技术产品认定从化部分项目汇总表

序号	新产品级别	新产品名称	承担单位
1	国家重点新产品	XP—818 高效环保型鳄龟饲料	广州市先步农业发展有限公司
2	广东省高新技术产品	果香型干白荔枝酒	广州市从化顺昌源绿色食品有限公司
3	广东省高新技术产品	空调室外机专用耐候抗静电聚丙烯树脂	从化市聚赛龙工程塑料有限公司
4	广东省高新技术产品	微波炉用耐热 PP 复合材料	从化市聚赛龙工程塑料有限公司
5	广东省高新技术产品	以回收 PET 为基体的环保型阻燃增强复合材料	从化市聚赛龙工程塑料有限公司
6	广东省自主创新产品	微波炉用无机填充增强聚丙烯复合材料	从化市聚赛龙工程塑料有限公司
7	广州市自主创新产品	电容储能点焊机 DR—500—DR—80000	广州（从化）亨龙机电制造实业有限公司
8	广州市自主创新产品	交流悬挂点焊机 DN3—25—DN3—50	广州（从化）亨龙机电制造实业有限公司
9	广州市自主创新产品	微波炉用无机填充增强聚丙烯复合材料	从化市聚赛龙工程塑料有限公司
10	广州市自主创新产品	水性自动喷漆	广州保赐利化工有限公司

[**农业科技**] 农业科研攻关和成果推广。一是在项目和资金上向农业科技倾斜。引导农业龙头企业和有关科研单位开展科研攻关，重视农业新技术、新品种的研究，开展科技创新活动。农业项目立项58项，立项资金301万元，其中本市级科技计划项目立项资金151万元。二是扶持农业龙头企业科技创新中心建设。佳荔干果贮藏创新中心、华农果蔬保鲜创新中心、先步珍稀鱼类创新中心、玫瑰园花卉种植创新中心等重点农业龙头企业科技创新服务中心建设工作取得新的进展，创新中心通过加大科研投入，提高产品的科技含量，提升品质和竞争力。三是做好农业科技成果推广。市农业科研项目通过广州市以上科技部门结题验收6项，组织实施本市级农业成果推广项目16项，一批农业新技术、新产品的迅速推广，使市的农业产业结构进一步得到调整。

开展农业科技培训。一是抓好农科骨干培训。以科技下乡活动为契机，通过以课堂、实地等形式积极开展形式多样的农业实用技术培训。全年组织举办农业实用技术骨干培训班8期，参加人数400多人，发放资料近2000份。二是利用专业协会和合作社的形式组织会员培训。先后开展养蜂、白榄、红柿、沙糖桔、龙眼等种养业的实用技术培训班5期，参加人数600多人，发放资料1000多份。三是推进科技进村入户工作。结合市委组织部开展的市、镇、村党的建设"三级联创"活动，市科技局牵头组织协调指导科协、农业、畜牧、农科中心、关工委、妇联等部门，采取"措施到村、培训到户、指导到人、技术到田、上下联动"的进乡入村办班方式，开展水稻、蔬菜、畜牧水产养殖及病虫害防治技术、市场信息、经营管理、农业政策等农业生产管理技术培训班约20期。进一步加强农产品质量安全生产技术、农业标准化生产技术等先进适用技术的推广力度。

农村科技信息建设。在2006年温泉镇成为省"农村科技信息村村通"示范点的基础上，2009年，从化市有吕田镇新联村、吕田镇农办、良口镇农办、良口镇良明村、温泉镇石海村、温泉镇宣星村、温泉镇龙桥村、市创新服务中心等8个单位获省科技厅"广东农村信息直通车"立项支持，实现科技、政策、信息进村入户，缩小城乡数字鸿沟，有效地发挥农业信息在农业生产中的积极作用。

[**科普宣传**] 科技活动周。一是开展"携手建设创新型城市"社区科技咨询活动。5月16日，在新世纪广场组织科技、文化、卫生、农业、环保、有关行业协会等17个部门的科技人员开展节能减排、环境保护、知识产权、科技政策法规、健康安全等方面的宣传咨询活动。二是举办企业创新科普专题讲座。"科技活动周"期间，市经济开发区组织区内近60家企业的行政负责人和技术主管开展科普讲座，普及企业自主创新知识。三是开展环保科普宣传系列活动。开展企业节能减排环保宣传和人与自然环保活动，通过举办"森林风光科普摄影展"、"我为地球添新装"植树教育活动、"关爱森林，环保从我做起"生态科普游活动，提高群众爱护环境、保护环境的意识。科技活动周期间，市开展科普咨询活动5次，举办科普讲座20场，接受群众咨询7500人次，近200名机关干部和科技工作者参与咨询工作，发放科普资料6000多份。

科普基地建设。科普基地建设按"巩固一个"、"加强两个"、"培育一个"的思路，扎实地开展工作。"巩固一个"即巩固首家广州市级的科普基地流溪河国家森林公园"三椏塘科普教育径和珍稀濒危植物科普园"，使其设施进一步完善；“加强两个”即加强宝趣玫瑰世界、喜乐登青少年拓展中心两个科普基地的设施建设和申报广州市科普基地工作。2009年，以上两个点成功申报并被认定为广州市的科普基地。“培育一个”即培育“从化市气象科普基地建设”，该项目正抓紧筹建。

组织科普项目实施。引导和鼓励有关单位充分利用资源开展科普宣传工作，并积极申报和承担科普项目。全年组织关工委、江埔街、太平镇、鳌头镇等单位承担和实施本市级科普项目7项，气象局的“从化市气象科普基地建设”和喜乐登青少年拓展中心的“防灾避险科普展馆”2个科普项目获广州市科技局立项扶持。

［**知识产权管理**］ 一是组织开展专利产业化项目的实施。编制《2009年度从化市专利实施资助项目申报指南》和《从化市专利实施资助项目申报书》，组织天马集团、新科轻化和三雅摩托等有核心专利授权的单位承担专利产业化项目，将科技成果转为生产力。二是开展知识产权保护工作。联合广州市知识产权局专利稽查队等单位开展专利执法检查，维护企业的合法权益，规范全市知识产权市场秩序。三是引导有关单位加强知识产权管理。通过展板巡回展览的形式开展知识产权科普知识宣传，组织市内科技型企业的知识产权管理人员参加知识产权培训班，同时以科技项目验收工作为切入点，引导和加强企业知识产权保护。全年全市申请专利96项，其中发明专利20项，实用新型专利38项，外观设计专利38项；获专利授权109项，比上年增长66.2%，其中发明专利5项（见表9），实用新型专利60项，外观设计专利44项。

表9 2009年从化市获发明专利授权情况表

序号	专利名称	专利号	申请日	授权日	专利权人
1	一种大电流逆变电阻焊机	200710029082.2	2007.07.09	2009.01.14	邹春芽
2	一种铝材表面手感粉末木纹喷涂工艺	200710029728.7	2007.08.16	2009.02.18	王　安
3	一种表面手感粉末木纹铝材	200710029727.2	2007.08.16	2009.02.18	王　安
4	一种低品位铟的回收工艺	200710029690.3	2007.08.13	2009.02.18	郭焕林
5	防车祸系统	200710077001.6	2007.09.12	2009.03.18	谢敏辉

［**防震科普工作**］ 一是开展地震科普宣传工作。充分利用科技活动周、全国科普日等活动，开展防震减灾知识的图片展览，派发宣传资料，提高群众的防震减灾意识。二是加强地震科普基地建设工作。引导和扶持喜乐登加强地震科普设施的建设，充实完善地震应急科普宣传资料。2009年，喜乐登被认定为广东省防震减灾科普基地，并着手做好申报国家级防震减灾科普基地的准备工作。三是开展青少年防灾避险科普活动。分期组织市内红旗小学、西宁小学、六中等5所中小学学生，3000多人次，在市科普基地喜乐登青少年素质拓展训练中心开展“我自护、我平安、我快乐”防灾避险科普活动。

［**科技服务**］ 一是对科技网进行改版和升级，加强科技简讯、科普宣传、科技信息发布等

工作，为科技创新提供有效科技服务。二是充分发挥市科技创新服务中心的职能，开展科技咨询、科技培训、科普宣传等科技服务工作。通过培训班、实地调研等形式，加强对企业的科技政策宣传；通过各级科技计划项目的受理，加强对企业的业务指导，做到一次性告知，提高科技申报的质量。三是组织有关企业申报研发费税前扣除的申报工作，并举办培训班，深入企业现场提供咨询服务，帮助企业更好地理解和掌握相关税收政策，全年有 8 家企业 14 个项目通过专家评审，企业研发费税前扣除总额达 1400 多万元。四是加强与广州高新创业服务中心、广州市生产力促进中心等广州市科技服务机构的联系与沟通，充分利用上级科技中介资源为从化市的科技服务。全年邀请上级科技服务机构人员到从化开展科技服务工作共 30 多人次，为 10 家企业提供科技服务。

[**完成广州市科技考核材料上报**] 按照国家、省和广州市关于 2009 年全国县（市）科技进步考核的要求，在 4 月成立以副市长温洁夫为组长的“从化市 2007—2008 年度科技进步考核工作领导小组”，由市科技局牵头，组织市人事、财政、建设、教育、卫生、统计和环保等有关单位，开展全市科技进步考核工作，按时完成科技进步考核有关材料的上报工作。

（市科学技术局供稿，赵伙有执笔）

信息化建设

[**管理机构**] 市信息化办公室属市政府管理事业单位，办公地址在街口街新城东路 99 号。定编 10 名。2009 年末，在职 13 人，有主任 1 人、副主任 1 人。内设机构有：综合科、网络管理科、信息管理科。市信息化工作领导小组下设办公室，与市信息化办公室合署办公。

[**电子政务建设**] 市信息网络体系建设。至 2009 年 10 月，全市有固定电话用户 10 万户，小灵通用户 4 万户，宽带及数据多媒体用户 5 万户，广播电视用户 11.3 万户，移动电话用户 49 万户，城镇居民电脑普及率 86.7 台/百户，全市信息化综合指数为 67.36%。全市基本形成由电信网和广电网、党政光纤网为主体的覆盖全市的信息基础网络体系。

市党政办公自动化系统建设。市党政办公自动化系统（简称党政 OA 系统）经过试运行和修改完善，从 1 月开始，在全市推广使用，党政机关公文采用电子及纸质公文双轨制的方式流转。至年末，在市党政 OA 系统上完成流转的公文数量约 5000 份，有效降低纸张和打印的成本。

加强市政府大院中心机房管理。根据广州信息办《关于做好计算机机房安全整改工作的通知》要求，市信息办成立专项工作小组，组织制定计算机系统及机房安全管理措施，加强对机房的巡查，并按照计算机系统、机房安全管理标准和机房建设消防规范要求对机房进行改造。主要措施有：一是组织专人对机房的服务器进行全面的安全检查，及时安装补丁修复系统漏洞。二是进一步完善机房管理制度，做到每天检查并记录机房设备的运行情况。外来人员进入机房需提前 24 小时预约，经允许并做好登记、核实身份后方可进入机房；节假日安排工作人员进行轮值。三是完善《从化市电子政务网络与信息安全应急响应预案》，落实应急措施，定期进行应急演练。四是对大院网络进行整改，重新规划虚拟局域网及 IP（网络之间互连的协议）地址。五是完善机房消防系统和视频监控建设。

信息化建设指导和技术协助。一是做好政府门户网站的信息更新和网站安全运行维护。全年政府主网站共发布信息 9000 多条，网站访问量约 21 万人次。二是协助和指导各机关单位进行网站的改版和建设。其中改版重建网站的单位有市旅游局、市政协、街口街等，新建网站的单位有市畜牧兽医渔业局、市关工委、市爱卫办、市红十字会、市流溪温泉管委会、市城监大队等。三是协助市属各部门做好与电子政务网络的接入工作。至年末，全市已有 34 个单位光纤接入并使用电子政务外网。四是协助市委机要局进行涉密内网光纤的铺设及安装密码机与广州联网调试，协助市信访局通过涉密内网接入省信访信息系统，帮助市委办组建市委办公内网信息平台系统建设和视频办公会议系统。五是做好托管服务器的维护管理工作，为市广播电视台的流媒体服务器、市民政局和市出租屋管理办公室等部门的业务系统服务器提供托管服务。六是开展专题网站建设。配合市的中心工作，改版创建全国文明城市活动专题网页，新建专题网有市委党务公开、机关服务年活动、普法、先进生态文明示范工程重点创建村的村级网站等。

[**重点信息化项目建设**] 市旅游门户网站建设。根据市委、市政府《关于印发〈从化市创建中国优秀旅游城市 2008 年重点工作安排〉的通知》精神，市信息办为市旅游门户网站创优工作承办单位，在市创优办的指导下，市信息办成立专项工作机构，组织项目调研，制订网站建设方案，做好建设资金申报和项目的招投标等工作。从组织保证、人员配置、资源调配等各方面全力投入，积极推进从化市旅游门户网站的建设完善工作。从化市旅游门户网站（http://www.chly.gov.cn）于 4 月完成开发建设，经反复试用与改进，于 6 月 17 日通过项目验收。建成后的网站具有旅游资源信息发布平台、投诉留言与问询、网站人数统计与资源分析、商品展示与广告宣传、电子地图查询及定位五大功能模块，为众多旅游企业酒店和旅游者提供优良的网络平台，截至年末，网站的访问量达 6 万多人次。

市治安视频监控系统项目建设。视频监控系统城区一期建设工程在 4 月投入使用，太平试点于 10 月试运行，基本实现与广州平台的互联互控。全年通过视频监控系统提供有价值破案线索 166 条。财政二期南片工程已动工建设，北片工程已送审，正走公开招标采购流程；三期镇街补点工程已筹资近 200 万元，开始社区内街建设；开发区和抽水蓄能电厂开始建设前端监控点。完成交警闯红灯电子警察系统前期准备工作，完成政府机关大院内部视频监控，会同公安局对 2010 年亚运会马术场馆进行安全保卫踩点调研。

市行政审批电子监察系统建设。受市监察局委托，市信息办在完成市行政审批电子监察系统一期试点建设工作后，继续开展二期工程建设。全年完成 34 个具行政审批职能部门的电子监察，并在其办证窗口（大厅）安装摄像枪 42 个，实现音、视频全程录音录像。二期工程实现当年调研、当年定方案、当年招标、当年建设、当年验收使用。

国家县域经济信息化试点工作。着重抓好旅游信息化、企业信息化、基层农村信息化等重点领域的信息化建设和应用，取得阶段性成果。先后完善信息化基础网络设施、推进电子政务延伸到镇村、建设特色旅游电子商务网站等项目内容建设。其中重点做好广州市移动电子商务示范区的推进实施工作，积极联系协调各有关部门及运营商，9月1日协助市府办举办市人民政府与中国移动通信集团广东有限公司广州分公司签署战略合作协议仪式。

“万村千乡市场工程项目”农家店信息化工程建设。该工程的试点项目建设，按照“统一规划、统一授牌、统一系统、统一标准”的原则实施，市信息办协调相关部门，做好试点承办企业和农家店的推荐工作，与市经贸局联合对全市万村千乡连锁农家店进行扶持和帮助，为从化市亨发企业有限公司下属的10间连锁经营农家店各配备电脑1台。按照省信息产业厅有关标准，将10间试点农家店建设成为农村信息化体验点，以信息化手段推进新农村建设，推进城乡信息化建设统筹协调发展。

[**信息化基础通信设施的统建管理**]　市信息办根据全市信息化及通信网络基础设施建设总体规划，结合从化大道建设项目、105国道和355省道城区段升级改造项目，按照“统一规划、统一建设和统一管理”的原则，组织协调各有关运营商在上述路段开展地下通信管线建设，增建市政府电子政务网络管道。至年末，市通信管线网络已基本覆盖城区主要道路。

[**信息化宣传交流工作**]　一是做好广州市信息联播工作。通过新闻中心、市委办信息科、政府及各单位网站等多种渠道，收集报送信息2000多条，利用广州市政府网络平台宣传报道从化市经济、社会发展动态。二是做好山区信息网的更新、维护工作，更新的栏目有天气预报、新闻资讯、招聘信息及价格行情等。三是分别参加市科技活动周、全国科普日等大型宣传活动，指导群众利用政府网站查找信息，使用网上服务大厅在线办事，免费派发山区农业信息参考报、广州网上内容服务手册、广州市村民网上服务手册等科普资料共2000多份。

（市信息化办公室供稿，何影鸿执笔）

（潘彦编辑）

社会生活

人口

［**概述**］ 2009年，全市总户数172648户，比上年增加5141户，增长3.07%，每户平均人数3人。其中非农业户63608户，比上年增加1849户，增长2.99%。全市总人口565755人，比上年增加8965人，增长1.61%，其中街口街88821人，比上年增加1339人，增长1.53%。在总人口中，男性人口287318人，占全市总人口的50.78%，比上年增加4165人，增长1.47%；女性人口278437人，占全市总人口的49.22%，增加4800人，增长1.75%。性比例（女=100）为103.2%，比上年下降0.3个百分点。非农业人口143917人，占全市总人口的25.44%，比上年增加4386人，增长3.14%。农业人口421838人，占全市总人口的74.56%，增加4579人，增长1.10%。2009年出生人口3962人，比上年增加158人，增长4.15%；出生率7.06‰，比上年上升0.18个千分点。当年人口自然增长率1.48‰，比上年上升0.58个千分点（公安局数据）。

［**人口密度与耕地面积**］ 全市土地面积1974.5平方公里（广州市民政局确认的数）。人口密度284人/平方公里。耕地面积253370亩（市国土房管局数），全市农业人口人均耕地面积0.6亩。

［**人口迁移**］ 2009年，全市省内迁入人口3210人，比上年增加337人，增长11.73%；省外迁入人口3807人，比上年增加102人，增长2.75%。迁往省内人口2389人，比上年减少260人，下降9.82%；迁往省外人口491人，比上年增加31人，增长6.74%。

［**外来暂住人口**］ 2009年，从化市登记的外来暂住人口88477人。从来源看，来自省内的47622人，占53.82%；来自省外的40855人，占46.18%。从职业来看，常规暂住外来人口46462人，占52.51%；务工34686人，占39.20%；务农623人，占0.70%；从事服务业3940人，占4.45%，经商2148人，占2.43%；从事其他职业618人，占0.70%。

［**从化市属劳动力构成**］ 2009年，全市从业人员302938人，比上年增加5112人，增长1.72%。其中，第一产业155274人，比上年增加2200人，增长1.44%；第二产业80928人，比上年减少685人，下降0.84%；第三产业66736人，比上年增加3597人，增长5.70%。在总从业人员中，第一产业占51.3%，第二产业占26.7%，第三产业占22.0%。

［**人民生活**］ 2009年，全市职工年人均工资28449元（地区数），比上年增加3190元，增长12.63%。在岗职工工资总额20500万

元，比上年增加 30359 万元，增长 17.53%。城镇居民人均可支配收入 17566 元，比上年增长 11.50%；农村居民人均纯收入 7361 元，比上年增长 13.50%。

（市统计局供稿，李伯英执笔）

计划生育

［**管理机构**］ 市人口和计划生育局属政府序列行政单位，办公地址在街口街新城东路 99 号。定编 21 名，其中行政编制 8 名、事业编制 12 名、工勤编制 1 名。2009 年末，在职 20 人，有局长 1 人、副局长 2 人。内设机构有：办公室、宣传教育科、规划统计科。驻局政府协调事业机构有：从化市流动人口计划生育管理办公室、从化市人口出生核查办公室。下属事业机构有：从化市计划生育服务站，办公地点在街口新城西路 69 号，在职在编 25 人。

［**基本情况**］ 2009 年度（按全省统计口径，统计时段为 2008 年 10 月至 2009 年 9 月），全市出生 6135 人，出生率 10.96‰；自然增长 3198 人，自增率 5.71‰；全市政策内出生 5839 人，计划生育率 95.18%，各项指标控制在上级要求的范围之内。全市落实“四术”5372 例，其中上环 3104 例，结扎 1316 例，人流引产补救措施 952 例。全市有 118 个村（居）无政策外出生，3 个人口统计单位（街口街、江埔街、流溪河林场）无政策外多孩出生。

［**创建省计划生育一类地区工作**］ 组织机构。2008 年 11 月，市成立创建省计划生育一类地区工作指挥部，由市委副书记、政法委书记谭凯平任总指挥，市委、市人大、市政府、市政协、市纪委等分管联系人口计生工作的领导任副总指挥，各镇（街、场）和市直机关 23 个局级单位的主要领导为成员。下设办公室在市人口和计划生育局，主任由朱记培担任。2009 年，市全面开展创建省计划生育优质服务先进单位和省计划生育一类地区活动。

责任落实。实行“市领导挂钩联系镇（街、场），镇（街、场）领导班子成员包片包村，镇（街、场）干部包村包社，村干部包社包户”的层级动态管理责任制，把创建工作实绩与干部的经济待遇、政治待遇挂钩。市委、市政府与各人口统计单位、计生综合治理责任单位、市属机关单位，各人口统计单位、计生综合治理责任单位、市属机关单位与下属单位及相关责任人，层层签订“创优升类”责任书，把“创优升类”与面子、票子、位子全面挂钩。

领导重视。市委定期召开常委会，研究部署创建工作。市委书记、市人大常委会主任欧阳知和市长梁建清多次听取汇报，适时指导、协调和督促。创建工作指挥部的领导靠前指挥，理顺各方关系，解决相关问题。

人财物保障。市委、市政府安排“创优升类”工作经费 357 万元。为计生技术服务机构增加编制 11 名（其中市计划生育服务站 5 名，鳌头、太平、良口三个中心镇各 2 名），充实计生服务队伍。

方案措施得力。全市深入开展“创优”和“升类”的调研工作，制定《从化市创建省计划生育一类地区工作方案》和《从化市创建省计划生育一类地区工作实施时间表》，指导各单位开展创建工作，对重点地区派驻专门业务指导组，促后进转化，提升工作整体水平。市创建指挥部实行“每周一调研，每月一会议”制度，即每周到 2 个镇街开展调研活动，每月召开一次指挥部会议。市成立督导工作组，由市计生分管领导率队，先后在6月和10月到各单位抓好省半年计生飞行检查和“创优升类”考评验收的督导工作，督促各单位高度重视，查漏补缺，进一步完善“创优升类”各项工作。市人口计生局实行“每周一通报，每月一督察”制度。即每周将收集各镇（街、场）创建进展情况，向各单位通报。

形成合力。2008年11月20日和2009年5月27日，市委、市政府分别召开创建省计划生育一类地区动员大会和创建省计划生育一类地区工作加温会，全力推进创建工作；2009年5月中下旬，市人大组织5个调研组深入镇（街、场）、村（居）及相关责任单位调研人口计生工作，对“创优升类”工作进行督导；2009年7月下旬，市政协组织政协委员视察人口计生工作，对“创优升类”工作建言献策；2009年5月，市纪委成立专门工作组，把“创优升类”工作纳入重点监察项目，进行建档全程效能监察；从2009年5月起，市委组织部对全市人口计生工作干部在“创优升类”工作中的表现进行追踪考察。为进一步深化完善计卫联手工作机制，全力推进全市创建工作，建立医疗机构计划生育专管员队伍。在设有产科的医院设置1—2名计划生育专管员，专职负责医疗机构相关的计划生育工作，设立计生办公室和建立相关的管理档案，强化出生分娩、B超管理、优生优育和宣传教育等服务管理工作。推进人口计生综合治理信息网络平台的建设，实现人口计生信息网络与物业管理小区信息网络的对接。市卫生、公安、财政、国土房管、民政等相关部门各司其职、各负其责，结合实际，全力推进创优升类各项工作深入开展。

提升服务水平。按照省的要求，全面优化服务环境，全力提升服务水平。规范设置计生服务机构科（室），为市计划生育服务站添置内窥式吸引系统、全自动生化分析仪、呼吸机、生殖道康复治疗仪、电子阴道镜、精子分析仪、心电监护仪等一批先进的诊疗设备。规范设置各级计生技术服务机构的招牌、门牌、灯箱、大堂标牌和导示牌，统一服务人员着装，规范文明用语，树立良好形象。在候诊厅增设电视机、饮水机、候诊椅、报刊资料阅览架、计生药具展示柜等便民设施。设立档案室，规范医疗文书、随访记录、生殖健康卡等。重新布置计生技术服务机构宣传环境，设置宣传长廊，更新宣传栏，营造温馨舒适的服务氛围。全市计生技术服务机构软硬件建设上了一个新的台阶，服务水平有质的飞跃，为上省计划生育一类地区奠定坚实的基础。

加强计生宣传教育工作。一是抓宣传品进村入户工作。印制10多万份集计生政策、避孕节育、优生优育、生殖保健等“创优升类”宣传单张派发到群众手中，宣传新型婚育文化。二是抓宣传阵地建设。争取上级支持，省计生新家庭文化屋示范点落户市鳌头镇，以此为契机，在全市进一步推进新家庭文化屋的建设。各镇（街、场）抓好计生宣传画的建设，其中太平镇在辖区一显眼处建设面积300多平方米的大型计划生育宣传画。三是抓计生大型文艺演出活动。在新世纪广场举办宣传贯彻《新条例》大型相声小品晚会，着力营造创建的良好氛围。四是抓宣传报道工作。在省《人口快讯》和本市电台、电视台、报纸宣传报道90多篇（次）。全年在市新闻中心和市电视台开辟专刊和专题栏目，详细解读新修订的《广东省人口与计划生育条例》，宣传计划生育奖励政策和服务指南等，并抓好《人口计生工作动态》的编印和发行工作。五是抓现场咨询服务活动。开展“7·11世界人口日暨关爱女孩创两无”

宣传服务活动。各镇（街、场）利用宣传车等开展现场咨询活动，深入宣传新修订《广东省人口与计划生育条例》。在公共场所、交通要道出入口以宣传横幅、宣传画和出动宣传车等形式，开展宣传教育工作，营造良好的创建氛围，推动创优升类工作深入开展。

落实计生优惠政策。一是狠抓计生优惠措施落实。健全“计生关怀”慰问制度，在中秋、春节期间，全市上下对纯女户、纯二女结扎户等计划生育家庭进行慰问。争取省人口计生委副主任云斌到从化市慰问流动人员和留守家庭人员，受惠群众达 180 多人。落实《广东省农村部分计划生育家庭奖励办法》，按时兑现奖励金。宣传贯彻城镇独生子女父母计生奖励政策，做好群众咨询、申报、审核和奖励金发放等工作。落实农村独生子女结扎户和纯二女结扎户家庭保健费奖励措施，投入专项资金 28.16 万元，受惠家庭 3200 户。兑现独生子女保健费和节育奖，推进计生困难户危破房改造工作，太平镇个别符合政策的对象已住上新楼房。温泉镇创新利益导向机制，建立政府机关中层以上干部结对帮扶计生困难户制度，为计生困难户排忧解难，受到人民群众的热烈欢迎。二是狠抓计生优质服务工作。在全市范围内全面实行“四术”常规免费服务，让广大群众得到实惠。组织实施避孕节育优质服务、生殖道感染、出生婴儿缺陷干预“三大工程”，通过送服务上门及举办现场咨询服务活动等形式，为群众大力开展“三查一治一服务”工作，受惠群众达 10 万多人次。

创建成效。一是基层基础工作得到夯实。坚持“三为主”（宣传教育为主、避孕节育为主、经常性工作为主）工作方针，抓基层、打基础，基层硬件设施完善，基层日常管理规范，计生队伍综合素质提高，重心下移工作机制落实，基层掌控人口增长能力明显增强。二是优惠政策得到落实。从化市计生九大优惠政策得到落实，农村独生子女结扎户和纯二女结扎户危破房改造工作取得突破性进展，申报、核审等相关工作顺利推进。同时，最低生活保障放宽，新型农村合作医疗财政补贴等优惠措施得到较好落实。三是出生人口性别比渐趋平衡。健全综合治理工作机制，通过重拳打击“两非”行为和全面开展经营终止妊娠药品专项清查行动，健全完善孕 14 周以上终止妊娠手术审批制度，使性别比综合治理工作取得明显成效，2009 年度出生人口性别比为 110.32，比 2008 年下降 5.19。四是以“创优升类”为契机，全面优化服务环境。全市计生技术服务机构标准化、规范化建设实现质的飞跃，全面达到“环境优美、技术优良、服务优质、管理科学、群众满意”的目标要求，圆满完成“创优升类”工作任务，顺利通过省严格的考评验收，获得“广东省计划生育优质服务先进单位”荣誉称号，晋升为省计划生育一类地区。

[**计生基层工作**] 按照“硬件设施齐全、软件标准规范”的原则，对全市村居“一校二室三栏”进行改造。加大基层队伍的建设力度，2009 年 3 月，组织各镇（街、场）分管计生工作的领导到佛山，进行为期一周的人口理论和计生业务知识培训学习，提高计生干部理论和业务水平；8 月组织到阳江市江城区参观学习省示范区人口计生工作。

[**流动人口计生服务管理**] 按照“属地化管理，市民化服务”的原则，加强对流动人口计划生育服务管理工作。加强流动人口服务管理重心下移工作，在太平镇召开现场会，推进厂矿企业建立健全计生协管工作。做好流动人口计划生育专项清查行动，清理流动人口 7194 人次，流动人口落实“四术” 573

例，查环查孕 5824 人次，发放流出人员婚育证明 9320 本，信息反馈 221 宗，信息通报 822 多宗。全年开展三查一治（查环、查孕、查病、治疗）优质服务活动 9 次，受惠群众 8570 多人次。

（市人口和计划生育局供稿，何志文、汤焕兴执笔）

民　　政

［**管理机构**］ 市民政局属政府序列行政单位，办公地址在街口街城南路 87 号。定编 37 名，其中行政编制 14 名、机关后勤服务人员事业编制 2 名，事业编制 21 名。2009 年末，在职 35 人，有局长 1 人、副局长 2 人。内设机构有：办公室、社会福利救济科、优抚科、基层政权和社区建设科、社会事务科、安置科。局下属事业机构有：市婚姻登记处（参照公务员法管理单位）、市老龄工作委员会办公室（参照公务员法管理单位）、市殡葬管理所、市殡仪馆、市公墓管理服务所、市社会福利院、市民间组织管理办公室、市区划地名办公室、市社区服务中心、市救助管理站。驻局政府协调机构有：市政府接待安置退伍军人办公室（与安置科合署办公），老区建设办公室，拥军优属、拥政爱民办公室（简称双拥办，老建办与双拥办均在市民政局优抚科办公，无编制）。

［**最低生活保障与社会救助**］ 推进城乡最低生活保障工作。2009 年 10 月 1 日开始，从化市农村低保标准由 170 元/月提高到 220 元/月，与之相关的农村五保供养、基本医疗救助、分类救济标准均相应提高。至年末，全市纳入低保家庭 8994 户共 25041 人，其中农村 8294 户 23141 人；城镇 700 户 1900 人。发放低保金 2613.78 万元，比 2008 年 2270.06 万元增长 15.14%，其中农村 2340.53 万元、城镇 273.25 万元。困难群众基本生活保障水平进一步提高。

提高低保制度管理水平。2009 年全面推行低保网上审批。组织全市各镇（街）、村（居）两级民政干部 300 多人进行低保业务培训，提高基层民政人员的业务水平和工作效率。编印低保救助宣传资料发放到村居，定期到基层检查指导，让群众了解低保政策和办理程序。

实施医疗救助和临时救济。全年全市发放城乡低保基本医疗救助金 218 万元，惠及困难群体 5 万多人。全年为困难群众提供临时救助 864 人次，发放救助金 130 万元。2009 年 5 月 1 日开始，贯彻实施《广州市困难群众医疗救助试行办法》，医疗救助覆盖城乡居民，全市各医疗救助机构为 246 人次减免（报销）医疗费 74 万元。

慈善募捐事业。精心组织“五一”期间即开型福利彩票销售活动，销售额达 340 万元。开展首届“广州慈善日”活动，募集善款 100 多万元。得到广州市民政局 48 万元启动资金支持，开办市内首家慈善超市，超市按捐赠人意愿为困难家庭提供无偿的实物帮助，全市 3781 名五保老人、孤寡老人及城镇低保对象受惠，凭市民政局发放的领物券，在超市选取生活用品，为五保老人等缓解日常生活压力。实施慈善救助，全年救助困难群众 40 人，救助金额 25 万元。实施“十百千”工程，分别资助江埔街锦联小学 60 万元、温泉镇第二中心小学 44 万元用于校区建设。2009 年 7 月，得到广州市慈善会支持，资助从化 300 名低保家庭学生“慈善杯高尔夫球赛”助学金共 30 万元。

开展节日慰问活动。2009 年春节、中秋期间，向全市困难群众发放慰问金和慰问品，价值766.85万元。

健全自然灾害和突发公共事件应急救助机制。修订完善《从化市自然灾害救助应急预案》。在全市开展“防灾减灾日”宣传活动。参与全市重特大事故灾害救助演练，提高民政部门应对突发公共事件、实施紧急救助的能力。完成市级应急庇护场所和救灾物资储备仓库的建设。筹备开展防灾减灾示范社区创建工作。

[**社会福利**] 五保安居点建设。全市建成投入使用五保安居点22个，拥有床位234张，入住五保孤寡老人184人；已立项，正在建设的有9个，准备动工的有4个。

敬老院建设。争取广州市福利金立项，先后投入资金80万元，维修改造街口、城郊、鳌头、棋杆敬老院。筹建中心城区敬老院，方案已报市政府待批。

社区居家养老服务。居家养老覆盖三个街道，有服务人员10名，服务对象75人。安装“平安通”的老人161名，为居家老人提供日常照料、紧急支援保障。

“星光老年之家”建设和管理。检查全市36家“星光老年之家”的运营情况，及时整改发现的问题。争取广州市民政局支持，在沿江南社区、神岗社区、从化经济开发区社区建设“星光老年之家”。

孤残儿童救助和供养。2009年10月1日开始，孤儿供养标准从每人每月170元至500元，统一提高到每人每月650元。全年市福利院接收弃婴（童）8人（其中2名为被拐儿童），依法送养5人。实施残疾儿童“明天计划”和启智教育，为7名婴（幼）儿成功实施康复手术，为院内4名学龄儿童办理入学手续。

[**双拥优抚安置**] 落实各项优抚政策。残疾军人（含伤残人民警察、伤残国家机关工作人员、伤残民兵民工）残疾抚恤补助标准，烈属（含因公牺牲军人遗属、病故军人遗属）定期生活补助标准，在乡老复员军人、带病回乡退伍军人、参战涉核军队退役人员等部分优抚对象生活补助标准、优待金标准再次提高，平均增幅15.1%。2008年，享受群众优待金2612户，优待面达100%，全年兑现优待金384.4万元。解决优抚对象“生活难”、“住房难”、“看病难”等问题，全年为354人（次）优抚对象实施救助，发放临时补助83.7万元；临时救助在乡退伍军人113人次，发放补助25万元。做好重点优抚对象和参战涉核人员的换证发放工作。为全市2100名优抚对象免费办理参加新型农村合作医疗。全年投入老区建设资金97万元。

严格审核参战退役人员身份。全年全市审核公示参战退役人员1322人（其中涉核1人），按照广州市标准发放生活补助1141人。对退伍军人的上访，加强与信访部门和镇、街、村的联系协调，互通情况，定期约访，合理安排外出调研，耐心做好政策解释和矛盾化解工作。

退伍安置。全市接收2008年冬季退役士兵、复员士官和转业士官233人，其中城镇兵33人，农村兵197人（含农村女兵4人，在校大学生入伍1人），转业士官3人。符合政策应安置的41人全部申请自谋职业，安置率100%，发放自谋职业金、养老金和待岗生活费250多万元。扩大宣传，组织退役士兵参加免费职业技能培训，参加免费职业技能培训的退役士兵223人，入学率95.7%。

双拥工作。春节、“八一”期间，配合市委、市政府慰问驻从化部队，发放慰问金36万元，为部队官兵、现役军人家属及优抚对象送上春节对联2500副和慰问贺卡3800份。

向全市优抚对象和转复退军人发放春节慰问金160万元。由市领导欧阳知、梁建清带队到95316部队驻地，开展迎接新中国成立60周年义务植树活动。城郊街、良口镇、吕田镇等共建单位也纷纷开展双拥活动。配合市委、市政府做好双拥工作座谈会、庆祝新中国成立60周年座谈会等一系列活动。

［**基层政权和社区建设**］ 提升村居自治水平。配合市委组织部等职能部门开展业务培训，培训全市村、社区“两委”成员1200多人，进一步提高“两委”成员的理论水平和工作能力。按照省、广州市有关要求，开展5个村务公开和民主管理“难点村”的排查治理工作，达到预期效果。

创建省“六好”平安和谐社区。市民政局成立创建省“六好”（自治好、管理好、服务好、治安好、环境好、风尚好）平安和谐社区工作小组，深入开展创建工作。有5个社区被广东省民政厅评为“六好”平安和谐社区，至年末，全市已有11个社区获此称号（见下表）。着力提高社区居委专职人员待遇，开展全市社区居委会及其专职人员专项调研并报市政府，以促进居委会办公场所的改善和居委专职人员待遇的提高。扎实开展农村社区建设试点工作，选定太平镇分水村、鳌头镇新隅村、良口镇少沙村为试点村，深入调研，拟订工作方案，通过试点为下一步推广工作取得经验。

社工和义工。得到广州市民政局支持，在良口镇长流村开展社会工作者人才队伍建设试点。动员各镇、街组织人员参加社会工作者职业水平考试。市义工协会积极组织义工深入社区开展志愿服务，先后开展“友爱互助月”、“邻居日”、“问候日”、“志愿服务月”、“广州慈善日”等活动，为社区空巢老人、特困对象送去温暖和问候，为创建全国文明城市营造文明和谐氛围。

表1 从化地区省“六好”平安和谐社区一览表

所在镇街	社区名称	获称号年度
街口街	碧溪社区	2007
	凤仪社区	2007
	新城社区	2008
	镇安社区	2008
	西宁社区	2009
	荔苑社区	2009
城郊街	镇北社区	2007
江埔街	河东北社区	2007
	联星社区	2009
	沿江南社区	2009
吕田镇	吕田社区	2009

［**社会事务管理**］ 加强和改进流浪乞讨人员救助管理工作。全年救助社会人员117人，其中送医院治疗的流浪精神病人10人。根据救助工作需要，8月，成立从化市救助管理站，地址在城郊街高步村新庄社（原城郊街敬老院），组建由公安、城监、卫生、民政等部门人员组成的救助服务队，有队员7人。

婚姻登记。全年办理婚姻登记6082对。9月9日当天全市办理结婚登记435对，改写从化市单日登记婚姻最高纪录。市婚姻登记处荣获民政部颁发的“2007—2008年度全国婚姻登记规范化单位”称号，并被广州市妇女联合会授予“广州市巾帼文明岗”称号。

殡葬管理。全年火化遗体5527具（包括外地遗体2485具），全市火化率连续8年、骨灰安放率连续6年保持100%。推行优质殡仪服务，实行特困、低保群众丧葬费减免优惠政策，全年累计优惠减免费用18万元，为交通事故等特殊事件减免费用共84万元。

收养登记。全年依法办理收养登记32

宗，其中事实收养弃婴（童）4 宗、社会弃婴 24 宗、福利院弃婴 4 宗。

[**老龄工作**] 开展社保卡整合老年人优待服务工作，全年有 1.99 万名符合条件的老人申请办理，已发放新老年人社保卡 1.98 万套。争取广州市老龄事业发展基金会支持资金 4.5 万元，建设良口镇少沙村老年人活动中心。重阳节期间，组织开展老年人书画展、文艺汇演等一系列敬老活动，丰富老年人文化娱乐生活。

[**区划地名管理**] 开展创建平安边界线活动，对广韶、广清、广惠三条地级界线，从萝、从白两条县级界线和江太线、街太线、城太线、太鳌线、城鳌线、街江线、江温线、江城线、街城线、城温线、温良线、吕良线等 12 条镇级界线实行签约委托管理。按照迎亚运、创建国家文明城市的工作要求，推进镇政府驻地标准地名标志设置工作，设置路、街、巷牌 378 个。依法审批地名，全年受理地名业务 36 宗，批准使用地名 76 个。

（市民政局供稿，吴迪执笔）

劳动和社会保障

[**管理机构**] 市劳动和社会保障局属政府序列行政单位，办公地址在街口街河滨南路 43 号。定编 12 名，其中行政编制 10 名、工勤编制 2 名。2009 年末，在职 138 人，有局长 1 人、副局长 3 人、专职副书记 1 人、纪检组长 1 人。内设机构有：办公室、培训就业管理科、工资保险福利科、劳动关系科。下属事业机构有：劳动就业服务管理中心、劳动力市场服务中心、社会保险基金管理中心、医疗保险服务管理中心、劳动监察大队、职业技能鉴定所、市城乡居民医疗保险管理中心、市农村社会养老保险管理中心。驻局政府协调机构有：市公费医疗管理委员会办公室、市退休职工管理委员会办公室、市再就业工作领导小组办公室、市劳动争议仲裁委员会办公室、市劳动能力鉴定委员会办公室、市新型农村合作医疗管理委员会办公室。

[**就业和农村富余劳动力转移就业**] 安置城镇失业人员就业。全年全市失业率控制在 3.5%以内。办理登记城镇失业人员 2087 人，安置城镇失业人员就业 1143 人，就业率 54.75%，其中下岗失业“4050”（指男性 50 岁、女性 40 岁以上的大龄下岗失业人员）人员 181 人，再就业率 55%。登记零就业家庭 3 户，1 人以上就业 3 户，就业率 100%。

转移农村富余劳动力就业。以招聘会为载体，在各镇、街举办就业招聘会 24 场，转移农村劳动力就业 10814 人，为农村劳动力开展各类职业技能培训 7716 人。每年定额输送 200 余名特困家庭子女，免费就读广州市高级技工学校。

劳动力市场管理。劳动力市场初步形成市、镇（街）、村（居）管理网络，为失业人员和农村劳动力就近、就地进行求职登记、服务提供便利。在各镇、街建立的 260 个村（居委）劳动保障工作站积极开展工作，共创建充分就业社区 27 个。登记就业录用备案人员 71863 人，办理农村劳动力就业手册 4606 个。劳动事务代理和港口装卸队伍保持稳定，常年分别保持在 7000 人和 1600 人。

[**社会保险基金管理**] 社会保险覆盖面。全年全市参加企业职工社会保险的单位有 2454 个，参保人数 25 万人，比上年增长 13.6%。其中参加养老保险 14 万人，增长 6%；失业

保险 7 万人，增长 25%；工伤保险 21.5 万人，增长 9.7%；生育保险 5.9 万人，增长 74%。全市企业职工人月均退休费 1187 元，高于全国企业退休职工平均水平。退休人员的退休费和失业人员的生活费按时足额并实现社会化发放。

社保基金征收。全年征收各类社会保险基金 5.3 亿元，比上年增长 12.8%。其中征收养老金 42198 万元，增长 17.2%；失业金 2511 万元，减少 8.6%；工伤保险金 1320 万元，减少 3.5%；生育保险金 509 万元，增长 69.7%。

社保基金支付。全年支付各类社会保险基金 1.8 亿元，比上年增长 38.5%。其中支付退休人员基本养老金 15043 万元，增长 40%；失业金 291 万元，减少 5%；工伤保险金 940 万元，增长 153%；生育保险金 236 万元，增长 53%。

社保基金结余情况。全年社会保险基金收支对比结余 3.5 亿元，比上年增长 3%。历年累计各项社保基金累计结余 13.1 亿元。

[**各项医疗保障**] 城镇职工基本医疗保险。全市参加基本医疗保险职工 10 万人，比上年增长 3.5%。征收医疗保险基金 1.1 亿元，增长 10.7%，征缴率 98.3%。在市内外医院住院或就医病人 43079 人次，支付各项医疗保险费 4112 万元，增长 36%，住院平均报销比例为 68%。全年医保基金累计结余 2.6 亿元（含政府资助划拨）。

城乡居民基本医疗保险。从 2009 年 1 月开始，在原新型农村合作医疗保险的基础上，实施城乡居民医疗保险，农村居民和城镇居民统一纳入城乡居民医疗保险。2009 年，全市参加城乡居民基本医疗 45 万人，其中城镇居民 4 万人，农村居民 41 万人，参保率达 99.9%。筹集城乡居民医保基金 4601 万元，支付医疗费 4303 万元，平均住院报销比例为 36.1%。全年医保基金收支结余 298 万元。

公费医疗工作。全年全市享受公费医疗人员 16722 人，在市内外住院就诊病人 7339 人次，增长 20.55%，支付医疗费 2758 万元。全市公费医疗费支出控制在当年的财政预算内。

[**农村社会养老保险**] 被征地农民和农村社会养老保险工作分别于 2008 年 10 月和 2009 年 4 月在从化市全面铺开。至年末，参加被征地农民和农村社会保险 6 万人，其中缴费 2.1 万人，享受生活津贴有 3.9 万人，超额完成广州市下达从化当年的参保任务。城镇老年居民社会养老保险在 2009 年 7 月启动，至年末已办理老年居民参保 3000 多人。

[**劳动监察和仲裁**] 劳动监察。全年接待群众来电、来信、来访 1.13 万人次，受理劳动违法投诉案件 222 宗，涉及人员 1112 人。处理 5 人以上上访及罢工等事件 88 宗。

劳动仲裁。全年处理工伤投诉案件 1230 宗，受理劳动争议仲裁案件 371 宗（1 人 1 宗），全市劳动合同签订率达到 95%。为劳动者追回拖欠工资、社保金、经济补偿金等经济损失标的金额 2071 万元。

开展创建和谐劳动关系活动。运用多种形式广泛宣传劳动政策、法规，在全市举办多期《劳动合同法》学习培训班，参加人员 3665 人，派发宣传资料 1 万多份。

专项检查。会同相关部门在全市开展落实农民工工资、清理整顿人力资源市场秩序、严厉打击非法使用童工、签约达标行动等专项执法检查。做好各项维稳工作，严密监控各种劳动关系动态，加强隐患排查和案件调处力度，没有出现因劳资纠纷引发的群体事件和越级上访现象。

［**企业退休人员社会化管理**］ “六个老有”（老有所养、老有所医、老有所教、老有所学、老有所为、老有所乐）措施进一步落实。抓好退休人员认证工作，促进退休人员的基本生活费按时足额发放及社会保险基金的正常运行。严格把好企业职工退休审批关，全年全市退休人员进入社会化管理 8268 名，企业离退休人员生活费月人均 1721 元，比上年增长 18%。切实维护退休职工的合法权益，对退休人员反映的一些实际问题，及时为他们排忧解难。做好各项慰问活动，体现党和政府对离退休人员的关怀和爱护，进一步加强退休人员的社会化管理。

（市劳动和社会保障局供稿，钟晨晖执笔）

（潘彦编辑）

开发区

广东从化经济开发区

［**管理机构**］ 从化经济开发区管理委员会是从化市人民政府单列设置的机构，为参照公务员法管理的正局级事业单位，办公地址在市开发区工业大道1号。定编46名。2009年末，在职83人，有书记兼主任1人、副书记1人、副主任3人。内设机构有：党政办公室、人事保卫部、建设规划部、企业管理部、外经招商部、财政所、国土房管分局、安监中队、科委。下属机构有：城监中队、建设工程质监站、居委会、计生办、出租屋管理服务中心、专职消防队、劳监中队。群团组织有：开发区总工会、团委、科协、妇委会。直属企业有：开发总公司、信达物业管理公司、自来水公司、永宽房地产公司、宝泰贸易公司、太源发展公司、保税仓、综合服务中心、职业介绍所、远业人才交流市场等10家。

［**经济效益**］ 全区实现工业总产值92.25亿元（现行价），比上年增长3.88％，税收收入3.64亿元，比上年下降5.29％。

［**改善投资环境**］ 一是全面完成工业大道的改造，铺设太源路、丰盈路和肉菜市场周边的人行道。二是开发区新公园（即荔香公园）和文化广场建设工程竣工交付使用。三是投入资金改造自来水制水和管网等设备，改善水质，提高供水服务水平。2009年11月，通过专家调研、网上投票、综合审核，广东从化经济开发区被国务院发展研究中心等有关部门认定为“中国最具投资价值开发区”。

［**招商引资**］ 在受到土地资源的制约及国际金融危机的影响下，招商引资工作难度较大。开发区及时调整策略，应对挑战。一是充分利用二期未使用的土地招商引资，提高服务质量。二是盘活闲置资产。针对广昌大厦北座和南座有关物业长期闲置的情况，按照“尊重历史，面向未来”的原则，通过理清权属、价值评估、公开招标等程序，转让给有实力的客商，使广昌大厦物业得到整体盘活。三是对原铜鼓岭公园（14.55亩）和亨龙公司旁边未利用土地（9.66亩）进行公开挂牌出让。通过走出去，请进来，以商引商等形式，招商引资仍然取得可喜的成绩。全年引进项目27个（其中5个为挂牌项目，3个为增资项目），合同总投资5.75亿元，合同利用外资907万美元，比上年略有下降；实际利用外资3060万美元，比上年增长145％。

［**二期用地开发**］ 推进二期开发基础设施建设工程。二期征地工作基本完成；累计完成土方平整约1200亩，其中土方工作量约270万立方米，石方爆破量约15万立方米；A～F地块土石方挖填工程，市政道路第一、二、三和五标段工程，排洪渠首段、第二段工程，太平电厂至开发区二期高压线架设工程，水南变电站土建工程等均已全部完成。G～O

地块土石方挖填工程已完成80%，供水管网安装工程完成50%；弱电线管预埋工程完成40%；市政道路六标段和高湖公路开发区段工程已完成35%，计划于2010年8月前全部完成；A～F地块道路路灯安装工程已完成财政评审程序，拟通过招标选定施工单位。二期用地挂牌出让土地11宗，面积共305.02亩，上缴土地出让金和契税5245.79万元。

[**三期规划和扩区工作**] 三期用地土地利用总体规划修编、开发规划设计工作已经完成，正按有关程序报批。高技术产业基地和开发区扩区报批等工作已经启动。委托省城乡规划设计研究院负责设计开发区高技术产业基地概念规划，已完成概念性规划初稿编制、项目建议书编制等工作。作为高技术产业园启动区的高技术产业基地已由从化市发改局立项，并纳入开发区扩区范围。开发区扩区已完成开发区主要经济指标的核算、开发区集约用地评估工作、扩区范围区域内的可行性研究报告工作、扩区范围区域内的环评编制、产业发展规划设计和扩区申请报告等工作，上报广州市人民政府。

[**污水处理厂建设**] 5月，把太平污水处理厂建设的前期资料及征地移交广州水务投资集团有限公司，由其负责太平污水处理厂的厂区建设。太平污水处理厂管网铺设分两个阶段进行。第一阶段管网建设结合太平镇中心坑改造实施，完成施工图设计、审查和财政评审造价，并向市水利局移交施工图纸和预算书，由市水利局组织招投标及工程施工。该工程已完成总工作量的30%。第二阶段（即紫泉阶段）管网建设，完成地形测量、物探、钻探、施工图设计、财政造价评审和工程招标等前期工作，并于11月初进场施工，已完成工程总工作量的20%。

[**管理和服务**] 为贯彻落实中央提出的“保增长、保民生、保稳定”的政策措施，制订帮扶企业联系方案。安排领导和中层干部联系企业，及时了解企业在生产经营、消防安全、按章纳税等方面的基本情况，主动为企业排忧解难。通过召开银企联谊座谈会、融资推介会和政策宣讲会，为企业牵线搭桥，解决融资的困难，提供信息咨询服务，宣传解释政策措施，协助鼓励企业积极应对金融危机，拓展产品市场，提高经济效益。继续强化综合服务中心的功能，为企业提供“一条龙”式的优质服务。特别是在办理证照、劳动力招聘等方面，积极为企业提供便利服务。全年举办劳动力资源专场招聘会共4场，累计帮助600多位富余劳动力成功找到就业岗位。

[**科技科普工作**] 以创建科技成果转化基地，新产品、新技术研究基地和创新人才队伍建设基地为目标，开展以企业技术创新为主体的创新平台建设。按照上级的有关部署和要求，通过“科技活动周”、“全国科普日活动”、“科技管理培训班”等形式，开展科普宣传。同时，协助企业开展科技创新活动，营造“尊重知识，尊重人才”的良好氛围。帮助区内企业申报省和广州市的科技计划项目11项（占从化总申报项目的1/3）。继亨龙公司外，保赐利公司也通过国家对高新技术企业的重新认定。

[**直属企业管理**] 根据直属企业的不同特点，强化对人员、财务、业务等方面的监督管理，帮助企业开拓思路，拓展业务，提高经济效益。开发区自来水公司深化股份制改革，全年完成工业总产值1032万元，实现税前利润94万元；物业公司全年实现营业收入350万元，盈利64.5万元；永宽公司全年实现营业

收入208万元，上缴税收30万元；保税仓全年实现营业收入94万元，上缴税收18万元；太源公司全年实现营业收入45.5万元，上缴税收8.7万元。

[**社会治安综合治理**] 一是开展“风雷”、“飓风09”及“创平安、迎国庆”等一系列专项打击整治行动，开展“人屋车场”专项治理，打击各类违法犯罪。全年全区立刑事案件27宗，比上年下降16%，破获案件33宗，破案率下降8%；查处治安案件135宗，比上年上升31%。二是明确责任，突出重点，加强监督，有条不紊地开展安全生产、消防安全、整规打假、食品安全、特种设备监管等工作。4月，成立质量兴园区办公室，加强对企业产品质量的监管。三是配合全市开展创建文明城市活动，及时整治区内“六乱”现象。实施城乡清洁工程，营造优美整洁的营商和居住环境。四是坚持“依法信访，违法追究，双向责任，注重导向”的原则，结合实际，狠抓信访工作责任制的落实，妥善调处工程欠款、劳动工资、土地界线等方面的纠纷，维护市场经济秩序和社会稳定。配合市有关部门妥善处理广州华羚化工有限公司和广州刚辉橡塑五金制品有限公司的劳资纠纷和工程欠款事件。

[**计划生育**] 依法开展计划生育管理服务工作，为区内外来务工人员提供优质服务。贯彻“流动人口计生管理服务工作以居住地为主”的原则，坚决查处计生违法问题。配合全市开展计生“创优升类”活动，力促计生工作上新台阶，较好地完成市委、市政府下达的工作任务。

[**党建党风廉政建设**] 巩固深入学习和实践科学发展观活动的成果。按照市委的统一部署，扎实开展“五清五帮”活动，取得阶段性成果。严格按照《党章》规定，发展优秀的年轻干部或员工入党。全年共确定入党积极分子8名，发展新党员6名，预备党员按期转正2名。7月，挂牌设立开发区检察法律服务室，加强廉政监督。进一步完善车辆管理制度和中心组理论学习制度。大力开展纪律教育和廉政教育。坚持“集体领导，民主集中，个别酝酿，会议决定”的原则，发挥党政班子联席会议的功能和作用。凡涉及开发区各项工作中的人、财、物等重大事项，都交由班子会议讨论决定。通过设置党务、政务公开栏，将人员安排、工程招标、财政预决算以及公车借用缴费等情况公之于众，接受群众的监督。加强对直属企业的财务监管，确保国有资产保值增值。

[**精神文明建设**] 发挥工青妇等群众组织的作用，开展“爱国歌曲大家唱”、青年志愿者行动、“书香家庭”评选和先进生产者、工作者评选等活动，以及送温暖慰问活动和爱心帮扶活动，并取得显著成效。发动干部员工参加各种形式的慈善募捐活动，全年捐善款2.8万元。开展“五一”趣味体育竞赛等文体活动，丰富和活跃干部员工的文化生活。积极配合全市开展创建国家文明城市和国家卫生城市活动。

[**档案和保密工作**] 根据年初制订的工作计划，严格按有关要求和标准，及时将文件资料分类归档入库。做好档案查阅服务工作，尽最大限度使档案资料得到开发利用。全年累计整理归档的档案有：项目审批档案59卷，会计档案78卷，建设规划档案488卷；累计提供档案借阅30卷21人次。

加强计算机信息系统的管理，完善开发区互联网站的建设。进一步加强对国家秘密和工作秘密的管理。对具有密级标示的文件资料，由保密员跟踪管理，在传阅、办文过程中，做到造册登记，办好签名认可手续，并用专柜上锁保管。在电子政务的建设中，严防涉密信息上网。全年没有发生失窃密事件。

［**存在问题**］　一是建设用地等资源不足的矛盾还没有得到根本解决。二是经济回升还不稳定，保增长仍面临较大压力。三是一些配套工程建设和项目筹建速度缓慢。四是区域规划和产业规划需进一步完善，支柱产业不够突出，产业集聚化程度不高。五是投资软硬环境有待进一步改善，维稳综治等工作有待进一步加强。六是干部队伍的综合素质、管理水平和服务质量有待进一步提高。

（广东从化经济开发区管委会供稿，古勇开执笔）

从化市明珠工业园区

［**管理机构**］　市明珠工业园区管理委员会是市人民政府派出的行政管理机构，为单列设置的正局级事业单位，行使辖区内市一级审批权限。园区办公地址位于原民乐茶场场部。定编 49 名，其中市财政全额拨款 41 名，市财政核拨 8 名。2009 年末，在职 112 人，其中使用全额拨款有 32 名、市财政核拨 4 人、挂职人员 6 人、聘用人员 70 人，有党委书记兼主任 1 人、副主任 3 人。内设机构有：办公室（后勤服务中心）、招商投资和企业管理服务部、建设规划部、组织人事劳动部、国土资源和房管管理分局、财政所、社会事务管理部、出租屋管理服务中心、科技管理办、鳌头工业基地建设指挥部办公室。直属机构：城监中队、质监站。园区内设部门有：拆迁办、工青妇联合办公室、明珠工会联合委员会、共青团明珠工业园区委员会、明珠妇委会、宝珠开发有限公司、宝聚物业管理有限公司、宝盛人力资源有限公司。属下单位有：民乐公司、横江公司、明珠居委会、明珠小学、明珠医院、明珠派出所。园区管辖企业 97 家。

［**经济效益**］　全年园区新入开发资金 5.9 亿元，其中社会投资金额 3.5 亿元，政府投资额 2.4 亿元。全年（不包括鳌头工业基地）实现工业总产值 17.7 亿元，比上年增长 39.7%，实现销售产值 15.2 亿元，增长 29.5%；规模以上工业企业完成工业总产值 17.2 亿元，增长 40.7%；工业企业上缴各项税额 8000 万元，增长 78%。

［**规划设计**］　一是修编园区总体规划和控制性详细规划。园区总体规划修编后总规划研究面积约 109.8 平方公里，核心开发面积约 51 平方公里，分为明珠工业基地（包括原来的东区、西区、中区、西区扩展区、摩托车基地等）和鳌头工业基地（包括万宝电器产业园，物流产业园和人和、龙星、聚宝三个工业集聚点）进行开发建设。二是编制园区产业发展规划。按照园区产业发展布局、产业发展定位、产业发展优势重新编制园区产业发展规划和布局。重点发展医药化妆品、汽车及其零部件、电子信息、日用消毒品、摩托车及其零部件、橡胶轮胎、现代物流、电器制造“八大产业集群”，打造华南地区最大的商用车制造、橡胶轮胎生产、家用电器制造、日用消毒品生产、电力设备生产、留学人员创业和高新技术研发孵化“六大产业基地”。三是申报省市重点建设项目。2009 年，园区被列为广东省汽车及零部件集群升

级示范区、广东省中小企业创业服务示范基地、广州市中小企业创业基地、国家汽车及零部件出口基地广州从化基地、广州市家用电器生产基地。四是规划筹建留学人员创业基地和高新技术产业孵化器研发基地。通过与广州市中级人民法院的沟通衔接，协商解决收回峻联公司闲置用地，用于筹建留学人员创业基地和高新技术产业孵化器研发基地。五是编制完成园区各项市政专项规划工作。完成西区、中区（首期）区域消防、给水及环境卫生专项规划、横江安置区、污水处理厂、垃圾压缩站等专项编制工作；对 110 亩汽车零部件厂房首期工程、污水处理厂、垃圾压缩站及兴园北路道路排水等工程施工图进行设计；申报天然气管道、明珠大道北市政路网等项目并获得广州市“退二”项目专项补助资金 2100 万元。六是有序有效推进鳌头工业基地总体发展规划、控制性详细规划、测量和环境影响评价等相关工作。年末，基地总体发展规划、控制性详细规划编制评审和环境影响评价工作均完成并报相关部门审批，已完成基地测量成果编制报告。七是依法依规行使规划审批权限。切实加快企业动工建设报建审批工作。园区全年审查 14 个项目 66 幢建筑物的企业项目单体建筑设计方案，建筑面积 23.87 万平方米；核发建设工程规划许可证 21 个，建筑面积 24.99 万平方米；完成建筑物的规划验收工作，总建筑面积 18.21 万平方米，并核发规划验收合格证 13 个。

［**基础配套设施建设**］　一是推进明珠大道北路、二横路、民乐路、首期农民安置小区道路排水、广汽日野试车跑道、汽车零部件基地首期市政道路、兴园北路等市政道路建设。二是加快民乐公司职工安置区二期工程、农民安置区首期市政道路工程建设和横江公司职工安置区建设前期各项工作。三是推进污水处理厂、垃圾压缩站、110 亩汽车零部件厂房首期工程建设。四是做好园区绿化、美化、亮化工程建设。重点完成兴园南路景观、明珠大道北绿岛等工程绿化工作，并根据实际情况推进完成利建路等路灯工程和其他相关道路的太阳能路灯安装建设。五是推进园区市政道路交通设施配套工作。重点完成创业大道、兴业路等西区南组团道路交通设施设置工作。六是做好水土流失的掌控预防及整治工作。重点完成二横路北面鱼塘排水等水土流失整治工程。七是推进鳌头工业基地相关道路整治和绿化工作。主要完成指挥部办公楼装修，万力路照明工程、万宝高压线路工程建设等工作。八是依法依规做好工程项目招投标和预结算工作。全年，园区完成平整土地面积约 572.2 亩，建成道路长约 6.88 公里，铺设排雨水管道约 11.31 公里、排污管网约 7.97 公里、强电网约 10.89 公里、弱电网约 5.83 公里，浇筑混凝土路面面积约 10.76 万平方米，绿化面积 3.4 万平方米，安装路灯 1.63 公里，配套完善交通标志标线等 3.28 公里。依法依规完成招投标项目 57 项，为市财政节约资金 166.93 万元。

［**征地拆迁**］　一是强化做好征地拆迁安置工作。2009 年完成预征地 1158 亩，拆迁安置农民 35 户约 140 人。二是排查征地拆迁隐患。重点对农民安置区、明珠中路等拆迁户未拆迁、未搬迁情况作深入调查了解，针对不同情况制定不同解决办法，有效将不稳定因素化解在萌芽状态，并取得实效，园区实现无越级上访。三是解决被征地村留用地、返还地问题。返还地工作实施方案已得到市政府的批复，返还地征地工作正加紧推进。四是做好用地修编调整规划和万亩工业储备用地的实施工作。主要是详细制定园区新的

土地利用总体规划修编计划和万亩工业储备用地的规划报审和征地实施工作，为确保园区的可持续发展提供空间争取主动。已基本完成园区（鳌头工业基地）的土地利用修编大纲工作，完成万亩工业储备用地调规报审和征地 1223 亩工作，占万亩储备用地的 18.82%。五是加快农用地转建设用地、征地结案、项目用地招拍挂办理和其他供地工作。六是有效盘活园区闲置用地，解决土地供求紧张的矛盾。主要是盘活处置德讯电子、巴宝莉化妆品、田园制衣厂、百仕高实业、万生实业、生水陶瓷、峻联公司等项目 280 多亩闲置用地。七是做好迎接广东省第四次卫星图片执法检查各项整治工作。对市卫星图片检查执法督导组和土地监察大队确定的违法用地图斑进行复绿，复绿面积达 40 亩，并已向市林业局申请验收，正在实施复绿面积约 208 亩。

园区全年完成预征地总面积约 1158 亩（国有土地约 430 亩，集体土地约 728 亩），正在开展预征地约 1609 亩，重点破解污水处理厂 235 亩、2 号渠 85.4 亩、日野以北水土缓冲区及周边道路 420 亩、试车跑道 155 亩的征地工作难题。完成用地征地结案 2048.51 亩，用地招拍挂 13 个项目 2439.25 亩，协议供地 23 个项目 1113.17 亩。拟招拍挂土地面积 309 亩。完成涉及 9 个项目确权用地面积 219.87 亩。

[招商引资] 一是注重严把项目准入关、审核关，建立健全企业投资效益评估机制，确保所引进的项目均为“五有”（有实力、有信誉、有效益、有发展前景、有考察评估）的优质项目。二是成功引进汽车零部件企业 4 家，计划投资 2.8 亿元，建成投产后可实现产值约 4 亿元，实现税收约 2500 万元。三是成功举办园区荔枝节系列招商活动和应对金融危机组织企业互动推介会以及成立园区企业家协会，不断拓宽招商渠道，架设促进企业共同发展的桥梁。四是做好“以商引商”工作，做大做强园区支柱产业。利用广汽日野汽车、万宝电器、丰力轮胎、威莱日化等项目已形成的产业集群优势，培育优势企业，做好产业延伸和扩散承载工作，深化、细化产业链招商工作，重点抓好美的集团从化基地、科昂诗汽配增资扩建、钻石车胎等项目的引进工作。五是建立园区领导联助企业帮扶机制，上下联动，协调各方，推动企业动工建设和投产达效工作。切实帮助企业在办证、政策兑现，供水、供电、消防等报批办理上排忧解难，为企业动工建设和保增长开设绿色通道，保驾护航。六是严格控制土地资源，从每厂建职工宿舍向园区集中建职工公寓转变，用好用活每一寸土地，做到惜地如金、统筹管理并举。七是引入优质企业，盘活闲置用地，提高园区开发建设投入资金的产出效益，增强园区发展后劲。主要是盘活闲置用地 351 亩引进香港得亨家具、飞奔汽车配件、迦莱日用品等国内外知名品牌企业落户园区。全年园区引进招商项目 10 个，其中引进工业项目 6 个，计划投资总额达 8.5 亿元，项目建成投产后可实现产值约 21 亿元，税收约 1 亿元；引进总部经济项目 4 个，注册资金约 7000 万元，可创年税收约 2000 万元。全年新增动工建设企业项目 5 家，建成投产企业 6 家（包括广汽日野汽车、广州妈妈一选日用消费品、广州天鹿锅炉等大型项目），园区经济发展的支撑进一步增强。

[党建和精神文明建设] 以开展学习实践科学发展观活动和“机关服务年”活动为契机，开展“五清五帮”活动，扎实高效推进园区党建和精神文明建设。通过“五清五帮”活

动的深入有效开展，园区党员干部的精神面貌焕然一新，党性修养得到进一步加强。在“五清五帮”活动中，园区党委慰问特困党员共14名，送上慰问金2800元及一批慰问品，帮扶培训农户38人次，组织企业现场招聘会4场，为社会提供就业岗位432个，吸引5000多人现场应聘，约有300多人达成用工就业。筹集医疗救助基金3000元救助相关人员。园区管委会机关党支部被广州市授予“2009年城乡基层党组织互帮互助先进党支部”光荣称号。通过中心组学习、组织外出参观学习、举行党员座谈会等活动，提高党员素质，加强党员队伍建设，密切党群干群关系，园区党建、纪检和审计监督等工作得到进一步加强。加强党建和精神文明建设宣传报道工作，扩大园区的知名度和对外影响力，促进三个文明建设协调发展。

［**社会各项事业**］ 文教体卫和科技事业。明珠小学巩固提高“创强”工作成效，顺利通过“广州市义务教育规范化学校”评估验收；明珠医院在狠抓医疗服务质量、加强疾病的控制防疫、强化社区卫生医疗服务、添置更新医疗设施设备等方面取得新效益。民乐公司、横江公司结合自身实际，努力创造条件解决历史遗留问题，配合园区做好征地拆迁、职工安置、安全生产、国有资产管理、党员民主评议等工作，保障园区和谐稳定。园区科技工作取得新的突破，理顺科技工作管理机制，成立园区科技办，有效保障企业科技创新、项目改造申报等工作有序开展。园区全年有2家企业取得科技项目专项资金，得到共260万元的资金支持，有2名突出专业技术人才获得从化市政府专项资金奖励。园区建立科技服务平台项目已经从化市科技局批准，并获得3万元的资金支持。

构建社会保障体系。发挥工、青、妇等群众团体的桥梁纽带作用，组织开展“广州慈善日”和“党内帮扶基金”善款募捐，为四川灾区寄送爱心包裹，“献爱心、送温暖”慰问以及“庆祝七一、歌颂祖国”大型文艺晚会等活动，组织园区企业开展企业招聘会4次，解决园区周边村部分富余劳动力就业问题和企业用工难问题。2009年，园区各企事业单位为患病女职工熊娟筹集善款5万多元，向四川地震灾区寄送爱心包裹约2.73万元，募捐“广州慈善日”和“党内帮扶基金”善款4万多元，组织慰问特困群体人员50户，发放慰问金3万多元。

信访综治维稳。深入开展各种专项打击整治行动，加大打击违法犯罪力度；加强社会治安防控体系建设，努力创建“和谐平安社区”；做好信访案件的处置化解工作。全年园区接到各类警情349宗，立刑事案件22宗，破获各类刑事案件26宗，抓获各类违法犯罪嫌疑人52人，调处各类民事纠纷36宗；成功处置浦东建筑公司拖欠工资、明珠幼儿园道路交通事故纠纷等大型群体性事件5宗，及时化解各种不稳定事件11宗；受理信访案件34宗，处置化解信访案件31宗，案件办结率为91.2%。

计划生育和出租屋管理。完成2009年度外来已婚育龄妇女办证和查环查孕工作，通过广州市计生检查组的验收；完成婚育学校建设并于2009年6月上旬挂牌运作，计生管理工作受到上级相关部门的表扬。做好“人屋车场”综合治理工作。在全市率先完成房中房专项整治工作，取得广州市“人屋车场”专项督察7个100%的优秀成绩。2009年“两费一税”征收，完成187%。开展民政事务各项工作。开设民政专用账户，方便园区民政事务的管理；审核办理园区百岁老人保健金的发放和社区退休人员社保卡换证工作；与城郊街、横江公司协调解决明珠医院横江敬老院内老人搬迁和入住敬老院的问题。

（明珠工业园区管委会供稿，
李敏华执笔）

从化市流溪温泉旅游度假区

［**管理机构**］　市流溪温泉旅游度假区管理委员会是从化市政府派出的事业机构，行使度假区内的行政管理权，办公地址在良口镇高沙村 105 国道旁。事业编制 19 名。2009 年末，在职 31 人，有主任 1 人、副主任 4 人。内设机构有：办公室、规划建设科、投资服务科、城监中队。下属机构有：流溪温泉物业管理有限公司、流溪温泉供水管理站。

［**旅游经济**］　年末，区内有旅游企业 26 个家，全年接待旅游人数 56 万人次，营业总收入 1.5 亿元，比上年增长 2.1%，辖区创税收收入 1654 万元，增长 43%。

［**招商引资**］　旅游度假区内的温泉项目进入全面建设阶段，辖区全年新增固定资产投入 8.0 亿元人民币，其中从化温泉养生谷项目 2.4 亿元，广州亚运会马术场 1.9 亿元，广州花园酒店从化华熙温泉项目 0.34 亿元，从都国际会议中心 3.3 亿元，其他项目 600 万元。

［**征地拆迁**］　2009 年，土地开征计划 1370 亩，包括塘料村（水疗养生区项目用地）938 亩，良明村（主要为文轩苑环境改造用地）131 亩，塘尾村（留用地）71 亩，南入口广场用地 200 亩，105 国道旁国有土地 30 亩，涉及拆迁人口约 1100 人。至年末，从化温泉养生谷项目累计征收土地约 5200 亩（加上亚运会马术场其中的 2007 亩为温泉养生谷项目计划外的专项投资，合计约 7200 亩）。完成拆迁房屋 15 万平方米（其中 105 国道两旁环境整治拆迁 3 万平方米）。

［**村民安置**］　2009 年建成第三期安置房 4.25 万平方米，碧水新邨共建成安置房合计 1406 套，建筑面积 16.43 万平方米。销售安置房 1200 套，安置人口约 3300 人，其中 2009 年新增销售安置房 258 套，新安置搬迁人口约 800 人。建成安置区商业服务中心，建筑面积 5000 平方米。加强碧水新邨物业管理和服务，按时发放搬迁农民的生产生活补贴，搬迁村民生活安定。

［**规划建设**］　一是加强度假区拟建项目的规划控制、报建审批、开发建设的管理工作，制定《建设工程项目报建审批表》，完善建设工程项目审批程序，按总体规划和功能分区布局进行审核。2009 年，已审批从都国际会议中心和广州花园酒店从化华熙项目报建，确保 2010 年亚运会马术比赛接待工作正常进行。二是全面完成度假区道路及市政工程规划设计。投资 3500 万元的度假区 3＃路工程已完工。投资 4300 万元的 1＃路市政综合管线工程即将完工。由供电部门投资 1.5 亿元的 110 千伏养生谷变电站，从化市投资的自来水厂、广州市水务集团投资的污水处理厂已动工建设。三是协调配合相关职能部门做好从化 2010 年亚运城市行动工作，协助广州市建委做好马术场馆周边道路、气象基础设施建设，推进马术场馆周边环境的综合整治与设施配套，包括停车场的建设工程。开展亚运会马术场环境整治项目 1＃路沿线绿化景观改造工程、南入口广场工程建设前期工作。

［**度假区管理**］　安全生产。一是落实安全生

产责任制。年初与辖区各企、事业单位签订2009年度《安全生产责任书》、《消防安全目标责任书》、《道路交通目标责任书》26份，把安全生产责任落实到各企业。二是突出重点，强化专项整治。开展日常安全检查和全市春季、汛期、秋季安全大检查，全年累计出动人员264人（次），检查企业（生产经营单位）270家（次），发现隐患118条（其中火灾隐患61条，交通事故隐患4条，建筑工地事故隐患42条），已落实整改118条，打击非法经营3个，已取缔3个。开展多项安全专项整治活动：5月，在全区组织开展非法小作坊专项清理行动，按照“不留死角，不留盲区”的要求，对全区企业进行全面清理，排查安全隐患13处，全部进行限期彻底整改。中秋国庆期间开展烟花爆竹企业专项整治工作，检查度假区烟花爆竹经营企业3家，发现隐患4条，落实整改4条。开展度假区消防专项整治工作，对度假区竹木结构的食肆山庄进行全面的消防检查，检查发现隐患8条，落实整改8条。对在建项目施工工地进行无牌无证车辆及特种设备进行专项整治，检查清理非法运输车辆，消除施工安全隐患。三是强化宣教培训，构筑安全基础。制发《关于流溪温泉旅游度假区2009年安全生产培训工作安排的通知》，全年培训各类人员901人，其中企业主要负责人12人、企业安全管理人员22人，特种作业人员17人，全员培训850人。全年派员参加广州市安全生产监督人员培训4人。开展安全宣传月活动，悬挂宣传条幅18条，张贴“安全生产月”宣传画325套，派发宣传单张800多份。组织度假区各企业100多人在碧水湾观看消防安全宣传电影《火海逃生》。四是成立安全主任管理办公室，负责度假区安全主任的注册登记，协助市安监局进行考核、再教育、负责组织开展、协调、指导辖区安全主任学习和交流活动，制订工作方案，配合市安监局协调管理，做到“三抓”、“三有”：抓注册登记，抓制度落实，抓学习和交流活动；有岗位，有责任，有管理。

城监管理。一是严格处理“两违”。城监中队把查违控违工作摆在首要位置，贯彻落实违法建设查控制度，做到“五及时”，即及时发现，及时报告，及时制止，及时调查取证，及时采取有效的措施，坚决把违法建设制止在萌芽状态之中。本年度查处各类违法建设59宗，其中房屋35宗，面积1778.2平方米；水池11宗；围墙1宗；广告牌12宗。清拆违法建设32宗，其中清拆房屋面积560.5平方米，水池88.3立方米，围墙15米。二是整治“六乱”。对乱设广告牌，乱拉挂标语实行日常巡查，并记录在案，每月集中整治。分散巡查，及时整治乱摆乱卖和占道经营行为，防止出现乱摆卖聚集点。3月，联合公路管理部门，拆除本辖区内105国道两旁及碧水新邨路口各旅游企业违章广告牌100多平方米。对米埗桥两旁、辖区旅游企业门前、油站、105国道商业街的乱摆卖，占道经营行为每月进行宣传整治。三是加强工地文明施工管理。严格按照《广州市建筑工地文明施工管理规定》，对在建工程进行规范管理。坚持“一周两查”，依照法规做到“四抓”：抓人员规范上岗、抓重点部位的安全管理、抓安全意识、抓安全责任落实；加强对建筑机械设备的管理，敦促各建设单位完善各起重设备的备案和检测工作；加大对工地余泥渣土撒漏，垃圾粉尘污染的执法力度。对因施工工地内外的脏、乱、差和其余泥渣土撒漏、乱倾乱倒而影响到本辖区内的旅游环境资源，责令其限期整改、恢复原貌并追究建设单位相关责任。3月，与在建单位签订《建设施工单位文明施工责任书》，将责任逐层落实，进一步提高安全文明施工的管理水平。四是定期开展“人屋车场”综合治理行动及加强工商前置审批工作。4月，城监中队联合良口有关职能部门对流溪温泉旅游度假区的相关企业、工地、档铺进行第一次联合执法整治，检查内容包括流动人口、出租屋、机动车、重点场所。行动共检查出租屋档铺11间、企业4间、工地3间，发现问题26次，其中不符合规定进行流动人口管理的工地3间，不按要求放置、更新灭火器的企业2间、档铺7间，2007、2008年未交营业税的档铺4间，工商营业执照未按要求放置、更新的企业1间、档铺3间，发现“房中房”档铺3间。为配合项目办的征地拆迁工作，加强工商前置审批工作。严格按照审批程序，审查申请资料，结合当前实际情况，共受理申请20宗，审批通过5宗。五是强化卫生管理。与辖区单位、门店，签订门前“三包”卫生责任制，并按责任要求严格开展监管工作，责任书签订率95%以上。7月“卫生清洁月”工程工作中，督促卫生死角的相关责任人立即清理，对无责任主体的垃圾和零星余泥渣土自行组织人员清理。出动清理人员100人次，清除卫生死角20宗，清理乱排放余泥渣土20吨，抚平余泥石块30吨，清理乱贴乱涂画30宗。

劳动保障监察。一是开展“清理整顿人力资源市场秩序专项行动”、“广州市劳动和社会保障局百家企业调研问卷调查”、“2008—2009年度创建和谐劳动关系示范区、劳动关系和谐企业与工业园区评审活动”、“禁止使用童工的专项检查”、“开展整治非法用工打击违法犯罪专项行动”、“开展用人单位遵守劳动合同情况专项检查活动”等多次专项检查；主动监察用人单位180户次；多种形式开展《劳动合同法》等法律法规的宣传。二是全年处理日常举报投诉案件17宗，其中属于工地集体投诉案件12宗，涉及劳动者306人，为劳动者追讨工资467万元。

[资源管理] 严格执行市政府关于度假区温泉水供水管理的有关规定，加强度假区温泉水资源的统一规划、开发和管理。配合相关部门开展从化地区地热资源开发与利用调研工作，综合论证勘探新的温泉水资源、回收温泉水井等建议，开展度假区温泉水厂规划设计工作，以实现对温泉水资源进行统一存储，统一供应，统一管理。

管委会温泉水供水管理站实行每天一巡查制度，加强日常检查和维护工作，确保供水设备、设施保持良好运行状态。全年维修故障120多宗，设备保养与维护640宗，处理热水村某酒楼违法接驳管道盗用温泉水1宗。全年温泉水供应总用水量87.13万吨，比上年增长30%；总水费29.80万元，增长26%，抽水电费18.68万元，增长9%。

[信访维稳] 开展区内民生信访问题专项治理调查，对区内已建成开业单位或在建项目开展以社保缴纳、医疗保险、拖欠工资、工伤补偿、工程款支付、单位集资、教育储备金共7项问题为内容的信访排查工作，及时向上级汇报信访排查情况。协助市劳监大队及时处理区内建设施工单位拖欠工人工资和工程款问题，避免不稳定因素事件的发生。协助良口镇处理征地拆迁信访工作，提供政策咨询和解答。信访工作专人负责处理，每件信访件都要有详细记录。畅通渠道，完善快速反应机制。设立举报电话，随时接受群众举报，坚持个案处理，做到件件有回复。坚持信访首问负责制，规范文明用语，热情接待，加强沟通，做到上访人员有人接待，反映问题及时解决，全年没有越级上访。

[精神文明建设] 一是加强党风廉政建设，

把党风廉政建设和反腐败各项工作纳入行政管理，做到与经济工作统一部署。二是逐步推行党务公开工作，推动党务公开规范化、程序化、制度化，在党内有效营造知晓、参与、监督的民主氛围。三是响应市文明办关于开展创建全国文明城市工作和“迎亚运、讲文明、树新风、促和谐”全民行动的号召，广泛动员，发动单位职工和辖区企事业单位参与开展创文活动，以活动为抓手，着力提高广大干部职工和辖区企业员工文明素质，着力提升辖区公共文明水平，促使辖区创文工作上台阶上水平，为亚运会营造文明、和谐的社会环境。

（流溪温泉旅游度假区管委会供稿，奉林玉执笔）

（骆耀平编辑）

街　镇　场

街　口　街

［**区域**］　街口街是市委、市政府所在地，街道办事处办公地址在街口街河滨南路 8 号。区域总面积 54.8 平方公里。有辖雄锋、城南、街口、团星、城郊、赤草、大凹、沙贝、石潭 9 个村和东成、西宁、新村、镇安、府前、凤仪、中田、城内、新城、青云、育宁、碧溪、荔苑、城西、逸泉 15 个社区。

［**人口**］　全街总户数 3.55 万户，户籍人口 8.83 万人。其中农业户 4376 户，农村人口 1.78 万人；非农业户 3.13 万户，城镇居民 7.05 万人。外来人口 1.22 万人。

［**管理机构**］　2009 年末，街道办事处在编在职 96 人。内设机构有：党政办、党务办、经济管理科、社会事务管理科（民政办）、城市管理科、农业办公室、人口和计划生育办公室、维稳及社会治安综合治理办公室、社区管理科。单列机构有：人大工作室、监察室、人民武装部。群团机构有：工会、团工委、妇联、残联。事业机构有：社会事务服务中心、农业技术服务中心、经营管理服务中心、文化体育服务中心、计划生育服务中心、投资服务中心、劳动和社会保障服务中心、出租屋管理服务中心。设有财政所、城监中队、水电所等机构。市垂直管理机构有国土所、司法所。

［**经济状况**］　全街工业产值 6.81 亿元，比上年增长 29.55％，农业产值 7809 万元，增长 1.48％。完成税收 6.42 亿元；外贸出口总额 9489 万美元，完成年计划任务的 116.6％；实际利用外资 395 万美元，增长 8.82％。村级集体纯收入 610 万元，增长 38.64％；农民年人均纯收入 6105 元，增长 16％。

［**农业**］　全年水稻种植面积 3202 亩，产量 1130 吨。花生种植面积 549 亩，产量 99 吨。玉米种植面积 386 亩，产量 126 吨。马铃薯种植面积 28 亩，产量 9 吨。番薯种植面积 584 亩，产量 182 吨。蔬菜复种面积为 1.6 万亩，产量 1.07 万吨。水果 6446 亩，产量 359 吨，其中荔枝 263 吨，龙眼 96 吨。生猪出栏量 4709 头。三鸟出栏量 10 万只。淡水养殖 190 亩，产鱼 53 吨。

［**农村工作**］　一是制定农村土地承包经营权流转工作实施方案，成立土地流转领导小组，设立团星、城南村为土地流转试点村。至年末，全街完成土地流转 2159 亩，其中 2009 年新增 699 亩，超额完成市下达的土地流转任务。二是抓蔬菜生产与管理工作，抓好蔬菜的农药监测工作，做到没有发生农药残留超标现象。三是完善各级“三防”应急预案。做好市对街口街冬修水利工作的验收，3 月下旬开展饮用水源区域环境保护专项整治工作，为保护饮用水源环境和安全提供保障。加大护林防火宣传力度，印发宣传资料 1000

多份。完成风云岭道路两旁林分、林相改造及部分公共设施的建设。四是坚持科技兴农，全年举办农业技术培训班4期，参加人数50多人，印发各类技术资料400多份。五是落实惠农支农政策，落实粮食、良种、购机、农资“四项补贴”42.9万元，按一户一折发放到农户。推进家电、汽车下乡工作。全年全街家电下乡补贴申请423户，已补贴380户10.2万元；摩托车下乡补贴申请150户，已补贴105户6.2万元；微型客车下乡补贴申请26户，已补贴16户7.1万元；轻型载货车申请11户，已补贴10户4.2万元。六是做好农村社会养老保险工作，组织业务骨干深入农户，对农民开展面对面、点对点的政策宣传工作，使农村社会养老保险的政策家喻户晓，营造“人人主动参保”的良好氛围。全街有1687人参保，完成全年任务的118.8%，其中已享受老年生活津贴1374人，已领取基本养老金18人。

征地工作。配合市委、市政府的城市建设和管理，组织开展征地拆迁工作。全年征地拆迁项目8个，已征地1260亩，已拆迁1.75万平方米，已租地1395亩。

新农村建设。一是2009年街筹资500多万元，完善各村的生态文明村建设扫尾工作，全街9个村90个经济社基本完成文明示范村的创建工作，各村基本实现美化、绿化、净化。二是做好城乡清洁工作。2009年投入资金40多万元，聘请环卫工人19人，购置一批清扫工具，增加人员编制和工作经费，保障城乡清洁工程能长期有效地实施；制定实施《街口街城乡清洁工程实施方案》，实行“分片包干”制度，对贯彻不得力的村、社干部实行问责，环卫工人的管理制度日渐完善。

土地管理。一是开展土地动态巡查和监察工作，做好2009年卫片违法用地、图斑变化点的调查，督促整改，通过市验收。做好违法用地的巡查工作，全年发出责令停止土地（矿产）违法行为通知书39宗。协助拆迁违法用地违章建筑2500平方米。开展农村危房破房改造工作。二是加强对城区和农村整治力度，清理六乱，防止乱搭乱建，整理占道经营。清查团星三社群体违法建筑27宗，违法建筑面积3100平方米。三是做好农村村民住宅建设用地规划审批工作。办理农村村民住宅建设用地规划审批75宗，规划用地面积6796.97平方米，建设总面积1.37万平方米。

［**村社财务管理**］ 落实村账街记及社账村代记工作，规范村社财务管理，制定《街口街农村集体经济组织财务管理制度》，定期到各村检查村（社）务、财务两公开以及监督集体资产与财务管理的执行情况。6月上旬，对村法人代表、财务人员开展培训；8月，对村的财务、社账接账员、村务公开员进行业务培训。

［**招商引资及工业发展**］ 全街有私营企业23家，个体户5748家，规模以上企业10家；主要工业产品有针织、服装、工艺、美术制品、自行车配件、摩托车配件、摩托车等。拓宽经济增长方式，成功引进广州逸丰计算机软件有限公司、广州涤浩信息咨询有限公司新外资项目2家。引入广州深亚贸易发展有限公司、广州华镖物流服务有限公司等15家总部经济项目，实现总部企业纳税1044万元，入从化地方库805万元，逐步形成总部经济的规模发展。全年外贸出口9488万美元；实际利用外资395万美元，完成年计划任务的158%。

［**第三产业**］ 以市创建中国优秀旅游城市为契机，充分利用街口作为从化政治、商贸、文化中心的区域优势，实施品牌战略，大力

发展商贸、物流、中介、服务等传统第三产业，鼓励发展“生产性创意”和“文化性创意”等新兴产业，继续发展生态房地产业，促使街口第三产业总值不断发展。

［**党务工作**］ 一是开展学习实践科学发展观活动。开展“和谐街口从我做起，争当街口服务标兵”等一系列活动，抓好“四个学”和“三个三落实”，全街43个党支部召开各类学习会议130多次，发放学习资料3500本，发放学习笔记本45本。在分析检查阶段，街机关广开言路，开门纳谏，收到群众意见建议47条，制定整改措施16条。开展“五清五帮”活动，街机关、市挂钩单位、驻街单位201人对辖区内3819户农户进行入户调查，对农户的家庭基本情况、收入情况、计划生育情况、就业情况、主要诉求进行调查登记；在深入调查的基础上，进行力所能及的帮扶，接访农户5224人次，为群众提供信息4443条，帮思想6706次，帮农户4853户。二是推进“一工程四机制”，其中团星村被定为市“三级联创”活动创建生态文明建设排头兵先进村示范工程重点创建村。对94名帮扶对象建立困难党员信息库，安排120名干部对困难党员进行结对帮扶，“七一”期间上门慰问32名特困党员。三是加强党风廉政建设。重新修订《街口街民主决策制度》等11项制度，认真执行“一岗双责”制，规范党员干部从政行为。加大对村、社财务的监管力度，依法有序推进街、村、社三级政务、财务公开，进一步提高政务、财务的透明度。四是加强干部队伍培训。树立正确用人导向，完善《街口街中层干部选拔任用工作规定》等制度。抓好发展党员工作，全年发展新党员59人。

［**人大工作**］ 一是加强人大工作，组织代表参加市十四届人大四次会议，街口一团代表提议案1件，建议、意见9条。二是加强人大议案、建议的督办和落实。三是组织人大代表进行履职报告活动。四是加大对政府执法部门的监督检查力度，配合市做好各项执法工作。

［**精神文明建设**］ 开展“双创”活动。街口街紧扣创建全国文明城市测评目标，大力整治各项城市基础设施；加大宣传力度，着力提高市民文明素质，营造全社会共创文明城氛围；累计投入近200万元，开展系列的宣传、基础设施建设、社区主题活动和资料归档整理等工作。清理卫生死角141处，清理垃圾50多吨，修复坑洼积水131处，疏通排水沟渠63处，疏通化粪池42宗，修补花基82处，整修体育设施25处；全年开展主题月8次、主题日活动16次和社区文化活动200多场，参与活动累计10多万人次；完成各类文字资料450多份，形成文字120多万字。2009年，街口街被评为省平安建设街道、广州市首批创建文明示范村工作先进街、全国群众体育先进单位；凤仪社区被评为全国平安和谐示范社区。

［**社会各项事业**］ 教育。全街有小学5所、幼儿园1所，在校小学生4087人，小学入学率及幼儿入园率100％，有教职员工242人。继续巩固教育创强工作，经过对街口小学室场改造，沙贝、团星等小学电缆安装、自来水改造、校门值班室、排水建设等一系列的工程改造，街属各小学基础设施建设明显改善。

医疗卫生。有医院1所，医务人员198人；村（居）卫生站9个，村医15人。在社区、村、学校开展健康教育，完善街医院的医疗服务设施。规范村级卫生站建设，9个村级卫生站基本实现卫生站硬件设施达标。

城乡医疗保险。全年参加城乡医疗保险人数4万人，参合率达99.8%，全年获得住院补贴2076人次，金额314.19万元；深入宣传发动2010年城乡医疗保险工作，有4.03万名村（居）民参加2010年度的城乡居民基本医疗保险。

科教文体。一是加强基层公共文化建设，投资30多万元，把6个行政村的8座祠堂改造成文化室。推进省一级文化站创建，通过广州市扶持配齐文化室的娱乐器材，街口街文化站被评为从化市先进文化站。二是以创建全国文明城市为契机，对15个社区的体育设施进行翻新和修补。三是深入宣传、贯彻《科普法》，开展好科普进社区活动，发挥科普志愿者的作用。利用“科技活动月”通过举办讲座、科普培训等形式大力宣传科普知识。

计划生育工作。坚持计生工作党政一把手亲自抓、负总责和“一票否决”制度，层层落实人口与计划生育目标管理责任制。加强信息化建设，逐步实现孕前管理和街、村、居干部经常性抓计划生育工作的良好局面。加强流动人口计生工作，把流动人口计划生育管理纳入与常住人口同管理、同服务，有效地避免流动人口育龄妇女计划外怀孕和生育。2009年度，全街出生703人，出生率8.08‰，计划生育率95.16%，查环查孕率98.14%，“四术”完成697例；登记流动人口7058人，其中育龄妇女1966人，办证验证1956人，持证验证率99.49%，查环查孕1222人次，流动人口查环查孕率98.5%。

农村劳务输出。加强农村富余劳动力的培训和转移力度，做好农村富余劳动力的转移就业工作。全年街口街实现转移就业633人，失业人员实现再就业1069人。获得从化市2009年度就业工作目标责任制考评优秀单位称号。

社会保障。全年街纳入低保的有438户1260人，发放低保金61万元。办理临时救济68户，发放救济金15万元，大米6000多斤，解决外地人求助路费78人2490元；春节等节日期间，发放困难群体慰问金23万元；筹备沙贝村五保安居点的建设工作，对大凹村五保安居点老人进行跟踪管理，妥善安排好他们的衣食住行。为保障区内低保特困家庭能安全过冬，街发放棉被161张，棉衣71件，军大衣33件。接访残疾人8人次，解决残疾人的实际问题6件。

拥军优抚。抓好国防教育和民兵“三落实”（组织落实、政治落实、军事落实）工作，做好现役军人和新兵的跟踪教育工作。重新调整民兵机构组织配置，按连排建制调整各类应急保障分队7个，约450人。完成基层武装部“四个基本”（基本教育、基本队伍、基本制度、基本设施）达标建设，完成年度征兵任务。做好拥军优抚工作，发放八一建军节、中秋节、春节等节日慰问金44万元，现役军人家属优待金38万元。

群团工作。一是新增独立基层工会8家，发展会员480人，街总工会连续6年荣获从化市总工会年度工作目标考核模范单位称号。二是深入开展和谐家庭创建活动，以提高妇女素质为核心，开展妇女培训教育活动，为妇女儿童办好事实事。三是加大对团员青年的思想政治教育工作力度，以“志愿服务年”为统揽，开展青年志愿服务活动，引导和督促青年团员在各自工作岗位发挥青年模范作用。2009年，街团工委被市评为先进团组织标兵、市志愿服务先进集体和优秀基层团组织。

档案、保密和统计。不断完善保密机制，贯彻落实各项保密制度；加强档案资料的归档及开发利用，充分发挥档案在街口街各项中心工作中的作用，连续三年被评为从化市档案工作先进单位；做好统计工作，狠抓源头数据质量，统计工作有新的提高。

[**社区建设与社区服务**] 一是深入开展社区干部队伍思想政治素质教育，建立居委会主任负责制度，通过公开招考和换届选举进一步充实人员编制，优化工作人员结构，提高工作人员素质。二是完善居委会办公场所建设，进一步提高服务居民的办公环境，全年投入资金 16.69 万元，用于装修改造、配置办公设施等。三是加强社区警务室建设，创建“六好”（自治好、管理好、服务好、治安好、环境好、风尚好）和谐平安社区。四是开展居家养老服务，为老年人提供周到、便捷、高效、体贴的专业化服务。2009 年度为 48 名老人提供多次服务。五是切实开展报装“平安通”（平安服务系统）工作。有 115 户符合条件的对象申请报装，已由广州市民政局上门安装的有 66 户。

[**社会治安综合治理**] 一是加强社会治安综合治理。围绕建设平安街口的战略，坚持以维护社会稳定为工作重点，加大对维稳综治工作的经费投入，全年投入综治经费 331 万元。全街发生刑事案件 907 宗，比上年下降 0.6%；治安案件 2193 宗，下降 5.8%，其中双抢案件 123 宗，下降 7.5%；两盗案件 650 宗，下降 0.76%；抓获犯罪嫌疑人 555 人。二是加强治安联防队伍建设。招录村级治安联防队员 93 名，壮大治安联防队伍。在东成社区建成第一期视频监控系统，完善社会治安防控体系。成立街口街综治信访维稳中心，有效整合力量，初步形成由点到面、点面结合的社会治安防范网络，公众安全感明显提高。三是做好信访、普法和调解工作。坚持“以防为主、调防结合”的八字方针，健全街、村、社“三级”调解网络制度。2009 年，接受群众来信来访 105 宗，经调处、化解，问题得到妥善解决的占 90%；调处民事纠纷 312 宗，成功调解 308 宗，调解率 100%，调解成功率 98.7%。四是强化突发事件应急管理工作，修订街道总体应急预案和专项应急预案 10 余项，建立分级负责、条块结合和属地管理为主的应急管理工作体制，组建街、村（居）556 人的应急救援队，成立由村（居）组成的突发公共事件信息报送队伍 25 人，全年组织应急演练培训，200 多人参加，应急处置公共突发事件能力得到提高。五是加强出租屋和外来人口的管理。全年登记在册出租屋 4131 栋 7176 套，房屋租赁合同备案 1077 宗。深入开展“人屋车场”专项治理工作，组织清查大行动 58 次，出动整治力量 4150 人次，清查出租屋 6316 套，整治存在消防隐患出租屋 703 套，拆除登记在册的 29 套“房中房”出租屋。

[**存在问题**] 街口土地、资源短缺造成发展平台的不足；农民增收渠道不多，生活水平仍然较低；社会矛盾增多，维稳综治形势仍然严峻；街、村（居）部分干部工作主动性、积极性不高，水平仍需进一步提高。

（街口街道办事处供稿，杨静华执笔）

江 埔 街

[**区域**] 江埔街位于从化市中心城区的东部，办事处设在河东七星路 16 号。区域面积 127 平方公里。辖凤院、江埔、江村、高峰、山下、新明、南方、锦一、锦二、锦三、上罗、下罗、和睦、海塱、禾仓、凤一、凤二、鹊塱、钓鲤、黄围、汉田 21 个村和江埔、河东

南、河东北、吉星、新星、联星、沿江南7个社区。

[**人口**] 全街总户数1.93万户，总人口6.42万人，其中农业户9755户，农业人口4.21万人；非农业户9565户，城镇居民2.21万人。外来江埔工作、学习、生活的人口3.18万人。

[**管理机构**] 2009年末，街道办事处在编在职81人。内设机构有：党政办、党务办、维稳及社会治安综合治理办、社会事务管理科、城市管理科、人口和计划生育办、经济管理科、社区管理科、农业办公室。单列机构有：人大工作室、监察室、人民武装部。群团机构有：工会、团工委、妇联、残联。事业机构有：社会事务服务中心、农业技术服务中心、经营管理服务中心、文化体育服务中心、计划生育服务中心、投资服务中心、出租屋管理服务中心、劳动和社会保障服务中心、财政所、城监中队、安监中队。市垂直管理机构有：国土管理所、司法所。

[**经济状况**] 全街工业总产值40.6亿元，比上年增长3.94%；农业总产值2.4亿元，增长15.4%。实现税收3.49亿元，增长18.84%。社会固定资产投资14.52亿元，增长142%，实际利用外资4042万美元，总部经济税收2000万元。农民年人均纯收入7663元，增长14.1%。

[**农业**] 全街耕地面积2.53万亩，水稻种植面积1.58万亩，产量5009吨；花生种植1678亩，产量320吨；蔬菜种植3.09万亩，产量4.37万吨；水果种植2.42万亩，产量9216吨；薯类种植949亩，产量261吨；玉米种植836亩，产量222吨。全年生猪出栏量1.61万头，家禽出栏量26.56万只；养殖面积1823亩，产鱼1266吨。

[**农产品农业结构**] 坚持落实种粮补贴政策，鼓励农民种植优良水稻等粮食作物，全年发放种粮综合直补37.42万元、粮食良种补贴7.48万元。加快农业结构调整，引导农民退果还田，以和睦村、锦二村和高峰村为试点，实行退果还田1415.96亩，发放专项补贴70.8万元。鼓励农户实行土地流转，确立上罗村、高峰村和江埔村为试点，流转土地340亩，作为蔬菜或其他经济作物种植基地，有效改善当地农业结构，促进农业增效、农民增收。支持发展现代农业，继续发展和壮大“一村一品”特色品牌，带动周边农户共同致富。

[**基础设施建设**] 农业基础设施建设。继续加大对农田水利等基础设施建设的投入，完成锦二村、钓鲤村各500亩和汉田村1000亩的农田标准化建设，上罗村2000亩红柿生产基地建设和锦二村桃花基地建设，高峰村、山下村蔬菜基地建设，冬修水利工程建设等，改善耕作条件，增强农作物抗御自然灾害的能力。

城市建设和管理。围绕从化市建设广州北部城市副中心发展战略，以建设“美丽江埔”为目标，统筹城乡发展，不断改善城乡人居环境。2009年，先后进行国道105、省道355线城区段升级改造和流溪河一河两岸绿化整治等，使城区面貌焕然一新，城市功能和形象不断提升。严格城市综合执法，以“迎亚运，创国优”为契机，加大巡查力度，大力整治“六乱”现象，遏制违法建筑和乱搭建现象。整治各类矿产企业，全部关闭红砖厂和石粉厂。

污水处理系统建设。2009年，完成第一

阶段农村污水治理点南方村、山下村、和睦村、江村沙塱社、仁厚社等5个点的建设，第二阶段的村、社已完成调查、摸底、计划工作。中心城区污水处理厂完成263亩建设用地的征地和交地任务，工程正在加紧建设中。完成小海河堤上游段整治76.15亩的征地，已交付市水利局和市建设局施工。城区排污管网工程约96亩的征、租、借地工作基本完成，施工单位进场施工。

城乡环境卫生。继续做好城乡清洁工程的推进和巩固工作，制定城乡清洁卫生考核奖惩制度，增加大型垃圾吊斗、环卫车辆、垃圾桶等环卫设施，着重加大对附城多个重点村的卫生管理力度，使农村卫生环境大为改观。

生态文明村建设。2008年动工的31个生态文明村创建点顺利通过市新村办的考核验收，2009年确定高峰村钟围社等38个创建点的申报立项，涉及46个经济社，受惠人数达1.1万人。

［**招商引资**］ 克服金融危机的影响，扩大招商平台，加大产业结构优化升级力度，全街工业经济形势企稳回升，经济总量持续增长。一是招商选资，扩大税源。坚持引进高效、节能、环保的高新技术企业，保护生态环境，投资额在500万元以上的项目11个，实际投资额为3.03亿元，进一步夯实江埔经济基础。发展总部经济，引进广州市德慷软件有限公司、广州牧奇服装有限公司、广州俊颖人力资源有限公司等9家公司，为创造税收发挥极其重要的作用。二是调整产业结构。配合从化市“退二进三”的要求，动员中心城区的工业企业向工业园区迁移，扩大中心城区的发展空间；协助企业把工业用地项目转变为商业用地，调整城区产业结构由第一、二产业向第三产业转型。三是发展生态经济，培育新的经济增长点。凤凰古围项目，一期已经试业，二期建设正在筹备之中；蜜蜂博览会项目，正在加紧办理有关申报手续；凤凰水库乡村旅游度假项目，进入筹备阶段；广州外婆家农业生态旅游有限公司项目，其用地计划纳入街的土地修编中，各项手续正在办理，部分基础设施建设正在完善；广州大金峰百花果公园项目，年初已部分对外开放。这些项目完成后将成为江埔经济发展新的增长点。

［**重点项目工程建设**］ 街全力以赴推进重点项目工程建设，全年完成各类征地2220.14亩，拆迁各类构建筑物7.92万平方米，发放征地拆迁补偿款2.11亿元，各重点项目工程均有效推进。一是国道105、省道355线城区段升级改造工程。全长7.34公里，涉及9个村（居）、400多户农户和100多家企事业单位及个体经营户，需征地约350亩，拆迁面积约6.5万平方米，全拆迁需安置农户36户，国有房屋28户（间）。全年完成征地365.62亩，拆迁各类构建筑物6.92万平方米，补偿金额1.19亿元，3个村的拆迁安置地已完成征地、填土及安置工作。在长14.68公里施工走廊中，已提供14.55公里，占总量的99.12%。二是增从高速公路项目。该项目江埔段约12.5公里，途经10个村62个经济社。征地方面，丈量土地1138.25亩，发放征地补偿款471.65万元，凤一、凤二、汉田、鹊塱、上罗、下罗、锦三等7个村全部完成征地任务，新明、南方村的征地工作接近尾声。拆迁安置方面，凤一、凤二、下罗、新明、南方等5个村已确定安置地选址，拆迁安置工作正在全力推进。施工方面，13标段的凤一、凤二、汉田、鹊塱全面施工；14标段的上罗、下罗、锦三、新明、南方部分施工。三是其他项目建设。迎宾大桥全面

投入使用，从化大道隧道建设项目，穿越省道355线便道建设工程已经完成，下穿省道355线隧道工程南段的征地基本完成，北段正在开展；市体育中心项目，体育公园主体工程基本完成；广州消防特勤站项目，完成23.25亩的征地，用地报批资料已送市国土局；广州市北部农产品交易市场征地工作接近尾声；联星村旧城改造项目，在全面摸查和造册登记后，正在进行规划设计、论证；流溪河一河两岸湿地公园租地项目，全面完成约94亩的租地、拆迁任务；“四个万亩”储备用地项目，正扎实有效地推进，为全街未来发展提供用地保障。

［**社会各项事业**］ 教育。全街有中学1所，小学9所，幼儿园13所，在校中学生2500多人，小学生6132人，在园幼儿1828人，全街教职员工547人。

医疗卫生。全年参加城乡基本医疗保险人数4.83万人，参保率99.9%；全年报销住院费481.79万元，报销人数2896人，人均住院费补偿1663.7元，有效解决农民因病致贫问题。

计划生育。围绕市“创优升类”目标，制定街“创优升类”工作方案，狠抓责任落实，坚决实行“一票否决”制度。加强硬件设施建设，投入48万元对计生大楼进行改造，并对各村（居）“一校二室三栏”进行更新维护，为服务对象营造舒适的环境。定期开展妇女“五期”（经期、孕期、产期、哺乳期及更年期）教育培训，建立育龄妇女常见病普查普治信息卡，保障妇女身体健康。推进计划生育依法行政，依法依规征收计划外生育社会抚养费。继续落实计划生育奖励扶持政策，全年兑现纯二女户和独生子女户奖励金23.53万元。流动人口管理服务工作继续深化。全年全街出生683人，计划生育率95.46%，出生率10.98‰，自然增长率5.9‰，性别比113.44：100。

社会保障。全街纳入低保612户1561人，全年发放低保金142.2万元。开展医疗救助，扩大救助范围，开设慈善门诊，结合低保家庭的困难程度，实施分类救济。建立“居家养老”和“平安通”服务体系，提高老年人的生活质量。稳步推进五保安居工程，上罗村五保安居点已集中安置孤寡老人6名，凤院、江埔、凤二和山下村安居点建设正在筹建中。开展住房保险工作，全街有8000户农户家庭参加政策性住房保险。落实1～4级重度残疾人补贴800人，补助金额86.65万元。加强残疾人就业技能培训。全面落实抚恤优待政策。做好农村危破房改造工作，全年落实危破房改造143户。加强就业推荐工作，建立统一的失业台账，举办各类技术培训班，全年举办培训班10期，参加人数482人，转移农村富余劳动力949人。推行农村社会养老保险工作，全街参保人数5743人，参保率32.43%。

［**精神文明建设**］ 一是推进创建全国文明城市工作。街道成立由党政一把手为组长的创文领导小组，全面谋划统筹创文工作。组织社区干部和志愿者进行上门宣传，派发各类宣传资料5.35万份，发放调查问卷6.64万份，开展“创文”群众文化活动34场次，广泛征集市民意见和建议。开展“重民意，端民行，携手共创文明城”为主题活动。辖区内居民的卫生意识、交通意识、人际交往和自身文明素质有明显提高。二是群众文化体育活动有声有色。春节期间，和睦村、凤二村、南方村等10多个村组织村民开展新春文艺演出、烟花贺岁、舞狮及篮球、拔河比赛等文体活动，营造团结和谐的良好氛围。组织60名群众合唱团代表从化市参加“祖国在

我心中——广州市九届‘百歌颂中华’暨创建文明城市‘四进社区’”歌咏比赛。组织游泳爱好者参加广州市横渡珠江活动。组队参加2009年广州市“市长杯”乒乓球从化分区赛，分别获得青少年组第二和第三名。组队参加从化市第六届“江埔常青杯”篮球赛获得亚军，组队参加市首届男子篮球联赛获得第四名。三是落实“文化惠民”工程。为全街27个村（居）的307户低保、五保家庭免费配送电视机。农家书屋建设稳步推进，争取上级专项建设资金73.65万元，完成27个村（居）文化室和农家书屋建设，并配备电视机、DVD、桌球台、棋艺、图书等设施，丰富农民娱乐生活，提高农民文化素质。

群团工作。2009年，新组建外资企业工会1家，非公企业工会18家，联合工会新涵盖经济体40家，新发展会员746人。关心困难职工，以慰问、发放困难补贴等方式为他们排忧解难。开展贫困单亲母亲帮扶工作。坚持服务大局、服务青年、服务社会，组织团员青年参加“迎亚运，讲文明，树新风”等系列活动，增强团员青年社会责任感。抓好未成年人思想道德建设，保护关心下一代健康成长。

［**人大工作**］　贯彻实施“五五”普法规划，全面推进“依法治街”进程，坚持把政府行为置于有效监督之下，自觉接受各级人大代表和政协委员的监督，开展各项评议、专题调研、行政执法检查和视察活动。加强社会公德、职业道德和家庭美德教育，净化社会风气，提高群众道德观念、法治意识和文明素质。

［**社会治安综合治理**］　坚持党政一把手亲自抓，负总责，建立健全社会矛盾纠纷排查调处机制，加强对不稳定因素的排查。落实新信访条例，实行领导信访接待日和领导包案责任制，把问题解决在基层。开展“红棉09”、“剑锋09”行动，打击违法犯罪行为。全年辖区内刑事、“两抢”案、“两盗”案比上年下降，破刑事案有明显上升，全街社会治安形势明显好转。开展“人屋车场”专项整治行动，全年组织专项整治行动23场次，有效遏制违法行为的发生。开展校园及周边治安整治、娱乐场所治安管理工作。禁毒、扫黄打非、防范等工作成效显著。落实安全生产监管责任制，加强对辖内企业的安全隐患排查和治理，先后组织安监等部门1663人次，检查各类生产经营单位1530家，排查隐患379条，治理363条，确保安全生产。开展劳动保障监察各项工作，全年受理举报投诉案件60宗，调解处理结案52宗，移送上级部门8宗，维护劳动者的合法权益。着力提高应急管理水平，抓好“四个一”工程建设，确立联星社区为市社区（村）示范单位，健全和完善应急总体预案和各类专项预案，充实街道应急队伍，加强应急培训和演练，提高应急处置能力。

［**基层组织建设**］　领导班子建设。一是抓好街道班子建设，围绕“五个好”党工委的要求，坚持以科学发展观为指导，健全党委中心组学习制度，加强政策和法律法规学习，增强把握和谐江埔建设方向的能力。二是抓好村级班子建设，组织村党支部书记、村主任参加市举办的各类培训班，增强“两委”班子带领群众致富奔康的能力。利用文件、会议、专题培训、远程教育平台等形式，加强对党员干部的思想教育。三是加强机关作风建设，组织全体干部开展“五清五帮”活动，深入农户调查，倾听群众心声和诉求，为农民致富增收出谋划策，提高广大干部在新时期做好农村工作的能力和水平。

农村基层建设。按照市委统一部署，全街38个党支部开展深入学习实践科学发展观活动，各党支部通过深入调查研究，广泛征求党员、群众意见，认真查找影响和制约科学发展的突出问题，解决一批群众反映强烈的热点难点问题，明晰科学发展思路，提升农村党组织发展力。加强村级规范化管理，换届选举之后，建立健全村“两委”工作制度，坚持定期公开村务、财务、党务，接受群众监督。创新党建工作机制，大力实施“一工程四机制”，按照“抓两头，带中间”的工作思路，以和睦村为重点，加强政策、资金、技术等方面的帮扶和指导，将其建设成为从化市“生态文明建设排头兵”先进示范村，以点带面，形成辐射，使全街各村争创农村党建“三级联创”生态文明建设排头兵，为农村基层党建注入新的活力。加强党员队伍建设，认真落实农村发展党员“六大机制”，按照“坚持标准、保证质量、改善结构、慎重发展”的方针，发展壮大党员队伍。

党风廉政建设。健全各项反腐倡廉制度，制定《江埔街党风廉政建设工作责任制》和《江埔街领导班子成员党风廉政建设岗位职责》。加强农村基层党风廉政建设，进一步完善村级财务管理制度，制定《江埔街村集体资产和财务管理制度》和《江埔街农村经济社财务管理制度》，加强农村财务的管理和监督，从源头上杜绝腐败。

［**存在问题**］ 一是受全球金融危机影响，加快经济发展面临的困难依然较大；二是“三农”问题仍有待努力解决；三是重点工程项目建设事关强街富民，而征地拆迁工作不可避免地存在阻力；四是社会综治维稳工作压力依然较大；五是社会各项事业投入不断加大，而街道财力不足等。

（江埔街道办事处供稿，张梅艳执笔）

城郊街

［**区域**］ 城郊街位于从化中部，毗邻街口城区，街道办事处办公地址在新村北路55号。区域总面积160平方公里。辖新开、大夫田、荷村、三将军、水坑、坑尾、西和、红旗、麻一、麻二、麻三、塘下、光联、白岗、茂新、黄场、矮岭、左村、城康、光辉、东风、向阳、高步、新星24个村和旺城东、旺城西、镇北、关围、横江、北星6个社区。

［**人口**］ 2009年末，全街人口总户数2.10万户，总人口6.52万人，其中农业户有1.17万户，农业人口4.39万人，城镇居民2.13万人。外来人口9000多人。

［**管理机构**］ 2009年末，街道办事处在编在职90人。内设机构有：党政办、党务办、计生办、城市管理科、社区管理科、社会事务科、财政所、农业办公室、综治信访维稳中心、维稳及社会治安综合治理办公室、信访办、经济管理科。单列机构有：人大工作室、纪检监察室、人民武装部。群团机构有：总工会、团工委、妇联、残联。事业机构有：社会服务中心、农业技术服务中心、文体服务中心、计划生育服务中心、投资服务中心、劳保中心、城监中队、财政结算中心、保密室、安监中队、计生服务队、出租屋和外来人口管理服务中心。市垂直管理机构有：国土所、司法所。

［**经济状况**］ 全街工业总产值14.67亿元，比上年增长4.7%。实现税收1.32亿元（不含总部经济税收），增长31.72%。农业总产值4.77亿元，增长9.8%。农民年人均纯收

入 7873 元，增长 17.11%，增幅连续两年高于城镇居民人均可支配收入。

［**农业**］　全街耕地面积 3.98 万亩，主要农作物种植面积 8.44 万亩，其中水稻种植面积 4.28 万亩，产量 1.32 万吨；花生种植面积 0.72 万亩，产量 1138 吨；蔬菜种植面积 2.41 万亩，产量 4.06 万吨。水果种植面积 4.43 万亩，产量 4528 吨：生猪出栏量 5.55 万头；三鸟上市量 127.28 万只；水产养殖面积 1849 亩，总产 2312 吨。

［**农村工作**］　万花园（万亩鲜切花生产示范基地）建设。2009 年，探索农村土地承包经营权流转新办法，完成土地租地 3750 亩，退果还田 3100 亩，为全市土地承包经营权流转提供宝贵经验；土地公开招租工作进展顺利，至年末，进驻万花园的花卉企业有 29 家，占地面积 9500 多亩，其中广州旺地樱花公司占地面积 2000 多亩。广州市花卉研究中心、广州市绿化园林所等大型花卉企业建设稳步推进，形成以玫瑰、百合、兰花、菊花、盆花、特色苗木为主体的生产格局。万花园基础设施建设稳步推进。花卉大道一期工程建设已全面铺开，二期完成测量放线工作；次干道一期扩宽工程已全部完成并通过验收，二期扩建征地工作基本完成；大涝田排渠建设前期的临时排水渠全面挖通投入使用；花卉观光绿化带进入建设阶段；万花园入口广场完成征地任务。

农家乐项目。2009 年 5 月，田心农家乐对外营业，运营良好。田心农家乐的创新发展模式，在全市起到良好的示范作用。一是成立田心专业合作社，吸引周边的村社加盟，集约出租土地，让村民获得土地经营性收益。二是引导村民参与农家乐建设，专业合作社邀请相关培训机构对村民进行培训，逐步提高村民的素质。三是加强与企业沟通，通力合作，农家乐的基础设施得到不断完善，实现村社、村民和经营企业的多赢。2009 年田心社村民人均年收入 9373 元，是创建前（2007 年）的 1.53 倍。协调合作社将生态菜园移交田心农家乐经营者管理，提高菜园地的管理水平，实现“经营特色化、服务优质化、管理精细化”。草塘农家乐总体规划设计已完成并通过初步评审，酒店项目的单体设计进行施工图样设计，完成山顶公园、人工湖的设计并提交相关职能部门审核，安置区建设和村庄穿衣戴帽工程、商业街和返还地项目的设计工作基本完成。各项用地报批工作稳步推进，乡村酒店完成征地 10 亩。

特色农业。巩固和深化“一村一品”工程，抓好农产品“产供销一条龙”管理工作；继续做大做强“红葱头”、“从城鸡心黄皮”、大丘园火龙果和东风村野菜等专业生产基地。产量和质量得到进一步提高，产品销售渠道得到进一步扩大，使“一村一品”专业生产村达到种植农户增多，种植面积增大，农民收入增加。通过扶持农业龙头企业，以“公司+基地+农户+订单”的模式带动农民致富。

完善村劳动保障工作站的建设。加大农村劳动力培训和转移就业工作力度。发展自主创业型农民，鼓励和支持农户参与农家乐建设，发展吃、住、玩为特色的乡村旅游。发动农民到镇泰集团、明珠工业园基地内的大型企业就业，增加农民的工资性收入。

财务管理。强化村账街记、社账村记工作。25 个村（居）实行财务电算化，265 个经济社渐上轨道，定期公开村社的收入情况，增加透明度，减少群众为资金问题而引发上访事件，受到群众的好评。

文明村建设。推进第四批生态文明村建设。2009 年，全街完成创建点 11 个，惠及群众 1091 户 3796 人。至年末，全街有 23 个村、1个社区，89个经济社参与生态文明村创建工作，完成改巷道18.74万平方米，改排水排污8.5万平方米，改牲畜栏1.27万平方米，改水、改厕3375户，建篮球场38个，垃圾屋68间，垃圾池27个，生态小公园17个，文化小广场9个。

［**基础设施建设**］ 完成街人线城郊至横江段的升级改造。省道355线城郊段和花卉大道一期（约6公里）建设有序推进。改水工作不断深入。全年拨付改水资金约100多万元，完成2个村居的改水工作，自来水入户率上升至98%，受益人口达6.7万人。争取广州市、从化市各级部门的支持，改善农田水利基础设施，完成农田标准化建设6000多亩。高步、白岗和城康村蔬菜示范基地建设稳步推进。冬天动员村民大修水利。

［**城市管理**］ 以创建中国优秀旅游城市以及全国文明城市为契机，加强生态环境建设和综合治理，加大对“六乱”、“两违”的整治力度。对辖区省道355线、街人线、街麻线和石合周边范围的环境卫生及占道经营、乱摆乱卖和临街飘篷、乱搭乱建等进行整治。成立城北新区工作领导小组，启动城北新区开发建设工作。严厉打击违法用地行为。继续实施城乡清洁工程，改善农村“脏、乱、差”现象。完成田心生活污水治理工程，配合中心城区污水泵站征地工作。加强流溪河城区段整治工作，保障亚运会水环境。依法关闭瓷泥场、红砖厂和石粉厂。

［**招商引资**］ 全街有工业企业126家，其中规模以上企业18家。总投资超10亿元的美都化妆品基地稳步推进，基本完成“七通一平”，已落户的26家企业完成环评报告和单体设计，进入报建阶段，部分企业开始钻探和建围墙。镇泰集团全年完成工业生产总值3.19亿元，增长12.21%，吸纳近1万人就业，拉动周边第三产业的发展。广州诗兰服饰有限公司正在动工建设。摩托车、摩托车配件及汽车配件等支柱产业保持平稳发展，该行业企业总产值达6.05亿元；服装制造、塑料制品、家具制造、金属制品等行业发展良好。

［**第三产业**］ 以向阳村、东风村、旺城大道片区为主的房地产销售较快。宏城海岸、蜜糖苑等房地产项目销售旺盛。投资超10亿元的旺城商贸中心正在筹建；新开物流城、钢材市场完成征地工作，正办理用地报批；河滨北路与第三大桥全线通车，带动城北新区周边的商贸业发展。以现代农业与旅游业相结合的乡村旅游显现迅猛发展态势。广东国民旅游休闲计划农业乡村旅游启动仪式在宝趣玫瑰世界举行，WMA中国武术职业联赛及中央电视台《武林大会》咏春拳全球选拔赛在镇泰体育馆举行。宝趣玫瑰“世界”被评为广东省国民旅游休闲农业示范点。全年宝趣玫瑰世界、大丘园农庄以及田心农家乐等旅游观光项目接待游客22万人次。

［**城乡一体化建设**］ 2009年4月，城郊街被市委、市政府确定为统筹城乡综合试点改革单位（即城乡经济社会一体化发展先行街）。5月，城郊街草拟《关于推进城郊街城乡经济社会一体化规划纲要》（讨论稿），由市发改局牵头，制定《关于推进城郊街城乡经济社会一体化发展的意见》（讨论稿），明确城郊街推进城乡一体化的思路、目标和做法等。街成立城北新区和万花园征地工作领导小组，抓好城北新区开发和万花园建设，带动周边农村实现城乡统筹协调发展。

［**党建工作**］ 开展深入学习实践科学发展观活动。实践活动围绕“党员干部受教育、科学发展上水平、人民群众得实惠”的总体要求，突出“学习实践科学发展观，推动城郊城乡经济社会一体化建设”的主题，结合自身实际，推进各项工作，取得明显成效。开展“五清五帮”活动，全街帮解困 1341 件，帮技能 1465 件，帮信息 1090 条，帮维权 43 次，帮思想 1340 人次，惠及人数 5527 人，慰问困难党员和群众 800 多人，落实帮扶款 8.76 万元。街党工委被评为 2009 年开展“五清五帮”活动表现优秀单位。大夫田村学习实践科学发展观活动的做法得到中央、省和广州市的充分肯定。

干部队伍建设。完善各项规章制度，建立干部绩效奖励制度，全街干部业务水平和服务意识有明显提高，有效地解决干部职工在精神状态、工作作风、能力水平与科学发展观不相适应的问题。坚持在日常工作中了解干部、在重点工作中考察干部、在重大事件面前考验干部。抓好后备干部队伍建设，推荐优秀干部进入市二级班子后备人才库。争取上级组织部门支持，安排 3 名硕士生到街道挂职、12 名大学生挂任村官。探索干部教育培训新机制，推荐 2 名村书记到南海区挂职学习，开阔基层干部的视野。

农村基层组织建设。开展“一工程四机制”工作，基层党组织建设有明显提高。大夫田村被市委确定为“生态文明建设排头兵”先进村的示范工程村。推进村“两委”任职公开承诺制度，提高村社干部的公信度和满意度。强化村党支部书记在村“两委”的核心作用，通过抓农村基层党组织建设，进一步巩固农村根基。组织村（居）支部书记和主任参加全市基层干部培训班，推进农村干部成长机制。完善党内帮扶困难党员机制，对全街 86 名困难党员实行挂钩帮扶覆盖。

党风廉政建设。制定《城郊街加强农村基层党风廉政建设完善村级管理若干制度》，严肃查处街村干部的违规违纪行为。加大反腐倡廉宣教力度，开展廉政文化建设。精心打造田心农家乐廉政文化教育基地建设。成立政务效能监察领导小组，加强对全街重大决策部署落实情况的跟踪督察，强化责任追究，确保政令畅通。在计生办公室推行行政审批电子监察系统，提高机关办事效率。狠抓党政机关厉行节约各项规定的落实，严肃查处违反财经纪律行为，机关作风明显好转。

［**民主政治**］ 发挥街人大代表的作用，每季度组织人大代表开展专题视察调研活动，拓展人大代表知情知政、参政议政渠道。在 2009 年“两会”期间，城郊人大代表团撰写的《加快城郊城乡一体化发展意见》，被列为市人大常委会唯一议案。进一步联系各民主党派、工商联、无党派人士和社会各界人士，听取意见和建议。加强基层民主制度建设，依法实施政务公开。

［**群团工作**］ 基层工会组织建设得到加强，发展一批新会员，有效地维护职工的合法权益。抓好“党建带团建”工作，开展各项主题团活动，促进团干队伍和团员队伍建设。在“六一”儿童节期间，街妇联举行“关爱儿童六一慰问活动”，向 30 多户孤儿、单亲、特困家庭的小朋友送上慰问金、慰问品。

［**精神文明建设**］ 做好建国 60 周年和喜迎亚运系列宣传活动，举办各类群众性歌咏活动、文娱体育活动和送温暖活动，丰富群众的精神文化生活。创建全国文明城市工作稳步推进，抽派专职人员负责“创文”工作，细化工作目标，明确工作责任，纳入干部绩效考核范围。创新工作机制，通过加强法制建设、

思想道德建设和开展各类群众性创建活动，提高市民素质，让更多的群众了解“创文”工作的重要性，配合“创文”工作，城乡居民文明程度不断提高。开展“重民意、端民行，携手共创文明城”主题实践活动，组织全街机关干部入户开展问卷调查。

［**社会各项事业**］ 教育。全街有中学 1 所，学生 2610 人，教职工 159 人；小学 8 所，3 个分教点，学生 5501 人，教职工 353 人；幼儿园 7 所，学生 947 人，教职工 25 人。落实城乡居民义务教育免收书杂费和寄宿生补助生活费政策。推进农村规范化学校建设，城郊中学的中考成绩连续多年位居各镇（街）前列。

医疗卫生。有医院 1 间，门诊部 3 间，医务人员 94 人，村卫生站有 25 个，有村医人员 59 人。2009 年，完成村级卫生站的改造建设 24 间。全面推进城郊医院机构管理体制改革，进一步改善村级卫生基础设施，加强甲型 H1N1 流感病毒等传染病防控工作。

新型农村合作医疗。全街参加合作医疗人数 4.7 人，住院报销 3000 人次，金额 40 万元；危、重病人求助 40 人次，发放救助金额 11.2 万元。

计划生育工作。强化人口计划层级动态管理机制，制定《城郊街人口计划生育管理若干规定》，完善农村基层计生硬件建设，进一步充实计生队伍，提高计生队伍的工作效率。加强流动人口计生工作综合治理，专门成立流动人口领导小组，将其纳入计生目标管理责任制。全年人口出生率 10.75‰，计划生育率 95.16%，平均查环查孕率达 98.03%，流动人口流入地管理率达 90% 以上，性别比 1∶1.12。各项人口管理指标比上年有明显好转，达到省一类地区的要求。

社会保障。落实广州市惠民政策，保障和改善民生。进一步提高城乡低保保障水平。全年办理城乡低保 905 户，受惠人口 3000 人，发放低保金 232 万元；发放城乡医疗补助金 50 万元，发放重大疾病医疗救助金 11.2 万元。全街核定残疾人员 950 人，发放残疾人专项补助金 91.8 万元。给特殊困难的群众发放救济金共 40 万元，315 人次。对 216 名享受定补定恤对象发放定补资金 100 万元。2009 年 6 月，街率先在光辉村田心社启动农民基本养老保险工作，全年完成参保人数 6395 人。推进农村危破房改造，完成 238 户危破房申报工作。关爱重症家庭及儿童，发动社会各界力量为两名重症儿童解决手术费用 20 多万元，慰问重症病人家庭 36 户，发放慰问金 3.6 万元。

群众文化体育活动。城乡公共文化基础设施实现全覆盖，建成“农家书屋（社区书屋）”30 间，把 11 间祠堂改造为综合性农村文化阵地，申请把东风村舞麒麟和北星社区舞猫头狮列入广州市第二批非物质文化遗产保护名录。

［**社区建设与社区服务**］ 开展以创建全国文明城市为主题的各项专项整治行动，加大对辖区“六乱”整治力度，完善旺城、关围等社区的市政基础设施，城市绿化、净化、美化和亮化水平进一步提高。推进旺城、镇北社区治安视频监控系统建设；继续组织各社区进行灭鼠灭蚊和卫生扫除等工作。建设管理好社区“星光老人之家”，丰富老人文化生活。

［**社会治安综合治理**］ 狠抓治安整治工作。党工委、办事处高度重视，明确分工，落实措施，健全制度。全年投入 289 万元，用于维稳治安整治工作。加强“三基”工程建设和社会治安防控体系，加强“人屋车场”综

合治理，消除治安隐患。重新组建村级治安联防队 120 人。推进旺城、镇北社区治安视频监控系统建设，完善社会面动态防控网络体系。治安状况明显好转，治安、刑事案件分别比上年下降，公众安全感和满意度明显提高。街在全市率先成立综治信访维稳中心，拓宽群众诉求的渠道。做好复杂形势下维稳工作，成功化解个别退伍军人无理诉求、缠访、闹访问题，保证建国 60 周年大庆等敏感日子越级零上访。开展领导班子成员公开大接访活动，倾听民声、把脉民意，领导班子成员接访受理信访 83 宗，接访群众 156 人次，案件得到妥善调处和解决。

［**存在问题**］　一是经济总量发展不足，与兄弟镇街仍有差距。二是产业结构调整有待进一步调整优化，工农业产业化水平有待提高。三是农民收入和生活质量需进一步提高。四是城乡二元结构仍比较明显。五是破解征地难，妥善处理被征地农民生活出路的工作仍很艰巨。六是城市管理和城市化水平不高。七是基层政府服务质量和干部素质有待进一步提高。

（城郊街道办事处供稿，陈伟康执笔）

太　平　镇

［**区域**］　太平镇位于从化市南部，距街口街 20 公里，镇政府办公地址在广从北路 33 号。全镇总面积 210.33 平方公里。辖红石、颜村、钱岗、文阁、影田、分水、高田、秋枫、飞鹅、高埔、屈洞、共星、太平、何家埔、牛心岭、水南、黄溪、湖田、佛岗、菜地塱、邓村、神岗、元洲岗、三百洞、西湖、木棉、银林、上塘、石联、钟楼、井岗、莲塘、格塘 33 个村和太平、神岗、翠荔 3 个社区。

［**人口**］　2009 年末，全镇总户数 2.28 万户，总人口 10.27 万人。户籍人口 8.44 万人，其中农业户 1.83 万户，7.58 万人；非农业户 4511 户，城镇居民 0.86 万人。外来人口 1.83 万人。

［**管理机构**］　2009 年末，镇机关在编在职 110 人。内设机构有：党政办公室（加挂人大办和依法治镇办牌子）、组织人事办公室（加挂基层办牌子）、宣传文化办公室、经济发展办公室、社会事务办公室（加挂民政办牌子）、农业办公室（加挂水务办牌子）、人口和计划生育办公室、规划建设办公室（加挂中心镇建设办公室牌子）、维护稳定及社会治安综合治理办公室（加挂信访办公室牌子）。单列机构有：纪检监察室、人民武装部（加挂民防办公室牌子）、财政所（结算中心）。群团机构有：工会、共青团、妇联、残联。事业机构有：农业技术服务中心、社会事务服务中心、投资服务中心、劳动和社会保障服务中心（加挂城乡居民医疗养老保险办公室牌子）、计划生育服务中心、经营管理服务中心、出租屋管理服务中心、安全生产监察和消防中队、城市管理和环境监察中队。市垂直管理单位有：国土所、司法所。

［**经济状况**］　全镇工业总产值 22.91 亿元，比上年增长 6.82%；农业总产值 3.05 亿元，增长 0.4%；实现税收 1.72 亿元，增长 3%。实现财政收入 6618 万元，增长 7.5%。农民年人均纯收入 5625 元，增长 12.5%（按农业局口径统计）。

［**农业**］　全镇耕地面积 4.15 万亩，其中水田面积 3.95 万亩。2009 年，水稻种植面积

3.13万亩，产量9891吨。花生种植面积1.01万亩，产量1904吨。蔬菜种植面积4.13万亩，产量5.67万吨。水果种植面积8.3万亩，产量1.29万吨。生猪出栏量6.46万头，三鸟上市量178万只。养鱼面积2355亩，产量566吨。主要农产品有荔枝、沙糖桔、稻谷、三黄鸡、龙眼、蔬菜等。

［**农村工作**］ 推进效益农业发展。钱岗村糯米糍荔枝顺利通过国家质检总局地理标志产品保护评审。“一村一品”培育发展工作持续深入，2009年新申报培育黄溪村果蔗、飞鹅村丝瓜、三百洞乌榄，进一步优化特色农业产业化格局。打造茶树油生态种植基地，扶持桑黄酒本地品牌发展，巩固和培育广州市佳荔干鲜果食品有限公司、华隆果菜保鲜、银河酒业、燕都奶业等一批农业龙头企业，促进农业增效，农民增收。推进元洲岗旧村改造建设，加快留用地发展，增加村级集体经济收入。推进农村农业基础建设，投资450万元，开展元洲岗村、木棉村、井岗村农田标准化建设及钱岗村荔枝生产基地机耕路整治。筹措资金900万元，落实银林水库、南窿水库的达标整治和木棉水圳、屈洞中心圳的硬底化建设，确保三防安全。

［**基础设施建设**］ 投入近300万元，建设北片园林式垃圾压缩中转站，南片压缩中转站正在选址；投入120万元，完成镇区主要路段环保型太阳能路灯建设工程；完成城区主要道路改造工程、城区基础设施改造建设工程、105国道镇区段两旁人行道维修及内街整治工程、省道118线太平段道路改造工程、自来水厂改造建设工程等12项基础设施建设工程，中心镇建设良好，效应初步显现。改善城镇面貌，提高城镇管理水平。以“两违”整治为契机，不断加大对镇容镇貌、六乱的整治力度，违法用地整治工作进一步加强，全面完成阶段性目标任务。结合创文活动，抓好环境卫生整治工作，落实城乡清扫保洁制度，投入环卫工作人员经费和垃圾清运经费235万元，城乡清洁工程连续四个季度被市考评为优秀。认真落实农村低保困难户危房改造工程，初步摸清农村危破房改造对象情况。农村基础设施建设不断加强，累计铺设自然村道136公里。投入250万元，完善水利设施，水利工程和农田标准化改造扎实推进。投入近70万元，支持钟楼村、上塘村、元洲岗村等村委办公楼建设，改善农村基层办公环境。

生态文明村建设。巩固生态文明村建设成果，邓村、湖田村被评为从化市仅有的2个“广州市生态文明示范村”。2009年，先后投入资金近200万元，18个生态文明村创建点建设工程进入扫尾阶段，完成改厕189户，完成100%，正待验收。

改水工作。推进农村生产生活污水综合治理，先后启动神岗村、高埔村、井岗村等8个村60个建设点的农村生活污水治理工程，提前完成市委、市政府的目标任务。投入资金200万元，解决9000多人民群众“饮水难”问题，全镇农村改水累计受益人口6.68万人，农村人口饮用水率91%。

［**招商引资**］ 全镇有工业企业98家（其中规模以上企业29个），工业总产值22.91亿元，其中规模以上企业20.93亿元。以优良的环境、优质的服务、优越的区位吸引项目资金，广州壁神新型建材有限公司、广州易接通电力五金有限公司、广州格菱国际钢构有限公司3家企业落户太平镇。珠江国际城、紫泉房地产等优质项目增资1.2亿元，人盛地产荔枝湾假日花园项目投资7500万元，珠江地产夏湾拿项目下半年投资6000多万元，润粤

房地产公司投资1亿元。引进广州泰盈房地产咨询有限公司、广州影力影视器材有限公司、广州永和广告咨询有限公司、广州市荣誉国际电工有限公司等4个总部经济项目。全力支持市经济开发区征地工作，理顺利益共享机制，实现与市经济开发区发展共赢。

[**第三产业**] 旅游。深化太平乡村文化旅游项目，打造一系列农业观光游、农家风情游的景点和线路，对沙溪大道片区、神棋大道片区进行旅游整体包装策划。一是打造“幸福莲塘”——流溪河水域亲水公园主题项目。制定莲塘村后山公园、农耕菜田建设的实施方案，开始打造长8公里自行车赛道。二是加快推进龟咀古渡项目的修复、施工设计，古矿森林度假区规划设计工作。

商贸和房地产业。一批实力雄厚的房地产企业陆续进驻太平，东方夏湾拿、紫泉翠荔嘉园、珠江国际城等高尚生态住宅区相继建成或正在加紧建设，成为太平镇经济发展的支柱和加快城镇化进程的重要推动力。兴富批发市场、丽柏家具广场龙头作用日益显现，农贸市场升级改造工作和“万村千乡”工程全面推进，农村流通网络建设取得新进展。

[**项目建设**] 按照把太平打造为南部优化开发区的功能定位，大力建设效益园区，提升发展质量。输变电设备生产研发基地和电子信息产业园建设的前期工作正在推进；动漫产业园首期工程进入建设阶段；总部商务区进行招拍挂。产业平台实现从单一的以经济开发区、产业园带动为主到初步形成多个产业园区带动的新转变，镇域经济辐射力、支撑力和吸聚力不断增强。市镇重点项目工程推进有成效。绿洲电站、污水处理厂建设全面启动。完成市经济开发区二期、何家埔二期、动漫一期、珠光花苑、左灌渠整治、中心坑（污水处理厂管网改造）等重点项目的征地补偿工作，完成总部商务区约680亩的征地清障工作。推进太平城市广场、教育创强后续项目马仔山广场的征地拆迁工作。全年完成征地任务约2000亩，顺利完成市委、市政府2009年的9项重点项目相关任务。基本解决困扰太平发展多年的征地历史遗留问题，重点项目的征地工作揭开新的一页。

按照市的“四个万亩”工作要求，成立以党政主要领导任组长的工作领导小组，落实具体项目负责领导，推进市经济开发区三期、动漫产业园二期、商业大道等项目约8500亩的征地工作。

[**党务工作**] 一是开展“五清五帮”活动。组织全镇227名干部职工，挂钩帮扶6480农户，实现帮解困1524件，帮技能1372人，帮信息4370条，帮维权444次，帮思想7586次，惠及人数1.48万人。通过创新工作思路，加强对农村基层建设的帮扶，以邓村、湖田村荣获广州市文明示范村为契机，树立基层先进典型。二是实施“一工程四机制”。推行农村干部任职公开承诺制度，全镇33个村的“两委”班子，向广大村民作出公开承诺，届内完成259项工作，年度完成135项工作；加强村居两委干部培训工作，举办各类村干部培训班5期，选送20名村干部参加大专学历函授学习。投入专项资金7万多元，100％实现镇村（居）党支部党务公开。全年培养入党积极分子370名，发展新党员120名。缴纳“党内关爱互助资金”4.79万元。三是开展城乡基层党组织互帮互助活动，全镇33个村党支部与省、广州市属33个党支部形成结对帮扶共建单位，扶持资金42万元，帮助发展集体经济累计投入资金61万元。

［**人大工作**］　依法治镇稳步推进，严格依法行使权力、履行职责，自觉接受人大代表和广大人民的监督，组织人大代表视察活动 2 次，坚持定期向人大代表报告工作，扎实办理人大建议。

［**社会各项事业**］　教育。全镇有幼儿园 7 所，小学 12 所，分教点 4 个，中学 4 所，成人文化技术学校 1 所。中学教职工 391 人，小学教职工 513 人，幼儿园教职工 118 人；中学生 5744 人，小学生 7296 人，幼儿园在园幼儿 2672 人，全镇幼儿入园率 100%。进一步完善教育创强后续工作，太平第三中心小学通过规划选址，推进征地工作；神岗二中创强后续工程顺利推进。太平中学、太平二中、神岗二中及太平中心小学、飞鹅、钱岗、木棉、银林、菜地塱等 6 间小学，顺利通过广州市规范化学校的评估验收。

医疗卫生。全镇有医院 2 所，医技人员 216 人。村医疗站 31 个，有村医 31 人。公共卫生和基本医疗服务不断完善，加快村级卫生站建设的扫尾工作，改善农村就医环境。15 个村级卫生站已通过市的验收；太平镇中心医院完成征地工作，启动一期建设。

新型合作医疗和农村养老保险。2009 年全镇有 7.52 万人参加城乡居民基本医疗保险，占全镇总人数的 99.4%。有 3698 人获得住院费补偿，补偿金额 593.6 万元，平均每人住院补偿金额为 1605.29 元。推进农村社会养老保险工作，全镇参保人数 1.05 万人，100%完成市下达的目标任务，其中牛心岭村、西湖村、湖田村、颜村和影田等村超额完成任务。

精神文明建设。以创建全国文明城市为契机，开展“重民意，端民行，携手共创文明城”主题活动，组织开展爱国歌曲大家唱等各项精神文明创建活动，公民道德素质进一步提高。加强农村文化阵地建设，在全市率先推行利用祠堂建“农家书屋”；投入 30 多万元，完成镇文化站建设，现已对外开放。加强规范化学校建设，组织迎接省教育创强复评工作。开展对太平文化旅游的宣传，组织编撰出版《名镇太平》、《文化太平》宣传书籍。

计划生育工作。以市“创优升类”为契机，投资 90 多万元，改善计生工作硬件建设。强制度、抓基础、重投入、强服务，严格落实计生工作管理责任制。开展全员流动人口信息调查，彻底摸清流动人口底子，受到上级的肯定并在太平镇召开经验交流会；为 7000 多名群众提供“以关注农民工生殖健康”为主题的生殖健康检查，人口计生管理服务工作“一盘棋”管理格局全面形成，推进镇计划生育工作的持续、健康、稳步发展。全年全镇出生 973 人，出生率 11.46‰，计划生育率 95.07%，比上年上升 1.31%，查环查孕平均率 98.02%。计生“两无”村（居）15 个，政策外多孩控制率 0.41%，无政策外生育的村居比上年增加 7 个，多孩控制率下降 0.69%，完成上级下达的各项指标，顺利通过省、市的考核。

社会保障。完成共星、格塘等 4 个村五保老人安居点建设，6 个村五保楼项目进入立项程序。推进城乡居民基本医疗保险工作，参保率 99.4%，位居全市前列。为民解困，全年累计发放低保金、农村医疗救助金 466 万元，受惠人数达 4755 人。贯彻各项惠农支农政策，家电下乡、粮食直补等按政策全面发放。妇联、团委等群团组织踊跃开展慈善救助活动，重症妇儿等弱势群体 30 多人得到救助。完善就业服务体系，富余劳动力实现再就业 2005 人，增加群众工资性收入。

群众文化体育活动。全镇有 26 个村建成文化室，其中利用祠堂建文化室的村有 17

个。举办太平镇第二届庆“七一”利信杯男子篮球邀请赛，16 支队球队参加。组队参加广州市“市长杯”乒乓球赛、市“颂祖国、赞从化”红歌会歌唱比赛、市“广州知识知多少”竞赛、市“祖国在我心中——流溪之恋·万人同唱爱国歌曲”等活动。

［**社区建设与社区服务**］　结合创文活动，开展“迎亚运、讲文明、树新风、促和谐”全民行动宣传活动，发动社区、学校艺术团队排演节目，先后组织 5 台节目进社区、村和学校，把一场场倡导文明新风、构建和谐社会的主题文艺演出送进社区、村和学校。

［**社会治安综合治理**］　落实镇村联防等社会治安综合治理各项措施，打击各类违法犯罪活动，刑事案件发案率比上年降低 14.3%，治安案件发案率有所下降。加强信访调解工作，投入 30 万元，建立信访维稳综治中心，完善信访维稳工作机制，解决信访维稳突出问题；成功做好十七大、国庆 60 周年等特殊时期的维稳工作。开展安全生产监督管理、整规打假、食品安全和劳动监察等各项整治工作，安全生产管理责任制得到落实，全年没有发生重大安全责任事故，安全生产工作考核位居市前列。完善流动人员和出租屋管理制度，加强外来流动人口管理，加强外来人口和出租屋管理工作，七项指标全部通过广州市的考核。

［**存在问题**］　一是经济总量不大，工业企业效益偏低，产业结构有待进一步优化，还没有形成优质的产业群，特别是资金、技术密集型的优质项目不多，财政贡献率不高。二是因为开发强度大，历史遗留问题较多，整体工作成效仍有待提高。三是在发展中凸现的土地权属纠纷、征地拆迁等问题易引发社会不稳定因素，社会维稳工作压力仍然较大。

（太平镇党政办供稿，王青毅执笔）

温　泉　镇

［**区域**］　温泉镇位于从化市城区东北面，镇政府机关办公地址在云星村 105 国道旁，距市城区 11 公里。总面积 212.24 平方公里。辖卫东、乌石、云星、宣星、源湖、龙桥、乌土、龙岗、中田、密石、桃莲、平岗、南平、新南、石坑、龙新、新田、南星、石南、石海、温泉、天湖 22 个村和龙岗、温泉、灌村 3 个社区。

［**人口**］　全镇总户数 1.23 万户，总人口 5.35 万人，其中农业户 1.08 万户，农业人口 4.5 万人；非农业户 1490 户，城镇居民 3568 人。外来户 455 户，外来人口 4975 人。

［**管理机构**］　2009 年末，镇机关在编在职 97 人。内设机构有：党政办公室（党委办公室与政府办公室合署办公，加挂人大办和依法治镇办牌子）、组织人事办公室（加挂基层办公室牌子）、宣传文化办公室、经济发展办公室、社会事务办公室（加挂民政办公室牌子）、农业办公室（加挂水务办公室牌子）、人口和计划生育办公室、规划建设办公室（加挂山区镇建设办公室牌子）、维护稳定及社会治安综合治理办公室（加挂信访办公室牌子）。单列机构有：纪检监察室、人民武装部（加挂民防办公室牌子）、财政所（加挂结算中心牌子）。群团机构有：工会、共青团、妇联、残联。事业机构有：农业技术服务中心、社会事务服务中心、投资服务中心、劳动和社会保障服务中心（加挂城乡居民医疗

养老保险办公室牌子）、计划生育服务中心、经营管理服务中心、出租屋管理服务中心、安全生产监察和消防中队、城市管理和环境监察中队、环卫所。市垂直管理单位有：国土所、司法所。

［**经济状况**］ 全镇工业总工业产值21.24亿元，比上年增长4.68％；农业总产值3.84亿元，增长10.46％。实现税收1.75亿元，增长3.71％。全社会固定资产投入9.11亿元，增长41.65％，其中房地产投入7.27亿元，增长63.33％。实现财政收入5456.5万元。农民年人均纯收入5680元，增长10.5％。

［**农业**］ 全镇有耕地面积3.76万亩，其中水田面积3.13万亩。农业生产以水稻、花生、蔬菜、水果为主。全年水稻种植面积3.34万亩，产量1.11万吨；花生种植面积2841亩，产量421吨；蔬菜品种主要以丝瓜、豆角、茄瓜、菜心、白菜为主，种植面积3.76万亩，产量6.33万吨。水果主要有荔枝、龙眼、青梅、红柿、沙糖桔等，种植面积4.17万亩，产量1.46万吨；“一村一品”有新南村的“双壳槐枝”，桃莲村、中田村、平岗村的“大红桂味”和南平村的“青梅”。全年牲猪上市量1.52万头，三鸟上市量33.4万只。养鱼面积1698亩，产量838吨。有集贸市场4个，总面积3000平方米。

［**农村工作**］ 农村社会养老保险全面铺开并扎实推进，全年有6665名群众参加农村社保，其中4737名群众直接享受到该项政策。家电下乡工作农民受惠43.87万元。做好粮食直补工作，发放种粮补贴190.74万元。农村危破房改造有465户零散户、33户集体改造户受益，目前农户正开展拆旧屋建新房工作，已经支付首期工程款160多万元，力争用一年多时间完成上级计划三年完成的工作任务。向上级部门申报源湖村、宣星村中低产田改造等3个项目的立项工作，已完成“大红桂味”生产基地和平岗村蔬菜专业村基础设施的测量和设计工作。“6·26”灾后重建扫尾工作顺利推进，全面完成所有市政设施建设和120户受灾户的重建工作。推进土地流转工作实现土地承包经营权流转面积达2371亩。产业结构、退果还田力度加大，全年退果还田770亩。石坑圩农贸市场已经落实选址工作。做好劳动力资源现状的调查摸底，完成各村劳动力台账登记。继续加强“农民全面培训工程”，举办培训班16期，参加培训3100人次。做好农村富余劳动力转移就业工作，在龙岗圩举办现招聘会2场，组织25家企业招工，提供岗位230多个，达成就业意向83人，招聘农民工46人，成功转移就业744人。制定《温泉镇各村（居）集体资金、资产、资源管理》等党风廉政建设制度。村务公开工作得到重视，“社账村代记”进一步规范。成立村级党风廉政建设工作领导小组和民主理财小组，设立村级党风廉政建设监督员，对村财和村务进行监督，实现村级管理的民主化、制度化。

［**新农村建设**］ 抓好农村生活污水处理工程建设，云星村、卫东村等23个项目建设已经完成并且通过验收。按照“五改五有”的标准，投入683万元，完成31个生态文明村建设点的建设工作，改巷道40万平方米，改厕3106户，建排水渠16公里，建设篮球场31个，安装健身器材32套，修建垃圾池91个、垃圾屋5间。4路公交线延长至乌石村，方便群众出行。城乡清洁工作落到实处，村容村貌持续改善。

［旅游业］　改善旅游环境。加强温泉水的普查与调研工作，进一步摸清温泉水的现状，为进一步加强温泉水资源管理提供有力的依据。对温泉东路、冲口路两边的绿化带进行升级改造。以“双创”（创建中国优秀旅游城市、创建全国文明城市）活动为契机，对全镇城乡清洁和“六乱”现象进行整治，清理乱拉乱挂的广告牌275块，处理乱倒余泥19宗。拆除流溪河流域的养猪场10个，清理生猪1000多头。加强对环境的保护，关闭石粉厂3间。对龙岗圩等3个圩街的污染源进行调查，并着手开展整治工作。

风景区的污水处理。污水管网总长12公里，总投资3950多万元，10月初动工。年初镇对污染源进行全面调查取证，完成风景区的管网及污水处理厂的前期工程建设，成功解决污水处理厂征地工作和管网沿线的征地和租地工作。

宣星运动谷农家乐建设。根据市委提出“打造百里观光长廊，点缀百颗旅游明珠”的发展战略，重点打造宣星运动谷，建设10公里长的自行车道、云台山登山路径、宣星运动谷旅游服务中心；完成550亩的林相改造和宣华古村落的连片改造；打造云台山战场遗址碑铭、古柏广场等景点。在国庆期间，举办“宣星之夜——赏月晚会暨美食节活动”，接待游客人数达3万人次。12月，宣星村被评为“中国红色旅游文化村”。全年全镇接待中外游客230.52万人次，旅游业收入3.86亿元。

［社会各项事业］　教育。镇有中学2所，小学6所，成人文化技术学校1所，公办幼儿园1所、民办幼儿园5所。全镇有教职员工586人，在校中小学学生6775人，其中初中生2960人，小学生3815人。在园幼儿1056人。引导各学校与镇外学校开展“手拉手”活动，镇内小学开展“结对子”的教学教育交流活动。完成第二中心小学四幢教学楼的建设。落实走读学生的交通费和生活费的补助。镇成人技术学校推行校企合作、工学结合的模式，被广东省成人教育协会评为先进单位。

文体活动。按照建设“十里文化圈”的部署，做好各个村的祠堂文化室的规划建设。农村文体事业蓬勃发展，各村在节日期间分别组织体育活动，龙岗村、南星村和宣星村分别组成曲艺和文艺宣传队。在从化举行的广州市“市长杯”乒乓球赛中，获得儿童组、青少年组、家庭组三项冠军。

医疗卫生。全镇有医院3间，医生46人，病床293张，村卫生站23间。新建温泉村卫生站。落实医疗污水处理工程建设工作，温泉医院、灌村医院已全面完成。

新农村合作医疗。新型农村合作医疗不断巩固和发展，全镇有4.15万名群众参加农村医保，参保率达95%，全年住院报销医疗费人数2270人次，金额400万元；重大疾病求助14人次，救助金额达3.5万元。

计划生育工作。围绕“创优升类”的目标，进一步完善计生工作目标考核机制，实行镇村干部的计生工作与票子、面子、位子挂钩。投入30多万元，对各村（居）“一校二室三栏”进行改造升级；建立干部挂钩联系帮扶计生困难对象活动制度，对自觉实行计划生育的群众给予帮助扶持。户籍人口出生483人，出生率10.00‰，计划生育率95.24%，落实四术428例，全年查环查孕率98.04%。外来流动人口办证率100%，出生56人，计划生育率89.29%，落实四术39例，全年查环查孕率达1553人次。

惠民工程。扩大低保覆盖面，提高低保群众的生活水平，全镇纳入低保家庭962户2738人，发放低保金249.16万元，春节慰问金68.84万元，为402户贫困家庭派发电视机。做好困难家庭生活保障工作，临时救济756人次，发放救济款物资35万元。做好五保老人的供养及护理工作，全面启动五保安居工程，龙岗村和云星村的五保安居楼已建成。落实退伍军人优抚安置政策，向退伍军人及优抚对象发放优抚定补金、节日慰问金175万元。

［**精神文明建设**］ 深入开展科学发展观活动，不断提高干部群众的理论水平。开展“创建全国文明城市”活动，其中开展主题活动20多次，营造浓厚的创文氛围。整个“创文”工作中，做到有计划、有落实、有总结，受到市的好评。开展“创建文明村（社区）、文明户”活动，有效地提升群众的思想素质。开展“五清五帮”工作，惠及群众1.12万人。

［**社会治安综合治理**］ 全年立刑事案件133宗，立治安案件599宗，抓获各类犯罪嫌疑人573人，破获刑事案件128宗，打掉犯罪团伙22个，没有发生重大恶性刑事案件。完善村级治安防范网络，在各村组建村级治安联防队。完善矛盾协调机制，落实属地包案制度。全面推行党政领导班子定期接访值日制度，畅通群众诉求渠道。加大对村（居）人民调解员业务能力的培训，增强调解员的业务知识能力。投入70万元，建成综治信访维稳中心大楼，实现相关职能部门合署办公。全年排查各类矛盾纠纷306宗，成功解决278宗；各级人民调解委员会受理矛盾纠纷226宗，成功调解206宗。全年登记出租屋1554套，登记外来人员2300人，清查出租屋462间次、流动人员753人次。查处无照经营网吧13间，查扣电脑22台。开展重点行业和重点领域安全隐患的排查治理和专项整治，安全生产形势稳定好转，没有发生重大安全事故。查处违法用地5宗，拆除违法建筑物3500平方米。

［**重点工作**］ 全年全镇征地面积3766.48亩，拆迁房屋面积1.91万平方米，涉及户数273户。镇成立25个专项工作组，专门负责跟踪推进，完成从增高速公路、污水处理厂、云星三学苑等项目的征地工作。特别是从增高速公路的征地工作，通过“三定三包三统一”的做法，得到广大群众的支持。至5月30日，完成征地1122亩，为从增高速项目提供施工走廊。至10月，拆迁户异地搬迁的征地工作基本完成。10月19日，广东省高速公路建设现场会在从化市召开，温泉镇的做法在大会上以书面形式介绍。

［**党务工作**］ 加强政府自身建设。开展机关服务年活动，组织干部观看机关作风暗访专题片，促进机关作风明显好转。完善财经制度管理，规范公务接待，定额配置各部门的办公经费及油费限量，节约开支。完善绩效考核制度，整体绩效进一步提升。依法治镇和五五普法稳步推进，政务公开日益规范，民主政治建设不断加强。按照“一工程四机制”的要求，建立农村干部任职公开承诺机制，22个村“两委”和140名村干部分别提交任职公开承诺书，接受群众的监督。建立困难党员信息库，完善结对关怀帮扶体系。安排7名村官到村挂职。鼓励村干部参加学历教育，提高村干部文化水平。做好“十百千万”驻村工作，开展城乡基层党组织互帮互助活动。做好发展党员工作和非公企业党建工作。

［**人大工作**］ 召开镇第十七届人民代表大会第五、六次会议，分别补选镇人大主席和镇

长。镇人大履行监督职责，推进依法治镇各项工作；组织人大代表对镇的重点工作进行督促指导，专题视察污水处理厂、从增高速公路和宣星运动谷的建设情况。

［**群团工作**］ 新组建工会31家，会员人数1500人。帮助部分企业制作学习栏和厂务公开栏20个。完善镇属企业工作“架构”83家，为企业制作不锈钢宣传栏83个，用于宣传工会相关知识。宣传工会法、劳动法，向劳动者发放宣传单张。镇团委举行第十四届代表大会，选举出新一届的团委班子。镇团委围绕镇党委、政府的中心工作，开展植树造林、献爱心、创文活动等各种主题团活动。镇妇联创新工作机制，组织妇女落实“家庭文化建设”、“社会主义新农村建设”、“巾帼文明岗”活动。关注困难儿童、单亲家庭的教育和生活，组织镇村特困母亲参加免费妇检，为1名先天性心脏病儿童进行手术治疗，为13户单亲母亲的危破房改造提出申报。

［**存在问题**］ 一是经济总量少，缺乏大型项目的支撑，综合竞争力不强。二是历史债务重，镇的财政收入不多，可支配财力不足，制约全镇经济的发展。三是征地工作难度大，部分被征农户不理解、不配合政府工作，拖延工作进度。四是城市管理、社会管理、卫生等还存在不少薄弱环节。

（温泉镇党政办供稿，中国海执笔）

良 口 镇

［**区域**］ 良口镇位于从化市北部，东与龙门县毗邻，南与温泉镇接壤，西与清远市佛冈县交界，北与吕田镇相连，环抱流溪河林场、黄龙带水库。全镇总面积409.45平方公里。镇政府办公地址在良口圩新街76—78号。全镇管辖锦村、溪头、下溪、团丰、和丰、合群、达溪、赤树、磻溪、少沙、石岭、米埔、塘料、高沙、良明、塘尾、良平、良新、联群、联平、梅树、胜塘、长流、石明、乐明、仙溪、北溪27个村和良口社区。

［**人口**］ 全镇总户数9386户，总人口3.79万人，其中农业人口3.61万人、居民1732人。外来人口2320人。

［**管理机构**］ 2009年末，镇机关在编在职101人（含司法所、国土所）。内设机构有：党政办公室（党委办公室与政府办公室合署办公，加挂人大办和依法治镇办牌子）、组织人事办公室（加挂基层办公室牌子）、宣传文化办公室、经济发展办公室、社会事务办公室（加挂民政办公室牌子）、农业办公室、人口和计划生育办公室、规划建设办公室（加挂山区镇建设办公室牌子）、维护稳定及社会治安综合治理办公室。单列机构有：纪检监察室、人民武装部（加挂民防办公室牌子）、财政所（加挂结算中心牌子）。群团机构有：工会、共青团、妇联、残联。事业机构有：农业技术服务中心、社会事务服务中心、投资服务中心、劳动和社会保障服务中心（加挂城乡居民医疗养老保险办公室牌子）、计划生育服务中心、经营管理服务中心、出租屋管理服务中心、安全生产监察和消防中队、城市管理和环境监察中队。市垂直管理单位有：国土所、司法所。

［**经济状况**］ 全镇工业总产值2.34亿元，比上年减少11%；农业总产值2.46亿元，比上年增长12%。实现税收5594万元，增长35%。全年接待各地游客100万人次，旅游

预计收入2.5亿元，比上年增长25%，第三产业逐步成为镇的支柱产业。镇财政收入2425.36万元，增长14%，农民年人均纯收入4130元，比增长16%。

[**基础设施与镇村建设**] 基础设施建设。全年投入资金约50多万元，用于人居环境基础设施建设。一是农村污水治理工程，首批农村污水处理工程88个项目已基本完成并投入使用，涉及15个行政村，惠及人口3万人。二是实施农村危破房改造工程，以赤树村瓦田寮社整体危破房改造为试点，全面铺开农村危破房改造工作。至年末，已完成溪头村、胜塘村、石岭村的农产品交易市场建设及团丰村、和丰村中低产田改造建设工程。联群村、梅树村农产品交易市场已立项建设；已启动联群村杨梅基地、溪头村三华李基地、达溪村高山番薯基地的果园栈道、机耕路、水圳等设施的硬底化整治。

流溪温泉开发建设。一是顺利完成侨鑫国际会议中心建设区内的征地扫尾和租地工作，完成米埔4589.38亩的租地任务，全部交付给侨鑫集团使用，促进侨鑫国际商务会议中心亚运接待场馆项目、体育公园项目和景观林带项目的全面建设。二是塘料水疗区的征地拆迁工作完成房屋的丈量，并与经济社签订征地拆迁协议。塘料村需征地938亩，安置人口约720人，已有128套房屋接受认购。三是妥善处理征地遗留问题，协调好征地工作和项目的施工工作，确保马术场项目顺利施工，保证马术比赛如期顺利开幕。四是完成文轩苑扩展用地161亩的征地拆迁任务中的100亩，有80%的农户签订征地拆迁协议。塘尾村和良明村的返还地征收已完成。完成105国道绿化景观带230亩的租地任务，顺利进入收地阶段。

中心镇建设。完成中心镇总体发展规划的修编工作，确立“一轴两中心三组团”的发展格局，明确良口中心镇的发展定位和发展方向。开展良口镇旅游发展规划和21个村的新农村村庄规划，一是溪头中心村按照建设生态旅游基地的目标，全面完成入口广场、金紫荆广场、购物街、茶亭和污水处理工程等项目的建设任务。2009年初，溪头村被评为省旅游特色村。二是投入近2000万元，实施旧城改造项目，主要建设内容包括社区活动中心、小广场节点、新城区巷道硬底化及河堤景观建设等，已完成施工走廊的征地拆迁工作，顺利进入实质性的施工阶段。三是新自来水厂及管网铺设工程正在加紧施工建设中。四是镇区污水处理厂和污水泵站建设所需65.3亩土地的征地工作顺利完成，如期交由广州市水务集团进行建设。镇负责建设的8公里污水管网一期工程进入施工阶段，二期工程完成招标手续，垃圾压缩站完成征地工作。五是镇区大道建设工程（良新段）和饮食一条街改造建设工程已动工。共青路扩建工程正加紧开展征地工作。六是灾后重建工作扎实推进，已完成全部零星倒塌户的重建工作，胜塘一期36户灾后重建工程和斗潭社灾后重建工程顺利完成，受灾村民顺利搬迁入户。七是扎实开展“四个万亩”工程，专门成立工作领导小组，制订实施方案和计划，保证按时按质完成市委、市政府下达的工作任务。八是抓好城镇管理工作，建立、健全城乡清洁工作的长效机制，壮大城乡清洁队伍，城乡面貌得到改善。

生态文明示范村建设。扎实推进生态文明村建设工程，顺利完成良新村楼田、水尾洞社，和丰村日联、胜福社，达溪村达二社等生态文明村5个点建设。

[**农业和农村工作**] 全年水稻播种面积2.92万亩，亩产304公斤，产量9043吨；荔枝种

植面积 1.05 万亩，产量 874 吨；柑橘种植面积 6458 亩，产量 2670 吨；三华李种植面积 5651 亩，产量 1194 吨；蔬菜常年种植面积 1.71 万亩，产量 2.86 万吨；生猪年出栏量 5564 头；鸡、鹅、鸭年出售 3.76 万只；养蜂 1.52 万群；继续培育壮大“一村一品”生产专业村，确立胜塘村、下溪村作为农业标准化生产示范村。杨梅、高山番薯、青梅、三华李四种特色农产品种植面积不断扩大，涉及 10 个行政村，带动农户 2036 户，受益人口 9724 人，人均年增收约 500 元；全年开办农业技术培训班 3 期，受训人数 500 多人次，发放技术书籍 1000 份；加强农村富余劳动力转移工作，促进农民充分就业，全年转移劳动力 1023 人。

［**招商引资**］ 2009 年，新引入广州市雄洋人力资源有限公司、广州市汇众通信设备有限公司、广州长力咨询服务有限公司和广州金源贸易有限公司四家公司，新增创税 750 万元，为税源稳定、发展提供有力保障。

［**第三产业**］ 镇致力打造以生态旅游产业为核心的良口特色现代产业体系。年初，重点推出广东省特色旅游村溪头村的乡村特色游，效果显著。“五一”旅游旺季推出东锦铭鲤百花公园项目，吸引大批游客。碧水峡漂流、动感温泉等重点旅游项目景区的基础建设逐步完善。新温泉开发区辐射带动作用进一步显现，吸引更多旅游项目落户良口镇。配套发展生态乡村游，带动餐饮业、旅业发展，乡村饮食业呈现出良好的发展势头。至年末，全镇有各类“四小”农家乐 88 间，其中小旅馆 14 间，小餐馆 46 间，小商场 15 间，小农庄 13 间，解决农村富余劳动力就业 439 人，“四小”农家乐全年经营收入达 1500 多万元。

［**党务工作**］ 全镇 38 个党支部，1500 名党员参加第二批学习实践科学发展观活动。扎实开展“四帮扶”、“四联系”、“四服务”活动，全镇制定帮扶措施 5 类 1.49 万件（次、条），其中帮解困 3618 件、帮技能 2038 件、帮信息 5749 条、帮维权 818 次、帮思想 2671 次，结成帮扶对子 8022 个，帮助困难群众人数 4760 人次，办实事好事 489 件；建立困难党员《结对子跟踪卡》137 个，形成党内帮扶困难党员的长效机制。赤树村确定为从化市农村党的建设“三级联创”活动创建“生态文明建设排头兵”先进村示范工程重点创建村。镇出台《良口镇推行农村干部任职公开承诺制度的实施意见》、《良口镇实施“农民全面培训工程”的意见》、《良口镇推行党务公开工作实施意见》等文件，不断深化农村党建工作。在实施“农民全面培训工程”中，举办各种培训班 15 期，培训农民 1830 人次。“十百千万”干部下基层驻农村工作有新成效，全年上经济项目 2 个，办好事实事 30 多件，投入帮扶资金和慰问金 160 多万元。全镇党委和 28 个村、社区党支部全面推行党务公开工作。全年发展党员 61 人，其中农村 57 人，妇女 9 人。

［**人大工作**］ 一是加强自身建设，制定《人大代表学习制度》、《人大代表工作制度》、和《人大代表活动制度》，促进人大工作的规范化和制度化。二是履行职责，充分发挥代表作用。组织代表视察镇自来水厂，污水处理厂项目建设和生态文明村建设情况，农村污水处理项目等，代表们在视察、检查中提出意见和建议。三是加强代表议案、建议的督办工作。镇十六届人大四次会议期间收到代表议案 1 件，建议 17 件，及时移交政府有关职能部门办理，已全部回复。四是开展代表述职评议活动，9 月，组织 3 名连选连任的

市、镇代表进行述职活动。五是协助市人大的各种视察和调研活动。协助广州市、从化市人大代表前来视察、调研良口镇计划生育“创优升类”工作、镇污水处理厂及配套设施建设情况、城乡一体化情况、良口镇实施《广州生态公益林条例》情况等。

［**群团工作**］ 工会工作。组建私有企业工会5家，覆盖个体工商企业20家，发展会员101人，完成市总工会下达的2009年组建任务。推进劳动合同制度工作，全年签集体合同13份，其中新签6份，续签7份，覆盖个体企业50多家。深入实施送温暖工程，为职工排忧解难，全年发放困难补助金5000多元，补助困难职工10多人次。

妇联工作。5—6月，组织80多名妇女参加市果树研究所的老师在良明、赤树村举办的果树栽培技术课。引导城镇妇女参与城乡协调发展，创建良口第二小学巾帼文明岗。做好妇女儿童维权信访工作，全年接待来访8件，调处率100%。开展困难妇女儿童帮扶活动，春节、六一期间，镇党委、政府拨出资金慰问单亲特困母亲儿童孤儿66人，“六一”节前夕，党委、政府拨出资金1.07万元，对镇大院机关的79名儿童以及28名孤儿、特困儿童进行节日慰问。做好重症儿童的救治工作，为5名重症儿童做手术。做好贫困女高中生调查工作，通过穿针引线，得到社会热心人士的大力帮助，解决3名贫困女高中生3年高中学费。

［**社会各项事业**］ 教育。全镇有中学1所、小学3所、幼儿园2所，在校中学生1651人，小学生3708人，在园幼儿650人。有教职工342人。镇坚持巩固教育创强成果，进一步整合教育资源，提高办学效率，教学成绩有所提高，2009年，全镇有8名小学生考入从化中学、从化六中，有34名中学生被从化中学、从化六中录取。

医疗卫生。全镇有中心医院1所，医院设11个科室，设备有CT、B超、X光、心电图、生化仪等，有病床33张，手术室1间，能进行常规手术治疗；全镇（除良新村外）各村均已完成卫生站的建设任务，村级卫生站能为当地村民提供基本医疗保障；2009年，镇成立预防H1N1甲型流感工作领导小组，认真做好防疫工作，有效防止疫情的流行。

新型农村合作医疗。全年参加农村合作医疗3.62万人，参合率100%。全年累计报销2316人次，报销补贴住院款项353.26万元；为困难群众申请重大疾病合作医疗救助19人次，金额5.93万元。

精神文明建设。镇加强村级文化室建设和管理工作，努力为村民提供文化娱乐的场所，并从重打击和取缔黑网吧，着力维护文化市场的正常秩序。

计划生育工作。镇建成场室完善、设备先进的市首个示范性计划生育服务所，开展免费妇检以及普查普治；扎实开展创建“两无”活动，2009年，无政策外生育村（居）14个，实现计划生育率为95.15%，比上年提高1.4%；人口自然增长率控制在7.56‰以下。

社会保障工作。建立和健全社会保障体系，实现“应保尽保”，全年落实低保对象854户，发放低保金173万元，救济救灾资金19.45万元。抓好村级五保户安居工程建设，投资75万元的乐明村五保安居点主体建设工程已基本完成，年底已安排五保户入住。达溪村五保楼建设正加紧施工。大力推进农村社会养老保险工作，至年末，全镇参保人数5126人，年参保率33%，较好地完成市政府下达的工作任务。

［维稳及社会治安综合治理］ 信访工作坚持以“预防为主，重在疏导，依法处理，防止激化”为原则，制定领导接访日制度，实行领导包案责任制，确保群众合理诉求能够得到及时的解决，将矛盾化解在萌芽状态。全镇没有发生进京上访案件；全年破获各类刑事案件78宗，打掉犯罪团伙14个；大力开展平安村和平安社区创建工作，社会治安形势不断好转，溪头村等6个村被评为平安村；镇政府投资10万元，在镇区主要街道和重点场所安装监控视频，人民安全感不断增强；9月，镇高标准、高质量地完成了镇综治信访维稳中心的建设工作。

［存在问题］ 一是支柱产业带动力还不够强，经济总量还不够大，财政还比较吃紧。二是农业基础依然薄弱，农民持续增收困难较大。三是社会治安综合治理形势还比较严峻，一些社会不稳定因素依然存在，维稳压力加大。四是行政效率和服务管理水平还有待提高。

（良口镇党政办供稿，胡文娟执笔）

吕 田 镇

［区域］ 吕田镇位于从化市东北部，北接新丰县、龙门县，南临良口镇和广州市流溪河林场，距广州市115公里。镇政府办公地址在吕田镇中新北路68号。全镇总面积390.4平方公里。辖塘田、安山、草埔、小杉、鱼洞、新联、联丰、桂峰、塘基、三村、吕新、莲麻、吕中、水埔、狮象、竹坑、份田、东联、东坑、五和、坪地21个村和吕田、东明2个社区。

［人口］ 全镇总户数8543户，总人口2.96万人，其中农业人口7226户2.65万人，城镇居民1317户3077人。外来人口547人。

［管理机构］ 2009年末，镇机关在编在职66人。内设机构有：党政办公室（党委办公室与政府办公室合署办公，加挂人大办公室和依法治镇办公室牌子）、组织人事办公室（加挂基层办公室牌子）、宣传文化办公室、经济发展办公室、社会事务办公室（加挂民政办公室牌子）、农业办公室（加挂水务办公室牌子）、人口和计划生育办公室、规划建设办公室（加挂山区建设办公室牌子）、维护稳定及社会治安综合治理办公室（加挂信访办公室牌子）。单列机构有：纪检监察室、人民武装部（加挂民防办公室牌子）、财政所（加挂结算中心牌子）。群团机构有：工会、共青团、妇联、残联。事业机构有：农业技术服务中心、社会事务服务中心、投资服务中心、劳动和社会保障服务中心（加挂城乡居民医疗养老保险办公室牌子）、计划生育服务中心、经营管理服务中心、出租屋管理服务中心、安全生产监察和消防中队、城市管理和环境监察中队。市垂直管理单位有：国土所、司法所。

［经济状况］ 全镇工业总产值1.40亿元，比上年减少14%；农业总产值1.49亿元，增长8.62%；实现税收2.21亿元，增长19.8%；实现财政收入3206万元，增长16.6%。农民年人均纯收入6655元，增长14.2%。

［农业］ 全镇耕地面积3.26亩，其中水田2.07万亩，旱地1.19万亩。继续扩大和发展花卉、优质水果、蔬菜种植等产业规模。全年水稻种植面积3.95万亩，产量1.45万吨。水果种植面积6.68万亩，产量8873吨，

其中三华李种植面积 2.99 万亩，产量 3460 吨。青梅种植面积 0.99 万亩，产量 800 吨。蔬菜播种面积 1.57 万亩，产量 2.07 万吨。全镇有花卉面积 1050 亩。牲猪出栏量 8015 头，“三鸟”上市量 13 万只。淡水养殖 585 亩，产鱼 130 吨。全镇逐步形成水果、蔬菜、畜禽、特色农产品等产业格局。

[**农村工作**] 发展特色产业。抓好“一村一品”建设。在抓好安山枇杷、份田番薯、桂峰三华李的基础上，抓好新联芥菜村的发展工作。全年大芥菜种植面积 1300 亩。培育五和沙糖桔、鱼洞蜂蜜等“一村一品”专业生产村。冬种紫云英 1500 亩、油菜花 1000 亩，发展观光旅游农业。

农业基础设施建设。全年向上级部门申报立项的中低产田改造、“一村一品”等 5 个项目，获立项资金 790 万元。投入 125 万元，对新联村水渠进行三面光修建，长 1 公里。

抗灾复产。投入 401 万元，按照新农村标准建设坪地村吉兴社 28 户整体重建工程通过验收，2008 年“6・26”水灾全倒户已全部搬入新居。

实施农村富余劳动力培训转移就业工程。在桂峰、五和、东坑等村举办培训班，参加 160 多人。狠抓下岗失业人员再就业工程，组织召开座谈会，帮助他们实现再就业，组织劳务输出 642 人次，解决再就业 23 人。镇妇联与劳动和社会保障服务中心合作，推荐富余劳动力外出就业 200 多人。举办种养知识、劳动技能、安全生产、整规打假等培训班 109 期，培训 8895 人次。

[**农村财务管理**] 规范农村财务管理，抓好村务、政务、财务公开工作，完善村民“一事一议”自治机制。全面推行“村账镇记、社账村代记”制度。健全制度，明确会计职责，规范农村财务管理。加强对各村会计基础工作的检查监督，把农村会计基础工作纳入法制化轨道。各村设立财务公开栏，明确财务公开日。

[**基础设施建设**] 道路建设。全年投入资金 27.6 万元，完成自然村村道 1 条，长 0.78 公里。全镇累计完成自然村道建设 43 条，总长 54.06 公里。其中投入 450 万元的三村村至桂峰村的桂三公路通过验收并投入使用，长 3.88 公里。投入 111 万元，对圩镇部分街道路面和路标进行改造。

农村电网建设。改造农电网，第一期新联等 5 个村和吕田居委会完成工程进度的 90%，第二期吕新等 8 个村完成工程进度的 65%。

卫生基础设施建设。投入 12 万元，改造镇、村卫生基础设施。城乡清洁工作连续四个季度考核优秀。以东联、竹坑、新联村为重点，推进农村改厕工作。抓好卫生村建设，份田村份段社、草埔村孙屋社创建成为广州市卫生村。年末，全镇有省卫生村 2 个，广州市卫生村 10 个。抓好农村污水治理工作，涉及 14 个村，82 个建设点，竣工验收 25 个，待验收 30 个，正在施工 23 个，正在办理评审 4 个。投入 80 万元，建设坪地村、联丰村的垃圾填埋场。

改水工作。完成联丰村改水工作，受益人口 1700 人。

生态文明村建设。2009 年申报的坪地村太平社、坪地村坪地社、东坑村步星社创建点，按照“五改五有”要求和标准正在建设中。全镇累计建成生态文明村 17 个，正在建设 3 个。

[**招商引资**] 成功引进广州市田园旅游生态发展有限公司在份田村、东联村、东坑村租

用土地 1.4 万亩，投资 110 亿元，建设“生命养生谷”项目。引入广州市东方园艺有限公司在狮象村租地 300 亩，投资 800 万，建设高档鲜切花培育生产基地。首期 103 亩花棚建成并投入使用。引介广州市大旋国经济技术发展有限公司在小杉村范围内投资 1.3 亿元，打造原生态旅游度假景区，建设规模 6 万平方米。全年引进投资项目 10 个，洽谈项目 5 个。发展总部经济，洽谈并办理总部经济项目有广州市全发广告有限公司、广州奥舍建筑设计咨询有限公司等 26 个，总部经济税收 1593 万元。

[**第三产业**] 全镇有第三产业集体企业 11 家，私营企业 9 家，个体企业 713 家。成功举办第五届美食节，参加活动的游客 4.6 万人次。加大旅游宣传策划、包装、推介力度。广州市响水峡景区在 5 月开业，日均游客量 1000 人次。蝴蝶谷森林公园和生命养生谷等项目扎实推进，基本完成项目租地工作。结合农村危破房改造，抓好狮象村、小杉村和塘田村古田社三个“旅游村”的建设，逐步把旅游业培育成为优势先导产业。为保护旅游环境，引导辖区内的石材、石粉加工企业外迁办厂。11 月 30 日，证照不全的石材、石粉、瓷泥加工企业全部关闭。

[**党务工作**] 加强镇党委班子建设，坚持和完善中心组学习制度，改善和加强党对人大、政府和各人民团体工作的领导。深入学习实践科学发展观，查找不足，落实整改措施。做好党员干部管理工作，举办村（居）“两委”干部培训班，提高村（居）干部的整体素质。举办入党积极分子培训班，参加培训 102 人。发展新党员 70 人，其中优秀妇女 26 人。结合“五清五帮”活动，开展关爱帮扶困难党员活动。开展以党性修养和作风教育为重点的纪律、职业道德教育活动。继续开展“三级联创”活动，争取 29 个市直有关职能部门支持，将新联村创建为“生态文明建设排头兵”示范村。完善 23 条村（居）委的远程教育终端接收站点的软硬件设施建设。全面推行农村干部任职公开承诺制度，全镇 21 个村“两委”领导班子、138 名村干部的履诺工作正在履行中。2009 年，吕田镇离退干部党支部被评为广州市先进离退干部党支部。

[**人大工作**] 一是履行人大职责。2 月，召开镇人大十七届四次会议，听取和审议有关工作报告。二是发挥人大监督作用。对镇第十七届人大四次会议上代表提出的 24 件建议、意见，镇人大督促镇政府及相关部门认真办理，逐件回复，取得满意的成效。其中 19 件按代表的要求得到解决，有 5 件列入 2010 年的建设规划。3 月，镇第十七届人大五次会议补选镇十七届人民代表大会主席。三是组织人大代表活动。7 月，组织镇人大代表 9 人，视察生态旅游项目“响水峡”景区发展情况和建设情况。9 月，组织部分选民听取 3 名代表的工作述职，满意度 97%以上。采取“走出去”的办法，组织人大代表到良口溪头村、温泉宣星村运动谷、城郊玫瑰园、田心社参观学习新农村建设和旅游产业发展等方面做法和经验，有 6 名代表以书面形式提出意见、建议 8 条。

[**群团工作**] 妇女工作。镇妇联配合农办举办农业种植技术培训班 2 期，参加培训的妇女 70 多人。对全镇育龄妇女进行普查普治保健工作，参加检查的妇女 9800 多人次。组织全镇低收入家庭妇女进行免费体检，参加人数 112 人，有 5 名妇女到广州市复检。联系市药监、卫生等部门在安山村进行“迎亚运，

我健康、我快乐”送医送药下乡活动，200多人参加。在各大节日慰问单亲家庭11户、孤儿49人次、特困儿童及患病儿童13名，送慰问金1.03万元；年初开展“和谐吕田·关爱儿童——‘爱心父母’牵手困境儿童志愿行动”，领导班子成员和部门负责人以一对一结对子形式，对全镇33名孤儿进行帮扶，每年每人帮扶资金500元，为期3年。12月，镇举行“创建文明城市、构建平安家庭、提高法律意识”咨询活动，参加活动的群众50多人，发放资料150多份。全镇7857户家庭全部参与“平安家庭”创建活动，有98%的家庭成为“平安家庭”。接待群众来信来访13宗，其中家庭暴力1宗，家庭矛盾问题5宗，其他5宗，上级妇联接转信件2宗，处理率100%。

共青团工作。一是加强团组织建设。发展新团员22名。二是深入开展主题教育活动。2月，联合有关部门开展主题为“迎亚运、创国优、文明交通齐参与”的活动。发放文明交通宣传单张、小册子以及组织学生志愿者参与“体验一小时”文明交通志愿服务活动。3月，开展植树活动、学雷锋家电义务维修活动，为当地群众维修大批家用电器。4月，组织镇干部以及医院、中学等机关单位人员和学生到该镇革命烈士纪念碑进行扫墓活动，新团员在纪念碑前进行入团宣誓仪式。组织举办以“团章、团史”为主要内容的知识讲座活动，参加活动团员、学生100多人次。“五四”期间，镇团委和学校团支部联合开展“献爱心”活动。6月，在街道举办开展“重民意、端民行，携手共创文明城”的一条街宣传活动，派发宣传资料2500多份。9月，各村（居）通过宣传栏、宣传标语、印制宣传单张等进行宣传活动。10月，镇团委组织志愿者联合食品安全办、工商部门，督导街道饮食业和旅业服务严格执行《食品卫生法》。11月，设立健康教育宣传栏，做好常见病、传染病，宣传有关卫生知识、传染病的预防等的宣传工作，开办健康教育讲座和健康咨询等活动。

［**精神文明建设**］ 开展“重民意、端民行，携手共创文明城”主题活动，完成对全镇居民的问卷调查。开展卫生清洁行动、爱国歌曲大家唱、法制宣传等活动以及“‘争做好市民，当好东道主’——‘亚运广州行’”、“周末卫生日”、“我们的节日”、“爱国歌曲大家唱”、“迎国庆讲文明树新风”活动、社区文化活动、每月的“创建文明城市主题月活动”等一系列的群众文化活动。落实市委市政府文化惠民的措施，对各村、社区无电视机贫困家庭进行全面的摸查，9月，向无电视机的贫困户赠送电视机。6月，配合市文明办开展的第四届道德模范评选活动，推荐巢福能等5人参加市的评选，推荐镇计划生育服务中心参加市“十佳”服务窗口单位评选。从6月开始，月月开展“我推荐、我评议身边好人”活动。11月，组织发动干部群众上网参与第四届广州市道德模范评选投票活动以及“广东创业之星”候选人群众投票活动。配合广州市公安局开展送戏下乡活动，“七一”开展篮球、拔河赛等活动。组织干部参与市的“颂祖国、赞从化”红歌会歌曲比赛以及“祖国在我心中”——“流溪之恋　万人同唱爱国歌曲”活动。启动“农家书屋”建设工程和文化信息共享工程，正在建设祠堂文化室20个和“农家书屋”7个，初步实现“一乡一站，一村一室”的建设目标。

［**社会各项事业**］ 教育。镇财政投入11.69万元，改造第三小学的供水管网和维修第二小学的学校围墙等；划拨10.20万元配套资金，对农村被撤并小学的学生实行交通费和

生活费补贴。做好教师节慰问表彰工作，表彰先进单位 2 个、先进个人 78 人。

医疗卫生。将农村初保纳入政府的工作目标和经济发展的总体规划，对农村卫生投入增长比例大于同期财政经常性支出增长比例。2009 年，新建的安山村卫生站通过市卫生局的验收。全镇（除草埔村外）22 个村（居）的卫生站已投入使用。

新型农村合作医疗。全年农村合作医疗参合率 99%。农民住院获得补偿 927 人次，报销补偿金额 140.29 万元，每人平均获得补偿金额 1513.42 元。

科技活动。全年举办形式多样的培训班 4 期，培训人数 152 人次。其中 5 月，邀请从化市科技推广中心农艺师到新联村举办蔬菜培训班，培训期间到田间指导菜农种植管理技术，培训 39 人次。6 月，邀请市推广中心技术人员在水埔、狮象村举办蔬菜种植管理培训班，讲解蔬菜高产种植及病虫害防治方法，培训人数 71 人次。11 月，在桂峰举办蔬菜、水果培训班，培训人数 42 人。

计划生育工作。集中开展“计生服务月”活动，落实计生“一票否决制”及“齐抓共管”方案。2009 年度，全镇出生 222 人，出生率 7.43‰，比上年下降 1.54‰；计生查环查孕率 98.3%，计生率 95.05%。

社会保障。全镇纳入低保的农户 526 户 1420 人，城镇居民 63 户 289 人。全年发放低保金、五保生活费、物价补贴、临时救济、慰问金等 210.70 万元。对全镇 134 户五保人员实行双保供养。做好残疾人工作，争取支持对残疾人开展各项免费资助活动，发放残疾人专项补助金 77.58 万元，发放低收入困难家庭补助金 1.57 万元。拥军优抚工作，拨出专项经费 24 万元，开展“八一”、春节等节日的座谈会和慰问活动。推荐 7 名参加越战退伍军人报名到从化市就业，吸收 27 名退伍人员参加村级治安联防队。做好婚姻办理登记工作，做到持证上岗，按收费标准收费。完成农村四类人（低保户、残疾人、贫困单亲母亲、纯二女户）711 户和 6 个集中改造点 182 户的危破房改造资料送审工作，支持 4 户优抚对象家庭进行危困房改造。对特困有病的优抚对象发放治病补助款 17 万元。全面推进社会养老保险工作。全镇参加农村养老保险人数 3947 人，占应参保人数 1.32 万人的 30%。

武装工作。做好民兵整组工作和军事训练，开展国防教育活动，按时按量完成冬季兵役登记和市下达冬季征兵工作任务。

[老区建设] 争取上级支持 60 万元，解决莲麻、份田、小杉、东坑、吕新等 14 个村的社道、桥梁和改水工程建设等遇到的问题。

[社会治安综合治理] 维持社会治安稳定。加大应急管理工作力度，将镇干部的工作范围内的维稳信访及综治工作情况与绩效工资挂钩，增设村（居）干部维稳信访及综治责任补贴，落实领导包案制度，全年没有出现非正常上省（广州市）、上京上访和群体性恶性事件。做好清理、救助流浪乞讨人员工作。正在创建平安社区（村）7 个。

完善治安防控网络。落实安全生产、道路交通安全、消防安全管理责任制。组建村级治安联防队 80 人，深入开展打击“两抢两盗”等一系列专项整治行动。全年刑事立案 50 宗，破案 61 宗（含积案），破案率 122%。刑事案件比上年（57 宗）下降 12.3%。发生治安案件 325 宗，比上年（143 宗）增加 127%。刑事拘留 41 人，逮捕 28 人，治安拘留 46 人，强制戒毒 14 人，劳教 1 人。

信访和司法工作。9 月，成立综治信访维稳中心。全年承接上级交办和群众来信来访39件（次），全部案件交有关部门调处，已办结27件。调处各类民间纠纷84宗，村（居）调解委员会单独调解纠纷311宗。做好依法治镇和“五五”普法工作。开展无偿法律服务及法律援助业务，落实法制副校长责任制，做好安置帮教工作。

整治违法用地。做好违法用地整治工作和镇内规划建设用地的资料收集、呈报审批工作。抓好土地利用总体规划修编工作。开展土地整理、垦复工作，整理耕地780亩，新增加耕地100多亩。做好“四个万亩”土地储备工作，加快各大项目的土地报批工作和全国第二次土地调查工作。做好直管公房管理工作和城镇低收入家庭住房调查和农村危破房改造工作。加大打击非法偷采矿产资源行为的力度。

出租屋和流动人员管理。深入开展“人屋车场”综合治理行动，开展专项检查行动11次，出动专项检查141人次，新查出租屋20套，新登记流动人员113人，注销流动人员信息30人，更新出租屋信息38套，出租屋未发生过违法犯罪活动。加强专职消防队的管理和消防工作检查，配足消防设备，加强业务技能培训等。全镇23个村（居）全部成立安全生产管理办公室。开展安全生产、整规打假、食品药品安全等专项整治工作。

［**存在问题**］ 一是经济总量不大，综合竞争力不强，人民生活水平还较低。二是生态旅游尚处于起步阶段，财政比较困难，可持续发展能力需要进一步增强。三是农业基础设施比较薄弱，农民增收步伐不快，农业生产效率有待进一步提高等。

（吕田镇党政办供稿，张燕芬执笔）

鳌头镇

［**区域**］ 鳌头镇位于从化市西部，镇政府办公地址在鳌头镇新城西路，距街口街20公里、距广州市60公里。全镇总面积410平方公里。下辖鹿田、潭口、横岭、岭南、新隅、横坑、西塘、塘贝、铺锦、汾水、高禾、象新、丁坑、岐田、山心、黄茅、石咀、洲洞、西湖、水西、凤岐、沙迳、五丰、西山、爱群、西向、上西、下西、乌石、高平、宝溪、官庄、月荣、车头、龙田、楼星、南楼、石联、新村、珊瑚、新围、龙潭、松园、帝田、大岭、横江、民乐、小坑、大氹、务丰、龙角、白石、桥头、鳌山、黄罗、龙聚、龙星、新兔、白兔、中塘、中心等61个村和鳌头、人和、龙潭、民乐、棋杆5个社区。

［**人口**］ 全镇总户数3.47万户，常住人口13.50万人，户籍人口13.37万人，外来人口0.69万人。其中农业户口3.14万户、12.84万人，城镇居民人口0.53万人。

［**管理机构**］ 2009年末，镇机关在编在职129人。内设机构有：党政办公室（党委办公室与政府办公室合署办公，加挂人大办和依法治镇办牌子）、组织人事办公室（加挂基层办公室牌子）、宣传文化办公室、经济发展办公室、社会事务办公室（加挂民政办公室牌子）、农业办公室（加挂水务办公室牌子）、人口和计划生育办公室、规划建设办公室（加挂中心镇建设办公室牌子）、维护稳定及社会治安综合治理办公室（加挂信访办公室牌子）。单列机构有：纪检监察室、人民武装部（加挂民防办公室牌子）、财政所（加挂结算中心牌子）。群团机构有：工会、共青团、

妇联、残联。事业机构有：农业技术服务中心、社会事务服务中心、投资服务中心、劳动和社会保障服务中心（加挂城乡居民医疗养老保险办公室牌子）、计划生育服务中心、经营管理服务中心、出租屋管理服务中心、安全生产监察和消防中队、城市管理和环境监察中队。市垂直管理单位有：国土所、司法所。

［**经济状况**］ 全镇工业总产值73.32亿元，比上年减少2.15%；农业总产值8.46亿元，增长7.15%。实现税收1.58亿元，增长26.47%。镇实现财政收入1.73亿元。实现社会固定资产4.89亿元，增长17%。农民年人均纯收入7198元，增长8.7%。

［**农业**］ 全镇有耕地面积10.34万亩。主要农作物种植面积18.71万亩，产量9.5万吨。其中水稻种植面积11.54万亩，年平均亩产0.33吨，产量3.83万吨；花生种植面积1.26万亩，产量0.2万吨；蔬菜种植面积4.55万亩，产量4.95万吨；其他1.36万亩，产量0.55万吨。水果种植面积6.67万亩，产量0.94万吨。生猪出栏量15.96万头，三鸟上市量302.63万只。鱼塘养殖8386亩，产量2868吨。

［**农村工作**］ 优化农业产业结构。按照“稳粮食、调结构、增效益”的总体思路，加快发展“三高”农业。发展农业优势产业，重点发展粮食、蔬菜、花卉、禽畜养殖及生产与观光相结合的休闲农业，推动农业和农村经济的战略性结构调整。推广“公司＋基地＋农户”的生产经营模式，扩大种植、养殖业的规模，继续抓好良种繁育基地建设和龙潭片万亩优质水稻生产示范基地建设，引导优势农产品生产走向基地化、规模化和标准化。全年完成农村土地承包权流转2700亩，引进四个农业项目。

巩固、扩大、提高“一村一品”特色农业。发挥区域优势，培育“一村一品”、“多村一品”工程，实施标准化生产，制定地方生产标准，四个“一村一品”得到巩固和扩大；成立协会或农民专业合作社，全镇各类农民专业合作社发展到19个。

农村基础设施建设。争取上级单位支持，增加农业资金投入。投资220万元，对排灌站、水库、泄洪闸等水利设施进行维修加固；投资4165.5万元，完成农田标准化建设、中低产田改造、土地整理8500亩、鱼塘标准化改造500亩以及山塘水库、河堤整治等项目21个；投资211万元，用于2009—2010年的冬修水利项目建设；继续推进农村“五通”工程建设，争取上级资金630万元，解决原村社道建设欠款和启动新一轮村道建设，完成43公里的建设申报。争取市交通局资金600多万元，建设下亮桥头、凤岐村大桥等9座桥梁和公路修复。

农村富余劳动力转移就业。实施“定单”和“定向”相结合的职业技能培训，全年培训农民工1247人，转移农民就业3522人，农民工资性收入增加。

［**中心镇建设**］ 镇区基础设施建设按照规划全面铺开。府前府后路改造工程、镇区圩场亮化工程（包括鳌头、棋杆、龙潭圩主干道亮化工程）、交通灯修复工程、高平村市政道路建设、省道355线鳌头市场路段改造工程、岭南村、大氹村、象新村、高平村的基础设施改造工程全面完工，镇区圩场及主干道得到扩展和美化，城镇面貌有较大改变。前进路二期拓宽改造工程，龙潭、棋杆、民乐三圩场改造建设工程，垃圾压缩站、中心镇污水处理厂及鳌头市场旁商住区基础配套设施

整治工程正在稳步推进。

[征地拆迁] 全年全镇推进征地项目 18 个，涉及征地面积 4280.45 亩，已完成 2690.6 亩，其中省市重点项目云广线项目、万宝输电线路项目、鳌头中心医院项目、龙潭收费站政府储备用地等项目已完成全部征地。省监狱、鳌头商住区、皮尔卡丹、雨润二期等项目征地工作稳步推进。

[农村财务管理] 加大村、社级财务审计，监督和管理工作，推进农村财务管理及监督经常化、制度化、规范化建设，化解村、社不良债务，坚持民主管理制度，做好民主理财与财务公开检查指导，进一步增强村、社级财务收、支透明度。加强对农村财务人员的培训力度，提高其业务素质；认真做好财务审核和监督工作，健全各村（居）的领导监督制度，部门人员明确责任分工，各负其责，严格执行《鳌头镇村（居）财务制度》，严把农村财务审计、监督公开关，增加透明度，密切干群关系。

[文明村建设] 2008 年创建的生态文明村 24 个于 3 月通过市的检查验收，2009 年 34 个创建点基本竣工，村容村貌和农民生活生产条件进一步改善。至年末，全镇 4 批 107 个生态文明村建设点总投资 1666.14 万元，惠及经济社 204 个、农户 1.03 万户 4.49 万人，完成改水 720 户、改厕 6276 户、改排水排污渠 44.38 万米、改巷道硬底化 91.37 万平方米、改牲畜栏 3.48 万平方米，建设宣传栏 107 个、生态小公园 106 个、垃圾屋 269 间、垃圾池 233 个、文化小广场 107 个、篮球场 60 个及配备健身器材共 83 套。

[招商引资] 全镇有工业企业 196 家，其中规模以上企业 43 家。一是招商引资工作取得较大成绩，全年引进企业项目 8 个，总投资 4.71 亿元，分别是广州邦特汽车零部件有限公司、广州汇丰科技有限公司、广州鑫泰汽车用品制造有限公司、广州市隆和木业有限公司及丰力公司和万宝冰箱、万博公司及建丰公司的增资扩产。二是加强产业平台建设，按照市委、市政府的统筹，联合明珠工业园共同推进鳌头工业基地的规划和开发建设，把鳌头工业基地打造成从化市重要的工业发展平台和广州市“退二进三”项目的重要承载点。目前基地（包括原人和、龙星、聚宝工业园区和京珠出入口物流园区）37.59 平方公里的总体规划和控制性详细规划已经完成，基地指挥部于 2009 年 11 月 30 日投入运作，基地内基础设施建设（包括街人线扩建工程）正在稳步推进。三是继续加强和完善投资服务，为企业排忧解难，落实各种投资优惠政策，优化投资服务环境。四是加强矿产资源管理，抓紧原矿石场复绿整治，打击非法偷采行为，促进资源开发与环境保护协调发展。五是加强安全生产管理，落实安全生产责任制，深入开展专项整治活动，全镇全年无发生重特大安全事故。

[党建工作] 一是紧抓主题，搞好学习实践科学发展观活动。按照市委的工作部署，紧密结合镇的经济社会形势，精心组织，周密部署，按照“党员干部受教育，科学发展上水平，人民群众得实惠”的要求和“推动科学发展，构建和谐鳌头”的主题，扎实开展学习科学发展观活动，取得预期效果。同时推进“五清五帮”活动，组织全镇干部职工 225 人深入农户，实现 3.06 万户农户挂钩联系全覆盖，帮扶群众解困 1200 件、帮技能 4300 件、帮信息 6200 条、帮维权 1600 件、帮思想 732 次。二是做好“一工程四机制”

工作，夯实基层党组织建设，全面提高农村干部的能力素质。三是优化党员队伍结构，加强党员教育。抓好干部和党员培训工作，提高干部和党员队伍素质，全年发展新党员162名。抓好非公企业党支部建设和管理工作，增强非公企业党支部的战斗堡垒作用。四是加强作风建设，制定完善各项规章制度。形成用制度管权，按制度办事、靠制度管人的机制。五是把党风廉政建设和反腐败工作作为镇的重点工作，深入开展反腐倡廉教育宣传工作，坚持从严治党，狠抓廉政文化建设，扎实开展“五廉教育”，强力推进廉政文化“进机关、进农村、进社区、进校园、进企业、进家庭、进景区”活动，做到反腐教育系统化，党员干部队伍的廉洁从政意识得到进一步提高。

社区党建。社区建立党支部5个，登记在册的党员95人，其中社区工作人员党员17人，离退休党员5人，下岗失业党员28人，流动党员15人。

［**人大工作**］ 镇人大按照市人大工作要点的要求，结合本镇实际，制定代表活动方案，开展形式多样的代表活动，组织各类调研活动，认真审议各项工作报告，充分发挥人大代表的作用。2月，组织镇的市人大代表出席从化市第十四届人大第四次会议，针对“一府两院”工作报告，提出建议和议案；3月，组织召开镇第十六届人民代表大会第五次会议，选举副镇长1名；4月，组织召开鳌头镇第十六届人民代表大会第六次会议，补选镇人大主席。

［**群团工作**］ 深入开展“党建带工建”、“党建带团建”工作，发挥工青妇等群团组织党与群众的纽带作用，开展“网络支农”、“从化书香家庭”等活动，为群众办好事、办实事，支持鳌头镇经济和社会各项事业的发展。

［**精神文明建设**］ 加强精神文明建设，完成改造文化室66个，建设农家书屋64个和绿色网园7间。以创建全国文明城市和全国优秀城市为契机，大力开展“爱国、守法、诚信、知礼”的现代公民教育和“文明出行月”、“社区文化月”、“爱国歌曲大家唱”等活动。

［**社会各项事业**］ 教育。全镇有中学4所、小学12所、小学分教点30个、幼儿园9所、成人文化技术学校1所。其中省级示范性乡镇成人文化技术学校1所、广州市义务教育阶段规范化学校11所、从化市一级学校2所、广州市一级幼儿园2所。中小学在校学生1.82万人，在园幼儿2900多人，全镇教职员工1240人。继续推进教育强镇后续工程的建设，坚定不移地实施科教兴镇战略，坚持教育优先发展，推进第三中心小学扩建工程。

医疗卫生。进一步提高医疗服务水平，完善基层卫生服务网络，加快推进鳌头医院创建省二级医院步伐，经市卫生局等主管部门核查，获得“起步迟、数量大、困难多、领导重视、效果明显”的评价。全镇有一级甲等医院2家，医务人员246人，其中高级（副主任医师）以上职称有3人。有村级卫生站61个，乡村医生87人。

新型农村合作医疗。2009年全镇参加合作医疗人数12.47万人，参合率95.95%。全年有7460人次获住院医疗费报销，报销金额1267.4万元。2010年城乡居民医疗保险筹资工作已全面完成，参保人数11.88人，参保率97.39%。

农村养老保险。全镇农村社会养老保险参保人数1.87万人，完成全年计划的

103%。

计划生育工作。全镇人口出生1770人，计划生育率为95.08%；落实“四术”429例，已婚育龄妇女年度避孕节育措施落实率90%以上，季度查环查孕率98%以上，全面完成市下达的各项指标任务，计生管理工作水平达省一类地区标准。加强流动人口计生管理，落实计生管理责任制；实行相互配合、部门联动机制，形成齐抓共管的长效机制。

社会保障。扩大农村贫困人口的低保面，力争实现“应保尽保”。加强城乡低保户审批，全镇纳入城乡低保户有2801户6961人，全年新增低保户362户1297人，实现应保尽保，社会救助、社会福利、优抚安置水平进一步提升，全年发放低保金694.39万元，各类救济金334.26万元。完成西湖、珊瑚、洲洞和石联村的五保安居楼建设改造，并对鳌头和棋杆敬老院进行维修。落实优抚安置政策，投入资金368.9万元，开展双拥工作。

群众文化和体育活动。注重群众文化事业，广泛开展全民健身活动和大众娱乐活动；成功举办第六届“鳌头杯”男子足球赛，组织运动员参加第六届“江埔常青杯”、“鳌头商会杯”男子篮球赛及“从化市篮球甲级联赛”，获得冠军。

[**社会治安综合治理**] 牢固树立“发展是第一要务，稳定是第一责任”的理念，全面落实社会治安综合治理各项措施，进一步健全和落实信访维稳工作责任制，构建“大排查、大接访、大调解”的工作格局。投入近300万元完成司法大楼建设，并成立综治信访维稳中心，实行领导班子接访制和包案制。招录264名村级治安联防队员，建立和完善村级治安联防队伍，充分发挥公安、司法机关、群防群治队伍和各级组织的作用，做好“两会”等大型会议及新中国成立60周年大庆期间的维稳工作；开展“人屋车场”、“扫黄打非”等各类严打整治专项行动，打击违法犯罪行为，各类刑事犯罪事件得到有效控制，维护社会稳定。加强基层调解工作，全年受理各类矛盾纠纷352宗，成功调解272件；受理来信来访87件，办结83件，办结率95.4%；加强出租屋和流动人口管理，创新工作模式，对15个村（居）实行工作重心下移，建立村级出租屋和流动人口工作站15个，管理成效显著。开展“五五”普法宣传，组织开展综治宣传月、人民调解月活动，提高干部、群众的法制意识，加快依法治镇进程，强化社会治安综合治理，为经济发展营造良好的社会环境，村风、民风进一步好转。

[**存在问题**] 一是受国际金融危机及土地调控的影响，工业经济发展较缓慢。二是农业产业结构调整速度较慢，农业抗风险能力低，农业增效、农民增收速度不快。三是镇村干部的发展意识、作风建设仍有待加强。四是第三产业基础比较薄弱，税源少，全镇经济社会的发展较慢。

（鳌头镇党政办供稿，郭志强执笔）

广州市流溪河林场

[**管理机构**] 广州市流溪河林场位于从化市北部，隶属广州市林业和园林局，林场场部距街口35公里。2009年末，场在职742人其中事业编制93人，自收自支管理在册职工649人，退休人员818人。有党委书记1人（党委副书记兼场长1人）、副场长3人。

[**基本情况**] 全场总面积91.83平方公里，林业用地面积11.41万亩，生态公益林面积

10.36万亩（其中省级生态公益林面积5.35万亩，广州市级生态公益林面积5.01万亩），水库面积2.2万亩。林场下辖黄竹塱、新群、三棵松、红岭4个全民工区和东星、谷星、温塘肚3个村民委员会。有派出所1所，医院1所，学校1所。场内有森林派出所、信用社等外驻单位。2009年末，林场总人口5680人。

［**林场经济产业**］ 概况。全场社会总产值4983万元，比上年减少0.3%。其中第一产业产值1685万元，增长31.4%；第二产业产值199万元，减少24.3%；第三产业产值3099万元，减少10.2%。全场人均年收入6895元，比上年增长28%，其中全民人年均收入7920元，增长27.1%，集体人年均收入4446元，增长28.3%。

经济林产品效益。全场经济林产品总收入1320万元，比上年增长11.7%。经济林总产量4915.5吨，增长45.3%，其中青梅1002吨，荔枝52.5吨，龙眼9吨，三华李25吨，沙糖桔3755吨，椪柑50吨，贡柑4吨，橙5吨，黄榄1吨，茶青4吨，其他杂果8吨。

旅游业。森林公园全年接待游客24万人次，与上年持平；营业收入1032万元，增长16.5%。

企业管理。水电办经营总收入238万元，比上年减少20.4%。全年总发电量474万千瓦时，减少23.2%，上网电度281万千瓦时，减少32.3%。茶厂经营总收入52万元，增长44%。职工医院总收入207万元，增长18.3%。门诊人数1.66万人次，增长10.7%，住院364人次，增长17.4%。

［**基础设施建设与生产生活扶持**］ 全年上级下拨林场的扶持和项目资金2392.29万元。基建项目包括营林生产、社会性资金补助、基建工程、青山绿地工程建设、后期扶持资金、省市生态公益林补偿资金、森林植被恢复费、生态环境建设、松材线虫防治、贫困村补贴等。

［**水源涵养林管护**］ 林场加大对水源林建设和管护的力度，严格执行采伐限额制度，以资源培育和保护为重点，开展多种经营。全年累计维修林道242公里，完成低产林改造1100亩，中幼林抚育3006亩，毛竹抚育1.75亩，单竹抚育750亩，毛竹改培700亩，种植油单竹300亩，改种沙糖桔200亩，种植珍贵树种2000株。完成生物防火林带维修56.6公里。完成松林间伐木材销售576.18立方米，完成毛竹间伐指标13.34万根。

［**林场管理**］ 依法行政和民主管理。一是依法行政，公开办事制度，对重大的工程建设，严格执行建设工程招标制度。二是坚持场务公开制度，场领导、各科室经费实行包干使用、工会监督、季度公布，接受群众监督。三是加强内部管理，财务管理执行收支“两条线”。

扶贫解困。为落实广州市政府解决流溪河林场问题的各项措施，林场筹集资金，开展各种扶贫解困活动，切实缓解职工群众的实际困难。全年发放各类扶贫解困资金131.1万元，其中特殊困难补贴45万元，低保金33.3万元，核报低保户门诊医疗费9万元，慰问老干部、老党员、困难党员、老工人、军烈属、五保户、病患者、困难职工群众、残疾人等35万元，职工临时救济金5万元，金秋助学金3.8万元。继续开展“百名党员干部帮扶百户困难家庭”活动，帮扶77户困难家庭1.5万元；资助10名贫困学生

1.3万元。开展“党内关爱扶助金”捐款活动，全场229名党员捐款7141元。开展“广州慈善日”捐款活动，全场捐款人数306人，捐款1.23万元。落实城乡基本医疗保险，筹集25.49万元，资助3186人参加和享受从化市城乡基本医疗保险项目，占参加人数的99%。

待业人员就业培训。加大对失业人员特别是大龄失业人员的扶持力度，争取上级政策资助，解决困难群体的养老保险问题。一是新增办理“4050”人员（女40岁、男50岁，无特别的专业技能，一旦失业下岗，很难找到合适工作的人员）在社区就业32人，累计办理87人。全年申领社会保险资助22.97万元，社区安置服务补贴1.25万元。二是办理自主创业1人，申领自主创业社会保险资助2030元。三是办理招用失业人员14人，申领招用失业人员社会保险资助和岗位补贴2.81万元。四是办理农转居养老保险71人，申领资助233.87万元，其中政府资助70.16万元，场资助163.71万元。开展职业技能培训，全年培训143人，其中护林员20人、电工6人、电工年审33人、叉车1人、汽车驾驶员60人、就业指导19人、保安员4人。全年推荐就业84人，成功就业27人。

推进社会主义新农村建设。为落实解决农村养老保险问题，制定《广州市流溪河林场农村社会养老保险工作实施方案》，为411名村民购买农村养老保险，参保率92%，已有192人领取生活津贴。为解决林场46名离任村干部的养老问题，进行调查摸底，为符合享受离任养老金条件的17人办理相关手续，从6月开始发放养老金。争取从化市文化局的支持，拨款11万元，对3个村委及三棵松工区文化室进行维修，添置电视、桌球、乒乓球、DVD机、麻将、书籍等文体娱乐设施，丰富农村文化生活。扶持3个村种植竹、果树和珍贵树种等项目，发展农村经济。大力支持农村生产生活等基础设施建设，投资20多万元，解决东星村村民吃水难问题。

[**社会治安综合治理**] 2009年，场与下属单位签订目标管理责任书，落实情况良好。维稳、安全生产工作接受从化市的检查考核，有关考核指标全部达标。维稳和社会治安综合治理方面，受理调处民事纠纷27宗，成功调处23宗，仍在调处4宗。开展场领导星期一公开接访日活动，接访群众62批288人次。2009年初，成立流溪河林场派出所。全年受理警情223宗，其中刑事警情24宗，“两抢”警情0宗，“两盗”警情9宗，立刑事案件16宗。打掉各类刑事犯罪团伙2个，刑事拘留犯罪嫌疑人18人，逮捕12人，治安拘留23人，送强制戒毒15人，审破各类刑事案件8宗。安全生产方面，加大对林业生产安全、道路交通安全、水上安全、消防安全和食品卫生安全等的宣传教育和投入，坚持每月对各单位及驻场企业进行例行安全生产检查，发现问题及时整改，全年没有发生重大安全事故。

[**计划生育工作**] 全年全场出生人口62人，其中计划内出生60人、计划外出生2人，一孩54人（往年漏报2人）、二孩8人。计划生育率96.77%（职工部分为100%）。人口出生率11‰，出生性别比100∶100。死亡人数34人，死亡率6.03‰。自然增长人数28人，自然增长率4.97‰。落实“四术”52例，其中结扎9例，上环23例，人流引产20例。已婚育龄妇女节育率84.5%，平均查环查孕率98.36%。已婚育龄夫妇应签订计生合同人数54对，签订率100%。独生子女当年应办证人数44人，办证率100%。2009年

10月，林场荣获广州市政府“广州市机关企事业单位人口与计划生育工作年度达标单位”称号。2009年12月，荣获广州市政府“广州市人口与计划生育工作暨创‘两无’活动达标单位”称号。

［**护林防火**］ 重修上年“6·26”洪灾损毁防火通道800米，在东星村建造120立方米的防火蓄水池，新配备消防快艇2艘、森林消防摩托车2辆，加强对护林防火专业队的管理和山林巡护，有效遏制盗伐林木的势头，严格按广东省防火条例控制野外用火，全年没有发生森林火灾。林场防火办护林员朱石明同志荣获国家林业局办公室、中国农林水利工会全国委员会授予“全国优秀护林员”称号。

（广州市流溪河林场供稿，温剑斌执笔）

广州市黄龙带水库管理处

［**管理机构**］ 广州市黄龙带水库管理处位于从化市北部，距街口街35公里，属广州市水务局管辖。2009年末，在职68人，退休49人，有主任（兼书记）1人、副主任2人。内设机构有：办公室、工程管理科、运行管理科、人事保卫科和财务科。

［**三防工作**］ 基本情况。三防工作始终贯彻执行“安全第一，常备不懈，以防为主，全力抢险”的防汛工作方针，坚持以人为本，落实以行政首长负责制为核心的三防工作责任制，落实安全度汛“八到位”，始终把确保水库安全放在首位，确保水利工程的安全运行。2009年降雨总体偏少，总降雨量为1825毫米，比上年2590毫米减少765毫米（29.5%），比历年平均1978毫米减少153毫米（8%）。其中汛期4—9月降雨量1355毫米，比历年同期平均降雨量1561毫米减少206毫米（13%），水库入库水量6495万方，比上年14347万方减少7852万方（55%），比历年平均入库水量9736万方减少3241万方（33%）。年底库水位162米，比历年同期平均水位169.85低7.85米；存水量3440万立方米，比历年同期（6038万立方米）减少2598万立方米，每百毫米降雨量产水量为360万立方。最大日降雨量为83.9毫米（6月7日），全年启动4个台风的应急响应，确保防汛安全。

落实防汛工作责任制。调整黄龙带水库防汛指挥部领导成员，落实以从化市市长为总指挥的各级防汛工作责任制。明确各成员的岗位职责及工作任务，并逐级签订防汛安全责任书，安排好汛期三防值班工作。

开展安全大检查。开展汛前、汛中和汛后大检查。对检查存在的问题做好台账记录，并监督有关责任部门及时处理存在问题，确保水库安全。

修订水库防汛抢险应急预案。根据国家防办新编的《水库防汛抢险应急预案编制大纲》的要求，重新修订《黄龙带水库防洪抢险应急预案》以及编制《大坝安全管理应急预案》。成员由从化市人民政府相关职能部门负责人组成，增强预案的可操作性。

加强三防抢险物资的储备管理。按照标准储备三防抢险物资，并做好防盗、防火、防虫蚁及清除杂草等工作，确保防汛物资不散失、不被偷盗、不被挪用。

落实24小时值班制度。汛期24小时安排中层干部和科办人员值班，处领导带班，确保值班人员到位。值班人员按要求密切注意水库雨情、水情、工情及气象信息，做好上传下达工作，确保信息传递畅通。

做好河道清障工作。对水库坝脚至检查站河床及两岸的高秆植物进行清理，确保溢洪道下游河床行洪顺畅。

[管理体制改革] 2009年，黄龙带水库管理处实施按照财政核拨、实行收支两条线的有关政策。管理处加大政策宣传力度，营造良好舆论氛围，协调解决改革过程中出现的突出问题和矛盾，落实办公经费、人员经费、维修养护经费等各项经费，保障各项工作的正常开支和干部职工的工资福利待遇。按照广州市岗位设置管理工作的有关精神，完成在编人员的核查及岗位设置工作，为全体在职职工办理公费医疗。

[工程建设] 主要工程建设项目有7项。完成验收的项目有明渠前池闸门及监控系统改造工程、电站机组更新改造工程（二期），经运行测试，各项技术指标正常；已完工的项目有防洪闸门及泄水锥形阀更新改造工程、大坝竖井事故闸门拦污栅更新改造工程、防雷系统改造工程、水毁工程等；未完的工程有1项（130、160防汛公路修复工程），因中标单位放弃，正在重新招标。

[工程管理] 各项水利工程均按照国家一级水利工程管理要求实行规范管理，对各项观测、监测资料进行整理分析。落实大坝、电站等工程社会化维修养护，对有关水利工程按时维修、维护，达到工程安全、环境优美、清洁卫生、管理有序的要求。落实和执行水库运行调度计划，各项水利工程运行有严格的操作规程，确保水库、电站正常运行。

[电站生产与管理] 全年总发电量1300万度。为确保电站的安全生产，主要做好以下工作：一是加强电站职工的业务技能培训。二是坚持执行“两票”（操作票、工作票）、“三规”（电业安全规程、电业运行规程、电业检修规程）制度。各级领导经常对电站工作进行不定期的检查和指导，并逐级签订安全运行生产责任书。

[财务管理] 财务工作能严格执行部门预算，各项预算支出均按有关规定执行。全年为25名职工办理公务卡，健全公务卡使用制度，提倡零星开支使用公务卡结算，严禁大额支付现金行为。工程建设坚持以“按计划、按预算、按合同、按进度”原则拨款，做到专款专用。财务管理通过广州市水务局内审小组的年度财务专项审计。全年收支平衡。

[其他工作] 一是保密工作做到保密文件入保险柜，涉密电脑、移动介质专人使用、不上互联网。二是完善档案借阅制度，档案借阅必须领导审批，做到借阅有登记、有审批、有利用事例。增加档案设备，购置专业扫描仪、保密柜。规范整理全部干部职工（含退休职工）人事档案116份。三是职工自觉提高学历。全年有2人取得大专学历文凭，另有15人报读在职大专院校。

（广州市黄龙带水库管理处供稿，饶宁执笔）

广州市大岭山林场

[管理机构] 广州市大岭山林场位于从化市东北部，隶属于广州市林业和园林局，距广州市区85公里、从化市区25公里、从化温泉16公里，在从化市、增城市、龙门县的交界处。2009年末，在职87人，其中事业编制21人，自收自支管理在册职工66人；有

场长1人、副场长1人，退休人员50人。内设机构有：办公室、林管科、护林防火办公室。

［**基本情况**］　林场总面积26.36平方公里，其中林地面积25.24平方公里，活立木总蓄积量39万立方米，森林覆盖率98%，绿化率98%。林场有华南地区保存较为完好的原始次生林1.6万亩。海拔1210米的天堂顶是广州地区最高峰。场内分设田园风光区、石灶风景区、石门风景区、峡谷探险区、天堂顶风景区，还有石门电站、大指背电站、金鸡电站。

［**经营管理**］　概况。林场全年经营收入634万元，比上年增加183万元，增长41%。其中场部经营收入159万元，公园经营收入475万元（比上年增长138%）。全年经营与财政总支出为634万元。职工人均收入由上年的5万元增加到6万元。

小水电经营。石门电站继续加强和完善各项管理制度，充实工作人员，确保电站正常安全运行，全年发电量约200万千瓦时，售电收入87万元，比上年略有下降。在广州市委、市政府的重视支持下，林场收回大岭山桃园电站的经营管理权，为石灶上下水库长期蓄水提供保证。

旅游经营。石门国家森林公园全年接待旅客人数约30万人次，门票总收入475万元，比上年增长138%。

经营体制改革。一是继续在公园推行绩效工资分配制度，把员工薪酬与经营效益挂钩，调动公园职工的工作积极性和主动性。公园制定各项规章制度，使全体员工在工作中有章可循，有规可依，奖罚分明。二是调整修订《大岭山林场内部分配方案》，规范在编与非编人员、在职与退休人员的工资、津贴、奖金发放标准，维护林场的稳定和发展。

［**基本建设**］　林业基础建设。注重把林业生产与发展森林生态旅游紧密结合，正确处理营林生产任务与森林旅游的关系，全年套种抚育千年桐100亩，完成景观林抚育1200亩，包括杜鹃花林、红叶林、梅林等风景林，完成率100%，林木生长良好；在莲花湖景区种植荷花1600盆、樱花300株；组织中国南方人才市场党团员等500多人进行义务植树，500株。进行红叶林改造，完成桃花良种引种与桃花园的建设项目。

石门国家森林公园建设。一是加强宣传工作，扩大公园影响力。全年在广州及珠江三角洲地区各大媒体投放宣传费用100多万元。组织策划油菜花、向日葵、七彩天池、红叶节等一系列有影响的宣传活动。继续加强与旅游、公路、交通等部门的沟通，投资约10万元，在国道、省道、村道两旁重新设置沿路指路标志牌。不定期更新石门国家森林公园的网站，建立与广州市澳利旅游信息公司、金羊网、网络公司、巴士公司等企业的合作关系，扩大宣传范围。二是改善旅游环境，打造新的旅游品牌。在保护好现有森林资源的前提下，以保护性开发理念为指导，全力推进“七彩花之世界”工作，投资122万元，因地制宜大面积种植油菜花、大波斯菊花、山苍子、杜鹃花、向日葵、醉蝶花等花卉，打造“七彩天池”新品牌，使公园每年春节至10月的旅游淡季均有新亮点。三是抓好公园总体规划的修编及重点景区详细规划工作。在保护性开发的指导思想下，按照国家级森林公园和风景名胜区的建设标准，以打造国家5A级景区为目标，抓好公园总体规划的修编及重点景区详细规划工作，聘请广东省华南植物研究所有关专家学者对公园总体规划进行修编，确保公园景区景点建设能够更有序、依法进行。

基础设施建设。全年投入425万元，进行防火蓄水池建设、古树园防火通道建设工程、石门森林公园交通标志、石门国家森林公园公路旅游指示标志工程等项目的建设，完成石灶天池防火通道建设、国家重点保护动物唐鱼栖息地生态保护工程、防雷安全建设等项目的建设。

[**护林防火**] 森林防火。一是进一步加强护林防火安全宣传工作。维修和翻新防火标语牌55块，悬挂宣传横额50条，张贴防火标语80张，印刷防火宣传单张5000份，出动宣传车400多车次，在特别防火期，对林场辖区内的各地段有针对性地做好防火大检查，抓好护林员分区包片责任制的落实。二是健全安全生产制度。与林场干部、职工、驻山外来民工签订防火责任保证书82份，与各科室签订《安全生产责任状》，完善护林防火巡山、值班制度，配备各种防火用具。三是对生物防火林带进行全面翻修。对45万平方米的生物防火林带、森林小道进行全面翻修、清杂，确保生物防火林带能够真正起到防止山火蔓延的作用。四是加强防火消防队伍的建设。林场每月组织林场的森林消防队伍进行消防训练，对消防车辆、设备进行必要的日常维护、修理，确保器材能正常使用。实现全区无安全责任事故和森林火灾的工作目标。

森林病虫害防治工作。加强对森林病虫害的防治力度，贯彻以防为主的原则，严格控制未经杀虫药处理的新松木板、方材进山，在源头上杜绝松材线虫病的入侵。对经济林、一般松林、行道树的病虫害防治采用以防为主、防治结合的原则，全年先后投入大量的人力物力进行防虫治虫，把病虫害控制在发病初期，病虫害防治率达100%。

（广州市大岭山林场供稿，苏丽华执笔）

（骆耀平编辑）

统计资料

2008—2009 年国民经济主要指标

项　目	单　位	2009 年	2008 年
一、人　口			
年末总人口	人	565755	556790
其中：非农业人口（包自理粮）	人	143917	139531
二、年末社会从业人员	人	302938	297826
其中：职工人数	人	69689	67597
三、*生产总值（现行价）	万元	1559629	1453964
其中：第一产业增加值	万元	161120	158616
第二产业增加值	万元	742288	703931
其中：工业增加值	万元	649116	632553
第三产业增加值	万元	656221	591417
四、农业生产			
*农林牧渔业总产值（现行价）	万元	273767	272523
其中：种植业	万元	164322	155422
林　业	万元	4362	4840
牧　业	万元	65691	69105
渔　业	万元	9707	9107
农林牧渔服务业	万元	29685	34049
主要农产品产量			
粮食产量	吨	107284	102288
蔬菜产量	吨	314667	320552

续上表

项　目	单　位	2009 年	2008 年
水果产量	吨	70465	62940
水产品产量	吨	8791	8404
猪肉产量	吨	23850	23156
牛肉产量	吨	128	129
禽蛋产量	吨	1759	1730
花生产量	吨	6772	6242
五、工业生产			
*工业总产值（全地区数）	万元	3000644	2910925
其中：轻工业	万元	2044733	2007027
重工业	万元	955911	903898
主要工业产品产量			
发电量	万千瓦时	24736	39712
水　泥	吨	349391	156310
六、固定资产投资			
全社会固定资产投资额	万元	729329	593267
国有经济投资额	万元	142044	73709
集体经济投资额	万元	32934	10686
新增固定资产	万元	305251	269778
七、社会消费品零售总额	万元	545608	471445
八、运输			
汽车总数	辆	27476	22535
货车	辆	6787	6648
九、对外贸易、外经			
外贸出口总值	万美元	111390	133745
实际利用外资	万美元	17079	13522

续上表

项　目	单　位	2009 年	2008 年
十、财政、金融			
地方财政一般预算收入	万元	153363	117507
地方财政一般预算支出	万元	191755	183536
银行人民币存款余额	万元	1863135	1546680
城乡人民币储蓄存款余额	万元	1059361	893781
银行人民币贷款余额	万元	847878	568963
十一、人民生活			
职工年平均工资（地区数）	元/人	28449	25259
农民年人均纯收入	元/人	7361	6485

说明：全社会固定资产投资按法人单位所在地统计口径。

2008—2009 年从化市生产总值（现行价，地区数）

单位：万元

指　　标	2009 年	2008 年
从化市生产总值（GDP）	1559629	1453964
第一产业（农业）	161120	158616
第二产业	742288	703931
工业	649116	632553
建筑业	93172	71378
第三产业	656221	591417
交通 运输、仓储、电邮业	65079	63285
批发和零售业	128362	103837
住宿和餐饮业	75972	68562
房地产业	149987	113415
金融业	6429	5929
其他服务业	230392	236389

2008—2009 年从化市分类工业总产值

单位：万元

项　目	2009 年	2008 年
工业总产值（地区数）	3000644	2910925
其中：规模以上企业工业总产值	2820643	2749825
规模以上按经济类型分：		
国有控股经济	338612	327766
集体经济	625	8905
外商及港澳台经济	1555193	1558438
其他经济	926213	854716

2008—2009 年从化市主要农作物播种面积及产量

项　目	单　位	2009 年	2008 年
农作物播种面积合计	亩	641361	648943
一、粮食作物播种面积	亩	345063	344206
亩　产	公斤	311	297
总产量	吨	107284	102288
其中：稻谷播种面积	亩	312657	310030
亩　产	公斤	315	301
总产量	吨	98517	93385
二、经济作物播种面积	亩	63084	61974
其中：花生播种面积	亩	40353	38581
亩　产	公斤	168	162
总产量	吨	6772	6242
三、其他作物播种面积	亩	233214	242763
其中：蔬菜播种面积	亩	228782	239388
总产量	吨	314667	320552

2008－2009 年各镇（街）、园区、场工业总产值和农林牧渔业总产值（现行价）

单位：万元

镇　（街）	工业总产值		农林牧渔业总产值	
	2009 年	2008 年	2009 年	2008 年
全市合计	3000644	2910925	273767	272523
鳌头镇	763383	788661	78512	81798
太平镇	245575	222417	48600	49521
温泉镇	212358	204739	35222	34727
吕田镇	14775	17334	16776	13741
良口镇	23374	26984	18507	18221
街口街	68137	52807	7602	7695
城郊街	149348	133891	44434	41823
江埔街	408447	398451	19766	20943
经济技术开发区	861173	943363		
明珠工业园	254074	122278		
流溪河林场			1977	1495
横江公司			2371	2559

说明：各镇（街）、园区工业总产值按地域分（含省、广州市企业）。

2008—2009 年从化市商业发展情况

项　目	单　位	2009 年	2008 年
一、社会商品零售总额	万元	545608	471445
按行业分			
批发、零售贸易业零售额	万元	424595	374640

续上表

项　目	单　位	2009 年	2008 年
餐饮业零售额	万元	121013	96805
二、商品购、销、存			
1. 商品购进总额	万元	358840	223133
2. 商品销售总额	万元	737345	605993
3. 年末库存总额	万元	19400	16694

（从化市统计局供稿，李伯英执笔）

（潘彦编辑）

附　录

2009 年市属局级以上单位领导名录

市委、市人大、市政府、市政协、市纪委领导

中共从化市委

书　记：欧阳知

副书记：梁建清　谭凯平

常　委：王建新　李艳阳　王建红　李　波
　　　　何镜清　魏素新　邱永权　肖协余

从化市人大常委会

主　任：欧阳知

副主任：霍燕娥（—2009.11）
　　　　李煜杭（—2009.09）
　　　　张汉江　胡少民
　　　　余志平　罗爱萍

从化市人民政府

市　长：梁建清

副市长：王建新　温洁夫　刘宗静
　　　　梁锦华　方纪章　孙石康
　　　　谭文标（2009.08—挂任）

党组成员（副处级干部）：李东强（2009—）

从化市政协

主　席：李玉宜

副主席：邹建潮　徐锡坤（—2009.02）
　　　　蒋琼芳　刘维嘉　黎艺钦
　　　　任洪华　刘大光（2009.02—）

中共从化市纪委

书　记：李　波

副书记：刘树生　黄柏强

市人大常委会机关

办公室

主　任：何伟东

副主任：罗建斌　邝冬梅

选举联络人事任免工作委员会

主　任：林奕办

副主任：巢小玲　温晓敏

教科文卫和外事华侨民族宗教工委

主　任：梁联峰

副主作：黄浩军

财政经济工作委员会

主　任：罗灼尧

副主任：卓东华

法制工作委员会

主　任：李树根

副主任：潘志华

农村农业工作委员会

主　任：何钊活

副主任：黎建华

城乡建设环境与资源保护工委

主　任：黄炳新

副主任：莫庆钟

依法治市办公室

主　任：余志平

副主任：刘建明

市政协机关

秘 书 长：陈滟湘

副秘书长：刘深房　朱小聪
办公室主任：陈滟湘
学习文史委员会主任：梁振中
教文体卫联络委员会主任：李汉强
　　　　　　　　副主任：邹丽芬
科技经济委员会主任：陈接辉
提案法制委员会主任：谭金文
　　　　　　副主任：朱仁和

市委工作部门

市纪委机关（与市监察局合署办公）
办公室主任：李记平
副　主　任：巢金沂
市监察局
局　长：刘树生
副局长：李艳影　郭志锋
市委办公室
主　任：朱虹霞
副主任：庾赞彬　巢金培
市委组织部
部　长：何镜清
副部长：谢焕扬（—2009.06）　黄桂明
　　　　梁耀民　钟梅芳（2009.06—）
副处级干部（广州市对口援建威州前线工作组成员）：谢焕扬（2008.07—）
市委宣传部
部　长：王建红
副部长：李小敏　杨远强
市委统战部（与市台办、民族宗教事务局合署办公）
部　长：邹建潮
副部长：杨秀萍　李炳文
市台办主任：杨秀萍
市民族宗教事务局局长：李炳文
市政法委员会（与市维稳办、综治办合署办公）
书　记：谭凯平
副书记：魏素新　刘宗静　李伟文　黄锦添
市综治办
主　任：刘润光
副主任：黄叔全
市委维稳办
主　任：黄锦添
副主任：利伯泉
市委老干部局
局　长：李妙娟
副局长：孙剑峰（2009.03—）
市直属机关党委
书　记：邹少宁
副书记、纪委书记：黄锐钊
副书记：谢榕泉
市编委办
主　任：何镜清
副主任：钟灼均
市委党校
校　　　长：何镜清
常务副校长：罗桂平
副　校　长：黄伟根
市信访局
局　长：李燕锋
副局长：谢祯强（2009.04—）
　　　　胡钰英（2009.04—）

市政府机构

市政府办公室（加挂侨务与外事办、法制局、信访办、口岸办牌子）
主　任：朱宏章
副主任：陆财根　陈丹昭
　　　　何敏然（—2009.03）　李楚辉
　　　　李爱文（2009.03—）
市发展改革局（加挂市粮食局牌子）
党委书记、局长：冯树标
党委副书记：黄耀祯
副局长：潘腾凯（—2009.01）

赵　勇　刘德慧

市经济贸易局

党委书记、局长：王建中
党委副书记、纪委书记：钟金池
副局长：黄燕芳　钟钜钦　吴国强

市对外贸易经济合作局

党委书记、局长：刘　敏
党委副书记：巢校明
纪委派驻纪检组长：石金儿（2009.07—）
纪委书记：石金儿（2009.07—）
副局长：巢校明　李泳忠

市统计局

局　长：高志明
副局长：黄细英

市建设和市政管理局

党委书记、局长：陆广英
党委副书记：黎国伟
纪委派驻纪检组长：冯文柱（2009.07—）
纪委书记：黎国伟（—2009.07）
　　　　　冯文柱（2009.07—）
副局长：黄凌云　蔡健明　汤建明

市国土资源和房屋管理局

党组书记、局长：李泽铃
党组副书记、纪检组长：黄少明
副局长：黄少明　曹立韬　邹金明　陈杰明

市城市规划局

局　长：彭德循
副局长：莫雄斌　钟俊平

市交通局

党委书记、局长：钟继阳
党委副书记、纪委书记：杨炳坚
副局长：邹　才　罗志平（—2009.01）

市公安局

党委书记、局长：魏素新
党委副书记、政委：黄国送
党委副书记、纪委书记：傅志文
副局长：吕志成　邓效明　何劲松　胡记生

市司法局

局　长：李夏明
副局长：张惠英　郑志锋

市民政局

局　长：黄记雄
副局长：梁谢欣　欧阳灶湘（—2009.01）
　　　　李暖辉（2009.06—）

市人事局

局　长：梁耀民
副局长：陈燕明　李锦文　李卫雄

市劳动和社会保障局

党委书记、局长：张从敏
党委副书记：赖宏添
纪委派驻纪检组长：利志良（2009.07—）
纪委书记：赖宏添（—2009.07）
　　　　　利志良（2009.07—）
副局长：彭俊明　黄立宇　张敏辉

市审计局

局　长：张伟强
副局长：朱小华　方伟文

市教育局

局　长：邝健平
党委书记：李　斌
党委副书记：陈媚薇
纪委派驻纪检组长：谢梓荣（2009.07—）
纪委书记：陈媚薇（—2009.07）
　　　　　谢梓荣（2009.07—）
副局长：陈媚薇　郭永章　黎国勇

市科技局

局　长：吴裕兴
副局长：郑威桃　罗新华

市财政局

局　长：赖志英
党支部副书记：何耀源
副局长：黎伟洲　潘锦峰

市环保局

局　长：邓耀慈

副局长：熊进勇　徐骏翔

市人口和计划生育局

局　长：朱记培

副局长：谭伙明　肖演平

市卫生局

党委书记、局长：李宝玲

党委副书记：李穗英（—2009.07）

梁锦芬（2009.07—）

纪委派驻纪检组长：梁锦芬（2009.07—）

纪委书记：梁锦芬（2009.07—）

副局长：莫金升（—2009.01）

邓灿茗

市文化广电新闻出版局（加挂版权局牌子）

党委书记、局长：谭　智

副 局 长：钟汉文　郑　巍（—2009.01）

梁宁东（2009.02—）

市农业局

局　长：邱瑞贞（—2009.03）

陈鉴池（2009.03—）

党委书记：邱瑞贞

纪委派驻纪检组长：李柱辉（2009.07—）

纪委书记：李柱辉（2009.07—）

副局长：邓镜泉（—2009.01）　涂汉辉

骆志荣（—2009.01）　黎　均

朱秀英（2009.02—）

市水利局

党委书记、局长：江柱兴（—2009.03）

冼叶生（2009.03—）

党委副书记、纪委书记：利志良（—2009.07）

温汝强（2009.07—）

纪委派驻纪检组长：温汝强（2009.07—）

副局长：姚焕枢　王丽英

市林业局

党委书记、局长：何向阳

党委副书记：邓钊明

纪委派驻纪检组长：李穗英（2009.07—）

纪委书记：邓钊明（—2009.07）

李穗英（2009.07—）

副局长：谭进光　巢继秋

市物价局

局　长：朱永明

副局长：刘凯明　潘路明

市安全生产监督管理局

局　长：高广雄

副局长：陆瑞华　陆永锋　李炽彬

人民武装

市人民武装部

部　长：肖协余

政　委：赵　丰

副部长：刘盛奕

法　院　检察院

市法院

院 长：瞿卫东（—2009.08）

党组书记：瞿卫东（—2009.08）

邬耀广（2009.08—）

副院长（代理院长）：邬耀广（2009.08—）

副院长：邝灶权　朱鉴清　郭满雄

市检察院

检察长：谭可为

副检察长：李祖强　张志坚　陈鉴明

李　宁

人民团体

市总工会

主　席：曾培军

副主席：孙美环　高镜游　梁玉炳

团市委

书　记：邓宇恒

副书记：邱俊超（2009.01—）

市妇联

主　席：李金花

副主席：庾美金　路秋霞
市工商联
主　　　席：刘维嘉
党 组 书 记：梁柱生
常务副主席：陆树芳
市侨联
主　席：林兆智
市文联
主　席：朱小河
市科协
主　席：任洪华
副主席：郑　巍（2009.01—）
市贸促会
会　　　长：巢校明
专职副会长：黄志文
市残联
理 事 长：黄忠宏（—2009.01）
　　　　邝显能（2009.02—）
副理事长：黎镜铭　李铁强（—2009.01）

市政府派出机构

市经济技术开发区管理委员会
党委书记、主任：侯　刚
党委副书记、纪委书记：胡容凡
副主任：林远明　梅界岗　江裕增
流溪温泉旅游度假区管委会
主　任：梁锦华
副主任：余俊杰　张从涛　刘大光　黄康华
市投资服务中心
主　任：徐南宁
副主任：何坚强　邝瑞林　潘海涛
　　　　李　萍（2009.02—）
市明珠工业园区管委会
党委书记、主任：戚建新
党委副书记：李沛森
副主任：李沛森　黎绍光
　　　　陈可斌（—2009.01）
　　　　刘贵鹏（2009.02—）

赋予行政管理职能事业机构

市档案局（档案馆，市志办，党史研究室）
局　长：徐惠贞
副局长：陈国联　梁翠泉（—2009.01）
　　　　李信慧（2009.06—）
市体育局
局　长：刘健尧
副局长：范桂彬　谭照宏
市旅游局
局　长：曾令泰
副局长：谭　鸿　王泽宁
市公路管理局
局　长：赵子毅（—2009.03）
　　　　江柱兴（2009.03—）
党委书记：赵子毅
党委副书记、纪委书记：庾伯强
副局长：徐国雄　邱海涛
市畜牧兽医渔业局
局　长：詹大欢
副局长：邓国斌　覃东周
市农业机械化服务中心
主　任：黄柱明
市人民防空办公室
主　任：宋跃平
副主任：黄戈进
市机关事务管理局
局　长：颜仲冬
副局长：郭培新　黄润杭
市城监大队
大 队 长：邝显能（—2009.01）
　　　　朱镜中（2009.02—）
政　　委：李剑平
副 政 委：李锦添（—2009.01）
副大队长：郭文袖　黄振康（2009.12—）

事业机构

市广播电视台

台　　长：潘伟明（—2009.01）
　　　　　谢晓明（2009.03—）

党委书记：潘伟明

副 台 长：韩　轶　戚桂芬　黄鉴森

市新闻中心

主　任：谢晓明

副主任：张金柱　梁宁东（—2009.01）

市信息化办公室

主　任：卢绍辉

副主任：李焕根

市供销社

党委书记：林楚俊

主　　任：邱振明（—2009.01）
　　　　　林楚俊（2009.02—）

副 主 任：杨志斌

市新城区开发建设办公室

主　任：陈可斌（2009.01—）

副主任：张伯金（2009.03—）
　　　　张　恺（2009.12—）

医　院

从化市中心医院

院　长：马镇国

党总支书记：苏宗武

副院长：罗爱萍（—2009.03）　金来明
　　　　宋杰丽　白俊杰

学　校

市职业教育中心

校　长：叶卫国

副校长：朱国辉　王光华

市职业技术学校（市农业中等专业学校）

校　长：利伯贤（—2009.01）
　　　　黎潮钦（2009.02—）

副校长：黄镇潮　谭祥响

从化中学

校　长：邱榕基

副校长：吴羽君　李跃建　邓艺海　郭英霞

市第二中学

校　长：廖志坚

副校长：秦三元　李迎春　屈雄伟

市第三中学

校　长：彭　迈

副校长：黄杰锋　利燕珠　何　忠

市第四中学

校　长：罗世聪

副校长：骆宝祥　刘武文　黄长新

市第五中学

校　长：陈宇航

副校长：李建波　李剑名　赵如松

市第六中学

校　长：戚锦明

副校长：邱文英　刘　远　黄铭新

太平中学

校　长：肖楚荣

副校长：黄立新　谢云开

街　镇

街口街

党工委书记：刘伯秀

党工委副书记、主任：陈少烟

党工委副书记：李　民

党工委委员、副主任：周巨培　陈万联

副主任：董晓星　郑金伦

党工委委员、纪工委书记：李柱辉（—2009.07）
　　　　　　　　　　　　丁泽铿（2009.07—）

党工委委员：黄灿康　王玉华　曾卫民
　　　　　　吴展锋　叶浩初

江埔街

党工委书记：刘伟灵

党工委副书记、主任：黄鉴洲（—2009.03）
邝显扬（2009.03—）
党工委副书记：杨子明
党工委委员、副主任：张伯金（—2009.03）
麦夔良
副　主　任：刘锐强　黄均平
党工委委员、纪工委书记：邓伟琴
党工委委员：李　凡　黄雯婷　林振森
谢国标　何日高　陈文东
黎就明（2009.06—）

城郊街

党工委书记：罗树人
党工委副书记、主任：林　康
党工委副书记：李卫权（—2009.03）
何敏然（2009.03—）
党工委委员、副主任：陆伟南　邓帝新
副主任：李燕航　李暖平
李寿桥（2009.02—）
党工委委员、纪工委书记：孙桂金
党工委委员、武装部部长：戚泳强
党工委委员：邝显猷　方锦洲　陈伟广
谢锐钊　叶烈彪

太平镇

党委书记：莫雄伟
人大主席：邱永权
党委副书记、镇长：叶志忠
党委副书记：钟治富
党委委员、副镇长：邝显扬（—2009.03）
黄晓雯（2009.06—）
副镇长：李贵朝　李烈锋　蔡伟青
蓝小军（2009.03—）
党委委员、纪委书记：欧阳小玲
党委委员、人大副主席：黎树辉
党委委员、武装部部长：董培峰
党委委员：张观池　黄晓雯（—2009.06）
陆伟峰　钟小勇
唐金标　易志航（2009.06—）

温泉镇

党委书记、人大主席：李东强（—2009.01）
李朔熹（2009.01—）
党委副书记、镇长：何志强（—2009.03）
李卫权（2009.03—）
党委副书记：邱桂深
党委委员、副镇长：梁汝深
副 镇 长：李建雄　李　智
党委委员、纪委书记：练国辉
党委委员、人大副主席：林仲新
党委委员、武装部部长：白宏兵
党委委员：李秀珍　廖杰初　杨远云
黄朝伟　邓宇辉（2009.06—）

良口镇

党委书记、人大主席：巢石养
党委副书记、镇长：张志坚
党委副书记：黄海标
党委委员、副镇长：李飞鸿
副 镇 长：江建华　赖志威
张　怡（2009.03—）
党委委员、纪委书记：江本康
党委委员、人大副主席：黄彩琼
党委委员、武装部部长：张　健
党委委员：张　帆　邝浩新　练永坚
肖卫文　温汝强（—2009.07）

吕田镇

党委书记、人大主席：冼叶生（—2009.03）
何志强（2009.03—）
党委副书记、镇长：刘　辉
党委副书记：路俊华
党委委员、副镇长：黄志良
副 镇 长：廖仲明　朱泽红
党委委员、纪委书记：李灼垣
党委委员、人大副主席：吴桥新
党委委员、武装部部长：欧阳卫东
党委委员：赖昔珍　王志辉　邝显威
李振辉　黄耀强

鳌头镇
党委书记、人大主席：陈鉴池（—2009.03）
黄鉴洲（2009.03—）
党委副书记、镇长：周日会
党委副书记：张柏强
副 镇 长：罗耀光 张昔潮 李景峰
刘建中 周文成（2009.03—）
党委委员、纪委书记：李文芳
党委委员、人大副主席：黄志刚
党委委员、武装部部长：巢启明
党委委员：陈惠民 何崇山 许杰华
肖毅锋 曾榕增（2009.06—）

（市委组织部供稿）
（骆耀平编辑）

2009年广州市垂直管理单位、驻从化单位领导名录

广州市工商行政管理局从化分局
党委书记：周仲春
局 长：赖灶炎
副 局 长：魏小飞（—2009.12）
黄国强 黎树忠
黄海锋（2009.12—）
从化市地方税务局
党组书记、局长：谢 政
副 局 长：谢卫文 温炎基
孙伟斌（—2009.01）
李镜权（2009.01—）
纪检组长：冯文锋
从化市国家税务局
党组书记、局长：罗桂新
副 局 长：任启棠
纪检组长：杨伟明（—2009.11）
麦 斌（2009.11—）
广州市从化质量技术监督局
局 长：郑俭影
副局长：陈永忠 杨自立 梁海平
广州市烟草专卖局从化分局
书记、局长、经理：朱左敏
副局长：谢永平（—2009.05）
徐立峰（2009.12—）
广州市从化食品药品监督管理局（—2009.12）
局 长：曾斐文
副局长：黄大庆 邓世强
广东电网公司广州从化供电局
局 长（总支书记）：朱伟平
副局长：梅永恒 潘淑君
副书记兼工会主席：王树堂
市邮政局
局 长、党组书记：于法磊
副书记：邓锐锋
副局长：朱小伟（2009.04—2009.10）
施永华（2009.10—）
市电信局
总经理、党委书记：罗 建
副总经理：吴宇晖 黄领俊
广东移动通信有限责任公司从化分公司
总 经 理：刘圣红（—2009.03）
魏 力（2009.03—）
副总经理：叶保昌
中国人民银行从化市支行
行 长：刘志嘉（—2009.04）
黄昌隆（2009.04—）
副行长：张伟文
中国工商银行从化市支行
行 长：黄向前
副行长：邹崇光 陈汝威
中国农业银行从化市支行
行 长：谢卫平（2009.01—）
副行长：周乘骏 潘康能

赵志刚（—2009.11）

中国银行广州从化支行

行　长：陈　西

副行长：余　斌　李　胜（—2009.10）

徐桂英（2009.10—）

中国建设银行股份有限公司从化市支行

行　长：陈益华

副行长：陈　镔

中国农业发展银行从化市支行

行　长：潘光明

副行长：贺永旺

广州农村商业银行从化支行

主　任：崔　巍

副主任：李　坷

市气象局

局　长：罗靖民

副局长：但建茹

广州市流溪河林场

党委书记：卢广雄

党委副书记、场长：张庆平

副场长：温玉区　钟家辉　张柱华

徐伟强（—2009.02）

黄龙带水库管理处

管理处主任、书记：黄昌南

副主任：彭晓春　范南青（2009.08—）

国营大岭山林场

场　长：李　进

副场长：郑燕波

（各有关单位供稿）

（巫丽玲编辑）

2009年荣誉

一、先进集体

（一）国家级

获奖单位	获得称号	颁奖单位	获奖时间
广东省从化市	生态荔枝蜜基地	中国养蜂学会	2009.03
从化市温泉镇	中国绿色名镇	中华环保联合会、中国城市科学研究会、中国农业生态环境保护协会、中国社会科学院数量经济与技术经济研究所	2009.03
从化市良口镇	中国绿色名镇	中华环保联合会、中国城市科学研究会、中国农业生态环境保护协会、中国社会科学院数量经济与技术经济研究所	2009.03
从化市水利局	全国水土保持监督执法专项行动中工作突出单位	中华人民共和国水利部	2009.03
从化市体校	国家高水平体育后备人才基地	国家体育总局	2009.03
广东省从化市	中国文化生态旅游示范地	亚太旅游联合会、中华生态旅游促进会、中华民族文化促进会旅游文化研究中心	2009.04

续上表

获奖单位	获得称号	颁奖单位	获奖时间
从化市民政局婚姻登记处	全国婚姻登记规范化单位	民政部	2009.04
从化市聚赛龙工程塑料有限公司	行业最具成长性企业	中国工程塑料工业协会	2009.04
从化市凯旋宫大酒楼	国家级五钻酒家	商务部全国酒店酒家等级评定委员会	2009.04
从化市图书馆	2009年广州地区阅读成果展示优秀组织奖	中国图书馆学会全民阅读活动办公室	2009.06
街口街道办事处	全国群众体育先进单位	国家体育总局	2009.09
街口街凤仪社区	全国和谐社区建设示范社区	中华人民共和国民政部	2009.10
广东省从化市	中国最佳旅游度假胜地	联合国挚友理事会、世界自助旅游协会、国际旅游促进会、国际旅游营销协会	2009.11
广东省从化市	全国白内障无障碍县	全国残疾人康复工作办公室	2009.11
广东从化经济开发区	中国最具投资价值开发区	辉煌60年·中国特色开发区可持续发展创新高峰论坛暨形象调研发布活动组委会	2009.11
广东省从化市	中国武术职业联赛产业基地	国家体育总局武术运动管理中心、中国大学生体育协会、中央电视台体育频道	2009.12
广东省从化市	中国优秀生态旅游城市	中国旅游论坛组委会	2009.12
从化市地税局	全国税务系统先进集体	人力资源和社会保障部、国家税务总局	2009.12
街口街道办事处	第二次全国经济普查先进集体	国务院第二次全国经济普查领导小组	2009.12
从化市聚赛龙工程塑料有限公司	民营科技发展贡献奖	科技部	2009.12

（二）省级

获奖单位	获得称号	颁奖单位	获奖时间
从化市建设和市政管理局	从化市城区迎宾大桥工程荣获2008年度广东省市政优良样板工程	广东省市政行业协会	2009.01
从化市水质净化厂	2008年度广东省环境保护优秀示范工程	广东省环境保护产业协会	2009.01
从化市吕田镇	广东省“平安家庭”创建活动先进示范镇	广东省“平安家庭”创建活动协调小组	2009.01
从化市国土房管局	全省“五五”普法中期先进集体	广东省委宣传部、广东省依法治省工作领导小组办公室、广东省司法厅、广东省普法办公室	2009.02
从化市卫生局	广东省新型农村合作医疗工作先进集体	广东省卫生厅	2009.02
广东省从化市	广东省计划生育优质服务先进单位	广东省人口和计划生育委员会	2009.03
从化市公路管理局女职工委员	2008年度省交通厅工会先进女职工委员会	广东省交通厅	2009.03
从化市公路管理局女职工委员	2007—2008年女职工工作先进集体	广东省公路管理局	2009.03
从化市邮政局	广东省邮政系统文明单位	广东省邮政公司	2009.03
从化市第二幼儿园	广东省绿色学校	广东省教育厅、环保局	2009.05
广东省从化市	全省残疾人社区康复示范市	广东省民政厅、卫生厅、残联	2009.07
街口街道办事处	全省平安建设先进镇（街道）2005—2008	广东省社会治安综合治理委员会	2009.07
街口街西宁社区	“六好”平安和谐社区	广东省民政厅	2009.09
街口街荔苑社区	“六好”平安和谐社区	广东省民政厅	2009.09
温泉镇云星村	广东省民主法制示范村	广东省司法厅、广东省民政厅	2009.09
太平镇邓村	广东省民主法制示范村	广东省司法厅、广东省民政厅	2009.09
江埔街联星村	广东省民主法制示范村	广东省司法厅、广东省民政厅	2009.09
市中心医院工会	广东省模范职工之家	广东省总工会	2009.09
宝趣玫瑰世界	广东省农业旅游示范基地	广东省旅游局、广东省农业厅	2009.11
大丘园农庄	广东省农业旅游示范基地	广东省旅游局、广东省农业厅	2009.11
市中心医院内一科	青年文明号	广东省卫生厅、共青团广东省委	2009.12

续上表

获奖单位	获得称号	颁奖单位	获奖时间
温泉镇宣星村	广东省文明村	广东省委、省政府	2009
从化市公安局	广东省公安机关“三基”工程建设先进集体	广东省公安厅	2009
从化市公安局便衣大队	广东省优秀公安基层单位	广东省公安厅	2009
从化市职业技术学校	广东省重点中等职业学校	广东省教育厅	2009
从化市统计局	广州市第二次全国经济普查省级先进集体	广东省第二次全国经济普查领导小组	2009.12

（三）广州市级

获奖单位	获得称号	颁奖单位	获奖时间
街口街西宁社区	2008年度人口计生工作暨“两无”活动先进居委	广州市人民政府	2009.01
街口街荔苑社区	2008年度人口计生工作暨“两无”活动先进居委	广州市人民政府	2009.01
从化市人民法院	广州市2006—2008年度先进集体	中共广州市委、广州市人民政府	2009.04
从化市地方公路管理站	广州市2006—2008年度先进集体	中共广州市委、广州市人民政府	2009.04
从化市公安局刑事侦查大队技术中队	广州市2006—2008年度先进集体	中共广州市委、广州市人民政府	2009.04
从化市市容环境卫生管理所生产业务和收费管理科	广州市2006—2008年度先进集体	中共广州市委、广州市人民政府	2009.04
从化市中心医院内一科	广州市2006—2008年度先进集体	中共广州市委、广州市人民政府	2009.04
市委维持治安稳定办公室	广州市2007—2008年度维稳及综治工作先进集体	中共广州市委、广州市人民政府	2009.04
石门国家森林公园管理处	2006—2008年度广州市先进集体	中共广州市委、广州市人民政府	2009.04

续上表

获奖单位	获得称号	颁奖单位	获奖时间
广州市流溪河林场	广州市机关企事业单位人口与计划生育工作年度达标单位	广州市人民政府	2009.10
广州市流溪河林场	广州市人口与计划生育工作暨创“两无”活动达标单位	广州市人民政府	2009.12
从化海关	广州市 2007—2009 年度共建文明口岸活动先进集体	中共广州市委、广州市人民政府	2009.12
从化出入境检验检疫局	广州市 2007—2009 年度共建文明口岸活动先进集体	中共广州市委、广州市人民政府	2009.12

二、先进个人

（一）国家级

姓名	性别	籍贯	工作单位	职务（职称）	荣誉称号项目	授荣单位	授荣时间
朱石明	男	广东从化	广州市流溪河林场	护林员	全国优秀护林员	国家林业局办公室、中国农林水利工会、全国委员会	2009.05
吴小勇	男	江西宁都	从化市温泉镇第三中心小学	副校长（小学高级教师）	全国优秀教师	中华人民共和国教育部	2009.09
李妙娟	女	广东从化	中共从化市委老干部局	局　长	全国先进老年教育工作者	中国老年大学协会	2009.10
曾榕增	男	广东从化	从化市鳌头镇	党委委员兼桥头村党支部书记、村委会主任	全国优秀复员退伍军人	民政部	2009.11
欧阳知	男	广东河源	中共从化市委	市委书记、市人大常委会主任	中国旅游杰出人物	中国旅游论坛组委会	2009.12
黄燕强	男	广东从化	良口镇高沙村卫生站	站　长	2009 年度全国优秀乡村医生	中华人民共和国卫生部	2009.12
高志明	男	广东从化	从化市统计局	局长	广州市第二次全国经济普查国家级先进个人	国务院第二次全国经济普查领导小组	2009.12
黄细英	女	广东从化	从化市统计局	副局长	广州市第二次全国经济普查国家级先进个人	国务院第二次全国经济普查领导小组	2009.12
黄耀基	男	广东从化	从化市统计局	主任科员	广州市第二次全国经济普查国家级先进个人	国务院第二次全国经济普查领导小组	2009.12

续上表

姓名	性别	籍贯	工作单位	职务（职称）	荣誉称号项目	授荣单位	授荣时间
谢活强	男	广东从化	从化市统计局	副主任科员	广州市第二次全国经济普查国家级先进个人	国务院第二次全国经济普查领导小组	2009.12
欧阳慧云	女	广东从化	从化市江埔街道办事处	团工委书记	广州市第二次全国经济普查国家级先进个人	国务院第二次全国经济普查领导小组	2009.12

（二）省级

姓名	性别	籍贯	工作单位	职务（职称）	荣誉称号项目	授荣单位	授荣时间
张铁钢	男	湖南长沙	从化质监局	科长	2008年度全省质监工作先进个人	广东省质量技术监督局	2009.02
黄思楚	男	广东从化	从化市司法局	法制宣传科科长	广东省“五五”普法中期先进工作者	广东省委宣传部、广东省普法领导小组办公室	2009.02
胡伟红	女	广东从化	从化市中心医院	专职物价员	广东省企事业单位优秀物价员	广东省物价局	2009.02
温淑春	女	广东新丰	从化市良口善施小学	小学语文高级教师	广东省劳动模范	广东省委、省政府	2009.04
王水根	男	江西吉安	从化中学	中学数学高级教师	南粤优秀教师	广东省教育厅	2009.09
王蒙芝	女	广东揭阳	从化四中	教导处主任（中学高级教师）	广东省南粤优秀教师	广东省人事厅、教育厅	2009.09
叶发春	男	江西赣州	从化市吕田中学	中学一级教师	广东省南粤优秀教师	广东省人事厅、教育厅	2009.09
冯秋银	女	广东从化	从化市太平镇第二中心小学	小学高级教师	广东省南粤优秀教师	广东省人事厅、教育厅	2009.09
黎乐秋	女	广东从化	从化市江埔街江埔小学	教导处主任（小学高级教师）	广东省南粤优秀教师	广东省人事厅、教育厅	2009.09
张楠	男	广东从化	从化市统计局	科员	广东省第二次全国经济普查先进个人	广东省第二次全国经济普查领导小组	2009.12

续上表

姓名	性别	籍贯	工作单位	职务（职称）	荣誉称号项目	授荣单位	授荣时间
陈笑花	女	广东从化	从化市统计局	科员	广东省第二次全国经济普查先进个人	广东省第二次全国经济普查领导小组	2009.12
张梅芳	女	广东揭西	从化市统计局	统计师	广东省第二次全国经济普查先进个人	广东省第二次全国经济普查领导小组	2009.12
李艳雯	女	广东	从化市城郊街道办事处	统计员	广东省第二次全国经济普查先进个人	广东省第二次全国经济普查领导小组	2009.12
杨燕莺	女	广东	从化市温泉镇政府	统计办副主任	广东省第二次全国经济普查先进个人	广东省第二次全国经济普查领导小组	2009.12
陈淑玲	女	广东	从化市鳌头镇政府	统计员	广东省第二次全国经济普查先进个人	广东省第二次全国经济普查领导小组	2009.12
黄军豪	男	广东	从化市街口街道办事处	经济科副科长	广东省第二次全国经济普查先进个人	广东省第二次全国经济普查领导小组	2009.12
魏素新	男	广东五华	从化市公安局	局长	全省公安机关“三基”工程建设先进个人	广东省公安厅	2009
谢国聪	男	广东从化	从化市公安局	大队长	广东省“五好所长”	广东省公安厅	2009
何日高	男	广东从化	从化市公安局	所长	广东省“五好所长”	广东省公安厅	2009
江建庄	男	广东从化	从化市公安局	副大所长	广东省优秀人民警察	广东省公安厅	2009
李勇登	男	广东新丰	从化市公安局	科员	广东省优秀人民警察	广东省公安厅	2009
李卫廉	男	广东从化	从化市公安局	科员	广东省优秀人民警察	广东省公安厅	2009
李明星	男	云南大理	从化市公安局	科员	广东省“五好交警”	广东省公安厅	2009

（三）广州市级

姓名	性别	籍贯	工作单位	职务（职称）	荣誉称号项目	授荣单位	授荣时间
李政枝	男	广东从化	从化市国土资源和房屋管理局	所长、副主任、工程师	广州市劳动模范	中共广州市委、广州市人民政府	2009.04
李勇登	男	广东新丰	从化市公安局便衣侦查大队	科员	广州市2006—2008年度劳动模范	中共广州市委、广州市人民政府	2009.04
曾金桃		广东从化	江埔街锦三村	村民	广州市2006—2008年度劳动模范	中共广州市委、广州市人民政府	2009.04
彭晓春	男	广东兴宁	广州市黄龙带水库管理处	管理处副主任（高级工程师）	广州市2006—2008年度劳动模范	中共广州市委、广州市人民政府	2009.04
曾金桃	女	广东从化	广州市大山农产品有限公司	经理	广州市2006—2008年度劳动模范	中共广州市委、广州市人民政府	2009.04
白洪效	男	广东从化	维稳办	科长	广州市2007—2008年度维稳及综治工作先进个人	中共广州市委、广州市人民政府	2009.04
黄少明	男	广东从化	市国土资源和房屋管理局	市国土资源和房屋管理局副局长	2008年度广州市维护稳定及社会治安综合治理先进个人	中共广州市委、广州市人民政府	2009.05
林楚华	男	广东从化	从化口岸车检场管理所	所长	广州市2007—2009年度共建文明口岸活动先进个人	中共广州市委、广州市人民政府	2009.12
黎凯军	男	广东从化	从化口岸报关公司	经理	广州市2007—2009年度共建文明口岸活动先进个人	中共广州市委、广州市人民政府	2009.12

（注：按时间先后为序排列，收录受中共广州市委、广州市人民政府表彰以上部分集体和个人）

（各有关单位供稿）

（巫丽玲编辑）

2009 年市委文件目录

文　号	标　题
从发〔2009〕1 号	关于印发《从化市加强基层党风廉政建设完善村级管理若干制度》的通知
从发〔2009〕2 号	关于表彰优秀公务员的通报
从发〔2009〕3 号	关于印发《从化市委市政府领导班子深入学习实践科学发展活动整改落实方案》的通知
从发〔2009〕4 号	关于印发市委十一届六次全会有关文件的通知
从发〔2009〕5 号	关于加快推进农村改革发展的实施意见
从发〔2009〕6 号	关于加快农村土地承包经营权流转和扶持种养基地建设促进农民自主创业的意见
从发〔2009〕7 号	关于表彰 2008 年从化市信访工作优秀单位、优秀工作者的通报
从发〔2009〕8 号	关于表彰 2008 年社会治安综合治理工作优秀单位、先进集体、先进个人及命名“平安社区（村）”“无毒社区（村、小区）”的通报
从发〔2009〕9 号	关于表彰从化市 2007—2008 年出租屋流动人员管理工作优秀单位和先进个人的通报
从发〔2009〕10 号	关于表彰从化市 2007—2008 年度科学技术奖、科技先进集体和先进个人的通报
从发〔2009〕11 号	关于授予从化市杰出专业技术人才及名校长、名教师和名医生荣誉称号的通报
从发〔2009〕12 号	关于邱永权同志工作分工的通知
从发〔2009〕13 号	中共从化市委　从化市人民政府关于表彰从化市 2006—2008 年度劳动模范、先进集体的通知
从发〔2009〕14 号	关于 2008 年度人口和计划生育目标管理责任制考评结果情况的通知
从发〔2009〕15 号	关于印发《中共从化市委贯彻落实〈建立健全惩治和预防腐败体系、2008—2012 年工作规划〉实施细则》
从发〔2009〕16 号	中共从化市委　从化市人民政府关于表彰优秀退伍军人、拥军模范和优秀士兵的决定
从发〔2009〕17 号	中共从化市委　从化市人民政府关于表彰 2009 年从化市高考成绩优良单位和教学新秀的通报
从发〔2009〕18 号	关于调整部分市委领导工作分工的通知
从发〔2009〕19 号	中共从化市委关于追授梁日培同志为“从化市优秀共产党员”的决定
从发〔2009〕20 号	中共从化市委　从化市人民政府关于追授梁日培同志“从化市劳动模范”荣誉称号的决定
从发〔2009〕21 号	中共从化市委　从化市人民政府批转市国土资源和房屋管理局关于市土地执法检查打击非法采矿情况专题工作报告的通知
从发〔2009〕22 号	中共从化市委　从化市人民政府关于进一步加强人才工作的若干意见
从发〔2009〕23 号	中共从化市委　从化市人民政府关于印发《从化市人民政府机构改革方案》、《从化市人民政府机构改革方案实施意见》的通知
从发〔2009〕24 号	中共从化市委　从化市人民政府关于印发《从化市政府机构改革有关人员安置的实施办法》的通知

2009年市政府文件目录

文　号	标　题
从府〔2009〕1号	关于李东强市政府党组成员工作分工的通知
从府〔2009〕2号	关于表彰2008年度从化市城乡清洁工程先进集体的通报
从府〔2009〕3号	关于印发从化市镇街医疗机构管理体制改革方案的通知
从府〔2009〕4号	关于广州增城至从化高速公路工程建设有关事项的通告
从府〔2009〕5号	关于印发从化市干旱灾害应急预案的通知
从府〔2009〕6号	关于印发从化市防洪应急预案的通知
从府〔2009〕7号	关于对公路沿线环境进行专项整治的通告
从府〔2009〕8号	关于清理省道256线天马公司至和睦村路段违章建（构）筑物的通告
从府〔2009〕9号	关于表彰从化市2008年度打假工作先进单位和先进工作者的决定
从府〔2009〕10号	关于表彰2008年度从化市食品安全监管工作先进单位和先进个人的决定
从府〔2009〕11号	关于表彰从化市创建广东省食品安全示范镇工作先进单位和先进个人的决定
从府〔2009〕12号	关于印发从化市土地开发整理补充耕地工作实施方案（试行）的通知
从府〔2009〕13号	关于印发从化市国有土地使用权出让金收入分配调整办法的通知
从府〔2009〕14号	关于印发《从化市实施农村社会养老保险工作方案》的通知
从府〔2009〕15号	从化市生态文明村建设补助资金管理暂行办法
从府〔2009〕16号	关于印发从化市财政性专项资金管理办法的通知
从府〔2009〕17号	关于印发从化市发展资本市场推动企业上市的实施办法（试行）的通知
从府〔2009〕18号	关于印发《从化市气象灾害应急预案》的通知
从府〔2009〕19号	关于印发《从化市自然灾害救助应急预案》的通知
从府〔2009〕20号	印发关于促进从化市动漫产业发展的优惠办法的通知
从府〔2009〕21号	关于开展饮食服务业污染扰民问题专项整治工作的通知
从府〔2009〕22号	关于印发从化市重特大危险化学品事故应急救援预案的通知
从府〔2009〕23号	关于表彰从化市2007—2008年度安全生产先进集体和先进个人的通报
从府〔2009〕24号	关于街口城区府前路建设路下围段建设工程的通告
从府〔2009〕25号	关于做好我市2009年高考考场噪声污染控制工作的通告
从府〔2009〕26号	关于废止《关于印发从化市获得中国、省和广州市名牌产品驰（著）名商标企业奖励暂行办法的通知》的通知
从府〔2009〕27号	印发从化市汽车及零部件产业基地发展规划的通知

续上表

文　号	标　题
从府〔2009〕28号	关于做好石材经营、加工店档搬迁工作的通告
从府〔2009〕29号	关于印发从化市城镇老年居民养老保险实施意见的通知
从府〔2009〕30号	印发关于使用农村留用地优惠办法的通知
从府〔2009〕31号	关于调整市政府部分领导工作分工的通知
从府〔2009〕32号	关于印发从化市常住人口调控管理实施办法的通知
从府〔2009〕33号	印发《从化市利用城市资源设置户外广告管理暂行规定》的通知
从府〔2009〕34号	关于暂停执行从化市城市公共资源和公共设施冠名权有偿出让暂行办法的通知
从府〔2009〕35号	关于开展纪念中国人民解放军建军82周年拥军优属活动的通知
从府〔2009〕42号	关于印发《从化市森林防火应急预案》的通知
从府〔2009〕43号	关于印发《从化市农村危破房改造工作方案》的通知
从府〔2009〕44号	关于中医院路建设工程用地拆迁的通告
从府〔2009〕45号	关于印发从化市企业使用本地劳动力奖励措施的通知
从府〔2009〕46号	关于印发推进我市职业技能培训实施方案的通知
从府〔2009〕47号	关于印发从化市发展城市社区卫生服务实施意见的通知
从府〔2009〕54号	关于继续做好石材经营、加工店档搬迁工作的通告
从府〔2009〕55号	关于印发从化市2010年广州亚运马属动物疫情应急预案的通知
从府〔2009〕74号	关于印发从化市燃气突发事件应急预案的通知
从府〔2009〕75号	关于印发从化市突发地质灾害应急预案的通知
从府〔2009〕77号	关于市政府领导工作分工调整的通知
从府〔2009〕85号	关于划定森林防火区的公告
从府〔2009〕92号	关于印发从化市行政事业单位国有资产处置实施细则的通知
从府〔2009〕94号	关于印发《从化市建设工程重大安全事故应急预案》的通知
从府〔2009〕95号	关于105国道养生谷度假区段整治拆迁公告
从府〔2009〕97号	印发《从化市养犬管理实施办法》的通知
从府〔2009〕98号	关于严格控制城北新区规划控制范围内用地和建设的通告
从府〔2009〕99号	关于印发从化市粮食应急预案的通知
从府〔2009〕100号	关于成立广州从化村镇银行筹建工作协调领导小组的通知
从府〔2009〕101号	关于国道105线城区段城市化道路改造一期工程涉及小海商业街部分建筑物拆迁工作的通告
从府〔2009〕104号	关于110千伏养生谷输变电工程建设施工的通告
从府〔2009〕105号	关于加强门前市容环境卫生管理的通告

续上表

文　号	标　题
从府〔2009〕106号	安全生产执法公告
从府〔2009〕107号	关于印发从化市公益性岗位申报和安置困难群体就业实施办法的通知
从府〔2009〕108号	转发广州市人民政府关于开展第六次全国人口普查的通知
从府〔2009〕109号	关于查处取缔无证照经营饮食店档的通告
从府〔2009〕110号	从化市人民政府关于对在城区道路临时占道停车实行收费管理的通告
从府〔2009〕111号	关于农村留用地货币补偿款管理和使用的意见（试行）
	关于更正从府〔2009〕77号的通知

（巫丽玲编辑）